UNDERGROUND

El atentado con gas sarín en el metro de Tokio
y la psicología japonesa

colección andanzas

Obras de Haruki Murakami
en Tusquets Editores

HARUKI MURAKAMI
UNDERGROUND
El atentado con gas sarín en el metro de Tokio
y la psicología japonesa

Traducción de Fernando Cordobés y Yoko Ogihara

TUS**Q**UETS
EDITORES

Título original: *Andāguraundo* y *Yakusoku sareta basho de*

© 1997, 1998, Haruki Murakami

© 2014, Fernando Cordobés González y Yoko Ogihara, de la traducción
Segunda parte: con la colaboración de Juan Manuel Salmerón Arjona
Diseño de la colección: Guillemot-Navares

© 2014, Tusquets Editores, S.A. – Barcelona, España

Reservados todos los derechos de esta edición para:
© 2014, Tusquets Editores México, S.A. de C.V.
Avenida Presidente Masarik núm. 111, 2o. piso
Colonia Chapultepec Morales
C.P. 11570, México, D.F.
www.tusquetseditores.com

1.ª edición en Andanzas en Tusquets Editores España: octubre de 2014
1.ª edición en Andanzas en Tusquets Editores México: octubre de 2014

ISBN: 978-607-421-632-5

Impreso en los talleres de Litográfica Ingramex, S.A. de C.V.
Centeno núm. 162-1, colonia Granjas Esmeralda, México, D.F.
Impreso en México – *Printed in Mexico*

Índice

Línea Hibiya (procedente de Naka-meguro)
Tren B711T

Línea Hibiya (procedente de Kita-senju, destino a Naka-meguro)
Tren A720S

Línea Hibiya
Tren A738S

Tren A738S (procedente de Takenozuka)

Segunda parte: El lugar que nos prometieron

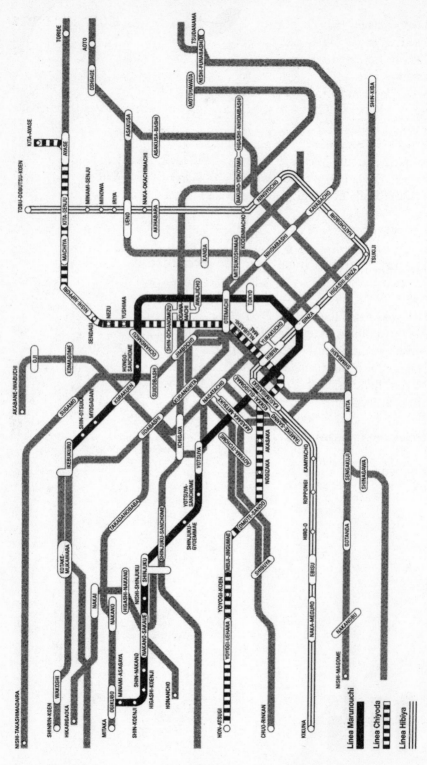

Mapa del metro de Tokio donde se muestran las líneas afectadas por el ataque con gas sarín, el lunes 20 de marzo de 1995.

Primera parte

Prólogo

Una tarde me fijé casualmente en una revista que estaba encima de la mesa y me puse a hojearla. Leí por encima algunos artículos. Cuando terminé, eché un vistazo a la sección de Cartas al Director. No recuerdo por qué razón lo hice, quizá sólo por capricho, tal vez porque tenía tiempo libre, pues no suelo hojear revistas femeninas ni leer las cartas de los lectores. Había una firmada por una mujer cuyo marido había perdido el empleo como consecuencia del atentado con gas sarín en el metro de Tokio. Por desgracia, le sorprendió cuando se dirigía a trabajar. Perdió el conocimiento, lo ingresaron en el hospital y, unos días más tarde, le dieron el alta. Sin embargo, las secuelas que padecía le impidieron volver a trabajar en las mismas condiciones. En un principio, la situación no fue demasiado grave, pero pasó el tiempo y su jefe y sus compañeros comenzaron a hablarle con sorna. No pudo soportar la tensión creciente, la frialdad en las relaciones con los demás. Presionado por un ambiente hostil, terminó por dejar el trabajo.

Ya no tengo la revista a mano y no recuerdo las frases exactas con las que la mujer explicaba la situación, pero eso era lo fundamental de su contenido. Lo que sí recuerdo bien es que no era un ruego encarecido. El tono general no era de enfado, sino más bien ecuánime. Como mucho, por ponerle alguna pega, provocaba cierta lástima. La mujer daba la impresión de estar desorientada, de seguir preguntándose por qué razón les había golpeado la desgracia, y de estar desconcertada ante aquel súbito, incomprensible y violento giro del destino.

La carta me conmovió. ¿Por qué había ocurrido algo así? No es necesario insistir en la gravedad de la situación que padecía aquel matrimonio. En lo más profundo de mi corazón me compadecí por su infortunio, pero comprendí, sin ningún género de duda, que de poco o nada serviría un simple «lo siento». No podía hacer nada por ellos. Como la mayoría de la gente, suspiré, cerré la revista y volví al trabajo, a mi vida normal. Sin embargo, no pude olvidar la carta. Una insistente pregunta no dejaba de rondarme en la cabeza, un gran signo de interrogación: «¿Por qué?».

Desgraciadamente, muchas víctimas del atentado no sólo padecían el trauma lógico derivado de un acto violento de esas características, sino también sus crueles efectos secundarios. ¿Por qué? (Dicho de otro modo: sufrían una violencia generada por nuestra sociedad, una violencia que existe y se manifiesta en cualquier entorno.) ¿Nadie era capaz de parar aquello?

Reflexioné sobre la doble violencia que se había visto obligado a soportar aquel hombre que únicamente se dirigía a su puesto de trabajo. Víctima no sólo de un acto criminal aleatorio, sino también de una segunda «victimización», es decir, de esa violencia colectiva y cotidiana de la peor clase que lo invade todo. Creo que para las víctimas resulta imposible distinguir entre una y otra, concluir si surgen de aquí o allá, de lo «normal» o de lo «anormal». Por mi parte, cuanto más pienso en ello, más me convenzo de que comparten un mismo sustrato, una misma raíz, a pesar de que se interpretan de muy distinto modo.

Sentí el deseo de conocer en persona a la autora de la carta y a su marido. Por extensión, a todas las demás víctimas. Quería profundizar en esa causa esencial que se halla en la base de nuestra sociedad, en ese núcleo capaz de provocar en determinadas circunstancias esa doble violencia. Poco tiempo después tomé la decisión de entrevistar a las víctimas del atentado con gas sarín.

Obviamente, esa carta no fue la única razón que me motivó a escribir este libro; sólo fue un faro en la niebla. Por aquel entonces, ya sentía una gran inquietud personal respecto a ese tema, pero eso preferiría explicarlo en el epílogo.

Realicé las entrevistas que componen *Underground* en el transcurso de un año, de principios de enero de 1996 a finales de diciembre de ese mismo año. Acudí personalmente a hablar con todas las víctimas que consintieron en explicar sus circunstancias personales en el momento del atentado. Cada una de las entrevistas tuvo una duración aproximada de entre una hora y media y dos horas. Grabé las conversaciones en cinta magnetofónica. El tiempo medio de las entrevistas es una estimación, puesto que en algunos casos llegaron a prolongarse hasta cuatro horas.

Envié las cintas a unos especialistas para su transcripción. Se eliminaron las partes que no servían y el texto resultante se conservó sin alteraciones. Como es natural, algunas entrevistas fueron muy largas. En otras, la conversación se desviaba de un tema a otro para retomar el hilo más tarde, como sucede casi siempre en la mayor parte de nuestras conversaciones cotidianas. Seleccioné los contenidos, cambié el orden, eliminé repeticiones, pegué y corté frases para que la extensión fuera la adecuada, para que todo estuviera ordenado y resultara sencillo de leer. Hubo casos en los que no pude captar el matiz de lo que el entrevistado decía al leer la transcripción, así que no me quedó más remedio que escuchar la cinta una y otra vez hasta lograr confirmar ciertos detalles. En determinados casos, llegué a redactar tres versiones distintas.

Para escribir el libro dependía, en gran medida, de las impresiones y de la memoria que cada una de las personas entrevistadas conservaba del lugar del atentado. Por mucho que detallasen su historia, por mucho que volviese a escuchar la cinta una y otra vez, si no comprendía y visualizaba la atmósfera de la escena, podía perder de vista con facilidad el núcleo principal de la conversación, con el resultado de que el testimonio perdía fuerza. Por eso escuchaba y trataba de concentrarme al máximo para comprender toda la dimensión y los detalles de lo sucedido.

Tan sólo en una ocasión una persona rechazó que le grabase. Creía habérselo advertido por teléfono, pero cuando nos encontramos y saqué la grabadora, me dijo: «No me había avisado». Me vi obligado a tomar notas, a apuntar números, topónimos y todo tipo de detalles mientras escuchaba un testimonio que se prolongó durante casi dos horas. Nada más volver a casa, me puse a redactar para ponerlo todo en orden. Reproduje la conversación a partir de las sencillas notas que había tomado y, al hacerlo, me admiré del poder de la memoria. Llegado el caso, pensé, la memoria es digna de confianza. Puede que sea algo habitual para los periodistas, pero no para mí. No obstante, después de todo ese esfuerzo, la persona en cuestión declinó su publicación, por lo que todo el esfuerzo fue en vano.

Conté con la ayuda de dos asistentes para llevar a buen término el trabajo: Setsuo Oshikawa y Hidemi Takahashi. Sus responsabilidades fueron las siguientes:

Localizar e identificar los nombres de las víctimas del atentado a través de lo publicado en periódicos u otros medios.

Servirse del boca a boca para localizar a otras víctimas. (Existen razones concretas por las que no puedo revelar el método concreto que utilizaron.)

Honestamente debo reconocer que fue un trabajo mucho más complicado de lo que imaginaba. En un principio pensé que no sería tan difícil ya que muchas víctimas vivían en los alrededores de Tokio, pero el asunto no resultó tan sencillo.

De entrada, sólo existe una lista oficial de víctimas en la fiscalía. Como es natural, la preservación de la intimidad de las personas y la confidencialidad de los datos allí consignados están entre sus principales obligaciones, por lo que nadie ajeno al proceso judicial puede consultarla. Lo mismo sucede con las personas hospitalizadas en cada uno de los centros donde fueron atendidas. Revisando los periódicos publicados el mismo día del atentado, a duras penas logramos descubrir los nombres de las personas ingresadas. Sin embargo, no eran nada más que nombres y apellidos, resultaba imposible conocer sus direcciones o números de teléfono.

En primer lugar elaboramos una lista con los nombres de las setecientas víctimas conocidas. A partir de ahí iniciamos la búsqueda. Apenas pudimos identificar a un 20 por ciento del total. Por ejemplo, en el caso de un nombre muy común como es Ichiro Nakamura, resulta muy complicado localizar a una persona concreta partiendo únicamente de ese dato. Al final contactamos con ciento cuarenta personas que, en la mayoría de los casos, declinaron la entrevista por diversas razones: no querían recordar lo sucedido, no querían tener nada que ver con la secta Aum; sencillamente, no confiaban en los medios de comunicación. La antipatía y desconfianza hacia los medios fue mucho más fuerte de lo que había imaginado. No era raro que, después de decir el nombre de la editorial que iba a publicar el libro, nos colgasen el teléfono sin más. Al final aceptó poco más del 40 por ciento de un total de ciento cuarenta personas.

Con el paso del tiempo y a medida que la policía detenía a los principales miembros de Aum, el miedo a la secta fue disminuyendo. Sin embargo, seguíamos encontrándonos con personas que rechazaban nuestra propuesta porque consideraban que sus síntomas no eran tan graves y, por tanto, poco tenían que aportar. (Es probable que sólo fuera una excusa, pero no hay forma de confirmarlo.) También hubo casos en los que no pudimos contar con el testimonio del afectado, aunque estuviera dispuesto a hablar, por la oposición frontal de sus familiares, que no querían verse implicados por más tiempo en ese asunto. En cuanto a profesiones, apenas pudimos obtener testimonios de funcionarios o financieros.

La causa por la que hay pocas entrevistas con mujeres es difícil de determinar. No es más que una hipótesis, pero podría ser que muchas jóvenes solteras sintieran cierta resistencia. Hubo algunas que rechazaron la propuesta con el argumento de que sus familias se oponían.

Localizar a las cerca de sesenta víctimas que finalmente accedieron a hablar resultó una ardua tarea que llevó mucho tiempo. Por eso consideré la posibilidad de publicar un anuncio en el que solicitaría su colaboración: «Estoy escribiendo este libro y me gustaría conocer su historia». Desde un punto de vista estrictamente cuantitativo creo que así, al menos, podría haber recogido muchos más testimonios. Si soy sincero, cada vez que la búsqueda se estancaba me sentía tentado de hacerlo, pero lo descarté, después de consultar con la editorial, por las siguientes razones:

En primer lugar, de esa manera no teníamos forma de comprobar la veracidad del testimonio. Nuestro método de búsqueda, por el contrario, disminuía considerablemente ese riesgo.

Hubiera agradecido una barbaridad que una persona acudiese de forma voluntaria para contar su caso, pero acumular testimonios poco fiables habría restado credibilidad a la totalidad del libro. Preferí equilibrar el conjunto en detrimento de una selección más amplia pero realizada por puro azar.

Teniendo en cuenta las características de nuestro trabajo de investigación, quería avanzar de la manera más discreta posible, no llamar la atención de nadie. En caso contrario habría aumentado la desconfianza y la cautela de los entrevistados hacia mi persona y hacia los medios. En lo que a mí me concierne, quería estar fuera del foco tanto como pudiera.

Creo que evitar esa «suscripción pública de testimonios» tuvo otro resultado positivo. Al rechazar un método de búsqueda relativamente fácil se consolidó la unión entre mis ayudantes, entre los transcriptores y yo mismo. Al final experimentamos cierta sensación de logro. Fue una reacción lógica después de un laborioso trabajo en equipo, un trabajo que terminó por constituirse como elemento esencial en la elaboración de este libro. De esa manera, pude tener una mayor consideración hacia cada una de las personas que se decidió a participar.

Una vez se hubieron transcrito, redactado y corregido las entrevistas, se enviaron a los interesados para su revisión. En cada caso adjuntamos una carta en la que pedíamos su permiso para publicar sus nombres verdaderos. De no aceptar, les proponíamos varios seudónimos entre los cuales debían elegir uno. Aproximadamente el 40 por ciento de los entrevistados optó por la opción del seudónimo. Para evitar suposiciones innecesarias, decidimos no advertir en el texto de quién lo usaba y quién no. Especificar «seudónimo» junto a un nombre, no habría servido más que para incitar a cierta curiosidad malsana.

En la carta pedíamos también que nos señalasen qué partes de su intervención les gustaría cambiar o suprimir si es que había algo que no querían ver publicado. Aunque con diversos matices, prácticamente todos sugirieron algún cambio o supresión. Corregí en persona la parte señalada ateniéndome a las indicaciones. A menudo eran pasajes en los que se hablaba del carácter o de la vida del entrevistado cuya finalidad era aportar realismo a cada una de las historias. Como escritor me apenaba eliminarlas, pero respeté siempre sus instrucciones procurando no alterar la historia. Si resultaba imposible, proponíamos una alternativa y esperábamos el consentimiento del interesado.

Al final nos encontramos con numerosas correcciones y versiones. Una vez reescritos los nuevos textos, los volvíamos a enviar para su comprobación y aprobación definitiva. Si a pesar de todo aún se sugerían cambios, repetíamos el mismo procedimiento. Así tantas veces como nos permitiera el tiempo. En el caso concreto de una persona, ese intercambio llegó a repetirse hasta en cinco ocasiones.

Tratamos, en la medida de lo posible, de no molestar ni incomodar a ninguna de las personas que atendieron de buena fe a nuestra petición. Teniendo en cuenta la desconfianza general que ya sentían hacia los medios de comunicación, procuramos evitar de cualquier manera que al leer el texto publicado volvieran a decir: «No fue así como lo conté», o que pensaran: «A pesar de que confié en ellos y colaboré, me traicionaron». El trabajo de corrección y supresión realizado por los entrevistados fue minucioso. Empleamos el máximo tiempo del que disponíamos en la reescritura de los textos.

El número total de entrevistados ascendió a sesenta y dos personas, aunque, como ya he señalado anteriormente, hubo dos que al final rechazaron la publicación de su historia. En ambos casos se trataba de valiosos e importantes testimonios. Debo reconocer con toda sinceridad que desaprovechar el trabajo realizado me resultó muy doloroso, pero no me quedó más remedio al no contar con su aprobación. Actuamos de principio a fin con un total respeto a la voluntad de las víctimas. En muchos casos tuvimos que dar más explicaciones de las que considerábamos necesarias. Si su respuesta era definitivamente no, abandonábamos.

Los testimonios publicados en este libro son, por tanto, voluntarios y conscientes. No hay frases de adorno, no hay orientación ni montaje. Mi capacidad para escribir (si dispongo de semejante cosa por escasa que sea) se concentró únicamente en repetir las mismas palabras pronunciadas por los testigos y en facilitar su lectura.

Quienes aceptaron aparecer con su nombre verdadero recibieron una nueva advertencia por nuestra parte: «Al publicarse su nombre podría generarse cierta reacción. ¿Es consciente de ello?». Publicamos la identidad de quienes consintieron después de recibir esta última advertencia. Se lo agradezco profundamente. El impacto de un testimonio es mayor cuando no se produce bajo seudónimo, aunque se trate sólo de un grito de rabia, de súplica, tristeza, lo que sea... Dicho lo cual, no debe interpretarse que menosprecio a quienes optaron por el seudónimo. Cada uno tiene sus circunstancias personales. Lo comprendo bien. Al contrario, me gustaría agradecerles de nuevo su participación teniendo en cuenta, precisamente, esas circunstancias personales.

Lo primero que pregunté a los entrevistados fue dónde nacieron, en qué ambiente familiar se criaron, qué aficiones tenían, su profesión, familia, etcétera. Me centré sobre todo en sus trabajos. Dediqué un tiempo considerable a reunir datos sobre el trasfondo personal, porque quería bosquejar con claridad el perfil de cada una de las víctimas. Son personas de carne y hueso, no quería, bajo ningún concepto, presentarlas como otra más de entre las muchas víctimas sin rostro. Quizá sea un defecto de escritor profesional, pero soy incapaz de interesarme por informaciones sintéticas o conceptuales. Me interesa lo concreto, lo insustituible que hay en el carácter de cada persona. Por eso, cuando estaba delante de los entrevistados con un tiempo limitado a dos horas, traté de concentrarme lo máximo posible en comprender su personalidad. Luego traté de llevar mis conclusiones al texto según lo que había percibido (aunque en realidad hubo muchos casos en los que no pude escribir todo lo que me hubiera gustado dadas las circunstancias personales de los entrevistados).

Me planteé las entrevistas así, porque el perfil de los criminales de Aum ya había sido suficientemente detallado por los medios de comunicación, voceado una y otra vez, como si se tratara de una especie de «historia», una información atractiva. Por el contrario, en el caso de las víctimas, ciudadanos corrientes, lo que se decía de ellos siempre me resultó forzado: sólo existían como si fueran figurantes, «transeúnte A», «transeúnte B». Pocas veces ofrecían un ángulo que pudiera despertar la atención del público. De lo poco que contaron de ellos, siempre lo enmarcaron en un contexto predefinido, es decir, siempre lo mismo.

Quizá sucedió eso porque los medios querían crear la imagen colectiva de la «inocente víctima japonesa», lo cual es mucho más sencillo de hacer si uno no tiene que vérselas con personas reales. Además, la clásica dicotomía entre los «terribles villanos» (visibles) y la «saludable población» (sin rostro) ayudaba a crear una historia mejor.

En la medida de lo posible traté de romper ese prejuicio. Los pasajeros que subieron al metro aquella mañana tenían todos y cada uno de ellos su propia historia, su rostro único, una vida, una familia, alegrías, problemas, dramas y contradicciones. Era imposible que no existiera nada de eso en ellos. En suma, podía haber sido cualquiera de ustedes, también yo. Por eso, antes de nada, quería profundizar en su personalidad, aunque al final no llegase a publicar nada sobre ellos.

Después de preguntarles sobre sus circunstancias personales, me orienté hacia lo que hacían el día del atentado. Ni que decir tiene que ése era el tema principal. Escuché muy atento sus respuestas. Las preguntas eran las siguientes: «¿Cómo vivió usted aquel día?», «¿Qué vio, experimentó, sintió?». En algunos casos: «¿Qué secuelas físicas y psicológicas le ha provocado el atentado?», «¿Aún padece algún tipo de daño?».

El alcance de las secuelas fue muy variable en función de las personas. Algunas no padecieron ninguna en absoluto; otras, por desgracia, murieron. Hubo heridos graves que continúan hoy bajo tratamiento médico. Otros muchos sufrieron el síndrome de estrés postraumático a pesar de que físicamente salieron ilesos. Es probable que debido a la forma de actuar que domina hoy en el periodismo sólo se reflejaran los casos más graves, más visibles, en detrimento de todos los demás.

En mi caso, sin embargo, el hecho de haber estado en la escena del crimen o haber resultado afectado de algún modo por el sarín, ya era bastante importante. Reuní tantos datos como pude sin discernir si se trataba de un paciente grave o no. De las historias que recogí incluí todas las que me fueron autorizadas. Entre ellas, obviamente, también estaban las de los heridos leves que pudieron retomar pronto su vida normal. Cada uno de ellos tenía su forma peculiar de pensar, sus miedos; cada uno extrajo conclusiones personales sobre lo ocurrido. Quien lea este libro comprenderá que no es un asunto menor que se pueda pasar por alto, al margen de lo graves o no que fueran sus heridas. El 20 de marzo fue un día de excepcional gravedad para todos los que se vieron envueltos en el atentado. Tenía la impresión de que al abrir el abanico a una gama más amplia de víctimas, sin guiarme únicamente por su gravedad, podría indagar de nuevo en lo ocurrido y cuestionar la imagen general, y hasta cierto punto oficial, que se había creado del atentado. Me gustaría, por tanto, que tras la lectura de este libro se reconsiderara lo sucedido.

Algunas personas ya habían concedido entrevistas con anterioridad, pero siempre se quejaban: «No era eso lo que quería decir; suprimieron pasajes enteros, cortaron mis palabras sin más». Es decir, los medios utilizaron lo que consideraron conveniente para crear una historia. Muchas de esas personas sentían una frustración tan grande, que hasta que comprendieron nuestras verdaderas intenciones, hasta que estuvieron convencidos de que nuestras formas eran completamente distintas, no aceptaron que volviera a entrevistarlos. En algunos casos, ese proceso llevó mucho tiempo. Lamentablemente, hubo casos en los que todo nuestro esfuerzo no dio resultado.

Quisiera haber incluido lo máximo posible de lo dicho en las entrevistas, pero las limitaciones de espacio y el límite razonable que facilita la lectura lo hacen imposible. Establecimos una extensión que juzgamos conveniente para su publicación y el promedio de cada entrevista fue de entre veinte y treinta cuartillas, unas cuatro mil palabras. La más extensa ocupó cincuenta cuartillas.

Aunque ya he mencionado que no me importaba la gravedad de las heridas como criterio predominante, resultó que el caso más grave fue también el más extenso. Había elementos importantes que no podía pasar por alto como la hospitalización, el proceso de rehabilitación, la dimensión de los pensamientos de la víctima o los detalles concretos sobre la gravedad del daño que sufrió.

Me gustaría que durante la lectura de este libro prestasen atención a las historias de la gente. Antes de eso quisiera que imaginaran lo siguiente: es 20 de marzo de 1995. Lunes. Una mañana agradable y despejada de principios de primavera. El viento aún es fresco y la gente sale a la calle con abrigo. Ayer fue domingo. Mañana se celebra el equinoccio de la primavera, es decir, es un día laborable en mitad de un puente. A mucha gente le hubiera gustado tomárselo libre, pero por desgracia sus circunstancias se lo han impedido. Así que usted se ha despertado a la misma hora de siempre, se ha lavado la cara, ha desayunado, se ha vestido y se dirige a la estación del metro. Se sube a un tren lleno, como de costumbre; se dirige a su puesto de trabajo. Una mañana como muchas otras. Nada especial. Uno de esos días imposibles de diferenciar en el transcurso de una vida, calcado a muchos otros, hasta que cinco hombres clavan la punta afilada de sus paraguas en unos paquetes de plástico que contienen un líquido extraño...

Línea Chiyoda
Tren A725K

Se asignó a dos hombres para atentar en la línea Chiyoda: Ikuo Hayashi y Tomomitsu Niimi. Hayashi fue el autor material, Niimi su conductor y cómplice.

La razón por la que Hayashi, un reputado doctor con un expediente de «primera línea» y con un cargo en el llamado ministerio de ciencia y tecnología de la secta Aum, fue elegido para perpetrar el ataque sigue sin estar clara, pero él mismo conjetura que lo hicieron para sellar sus labios. Al implicarle en el atentado eliminaban cualquier posibilidad de que huyese. Llegado a ese punto, Hayashi ya sabía demasiado. Era un devoto seguidor del líder de Aum, Shoko Asahara, pero, según parece, éste no confiaba demasiado en él. Cuando Asahara le ordenó: «Libera el sarín», Hayashi reconoce que se le encogió el corazón. «Sentía cómo me golpeaba contra el pecho, pero claro, ¿dónde sino iba a estar?»

A las 7:48 de la mañana, Hayashi se subió al primer vagón del tren de la línea Chiyoda procedente de Kita-senju en dirección sudoeste con destino Yoyogi-uehara. En la estación de Shin-ochanomizu, en pleno distrito financiero, perforó las bolsas de plástico que contenían el gas sarín. Nada más hacerlo salió del tren. En la calle le esperaba Niimi al volante de un coche. Regresaron al *ajid,* el piso franco de Aum en Shibuya. Habían cumplido su misión. Hayashi fue incapaz de negarse a hacerlo: «No es más que la ascesis de Mahamudra», se repetía a sí mismo. Mahamudra era una disciplina crucial en el culto de Aum para alcanzar el grado de «Maestro Verdadero Iluminado».

Cuando el equipo de abogados que defendía a Asahara le preguntó a Hayashi durante el juicio si podría haberse negado voluntariamente a cumplir la misión, respondió: «Si eso hubiera sido posible, la cadena de atentados en el metro de Tokio nunca habría tenido lugar».

Nacido en 1947, Hayashi era el segundo hijo de un médico tokiota instalado en el barrio de Shinagawa. Se formó en la escuela secundaria y en el instituto adscritos a la Universidad de Keio, una de las universidades privadas más prestigiosas de la capital. En cuanto se graduó le contrataron como cardiólogo en el Hospital de Keio. Más tarde, asumió la dirección del departamento de medicina circulatoria del Hospital Nacional de Tokaimura, en Ibaragi, al norte de Tokio. Era miembro de lo que los japoneses llaman la «superélite». Tenía un aspecto impecable, irradiaba esa confianza en uno mismo característica de ciertos profesionales. Para él, probablemente la medicina fue una salida natural. Su cabello empezaba a ralear por la parte de la coronilla, pero como la mayor parte de los líderes de Aum, mantenía una postura impecable, con los ojos fijos en algún punto indeterminado frente a él. Su discurso, sin embargo, resultaba monótono, un tanto forzado. Después de escuchar su testimonio ante el tribunal, tuve la nítida impresión de que se esforzaba por impedir que sus emociones fluyeran con libertad.

A partir de cierto momento en su vida comenzó a albergar serias dudas respecto a su carrera de médico. Fue cuando buscaba respuestas más allá de la ciencia ortodoxa, cuando le sedujeron las enseñanzas del carismático Shoko Asahara. Poco tiempo después se unió a Aum. En 1990 dejó su trabajo para empezar junto a su familia una nueva vida de entrega al culto. Le habían prometido una educación especial para sus dos hijos. Sus colegas del hospital se resistieron a perder a un profesional de su prestigio, trataron de persuadirle por todos los medios para que no se marchase, pero ya había tomado una decisión. Sentía que la profesión de médico ya no le aportaba nada. Una vez iniciado en el culto, se convirtió en uno de los favoritos de Asahara. Fue nombrado ministro de sanación.

Después de comunicarle la orden de perpetrar el atentado, lo llevaron al cuartel general de Aum, Satyam número 7, situado en la pequeña localidad de Kamikuishiki, próxima al monte Fuji. Fue el 20 de marzo a las tres de la madrugada. Una vez allí, junto a los otros cuatro elegidos, puso en práctica todos los movimientos que tendría que realizar durante el atentado. Perforaron unas bolsas de plástico llenas de agua similares a las que llevarían en su interior el gas sarín. Para ello se sirvieron de unos paraguas a los que previamente les habían afilado la punta. El ensayo fue supervisado por Hideo Muari, miembro de la dirección de Aum. Por los comentarios que hicieron durante el ensayo, quedó claro que disfrutaban con aquello. Hayashi, sin embargo, participó con una fría reserva. De hecho, no llegó a perforar ninguna bolsa. A un médico de cuarenta y ocho años, y con su formación, todo aquello debía de parecerle un juego de niños. «No necesitaba practicar», aseguró Hayashi en el juicio. «Sabía lo que tenía que hacer aunque mi corazón no estuviera de acuerdo con ello.»

24

Una vez concluidos los preparativos, los cinco regresaron en coche al *ajid* de Shibuya. Hayashi les repartió inyecciones hipodérmicas con sulfato de atropina. Les explicó cómo hacer uso de ellas al mínimo síntoma de envenenamiento por sarín.

De camino a la estación, Hayashi se detuvo en una tienda abierta las veinticuatro horas para comprar unos guantes, un cúter, cinta adhesiva y unas sandalias. Niimi, el conductor, compró un par de periódicos para envolver las bolsas que contenían el gas. Era prensa sectaria, el *Bandera Roja (Akahata)*, del Partido Comunista Japonés, y el *Noticias de las Enseñanzas Sagradas (Seikyo Shimbun)*. Eligió precisamente ésos porque, según explicó en un tono jocoso, «eran más interesantes pues no se encontraban en todas partes». Hayashi escogió el *Bandera Roja*. Una publicación de una secta rival podría haber resultado demasiado obvia, contraproducente.

Antes de entrar en el metro, Hayashi se colocó una mascarilla como la que usa la gente en invierno cuando está acatarrada. El número del tren era el A725K. Al ver a una mujer junto a su hijo en el vagón, Hayashi titubeó: «Si libero ahora el sarín, morirán. Espero que se bajen pronto». Pero ya había llegado hasta allí. No había vuelta atrás. Era una guerra santa. No podía permitir que le venciera la debilidad de su corazón.

Cuando el convoy se aproximaba a la estación de Shin-ochanomizu, dejó las bolsas con el gas en el suelo, junto a su pie derecho, templó los nervios y perforó una con la punta del paraguas. Era resistente. Cuando al fin logró atravesarla, soltó «un ligero borbotón», según sus propias palabras. La perforó unas cuantas veces más, no recordaba exactamente cuántas. Al final, sólo perforó una. La otra quedó intacta.

A pesar de su fallo, el gas sarín se dispersó rápidamente y provocó graves daños. Dos empleados del metro murieron en la misma estación de Kasumigaseki cuando, en cumplimiento de su deber, sacaron las bolsas del vagón. El tren A725K se detuvo en la siguiente estación, en Kokkai-gijidomae, la parada de la Asamblea Nacional de Japón. Se evacuó a los pasajeros para limpiar a fondo todos los vagones.

Tan sólo en el ataque perpetrado por Hayashi, murieron dos personas. Doscientas treinta resultaron gravemente heridas.

> «Me di cuenta a simple vista de que nadie fue capaz de gestionar las cosas con calma.»
> KIYOKA IZUMI (26)

La señorita Kiyoka Izumi nació en Kanazawa, al norte de la costa central del mar de Japón. Trabaja en el departamento de relaciones públicas de una compañía aérea extranjera. Después de terminar sus estudios empezó a trabajar para la Japan Railway (JR), la principal compañía ferroviaria japonesa, pero después de tres años decidió cumplir su sueño de infancia e intentar conseguir un trabajo en aviación civil. Eso fue lo que la llevó a tomar la valiente decisión, hace ya dos años, de cambiar. En Japón, entrar en una compañía aérea resulta extremadamente difícil (sólo lo consigue uno de cada mil aspirantes). Ella lo logró, pero tuvo la mala suerte de verse envuelta en el atentado del metro poco después de haberse incorporado a su nuevo puesto.

Asegura que lo que más le gusta es estudiar. A primera vista se ve que es una mujer apasionada y positiva, con el suficiente carácter para lograr los objetivos que se propone. Es elocuente y quizá la palabra «justa» suene un tanto anticuada, sin embargo, encaja bien en su forma de ser sincera y afable.

Si no trabajase para una compañía aérea, le gustaría hacerlo como secretaria de algún político. De hecho, estudió para eso y, de haberse dedicado a ello, no me cabe ninguna duda de que habría sido una profesional muy competente.

Resulta extraño, pero al observarla no podía evitar la sensación de percibir cierta nostalgia en ella. En mi clase del instituto había una chica muy parecida; tenía un carácter firme, digno de confianza. Me pregunto si hoy en día seguirá habiendo chicas así.

Su trabajo en la JR fue una experiencia interesante, pero hasta cierto punto incompatible con su forma de ser, ya que lo más importante para la empresa era la posición jerárquica de cada uno en detrimento de su capacidad. Además, el sindicato tenía mucha fuerza y a menudo planteaban posiciones muy intolerantes, cosa que generaba, según ella, una atmósfera particular, estrecha. Por si fuera poco, quería dar uso al inglés que había aprendido. Cuando tomó la decisión de marcharse, sus compañeros se lo reprocharon, pero ya no había marcha atrás para ella.

En la JR recibió formación sobre cómo actuar en situaciones de emergencia, lo cual resultó ser de un valor incalculable cuando se le presentaron aquellas circunstancias completamente inesperadas...

Confiesa que le gusta estar siempre con gente, que no entra en una cafetería si no es acompañada. Ni se plantea la posibilidad de vivir sola.

En aquella época vivía en Waseda (al noroeste del centro de Tokio) en un apartamento muy pequeño, por eso me mudé hace poco. Las oficinas de la compañía estaban en Kamiyacho (al sudeste del centro), de manera que siempre tomaba la línea Tozai, cambiaba en Otemachi a la línea Chiyoda y continuaba hasta la estación de Kasumigaseki. Desde allí sólo me quedaba una parada de la línea Hibiya hasta Kamiyacho.

La jornada laboral comenzaba a las 8:30. Salía de casa sobre las 7:45. Como muy tarde a las 7:50. Siempre llegaba antes de mi hora de entrada, normalmente era una de las primeras en hacerlo. En las empresas japonesas se espera de uno que llegue al trabajo entre media hora y una hora antes de la hora, pero en una compañía extranjera, al contrario, hay mucha más flexibilidad. No ganas nada con llegar antes de tiempo.

Me levantaba entre las 6:15 y las 6:20 de la mañana. Generalmente no desayunaba, tan sólo un café rápido. La línea Tozai suele estar atestada en las horas punta, pero si consigues evitar los momentos críticos, no está mal del todo. Nunca he tenido ningún problema con pervertidos que hayan tratado de meterme mano o cosas por el estilo.

No suelo ponerme enferma, pero la mañana del 20 de marzo no me sentía bien. En realidad me encontraba fatal. A pesar de todo me levanté y me metí en el metro para ir al trabajo. Hice transbordo en Otemachi para cambiar a la línea Chiyoda. Pensé: «¡Vaya! Hoy me encuentro realmente mal». Inspiré. En ese instante se me congeló la respiración. Fue así como sucedió.

Viajaba, como de costumbre, en el primer vagón, porque así me quedaba más cerca la salida para el transbordo en la estación de Kasumigaseki. No iba muy lleno. Casi todos los asientos estaban ocupados, pero sólo había unos cuantos pasajeros en pie desperdigados aquí y allá. Se alcanzaba a ver de un extremo a otro del vagón.

Estaba de pie junto a la cabina del conductor, agarrada al pasamanos de la puerta. Entonces, como ya he dicho antes, respiré profundamente y me invadió un pánico repentino. No fue algo doloroso, sentí más bien como si me hubieran disparado. Algo así. Se me cortó la respiración de súbito. Me daba la impresión de que si volvía a tomar aire se me saldrían los intestinos por la boca. Sentía un enorme vacío en el estómago, debido, probablemente, al hecho de que no me encontraba bien. Al menos eso fue lo que pensé en un primer momento, pero pronto me di cuenta de que un simple malestar no podía llegar hasta ese extremo.

Ahora lo recuerdo y todo me resulta muy extraño. También pensé: «Quizás es una señal de que ha muerto mi abuelo». Vivía en el norte, en la prefectura de Ishikawa. Tenía noventa y cuatro años. Unos días antes me habían llamado para decirme que estaba muy enfermo. Interpreté lo que me pasaba como una especie de señal. Ése fue mi primer pensamiento: algo había sucedido. Mi abuelo había muerto.

Pude volver a respirar con normalidad poco después, pero en cuanto el tren dejó atrás la estación de Hibiya, justo antes de Kasumigaseki, me dio un ataque de tos. En realidad todo el mundo tosía como si estuviera poseído. Comprendí que sucedía algo extraño que no tenía que ver sólo conmigo. La gente estaba muy nerviosa, todo...

Cuando el tren se detuvo en Kasumigaseki, salí sin pensar demasiado en lo que pasaba. Unos pasajeros llamaron a uno de los encargados de la estación: «¡Por favor! Aquí pasa algo raro. ¡Venga deprisa!». El encargado entró en el vagón. No vi qué sucedió después, pero tengo entendido que fue él quien sacó las bolsas con el gas sarín. Poco después murió.

Me alejé del andén y caminé por los pasillos en dirección a la línea Hibiya. Nada más llegar, escuché la señal de emergencia al final de la escalera: ¡Biiii. Biii! Como había trabajado durante un tiempo en la JR, supe de inmediato que se trataba de un accidente. Lo anunciaron por megafonía. Pensé que lo mejor sería alejarme de allí cuanto antes. Justo en ese momento llegó el tren de la línea Hibiya en dirección contraria.

Dada la confusión que reinaba entre los empleados de la estación me di cuenta de que no era una situación normal. El tren que acababa de llegar iba completamente vacío, sin un solo pasajero a bordo. Me enteré más tarde de que también habían liberado en él gas sarín y de que, al percatarse de que sucedía algo grave, habían evacuado a todos los pasajeros en la estación de Kamiyacho.

Después de la alarma hubo un anuncio por megafonía: «Evacuen la estación de inmediato». La gente se dirigió hacia las salidas. Yo empezaba a sentirme realmente mal. Pensé que sería mejor ir primero al baño antes de salir. Lo busqué por todas partes, me arrastré como pude hasta que por fin lo encontré junto a una de las oficinas de la estación. Vi a tres trabajadores tirados en el suelo. Tenía que haber sido un accidente muy grave. Me dirigí hacia la salida que queda frente al edificio del Ministerio de Comercio e Industria. Supongo que todo eso sucedió en unos diez minutos. Durante ese tiempo evacuaron a los tres hombres que había visto en el suelo.

Al salir afuera miré a mi alrededor. Lo que vi... ¿Cómo podría describirlo? Un «Infierno». Sí, esa palabra lo describe a la perfección. Allí se encontraban aquellos tres hombres tumbados en el suelo; les habían metido una cuchara en la boca para evitar que se tragasen la lengua. Vi también a otros empleados del metro sentados en unos maceteros de la calle. Todos ellos se sujetaban la cabeza con las manos. Lloraban. Me había topado con una chica que también lloraba a lágrima viva. No supe qué decirle. No tenía ni idea de lo que pasaba.

Me acerqué a uno de los empleados de la estación. «He trabajado para la JR. Estoy entrenada para actuar en situaciones de emergencia. ¿Puedo ayudar de algún modo?» Se quedó mirando al vacío. Todo lo que acertó a decir fue: «Sí, sí. Ayude». Me volví hacia sus compañeros. «No es momento de llorar», les recriminé. «No estamos llorando», respondió uno de ellos. Había sacado una conclusión errónea. Al verlos pensé que se lamentaban por la desgracia de sus compañeros muertos. «¿Ha llamado alguien a una ambulancia?», pregunté. Así era. Al fin oí una sirena a lo lejos, pero me di cuenta de que no venía en nuestra dirección. Por alguna razón fuimos los últimos a quienes socorrieron. Los heridos más graves fueron los últimos en llegar al hospital. Como resultado de eso, dos personas fallecieron.

Había un equipo de la televisión de Tokio que grababa la escena. Tenían la furgoneta aparcada muy cerca de allí. Corrí hacia ellos. «¡No es momento de grabar!», les dije. «Si disponen de un vehículo, lleven inmediatamente a esta gente al hospital!» El conductor consultó con sus compañeros. «De acuerdo», respondió.

En la JR me habían enseñado que siempre debía llevar conmigo un pañuelo rojo. De esa manera podía utilizarlo para detener los trenes en caso de emergencia. Pregunté a las personas que estaban a mi alrededor si tenían alguno o, en caso contrario, algo lo suficientemente llamativo. Alguien sacó uno, pero era muy pequeño. Se lo di al conductor del equipo de televisión. «Lleve a esta gente al hospital más cercano. ¡Es una emergencia!», le ordené. «¡Toque el claxon cuanto sea necesario, sáltese los semáforos en rojo si hace falta! ¡No se detenga por nada!»

He olvidado cómo era el pañuelo; creo que estampado. No recuerdo si le dije que lo agitara por la ventanilla o lo até yo misma al espejo retrovisor. Estaba muy alterada, por eso mis recuerdos no son muy precisos. Lo que sí recuerdo es que metieron al señor Takahashi, un empleado del metro que murió más tarde, en la parte de atrás. Con él subió también el segundo de la estación, y como aún había espacio, montaron a uno más.

Creo que cuando metimos al señor Takahashi en la furgoneta aún seguía con vida, pero nada más verle pensé que estaba en las últimas. Nunca había visto a alguien tan cerca de la muerte, no tenía esa experiencia, pero, por alguna razón, supe que iba a morir en aquel lugar. En cualquier caso, tenía que hacer cuanto estuviera en mis manos. El conductor me suplicó: «Señorita, venga con nosotros, por favor». «No, no voy», le respondí. Aún sacaban a mucha gente del interior de la estación y alguien tenía que hacerse cargo de ellos. Por eso me quedé. No sé a qué hospital se dirigieron; no volví a verlos.

Me fijé en una chica que estaba junto a mí. Sollozaba. Temblaba. Me quedé con ella para tratar de animarla. «Tranquila, tranquila. Todo va a salir bien», le dije. Por fin llegó una ambulancia. Había intentado ocuparme de tanta gente como fui capaz. Todos tenían la cara pálida, más bien completamente lívida. Había un hombre mayor que echaba espuma por la boca. Nunca hubiera imaginado que un ser humano fuese capaz de expulsar semejantes espumarajos. Le desabroché la camisa, le aflojé el cinturón, le tomé el pulso. Lo tenía muy acelerado. Traté de levantarle. Estaba inconsciente. Era otro empleado de la estación, pero como se había quitado la chaqueta del uniforme en un primer momento no lo identifiqué. Su cara pálida y su cabello fino hicieron que lo confundiera con un pasajero. Era el señor Toyoda, compañero de Takahashi y Hishinuma, los dos que murieron. Él fue el único que sobrevivió. Estuvo mucho tiempo ingresado en el hospital.

«¿Está consciente?», me preguntaron los sanitarios de la ambulancia. «No», les respondí yo cada vez más impaciente, «pero aún tiene pulso.» Le pusieron oxígeno. Me dijeron que tenían otra unidad respiratoria: «Si hay algún otro herido nos lo llevaremos». Inhalé un poco de oxígeno y luego le di a la chica que estaba conmigo. Poco después se produjo una verdadera invasión de medios que, literalmente, asaltaron a la pobre chica. Se la pudo ver en televisión una y otra vez. No dejaron de pasar su imagen durante todo el día.

Al hacerme cargo de los demás me olvidé por completo de mí misma. Sólo cuando oí la palabra «oxígeno» pensé: «Deberías. Fíjate en lo mal que respiras». Hasta ese instante no había sido capaz de relacionar el atentado con mi estado físico. Me encontraba bien dentro de un orden, por eso me sentía obligada a ocuparme de quienes lo estaban pasando realmente mal. No tenía ni idea de la magnitud del ataque, pero fuera la que fuera, había sido enorme. Como ya le he explicado antes, me sentía mal desde que me levanté. Estaba convencida de que era cosa mía.

En mitad de aquel tumulto me encontré con un colega de trabajo que me ayudó a rescatar a la chica de las garras de los medios. Luego me propuso que hiciésemos a pie el resto del camino hasta la oficina. «Buena idea», pensé, «caminaremos hasta el trabajo.» Desde Kasumigaseki hasta la oficina se tarda unos treinta minutos. Aún respiraba con dificultad, pero no hasta el extremo de tener que sentarme y recuperar el aliento. Podía caminar.

Nada más llegar, el jefe dijo que me había visto en la tele. Todo el mundo se interesó por mí: «Señorita Izumi, ¿está usted bien?». Eran las diez de la mañana. «¿Por qué no descansa un poco?», sugirió mi jefe, «no debería esforzarse.» Yo aún no entendía del todo lo que había pasado así que me puse a trabajar. Poco después vino a verme alguien del departamento de personal: «Al parecer ha sido un atentado con gas venenoso. Si tiene usted algún síntoma debería acudir inmediatamente al hospital». Lo cierto es que cada vez me sentía peor. Me metieron en una ambulancia en el cruce de Kamiyacho. Me llevaron al Hospital de Azabu, que estaba cerca. Habría ingresadas unas veinte víctimas del atentado.

Tres días después me subió la fiebre hasta los cuarenta grados. Lo primero que pensé es que el termómetro se había estropeado porque el mercurio no bajaba ni una décima. No podía moverme. Cuando al fin me bajó la fiebre, me atacó una especie de tos asmática que me duró un mes entero. Eran los dolorosos efectos secundarios del gas sarín en las vías respiratorias. Empezaba a toser y ya no podía parar. Si hablaba como hago ahora, me daba la tos. En un trabajo de relaciones públicas como el mío tienes que ver a mucha gente, por lo que trabajar en esas condiciones resultaba imposible. Por si fuera poco, tenía pesadillas. La terrible imagen de los empleados del metro con la cuchara metida en la boca volvía a mi mente una y otra vez. En mis sueños veía cientos de cuerpos alineados tendidos en el suelo, se perdían en la distancia. No sé cuántas veces me desperté aterrorizada en mitad de la noche.

Lo he explicado antes. Justo frente al Ministerio de Comercio e Industria había gente que agonizaba, gente tumbada que echaba espuma por la boca. La mitad de la calle se había convertido en un verdadero infierno, pero en la otra mitad la gente seguía con su vida cotidiana, se dirigía al trabajo como si nada. Yo atendía a los heridos como buenamente podía y veía los gestos de extrañeza de los transeúntes. Parecía que se preguntasen: «¿Qué diablos está pasando?». Nadie se acercó a echar una mano. Era como si estuviésemos en otro mundo. No se detuvo una sola persona. Supongo que todos debieron de pensar que no era asunto suyo. También había varios guardias de seguridad en la puerta del edificio del ministerio, justo enfrente. Delante de sus ojos yacían tres personas en estado crítico que agonizaban a la espera de una ambulancia que tardó mucho tiempo en llegar. Ninguno de ellos se acercó a ayudar. Ni siquiera fueron capaces de llamar a un taxi.

El atentado se produjo a las 8:10. La ambulancia llegó una hora y media más tarde. Durante todo ese tiempo nadie nos ayudó, nos dejaron allí tirados sin mover un dedo. De vez en cuando, una cámara de televisión enfocaba el cuerpo exangüe del señor Takahashi, que aún tenía una cuchara metida en la boca. Eso era todo. Yo no podía soportar ver aquella imagen.

Supongamos que hubiera sido usted una de esas personas que caminaban por la otra acera en dirección al trabajo. ¿Habría cruzado la calle para ayudar?

Sí. Creo que lo habría hecho. No los habría ignorado. No me habría importado lo extraño o inusual de la escena. Habría cruzado. Lo cierto es que la situación me producía unas terribles ganas de llorar, pero sabía que si perdía el control sería el fin. Me di cuenta a simple vista de que nadie fue capaz de gestionar las cosas con calma. Ni siquiera a la hora de llevarse a los heridos. La gente nos abandonó allí porque tenía que seguir su camino. Fue terrorífico. Eso me obligó a reaccionar. No podía quedarme al margen.

En cuanto a los responsables del atentado, no puedo asegurar categóricamente que sienta rabia u odio hacia ellos. Supongo que no soy capaz de relacionarlos con lo sucedido, por tanto, me siento incapaz de encontrar esas emociones en mi interior. En lo que realmente pienso, sin embargo, es en las familias que tienen que soportar la tragedia de haber perdido a alguien, en el sufrimiento de la gente que padece las secuelas del gas sarín. Ese sentimiento es mucho más fuerte que la rabia o el odio que pueda sentir hacia los criminales. Que alguien de Aum haya liberado gas sarín en el metro... Ésa no es la cuestión. Yo no pienso en el papel que Aum tuvo en el atentado.

Nunca veo reportajes en televisión, ni hago caso a nada relacionado con la secta. No quiero. Tampoco tengo intención de conceder entrevistas. Si hacerlo ayudase a quienes sufren, a las familias de los fallecidos, entonces lo haría. Me decidiría, hablaría, pero sólo si quisieran saber de verdad qué sucedió. De todos modos, prefiero que los medios no me manejen a su antojo.

Por supuesto que la sociedad debe castigar duramente este crimen, sobre todo si se tiene en cuenta a las familias de los fallecidos. No, los responsables no deben quedar impunes. ¿Qué se supone que deben hacer esas familias...? Aun en el caso de que los condenen a todos a la pena de muerte, ¿qué solucionará eso? Quizá soy demasiado sensible cuando se trata de cuestiones morales, pero yo vi morir a gente ante mis ojos. Por durísima que sea la sentencia, no hay nada que pueda reconfortar a esas familias.

«He estado en la estación de Kasumigaseki
desde el primer día.»
MASARU YUASA (24)

El señor Yuasa es mucho más joven que el señor Toyoda (entrevistado más adelante) o el señor Takahashi. Su edad corresponde más bien a la de los hijos de estos dos; con su pelo liso y perfectamente arreglado, no aparenta más de dieciséis años en lugar de los veintiséis que tiene en el momento de la entrevista. Conserva ese aire ingenuo propio de algunos jóvenes, lo que le hace parecer más joven de lo que en realidad es.

Nació en Ichikawa, al otro lado de la bahía de Tokio, en la prefectura de Chiba, donde pasó su juventud. En un momento dado le empezaron a interesar los trenes porque tenía un primo que trabajaba en el metro. Se matriculó en la Escuela Superior de Iwakura, en el distrito tokiota de Ueno. Es la escuela que ofrece una mejor formación para quien desee dedicarse a los ferrocarriles. Como quería ser conductor, optó por los estudios de ingeniería mecánica. En 1988 le contrató la Autoridad del Metro de Tokio. Desde entonces ha trabajado en la estación de Kasumigaseki, a la que se siente unido en cuerpo y alma. Directo y hablador, afronta su responsabilidad diaria con una clara determinación. El atentado con gas sarín supuso un tremendo golpe para él.

Su inmediato superior le ordenó que ayudase a evacuar en camilla al señor Takahashi. Le llevaron desde el andén donde se había desplomado hasta la calle. Una vez allí, el señor Yuasa debía esperar en la zona predeterminada por el protocolo de seguridad la llegada de la ambulancia que nunca llegó. Vio con sus propios ojos cómo su compañero empeoraba sin poder hacer nada para remediarlo. El señor Takahashi no recibió la atención médica necesaria y, finalmente, falleció. La frustración del señor Yuasa, su rabia y su confusión son indescriptibles. Es probable que por esa razón su memoria presente ciertas lagunas. Admite que algunos detalles se han borrado por completo de su mente. Eso explicaría por qué ciertos acontecimientos ocurridos en el mismo escenario difieren ligeramente respecto a otras versiones.

En la escuela donde estudié había un departamento de mecánica de transportes. Estadísticamente, los que elegían Transportes eran tipos raros que, por ejemplo, tenían por costumbre guardarse los horarios en el cajón para aprendérselos de memoria. *(Risas.)* A mí me gustan los trenes, pero no tanto. Allí había muchos maniáticos con los que resultaba muy difícil relacionarse. Japan Rail (JR) era el no va más en lo que se refiere a aspiraciones laborales. Muchos de mis compañeros querían ser conductores de Shinkansen, el tren bala. Me gradué, pero en la JR no había ninguna oferta de trabajo. Seibu, Odakyu, Tokyu y otras empresas privadas tenían también bastante prestigio, aunque el problema era que, si trabajabas para ellas, tenías que vivir en alguna de las zonas donde prestaban servicio. Además, exigían experiencia laboral. Eran bastante estrictos. Yo siempre había querido trabajar en el metro de Tokio, una empresa muy bien considerada. El sueldo era parecido al de otras compañías y encima no pasaba como en otros sitios, donde te contrataban para conducir trenes y acabábas trabajando en las grandes áreas comerciales de las estaciones.

El trabajo en la estación conlleva una gran variedad de responsabilidades. No sólo las relacionadas con la venta de billetes o la atención al público en el andén, sino también la de hacerse cargo de los objetos perdidos, evitar discusiones y peleas entre los pasajeros, etcétera, etcétera. Empezar a trabajar con dieciocho años y tener que hacerte cargo de todo eso fue realmente duro. Quizá por eso mi primer servicio de veinticuatro horas fue el que se me hizo más largo. Cuando cerré con llave la cancela de la estación después del último tren, respiré aliviado: «¡Por fin se terminó el día!». Ahora ya no me pasa, fue sólo aquella primera vez.

Lo peor de todo son los borrachos. Hay camorristas que buscan pelea, que vomitan... Kasumigaseki no es un distrito donde la gente salga especialmente a divertirse. No suele haber muchos, pero eso no nos libra de que aparezcan de vez en cuando.

Antes de empezar a trabajar quería ser conductor. ¿Hizo los exámenes correspondientes?

No, nunca llegué a presentarme. Tuve ocasión de hacerlo en varias ocasiones, pero lo descarté y al final no lo hice. Al cumplir mi primer año en la empresa se convocó uno para interventor, pero durante ese tiempo me había acostumbrado al trabajo en la estación, así que lo dejé pasar. Cierto que había borrachos y otras cosas que no me gustan, pero quería seguir allí un poco más. Supongo que mi ilusión se desvaneció.

En la estación de Kasumigaseki confluyen tres líneas: Marunouchi, Hibiya y Chiyoda. Cada una de ellas cuenta con su propia plantilla.

En aquella época yo estaba asignado a la Marunouchi. La oficina de la línea Hibiya es la más grande y, oficialmente, la central de la estación, pero las otras dos también cuentan con despachos.

El domingo anterior al atentado tuve turno de veinticuatro horas en la línea Chiyoda. Andaban cortos de personal y me tocó cubrir una vacante. Es algo frecuente, porque tiene que haber un número de personal mínimo para cubrir el turno de noche. El de otras líneas ayuda cuando es necesario; funcionamos como una gran familia.

Alrededor de las 12:30 de la noche echamos las persianas metálicas, bloqueamos los torniquetes, apagamos las máquinas expendedoras, nos lavamos y nos acostamos pasada la una de la madrugada. El primer turno termina a las 11:30 y se acuesta sobre las doce. Se levanta a las 4:30 de la mañana siguiente. El segundo turno a las 5:30. El primer tren sale a las 5 de la mañana.

Te levantas y en lo primero que piensas es en limpiar, abrir las puertas, preparar los torniquetes... Cuando todo está listo, nos turnamos para desayunar. Cocemos nuestro propio arroz y preparamos sopa de miso. Cocinar está incluido entre nuestras responsabilidades. Lo compartimos todo.

Aquella noche yo estaba en el segundo turno. Me levanté a las 5:30, me puse el uniforme y a las 5:55 me hallaba junto a los torniquetes de entrada a la estación. Me quedé allí hasta las 7. Luego me tomé media hora de descanso para desayunar. Después me dirigí hacia la zona de salida A, donde se encuentran las salidas A-12 y A-13. Estuve allí aproximadamente hasta las 8:15. Mi jornada terminaba en ese momento. Iba de regreso a la oficina después de que me sustituyera un compañero, cuando vi al jefe de vestíbulo, Matsumoto, con una fregona. «¿Para qué es eso?», le pregunté. Iba a limpiar un vagón. Yo no tenía nada que hacer. «Está bien, iré con usted», le dije. Subimos por las escaleras mecánicas hasta el andén. Allí nos encontramos con el señor Toyoda, el señor Takahashi y el señor Hishinuma junto a un montón de papeles de periódico humedecidos. Los metían en una bolsa de plástico, pero, a pesar de su ahínco, había un líquido que no dejaba de desparramarse por el suelo. Matsumoto pasó la fregona para limpiarlo. Yo no tenía nada con lo que limpiar. Ya habían terminado de meter los papeles de periódico en la bolsa, así que no podía hacer gran cosa. Me quedé de pie a un lado y observé la escena.

No dejaba de preguntarme qué sería aquel líquido. No tenía ni idea. Tampoco olía a nada en particular. Takahashi se dirigió hacia la papelera que había al final del andén. Probablemente iba a buscar más periódicos para terminar de limpiar. Cuando estaba junto a la papelera, se desplomó. Corrimos hacia él. «¿Qué ocurre?», le gritamos. Yo pensé que sólo se encontraba mal, no que fuera algo grave. «¿Puede caminar?», le preguntamos de nuevo. Era evidente que no. Llamé a la oficina por el interfono para pedir que mandasen con urgencia una camilla. Takahashi tenía muy mala cara. No podía hablar. Forcejeaba, como si quisiera aflojar el nudo de su corbata. Yo no entendía por qué razón parecía sufrir tanto. Lo tumbamos de lado... Realmente tenía muy mal aspecto.

Lo llevamos a la oficina en camilla y llamamos a una ambulancia. Fue entonces cuando le pregunté a Toyoda: «¿A cuál de las salidas se dirigirá la ambulancia?». Existe un protocolo para situaciones de emergencia que especifica el lugar exacto donde deben detenerse en caso de accidente. Pero Toyoda no articulaba bien. Es extraño, pero en ese momento pensé que estaba demasiado confuso para hablar con claridad. Me precipité hacia la salida A-11. Antes de subir a Takahashi salí a la calle y esperé allí para indicarle al personal de la ambulancia adónde tenía que ir exactamente. Era la salida que queda frente al Ministerio de Comercio e Industria.

Antes de llegar afuera me crucé con unos colegas de la línea Hibiya. Me hablaron de una explosión en la estación de Tsukiji. No sabían mucho más del asunto. El día 15 de ese mismo mes habíamos encontrado un objeto sospechoso en la estación. Mientras esperaba a la ambulancia pensé: «Mala época. Ocurren muchas cosas raras».

La ambulancia se demoraba mucho. Salieron unos compañeros para preguntarme qué ocurría. «¿Qué hacemos?» Decidimos que lo mejor sería sacar a Takahashi a la calle. Durante todo ese tiempo yo estuve fuera y ellos dentro. Abajo, en la oficina, empezaban a sentirse mal. No querían volver a bajar. Atribuían su malestar a las bolsas de plástico con los papeles que habían usado para limpiar el líquido. Estaban dentro de la oficina.

De todos modos había que subir a Takahashi. Bajamos todos juntos. Había una pasajera que no se encontraba bien. Estaba sentada en el sofá de la entrada. Era la señora Nozaki. Takahashi estaba tendido en la camilla, justo detrás de ella. No se movía. Estaba prácticamente inmóvil, rígido, inconsciente. Había empeorado. Un compañero intentaba hablar con él, pero no contestaba. Cargamos con él entre cuatro y lo sacamos a la calle.

Esperamos. No se oía la sirena de la ambulancia por ninguna parte. Cada vez estábamos más nerviosos, más frustrados. ¿Por qué no venían? Más tarde nos enteramos de que todas las ambulancias habían ido a Tsukiji. En la distancia se oían las sirenas. Ninguna venía en nuestra dirección. No podía reprimir la ansiedad que me provocaba el darme cuenta de que se equivocaban de lugar. Tenía ganas de gritarles, decirles que vinieran a ayudarnos. Me eché a correr para alcanzar alguna, pero me mareé por el esfuerzo... En un primer momento lo atribuí a la falta de sueño.

En la calle había periodistas. No eran de la televisión. Era una fotógrafa con una cámara grande de aspecto profesional. Empezó a disparar. Yo estaba muy nervioso; la ambulancia no llegaba. Le grité: «¡Nada de fotos!». Su ayudante se interpuso entre nosotros. También le grité a él, pero lo cierto es que sólo hacían su trabajo. Poco tiempo después llegó un equipo de la televisión de Tokio. Me hicieron muchas preguntas sobre la situación, sobre lo que estaba pasando. Yo no me encontraba en condiciones de responderles, mucho menos teniendo en cuenta que la ambulancia no llegaba.

Me percaté de que los de la tele tenían una furgoneta. «Si tienen un vehículo, deben llevarse a Takahashi», les ordené. Por mi forma de hablar debieron de comprender que estaba furioso. No recuerdo bien la secuencia de los acontecimientos porque estaba muy excitado. Como no sabían exactamente lo que pasaba, me llevó un rato explicárselo y convencerlos. No se pusieron en marcha de inmediato. La discusión nos llevó un buen rato, pero en cuanto se aclararon las cosas metieron a Takahashi en la parte trasera de la furgoneta junto al señor Ohori, otro compañero que también se sentía mal. Nada más sacarle a la calle, Takahashi empezó a vomitar. Estuve todo el tiempo con él. Nos llevamos también a otro compañero, al señor Sawaguchi.

Le pregunté al conductor: «¿Sabe ir al hospital?». Me dijo que no. Me senté a su lado y le indiqué el camino hasta el Hospital de Hibiya, adonde enviábamos a las personas que se ponían enfermas. Una mujer nos dijo que sacásemos un pañuelo rojo por la ventanilla para que todo el mundo se diera cuenta de que se trataba de una emergencia. No teníamos ninguno y ella nos dejó el suyo. Toyoda me explicó después que había trabajado en la JR. No era rojo, era un pañuelo corriente. Lo agité por la ventanilla durante todo el trayecto. Debían de ser las nueve y el tráfico era muy intenso. La interminable espera me había sacado de quicio. No recuerdo la cara del conductor ni la de la mujer. No conservo ninguna imagen clara. Sólo sé que me marché de allí. No tuve tiempo de pensar en lo que pasaba. Recuerdo que Ohori vomitó en el asiento de atrás. De eso sí me acuerdo.

En el hospital tardaron mucho tiempo en atendernos. No sé qué hora era cuando llegamos, supongo que aún no eran las nueve. Sacamos a Takahashi en la camilla, me acerqué a toda prisa a la recepción:

«¡Es una emergencia!», les grité. Volví a salir y esperé junto a Takahashi. No se movía. Ohori se había desplomado. Se quedó inmóvil. A pesar de la gravedad de la situación, nadie salió del hospital para hacerse cargo de ellos.

¿No salió nadie?

Debieron de juzgar que no era tan urgente. No les había proporcionado detalles sobre lo que pasaba y debí de dar la impresión de estar muy confundido. Esperamos y esperamos. Nadie salió. Volví a entrar. En esa ocasión levanté la voz: «¡Por favor, que salga alguien de una vez! ¡Es una emergencia!». Fue entonces cuando se decidieron a hacer algo. Nada más ver las condiciones en las que se encontraban Takahashi y Ohori, los llevaron dentro a toda prisa. ¿Cuánto duró aquello? No lo sé, quizá dos o tres minutos.

Sawaguchi se quedó en el hospital y yo regresé a la estación con el conductor. Estaba más tranquilo, al menos no dejaba de repetir que tenía que calmarme. Le pedí disculpas al conductor porque Ohori le había ensuciado el asiento, pero él no parecía especialmente preocupado. Me di cuenta de que podía volver a tener una conversación normal.

Creo recordar que, cuando llegamos, ya habían sacado a Toyoda y Hishinuma. Ninguno de los dos se movía; trataban de reanimarlos, les daban masajes cardiacos. Les pusieron el oxígeno que teníamos para casos de incendio. Junto al Ministerio de Comercio e Industria había sentados varios empleados y pasajeros. Nadie tenía la más mínima idea de lo que pasaba. Al fin llegó una ambulancia. Me falla la memoria en ese punto, pero creo recordar que se llevaron a Toyoda y a Hishinuma por separado. Un solo paciente por vehículo. A uno de los dos le metieron en un coche. Se los llevaron sólo a ellos porque no había nadie más en estado crítico. Se había congregado mucha gente en torno a la salida A 11: periodistas, policía, bomberos... Lo recuerdo bien. Los medios de comunicación no daban abasto; entrevistaban a los pasajeros, al personal del metro... Es probable que ya no se les permitiera el acceso a la estación.

En cuanto la situación estuvo controlada, regresé a pie al hospital. Al entrar vi la televisión encendida. Daban las noticias de la NHK, la televisión pública japonesa. Había conexiones en directo con los diferentes lugares donde se había producido el atentado. Fue así como me enteré de que Takahashi había muerto, por un rótulo que pasaba en la parte inferior de la pantalla. «¡Maldita sea!», pensé, «no lo ha logrado. Llegamos demasiado tarde...» No puedo describir el profundo dolor que sentí.

¿Cómo me afectó a mí el sarín? Bueno, se me contrajeron las pupilas. Me daba la impresión de que todo estaba oscuro. También tenía náuseas. Nada serio. No me hicieron análisis ni tuve que pasar por consulta. Me pusieron suero por si acaso, eso sí. Me quedé un rato adormilado con el uniforme puesto. De entre todos los que estuvimos cerca del gas, yo fui el menos afectado, probablemente porque salí pronto de la estación. En cuanto me quitaron el suero regresé con otros compañeros. La línea Chiyoda no tiene parada en Kasumigaseki, por eso volvimos a la oficina de la línea Marunouchi. Entre una cosa y otra, se hizo de noche. Había sido un día muy largo. Me tomé libre el día siguiente. Dos días más tarde tenía otro turno de veinticuatro horas.

Reconozco que lo que recuerdo de ese día me viene a trompicones. De pronto se me aparece este o aquel detalle con suma claridad, pero todo lo demás permanece entre la bruma. Será porque estuve todo el tiempo muy agitado. Sin embargo, del colapso de Takahashi y del momento en que lo llevamos al hospital me acuerdo a la perfección.

No tenía una relación especialmente estrecha con Takahashi. Él era ayudante del jefe de estación, yo tan sólo un joven subordinado. Una posición muy distinta. Su hijo también trabaja en el metro y debe de tener la misma edad que yo. Supongo que eso nos convertía casi en padre e hijo, aunque él nunca me hizo sentir la verdadera diferencia de edad que había entre nosotros. No era de esos que marcan distinciones jerárquicas. Era un hombre tranquilo, caía bien a todo el mundo. Siempre trataba a los pasajeros con suma educación. En lugar de señor Takahashi, le llamábamos cariñosamente Isho-san.

El atentado no me afectó hasta el extremo de pensar que no podría soportar más el trabajo. En absoluto. He estado en la estación de Kasumigaseki desde el primer día. No puedo compararlo con otros trabajos, pero éste me gusta.

«En ese momento, Takahashi aún seguía con vida.»
MINORU MIYATA (54)

El señor Miyata trabaja como chófer para la televisión de Tokio desde hace seis años. Está contratado por una empresa externa de conductores profesionales. Hace largas guardias en la sede central de la televisión hasta que salta una noticia, momento en el cual se pone en marcha a toda prisa, arranca la furgoneta y sale a la calle con el equipo de cámaras y reporteros. En ocasiones, no le queda más remedio que pisar a fondo y conducir los más de mil seiscientos kilómetros que separan Tokio de Hokkaido. Un trabajo duro.

Conductor profesional desde mediados de la década de los sesenta, confiesa que se sentía atraído por los coches desde que era un niño. Se le ilumina la cara al hablar de ello. Nunca ha tenido un accidente ni le han puesto una multa, aunque admite que comete alguna infracción de vez en cuando, siempre por razones de peso. En condiciones normales, es un conductor respetuoso con las normas de circulación y con los otros vehículos: «Los accidentes no ocurren tan fácilmente si conduces atento a lo que pasa delante y detrás». El día del atentado, sin embargo, no tuvo más remedio que infringir varias normas cuando llevaba al hospital a algunas de las víctimas.

Nació y se crió en Tokio. Casado y con un hijo, no aparenta sus cincuenta y cinco años. Habla rápido, sin pensar mucho lo que dice. Es el ejemplo perfecto de una persona con capacidad de reacción inmediata, una rapidez que resultó decisiva en el escenario del atentado.

El día del atentado conducía una furgoneta Toyota modelo Hiace, rotulada con un logotipo de la televisión de Tokio en los laterales. Los equipos a los que llevo cambian constantemente, pero la furgoneta es siempre la misma. Suelo estar en una especie de sala de espera que se encuentra en la planta baja del edificio. Cuando sucede algo, cargo y salgo disparado al lugar de la noticia. Mi horario es de 9:30 de la mañana a 6:30 de la tarde, aunque suelo hacer horas extras. A veces también me llaman en mitad de la noche.

Hay que valer para este trabajo. Si otras televisiones llegan antes que tú al lugar de la noticia, es un problema. Como el tipo de vehículos que utilizamos no es muy rápido, al final se trata de elegir la mejor ruta, la menos congestionada, llegar lo antes posible. El tiempo libre del que dispongo lo utilizo para estudiar mapas o memorizar rutas. Pídame que vaya a cualquier lugar de Kanto, la región de Tokio, y verá como conozco la ruta aunque nunca haya estado allí.

En la tele todos los días pasa algo. No hay uno solo en el que no ocurra nada. Nunca puedo tomarme un descanso. *(Risas.)*

El 20 de marzo tenía una salida programada a las 8:30 con un operador de cámara para grabar en Ueda Harlow, una empresa del distrito financiero de Kabutocho. Pensé que lo mejor sería llegar hasta el cruce de la estación de Kamiyacho, para salir después por la avenida Showa. Sin embargo, cuando llegamos al cruce nos encontramos con una situación desastrosa. «¿Qué pasa aquí?», me pregunté. Reduje la velocidad. «Quizá nos llamen antes de llegar», dijo el operador de cámara. Íbamos tres, el operador, el realizador y yo. Seguimos adelante.

Justo antes de entrar en el túnel de Shimbashi, completamente atascado como era de esperar, nos llamaron de la redacción. Nos dijeron que fuéramos al cruce de Kasumigaseki. Es una zona abierta, muy amplia, donde hay varios ministerios, el de Asuntos Exteriores, el de Economía, el de Comercio e Industria, el de Agricultura y Pesca... Nada más llegar vi a varios trabajadores del metro tendidos en el suelo, junto a la salida, con el uniforme puesto: unos estaban inmóviles; otros, agachados en cuclillas. Había uno joven que no dejaba de gritar con todas sus fuerzas: «¡Rápido, que alguien llame a una ambulancia!».

Fuimos los primeros en llegar. Había una sola ambulancia. Se llevó a varias personas. Justo al lado, un policía llamaba por radio: «¡Envíen más ambulancias inmediatamente!». En ese momento ya se había desatado el pánico en Tsukiji y en otros lugares, por eso no llegaban vehículos de emergencia hasta donde nos encontrábamos nosotros. La situación era muy grave. Para transportar a los heridos se llegaron a utilizar incluso coches de la policía secreta. Todo el mundo gritaba. Ikeda, el operador de cámara, grababa toda la escena.

Alguien nos dijo: «En lugar de grabar podrían llevar a una o dos personas al hospital». Los equipos de emergencia no llegaban. Nosotros teníamos un vehículo, pero la furgoneta estaba cargada con equipos y no podíamos irnos sin más. Hablé con mis compañeros. Les pregunté qué debíamos hacer. «Si no ayudamos, va a ser mucho peor», dije. Al final me decidí: «Está bien. Iré yo». Corrí hacia el joven empleado del metro que no dejaba de gritar. Le pregunté adónde debía ir. «Llévelos al Hospital de Hibiya.» Me extrañó. El más cercano era el de To-ranomon, pero el de Hibiya era el que tenía asignado la Autoridad del Metro.

Descargamos todo el equipo por si hacía falta. Como la furgoneta no tenía luces de emergencia, el joven se sentó a mi lado y se puso a agitar un pañuelo por la ventanilla. Se lo había dado una joven que atendía a los heridos para que todo el mundo pudiera identificarnos. Metimos en la furgoneta al señor Takahashi, el ayudante del jefe de estación que murió. También a otro joven cuyo nombre no recuerdo y que tendría unos treinta años. No parecía tan grave. Al llegar salió de la furgoneta por su propio pie. Los tumbamos a los dos en los asientos traseros. El más joven no dejaba de preguntar: «¿Y Takahashi?, ¿se encuentra bien?». Por eso recuerdo tan bien ese nombre. Takahashi apenas estaba consciente; tan sólo respondía con leves gemidos cuando le hablaban.

El Hospital de Hibiya está cerca de la estación de Shimbashi, junto al hotel Daichi, un lugar de una extensión inmensa. Sólo cruzar esa zona puede llevar más de tres minutos... El joven que iba a mi lado no dejó de agitar en ningún momento el pañuelo por la ventanilla. Nos saltamos todos los semáforos en rojo, nos metimos en dirección contraria en varias calles de sentido único. La policía nos vio, pero teníamos que seguir adelante como fuera. Estábamos desesperados. Sabíamos que era una cuestión de vida o muerte.

En el hospital, sin embargo, no nos admitieron nada más llegar. Vino una enfermera corriendo. Le explicamos que se trataba de víctimas del atentado, pero nos dijo que no había médicos disponibles. Dejó a los heridos tirados sobre el pavimento. No sé si debo decirlo, pero lo cierto es que nos abandonaron a nuestra suerte. Nunca entenderé por qué hizo aquello.

El joven entró para implorar a la recepcionista: «¡Se va a morir! ¡Tienen que hacer algo!». Yo estaba con él. En ese momento, Takahashi aún seguía con vida. Pestañeaba. Lo habíamos sacado de la furgoneta y lo habíamos tumbado en la camilla junto al otro chico que se había quedado agachado a su lado. Explotamos. Estábamos tan furiosos que se nos subió la sangre a la cabeza. Aquello duró una eternidad, no puedo decir exactamente cuánto.

Por fin salió un médico y se lo llevaron adentro. Lo peor de todo es que no tenían ni idea de la gravedad de la situación. Nadie les había informado de que podían llevarles a personas heridas. No supieron cómo reaccionar. No actuaron adecuadamente. Eran las 9:30. Había transcurrido más de una hora desde el atentado y, a pesar de todo, el hospital seguía sin tener noticia de lo ocurrido. Debimos de ser los primeros en llevarles víctimas. No sabían qué hacer. Si hubiéramos ido al Hospital de Toranomon, tal vez le habríamos salvado la vida a Takahashi. No puedo dejar de lamentarme por ello. Ese hospital estaba tan cerca, que casi podía verlo desde la estación. En el de Hibiya ni siquiera se inquietaron. Estábamos desesperados. Treinta minutos antes y aún seguiría vivo. Lo lamento profundamente.

Fue muy duro ver cómo aquel joven contemplaba impotente a su colega, a su superior, sin saber si lograría salir adelante o no. En su desesperación, no dejaba de repetir: «¡Atiéndanle! ¡Atiéndanle deprisa, deprisa!». En cuanto a mí, estaba tan angustiado por lo que sería de él que me quedé frente a la puerta del hospital durante más de una hora. En todo ese tiempo no me informaron de nada. Al final regresé a la estación. No he vuelto al Hospital de Hibiya; tampoco he vuelto a saber nada de aquel joven. Por la noche me enteré de que el señor Takahashi había muerto. Me afectó mucho. Pensar que has tratado de ayudar a alguien y no ha conseguido salir adelante...

¿Que si siento rabia hacia Aum? No. Es algo que está más allá de eso. ¿A quién pretenden engañar? Dicen que sólo seguían las órdenes de Asahara, pero ellos fueron los autores materiales. Estaban perfectamente entrenados para morir matando. He ido muchas veces al cuartel general de Aum por trabajo, al que está en la localidad de Kamikuishiki. La mayor parte de los adeptos que hay allí parecen idos, como si les hubieran arrebatado el espíritu. No ríen, no lloran. Son como máscaras de teatro Nō, inexpresivas. Supongo que eso es lo que significa tener el control mental de alguien. Sin embargo, los dirigentes de la secta no son así. Tienen expresión en sus caras, resulta evidente que piensan, ríen, lloran, no están sometidos a ningún control mental. Son ellos quienes dan las órdenes, han unido sus fuerzas a las de Asahara para tratar de apoderarse del país. Digan lo que digan, no tienen excusa. ¿Por qué no los condenan a todos a muerte?

Cuando has trabajado tantos años como yo en esta profesión, no exageras si dices que lo has visto todo. Incluso estuve en el terremoto de Kobe, pero el atentado con gas sarín fue algo distinto, un verdadero infierno. De acuerdo, es cierto; puede que hubiera ciertos problemas respecto a cómo se informó del atentado, pero la gente a la que se entrevistó conocía de primera mano la pesadilla que fue aquello en realidad.

«No soy una víctima del atentado, soy un superviviente.»
TOSHIAKI TOYODA (52)

Nacido en la prefectura de Yamagata, al nordeste de Japón, el señor Toyoda entró a trabajar para la Autoridad del Metro el 20 de marzo de 1964, treinta y cuatro años antes del mismo día en el que se produjo el atentado. «Después de graduarme no había trabajo en el campo. Me vine a Tokio con un futón bajo el brazo para al menos poder echarme a dormir en alguna parte. Tal cual se lo cuento.» No estaba especialmente interesado en el metro, pero siguió los consejos de un familiar y encontró el que a día de hoy continúa siendo su trabajo. En la actualidad es encargado de estación. A pesar del tiempo que lleva en Tokio, aún conserva un ligero acento de su Yamagata natal. No pretendo caer en el tópico de definir el carácter de las personas en función de su procedencia, pero la primera impresión que produce el señor Toyoda es la de alguien «tenaz como la gente de Tohoku».

Hablar con él constituye toda una lección de ética profesional, aunque quizá sería más adecuado decir civismo. Sus treinta y cuatro años de servicio son su orgullo y puedo afirmar sin riesgo a equivocarme que lo han convertido en una persona en la que se puede confiar plenamente. Sólo con mirarlo, uno se da cuenta de que es el perfecto modelo de trabajador honrado y buen ciudadano.

De lo que contó el señor Toyoda en el transcurso de esta entrevista se deduce que sus dos colegas, aquellos que por desgracia sacrificaron sus vidas cuando trataban de limpiar el gas sarín, compartían su misma ética y actitud.

Corre dos veces por semana, lo que le ayuda a afrontar las tareas físicas más duras que implica el trabajo en la estación. «Es bueno olvidarse del trabajo y ponerse a sudar un rato», asegura.

Nuestra conversación duró al menos cuatro horas. En ningún momento salió una queja de sus labios. «Quiero vencer mi debilidad y olvidarme del atentado lo antes posible», confesó en un momento determinado. Algo difícil de conseguir, sin duda. Después de entrevistarle, cada vez que subo al metro me fijo atentamente en la gente que trabaja en la estación, en el duro trabajo que tienen que realizar.

En primer lugar, quisiera decir que preferiría no hablar de aquel asunto. La noche anterior al atentado trabajé con Takahashi en el turno de noche. Cuando ocurrió, yo estaba a cargo del servicio de monitores de la línea Chiyoda. Dos compañeros murieron siendo yo responsable del turno, dos hombres con los que compartía comedor. Cuando tengo que hablar de aquello, eso es lo primero que me viene a la mente. Si le digo verdad, me gustaría olvidarlo.

Entiendo lo difícil que debe de resultarle y me duele insistir en ello. Desde luego no pretendo reabrir heridas que quizás empiezan a cicatrizar. Sin embargo, mi intención es hablar con el mayor número de personas posible para incluir sus testimonios en este libro. Quisiera transmitir a los lectores lo que le ocurrió a la gente que estaba en el metro aquel 20 de marzo de 1995. No pretendo obligarle. Si hay algo que no desea contar, por mí no hay problema. Le ruego que hable sólo de lo que considere oportuno.

Entiendo que es importante saber lo que pasó, pero no puedo obviar mis sentimientos. Cuando empiezo a olvidarlo, sucede algo que me lo trae todo de vuelta. No puedo seguir así eternamente. En fin, trataré de contárselo lo mejor que pueda...

Aquel día tenía turno de veinticuatro horas. Me pasé la noche en la estación y trabajé aproximadamente hasta las 8 de la mañana. A eso de las 7:40 le transferí el mando a Okazawa, el asistente del jefe de estación. Le informé de que todo estaba en orden. Antes de volver a la oficina fui a comprobar los torniquetes y demás elementos de la estación. Takahashi estaba allí. Cuando yo me encontraba en los andenes, Takahashi tenía que quedarse en la oficina y al revés. Nos alternábamos.

Antes de las 8, Hishinuma salió para comprobar un tren que se hallaba fuera de servicio. Estaba en el departamento de transporte a cargo de la supervisión de maquinistas y revisores. Hacía buen tiempo aquel día. Bromeábamos y bebíamos té: «Los trenes nunca se retrasan en mi turno», dije yo. Todos estábamos de buen humor.

Takahashi subió al andén. La oficina de la línea Chiyoda está una planta más abajo. Yo me quedé en la oficina para terminar los informes del día. Okazawa volvió, descolgó el interfono y dijo: «Ha habido una explosión en la estación de Tsukiji. El tren está detenido». Para nosotros que se detenga el tráfico en la línea Hibiya representa muchas complicaciones. Cuando se produce alguna incidencia, mandan el tren de vuelta a Kasumigaseki. Poco después nos llamaron del centro de control: «Objeto sospechoso a bordo. Verifíquenlo, por favor». Okazawa atendió la llamada, pero yo me adelanté: «Iré a echar un vistazo. Tú espera aquí». Me dirigí al andén inmediatamente.

Las puertas del tren estaban cerradas. Era el número A725K, un convoy de diez vagones. Parecía a punto de partir. Me di cuenta de que había manchas en el suelo por todas partes. Parecía parafina o algo así. Vi aquella cosa derramada junto a la segunda puerta de uno de los vagones de la parte delantera. Había un montón de papel de periódico que cubría un paquete. Takahashi estaba en el andén y trataba de limpiar aquella cosa con los papeles.

Hishinuma subió a la cabina para hablar con el conductor. No parecía que hubiera problemas operativos. Entró un tren por la otra vía. Quizá fue la corriente de aire que produjo lo que dispersó el gas.

Era obvio que con un simple recogedor no bastaría para retirar todo aquel montón de papeles. Le dije a Takahashi que iba a buscar bolsas de plástico y regresé a la oficina. «Hay algo derramado en el andén que parece parafina. Necesito una fregona. Vengan a ayudar todos los que estén libres.» Okazawa le pidió a alguien que le relevara y me siguió. Por megafonía de la línea Hibiya anunciaron que el servicio había quedado suspendido.

El gas sarín me afectó, así que mis recuerdos son imprecisos en cuanto al orden en el que se sucedieron los acontecimientos. Sí recuerdo, sin embargo, que alguien me dio una fregona. Usamos fregonas todos los días. Si no limpiamos la suciedad de inmediato, los pasajeros pueden resbalar y hacerse daño. Cuando alguien derrama una bebida en el andén, por ejemplo, se limpia al instante, se echa serrín encima, se seca y se retira todo. Ésa es una de las responsabilidades de nuestro trabajo.

Como ya he dicho antes, había un montón de papeles de periódico que cubrían un paquete. Me agaché, lo recogí y lo metí en la bolsa de plástico que sujetaba Okazawa. No tenía ni idea de qué era aquel líquido que lo impregnaba todo. Era pegajoso, una sustancia aceitosa. La corriente de aire que produjo el tren al entrar en la estación no llegó a mover los papeles debido al peso. Hishinuma vino a ayudarnos. No olía a parafina ni a ningún otro derivado del petróleo. ¿Cómo podría describirlo? Es difícil de explicar. El olor le provocaba náuseas a Okazawa. Volvió la cara mientras sujetaba la bolsa. A mí también me resultaba muy desagradable. Me recordó una ocasión en la que asistí a una incineración en mi tierra natal. Era muy fuerte, parecido al hedor que desprende una rata muerta.

No recuerdo si tenía los guantes puestos. Los llevo siempre encima por si acaso *(saca unos del bolsillo)*, pero lo malo es que no se trabaja bien con ellos. No, no creo que los llevase. Okazawa me lo confirmó más tarde: «De tus manos goteaba aquella sustancia». Al final resultó mejor así. De haberse impregnado con el gas, lo habría llevado conmigo a todas partes. De esa manera el líquido se escurrió.

A pesar de nuestros esfuerzos por limpiar el suelo, éste seguía impregnado con aquel líquido. Mi mayor temor era que hubiera una explosión. El personal de la estación de Tsukiji había dicho que se había producido una, y tan sólo unos días antes, el 15 de marzo, habían descubierto una bomba oculta en un maletín en la línea Marunouchi. Lo atribuyeron a Aum. Al parecer, el artefacto llevaba en su interior una bacteria llamada *boccilinus*. La persona que sacó el maletín de la papelera donde lo habían depositado, pensó que le había llegado la hora.

Teniendo en cuenta la naturaleza de mi trabajo, siempre le digo a mi mujer: «Recuerda, puede que no regrese esta noche». Uno nunca sabe lo que va a pasar, ya sea un atentado con gas sarín, una pelea en la que alguien saca un cuchillo... También puede ocurrir que un psicópata empuje a las vías a uno de nosotros. Si descubrimos explosivos, no puedo enviar a un subordinado a hacerse cargo. Puede que sea mi carácter, pero me siento incapaz de hacerlo. Debo ocuparme yo mismo.

Para tirar los papeles utilizamos una bolsa de basura grande. La cerramos lo mejor que pudimos, pero como estábamos tan preocupados por depositarla lo antes posible en un lugar seguro, no debimos de hacerlo bien. Okazawa y yo la llevamos a la oficina. Los demás se quedaron para terminar de limpiar el andén. Takahashi estaba con ellos.

El señor Sugatani, subjefe de la estación, estaba en la oficina listo para empezar su turno de veinticuatro horas. Me puse a temblar, traté de comprobar los horarios de los trenes, pero era incapaz de leer los números. «No se preocupe», dijo Sugatani, «yo llamaré a la central en su lugar.» A falta de otro sitio más adecuado, dejé las bolsas al pie de una de las sillas de la sala de descanso.

En ese espacio de tiempo, el tren A725K salió de la estación. Habían retirado todos los objetos sospechosos de su interior y fregado los vagones para permitir que continuara con el servicio. Fue Hishinuma quien se hizo cargo. Probablemente se puso en contacto con el centro de control para solicitar permiso para que el tren pudiera continuar.

Takahashi siempre permanecía en el andén junto al primer vagón cuando estaba de servicio. Si algún pasajero le decía que había algo sospechoso en el interior del tren, se hacía cargo de inmediato. Lo cierto es que no lo vi, es sólo una suposición, pero apostaría algo a que fue él mismo quien retiró aquella cosa del interior del vagón. Después de todo, era el que más cerca estaba. En el andén había un cubo de basura. Debió de sacar de allí los periódicos con los que limpió el suelo del vagón. Es probable que Hishinuma le ayudase tras haber avisado al conductor. De haber tenido fregonas a mano las habrían usado, obviamente, pero no les quedó más remedio que limpiar con papel de periódico. Tuvieron que pensar y actuar rápido. Después de todo, estaban en plena hora punta, apenas disponían de dos minutos y medio hasta la llegada del siguiente tren.

Miré el reloj de la oficina para anotar la hora. Tengo la costumbre de apuntar las incidencias en cuanto ocurren, porque estoy obligado a dejar constancia en los informes. Recuerdo que eran las 8:10 de la mañana cuando sucedió todo. Traté de escribir «8», pero me temblaba el pulso. Me temblaba todo el cuerpo, hasta el extremo de que ni siquiera era capaz de sentarme. Fue entonces cuando empecé a perder la visión. No entendía lo que pasaba.

En ese momento oí que Takahashi se había derrumbado en el andén. Un compañero que había ido a ayudar con las tareas de limpieza volvió a toda prisa a buscar una camilla. Se marchó con otro compañero para prestar los primeros auxilios a Takahashi. Yo no estaba en condiciones de ayudar a nadie; no podía dejar de temblar. Lo único que podía hacer era marcar números de teléfono. Intenté llamar al centro de control para decirles que Takahashi había sufrido un colapso. «Envíen ayuda», les dije a duras penas. No podía controlar mis temblores, no me salía la voz.

Me sentía muy mal. Estaba convencido de que no podría ir a trabajar al día siguiente. Empecé a arreglar los papeles mientras aún conservaba algo de fuerza para dejarlo todo preparado. Habían llamado a una ambulancia para que nos llevara al hospital. No tenía ni idea de cuándo podría volver al trabajo. Era obvio que no al día siguiente. Pensaba en todas esas cosas y trataba de organizarme, pero no podía dejar de temblar. La bolsa con los papeles impregnados de gas sarín estuvo a mis pies todo ese tiempo.

Takahashi estaba inconsciente cuando le trajeron en la camilla. «¡Resiste, Isho!», le dije. No se movía. Todo cuanto alcancé a ver a través de mi estrecho campo de visión antes de que me sacaran de la oficina fue a una pasajera. Me di cuenta en ese momento de que había que hacer algo con la bolsa. Si la dejábamos allí, pondría en peligro a los pasajeros y al personal.

Dijeron que Takahashi chasqueaba los dientes, como si sufriera un ataque epiléptico. Agarré la bolsa para librarme de ella, pero sabía que primero teníamos que ocuparnos de él. Seguí las instrucciones del protocolo de actuación para casos de emergencia. En casos de ataque epiléptico se recomendaba introducir un pañuelo en la boca del enfermo con cuidado de que no le mordiera la mano a nadie. Mi nariz no dejaba de moquear, tenía los ojos irritados. El estado en que me encontraba era terrible, aunque no fui completamente consciente de ello hasta más tarde.

Le dije a uno de mis colegas: «Saque de aquí esa bolsa de plástico». La llevó a la habitación de las literas. Allí al menos, encerrada tras una puerta de acero, resultaría menos peligrosa en caso de que explotara.

Me dijeron que la mujer que estaba en la oficina había sido la primera en ver el objeto sospechoso en el vagón. De hecho fue ella quien nos avisó. Había empezado a sentirse mal y se apeó una estación antes, en Nijubashi. Después tomó el siguiente tren para llegar a Kasumigaseki.

Hishinuma volvió del andén. «¿Qué demonios es esto? ¿Qué me pasa?», preguntó muy excitado. «Nunca he tenido semejantes temblores. En todos mis años de servicio jamás he vivido nada igual.» También perdía la visión gradualmente, pero debía hacerle señales al siguiente tren, porque el encargado de estación se hallaba fuera de servicio.

«Ya está bien», pensé. «He cumplido con mi deber y resuelto mis obligaciones más inmediatas; hemos limpiado esa cosa, Hishinuma y Takahashi están de vuelta...» Le había pedido a un compañero del equipo de apoyo que se dirigiera a la salida número once, la del Ministerio de Comercio, para esperar allí a la ambulancia. Ése era el lugar predeterminado. Nosotros ya habíamos hecho nuestro trabajo. Sólo nos quedaba esperar a que llegase. No tenía que ocuparme de nada más. Ordené que sacaran a Takahashi.

Fui al baño a lavarme la cara. La nariz no dejaba de moquear, los ojos me lloraban. Mi aspecto no era demasiado tranquilizador. Pensé que lo mejor sería adecentarme un poco. Me desabroché la chaqueta y me lavé. Siempre que me lavo me quito el uniforme para no mojarlo, una buena costumbre como descubriría más tarde, pues resultó que estaba impregnando de gas. Al lavarme la cara también eliminé restos del sarín. No podía dejar de temblar. No se trataba de esa clase de temblor que se produce cuando agarras un resfriado, era mucho peor. No es que tuviera frío, simplemente no podía dejar de temblar. Me puse las manos en el estómago, presioné con fuerza, pero fue inútil. Me acerqué hasta las taquillas para alcanzar una toalla; me sequé la cara y me dispuse a regresar. No pude resistirlo más. Me desmayé.

Tenía ganas de vomitar. Apenas me entraba aire en los pulmones. Hishinuma y yo nos desmayamos más o menos en el mismo momento. Nos quejábamos de los mismos síntomas. Su voz aún resuena en mi interior: «¡Ay, ay! ¡Duele! ¡Duele mucho!». También oigo las voces de los que estaban a nuestro alrededor: «¡Aguantad! La ambulancia viene de camino». Después de eso, ya no recuerdo nada más.

En ningún momento pensé que fuera a morirme. Creo que Takahashi tampoco. Al fin y al cabo, iba a venir una ambulancia para llevarnos al hospital y allí se harían cargo de nosotros. Estaba más preocupado por el trabajo, por lo que tenía que hacer, que por cualquier otra cosa. Me salía espuma por la boca. No soltaba la toalla. Fue entonces cuando uno de nuestros compañeros tomó una decisión inteligente: nos puso a Hishinuma y a mí sendas máscaras de oxígeno. Estaban en la oficina para casos de emergencia. Yo ni siquiera era capaz de mantenerla sujeta; Hishinuma sí. Me encontraba mucho peor que él.

Utilizaron la única camilla de la que disponíamos para sacar a Takahashi. No había ninguna más para nosotros. Alguien se acercó hasta la oficina de Uchisaiwaicho para pedir una prestada. Yo era el que peor estaba, por lo que me sacaron en primer lugar. Tumbaron a Hishinuma sobre algo parecido a una sábana y se lo llevaron. Esperamos en la calle la llegada de una ambulancia, que, como confirman otros muchos testimonios, tardó mucho en llegar.

Me llevaron al Hospital Universitario de Jikei. No me desperté hasta las 11 de la mañana del día siguiente. Tenía dos tubos en la garganta, uno para el oxígeno y otro para facilitar el trabajo de los pulmones. No podía hablar. Me habían puesto una vía en el cuello para el suero. Mi familia estaba a mi lado.

Vinieron a verme cuatro compañeros de Kasumigaseki, pero yo aún no podía hablar. A pesar de que me resultaba muy difícil sujetarlo, alcancé un bolígrafo para escribir algo. Lo sostuve como pude. Acerté a garabatear «ISHO», el nombre de pila de Takahashi, cinco simples letras. Uno de los chicos cruzó las manos hasta formar una X. Malas noticias. «Takahashi no ha resistido», dijo. Quería preguntarles por Hishinuma, pero no recordaba su nombre en ese momento. Estaba bloqueado. Escribí «TRANS» en referencia al personal de transporte. Las manos de otro compañero formaron otra X. También él había muerto. Escribí: «KASUMI». ¿Había más heridos entre los compañeros de la estación? Me dijeron que todos estaban bien. Yo era el único en estado grave. «Así que soy el único que ha sobrevivido», pensé. Seguía sin tener la más mínima idea de lo que había sucedido, pero sí que había estado a un paso de la muerte. Había logrado sobrevivir. Cuanta más gente iba a verme, más consciente era de que me había salvado por los pelos. Estaba feliz por haberlo logrado, pero me dolía mucho lo que les había sucedido a mis dos compañeros. Me pasé en vela la noche del 21 de marzo. Recuperar la conciencia y darme cuenta de todo me desveló. Era algo parecido a lo que les sucede a los niños cuando se desvelan por la excitación que les produce ir de excursión con el colegio al día siguiente. Me habían salvado la vida. Estaba muy agradecido. Todo el mundo había colaborado para sacarme de la estación lo más rápido posible.

Estuve hospitalizado hasta el 31 de marzo. Convalecí en casa unos días más y me reincorporé al trabajo el 2 de mayo. Recuperé la fuerza poco a poco, pero otra cosa bien distinta fue mi estado mental. Apenas podía dormir, como mucho dos o tres horas; después, ¡bang!, me despertaba y era incapaz de volver a conciliar el sueño. Estuve así muchos días. Me resultó muy duro. Después vino el sentimiento de rabia. Estaba muy irritable, me comportaba de un modo irracional, todo me molestaba. Obviamente era un tipo de estrés postraumático. Como no bebo, no me quedaban muchas vías de escape. No podía concentrarme en nada. Ahora me encuentro mucho más relajado, pero a veces toda esa cólera estalla por nada. Mi mujer se ocupó de mí. Yo, sin embargo, estaba tan irritable, tan exigente hasta en el detalle más tonto, que terminé por convertirme en un verdadero incordio para ella. Era momento de volver al trabajo. Quería ponerme el uniforme de nuevo, regresar a los andenes. Volver a trabajar era el primer paso en el largo proceso de recuperación.

No padezco secuelas físicas sino psíquicas. Debo superarlas de algún modo. Cuando regresé al trabajo, me aterrorizaba la posibilidad de que volviera a suceder algo parecido. Superar el miedo exige pensamiento positivo, de otra manera uno arrastra consigo toda la vida la mentalidad de una víctima.

Hubo gente corriente, pasajeros, que por desgracia perdieron la vida o resultaron heridos sólo por el hecho de viajar en el metro; gente que aún sufre secuelas físicas y mentales. Cuando pienso en su suerte, tengo la impresión de que no me puedo permitir el lujo de sentirme víctima. Por eso me repito: «No soy una víctima del atentado, soy un superviviente». Honestamente tengo que decir que ciertos síntomas que padezco están en estado latente, pero nada que me obligue a guardar cama. Procuro no deprimirme cuando pienso en ello. En lugar de eso, prefiero mostrarme agradecido por haber sobrevivido a semejante experiencia. El miedo y el daño psíquico siguen conmigo, por supuesto, pero no hay forma de eliminarlos por completo. Nunca seré capaz de encontrar las palabras adecuadas para explicárselo a las familias de los fallecidos, a las de quienes sacrificaron sus vidas en cumplimiento del deber.

Trato de no odiar a la gente de Aum. Eso se lo dejo a las autoridades. Yo he traspasado el umbral del odio. Tampoco me ayudaría hacerlo. No leo las noticias que publica el periódico sobre los juicios que se siguen contra esa gente. ¿Para qué? Sé lo que pasa sin necesidad de mirar. Revivir lo que pasó aquel día no arregla nada. No me interesa el veredicto ni el castigo. Eso es algo que le corresponde decidir al juez.

¿A qué se refiere exactamente cuando dice que sabe lo que pasa sin necesidad de mirar?
La sociedad ha llegado a un punto en el que era irremediable que apareciera algo como Aum. Trato con los pasajeros un día tras otro y uno ve lo que ve. Es una cuestión moral. En la estación te haces una idea muy precisa de la parte más negativa de la gente, de su lado más oscuro. Por ejemplo, barremos y justo en el momento de acabar, alguien va y tira una colilla, un desperdicio. Hay mucho individualismo ahí fuera, mucho desprecio a los demás.

¿Cree usted que perdemos nuestros valores morales?
Y usted, ¿qué cree?

No sabría qué responderle.
Entonces debería reflexionar un poco al respecto. Debo decir, a pesar de todo, que también hay una parte positiva en la gente que viaja en metro. Hay un hombre de unos cincuenta años, por ejemplo, que siempre toma el primer tren de la mañana. Tiene la costumbre de saludarme. Debió de pensar que había muerto hasta que me vio de vuelta en el trabajo. Ayer por la mañana me dijo cuando nos encontramos: «Está usted vivo y parece sano. Eso significa que aún tiene muchas cosas por hacer. ¡No se rinda!». «Tiene razón», le contesté. «Le estoy muy agradecido a todo el mundo. Me esforzaré.» Sus palabras de ánimo me hicieron feliz. Lo cierto es que el odio no sirve para nada.

Tenía intención de publicar en este espacio el testimonio de la señorita No-
zaki. Vio el paquete con el gas sarín cuando se dirigía al trabajo en la línea
Chiyoda. Como le costaba trabajo respirar, decidió bajarse en la estación de
Nijubashi-mae. Esperó al siguiente tren y fue a informar a la oficina de Kasu-
migaseki de que había visto un objeto sospechoso en el vagón. Ella es la mujer
a la que se refieren los testimonios del señor Yuasa y el señor Toyoda. También
fue ella la que protegió a la señorita Izumi del acoso de los medios cuando es-
taba en la salida.

Su testimonio representaba un importante vínculo con el de otras personas,
pero por circunstancias personales no me autorizó a publicarlo. Pensé que como
mínimo era importante dar cuenta de su existencia, aunque fuera bajo seudó-
nimo. Al menos me autorizó a publicar esta breve aclaración.

«No se trata sólo del metro, sino del simple hecho de salir a dar un paseo.»
TOMOKO TAKATSUKI (26)

La señora Takatsuki vive actualmente con su marido en la casa que su abuela tiene en el barrio de Shibuya, en la zona centro oeste de Tokio. En el momento del atentado, sin embargo, la pareja, recién casada, vivía al sur, en la distante periferia de Kawasaki.

Su apartamento de Shibuya se encuentra en la antigua casa familiar donde se crió su madre. La abuela dispone de varios pisos en la planta superior del inmueble y residen en uno de ellos. «Resulta mucho más conveniente vivir aquí, tan cerca del centro», asegura la señora Takatsuki. «Además, el alquiler no es muy alto.» Cuando su abuela la oye, se apresura a puntualizar: «Mis piernas ya no responden. Se han mudado aquí para cuidarme.»

En el momento del atentado, haría la siguiente ruta desde su casa al trabajo: en primer lugar tomaba la línea Nanbu hasta Noborito. Allí cambiaba a la línea Odakyu hasta Yoyogi-uehara. De nuevo otro transbordo, en este caso a la línea Chiyoda hasta la estación de Kasumigaseki, y de allí, con la línea Hibiya, hasta Kamiyacho.

La señora Takatsuki es una mujer delgada con un aspecto tan juvenil que bien podría pasar por una estudiante. Cuando rememora el trauma que supuso para ella el atentado —«¿por qué entrevistarme a mí si ni siquiera resulté herida?»—, no cabe duda de que aún le afecta a día de hoy. Es una mujer fuerte, sin embargo. No es de ese tipo de persona que se pone a hablar de algo sin que nadie le pregunte antes. De hecho, le lleva un tiempo liberar sus verdaderos sentimientos.

Su marido, un hombre alto y silencioso, abandona con sigilo la habitación mientras realizamos la entrevista. Ella explica que se conocieron en una fiesta a la que asistió obligada por una amiga.

Mi oficina está en Kamiyacho. Desde la casa de Kawasaki tardaba casi una hora en llegar, pero nunca me pareció un trayecto demasiado largo. Una hora es el tiempo medio de desplazamiento de cualquier asalariado. Me levantaba a las 5:30 de la madrugada, desayunaba y llegaba a eso de las 7:30. El trabajo no empezaba hasta las 9, así que disponía de una hora y media para leer el periódico o comer algo. Como los trenes van siempre atestados, salía de casa como muy tarde a las 6:30. No me gustan los vagones repletos de gente y la línea Odakyu está llena de bichos raros. *(Risas.)* Nunca he tenido problemas para levantarme pronto. Aquel día, sin embargo, iba algo retrasada.

Voy a cumplir cinco años en la empresa. Me licencié en economía política, pero desde que empecé con este trabajo he estado en el departamento de sistemas. Nada más entrar tuve que realizar una formación de tres meses... En la actualidad desarrollo un *software* de uso interno. Sólo en nuestro departamento hay ciento cincuenta personas, más hombres que mujeres.

El atentado cayó entre dos festivos. Aquel día sólo acudió al trabajo la mitad de la plantilla. Yo no tenía planes para ir a ninguna parte, así que fui. Normalmente salía de casa con mi marido, pero ya le he dicho que por alguna razón me retrasé. Solíamos tomar juntos la línea Odakyu porque su oficina está en Yotsuya. Yo me bajaba en Yoyogi-uehara, él continuaba hasta Shinjuku.

Me bajé en Kasumigaseki para cambiar a la línea Hibiya. Los trenes iban llenos. Como tenía tiempo, decidí hacer a pie el resto del camino. Sólo es un trayecto de quince minutos. Me dirigí a la salida y fue entonces cuando vi a uno de los encargados de la estación tendido en el suelo del andén. Parecía sufrir enormemente. Había varios compañeros a su alrededor, pero ninguno hacía nada. Era muy extraño. Me aparté a un lado para contemplar la escena. En un día normal ya me habría precipitado escaleras arriba para no perder el siguiente transbordo, pero en esa ocasión pensé: «Voy a esperar un poco a ver qué pasa».

Llegó otro empleado de la estación. Pensé que venía de llamar a una ambulancia y me pareció el momento oportuno de marcharme. De repente empecé a sentirme mal. «Me he puesto enferma por quedarme aquí mirando», pensé. «Al final ha terminado por afectarme.» Quiero decir, que las mujeres somos más susceptibles, ¿no le parece? Decidí salir a la calle sin tardanza.

Cuando estaba a punto de alcanzar el final de la escalera, sentí como si un gran vacío se apoderase de mi cabeza. Moqueaba por la nariz, los ojos me lloraban. Pensé: «¡Vaya! He pillado un resfriado». Salí a la calle y todo estaba oscuro. Pensé que me había subido la fiebre. Me refiero a que, cuando tienes fiebre, parece que te falta el espacio, estás como aturdido. Caminé un poco, pero me atenazaba un dolor cada vez más intenso. Me lo reproché: «No tendría que haberme quedado contemplando a ese pobre hombre tirado en el suelo».

Ya en la oficina, los ojos aún me dolían y no conseguía dejar de llorar. Traté de sobreponerme, pero me resultaba imposible. Me puse a gritar: «¡Me duelen los ojos, me duelen los ojos!». Organicé un buen alboroto, la verdad. El dolor era tan insoportable que no podía trabajar. Lo veía todo oscuro. Miré a mi alrededor para comprobar si las luces estaban encendidas. «¡Qué extraño!», pensé. «¿Cómo es posible que esté todo tan oscuro?» Tenía la impresión de que llevaba puestas unas gafas de sol. Mis compañeros me juraban que todo estaba en orden. Me sentía como si estuviera volviéndome loca.

Vino el director general para preguntar si alguien se encontraba mal. Le expliqué que me dolían los ojos. Me dijo que habían hablado de esos síntomas en la televisión y me ordenó que fuera urgentemente al hospital. Aún no se sabía que se trataba de gas venenoso, sólo se hablaba de algún tipo de explosión... No habían dado más información. Había otro compañero en la empresa en mucho peor estado que yo. Tengo entendido que permaneció hospitalizado una semana.

En mi tren no había gas sarín. Lo inhalé en la estación. Nunca lo habría imaginado, pero el paquete estaba en el tren que entró por la vía de enfrente. Yo estaba en el último vagón y el gas sarín en el primero del otro tren, por eso cuando me bajé... Cuestión de mala suerte. El encargado de la estación murió, ya lo sabe.

Al salir de la estación me sorprendió comprobar que no había ninguna ambulancia. La gente caminaba a mi alrededor como si nada. No resultaba fácil darse cuenta de que había sucedido algo grave o fuera de lo normal. Tan sólo aquel hombre tirado en el suelo... Lo atribuí a que había sufrido un ataque al corazón o algo por el estilo. De no haber estado allí tendido, habría pasado de largo sin darme cuenta de nada.

Me dolían los ojos. Tenía que ir al médico, pero no sabía adónde acudir. Al final fui a una clínica oftalmológica que estaba cerca de la oficina. El médico me examinó: «No hay nada de que preocuparse. Sólo tiene las pupilas contraídas. Eso es todo», concluyó. «Pero me duelen mucho», repliqué yo, claramente insatisfecha con su diagnóstico. Vino otro médico que parecía más experimentado y aseguró que aquello no tenía buen aspecto. Lo mejor era acudir a un hospital con más medios. Tomé un taxi hasta el Hospital de Toranomon, pero estaba colapsado y me derivaron al de Jikei. De camino, oí en la radio del taxi que estaba igual de atestado. «De acuerdo, entonces iré al de San Lucas», le dije al taxista. Allí ocurría lo mismo. ¿Adónde se suponía que debía ir?

La compañera que venía conmigo había trabajado antes en la NTT, la compañía nacional de teléfono de Japón, y me sugirió que probase suerte en el de Teishin. El hospital se encuentra en Gotanda y está adscrito al Ministerio de Comunicación. Es probable que allí las cosas estuvieran más tranquilas. Fue al llegar cuando me enteré de que había sido un atentado con gas sarín. ¿Qué quería decir eso? ¿Cómo debían tratarme? El médico que me atendió reconoció que no sabía qué hacer conmigo. *(Risas.)* En la clínica oftalmológica me habían lavado los ojos por precaución, lo cual resultó de gran ayuda. Le sugerí al médico que hiciese lo mismo con el resto de los pacientes. *(Risas.)* No le quedó más remedio que admitir: «En realidad, no sabemos cómo actuar en un caso así. Merece la pena intentarlo». Otro acierto inesperado fue cambiarme de ropa nada más llegar a la oficina porque en la empresa llevamos uniforme.

Me hicieron análisis de sangre, me pusieron un gotero. Finalmente, decidieron ingresarme. Tenía náuseas y, como mi intestino nunca ha funcionado demasiado bien, pensé que se había colapsado. Poco después desaparecieron las náuseas, pero no el dolor de ojos. Tenía fiebre. Pasé un día en el hospital. Mi marido vino a verme muy preocupado. Yo no tenía ni idea de lo que me pasaba, no podía ver la televisión, tampoco salir de la habitación. Estaba fuera de juego, aunque en ese momento no me preocupaba mucho.

El día 21 era festivo. El siguiente, el 22, fui a trabajar. Me resultó imposible aguantar más de diez minutos sentada frente al ordenador. «Me voy», dije. Me marché a casa. En la oficina no sabían si creerme o no. Me dio la impresión de que pensaron: «Lo que tú digas». Les reproché su escepticismo, que no me pareció lo más oportuno. «¿Cómo quieres que sepamos lo que te pasa si ni siquiera tú lo sabes?», me respondió un compañero. De acuerdo, no presentaba síntomas evidentes y nadie podía saber a ciencia cierta hasta qué punto era verdad lo que decía, pero a pesar de todo...

Estuve así una semana entera, incapaz de hacer nada de provecho en el trabajo. Fijaba la mirada, pero era incapaz de enfocar. Lo veía todo como un borrón. Trataba de explicarlo y la única respuesta que encontraba era que mis ojos quizá nunca habían funcionado bien del todo.

Volví al hospital en varias ocasiones. Tardé un mes en recuperarme. Aún hoy tengo los ojos muy sensibles. Estoy preocupada, la verdad. No porque mi vista se haya deteriorado, en realidad no está tan mal, sino porque afecta a mi trabajo. Es un verdadero suplicio.

La mayor parte de las víctimas del atentado tienen pánico de volver a subir al metro. Lo he leído en la prensa, pero le aseguro que no es mi caso. Probablemente se deba a que no había sarín en mi vagón. Dos días después del atentado hice el mismo recorrido para ir al trabajo; no tomé ninguna precaución especial. En el vagón había otras personas a mi lado y... ¿cómo explicarlo? No parecía real. Una persona había muerto en el andén justo delante de mí y, a pesar de todo, seguía sin parecerme real.

Sufro jaquecas. Supongo que se debe al gas sarín, pero lo cierto es que siempre las he tenido... Quién sabe. Sólo ha aumentado su frecuencia. Además de eso, cuando se me cansa la vista tengo náuseas. Eso es lo más inquietante de todo. Si me pongo a pensar en ello, no puedo dejar de darle vueltas. En determinado momento me digo: «No, no tiene nada que ver». Un médico explicó por televisión que los síntomas desaparecerían con el tiempo, que no había que temer posibles efectos secundarios. ¿Quién lo sabe a ciencia cierta? Sólo espero que no me encuentren nada más adelante.

Por supuesto que me enfurece lo que pasó. No veo por qué razón deberíamos perdonar a esos criminales. Me gustaría saber qué se proponían en realidad, que lo explicasen, que pidiesen disculpas. A menudo pienso que podía haber muerto y aún me inquieta salir sola. No se trata sólo del metro, sino del simple hecho de salir a dar un paseo. Intento ir siempre con mi marido. ¿Se puede considerar eso un efecto secundario psicológico...? Me pregunto muchas veces si me voy a morir. Siempre he sido nerviosa, y pensar semejantes cosas no ayuda precisamente; se me hace un nudo en el estómago.

Mi marido está muy preocupado, quizá más que yo. Tiene la impresión de que en el hospital me dieron el alta demasiado pronto, que debería haber estado ingresada más tiempo. Cada vez que sucede algo fuera de lo normal, le echa la culpa al gas sarín. Me reconforta que esté junto a mí. Sólo deseo poder pasar más tiempo con él. Por las mañanas, cuando nos separamos en la estación, pienso: «No, no quiero ir sola». Desde aquel día no hemos vuelto a pelearnos. Antes solíamos hacerlo por cualquier nimiedad. Últimamente me pregunto qué sería de mí si nos peleamos y después de separarnos ocurre algo.

«El día después del atentado le pedí el divorcio
a mi mujer.»
MITSUTERU IZUTSU (38)

El señor Izutsu importa langostinos para una gran empresa alimentaria con sede en Tokio. Antes era marino. Después de graduarse en la Escuela de la Marina Mercante navegó por distintas rutas comerciales, hasta que la profunda crisis que afectó al sector naval puso fin a su vida en la mar con tan sólo treinta años. A partir de ese momento buscó trabajo en el sector de la importación y, tras siete años en distintas empresas, terminó por especializarse en el langostino.

La importación de marisco implica precios mucho más elevados que los de la carne. Además, el mercado fluctúa muchísimo, hasta el punto de que puede significar el hundimiento o la salvación de un negocio. Es un oficio que exige una buena dosis de experiencia en el exterior. El señor Izutsu confiesa que nunca se sintió especialmente atraído por ese negocio, pero su interés por todo lo relacionado con el extranjero le abrió las puertas de la industria pesquera. Hace dos años, después de dejar su último trabajo, quiso montar su propia empresa. Acudió a donde trabaja en la actualidad para buscar capital. «No debería ser usted muy optimista ahora que ha estallado la burbuja en Japón», le dijeron, «pero quizá le interese trabajar con nosotros una temporada.» Se convirtió así en un oficinista con una trayectoria bastante singular. De ahí que sus impresiones difieran respecto a las del común de la gente, que, por norma general, trata de cimentar su carrera hasta lograr un puesto de cierta responsabilidad. Al hablar con él, enseguida se da uno cuenta de su actitud marcadamente independiente. Dice lo que piensa sin resultar categórico, simplemente tiene su propia forma de ver las cosas, le gusta reflexionar sobre ellas hasta sus últimas consecuencias.

En la escuela practicaba judo. Aún se mantiene en forma y practica ese deporte de vez en cuando. De aspecto juvenil, viste con esmero y muestra cierta inclinación por las corbatas elegantes. ¿Cómo afrontó él el atentado que le sobrevino de repente cuando se dirigía al trabajo en el metro?

De joven, mi objetivo fundamental era ir al extranjero. Por eso me matriculé en la Escuela de la Marina Mercante de Tokio. Gracias a eso navegué por todo el mundo, excepto África. Era muy joven y no sabía gran cosa de la vida, así que lo disfruté mucho. Al pensar en ello ahora, me doy cuenta de la suerte que tuve de cambiar pronto de profesión. *(Risas.)*

En la actualidad vivo en Shin-Maruko, pero cuando tuvo lugar el atentado vivía en Yokohama, en Sakuragicho. La oficina estaba en Kokkai-gijidomae, justo en el centro de Tokio, por lo que tenía que tomar la línea de tren de Toyoko que conecta con el metro. El trabajo empezaba a las 9:15 de la mañana, pero trataba de llegar sobre las 8. A esas horas los trenes no van tan llenos y, como aún había poca gente en la oficina, podía trabajar en paz. Me despierto siempre a las 6; se me abren los ojos automáticamente. Soy un hombre diurno, nada trasnochador. A menos que suceda algo excepcional, a las 10 de la noche estoy en la cama, aunque, en realidad, hay muy pocas noches en las que no pase algo excepcional: las horas extras, las cenas de empresa... También suelo ir a tomar algo con los compañeros del trabajo.

Aquel día fui a trabajar un poco más tarde que de costumbre. Tomé el tren justo antes de las 7. Llegué a Naka-meguro alrededor de las 7:15, cambié a la línea Hibiya hasta Kasumigaseki y allí volví a cambiar a la de Chiyoda. Respiré el gas sarín en la estación que queda entre Kasumigaseki y Kokkai-gijidomae.

En el cambio de Kasumigaseki, solía subir al primer vagón porque paraba junto a la salida que quedaba más cerca de la oficina. Llegué al andén de la línea Chiyoda y sonó la señal que anunciaba que el tren estaba a punto de partir. Apreté el paso, pero el tren no se movió. Había dos empleados del metro que se afanaban por limpiar algo derramado en el suelo del vagón. De una especie de caja cubierta con papel de periódico salía un líquido que parecía agua... Obviamente, no sabía que era sarín. El tren no se movió hasta que terminaron de limpiar. Gracias a ese retraso imprevisto pude alcanzarlo.

No, no limpiaban con fregonas. Usaban el periódico que envolvía una de las cajas. El tren debía continuar lo antes posible y seguramente no tuvieron tiempo de ir a buscar algo más apropiado. Uno de los empleados sacó la caja del vagón. El tren arrancó. Más tarde me enteré de que había muerto. Su compañero falleció un día después. En total estuvimos parados unos cinco minutos. El tren no iba demasiado lleno, pero no quedaban asientos libres. Me quedé en pie y observé cómo limpiaban. Ahora pienso en ello y me doy cuenta de que es posible que oliera a algo. En el momento no lo noté, no aprecié nada extraordinario, pero en el vagón todo el mundo tosía, como si les picase la garganta por algún tipo de producto que se evaporaba. Nadie se movió ni se cambió de sitio. El tren se puso en marcha. Me fijé en el suelo y vi que seguía sucio. Me alejé unos metros.

No noté nada hasta que cambié de línea en Kokkai-gijidomae. La gente tosía, eso es todo. No presté demasiada atención y seguí mi camino. En la oficina siempre tenemos la tele encendida para estar al tanto de las fluctuaciones de los cambios de divisa. No hacía mucho caso de las noticias, pero de pronto vi algo extraño: una gran conmoción en la estación de Tsukiji y en sus alrededores.

El día anterior había regresado de un viaje de diez días por Sudamérica, y al siguiente se celebraba la fiesta del equinoccio de primavera. En realidad no tenía ninguna razón especial para ir a trabajar, pero como había estado fuera un tiempo quería acercarme para echar un vistazo a las cosas pendientes. La oficina estaba a oscuras. «¿Qué pasa aquí?», me pregunté. «¿Siempre está así de oscuro?» A pesar de las noticias, en ningún momento relacioné aquella información con el tren en el que había viajado yo. Empecé a sentirme mal. Las pupilas contraídas eran un síntoma evidente de que algo no marchaba bien. Mis compañeros de trabajo insistieron en que debía ir al hospital.

Fui en primer lugar a una clínica oftalmológica cercana para que me examinasen. Me acercaron y alejaron una luz a los ojos, pero las pupilas no se movían, no lograban estimular el iris. Unos policías habían ido allí con los mismos síntomas. Nos enviaron a todos al Hospital de Akasaka. Nos hicieron una serie de pruebas diagnósticas, nos tomaron la presión sanguínea, ese tipo de cosas. El hospital no tenía ningún antídoto. Me pusieron suero. Media hora más tarde les dijeron a los que se encontraban bien que regresaran a sus casas. No nos hicieron análisis de sangre ni nada parecido. Eso sí, nos dijeron que volviéramos al día siguiente. Ahora me doy cuenta de que no nos trataron como era debido.

No me cabe ninguna duda de que sabían que se trataba de envenenamiento por gas sarín. Yo, al menos, lo tenía claro. Ya lo habían dicho por televisión. Sucedió en el mismo tren, en el mismo vagón... Lo cierto es que en el hospital apenas me atendieron. Pensé que me enviaban de vuelta a casa a morir. *(Risas.)* Resultó que al moverme hacia la parte de atrás del vagón, hacia la parte más segura, no me afectó tanto como a quienes no se movieron del sitio. Esa gente estuvo hospitalizada más tiempo. Me lo explicó un detective que vino a hacerme unas preguntas unos días más tarde. Recopilaba información sobre lo sucedido.

La contracción de mis pupilas no mejoraba. Fui al oculista del hospital de Akasaka durante diez días seguidos. No me prescribió tratamiento alguno. El día del atentado trabajé hasta las 5:30 de la tarde. Como no me encontraba bien, no almorcé. Tampoco tenía hambre. Empecé a sufrir sudores fríos, temblores; todos me decían que estaba pálido. Si me hubiera desmayado lo habría dejado todo y me habría marchado a casa, pero como eso no ocurrió... Mis compañeros estaban convencidos de que tenía fiebre. Acababa de regresar de Sudamérica y podía ser algún tipo de reacción alérgica a algo. Eso dijeron. No lograba enfocar la vista, me dolía la cabeza. Por fortuna, mi trabajo consiste principalmente en hablar por teléfono, de manera que le di todo lo que tenía que leer a una de mis compañeras.

El día siguiente fue festivo. Me pasé todo el día tumbado. Quería descansar. Todo continuaba sumido en la oscuridad, pero al menos no tenía que levantarme para ir a ninguna parte. No logré dormir bien. Al parecer me quejé mucho, soñaba, me despertaba en plena noche. Me aterrorizaba quedarme dormido y no volver a despertarme nunca más.

Ahora vivo solo, pero entonces vivía con mi mujer y mis hijos. Lamento no extenderme en los detalles más sórdidos *(risas)*, pero, en fin, le diré que estaba con mi familia, aunque bien podía haber estado solo...

Al llegar a casa colgué la ropa en el armario. Acto seguido, los niños empezaron a quejarse de que les picaban los ojos. Tengo dos. El más pequeño era el que peor estaba. Yo no sabía qué estaba sucediendo, pero por alguna razón pensé que tenía que tirar el traje. Lo metí todo en una bolsa de basura, excepto los zapatos.

Algunas personas murieron, otras sufrieron terribles secuelas. Por supuesto que hay que castigar a los criminales por sus actos, pero, de algún modo, yo me siento en un plano distinto al de esa gente. ¿Enfadado? Sí, cómo no. Sin embargo, mis heridas no fueron tan graves. Puedo decir que el mío es un enfado objetivo. No es algo personal.

Tal vez suene extraño, pero en parte comprendo lo que sucede con todo ese asunto del fanatismo religioso. Siento cierta atracción por esos movimientos. No creo que haya que rechazarlos de plano, sin más. De niño disfrutaba mucho con la contemplación de las constelaciones, con las historias mitológicas. Por eso me hice marino. Lo que sucede es que cuando empiezan a formarse y organizarse grupos, pierdo el interés. No llego a los extremos de otra gente. No me interesan las sectas ni los grupos religiosos, pero no creo que tomarse esas cosas en serio sea malo por principio. Puedo llegar a entenderlo.

Resulta extraño, sabe. Cuando estaba de viaje en Sudamérica, unas personas de la embajada japonesa en Colombia me invitaron a un karaoke. Íbamos a volver al día siguiente, pero en el último momento les propuse cambiar de lugar. Ese mismo día una bomba hizo saltar el local por los aires. Cuando volví a casa, respiré aliviado: «Al menos Japón es un país seguro», pensé. Al día siguiente ocurrió el atentado. *(Risas.)* ¡Qué ironía! No, hablando en serio, en Sudamérica, en el sudeste asiático, la muerte siempre anda cerca. Para ellos es algo cotidiano, no como en Japón.

Le digo honestamente que el día después del atentado le pedí el divorcio a mi mujer. Estábamos mal desde hacía tiempo y durante el viaje le había ido dando vueltas al asunto. Había tomado la decisión de decírselo nada más regresar a casa y, justo en ese momento, me pilló el atentado. A pesar de la gravedad de lo sucedido, ella apenas me hablaba. Llamé a casa desde la oficina para explicarle lo ocurrido, cómo me encontraba, en fin, todos los detalles. Casi no reaccionó. Es posible que no lograse hacerse una idea exacta de lo que había pasado, pero en ese momento me di cuenta de que habíamos llegado a un punto de no retorno. O quizás el estado en el que yo me encontraba me hacía verlo así. Sí, es probable que más bien se tratara de eso. Abordé el asunto sin más dilación y le pedí el divorcio. Si no hubiera ocurrido el atentado, no lo habría hecho tan de improviso. Puede incluso que no le hubiera dicho nada. Fue un gran impacto que desencadenó muchas cosas.

La difícil situación familiar que vivía tenía como efecto que me olvidara de mí mismo, que no me diera importancia. Podía haber muerto aquel día y, de haberlo hecho, supongo que lo habría aceptado sin más: «Ha sido un accidente; no había nada que hacer».

No sé si lo puedo considerar una afición, pero he empezado a pintar y a hacer grabados. Un vecino mío es pintor profesional y voy de vez en cuando a su casa para que me enseñe. Si tengo tiempo, pinto por la noche. También los fines de semana. Me gusta la acuarela, los paisajes, los bodegones... Me relajo, me sirve para estar tranquilo. Me divierte hablar con otra gente a la que le gusta pintar. No me gusta nada hablar de langostinos.

«Por fortuna estaba dormida.»
AYA KAZAGUCHI (23)

La señorita Kazaguchi nació en Machiya, en el distrito de Arakawa, al nordeste de Tokio. Nunca ha vivido en otro lugar. Le gusta Machiya y no ha considerado en ningún momento la posibilidad de mudarse. Vive con sus padres y una hermana catorce años menor que ella. Es una mujer adulta y trabajadora en todos los sentidos, y aunque de vez en cuando se plantea vivir por su cuenta, todavía se «aprovecha» de sus padres, como ella misma reconoce.

Después de terminar el instituto, se matriculó en una escuela de negocios donde estudió procesamiento de datos y contabilidad. Más tarde empezó a trabajar para un fabricante de ropa. En la actualidad está a cargo de una de las marcas de la empresa. No conozco en detalle el mundo de la moda femenina, pero, al parecer, se trata de una línea exclusiva cuyo público objetivo lo constituyen chicas «monas y sofisticadas», recién casadas o de familias acomodadas. Su padre también trabaja en la industria textil. Gracias a él consiguió el empleo. A la señorita Kazaguchi no le interesa especialmente el negocio, pero está satisfecha porque puede poner en práctica sus conocimientos y habilidades informáticas.

Le gusta la música reggae y entre sus deportes favoritos están el snowboard, *el* skateboard *y el* surf. *«Lo admito, soy una frívola», bromea. Le gusta salir con amigos, muchos de los cuales conserva desde la escuela. La mayor parte de ellos también se ha quedado a vivir en Machiya.*

Está en forma y tiene un carácter tenaz; asegura que hace cuanto puede para aprovechar al máximo sus años de libertad y soltería. No parece presumida en absoluto y hace gala de una mentalidad abierta. Imagino que con su pelo liso hasta los hombros tiene un considerable éxito entre los chicos. Para quienes alberguen pensamientos maliciosos, diré que su madre es de mi edad, así que podría ser mi hija.

Trabajo en la misma empresa desde hace cuatro años como adjunta de ventas. Entre mis responsabilidades están la de hacer inventario, organizar los artículos devueltos, atender a clientes por teléfono, realizar balances... En resumen, trabajo de oficina en el departamento de ventas.

En este momento del año, de finales de febrero a mediados de marzo, estamos muy ocupados con la presentación de la nueva temporada. Es ahora cuando se decide todo para el próximo otoño-invierno. Como somos mayoristas, exponemos en el almacén para los minoristas, que son quienes nos hacen los pedidos provisionales. Representa mucho trabajo y en este momento las cosas están muy mal. Si no vendemos bien esta temporada, las cosas se van a poner muy feas... *(Risas.)*

Desde casa tardo unos cuarenta minutos en llegar al trabajo. Tomo la línea Chiyoda, en la estación de Machiya, hasta Nijubashi-mae. Salgo del metro y camino hasta la estación de Yurakucho, donde tomo esa misma línea hasta la estación de Shintomicho. Normalmente llego al trabajo a las 8:55. El trabajo empieza a las 10, así que tengo un rato de margen. Nunca he llegado tarde. Tomo el mismo tren todos los días. Siempre va lleno. La línea Chiyoda entre Machiya y Otemachi es insoportable. Ni siquiera puedes mover los brazos; te empujan desde atrás hasta quedar de cualquier manera. Por si fuera poco, a veces hay sobones. No es muy agradable, la verdad.

En Otemachi hay muchas conexiones, así que la cosa se despeja un poco, pero hasta Nijubashi-mae, donde yo me bajo, el tren no deja de estar abarrotado en ningún momento. De Machiya a Nishi-nippori, a Sendagi, Nezu, Yushima, Shin-ochanomizu, Otemachi... no hay nada que hacer. Simplemente estás atrapado. Yo entro en el vagón y me quedo junto a la puerta, aplastada por una sólida masa de gente. A veces me duermo. Sí, sí. Puedo quedarme dormida de pie. Casi todo el mundo lo hace. Cierro los ojos y trato de permanecer tranquila. Aunque quisiera moverme no podría, así al menos resulta más llevadero. Las caras de las otras personas están tan cerca... Así... ¿No es verdad? Prefiero cerrar los ojos y quedarme dormida, dejarme mecer por el traqueteo del tren.

El 20 de marzo era lunes, ¿no? Sí. Por aquel entonces mi sección solía reunirse los lunes sobre las 8:30 de la mañana. Salí de casa antes de lo normal, a las 7:50. Tomé un tren anterior al que acostumbro. No iba tan lleno como siempre. De hecho, encontré un poco de espacio libre. Me instalé en mi rincón favorito, entre los asientos y la puerta. El sitio perfecto para echar una cabezadita.

Siempre me subo en el primer vagón por la segunda puerta. Me voy a mi rincón, me refugio allí y ya no me muevo. Lo malo es que en la estación de Nijubashi-mae las puertas se abren por el lado contrario, así que no queda más remedio que cambiar de lado.

El tren llegaba a Otemachi y tenía que moverme. Abrí los ojos. No puedo desplazarme con los ojos cerrados... *(Risas.)* Respiraba con dificultad, como si algo me presionara el pecho. Por mucho que me esforzaba, no conseguía meter suficiente aire en los pulmones. «Esto es muy raro», pensé, «será que he madrugado demasiado.» *(Risas.)* No le di demasiada importancia porque me sienta mal madrugar, pero, de todos modos, el ambiente resultaba asfixiante.

Mientras las puertas estuvieron abiertas en Otemachi y entró aire del exterior, la cosa no fue mal, pero cuando se cerraron, el ambiente se enrareció aún más. ¿Cómo podría describirlo? Era como si el aire hubiera desaparecido, como si el tiempo se hubiera detenido... Puede parecer exagerado, pero no lo es.

«¡Qué extraño!», pensé. La gente que iba sujeta a los pasamanos no dejaba de toser. El vagón no estaba lleno ni mucho menos; no habría más de tres o cuatro personas de pie. A pesar de todo, no conseguía respirar, quería salir de allí lo antes posible. Me preguntaba por qué no iba más deprisa. De Otemachi a Nijubashi-mae apenas se tarda dos o tres minutos. Todo ese tiempo me desesperé por un poco de aire. Era como cuando te caes al suelo y te golpeas fuerte en el pecho. No puedes respirar, inhalas pero tienes la impresión de que no puedes expulsar el aire. Sentía algo así.

Miré hacia la puerta de enfrente. Había algo en el suelo envuelto en papel de periódico. Llevaba en pie todo el trayecto, pero no lo descubrí hasta ese momento. Era un paquete más o menos del tamaño de una fiambrera. Los papeles con los que estaba envuelto chorreaban. Parecía agua, no sé; el líquido se desparramaba por todas partes. Me fijé atentamente. No se movía gran cosa, pero me di cuenta de que no era algo denso, sino más bien flácido.

Soy una chica de barrio. Sé que si vas a la pescadería te envuelven la compra en papel de periódico. Pensé que era eso: alguien había comprado pescado y se lo había olvidado allí. Por otra parte, ¿quién iba a salir a comprar pescado en el primer metro de la mañana? Cerca había un hombre de mediana edad con el mismo gesto de extrañeza que yo. Se acercó para inspeccionar. Tendría unos cuarenta años, aspecto de trabajar en una oficina. No llegó a tocar el bulto; se quedó mirando como si se preguntase: «¿Qué demonios es esto?».

El tren llegó finalmente a Nijubashi-mae. Me bajé. Todos tosíamos sin parar. Seríamos unas diez personas en total. Al menos yo no era la única que se sentía mal. Tenía que darme prisa si quería llegar a tiempo a la oficina. El corazón me latía a toda velocidad. Corrí por el andén para dirigirme a la salida. Traté de respirar profundamente. Caminé más despacio y me sentí mucho mejor. Como mínimo el corazón había recuperado su ritmo normal. Moqueaba. No me preocupé porque lo achaqué al frío.

Cuando nos reunimos en la oficina, me sentía muy mal. Tenía ganas de vomitar. En las noticias dijeron que había ocurrido algo en el metro. «¡Vaya! Por eso estoy así», me dije. Pensé que me iba a desmayar... Soy una auténtica hipocondriaca, lo reconozco. Me fui corriendo al Hospital San Lucas.

Estuve dos horas con suero, me hicieron análisis de sangre y me dijeron que podía irme a casa. No habían descubierto nada extraño: no tenía las pupilas contraídas, sólo la impresión de estar enferma.

Justo delante de sus ojos estaba el paquete que contenía el gas sarín y, sin embargo, no resultó herida de gravedad.

En ese momento lo pasé bastante mal, pero me recuperé. Por fortuna estaba dormida. Al menos eso es lo que me dijo la policía. Tenía los ojos cerrados y mi respiración era más lenta que si hubiera estado despierta. Supongo que tuve mucha suerte.

«Dicen "lo siento", pero en el fondo les encanta el morbo.»
HIDEKI SONO (36)

El señor Sono trabaja en el departamento de ventas de un fabricante de alta costura. Su oficina está en el distrito de Aoyama. Tras el estallido de la burbuja y la recesión que le siguió en los años noventa, la mayor parte de los negocios relacionados con la moda empezaron a decaer o, como prefiere explicarlo él, «volvieron a entrar en razón». Cansado de los excesos de la década anterior, de hombres maduros que gastaban una fortuna en su imagen, en retozar con chicas jóvenes, cansado de vender ropa de marca sobrevalorada, ahora parece aliviado por el hecho de que la economía haya tocado fondo. «Al fin podemos volver a la vida normal», asegura.

Cree que está hecho para las ventas, pero no tiene el típico aspecto del vendedor agresivo. Al contrario, parece frío, incluso algo introvertido. No le gusta beber, los viajes en grupo, el golf, por muy importante que sea éste para su profesión. No se le da bien. Juega por obligación y, cuando lo hace, abre su bolsa de palos largo tiempo olvidada y le pregunta a sus compañeros cuál debe utilizar. Es de esa clase de jugador.

«Con una sociedad tan insípida como la nuestra, todo el mundo corriendo tras el dinero, puedo llegar a entender que la gente joven se sienta atraída por algo espiritual como la religión, aunque no es mi caso.» El señor Sono sufrió graves secuelas a raíz del atentado. Sin embargo, no alberga odio ni resentimiento contra los miembros de Aum. No sabe exactamente por qué. «Trabajo con ropa, pero no me interesa especialmente cuando se trata de mí», aclara. «Si veo algo que me gusta, me lo llevo. No le doy más vueltas.» De ser eso cierto, ¿cómo es que ha llegado a tener un estilo tan refinado?

Durante la época de la burbuja se vendía mucho, tanto que hasta daba risa. Año tras año la empresa nos pagaba viajes de incentivo a Hawai. Si lo comparo con entonces, la situación actual es miserable. He visto cómo quebraban muchos mayoristas, cómo cerraban tiendas por todas partes. En nuestro caso, por mucho que nos esforcemos, cada vez nos resulta más difícil cobrar.

Llevo diez años en esta empresa. Anteriormente trabajé cuatro años en Osaka en el sector de la construcción. Fue justo después de acabar la universidad. Estaba a cargo de la administración de la empresa que cotizaba en bolsa; un trabajo seguro pero muy aburrido. Al final lo dejé. Vi una oferta en mi actual empresa y, aunque no me atraía de manera especial el sector de la moda, me resultó interesante. No es que ahora me guste la ropa, pero como negocio aún me fascina. El trabajo en el sector de la construcción es muy sobrio; quiero decir, que uno no puede tomar sus propias decisiones ni iniciativas. Entiendo que una persona que empieza no puede hacer lo que le venga en gana, pero siempre me sentí constreñido. Con el tiempo he descubierto que, por mi temperamento, se me dan mejor las ventas que la administración. En la actualidad dirijo y coordino un equipo de seis personas. Como estamos en ventas, suelo ir a las tiendas y a los mayoristas. Un 60 por ciento de mi tiempo lo paso en la oficina y un 40 por ciento fuera. Me divierte más la relación con la gente que estar yo solo sentado a la mesa. Creo que me ayuda a no estresarme.

Mi mujer y yo vivimos solos. Hace ya trece años que me casé, con veinticuatro. Vivimos en Chiba. Salgo de casa a las 7:30 de la mañana y tomo la línea Chiyoda en la estación de Matsudo. No hace falta decir que jamás hay un asiento libre, por lo que no me queda más remedio que ir de pie los cuarenta y cinco minutos que dura el trayecto. A veces la cosa se despeja un poco en Otemachi. Como a esas horas aún estoy adormilado, me siento si se queda un sitio libre. Sentarse se traduce en quince minutos de descanso.

El 20 de marzo salí de casa treinta minutos antes de lo normal. Había un asunto que quería solucionar antes de ir al trabajo. Era la semana de presentación de la nueva temporada y tenía que hacerme cargo de muchos pequeños detalles. Una de nuestras responsabilidades es calcular los gastos e ingresos a fin de mes. Nos movemos con un presupuesto muy ajustado y, si no cuadra, deben replantearse las cosas. Tenía una semana para hacer números antes de llevarlos a la oficina central y presentarlos en una reunión.

El 20 de marzo fue precisamente el día en el que mi mujer dejó la empresa. Había trabajado durante seis años como editora en una revista de publicidad. Un puesto muy exigente que la consumía poco a poco. Quería dejarlo desde hacía tiempo para establecerse por su cuenta. Además, era su cumpleaños, por eso recuerdo los acontecimientos de aquel día con tanta claridad.

Siempre me subo al primer vagón. De esa manera me queda mejor la salida más próxima a la tienda del edificio Hanae Mori, en Omote-sando, pero me subo por la tercera puerta porque en las otras dos hay demasiado movimiento. Aquel día hice el trayecto sentado desde Shin-ochanomizu. Me había levantado pronto y quizá por eso estaba reventado. Cuando vi el asiento libre, pensé: «¡Qué alivio, menos mal!». Me senté y me quedé dormido al instante. Me desperté en Kasumigaseki, cuatro paradas después, por las ganas de toser. También había un olor extraño. Muchos pasajeros se cambiaron de vagón por la puerta interior.

En cuanto abrí los ojos vi a uno de los empleados de la estación con su uniforme verde que entraba y salía del vagón. El suelo estaba empapado. Yo me hallaría a unos cinco metros de aquella cosa. La persona que lo había derramado debía haber bajado en la estación de Shinochanomizu. En cualquier caso, estaba dormido y no vi nada. La policía me preguntó una y otra vez, pero si no lo vi, no lo vi. Supongo que me consideraron sospechoso. Me dirigía a Aoyama y el cuartel general de Aum está precisamente allí.

El tren continuó hasta la siguiente estación, Kokkai-gijidomae, donde nos obligaron a bajar a todos. Me dolía el cuerpo entero. Tosía, no podía respirar... A mi lado había gente que ni siquiera se podía mover. Entraron varios empleados del metro para levantar a una mujer de unos cincuenta años que no se movía. En el vagón habría unas diez personas en total. Algunos se tapaban la boca y la nariz con un pañuelo, pero no tosían.

«¿Qué está pasando aquí?», me pregunté. Tenía que ir a trabajar, tenía una larga lista de cosas por hacer. Salí a toda prisa. No sabría decirle cuánta gente habría allí. Los encargados de la estación se hacían cargo de los que estaban en peor estado. Calculo que serían unos cincuenta en total. Dos o tres estaban completamente inmóviles; otros, tumbados en el suelo del andén.

Puede parecer extraño, pero no sentí ninguna tensión. Estaba mal, tomaba aire y a pesar de todo no conseguía respirar. Tenía la sensación de que me ahogaba, pero como aún podía caminar, pensé que no era tan grave. En lugar de quedarme con el grupo de heridos, tomé el siguiente tren, que llegó enseguida. Tan pronto como subí, me empezaron a temblar las piernas, se me nubló la vista, parecía como si se hubiera hecho de noche. «¡Maldita sea!», pensé, «tendría que haberme quedado con los demás.»

Nada más llegar a la estación de Omote-sando me dirigí a un empleado y le dije: «No sé por qué, pero me encuentro muy mal... ¿Ha ocurrido algo?». Me contestó que se había producido una explosión en Hatchobori. «En mi tren también olía a algo raro», le dije. Me aseguró que habían derramado gasolina o algo por el estilo. Obviamente, era una información errónea. Insatisfecho con su aclaración, me dirigí al jefe de estación para explicarle de nuevo lo que me pasaba. Apenas veía nada. No tenían noticias de Omote-sando. Su única respuesta fue: «¿Por qué no se sienta un rato? ¿Quiere beber algo frío?». Fue muy amable, pero evidentemente no tenía ni idea de lo que pasaba.

«Esto no tiene sentido», pensé. Renuncié a mi propósito de informarme y me dirigí a la salida. Hacía una mañana estupenda, despejada por completo, pero de total oscuridad para mí. La cosa no pintaba bien. Fui al hospital que está cerca de la oficina, pero no pude contarles lo que me pasaba. «Probablemente se trata de una emergencia. Acabo de salir del metro y...» Les expliqué detalladamente hasta donde pude, pero no me atendieron. Llamé a la oficina para decir que me encontraba mal. Iba a llegar tarde. Esperé tres horas. ¡Tres horas en las que no hicieron nada! Cada vez me costaba más trabajo respirar, la vista se me debilitaba... Estaba fuera de mí. Llamé incluso a la Autoridad del Metro para que me dieran alguna explicación. Eran ellos, después de todo, los que se habían ocupado de las víctimas. Me preguntaba qué habría sido de ellos. No pude comunicar con nadie.

A las 11 de la mañana dijeron en las noticias que se trataba de un atentado con gas sarín. ¡Por fin iban a atenderme! Ya tenían una idea de lo que me pasaba. Enseguida llegaron las transfusiones, la hospitalización. Yo era la primera víctima de gas sarín que atendían. De pronto, los médicos estaban fascinados conmigo. Se reunieron en torno a mí, me miraron por todas partes para tratar de reconocer síntomas, hablaron entre sí: «¡Fíjate! Esto es lo que pasa...». Permanecí tres días ingresado.

Estaba tan exhausto que me pasé todo el tiempo durmiendo profundamente. Los tres meses siguientes fueron muy duros: siempre me sentía cansado, intentaba hacer algo y caía rendido. Mi vista se deterioró. No lograba enfocar, sólo veía un borrón y mi campo de visión quedó reducido a una estrecha franja. Por razones de trabajo tengo que conducir a menudo, y cuando se ponía el sol, no veía nada. Hasta ese momento nunca había tenido problemas de vista, pero ya no era capaz ni de leer las señales de tráfico. Imagínese, si no puedo trabajar con el ordenador, no puedo hacer nada.

Es probable que padeciese un punto de locura. En serio. Iba por ahí diciéndole a la gente: «¡Tened cuidado! Ahí fuera pasa algo. ¿No lo veis? Va a ocurrir algo». Llegué a comprar una navaja de esas de supervivencia en una tienda especializada. *(Risas.)* Cuando recuperé la cordura, me di cuenta de lo insensato de mi comportamiento. Había llegado a creerme mis delirios. Me preguntaba qué podía hacer yo con una navaja.

Es extraño, pero no siento rabia. Por supuesto que me enfurece pensar en las personas que murieron. Me entristece especialmente el caso de los empleados de la estación que tuvieron que limpiar el gas. De no haber estado ellos allí, probablemente yo también habría muerto. Sin embargo, no albergo odio ni resentimiento contra los criminales. Tengo más la sensación de haber sufrido un accidente. Es probable que usted esperase otra respuesta.

No, no esperaba nada en especial. No hay respuestas predeterminadas.

Lo que no puedo soportar es la cobertura informativa que le dieron a Aum. No quiero ni verlo. Sí, sin duda eso multiplicó mi desconfianza hacia los medios de comunicación. En resumidas cuentas, todos dicen «lo siento», pero en el fondo les encanta el morbo. La gente se entretiene con esas cosas y dice: «¡Oh, qué lástima!». He dejado de leer hasta las revistas.

«El miedo que provoca el sarín era desconocido
hasta ese momento.»
KANZÔ NAKANO, psicólogo (nacido en 1947)

*Cuando ocurrió el atentado, el doctor Nakano era jefe del departamento
de psicología del Hospital San Lucas, localizado en la zona de Tsukiji. Allí atendieron a seiscientas cuarenta víctimas. Faltaban manos para ayudar a tanta
gente, para prestar los tratamientos más urgentes. Algunas personas empezaron
a quejarse poco después de dolencias psíquicas. Desde entonces atiende regularmente a más de cincuenta pacientes que sufren el conocido en términos médicos
como TEPT, trastornos por estrés postraumático.*

*Al cabo de un tiempo dejó el hospital para abrir una clínica privada en la
zona de Kudan. Le entrevisté en dos ocasiones, en febrero y en octubre de 1996.
Las dos veces nuestra conversación resultó muy valiosa y clarificadora. Aseguró que le gustaría atender a más pacientes en su consulta, pero lo cierto es que
ya tenía muchos y parecía bastante ocupado.*

*Es un hombre de aspecto apacible con una forma de hablar suave. Se ex-
presa con seriedad, lo cual no oculta su evidente entusiasmo cuando se refiere
a la ayuda que presta a los pacientes que padecen TEPT como consecuencia
del atentado. Lucha para que se reconozca la existencia de esas secuelas psíquicas, que pueden llegar a constituir una auténtica minusvalía, para que la
sociedad las acepte con naturalidad. Es evidente que sus pacientes confían mucho en él.*

Primera entrevista, febrero de 1996

Los trastornos por estrés postraumático comenzaron a aparecer, más
o menos, transcurrida una semana desde el atentado. El primer paciente
que atendí me dijo: «Quería ir a trabajar el lunes siguiente, pero me quedé paralizado. Fui incapaz». Sucedió un 27 de marzo. Se trataba de un
hombre que tan sólo había resultado levemente intoxicado.

El síntoma más común son los llamados *flashbacks*, es decir, ana-
lepsis que traen de vuelta lo ocurrido aquel día, sensaciones que se re-
viven con sumo realismo. No se trata de un recuerdo ordinario, es, más

bien, la sensación de que algo extraño fluye en el interior del cuerpo. Tampoco se parece a las ensoñaciones. Cabría decir que es una «invasión de la memoria».

Los daños físicos puede que no guarden relación con estos trastornos. Para explicarlo brevemente, le diré que el problema reside en el grado del daño psíquico sufrido por el paciente. Por ejemplo, el caso de un herido leve que se hizo cargo de una persona malherida. Esa persona padeció enormes sufrimientos, expulsó espumarajos por la boca y, al final, murió en sus brazos. Es un hecho dramático, una escena violenta, como las que se pueden producir en un campo de batalla. La mayor parte de los pacientes que padecen trastornos han vivido situaciones parecidas.

Pongámonos en el caso de este atentado concreto: Un buen día, sin que nada permita preverlo, sin llegar a comprender nada de lo que sucede, la gente se encuentra cara a cara con la muerte. Imagino que para las personas que estuvieron presentes fue una experiencia que les produjo un miedo insondable. Por si fuera poco, el miedo que provoca el sarín era desconocido hasta ese momento. Fue un atentado sin precedentes, por lo que las víctimas, en mi opinión, aún no son capaces de expresar o digerir adecuadamente sus sentimientos y vivencias de aquel día. Al no encontrar las palabras adecuadas para hablar de ello, lo somatizan y terminan por aparecer dolencias físicas. No disponen de un sistema que permita transformar sentimientos en palabras, incorporarlo de manera racional a la conciencia. De ahí que irremediablemente traten de reprimirlos. Sin embargo, por mucho que uno quiera reprimirse, no puede evitar las reacciones espontáneas del cuerpo. A eso es a lo que me refiero cuando digo que los síntomas se somatizan en lo físico.

Básicamente, los síntomas son tres: insomnio, pesadillas y miedo. El miedo, por ejemplo, se refleja en actos cotidianos como subir al metro, atravesar un paso subterráneo, etcétera. También se produce inquietud, irritabilidad, falta de concentración, desidia, languidez. Toda la energía de la que dispone el paciente la utiliza para soportar el sufrimiento, lo cual elimina los márgenes necesarios para llevar a cabo otras actividades. Personalmente, tengo la convicción de que el tedio y la languidez son provocados por los *flashbacks* que traen de vuelta los síntomas de intoxicación producidos en el momento concreto del atentado.

Hay personas que se vieron obligadas a dejar sus trabajos. No se sentían capacitadas para seguir adelante con sus responsabilidades debido a que sufrían continuos dolores de cabeza y otras dolencias. Por si fuera poco, la gente que les rodeaba no comprendía nada: «Ya te has curado de la intoxicación, así que ya estás bien», era uno de los típicos comentarios. De ahí que ni siquiera les redujeran mínimamente la carga de trabajo. Muchos de ellos se quedaban a diario en el trabajo hasta casi la medianoche. Por mucho que se quejaran, nadie les ayudaba, nadie les prestaba atención. Una situación sencillamente insoportable.

Al no tratarse de síntomas visibles a ojos de los demás, como sucede con las heridas físicas, a quienes no los padecen les resulta muy difícil comprenderlos. Alguien se pone enfermo y la gente piensa a menudo: «éste abusa de su enfermedad» o «no se esfuerza lo suficiente».

En el caso del gran terremoto de Hanshin, por ejemplo, era fácil de comprender el alcance de los estragos. Hubo gente que resistió bajo los escombros durante muchos días. Se puede llegar a comprender bien su sufrimiento, su dolor. Sin embargo, en el caso del atentado con gas sarín, el miedo que provocó resulta difícil de comprender para los que no lo experimentaron, ¿verdad?

Sí, así es. También hay que tener en cuenta que la mayor parte de la gente vio en televisión lo que había pasado y se formaron una imagen superficial y simplificada que generó un prejuicio sobre lo ocurrido. Por ejemplo, las imágenes de gente caída en el suelo, casi amontonada en las salidas del metro. Sólo era la punta del iceberg de algo mucho más terrorífico que las cámaras de televisión no grabaron.

En cualquier caso, es fundamental recibir el tratamiento adecuado. Estoy convencido de que es crucial. La convalecencia depende de la persona. Hay gente que se recupera poco a poco y otros lo hacen rápido, motivados por algún acontecimiento. Existe infinidad de casos. Yo no aplico una terapia especial. Lo único que hago es escuchar, tratar de comprender los sentimientos de la gente, preguntar hasta el más mínimo detalle para llegar a la clave de la dolencia.

Le pondré un ejemplo. El día que detuvieron a Asahara, el líder de Aum, un paciente vino a verme aterrorizado porque estaba convencido de que iban a atentar de nuevo en el metro. Cuando se producen incidentes de cierta gravedad relacionados con el atentado, aparecen los *flashbacks*. Creo recordar que ese mismo paciente sufrió otro al ver en el metro a una persona que llevaba una mascarilla. Fue una ilusión, una alucinación. Sin embargo, en su cabeza ocurría realmente, se lo creía sin ningún género de duda. No me quedó más remedio que repetirle una y otra vez: «No es verdad, no ha ocurrido nada».

Esa persona en concreto se recuperó en cuanto admitió en voz alta que tenía miedo. Cuando quise darme cuenta, ya no vino más a la consulta. Los que se curan con mayor facilidad son los que admiten abiertamente tener miedo. Les escucho con atención, les demuestro mi simpatía, mi comprensión hacia lo que les pasa. Así consigo que disminuya su nivel de estrés. Cuando son capaces de admitir que sienten miedo, significa que han llegado a un punto en el que han puesto en orden sus emociones. Por poco que sea. Sin embargo, aún hay mucha gente incapaz de salir por sí misma de una situación que no comprenden, tan confundida que no son capaces de ordenar nada.

Es decir, hay mucha gente que padece traumas latentes. A los que acuden a su consulta, al menos se les puede ayudar, tienen conciencia de que algo sucede, voluntad de recuperarse.

Sí. Quienes padecen trastornos debido al atentado representarán entre el 30 o el 40 por ciento del total de las víctimas. En números totales asciende a más de cinco mil, así que son muchas personas. En el Hospital San Lucas hice una encuesta con una muestra de ochenta pacientes. Entre los tres y los seis meses posteriores al atentado, más del 30 por ciento de ellos había experimentado *flashbacks*. El número no disminuía con el tiempo. En algunos casos llegué incluso a sorprenderme: ¿cómo podían hacer vida normal?

Vivir sin admitir los profundos daños psicológicos y emocionales es, en algunos casos, muy peligroso. Hay personas que para huir de esos daños se refugian en el trabajo, en el alcohol.

Tengo un paciente que, cuando vio en televisión las imágenes de la primera guerra del Golfo, revivió un antiguo trauma que sufrió en la guerra sino-japonesa. En su memoria reapareció la escena de cuando mató a un enemigo chino con su bayoneta. Sucedió cincuenta años atrás. A partir de ese momento fue incapaz de dormir. Había revivido un acontecimiento escondido en las tinieblas de su conciencia durante cincuenta años. Las pesadillas no le dejaban pegar ojo. A las víctimas del sarín podría sucederles lo mismo. Por mucho que traten de enterrar lo ocurrido en su conciencia, algún día puede emerger inesperadamente.

Si alguien trata de arreglar por sí mismo los desórdenes que padece, la mayor parte de las veces acaba por empeorar las cosas y se encuentra con que no le queda más remedio que pedir ayuda. No es necesario que se trate siempre de un médico, puede bastar con que sea una persona comprensiva, lo cual sí es un requisito imprescindible. Pongamos un caso: la persona que sufre el trastorno le confía sus preocupaciones a alguien. Si éste le contesta o le da a entender que todo se debe exclusivamente a la debilidad de su carácter, la herida se profundiza.

Hay mucha gente que ha vivido esa experiencia, sin ir más lejos una paciente que vino ayer a mi consulta por primera vez. Estaba abatida por completo, pues las personas a su alrededor le decían que era muy débil. De continuar así, su desconfianza hacia los demás no hará más que aumentar. Es uno de los rasgos comunes de las víctimas del atentado. Nadie las comprende de verdad, se sienten atrapadas en su soledad.

Existe un tipo de marginación invisible en nuestra sociedad. Me refiero a una marginación psicológica hacia las víctimas del gas sarín. Por eso hay personas que tratan de ocultarlo. Sucedió lo mismo con las víctimas de la bomba atómica. No es más que una suposición mía, pero quizás esté relacionado con el concepto de la impureza que impera en la sociedad japonesa. Desde la antigüedad, en Japón se creía que si uno se relacionaba con la muerte o con la desgracia, quedaba impuro y los impuros eran marginados de manera sistemática. Es una tradición que en su momento quizá tuviera sentido. Por mucho que los marginasen, la comunidad cuidaba de ellos. No podían realizar los mismos trabajos, es verdad, pero en cierto sentido les protegían. Existían rituales de purificación que poco a poco «curaban» esa impureza. El concepto funcionaba con cierta eficacia, ¿no cree?

En la actualidad ha desaparecido ese tipo de funcionamiento comunitario, pero la conciencia de la impureza existe en estado latente. Eso podría ser la causa de la marginación inconsciente. La reacción de la gente es, hasta cierto punto, inofensiva, pero para las víctimas eso es muy duro.

Segunda entrevista, octubre de 1996

Han transcurrido unos nueve meses desde la primera entrevista que mantuvimos. ¿Cómo progresa el tratamiento de los trastornos por estrés postraumático?

Hasta ahora he tratado aproximadamente a unos cincuenta pacientes. En consulta continúan unos veinte. Los hay que se han recuperado por completo y también los hay que han dejado de venir porque no les solucionaba gran cosa. No puedo afirmar de forma categórica que todos los que han pasado por aquí se hayan recuperado. No tengo una estadística exacta, pero calculo que será la mitad.

La mayor parte de la gente que he tratado padecía síntomas graves, por eso vinieron.

La mayoría de las personas que he entrevistado se queja de una notable pérdida de memoria. Es algo que me ha llamado mucho la atención. ¿Se puede atribuir a los trastornos?

Mucha gente se queja de falta de concentración y pérdida de energía vital. También hay personas que se quejan de una disminución de sus facultades mentales. La merma de la memoria puede ser una hipofunción derivada de los trastornos. Sepultan los recuerdos dolorosos en el fondo de su conciencia y, como consecuencia de ello, el cuerpo disminuye su actividad. De forma automática, la actividad retentiva se resiente.

Como se destina una enorme fuerza para oprimir a la memoria, la energía se consume en el esfuerzo. Eso puede explicar por qué no alimenta las funciones normales de los actos cotidianos. De ahí que se produzca un descenso generalizado del nivel de energía. Son características de los trastornos por estrés postraumático.

¿Quiere decir que no son permanentes, que si desaparece esa opresión, las funciones normales de la persona se recuperan?

Sí, eso es. Suele ser el comportamiento habitual. En algunos casos se produce una curación espontánea, en otros no. La cuestión fundamental es en qué grado existe el trauma o cómo se ha adherido al interior de la persona.

Francamente, mi impresión personal después de las entrevistas que he realizado hasta ahora es que atribuir todos los males que sufren las víctimas a los trastornos es exagerado. ¿No le parece?

Yo pienso que en su mayor parte provienen de esos trastornos, con la excepción de dolencias físicas como el dolor de ojos o la pérdida de visión, que no son efectos derivados de un daño psicológico. Sin embargo, el dolor de ojos puede llegar a atribuirse a los trastornos.

Otra de mis impresiones más fuertes es que la mayoría de las personas sufre en soledad. Tratan de convencerse a sí mismas con argumentos como: «He perdido memoria, pero tal vez se deba a mi edad», o «Me he debilitado físicamente porque me hago viejo». No existe un lugar donde las víctimas puedan compartir su experiencia, intercambiar información o consultar especialistas. Quizá por eso se guardan para sí sus preocupaciones y sufrimientos.

Tras el gran terremoto de Hanshin, pensé que se evacuaría a los damnificados a distintos lugares del país y que, por tanto, haría falta prepararse para atender a la gran cantidad de personas que sufrían trastornos por estrés postraumático. Fui al Ministerio de Sanidad y Seguridad Social para hablar del asunto, pero no me hicieron caso. Las autoridades aún no hacen lo suficiente para estar preparadas y poder tratar estos trastornos.

Aparte de mí, no hay muchos psicólogos especializados en la atención a las víctimas del sarín. Es extraño. Cuando tengo contacto con otros colegas, les pregunto si conocen a alguien. Me gustaría crear una red de comunicación entre nosotros.

En el Hospital San Lucas existía una especie de protocolo interior por el que pasaban los pacientes que precisaban atención psicológica cuando se detectaba en otra especialidad. Es probable que en otros hospitales no se haya establecido ese protocolo. A pesar de todo, mi impresión es que no funciona bien la comunicación entre especialidades. En los hospitales grandes están los casos de medicina interna, cirugía o psicología. Funcionan por separado. En San Lucas organizamos un equipo de atención para personas con trastornos por estrés postraumático a raíz del gran terremoto de Hanshin. Estaba compuesto por psicólogos, enfermeros, psicólogos clínicos. Funcionaba bastante bien. Por eso fuimos muy activos en el atentado. Cuando no existe un equipo de esas características, la atención resulta complicada.

La base de su tratamiento residía, como me dijo usted mismo en nuestra anterior entrevista, en escuchar a los pacientes. ¿Ha habido algún cambio al respecto?

No. Hay personas que ni siquiera admiten que tienen miedo. En la mayoría de los casos se debe al pánico que les produce pronunciar esa palabra. Si dicen: «Tengo miedo», es una prueba de que mejoran. En un principio están tan confusos que no entienden lo que les pasa, pero la confusión hay que tomársela como lo que es. No se trata de sacarla a la fuerza, sino de hacerlo con naturalidad. Una vez se serenan, por fin aparece el miedo.

Mi tratamiento se basa en escuchar con calma y atención, como le conté la última vez. Acepto su miedo y su dolor tal como lo sienten. Creo que ése es el camino. Me sirvo de algunos medicamentos que aumentan la eficacia del tratamiento.

Ha pasado un año y medio desde el atentado, pero aún hay muchas personas incapaces de romper con esa confusión que les atenaza. Salir de ese estado es un proceso gradual. Tengo pacientes que se han resignado desde el principio hasta que ya no pueden más y terminan por llamar a mi puerta. El último de ellos, por ejemplo, vino a finales del pasado mes de agosto. Estaba atormentado. La única salida que se le ocurría era dejar de trabajar. Le pedí que se tomara un descanso y, de momento, parece recuperado. Dentro de poco volverá al trabajo.

¿Tiene constancia de casos de ruptura familiar?
No, no tengo constancia. De momento, los mayores problemas surgen en el trabajo. La mayor parte de las empresas ni comprende ni admite esa enfermedad. Hay ocasiones en las que actúan con mucha crueldad al no conceder siquiera la indemnización por accidente laboral. Conozco dos casos. Desatienden los procedimientos y se retrasan por una u otra razón. Los afectados terminan por perder la paciencia y dejan el trabajo sin más. Cumplir el procedimiento establecido por ley no significa pagar de tu propio bolsillo. No hacerlo es un enorme perjuicio para la persona. Esos casos son reales, existen.

Hay una buena noticia, sin embargo. El Ministerio de Trabajo reconoció que en los casos de trastorno por estrés postraumático debe aplicarse una indemnización por accidente laboral. Yo mismo lo pedí y por fin está legalmente reconocido.

Aunque ya se empieza a reconocer el significado de los TEPT, aún no se han descubierto los síntomas concretos, el verdadero sufrimiento, dado que no son apreciables a simple vista. ¿No cree que por mucho que exista un reconocimiento oficial plasmado en la ley, es decir, un continente, si no se dispone del contenido, o sea, del adecuado reconocimiento y empatía hacia las víctimas en su más amplio sentido, no se podrán aplicar correctamente las disposiciones legales?
Tiene usted razón. Al no tratarse de algo físico, se hace más difícil alcanzar un verdadero conocimiento. Hay muchos trabajadores que ocultan sus síntomas e intentan continuar como si no hubiera pasado nada. Cuanto más lo esconden, más se agrava la enfermedad. Como ya he mencionado antes, si en el trabajo se produce algún tipo de vejación, la gente deja de ir a trabajar sin más, lo cual hiere doblemente a las víctimas. Por una parte está el propio atentado; por otra, la actitud de la empresa y de los compañeros. Cómo tender la mano a esas personas es una cuestión difícil, pero creo que se solucionaría si se aplicase con más diligencia el sistema de subsidios a las víctimas.

Ruego a todas las personas que sufren las secuelas del atentado que llamen por favor a nuestra puerta sin preocuparse por nada más. Si les digo que no se angustien, que están bien, será el primer paso en el camino para encontrar una solución. Si sienten cualquier tipo de inquietud, vengan cuando quieran. No piensen que su caso es menor. Por ligero que sea, cualquier sufrimiento debe consultarse con un especialista.

¿Cuál es el síntoma más evidente?

El miedo. Si alguien padece *flashbacks,* insomnio, pesadillas, si tiene dificultades para concentrarse o nota pérdida de memoria, si se irrita con facilidad, sufre dolores de cabeza, mareos o debilidad general (entre otros síntomas, pues éstos se manifiestan de múltiples formas), puede consultarnos.

Después de escucharle, entiendo que los trastornos por estrés postraumático son algo realmente grave.

Ha pasado un año y medio después del atentado. Cada caso que atiendo me da una nueva medida de la gravedad de lo ocurrido. Mucha gente dice: «¡Ay! No lo había comprendido bien», o «No era plenamente consciente de haber vivido una experiencia tan horrible».

Línea Marunouchi (destino a Ogikubo)

El equipo formado por Kenichi Hirose y Koichi Kitamura fue el encargado de colocar y liberar el gas sarín en el tren de la línea Marunouchi procedente de Ikebukuro, que se dirigía al oeste con destino a Ogikubo.

Nacido en Tokio en 1964, Hirose tenía treinta años en el momento del atentado. Después de graduarse en el Instituto de Enseñanza Secundaria de Waseda, paso previo para optar al ingreso en la prestigiosa universidad del mismo nombre, se matriculó en el departamento de ingeniería, donde se licenció en física aplicada con la mejor nota entre sus cien compañeros de promoción. Un verdadero estudiante modélico. En 1989 terminó sus estudios de posgrado, rechazó todas las ofertas de trabajo que le llegaban y, en lugar de embarcarse en una exitosa carrera profesional, juró votos en Aum.

Se convirtió en un importante miembro de la brigada química del ministerio de ciencia y tecnología de la secta. Junto a su cómplice en el atentado, Masato Yokoyama, Hirose fue una pieza clave en el plan de desarrollo de armas de luz automáticas. Joven, alto, de aspecto serio y tranquilo, aparenta menos edad de la que en realidad tiene. Durante la celebración del juicio que se siguió contra él, elegía sus palabras cuidadosamente, hablaba en voz baja, nunca se iba por las ramas.

La mañana del 18 de marzo, Hirose recibió órdenes de Hideo Murai, su superior en el ministerio. El objetivo: llevar a cabo un ataque terrorista en el metro de Tokio con gas sarín. «Me sorprendió mucho», explicaría más tarde en el juicio. «Me estremecí al pensar en todas las personas que íbamos a sacrificar. Por otra parte, me di cuenta de que si pensaba así, era porque no estaba suficientemente versado en las "enseñanzas".» Abrumado por la extrema gravedad de su misión, sintió una «resistencia instintiva» a obedecer las órdenes, pero su adhesión a las llamadas «enseñanzas» de Aum era aún más fuerte. Aunque más adelante llegaría a admitir su terrible error, en su defensa argumentó que no había tenido en realidad ni la libertad ni la voluntad suficientes para desobedecer una orden que llegaba de arriba, es decir, del mismísimo Shoko Asahara.

Le ordenaron tomar el metro en la estación de Ikebukuro, en concreto, subirse al segundo vagón del tren de la línea Marunouchi con destino a Ogikubo. En cuanto el convoy entrase en la estación de Ochanomizu, debía agujerear los dos paquetes que contenían el gas sarín y salir a la calle, donde le estaría esperando en un coche su cómplice Kitamura. El número del tren era el A777. Las instrucciones precisas sobre cómo actuar se las dio su «hermano mayor», Yasuo Hayashi. La madrugada del 20 de marzo lo llevaron al refugio que Aum tenía en la localidad de Kamikuishiki. Hirose practicó allí los movimientos que tendría que repetir en el tren. Durante el entrenamiento, pinchó la bolsa que se asemejaba a la que contendría el gas sarín con tal fuerza que dobló la punta del paraguas.

Salieron del *ajid*, el piso franco de Aum en Shibuya, al oeste del centro de Tokio, a las 6 de la mañana del 20 de marzo. Kitamura condujo hasta la estación de Yotsuya. Hirose tomó allí un tren de la línea Marunouchi en dirección a Shinjuku. Después cambió a la línea Saikyo en dirección norte destino Ikebukuro. Compró un periódico deportivo en el quiosco de la estación para envolver los paquetes que contenían el sarín. Esperó antes de subirse al tren que le habían asignado. Finalmente lo hizo por la puerta central del segundo vagón. Cuando llegó el momento de liberar el gas, la envoltura de papel de periódico hizo un ruido que llamó la atención de una colegiala que iba a su lado. Al menos eso pensó él en ese momento.

Incapaz de soportar la tensión, se apeó del tren en Myogadani y se quedó de pie en el andén. Abrumado por el horror que le producía la misión que le habían encomendado, le invadió un incontrolable deseo de huir y no llevar a cabo su cometido. Más tarde confesó: «Tenía envidia de la gente que caminaba por allí sin más». Visto con la perspectiva del tiempo, aquél fue un momento crucial en que las cosas podían haber tomado un rumbo bien distinto. De haber huido como le decía su instinto, se habría evitado el sufrimiento a los cientos de personas que se vieron afectadas por su acción.

Sin embargo, Kenichi Hirose apretó los dientes y superó sus dudas. «Al fin y al cabo, sólo se trata de la salvación», se dijo a sí mismo para convencerse. El acto en sí era lo más importante. Además, no se trataba sólo de él; otros adeptos también cumplían en ese instante las mismas órdenes. No podía decepcionarlos, no podía huir empujado por su debilidad.

Hirose volvió a subir al tren antes de que partiera, pero lo hizo en otro vagón, el tercero. De esa manera evitaría la inquisitiva mirada de la colegiala. Cuando el convoy se aproximaba a la estación de Ochanomizu, sacó de su bolsa los paquetes que contenían el sarín; los colocó discretamente en el suelo. Al hacerlo, la envoltura de papel de periódico se deslizó y el paquete de plástico quedó a la vista. Sin embargo, no le preocupó. Ya no tenía tiempo de rehacerlo. Repetía sin cesar uno de los mantras que había aprendido en Aum para serenarse. Cuando el tren entró en la estación de Ochanomizu y las puertas se abrieron, desterró todas sus dudas y pensamientos: agujereó las bolsas con la punta de su paraguas.

Antes de montar en el coche en el que le esperaba Kitamura, Hirose lavó con agua la punta del paraguas y lo guardó en el maletero. A pesar de sus precauciones y del extremo cuidado con el que realizó todos y cada uno de sus movimientos, pronto padeció los inequívocos síntomas de envenenamiento por la inhalación del gas. Era incapaz de hablar con normalidad, tenía dificultades al respirar, su muslo derecho empezó a contraerse de forma incontrolada.

Sin más dilación se inyectó la dosis de sulfato de atropina que le había entregado Ikuo Hayashi. Gracias a su excelente formación científica, Hirose sabía bien lo mortífero que podía resultar el gas sarín, pero le aterrorizó comprobar lo rápido y tóxico que era. Si él ya se encontraba en ese estado, cuál sería la situación en el vagón, se preguntó. Un oscuro pensamiento cruzó su mente: «¿Y si muero?». Recordó el consejo de Ikuo Hayashi: «Al primer síntoma, dirígete al hospital Aum Shinrikyo, en Nakano. Allí recibirás tratamiento médico». Hirose ordenó a Kitamura que lo llevase de inmediato a Nakano, pero al llegar se quedó pasmado cuando se dio cuenta de que los médicos no sabían nada del atentado ni del gas sarín. Regresaron a toda prisa al *ajid* de Aum en Shibuya. Allí le atendió de emergencia el propio Ikuo Hayashi.

De regreso en Kamikuishiki, Hirose y Kitamura se reunieron con los otros autores materiales del atentado para comunicarle a Asahara la noticia: «Misión cumplida», dicho lo cual, Asahara los elogió: «Confiaba plenamente en que el ministerio de ciencia y tecnología llevaría a buen término esta misión». Cuando Hirose confesó que había cambiado de vagón al sospechar que le habían descubierto, Asahara aceptó su explicación: «He seguido vuestras proyecciones astrales durante todo este tiempo», explicó, «y he visto que la de Sanjaya (el seudónimo de Hirose en el culto) parecía más tenue de lo normal, como si hubiera ocurrido algo. ¿Así que se trataba de eso?».

«Las "enseñanzas" nos dicen que los sentimientos humanos son el resultado de ver e interpretar las cosas de una manera incorrecta», aseguraba Hirose a menudo. «Debemos superar nuestros sentimientos humanos.»

Hirose agujereó diligentemente dos bolsas de plástico que contenían gas sarín, gracias a lo cual liberó novecientos mililitros en el suelo del vagón. Un pasajero murió; trescientos cincuenta y ocho sufrieron lesiones de diversa consideración.

Cuando el tren entró en la estación de Nakano-sakaue, un pasajero informó al personal del metro de que alguien se había desmayado. Dos de los heridos más graves no se recuperaron. Uno falleció, la otra, Shizuko Akashi, quien también aparece en este libro, entró en coma vegetativo. Uno de los encargados de la estación, Sumio Nishimura, limpió el sarín desparramado por el suelo del vagón, lo recogió todo y lo llevó a la oficina de la estación. El tren continuó su trayecto, pero el suelo seguía impregnado con el gas. A las 8:38 llegó a Ogikubo, el final de la línea. Subieron los pasajeros que viajaban en dirección contraria, hacia el este. Muy pronto comenzaron a sentirse mal. Varios de los empleados que se habían hecho cargo de las tareas de limpieza resultaron afectados. Tuvieron que acudir al hospital a toda prisa. El tren quedó fuera de servicio dos paradas más adelante y regresó a la cochera en Shin-koenji sin pasajeros.

> «Tenía la impresión de estar viendo
> un programa de televisión.»
> MITSUO ARIMA (41)

El señor Arima vive al sur de Tokio, en la vecina ciudad de Yokohama. Su aspecto cuidado, su ropa elegante y su porte, le dan un aspecto juvenil. Se define a sí mismo como un optimista amante de la diversión. Es elocuente y a primera vista destaca su poca predisposición a la seriedad. Hasta que uno se sienta a hablar con él, no resulta sencillo darse cuenta de que ya tiene un pie en la madurez. Después de todo, los cuarenta son un punto de inflexión, una edad en la que la gente empieza a preguntarse por el sentido de las cosas.

Casado y con dos hijos, el señor Arima trabaja para una empresa de cosméticos. Toca la guitarra por pura diversión en una banda formada por amigos. Debido a unos compromisos laborales, tuvo la mala fortuna de tomar la línea Marunouchi, que normalmente nunca utiliza, el día del atentado y resultó afectado por el gas. ¿Cómo cambió su vida y su conciencia ese giro imprevisto del destino?

La semana anterior al atentado estuve de baja por una gripe. Fue la primera vez en mi vida adulta que me vi obligado a guardar cama. Normalmente nunca caigo enfermo.

Allí estaba yo aquel día. Volvía al trabajo después de una larga ausencia, razón por la cual quería llegar a la oficina un poco antes y disimular así el tiempo perdido. *(Risas.)* Salí de casa diez minutos antes de lo normal.

En el tren de Yokohama que se dirige hacia el oeste, a Hachioiji, donde está la empresa, procuro sentarme y aprovechar para leer tranquilamente el periódico. Sin embargo, aquel día tenía que ir a la oficina de Shinjuku, en el centro, para una reunión con gerentes regionales. Tenía previsto pasar allí la mañana y regresar luego a Hachioiji.

La reunión empezaba a las 9:30 de la mañana. Salí de casa antes de las 7; tomé la línea de Yokosuka hasta Shimbashi. Allí cambié al metro, a la línea Ginza hasta Akasaka-mitsuke. Por último, tomé la línea Marunouchi hasta la estación de Shinjuku-gyoenmae. En total es un trayecto de hora y media. En la línea Marunouchi hay menos gente después de Akasaka-mitsuke, por lo que tenía asegurado un asiento libre. Efectivamente, me senté y, nada más hacerlo, noté un olor ácido. Es verdad que a veces los trenes huelen raro, pero déjeme que le diga que aquél no era un olor corriente. Recuerdo que la señora que estaba sentada frente a mí se tapaba la nariz con un pañuelo, pero aparte de eso, no había nada extraño. No tenía ni idea de que ese olor era de gas sarín. Más tarde relacioné las cosas y me dije: «Sí, claro. Era eso».

Me bajé en Shinjuku-gyoenmae y me dirigí a la oficina. Estaba todo muy oscuro. Era como si alguien hubiera apagado las luces. Cuando salí de casa aquella mañana, amanecía un día espléndido, pero al volver a salir a la calle todo estaba sumido en la penumbra. Pensé que el tiempo se había estropeado de repente durante el trayecto. Miré hacia arriba y, para mi sorpresa, me di cuenta de que no había una sola nube en el cielo.

En aquella época tomaba un antihistamínico para la alergia al polen. Pensé que se trataba de una reacción adversa, un efecto secundario o algo así. No era el mismo que había tomado en otras ocasiones. Sí, quizá fuera eso, me repetí: un efecto secundario.

Llegué a la oficina y todo seguía sumido en la penumbra. Estaba como aletargado, desfallecido. Me desplomé en la silla. Miré por la ventana. Al finalizar la reunión, salimos todos juntos a comer algo. Mi vista no mejoraba. Todo seguía oscuro, no tenía hambre, no quería hablar con nadie. Comí en silencio sin dejar de sudar. Había pedido *ramen,* esa sopa de fideos con salsa de soja que tanto nos gusta en Tokio. En la tele del restaurante tenían sintonizada una de esas cadenas de información continua. Hablaban de un atentado con gas. Mis compañeros bromearon: «¡Vaya! Parece que te han envenenado con sarín». Me había convencido de que era culpa del antihistamínico, así que también me lo tomé a broma.

Después del almuerzo retomamos la reunión. No me sentía bien. Decidí ir al médico. Me disculpé con mis compañeros. Salí de la oficina sobre las dos de la tarde. Para entonces ya me preguntaba seriamente si mi malestar no se debería en realidad al sarín.

Para estar más tranquilo acudí a la consulta del médico que me había recetado la medicina para la gripe. Aún dudaba sobre la causa de mi malestar, no sabía si se debía a ese medicamento o al gas. Regresé a Yokohama. Le expliqué al doctor lo que me pasaba, que en el momento del atentado viajaba en metro. Me examinó las pupilas y determinó que tenía que ser hospitalizado de urgencia.

Me llevaron en ambulancia al Hospital Universitario de Yokohama. Entré por mi propio pie, ya que mis síntomas aún eran leves. Las jaquecas empezaron más tarde. A medianoche sentí un fuerte dolor, sordo. Llamé a la enfermera. Me puso una inyección. No era un dolor especialmente agudo, sino que más bien me oprimía sin descanso. Así transcurrió una hora entera. Pensé que estaba en un buen lío. Al poco tiempo, el dolor empezó a remitir. «Sí, lo voy a superar», me dije para animarme.

Me echaron unas gotas para dilatar las pupilas que casi surtieron demasiado efecto; se me dilataron por completo. Cuando me desperté a la mañana siguiente, el resplandor era insoportable... Colocaron una especie de mosquitera alrededor de la cama para atenuar la intensidad de la luz, pero por culpa de las gotas me vi obligado a pasar otro día más en el hospital.

Mi familia vino a visitarme por la mañana. Aún no estaba en condiciones de leer el periódico, pero ya me había enterado de la gravedad del atentado. Había víctimas mortales. Yo mismo podía haber sido una de ellas. Por extraño que parezca, tomar conciencia de ello no me afectó especialmente. Mi única reacción fue: «Bueno, al menos he salido bien parado». Me había encontrado en el centro mismo del atentado y, en lugar de echarme a temblar ante la presencia real de la muerte, más bien tenía la impresión de estar viendo un programa de televisión. Me sentía como si observara el problema de otra persona.

Tuvo que pasar un tiempo hasta que llegué a preguntarme cómo era posible que hubiera demostrado tan poca sensibilidad ante el dolor ajeno. Debía haber reaccionado de otra forma desde el primer momento. En otoño, finalmente, me hundí.

¿Qué quiere decir exactamente con que se hundió?
Sucedió poco a poco. Me preguntaba cosas como, por ejemplo: si alguien se hubiera derrumbado justo frente a mí, ¿le habría ayudado? Quería responderme que sí, pero ¿y si hubiera caído cincuenta metros más allá? ¿Me habría desviado de mi camino para ir a ayudarle? En ese caso probablemente habría pensado que no era asunto mío, habría continuado mi camino sin más. De haberme parado habría llegado tarde al trabajo...

Desde que terminó la guerra, la economía japonesa ha crecido a toda velocidad, hasta el punto de que hemos perdido todo sentido espiritual y lo único que nos importa ahora son las cosas materiales. El principio básico de que uno no puede herir a los demás ha desaparecido. Es algo de lo que ya se ha hablado muchas veces, lo sé, pero el atentado me ayudó a darme cuenta de la realidad. ¿Qué sucede cuando se cría a los hijos con esa mentalidad? ¿Acaso existe excusa para hacer algo así?

Es extraño, sabe. Cuando estaba en el hospital con toda mi asustada familia a mi alrededor, yo no compartía en absoluto su miedo. Estaba tranquilo. Si alguien se hubiera puesto a bromear con el gas sarín, no me habría molestado en absoluto. Tan poco significaba para mí. Durante el verano llegué incluso a olvidarme del atentado. Leía algo de vez en cuando en el periódico sobre los juicios a los responsables y pensaba: «¡Vaya! Otra vez con esa monserga». Era como si no tuviera nada que ver conmigo.

Como ya le he explicado antes, a partir del otoño empecé a percatarme de que eso era algo que no iba a poder olvidar con facilidad. No creo que cambiase mi actitud de un día para otro, pero al menos fui capaz de pensar en ello de una manera más consciente.

En resumen, creo que a partir de ahora todos los individuos que conformamos la sociedad japonesa deberíamos ser más fuertes. He trabajado en la misma empresa durante doce años. Reconozco que una parte de mí se siente conforme y acomodada. De joven, si había algo con lo que no estaba de acuerdo lo decía sin más, pero, al parecer, con el tiempo he perdido esa espontaneidad.

La gente esa de Aum son un grupo de mentes brillantes que han terminado por cometer actos terroristas. Yo creo que se debe a la escasa fortaleza del individuo. Sin embargo, si me pregunta usted si yo me considero fuerte, no sabría qué contestarle. Por mucho que intente mostrarme fuerte para no sentirme perdido, de vez en cuando me supera el cansancio y la inquietud. Si en esos momentos de incertidumbre nos podemos apoyar en algo o en alguien sólido, supone un gran alivio, una enorme tranquilidad. Es lo que haría cualquiera en mayor o menor medida. Pero cuando se rompe ese equilibrio, cuando nos apoyamos demasiado en algo o en los demás, podemos llegar a actuar como niños mimados. Hace falta fortaleza individual para no perder de vista dónde está el límite de las cosas. Obviamente, es un razonamiento que también me aplico a mí mismo.

En ese sentido no me puedo considerar una «víctima pura».

> «Al echar la vista atrás, me doy cuenta
> de que todo ocurrió porque el autobús
> llegó dos minutos antes.»
> KENJI OHASHI (41)

El señor Ohashi ha trabajado en un importante concesionario de coches durante veintidós años. En la actualidad es director del centro de servicio técnico que está situado en el municipio de Ohta, al sudeste de Tokio. Anteriormente era jefe del servicio mecánico del concesionario de la localidad de Oko, pero a partir del día de Año Nuevo de 1995, lo trasladaron al nuevo centro.

Cuando tuvo lugar el atentado, aún no habían finalizado las obras de su nueva oficina y trabajaba en un despacho temporal situado en Honacho, en Suginami. El atentado lo sorprendió en la línea Marunouchi cuando se dirigía allí.

El señor Ohashi forma parte de la vieja guardia del negocio de coches. Le gusta estar al frente para tratar personalmente con los clientes. Es un técnico experimentado, un trabajador entregado. «Nuestro trabajo es como el de la recepción de un hotel», asegura. Tiene el pelo corto y una constitución fuerte. Siempre parece dispuesto a darlo todo de sí en el trabajo. Sin embargo, no es muy hablador. Cuando recuerda el atentado, habla despacio, de manera reflexiva.

Su casa se encuentra en el distrito de Edogawa. Se casó hace diez años y tiene tres hijos. El mayor cursa cuarto de primaria. Compró la casa justo un año antes del atentado. En ese tiempo tuvo que mudarse, cambiar de oficina y, por si fuera poco, se produjo el atentado. Una época de muchas preocupaciones, un periodo desgraciado como demuestra su amarga sonrisa. No se queja, no lo expresa abiertamente, pero todo aquello no es algo que pueda borrar con una simple sonrisa por muy amarga que sea. Tal vez sea una forma un tanto banal de expresarlo, pero la suya es una familia feliz, como muchas otras, que fue arrastrada hasta un punto difícil de imaginar por una violencia desconocida. Y todo por un autobús que llegó antes de lo previsto, por un capricho de la fortuna que lo metió directo en el vagón del gas sarín.

Aún padece graves efectos secundarios. Se ha unido a un grupo de apoyo a las víctimas y participa activamente en sus campañas. En la actualidad trata de organizar una red de ayuda que conecte a todas las personas que sufren las secuelas del atentado. Cuando habla más de una hora, asegura que le duele mucho la cabeza. Conmigo, sin embargo, tuvo la amabilidad de conversar

al menos durante hora y media en la primera de nuestras dos entrevistas. Su-
pongo que el esfuerzo debió de provocarle una jaqueca insoportable. Le ofrezco
mis más sentidas disculpas y le agradezco sinceramente su cooperación.

Cuando el trabajo estaba en Nakano, solía ir en autobús o en bici hasta la estación de Koiwa y desde allí tomaba el tren de cercanías hasta Yotsuya. Bueno, la verdad es que utilizaba más el autobús que la bicicleta.

Por la mañana temprano, el tren de cercanías no está tan lleno. Eso no quiere decir que resulte fácil encontrar un sitio libre, pero nunca va hasta arriba. No es un trayecto tan duro como el que tiene que hacer otra mucha gente. Lo que ocurre es que durante veinte años he trabajado en la sucursal de Sumida, que me quedaba muy cerca, así que me ha costado acostumbrarme a ese desplazamiento.

El día del atentado salí de casa a la hora de costumbre, poco después de las 7 de la mañana. El destino quiso que el autobús llegase con dos minutos de antelación. Normalmente, siempre venía con retraso, pero por primera vez lo hizo antes de tiempo. A pesar de que corrí con todas mis fuerzas hasta la parada, no lo alcancé. No me quedó más remedio que esperar al de las 7:30. Llegué a la estación de Yotsuya y ya había perdido dos trenes. Al echar la vista atrás, comprendo que todo ocurrió porque el autobús llegó dos minutos antes. Nunca me había retrasado tanto. Hasta aquel día, siempre había llegado al trabajo puntual como un reloj.

Cuando cambio a la línea Marunouchi, siempre me subo al tercer vagón del tren que para en la estación de Yotsuya. Como es abierta, al salir se ve el campo de fútbol de la Universidad Sofía. Es como una bocanada de aire fresco en pleno trayecto. Aquel día, el vagón iba extrañamente vacío, diez personas como mucho. Todas sentadas, algo que no sucede nunca. En la estación de Yotsuya siempre sube y baja tanta gente que resulta imposible encontrar un sitio libre. Hay que subir al tren y esperar a que alguien se baje. Por eso me di cuenta enseguida de que pasaba algo.

Tan pronto como subí al vagón me fijé en dos personas a mi espalda que estaban en una postura muy extraña. Parecían a punto de desplomarse. Me fijé también en una mujer que se acurrucaba con la cabeza hacia abajo, como si se retorciera de dolor. Noté ese extraño olor. Pensé que era un borracho que lo había apestado todo con sus vómitos. No era un olor penetrante, más bien un poco dulce, picante, como de algo podrido, distinto al del disolvente. En el trabajo pintamos con cierta frecuencia, por eso conozco bien ese olor. No ataca la nariz de esa manera.

En fin, había conseguido un sitio libre, así que estaba dispuesto a soportar un poco de mal olor. Me senté, cerré los ojos y me quedé dormido. Tengo la costumbre de leer un libro, pero era lunes y aún estaba amodorrado. No me dormí profundamente, tan sólo cerré los ojos. Seguí atento a los sonidos hasta que oí que anunciaban la estación de Nakano-sakaue. Pegué un brinco, fue un acto reflejo. Salí del tren.

Fuera estaba todo muy oscuro. Las luces del andén eran tenues. Tenía la garganta reseca y no podía dejar de toser. Era una tos de pecho. Había una máquina de bebidas junto a un banco situado al final del andén. Fui hasta allí para comprar una botella de agua y aclararme la garganta. De pronto oí un grito: «¡Alguien se ha caído!». Se trataba de un hombre joven. Miré hacia atrás y lo vi tirado en el suelo del vagón junto a los asientos.

Yo tampoco me sentía bien. Bebí agua e hice gárgaras. Mi nariz moqueaba, las piernas me temblaban, me costaba trabajo respirar... Me dejé caer en el banco. Más o menos cinco minutos después se llevaron en camilla a todas las personas que se habían desmayado. El tren continuó su camino.

Un empleado de la estación se acercó y me preguntó: «Dígame a quién puedo llamar para avisarle de lo que le pasa». Le di mi tarjeta. «Hable con X», le contesté. Me llevaron a la oficina de la estación que estaba en la planta de arriba, me sentaron y me dijeron que esperase.

No tenía la más mínima idea de lo que me pasaba. Simplemente, todo se había oscurecido ante mis ojos. Notaba los pulmones fatigados, como si hubiera corrido una maratón. La parte inferior de mi cuerpo estaba fría, no dejaba de temblar.

En total debieron de llevar a unos cinco o seis pasajeros a la oficina de la estación, dos de ellos en camilla. Unos empleados del metro preguntaban a los pasajeros qué había ocurrido. La policía llegó media hora más tarde. Como era de suponer, también ellos empezaron a hacernos preguntas. Yo estaba dolorido, pero, a pesar de todo, me esforcé por explicarme lo mejor posible. Había visto a una persona inconsciente y me daba pánico desmayarme. Precisamente por eso nos forzaban a seguir hablando. Me obligué a hacerlo tanto como pude.

Los empleados de la estación que nos atendían también empezaron a sentirse mal; su vista se nubló como la de los demás. En total estuvimos alrededor de cuarenta minutos en la oficina de la estación, respirando todos el mismo aire. En lugar de eso tendríamos que haber salido a la calle cuanto antes, pero no lo hicimos.

Cuando al fin salimos, nos encontramos con que los bomberos habían instalado un dispositivo de emergencia temporal en plena calle. Nos pidieron que nos quedásemos allí, pero hacía mucho frío y yo era incapaz de estarme quieto, allí sentado, sobre una fina sábana de plástico. Tenía la impresión de que si me tumbaba me congelaría. Después de todo, aún estábamos en el mes de marzo. Vi una bicicleta aparcada. Me apoyé en ella. No dejaba de repetirme: «No te desmayes». Sólo dos personas se tumbaron en el suelo, el resto hizo lo mismo que yo. Le digo la verdad, hacía un frío horroroso. Estuvimos cuarenta minutos dentro de la estación y veinte fuera. Una hora entera durante la que nadie recibió atención médica.

Obviamente, no cabíamos todos en una sola ambulancia. La policía tuvo que hacerse cargo y nos llevaron al Hospital General de Nakano. Una vez allí me tumbaron en una camilla para examinarme. El diagnóstico no fue muy halagüeño. Me pusieron suero de inmediato. En la radio del coche patrulla había oído algo sobre los efectos del envenenamiento. Fue entonces cuando comprendí lo que había ocurrido.

En el hospital debían de saber de qué se trataba, pero seguíamos todos con la ropa impregnada de gas. Al poco tiempo, el personal sanitario empezó a sufrir los mismos síntomas en la visión que las víctimas. Yo me pasé toda la mañana congelado de frío. Me cubrieron con una manta eléctrica, pero no conseguí entrar en calor. Tenía la presión sanguínea por encima de ciento ochenta. En condiciones normales, nunca me sube a más de ciento cincuenta. Sin embargo, no estaba preocupado, sólo confuso.

Permanecí doce días en el hospital. Durante todo ese tiempo padecí horribles jaquecas. Me dieron analgésicos, me colocaron una bolsa con hielo en la frente, pero ninguno de los remedios funcionó. El dolor me martirizaba, venía en oleadas. No me abandonaba en todo el día. Me daba un descanso y al poco rato volvía a aumentar. La fiebre no me bajó de cuarenta grados durante dos días enteros; tenía calambres en las piernas, dificultades para respirar. Sentía como si algo se me hubiera atravesado en la garganta, una molestia insoportable. Tenía los ojos tan mal, que miraba por la ventana y ni siquiera veía la luz de la calle. Todo me parecía borroso, era incapaz de enfocar de lejos.

Estuve con suero durante cinco días, hasta que el nivel de colinesterasa recuperó los valores normales. Recuperé la vista poco a poco, pero cada vez que enfocaba algo, sentía un dolor punzante en la parte posterior de los ojos, como si me pincharan con algo afilado.

Me dieron el alta el 31 de marzo. Tuve que quedarme en casa un mes más antes de poder reincorporarme al trabajo. Las jaquecas no me daban tregua, sentía las piernas tan débiles que me daba miedo subir al metro, caerme y hacerme daño. Me había convertido en lo que llamaban una «víctima secundaria».

Me dolía la cabeza desde por la mañana, un dolor parecido al de una fuerte resaca. Notaba los latidos en cada pulsación, con una regularidad implacable, pero no tomé ningún medicamento. Simplemente me propuse soportar el dolor. Después de haber inhalado gas sarín, tomar una medicina inadecuada podía resultar aún peor que no tomar nada. Por eso rechacé todos los analgésicos que me ofrecieron.

Me llevó todo el mes de abril recuperarme. Después de la Golden Week, la semana de vacaciones del mes de mayo, terminaron las obras del nuevo concesionario y volví al trabajo. Había que colocar las mesas nuevas, conectar los ordenadores; trabajé día y noche... Sinceramente, me esforcé demasiado. La cabeza no dejaba de dolerme y, cuando llegó la estación de lluvias en el mes de junio, empeoré. Sentía como si tuviera que soportar un enorme peso sobre la cabeza todo el día. Por si eso no fuera suficiente, cada vez que trataba de enfocar algo me atacaban esos terribles pinchazos en los ojos.

Todos los miércoles iba a consulta en el Hospital General de Nakano. Me examinaban los ojos y me hacían electroencefalogramas. Al cabo de cierto tiempo dijeron que ya estaba recuperado, pero los médicos seguían sin saber por qué me dolían tanto al enfocar. Tampoco conocían la causa de las jaquecas. Les hice muchas preguntas y nunca me dieron una respuesta convincente. Quizá no sabían cómo tratarme ya que hasta ese momento nunca se habían enfrentado a un caso de envenenamiento por gas sarín. Me examinaban la vista, me tomaban la tensión; nada. Lo único que decían era que volviese a la semana siguiente.

Me daba miedo volver a subir al metro. Cuando finalmente lo hice y las puertas se cerraron delante de mí, sentí como si fuera a estallarme la cabeza. Llegué a mi parada, me bajé y caminé hacia la salida. No dejé de pensar: «Estoy bien, estoy bien», pero el dolor no desaparecía, me aplastaba. No podía concentrarme en nada. Si hablaba durante más de una hora, se convertía en una tortura insoportable. Aún hoy me pasa. Recuerdo que a mediados de abril tuve que rellenar un informe para la policía. El esfuerzo que me supuso me dejó exhausto. Tardé cinco horas en terminarlo.

Después de la semana de vacaciones que me tomé en el mes de agosto aprecié una notable mejoría. Podía viajar en metro sin problemas, los dolores de cabeza disminuyeron. Es probable que gracias a esos días alejado del trabajo hubiera podido rebajar la tensión. Cuando me incorporé de nuevo, todo fue bien al principio, pero una semana más tarde volvía a encontrarme en la misma situación y me atacaban las jaquecas cada vez que subía al metro.

El 28 de agosto tardé tres horas en llegar al trabajo. Me tuve que bajar a mitad de camino y esperar a que disminuyera el dolor. Cuando me sentía algo aliviado, volvía a subir al tren, pero el dolor me atacaba de nuevo. Vuelta a empezar. Así una y otra vez. Llegué a la oficina a las 10:30. Pensé que debía hacer algo. Un compañero me recomendó al doctor Nakano, del Hospital San Lucas. El 30 de agosto fui a su consulta por primera vez. Le expliqué mi caso, los síntomas, todo. «No hay ninguna esperanza», fue su diagnóstico. «Es un suicidio que siga usted trabajando.» No se tomó la molestia de suavizar sus palabras. Me preguntó si tomaba algún medicamento. «No, nada», le contesté. Le pareció mal. No hacerlo podía empeorar las cosas. Desde entonces voy a su consulta todas las semanas. Hablamos de lo que ha sucedido durante ese tiempo, de cómo transcurre mi vida ordinaria, de cómo me siento cuando subo al metro. Dependiendo de cómo esté, me receta unas medicinas u otras. Si me duele la cabeza tomo aspirina, tranquilizantes para los nervios, somníferos para dormir. Desde que tomo somníferos duermo muy bien.

Pedí una baja por tres meses. Durante todo ese tiempo continué con las consultas y la medicación. Padecía eso que llaman trastorno por estrés postraumático. Los afectados por esa enfermedad abarcan un espectro que va desde los veteranos de la guerra de Vietnam, hasta las víctimas del terremoto de Kobe. La causa es un fuerte trauma. En mi caso, fueron los cuatro meses posteriores al atentado, puesto que me presioné en exceso para cumplir con mis responsabilidades en el trabajo. Abusé de mi capacidad física y la consecuencia fue un agravamiento del estrés que ya padecía. Sólo sentí cierto alivio cuando pude disfrutar de unas breves vacaciones en verano.

Al principio el doctor Nakano se enfadó mucho conmigo. Tanto esfuerzo sólo podía tener efectos negativos en la salud. «No le dé muchas vueltas a las cosas, no se preocupe por nada. Tiene que aprender a tomarse la vida más a la ligera», me recomendó.

La recuperación total y completa de ese tipo de trastorno es poco frecuente. A menos que se eliminen los recuerdos que lo motivan, las cicatrices psicológicas permanecen, son difíciles de eliminar. Lo máximo a lo que se puede aspirar es a tratar de reducir el nivel de estrés, y para ello conviene no trabajar demasiado.

Desplazarme en transporte público me sigue resultando muy duro: una hora en tren desde Koiwa, después cambio al monorraíl de Hamamatsucho... Poco a poco siento cómo el peso invade mi cabeza. Llego a la oficina, me tomo una pastilla y media hora después el dolor empieza a remitir. Es cierto, quizá mi aspecto sea normal, pero nadie comprende mi sufrimiento, es muy duro. Mi jefe es un tipo decente, bastante comprensivo: «De haber llegado al otro tren...», dice, «podría haberme pasado a mí». En el hospital me entregaron un informe sobre mi estado de salud y se lo mostré. «Pues que te ingresen otra vez. Haz lo que sea para curarte lo antes posible.»

Después del atentado tuve pesadillas horribles. La que recuerdo más intensamente es una en la que alguien me sacaba de la cama. Me arrastraba por la habitación, trataba de tirarme por la ventana. En otra, me despertaba de repente y veía frente a mí a una persona muerta. Sí, a menudo veo muertos en mis sueños. Antes del atentado soñaba a veces que era un pájaro; volaba libre por el cielo. Después soñé otra vez lo mismo, pero en esa ocasión alguien me disparaba, no sé si con una flecha o con una bala. Lo que en su día fue un sueño alegre se transformó después en un horror.

Mis sentimientos hacia los criminales de Aum sobrepasan la rabia o el odio. Sentir rabia me resulta demasiado fácil. En realidad, sólo deseo que los juzguen lo antes posible. Eso es lo único que tengo que decir sobre ellos.

La primera entrevista con el señor Ohashi fue en enero de 1996; ese mismo año, nos encontramos de nuevo a finales de octubre. Sentía curiosidad por conocer la evolución de su estado de ánimo y de su salud. Aún padecía fuertes jaquecas, no conseguía deshacerse de cierta sensación de letargo. Al mismo tiempo, su problema más inmediato era que le habían relevado de la mayor parte de sus responsabilidades en el trabajo. La semana anterior a nuestra segunda entrevista, su jefe le llamó a su despacho y le dijo: «¿Por qué no se relaja un poco por el momento y se dedica a algo menos exigente? Seguro que así su salud mejora». Después de discutirlo, acordaron que un compañero suyo del mismo departamento le sustituiría en su puesto.

A pesar de todo, el aspecto del señor Ohashi era mucho más saludable. Iba en moto desde su casa, en el distrito de Edogawa, hasta la clínica del doctor Nakano, en el centro de Tokio. (El tren y el metro aún le provocan dolor de cabeza.) De hecho, vino en moto a la entrevista. Parecía más contento, más jo-

ven que en la ocasión anterior en que nos vimos. Me dio la impresión de que todo le iba bien. Incluso sonreía, pero como él mismo asegura, el dolor es invisible, sólo lo conoce quien lo sufre. Sólo espero que se recupere lo antes posible y que pueda volver al trabajo.

A partir del mes de febrero llegaba a la oficina a las 8:30 de la mañana y volvía a casa a eso de las tres de la tarde. Me dolía la cabeza durante todo el día, era un dolor intermitente, que aumentaba y disminuía. Ahora, por ejemplo, me duele y estoy seguro de que va a durar. Siento como si me aplastara un enorme peso. Es algo parecido a una fuerte resaca. Así todo el día, todos los días. Cuando estoy concentrado en algo, me olvido, pero en caso contrario me duele constantemente. Me acuesto y no dejo de pensar en ello hasta que me quedo dormido.

Cuando llego a la oficina, lo primero que hago es tomarme dos aspirinas. Si se calma el dolor me despreocupo, pero cuando tengo que hablar tanto rato como hoy...

¿Se encuentra usted bien? Siento mucho causarle tantas molestias.

No se preocupe. Es un malestar crónico. Estoy acostumbrado.

Entre finales de agosto y principios de septiembre hubo un par de semanas en las que el dolor fue especialmente intenso. Me despertaba en mitad de la noche y lo único que podía hacer era tomar unos analgésicos y ponerme hielo para tratar de aliviarme un poco. Fue entonces cuando mi jefe me propuso que hiciese jornada de mañana. A pesar de todo, la cosa no mejoró. Es algo crónico, ya me he acostumbrado. Ahora mismo el dolor está justo aquí, localizado en el lado izquierdo. Otros días se pasa al lado derecho o se distribuye por toda la cabeza...

Durante este tiempo me he dedicado a desarrollar un sistema de procesamiento de datos basado en mis veinte años de experiencia laboral, con el fin de realizar estimaciones relacionadas con la reparación de coches. Si al menos la pantalla del ordenador fuera de color verde monocromo... Me he dado cuenta de que cuando hay tres o cuatro colores, me duelen los ojos y me cuesta trabajo enfocar. Si tengo la vista fija en un punto concreto y alguien me llama, al volverme es como si recibiera un mazazo. Me pasa con frecuencia: es un dolor agudo en el fondo de los ojos, como si me hubieran clavado algo. Cuando me resulta especialmente insoportable, pienso en el suicidio. En esos momentos creo que estaría mejor muerto.

He ido a varios oculistas, pero no encuentran nada fuera de lo normal. Sólo hubo uno que me dijo: «De vez en cuando les ocurre algo parecido a los campesinos. Al tratar la mezcla de fertilizantes orgánicos que utilizan, ésta daña sus nervios y provoca esos mismos síntomas».

Para el *obon* de este verano, el día de difuntos, fui en moto a Iida, mi pueblo natal. Habrá unos trescientos kilómetros. Me dolía la cabeza y me preocupaba si sería capaz de llegar. Al final, resultó un viaje divertido. Respiré aire puro. Gracias a la moto lograba concentrarme en la conducción más que en el coche y eso me aliviaba.

El verano estaba a punto de acabar y la cabeza no dejaba de torturarme. A partir de cierto momento sólo era capaz de trabajar por la mañana y la empresa aceptó que hiciera media jornada, pero a cambio me quitaron todas las responsabilidades de gestión. Mi jefe está convencido de que un trabajo tan exigente como el mío no es bueno para mi salud, y lo cierto es que ahora mismo no rindo como los demás. Le estoy muy agradecido por su ayuda, por facilitarme las cosas, aunque yo me siento en la plenitud de mi vida laboral y eso hace las cosas aún más difíciles. Después del atentado trabajé más duro de lo que debía. No quería causarle problemas a la empresa, así que mantuve en secreto mis jaquecas. Hacía horas extras y esperaba al último monorraíl, el de las 11:30 de la noche. El psicólogo me dijo que eso me había perjudicado mucho. Al final me cambiaron de puesto a uno con menos responsabilidad, aunque no estoy muy de acuerdo con ello, la verdad.

Trato de no tomarme las cosas de forma negativa. Siento rabia, por supuesto, pero no me queda más remedio que pensar en positivo.

Para ser sincero, le diré que con mi actual trabajo muchas veces me quedo de brazos cruzados. Incluso me han cambiado la mesa de sitio. Aunque no tengo mucho que hacer, voy todos los días a la oficina. Me siento, tomo notas, organizo algunas cosas... Vamos, un trabajo que puede hacer cualquiera. Después de tantos años de trabajo soy incapaz de aprovechar mi experiencia y eso me resulta muy frustrante.

Es cierto, sus hijos aún son pequeños. Quizá lo mejor que puede hacer es aguantar y tratar de recuperar la salud. No puede hundirse en este momento.

A veces pienso que podría desarrollar otras posibilidades sin importarme si van a funcionar o no, pero, desde un punto de vista realista, el no saber exactamente cuándo desaparecerá este dolor o cuánto tiempo seguirá así, me hace muy difícil mirar hacia el futuro. Hoy, por ejemplo, sólo he trabajado hasta mediodía y estoy exhausto.

Como recibo una compensación económica por el atentado y trabajo menos horas, me han reducido las bonificaciones anuales en doscientos cincuenta mil yenes, lo cual supone un auténtico revés financiero. Esas bonificaciones son imprescindibles para cualquier asalariado.

Es la única forma de llegar a fin de mes. Acabo de construirme una casa nueva y aún tengo que hacer frente a una hipoteca durante treinta años. Cuando termine de pagarla habré cumplido los setenta.

Sé que no doy la impresión de sufrir un dolor constante, pero imagínese lo que sería llevar un casco de piedra día y noche... Dudo mucho que la gente lo entienda. Me siento muy solo. Si hubiera perdido un brazo, si me hubiera quedado como un vegetal, probablemente me comprenderían mejor.

Si hubiese muerto, todo habría resultado más sencillo, no tendría que soportar este sinsentido... Pero pienso en mi familia y no me queda más remedio que seguir adelante.

> «Aquel día entré en el vagón por la puerta delantera
> sin ninguna razón especial.»
> SOICHI INAGAWA (64)

El cabello gris del señor Inagawa pierde densidad poco a poco, pero él sabe peinarse hábilmente. Tiene un color saludable, la cara redonda aunque no padece sobrepeso. Hace más de diez años le diagnosticaron diabetes y desde entonces sigue una dieta estricta. A pesar de todo, aún sale a beber de vez en cuando con sus amigos y confiesa su predilección por el sake.

Lleva un traje gris marengo bien planchado. Habla claro, es conciso, da la impresión de estar orgulloso de la enorme dedicación que le ha dedicado al trabajo hasta el día de hoy, de haberlo hecho durante las largas décadas de la posguerra. No parece que la jubilación esté entre sus planes más inmediatos.

Nació en Kofu, una ciudad de provincias en las montañas a dos horas de Tokio. Empezó a trabajar en 1949 en una empresa de construcción después de graduarse en una escuela técnica para electricistas. A partir de cierto momento dejó el trabajo a pie de obra y pasó a las oficinas. A los sesenta años le jubilaron como director de la división de negocios. Recibió varias ofertas, pero según él: «De pronto me di cuenta de que estaba harto de jefes». Decidió montar con dos amigos su propio negocio de equipamiento para la iluminación. Tienen la oficina justo encima de la estación de Shin-nakano.

El negocio marcha, aunque tampoco puede decirse que estén saturados de trabajo. «En cualquier caso, es una maravilla no tener que responder ante nadie», asegura. Vive con su mujer en Ichikawa, frente a la bahía de Tokio, en la prefectura de Chiba. Sus dos hijos se independizaron hace tiempo. Ya tienen nietos. El más pequeño nació un mes después del atentado.

Lleva siempre encima dos amuletos que le dio su mujer, pero dice que en realidad no cree en esas cosas...

La estación más próxima a mi casa es la de Shimousa-Nakayama, de la línea Sobu que lleva hasta Shinjuku. Salgo de casa a las 7:25 de la mañana y llego al trabajo a las 8:40. Se supone que empezamos a las 9, pero como es mi propia empresa no soy demasiado estricto con los horarios.

Aquel 20 de marzo se quedó un sitio libre en la estación de Ocha-nomizu. Hice transbordo en Shinjuku para cambiar a la línea Marunou-chi y encontré de nuevo un sitio libre. Siempre me subo al tercer vagón. Me senté cerca de la puerta delantera. Me fijé en una especie de charco que había entre las dos filas de asientos. Había un líquido que se derramaba lentamente. Era del color de la cerveza y tenía un extraño olor. De hecho, apestaba. Por eso lo vi enseguida. Sin embargo, lo que más me sorprendió es que el tren iba vacío. No había nadie en pie, tan sólo unas cuantas personas sentadas. Al pensarlo ahora, me doy cuenta de que probablemente era aquel olor lo que mantenía alejada a la gente.

Me llamó la atención que hubiera un hombre sentado junto al charco. Pensé que dormía, pero me percaté de que tenía una postura imposible. «¿Estará enfermo?», me pregunté. Poco después, antes de entrar en la estación de Nakano-sakaue, oí un ruido sordo. Estaba concentrado en mi libro. Levanté la vista y vi que el hombre se había caído del asiento. Estaba tirado en el suelo boca arriba. «¡Esto es terrible!», fue lo primero que pensé mientras trataba de evaluar la situación. El tren prácticamente se había detenido en la estación. Tan pronto como se abrió una pequeña rendija en la puerta salté al andén. Quería pedir ayuda. Un joven pasó a toda velocidad delante de mí, llamó a uno de los encargados de la estación, que vino y sacó al hombre a rastras.

Frente a aquel hombre tirado en el suelo había una mujer postrada. Tendría entre cuarenta y cincuenta años. No sé calcular con exactitud la edad de las mujeres, pero sí le puedo decir que el hombre era bastante mayor. Llegó otro empleado del metro y se hizo cargo de la mujer. No dejaba de gritarle: «¿Se encuentra usted bien?». Yo contemplaba la escena, plantado en mitad del andén. Llegó un empleado más y se hizo cargo de la bolsa que contenía el líquido. La sacó del vagón. Nadie sabía que se trataba de gas sarín, simplemente que era algo sospechoso que había que retirar de allí lo más rápido posible. Volví a subir al tren. Arrancó. Me cambié de vagón porque no quería estar cerca de aquel olor. Me bajé en la siguiente estación, en Shin-nakano.

Caminaba por el pasillo interior del metro cuando empecé a moquear. «¡Qué extraño!», pensé, «no era consciente de que estaba acatarrado.» Estornudé, tosí, a mi alrededor todo se oscureció. Las tres cosas sucedieron de manera simultánea. «Esto sí que es raro», me dije. En cualquier caso, aún me sentía bien, estaba despierto, atento. Podía caminar por mi propio pie.

Me fui derecho a mi oficina, que se halla justo encima de la estación. Aún tenía la vista nublada, la nariz congestionada, no podía dejar de toser. Les expliqué a mis compañeros que no me sentía bien. Me tumbé en el sofá con una toalla húmeda cubriéndome los ojos. Quería refrescármelos. Un compañero me aconsejó que la calentara. Le hice caso y así estuve una hora entera. Sabe usted lo que pasó: me recuperé. Me sentía como nuevo, otra vez podía ver el cielo azul cuando apenas un momento antes todo estaba oscuro, como si fuera noche cerrada, los colores habían desaparecido.

Me puse a trabajar. Más tarde, a eso de las diez, me llamó mi mujer para decirme que había ocurrido algo grave en el metro. Me preguntó si me encontraba bien. No quería preocuparla. Le dije: «Mejor imposible». Al menos había recuperado la vista.

Llegó la hora del almuerzo. Fui a un restaurante que está cerca de la oficina para comer una sopa de tallarines. Tenían la televisión encendida. ¡Qué conmoción por todas partes! Había escuchado el ulular de las sirenas desde por la mañana, pero no había prestado demasiada atención. En la tele explicaron que uno de los síntomas que padecían las víctimas era la pérdida de visión. Nada más oírlo se me encendió una señal de alarma, pero no fui capaz de relacionar lo que me pasaba con aquellos paquetes que había visto en el metro y que olían tan mal.

Fui al Hospital General de Nakano para que me examinaran los ojos. Tan pronto como vieron las pupilas contraídas me inyectaron un antídoto y me pusieron un gotero. Los análisis de sangre revelaron que tenía el nivel de colinesterasa bajo. Me ingresaron de inmediato; me dijeron que no me darían el alta hasta que recuperase su nivel normal.

Llamé a la oficina para explicar que iba a estar unos cuantos días en el hospital. Me disculpé y les pedí por favor que recogieran mi mesa. También llamé a casa. Mi mujer me lanzó un duro reproche a través del auricular: «¿Qué significa exactamente para ti encontrarse bien?». (Risas.)

Permanecí ingresado seis días; de lunes a sábado. Prácticamente no me dolía nada. Había estado justo al lado del gas sarín y, a pesar de todo, mis síntomas fueron milagrosamente leves. No debieron de llegarme los efluvios de aquella cosa. En el vagón el aire circula de la parte delantera a la trasera. Supongo que si me hubiera colocado más atrás, aunque sólo hubiera sido en el intervalo de unas cuantas paradas, habría tenido un serio problema. Me imagino que eso es lo que llamamos «destino».

No he tenido miedo de volver a viajar en metro ni tampoco pesadillas. Quizá se deba a que soy un insensible con la piel demasiado curtida, pero creo firmemente que fue cosa del destino. No suelo subir nunca al vagón por la puerta delantera. Siempre lo hago por la segunda. De haberlo hecho así, el gas me habría llegado de lleno. Aquel día entré en el vagón por la puerta delantera sin ninguna razón especial. Pura suerte. Hasta el día de hoy el destino me ha respetado. Sencillamente, nunca me ha pasado nada. Mi vida es muy sosa, muy corriente... Y de pronto sucedió aquello.

> «Si yo no hubiera estado allí, otra persona
> habría recogido los paquetes.»
> SUMIO NISHIMURA (46)

El señor Nishimura trabaja para la Autoridad del Metro. Concretamente como asistente de transporte. Su sede está en la estación de Nakano-sakaue. Fue él quien retiró los paquetes que contenían el gas sarín del vagón de la línea Marunouchi el día del atentado.

Nació en el campo, en la provincia de Ibaragi, y actualmente vive en la prefectura de Saitama, cerca de Tokio. Tiene dos hijos. Empezó a trabajar en el metro gracias a la mediación de un amigo de la escuela. El trabajo en cualquier tipo de transporte ferroviario goza, en general, de buena reputación entre la gente del campo. Tiene fama de seguro y por eso es muy respetado. De ahí su enorme alegría cuando aprobó los exámenes de ingreso en 1967. Recuerda los numerosos movimientos estudiantiles que se produjeron en aquella época y cómo el metro tuvo que interrumpir su servicio en más de una ocasión.

Es de mediana estatura, más bien delgado y bien proporcionado. Tiene un aspecto saludable, una mirada firme y atenta. De haberme cruzado con él en otras circunstancias, en un bar, por ejemplo, nunca habría adivinado su profesión. En cualquier caso, no lo habría tomado por un oficinista. Se nota claramente que es un hombre hecho a sí mismo, que ha trabajado duro para llegar a donde está. Un examen más atento de sus rasgos revela que su trabajo conlleva una considerable dosis de estrés diario. Por eso, una botella de sake con sus amigos después del trabajo constituye un auténtico placer para él.

El señor Nishimura aceptó contar su caso, aunque es evidente que no le gusta hablar del atentado o, como dice él: «Mejor no tocar el tema». Fue algo terrible, una pesadilla difícil de olvidar; lo mismo que le sucede al resto del personal del metro.

Mantener sin complicaciones ni accidentes el puntual funcionamiento de la red de metro de Tokio: ése es su objetivo primordial durante cada minuto del día. Ni él ni ninguno de sus colegas recuerdan de buen grado el día en el que todo se torció y funcionó horriblemente mal. Eso es, precisamente, lo que complica hasta el extremo la posibilidad de contar con testimonios de empleados del metro, aunque, por otra parte, no quieren que se olvide lo sucedido ni quedarse con el amargo sabor de boca que les produce pensar que sus compañeros murie-

ron en vano. Por todo ello, aprovecho para expresarle mi más profundo agradecimiento por su cooperación, por el incalculable valor de su testimonio.

El horario en el metro tiene tres rotaciones: el turno de día, el de jornada completa y días libres. El turno de veinticuatro horas comienza a las 8 de la mañana y se extiende hasta la misma hora del día siguiente. Como es lógico, nadie espera que estemos listos y dispuestos para el trabajo durante todo ese tiempo. Hay ratos en los que nos podemos tomar un descanso en el cuarto de literas. Cuando acabamos el servicio, disfrutamos de un día libre. Después nos reincorporamos al turno de día. Cada semana tiene dos turnos de jornada completa y dos días libres.

Cuando te toca jornada completa, no puedes irte por la mañana nada más terminar. Los picos de la hora punta se producen entre las 8 y las 9, así que no nos queda más remedio que hacer horas extras. La mañana del 20 de marzo, yo terminaba mi jornada continua. Estaba en situación de lo que llamamos «reserva de hora punta». Fue entonces cuando se produjo el atentado. Sucedió un lunes que cayó entre dos festivos. El número de pasajeros era el habitual en un día así. Los trenes que se dirigen a Ogikubo se vacían nada más pasar la estación de Kasumigaseki. Antes de eso, desde Ikebukuro, la gente no tiene otra opción que apretujarse, pero luego se baja todo el mundo y apenas sube nadie. Estar en reserva de hora punta implica supervisar las operaciones del personal de a bordo, comprobar que no hay irregularidades, que el cambio de personal se realiza correctamente, que el tren no se retrasa... Una supervisión general, vamos.

El tren A777 entró a su hora en la estación de Nakano-sakaue: las 8:26 de la mañana. Nada más detenerse, un pasajero bajó del segundo vagón y llamó a uno de los encargados de la estación que a su vez le gritó a un compañero que estaba en el andén de enfrente: «¡Ven aquí inmediatamente! Algo no va bien».

Yo estaba en el mismo andén, a unos cincuenta metros de distancia. No entendí bien lo que gritó, pero la situación me extrañó y me apresuré hasta allí. Por muy irregular o grave que fuera lo ocurrido, el compañero del andén de enfrente no podía cruzar las vías. En lugar de eso me aproximé yo, que estaba mucho más cerca. Entré en el tren por la puerta de atrás del tercer vagón. Vi a un hombre de unos sesenta y cinco años tendido en el suelo. Frente a él había una mujer de unos cincuenta que parecía a punto de caerse del asiento. Ambos respiraban con mucha dificultad, les salía una espuma teñida de sangre por la boca.

A primera vista, el hombre parecía inconsciente. Un pensamiento me cruzó la mente: «Un doble suicidio por amor». Obviamente no se trataba de eso. Tan sólo fue una ocurrencia. El hombre murió. La mujer, según tengo entendido, continúa en coma.

Le haré un croquis del vagón para que lo entienda mejor. Estaban ellos dos solos, no había nadie más. El hombre tirado en el suelo, la mujer en el asiento de enfrente. Junto a la puerta más próxima, dos paquetes. Los vi nada más entrar. Eran bolsas de plástico de unos treinta centímetros que contenían un líquido en su interior. Una estaba llena, la otra se había desparramado hasta liberar todo aquel líquido pegajoso.

Olía de forma rara, aunque no soy capaz de describirlo. En un principio le dije a todo el mundo que parecía disolvente, pero la verdad es que recordaba más bien algo quemado. Sencillamente, apestaba.

Poco después llegaron unos compañeros que me ayudaron a sacar de allí a aquellas dos personas. Sólo disponíamos de una camilla. Primero sacamos al hombre, luego a la mujer. A ella la levantamos entre varios. En esa estación cambia el revisor que viene de Ikebukuro, pero ni él ni su sustituto tenían la más mínima idea de lo que sucedía. En cuanto terminamos, dimos orden al tren de que continuara. No tuvimos más remedio que hacerlo, porque no se puede detener un tren durante mucho tiempo. No nos dio tiempo de fregar el suelo para limpiar el líquido. Tendrían que hacerse cargo en la estación de Ogikubo, al final de la línea. Llamé y les dije: «Hay que fregar el suelo del tercer vagón del tren A777. ¿Pueden ocuparse ustedes?». Poco a poco todo el mundo empezaba a sentirse mal, pasajeros y empleados. Eran las 8:40 de la mañana.

Hay cinco paradas entre Nakano-sakaue y Ogikubo. El tren tarda doce minutos en completar el trayecto. Al regresar, el tren A777 lo hacía con una nueva numeración: 877. Los pasajeros que hacían el trayecto en sentido contrario también se sentían mal. En Ogikubo habían empezado a limpiar el vagón, pero no pudieron terminar antes de que el tren tuviera que ponerse en marcha de nuevo. ¿Qué había pasado? Los compañeros que se hicieron cargo de fregar el suelo también empezaron a sentirse mal. Un subjefe de la estación estaba grave. Lo mismo que les había sucedido a los pasajeros. Se corrió la voz de que en ese tren había algo raro.

Yo sabía que en Ogikubo habían subido muchos pasajeros. Normalmente, cuando el tren regresa de allí, todos los asientos están ocupados y hay bastante gente de pie. Teníamos que revisar el tren de nuevo. Nos preparamos para cuando el 877 volviese a pasar por Nakano-sakaue a la hora prevista, a las 8:53 de la mañana. Sin embargo, lo dejaron fuera de servicio en Shin-koenji.

Bien, después de sacar del vagón al hombre y a la mujer me hice cargo de las dos bolsas de plástico que contenían el gas sarín. Lo hice con mis propias manos. Las deposité en el andén. Eran bolsas cuadradas, del mismo tipo que las que se usan para el suero intravenoso. Tan sólo llevaba unos finos guantes de nailon, como hago siempre que estoy de servicio. Traté de no tocar las partes humedecidas.

En un primer momento supuse que el hombre y la mujer habían utilizado las bolsas para suicidarse y por eso me pareció que lo mejor sería informar cuanto antes a la policía. En el portaequipajes situado sobre los asientos había un periódico. Lo extendí en el suelo, puse encima las bolsas, lo envolví todo bien, lo saqué del vagón y lo dejé junto a una columna. Vino un compañero con una bolsa de plástico, de esas que dan en los supermercados. Lo echamos todo dentro y la cerramos. Mi compañero la llevó a la oficina de la estación. Yo no lo vi, pero al parecer lo tiró a un cubo que había junto a la puerta.

Al poco tiempo, otros pasajeros empezaron a quejarse de que se sentían mal. Les llevamos a la oficina. No eran los únicos afectados, ya que a muchos empleados del metro les sucedía lo mismo. La policía y los bomberos nos preguntaron por los detalles de lo que había ocurrido. Muy pronto tuvieron claro que se trataba de algo fuera de lo común. Sacamos la bolsa del cubo. Si no me falla la memoria, creo que la policía se hizo cargo de ella.

Cuando fui a la oficina a llamar por teléfono no me di cuenta, pero moqueaba, mis ojos hacían cosas extrañas. No me dolían, simplemente veía borroso, me picaban. No veía bien. Si no fijaba la vista en algo concreto no pasaba nada, pero al hacerlo sentía una punzada de dolor. Era como mirar a través de una densa niebla. Enfocaba y me dolía. Al cabo de un rato, los fluorescentes y todo lo demás empezaron a estar borrosos.

Serían las 8:55 cuando empecé a marearme. A las 9 fui al baño a lavarme la cara. Después me tumbé un rato en el cuarto de literas. El atentado en la línea Hibiya había tenido lugar un poco antes, pero fue más o menos en ese momento cuando nos enteramos. También había problemas en otras partes. El pánico se apoderó de todos nosotros. La televisión transmitía en directo.

Me sentía mal. Decidí salir de la estación. Las ambulancias no dejaban de ir y venir a toda velocidad por el cruce de Nakano-sakaue para llevarse a los heridos. Me resultó muy difícil encontrar a alguien que me atendiera. Usaban incluso los furgones de la policía como vehículos de emergencia improvisados, ya sabe, esos que tienen el parabrisas protegido por una reja metálica. Me metieron en uno. Cuando llegué al hospital serían las 9:30 de la mañana. Ingresamos un total de seis empleados de la estación de Nakano-sakaue. Dos de ellos quedaron hospitalizados. Yo era uno de ellos.

En el Hospital General de Nakano ya sabían que lo más probable era que el atentado se hubiera producido con gas sarín. Me trataron, me lavaron los ojos, me pusieron suero. Tuvimos que escribir nuestro nombre y dirección en el registro, pero había mucha gente y a todo el mundo le costaba mucho hacerlo. Garabateé algo sin saber bien qué ponía porque no lograba enfocar.

Estuve ingresado seis días. El del atentado fue agotador. Quedé exhausto. No tenía más ropa que la que llevaba puesta. Me hicieron un montón de pruebas. Al final descubrieron que mi nivel de colinesterasa en sangre era anormalmente bajo. Fueron necesarios tres meses enteros de transfusiones para recuperar su valor normal. Hasta entonces, el iris de mis ojos no llegó a funcionar en ningún momento como era debido. Mi caso fue mucho más grave que el de los demás. Continué así hasta que me dieron el alta. El resplandor de la luz me provocaba un dolor insoportable.

Mi mujer vino al hospital a toda prisa, aunque honestamente debo reconocer que mi vida no corría peligro. No me estaba muriendo, no perdí la conciencia en ningún momento; tan sólo moqueaba sin parar y me dolían los ojos. Sin embargo, pasé muy malas noches. Estaba todo el día tumbado en la cama, con el cuerpo frío como un témpano. No era capaz de distinguir bien entre sueño y realidad. En una ocasión traté de llamar a la enfermera, pero fui incapaz de apretar el botón de llamada. Estaba dolorido, gemía todo el tiempo. Me ocurrió dos veces. Me desperté sobresaltado, intenté presionar el botón y me derrumbé.

Cuando pienso que saqué aquellas dos bolsas llenas de gas sarín con mis propias manos, me doy cuenta de la suerte que tuve de sufrir sólo lesiones leves. Quizá estuviera relacionado con la dirección del viento en el túnel del metro. Probablemente influyó cómo las levanté, de tal manera que no llegué a inhalar los efluvios del gas. Otros compañeros hicieron lo mismo y murieron. Como soy un gran bebedor, muchos colegas de trabajo sostienen que eso me salvó. Dicen que si se trata de resistir una intoxicación, soy más duro que los demás. Es posible. Quién sabe.

En cualquier caso, no me dejé impresionar por la cercanía de la muerte. Dormí días enteros. No encendí la televisión porque me dolían los ojos. Me despertaba, me aburría, no tenía nada que hacer. Por fortuna, el dolor físico desapareció pronto. Creo que eso ayudó a que no me venciera la depresión. Me dieron el alta el 25 de marzo. Me quedé en casa hasta el 1 de abril. Luego me reincorporé al trabajo. La verdad es que me aburría de estar sin hacer nada. Pensé que lo mejor sería retomar cuanto antes la actividad.

Si le soy sincero, al principio no sentí una rabia especial contra los criminales de Aum. No llegaba a entender qué pasaba, quiénes eran los verdaderos culpables. Si me hubieran golpeado de frente, habría sido capaz de reaccionar, pero así...

Sin embargo, cuantas más cosas salieron a la luz, más creció mi indignación. Atentar indiscriminadamente contra gente inocente no tiene perdón. Dos compañeros murieron. Si ahora me pusieran a esos criminales delante, no sé si sería capaz de contenerme y no destrozarlos a golpes. Creo sinceramente que deberían condenarlos a todos a la pena de muerte. Hay quien clama por la abolición de la pena capital, pero ¿cómo perdonarlos después de lo que hicieron?

En cuanto a lo de recoger las bolsas con el gas sarín, fue sólo cuestión de hallarme en el lugar oportuno. Si yo no hubiera estado allí, otra persona lo habría hecho. Trabajar implica cumplir con las responsabilidades que uno tiene. No se puede mirar a otra parte.

«Estaba dolorido, pero a pesar de todo
fui a comprar leche, como de costumbre.»
KOICHI SAKATA (50)

*El señor Sakata vive en Futamatagawa, en la prefectura de Kanagawa al
sudoeste de Tokio, con su mujer y su madre en una casa luminosa recientemente reformada y arreglada con muy buen gusto. Nació en la ciudad de Shinkyo
(hoy Changchun), en la Manchuria ocupada por Japón durante la guerra. Su
padre era militar y su madre mecanógrafa adscrita al cuartel general de la región de Kanto. El padre murió en la guerra (fue hecho prisionero y falleció de
tifus durante su traslado a Siberia). La madre regresó con sus hijos a la casa
natal de su marido en Kumamoto y, al cabo del tiempo, se casó de nuevo con
su cuñado, el hermano mayor de su marido. Su padrastro murió cuando el señor Sakata cursaba segundo año de secundaria. Trabajaba en una empresa de
construcción, lo que les obligó a mudarse en numerosas ocasiones. De hecho, el
señor Sakata llegó a cambiar cinco veces de colegio hasta que al final se estable-
cieron en Kawasaki. La madre todavía goza de buena salud y disfruta mucho
de su huerto.*

*Contable a jornada completa, el señor Sakata es extremadamente meticu-
loso a la hora de archivar sus papeles. Cada una de las respuestas a las preguntas que le formulo viene acompañada de un recorte, un recibo o una nota
sin que, en ningún caso, se vea en la necesidad de buscarla durante mucho tiempo o revolver entre los papeles. Si su casa está así de ordenada, imagino perfectamente cómo estará su mesa de trabajo.*

*Le gusta el Go, el juego de damas japonés, y presume de ser un buen golfis-
ta, aunque reconoce que está tan ocupado que apenas puede jugar cinco veces
al año. De aspecto saludable, asegura que nunca estuvo enfermo hasta que lo
hospitalizaron a causa del envenenamiento con el gas sarín, cosa que, por otra
parte, le sirvió para tomarse un descanso de sus muchas ocupaciones.*

He trabajado once años para Petróleos X. Somos especialistas en
asfalto. Antes trabajé en otras empresas siempre relacionadas con el mundo del petróleo. Es un mundo un tanto especial en el que la gente establece más vínculos personales que profesionales. En la última em-

presa en la que trabajé tuvimos problemas con la gerencia: trataban mal a todo el mundo. Así que unos cuantos nos decidimos y dimos el salto al vacío: un, dos, tres, ¡adelante! Montamos esta empresa desde cero.

El asfalto es el último derivado del proceso de refinado del petróleo. Es un residuo. Del refinado se ocupan grandes empresas como Shell o Nisseki. Nosotros actuamos como una especie de intermediarios entre ellos y el cliente final. Existen muchas empresas como la nuestra y la competencia es fuerte, pero no es un producto que se pueda vender si uno no tiene los contactos adecuados. En realidad, existen vías de comercialización preestablecidas y fijadas de antemano.

Lo más importante es la relación con el cliente final. Por ejemplo, si nos encargamos de suministrar asfalto para la reforma de una calle y establecemos una buena relación con la empresa adjudicataria, la próxima vez seguro que nos compran más. *(Risas.)* Para que suceda eso hay que establecer un fuerte vínculo con las constructoras. A veces es molesto, pero en nuestro negocio resulta imprescindible.

Yo me encargo del departamento financiero. En este negocio hace falta mucha liquidez, lo que se traduce en pagos en metálico a los proveedores a final de mes. Las constructoras nos pagan con letras de cambio a ciento cincuenta días. Para cubrir ese tiempo de carencia, tuvimos que descontar las facturas en el banco. De hecho, trabajamos con diez bancos distintos por un importe total de unos mil millones de yenes.

¿Por qué pagan a ciento cincuenta días? Es una costumbre que viene de antiguo, por eso una empresa descapitalizada no puede meterse en este negocio. Reunir el capital necesario para montar esta empresa nos supuso grandes esfuerzos. Desde el presidente hasta el último de los empleados tuvimos que aportar algún tipo de garantía. Si no es así, sencillamente no puedes trabajar con las grandes compañías. Por eso es tan importante el departamento financiero.

¿Que si estoy ocupado? No tanto como en la época de la burbuja. El mercado inmobiliario ha dado un bajón y además en aquel momento se produjo la desregularización de la industria petrolífera. Nuestros proveedores pudieron acceder a un petróleo más barato que llegaba del extranjero y no nos quedó más remedio que emprender fuertes reestructuraciones. Muchas obras se pararon, pero al menos la inversión pública continuó.

Salgo de casa a las 7 de la mañana y llego a la estación, que está a unos dos kilómetros de distancia, en veinte minutos. Es mi ejercicio diario. Últimamente tengo el nivel de azúcar en la sangre un poco alto, por lo que caminar me viene bien. Por Futamatagawa pasa la línea de cercanías de Sotetsu en dirección Yokohama; desde allí continuó con la línea Yokosuka hasta Tokio, donde hago transbordo para cambiar al metro, a la línea Marunouchi hasta la estación de Shinjuku-sanchome. El trayecto me lleva en total una hora y media. A partir de Ginza o Kasumigaseki siempre encuentro asiento libre. En ese momento ya no va muy lleno y puedo descansar un poco.

El día del atentado, mi mujer estaba en Hakodate, Hokkaido, en casa de su familia. Su padre había muerto hacía poco y ya habían pasado los cien días que establece el ritual budista para guardar las cenizas del fallecido en el templo. Yo estaba solo en casa. Salí por la mañana como de costumbre. Al llegar a Tokio cambié a la línea Marunouchi. Me subí al tercer vagón de la parte delantera, como hago siempre que tengo que comprar leche.

¿Cómo? ¿Cuándo tiene que comprar leche?

Cuando voy a comprar leche, me bajo en Shinjuku-gyoenmae. Me gusta tomarla durante el almuerzo. Compro un litro cada dos días en una tienda que se encuentra de camino. Si no toca, me subo al último vagón y me bajo en Shinjuku-sanchome. Puedo caminar sin problemas porque la oficina está entre las dos estaciones. Aquel día me tocaba comprar y por esa razón me vi envuelto en el asunto del gas sarín. Fue cuestión de mala suerte.

Encontré un sitio libre nada más subir al metro en la estación de Tokio. Si lee usted el sumario del juicio, comprobará que el autor del atentado, ese tal Hirose, se subió en un principio al segundo vagón, después se apeó y cambió al tercero. Perforó las bolsas que contenían el gas cuando el convoy entró en la estación de Ochanomizu. Allí se encontraban esas bolsas, junto a la puerta central del tercer vagón, justo donde yo me había sentado. Estaba tan enfrascado en la lectura de la revista *Diamond Weekly* que no me di cuenta de nada. La policía me interrogó más tarde. Me preguntaron una y otra vez cómo era posible que no hubiera notado nada extraño. Pues no, no lo noté. Me hicieron sentir muy mal, como si me consideraran sospechoso de algo. Fue una sensación desagradable, si me permite que se lo diga.

Pronto empecé a sentirme mal. Fue más o menos después de dejar atrás la estación de Yotsuya. Moqueaba. Pensé que había caído enfermo, que me había resfriado; sentía como si tuviera la cabeza vacía. Todo se oscureció súbitamente, como si me hubiera puesto unas gafas de sol. Sucedió de repente, en muy poco tiempo.

Me aterrorizó la posibilidad de que fuera una hemorragia cerebral. Nunca había experimentado nada parecido. Era normal, por tanto, que pensase en lo peor. No se trataba de un simple resfriado, sino de algo mucho más serio. Tenía la impresión de que iba a desplomarme en cualquier momento.

No recuerdo gran cosa del resto de los pasajeros que viajaban en el vagón. Sinceramente, estaba demasiado preocupado por mí mismo. De algún modo logré recuperarme y me bajé en la estación de Shinjuku-gyoenmae. Me encontraba mareado. Todo lo veía oscuro. «Se acabó», pensé. Me resultaba casi imposible dar dos pasos seguidos. Subí a ciegas por las escaleras hasta alcanzar la salida. En la calle también parecía de noche. Me dolía el cuerpo, pero a pesar de todo fui a comprar leche, como de costumbre. Es extraño, ¿no le parece? Entré en una tienda de las que abren las veinticuatro horas y compré una botella de un litro. En ningún momento se me pasó por la cabeza la posibilidad de no hacerlo. Lo pienso y no lo entiendo, la verdad. Es un auténtico misterio. ¿A qué venía esa preocupación por la leche mientras padecía semejante agonía?

Nada más llegar a la oficina me tumbé en el sofá de la recepción, pero no me recuperé. Una de las compañeras me dijo que tenía que ir al hospital de inmediato. Serían más o menos las 9 de la mañana cuando entré por la puerta del cercano Hospital de Shinjuku. Esperé a que me atendieran. Entró un hombre y le explicó a la recepcionista que había empezado a sentirse mal en el metro. Pensé que se trataba de lo mismo y me alivió mucho descubrir que no era un derrame cerebral.

Estuve ingresado cinco días. Yo creía que me encontraba bien, que me darían el alta antes, pero mi nivel de colinesterasa no lo aconsejaba. «Tiene que recuperarse como es debido», me dijo el doctor. A pesar de todo, me dejó marchar antes de lo que él consideraba oportuno. Se lo supliqué. Tenía una boda el sábado siguiente. Aún tardé dos semanas en recuperar la visión por completo, e incluso hoy en día sigue sin estar bien del todo. Si conduzco de noche, me cuesta trabajo leer las señales de tráfico. Me hice unas gafas nuevas con más graduación. Hace poco acudí a una reunión de víctimas del atentado y el abogado que nos asesoraba pidió que levantaran la mano quienes tuvieran problemas con la vista. Muchas personas lo hicieron. No me cabe ninguna duda de que la causa es el sarín.

Mi memoria también ha empeorado. No consigo retener los nombres. En mi trabajo debo tratar a menudo con gente que trabaja en banca, por eso siempre llevo notas en el bolsillo, para saber quién es el director, de qué sucursal... Ese tipo de cosas. Antes no me hacían ninguna falta porque me acordaba sin más.

Soy muy aficionado al Go y solía jugar un rato en la oficina durante la pausa del almuerzo, pero ahora apenas puedo concentrarme. Antes recordaba las estrategias, todo, pero ahora sólo me acuerdo a medias. Al principio pensé que se trataba de la edad, pero me he dado cuenta de que no puede ser sólo eso. Estoy muy preocupado, se lo aseguro. Si me han pasado todas esas cosas en tan sólo un año, ¿qué ocurrirá en los próximos? ¿La cosa se va a quedar así o va a empeorar?

No siento especial rencor contra los responsables del atentado. Tengo la impresión de que fueron simples marionetas al servicio de la secta. Veo la cara de Asahara en la televisión y, por alguna razón, tampoco siento animosidad hacia él. En lugar de perder mi energía con un odio estéril, creo que es más importante que se destinen más ayudas y recursos para las víctimas.

«La noche anterior al atentado cenamos en familia y nos felicitamos por nuestra suerte.»
TATSUO AKASHI (37)
Hermano mayor de Shizuko Akashi,
víctima en estado crítico

La señorita Shizuko Akashi resultó herida de gravedad en la línea Marunouchi. Estuvo en coma vegetativo durante un tiempo y en la actualidad continúa bajo atención hospitalaria. Su hermano mayor, Tatsuo, trabaja en un concesionario de coches en Itabashi, al norte de Tokio. Está casado y tiene dos hijos.

Tras el colapso sufrido por su hermana soltera, va a visitarla al hospital cada dos días, ya que sus padres, de avanzada edad y enfermos, no pueden hacerse cargo de ella.

Atiende sus necesidades con una devoción admirable. Como responsable de la familia, su indignación ante ese crimen sin sentido está más allá de las palabras. Uno lo percibe hasta en su piel cuando habla con él. Detrás de su sonrisa pacífica y de su voz cadenciosa hay amargura, reserva, una determinación tenaz.

¿Qué hizo su honesta, gentil y querida hermana, una mujer que no le pedía nada a la vida aparte de una pequeña parcela de felicidad, para que esa gente la atacara y truncara su futuro?

Hasta el mismo día en que Shizuko pueda salir del hospital por su propio pie, Tatsuo seguirá haciéndose, sin duda, esa difícil pregunta.

Somos sólo dos hermanos y nos llevamos cuatro años, como mis hijos. Mi madre dice que se comportan igual que hacíamos nosotros. Supongo que eso quiere decir que nos peleábamos mucho *(risas)*, aunque no recuerdo especialmente esas peleas. Es probable que discutiéramos por cosas pequeñas, por el mando de la tele, por un trozo de tarta... Por otra parte, mi madre dice que cada vez que le daba a Shizuko un dulce o algo para comer, ella siempre le decía: «Dale también a mi hermano». Es exactamente lo mismo que hace mi hija pequeña, no sé si porque es chica o porque es la menor.

En el ánimo de Shizuko siempre estuvo ayudar a los demás. Si tuviera que destacar una virtud suya, le diría que siempre fue una niña cariñosa, aunque a veces resultase algo entrometida. En el jardín de infancia y en el colegio, si había algún niño llorando, ella se acercaba para preguntarle qué le ocurría.

Es una mujer concienzuda por naturaleza. Empezó a escribir un diario cuando estaba en la escuela secundaria y no dejó de hacerlo un solo día. No falló nunca. Así hasta el día anterior al atentado. Yo soy perezoso y me siento incapaz de algo así, pero desde que se encuentra en este estado me preocupo por su diario y escribo en su lugar. Registro todo lo que ha sucedido en el día. Me gustaría enseñárselo cuando se recupere para que pueda entender en qué estado se encontraba. Ya llevo tres cuadernos enteros.

Shizuko no terminó el bachillerato. En vez de eso se matriculó en una academia de corte y confección. Pensaba que nuestros padres se hacían mayores y no quería seguir con los estudios, sino encontrar un trabajo lo antes posible para aligerar la carga que soportaban. Recuerdo que cuando me lo dijo pensé: «No cabe duda de que tienes mucha más altura moral que yo». Era una persona muy honesta y demostraba mucha consideración hacia ellos. Es como si pensara siempre las cosas hasta sus últimas consecuencias. Nunca fue capaz de pasar sin más por encima de algo y darlo por concluido.

Gracias a la academia consiguió un trabajo como costurera. Por desgracia, la empresa estaba mal gestionada y terminó por quebrar tres o cuatro años después.

Buscó otro trabajo donde poder demostrar sus habilidades, pero no le salió nada. Por eso empezó a trabajar en un supermercado. En un principio estaba muy desilusionada, pero no es de esa clase de personas que desaparecen a la primera de cambio para vivir su vida dejando a sus padres en la estacada. Al final, aceptó el único trabajo que consiguió cerca de casa.

Iba en autobús desde casa de mis padres. Trabajó allí diez años, casi siempre en la caja. Después de todo ese tiempo se convirtió en una auténtica veterana. Hoy en día, después de pasar dos años ingresada en el hospital, aún consta oficialmente como empleada fija. El supermercado ha sido de gran ayuda después de lo que pasó.

Si vivía en Saitama y trabajaba en un supermercado cercano, ¿por qué fue a Nakano aquella mañana en la línea Marunouchi?

Tenía que hacerse cargo de un seminario en Suginami, al oeste de Tokio. En el mes de abril iban a llegar nuevos empleados y Shizuko era la responsable de su formación. Ya lo había hecho el año anterior y el jefe, satisfecho con el resultado, le había pedido que se ocupase de nuevo.

El día anterior al atentado, el domingo 19 de marzo, fuimos a comprar una mochila para mi hijo porque empezaba el colegio. Salimos todos juntos, mi mujer, mis padres, los niños y yo. Después del mediodía fuimos a buscar a Shizuko para ir a comer a un restaurante cercano. Los supermercados suelen estar llenos los domingos y Shizuko no podía tomarse mucho tiempo libre, pero de algún modo se organizó para venir con nosotros. Solíamos ir a comer juntos. Siempre hemos tenido una estrecha relación familiar.

Fue entonces cuando mencionó que al día siguiente debía ir a Suginami. «Yo te llevo a la estación», le propuse. Tenía que llevar de todos modos a los niños a la guardería y mi mujer siempre coge el metro en esa misma estación. Normalmente aparco cerca de la guardería y desde allí tomo el tren para ir al trabajo, así que sólo tenía que desviarme un poco para dejarlas a ellas. «No te preocupes, es demasiada molestia. Tomaré la línea Sayko y allí cambiaré a la Marunouchi», me dijo ella. «¡Vas a tardar una eternidad!», repliqué yo, «mejor ve directamente a Kasumigaseki y allí cambias a la línea Marunouchi.» Lo pienso ahora y me doy cuenta de que, si no le hubiera dicho eso, probablemente no habría sufrido tanto.

A Shizuko le gustaba visitar lugares nuevos. Tenía una amiga íntima que conservaba desde el colegio y solían ir juntas de vacaciones. El problema es que un supermercado no es una empresa al uso; nunca tienes tres o cuatro días libres seguidos, así que para disfrutarlos no le quedaba más remedio que esperar a que llegara una época tranquila y pedirle a algún compañero que la sustituyera.

Otra cosa que le encantaba era ir al Disneylandia de Tokio. Estuvo con su amiga en varias ocasiones y cada vez que libraba un domingo nos animaba: «¡Venga, vamos!». Tenemos muchas fotos de las veces que estuvimos juntos. Lo que más le gustaba a Shizuko eran las montañas rusas, las atracciones extremas, cosas de ese estilo. A mi mujer y a mi hijo mayor también les gusta mucho, pero a mí no. Cada vez que se subían los tres en una de esas aterradoras cosas, yo les esperaba con la niña en el tiovivo. «Vosotros id a divertiros. Nosotros os esperamos aquí tranquilos.» Era la excusa perfecta. Creo que Disneylandia es el lugar al que más veces fuimos todos juntos.

Cada vez que había una ocasión especial, Shizuko se presentaba con un regalo: En el cumpleaños de nuestros padres, en el de los niños, en nuestro aniversario de boda. Tenía todas las fechas grabadas en la memoria, se acordaba de lo que más nos gustaba a cada uno de nosotros. No probaba jamás una gota de alcohol, pero como a nuestros padres les gusta beber, aprendió a distinguir las mejores marcas de sake y se presentaba con una botella. Siempre era así de rigurosa y atenta con la gente que la rodeaba. Si, por ejemplo, se marchaba de vacaciones a alguna parte, no se olvidaba de comprar algunos recuerdos o dulces de té para sus colegas de trabajo. Se preocupaba mucho de mantener sus relaciones. Siempre ha sido una persona sincera que se lo toma todo muy a pecho, hasta el punto de que el más mínimo desaire la hiere. No cae bien a todo el mundo porque tiene muy claro qué tipo de gente le gusta y cuál no.

¿No se ha casado? ¿No ha tenido la ocasión de hacerlo?

No. Creo que en parte se debe a que siempre se ha sentido responsable de nuestros padres. Ha habido algunos intentos, pero o bien su pretendiente vivía demasiado lejos, o bien ella no estaba dispuesta a separarse de ellos. Al final las distintas tentativas no llegaron a cuajar. Cuando yo me casé, me marché de casa. Supongo que ella asumió entonces la responsabilidad de quedarse a cargo de nuestros progenitores. Mi madre sufre de las rodillas desde hace tiempo y necesita un bastón para caminar. Estoy seguro de que eso despertó en Shizuko un fuerte sentimiento del deber, evidentemente mucho más fuerte que el mío.

Por si fuera poco, la empresa donde trabajaba nuestro padre quebró y se quedó en el paro. Ella asumió esa carga financiera extra. Ha sido siempre una gran trabajadora, nunca se ha quejado por la falta de tiempo libre, ha trabajado sin descanso.

El 20 de marzo pasé por casa de mis padres para recogerla. A mi mujer y a ella las llevé a la estación. Serían las 7:15 de la mañana. Mi mujer tenía turno de mañana. Dejé a los niños en la guardería antes de las 7:30. Caminé de vuelta a la estación y me fui a la oficina, que está en Itabashi.

Si Shizuko alcanzó al tren de las 7:20, quiere decir que llegó a Kasumigaseki antes de las 8. Hay un largo trecho en el transbordo entre las líneas Chiyoda y Marunouchi. Si se calculan los tiempos, resulta que subió justo al tren donde habían colocado el gas sarín. Para empeorar las cosas, es más que probable que lo hiciese en el vagón donde estaban los paquetes. Sólo utilizaba la línea Marunouchi una vez al año para ir al seminario. Fue cuestión de mala suerte, aunque pensar eso no sirve de consuelo.

Se desmayó en la estación de Nakano-sakaue. De allí la llevaron al hospital. Me dijeron que el empleado del metro que le practicó el boca a boca para tratar de reanimarla también inhaló el gas y perdió el conocimiento antes de terminar. No he llegado a conocerlo en persona, así que no puedo estar completamente seguro de que las cosas sucedieran así.

Me enteré del atentado por nuestra oficina central. Queda a la altura de la línea Hibiya, así que varios empleados resultaron heridos. Nos llamaron para saber si en nuestra zona estábamos todos bien. Encendí el televisor a toda prisa para ver qué había ocurrido. Nunca había visto semejante caos.

Llamé de inmediato a mi mujer. Estaba bien. Después llamé a mi madre, porque, de haberle ocurrido algo a Shizuko, ella ya la habría llamado. No sabía nada, así que supuse que no había problema. «Seguro que está con las clases del seminario», pensé, pero no poder contactar con ella directamente me inquietaba. El horario de los trenes coincidía. Me temía lo peor. Traté de mantener la calma. Sabía que si me preocupaba en exceso no lograría nada bueno. Iba en un coche de la empresa a ver a un cliente, cuando me llamaron de la oficina. Me dijeron que llamase a mi madre urgentemente. Fue entre las 10:30 y las 11. «Nos ha llamado la policía», dijo. «Shizuko está herida y la han llevado al hospital. ¡Ve enseguida!» El hospital estaba en Nishi-Shinjuku.

Volví a la oficina de inmediato y me fui derecho a la estación para tomar el tren hasta Shinjuku. Llegué al hospital a eso de las 12. Les había llamado desde la oficina para preguntar cómo se encontraba, pero no me dijeron nada. «No estamos autorizados a decir nada a los familiares a no ser que vengan personalmente.» Insistí. Les pregunté si era cuestión de vida o muerte. Me dijeron que su estado era crítico.

La recepción del hospital estaba atestada de heridos. Les habían puesto suero a todos y esperaban su turno para los análisis. Fue entonces cuando tomé verdadera conciencia de la gravedad de lo que pasaba. En la tele habían hablado de un gas venenoso, pero seguía sin conocer los detalles. Los médicos tampoco fueron de mucha ayuda, la verdad. Todo cuanto me explicaron fue que mi hermana había inhalado un virulento producto químico similar a un pesticida.

Ni siquiera me permitieron verla. Allí estaba yo, implorando ver a mi hermana para saber qué le había sucedido. Nadie me dio una explicación, tampoco me permitieron acercarme a la zona donde la atendían. El hospital estaba desbordado, reinaba una confusión total. Shizuko estaba en urgencias. Sólo se la podía ver entre las 12:30 y la 13 del mediodía y entre las 7 y las 8 de la tarde.

A pesar de la gravedad de su estado y de ser usted familiar directo, ¿no le permitieron verla?

No hubo manera. Fue inútil. Esperé dos horas, dos extenuantes horas que se me hicieron eternas. Al final me permitieron entrar un instante.

Llevaba puesto uno de esos camisones de hospital. Estaba tumbada en la cama, conectada a un dializador. Su hígado estaba muy afectado y necesitaba ayuda externa para filtrar las toxinas del torrente sanguíneo. Le habían colocado varias vías intravenosas. Tenía los ojos cerrados. Según me explicó la enfermera que estaba a cargo de ella, se encontraba en un «estado de sueño». Me acerqué para tocarla, pero el doctor me lo impidió: no llevaba guantes profilácticos.

Le susurré al oído: «¡Shizuko, soy yo, tu hermano!». Su respuesta fue un ligero movimiento, al menos eso me pareció a mí, aunque el médico me explicó que era muy improbable que respondiera al estímulo de mi voz. Lo más probable es que se tratase sólo de un pequeño espasmo del sueño. Sufría convulsiones desde que la ingresaron.

Su cara parecía más la de una persona muerta que la de alguien dormido. Le habían colocado una máscara de oxígeno en la boca, no había expresión alguna en su rostro, ni dolor, ni sufrimiento, nada. El aparato que controlaba el latido de su corazón apenas parpadeaba, tan sólo emitía un tenue «bip» de vez en cuando. Estaba muy grave. No soportaba verla en ese estado.

«Se lo digo con toda sinceridad: esta noche es crítica», me dijo el médico. «Se encuentra bajo vigilancia todo el tiempo, se lo aseguro. Le ruego que limite sus visitas a los horarios que le hemos indicado.» Pasé la noche en la sala de espera por si ocurría algo. Al amanecer pregunté cómo se encontraba. «Estable.» Fue todo lo que me dijeron.

Aquella misma tarde, la del 20 de marzo, mis padres, mi mujer y mis hijos fueron al hospital. No sabía qué podía pasar, por eso hice que vinieran también los niños. Quería que estuviéramos todos juntos. Es cierto que eran muy pequeños para entender la situación, pero nada más verlos, la tensión que me atenazaba se relajó y al fin pude dar rienda suelta a mis sentimientos. «Le ha pasado algo horrible a la tía Shizuko», les expliqué entre lágrimas. Los niños estaban muy alterados. Sabían que hablaba en serio. Nunca me habían visto llorar. Trataron de consolarme como buenamente pudieron. Al final todos rompimos a llorar. Mis padres son de otra generación, la del labio superior rígido, ya sabe, no expresan emociones. Se contuvieron todo el tiempo, pero al regresar a casa no pudieron soportarlo más.

Mi mujer y yo nos tomamos una semana libre en el trabajo. El 22 de marzo el médico nos hizo un resumen de la situación. La presión sanguínea y la respiración de mi hermana se habían estabilizado ligeramente, pero seguían con las pruebas para determinar el posible daño cerebral. Aún podía empeorar.

No nos explicaron nada sobre los efectos secundarios del gas sarín. Simplemente nos enseñaron una radiografía de su cerebro y nos dijeron que estaba hinchado. Eso parecía, sin duda, pero no supieron determinar si era debido al gas o a la falta continuada de oxígeno. No podía respirar por sí misma. Estaba conectada a una máquina de respiración asistida, aunque no podía seguir así indefinidamente. El 29 de marzo le practicaron una traqueotomía. Así continúa hasta el día de hoy. Fui a verla todos los días mientras estuvo ingresada en el Hospital de Nishishinjuku. No fallé uno solo. Acudía después del trabajo, a las siete de la tarde, que era la hora de las visitas externas. En varias ocasiones me llevó mi jefe. Estuve así cinco meses, hasta el 23 de agosto, que es cuando la trasladaron a otro hospital. Perdí mucho peso.

Anoté en mi agenda que sus ojos se entreabrieron el 24 de marzo. No es que los abriera del todo, sino que los movió bajo los párpados medio entornados. Ocurrió mientras le hablaba. El médico me advirtió de que no miraba a su alrededor para reconocer las cosas, era sólo pura coincidencia. Me dijo que no albergase grandes esperanzas. El 1 de abril dijo: «A juzgar por los daños cerebrales ocasionados por las contusiones y hemorragias no hay, virtualmente, esperanza de recuperación». En otras palabras, aunque estrictamente hablando no mencionó la palabra «vegetal», lo más probable es que quedase postrada en cama durante el resto de su vida. A pesar de que se expresó con palabras suaves, la realidad es que es muy probable que vaya a ser incapaz de volver a levantarse, mantener una conversación normal, ser consciente de nada.

Resulta muy duro de aceptar. Mi madre no lo resistió: «Estaría mejor muerta, así no sería un problema ni para ella ni para vosotros». Sus palabras me hicieron mucho daño. Entendía perfectamente lo que quería decir, pero no supe qué responderle. Al final, sólo acerté a decir: «Si Shizuko no fuera ya de ninguna utilidad, entonces el Cielo la habría dejado morir, pero eso no ha sucedido. Shizuko está viva, está con nosotros. Existe la posibilidad de que se recupere, por muy remota que sea. ¿Acaso no es verdad? Si no creemos en eso, no hay esperanza para ella. Tenemos que obligarnos a creer». Mi madre rompió a llorar.

Para su madre tuvo que ser muy duro. Ya era mayor y al no poder hacerse cargo de ella tenía que dejarla en sus manos.

Eso fue lo peor de todo. Si mis padres llegaron a decir semejantes cosas, que Shizuko estaría mejor muerta, ¿qué se suponía que debía decir yo? Sucedió más o menos diez días después del atentado.

Al poco tiempo, mi padre sufrió un ataque. El 6 de mayo le diagnosticaron un cáncer y lo ingresaron para operarle de urgencia en el Centro Nacional del Cáncer de Kashiwa. Mi día a día transcurría entre las visitas a Shizuko y las visitas a mi padre. Mi madre no estaba en condiciones de hacer ninguna de las dos cosas. No sólo era duro para mí, también para mi mujer e hijos.

En el mes de agosto trasladaron a Shizuko al hospital donde trabaja ese joven doctor especializado en terapia. A día de hoy ha progresado tanto que es capaz de mover la mano derecha. Recupera los movimientos lentamente. Cuando le preguntan: «¿Dónde tienes la boca?», se la señala con la mano. Aún le cuesta hablar, pero da la impresión de que entiende la mayor parte de lo que decimos. El médico, sin embargo, sigue sin estar seguro de que entienda bien la relación con los distintos miembros de la familia. Yo no dejo de repetirle cada vez que voy a verla que soy su hermano. Si entiende o no el significado de esa palabra es otro asunto. Ha perdido gran parte de la memoria.

A veces le pregunto dónde vive y sólo acierta a responder: «No lo sé». Al principio todo era no lo sé: el nombre de sus padres, su edad, cuántos hermanos tenía, el lugar donde nació. Lo único que sabía era su nombre, pero poco a poco recupera facultades. Actualmente está en dos terapias, la de recuperación física y la de recuperación del habla. Practica desde la silla de ruedas, se levanta, se apoya en la pierna derecha, mueve la mano, estira la pierna que tiene doblada, pronuncia las vocales: «a, i, u, e, o...». Como no puede comer por sí misma, la alimentan a través de la nariz con una cánula que conecta directamente con el estómago. Tiene los músculos de la garganta agarrotados. Sus cuerdas vocales funcionan, pero los músculos que las controlan no se mueven.

Según el médico, el objetivo del hospital es lograr que salga de allí por su propio pie. Lo que no tiene claro es si será capaz de lograrlo algún día. Yo confío en él, confío en el hospital. Lo dejo todo en sus manos.

Ahora voy a verla cada dos días. Llego a casa a las 11 de la noche. Me paso el día corriendo de visita en visita. He engordado. Quizá porque ceno tarde, justo antes de irme a la cama. También he empezado a beber. Durante la semana voy dos días solo; y con mi familia, el domingo. A los niños les cuesta entender que tengamos que visitarla todos los domingos en lugar de ir a otra parte. Trato de explicárselo, de que comprendan que es lo mismo que haríamos por ellos. Así al menos se muestran más comprensivos con la situación de su tía. Mi madre también viene con nosotros. A mi padre le han dado el alta, pero aún no puede salir porque le sube la fiebre si está mucho tiempo fuera de casa.

¿Carga usted con toda la responsabilidad?
Llevo todo el peso de la situación sobre mis hombros, pero se trata de mi familia. Siento lástima por mi mujer. De no haberse casado conmigo, no tendría que soportar todo esto. También lo siento por mis hijos. Si mi hermana estuviera bien, seguramente los llevaría de vacaciones a alguna parte.

El día que Shizuko volvió a hablar yo estaba a su lado para celebrarlo. En realidad no fue más que un gruñido, pero lloré de emoción. La enfermera también. Por extraño que parezca, mi hermana también lloró. No supe cómo interpretar su llanto, la verdad. Según el médico, cuando las emociones se producen en el cerebro, lo más fácil es que se manifiesten a través de la inestable forma del llanto. Fue un primer paso.

El 23 de julio volvió a hablarles a nuestros padres: «Mamá». Era la primera cosa que le oían decir en cuatro meses. Los dos rompieron a llorar.

Este año ha vuelto a reír. En su cara se dibuja una sonrisa. Se ríe con cualquier tontería, cuando le hago pedorretas y bobadas por el estilo. Le pregunto: «¿Quién se ha tirado un pedo?», y ella responde: «Hermano». Hasta ese extremo ha logrado recuperarse. Aún no habla bien del todo, resulta difícil entender lo que dice, pero al menos intenta expresarse. «¿Qué te apetece hacer?», le pregunto. «Ir a dar un paseo», responde ella. Ha recuperado la voluntad a pesar de que apenas ve, tan sólo un poco con el ojo derecho.

La noche anterior al atentado cenamos en familia y nos felicitamos por nuestra suerte... Una forma modesta de felicidad que al día siguiente quedó destruida por esa panda de imbéciles. Esos criminales nos la arrebataron. Después del atentado estaba enloquecido de rabia. Caminaba por los pasillos del hospital y le daba golpes a las paredes, a las columnas. Aún no sabía que había sido cosa de Aum, pero fuera quien fuera el responsable, estaba listo para darle una paliza. No me di cuenta hasta unos días más tarde de lo dolorido que tenía el puño. Le dije a mi mujer: «¡Qué extraño! Me duele mucho la mano». «Normal, cariño», contestó ella, «te pasas el día dándole golpes a todo.» Estaba tan furioso que ni siquiera me había percatado de eso. Ahora, casi dos años después, las cosas han mejorado mucho. Se lo debo a mi jefe, a los colegas de trabajo de mi hermana, a los médicos y enfermeras. Todos han sido de gran ayuda.

«*I-ne-an* (Disneylandia).»
SHIZUKO AKASHI (31)

Me entrevisté con el hermano mayor de Shizuko Akashi el 2 de diciembre de 1996. Mi intención era visitarla a ella al día siguiente en el hospital de los alrededores de Tokio donde estaba ingresada.

Hasta el último momento no tuve la certeza de que Tatsuo me permitiera verla. Finalmente accedió, si bien después de lo que debió de suponer para él una considerable y angustiosa reflexión, cosa que no llegó a admitir ante mí.

No es difícil imaginar lo duro que debió de resultarle dejar que un completo desconocido viera el estado en el que se encontraba su hermana. Si autorizarme a verla a título individual ya era un auténtico quebradero de cabeza, el hecho de que fuera a explicar su situación en un libro que podía leer todo el mundo, seguramente no debía hacerle ninguna gracia al resto de su familia. Por ese motivo siento una enorme responsabilidad no sólo hacia la familia, sino de manera especial hacia Shizuko.

Al margen de las consecuencias, tenía que conocer a Shizuko en persona para poder contar su historia. Su hermano me había contado la mayor parte de los detalles de lo que le sucedió, pero intuía que sólo podría ser justo y preciso con ella cuando la conociera. Si mis preguntas sólo obtenían silencio por respuesta, al menos habría tratado de obtener su versión de los hechos.

Lo digo con toda honestidad: no estaba seguro de ser capaz de escribir sobre Shizuko sin herir de algún modo los sentimientos de alguien. Cuando esa misma tarde después de nuestro encuentro me senté en mi escritorio, seguía sin encontrar la suficiente confianza en mí mismo para hacerlo. Al final, sólo pude escribir sobre lo que vi y rogar al Cielo para no ofender a nadie. Si soy capaz de expresar con palabras lo que supuso para mí ese encuentro, quizás entonces...

Era un frío mes de diciembre. El color del invierno se había apoderado de todo a nuestro alrededor, mientras el otoño se desvanecía en silencio. Los ginkgos de Jingu-gaien habían perdido las hojas y los transeúntes las machacaban con las suelas de sus zapatos hasta convertirlas en una harina amarilla que arrastraba el viento frío. El fin de año estaba cerca. Había empezado con el trabajo previo de preparación del libro en diciembre del año anterior, hacía ya casi un año. Shizuko Akashi era la sexagésima persona que entrevistaba y, a diferencia de todas las demás, ella no podía expresarse por sí misma.

Se dio la circunstancia de que el mismo día que fui a verla, la policía arrestó a Yasuo Hayashi en la remota isla de Ishigaki, en Okinawa. Era el último de los criminales en caer. Lo apodaban la «máquina de matar». Depositó tres paquetes con gas sarín en la estación de Akihabara, en la línea Hibiya. Su acto criminal costó la vida de ocho personas y provocó lesiones de diversa consideración a dos mil quinientas. Había leído la noticia en el periódico vespertino. Tomé el tren de las 17:30 hasta el hospital donde estaba ingresada Shizuko. En la información se decía que el propio Hayashi, tras su detención, había reconocido a la policía que estaba extenuado por culpa de su vida de fugitivo.

Su detención fue para mí un motivo de profunda emoción, ya que había conocido en persona a muchas de «sus» víctimas y había comprobado hasta qué punto había afectado a sus vidas. Leí el informe que se publicó sobre él. Traté de emular todas sus acciones el día del atentado. Al final, sincronicé en mi mente sus actos con las bolsas del gas sarín y con las víctimas.

Obviamente, la captura de Hayashi no iba a remediar en absoluto el daño que había causado, las vidas que se había llevado por delante, las que había malogrado sin remedio. Lo que se perdió aquel 20 de marzo no se recuperará nunca. Antes o después alguien tenía que atar los cabos sueltos y atraparle. Tenía que haber pensado: «¡Al fin han detenido al último de los criminales sueltos!», pero no se me ocurrió nada semejante. Más bien me invadió una especie de desfallecimiento, un gran vacío. Es probable que en realidad fuera la angustia que me hacía temer lo peor, que a partir de ese momento fuera a empezar otro episodio nuevo parecido al que se cerraba. Ya llevaba mucho tiempo con las entrevistas y quizás había incorporado a mi sensibilidad, sin darme cuenta, el punto de vista de las víctimas. No sentí nada remotamente parecido a la alegría, más bien el sabor amargo de la bilis cuando a uno ya no le queda nada que vomitar.

No puedo divulgar ni el nombre ni la localización del hospital donde está ingresada Shizuko y debo añadir que tanto Shizuko como Tatsuo Akashi son seudónimos que utilizo por deseo expreso de la familia. Como ya he dicho anteriormente, el único deseo de la familia es que los dejen en paz. Espero que todos sepamos respetar sus deseos. Los periodistas trataron de colarse en una ocasión en el hospital. Si sucediera de nuevo algo así, tendría consecuencias muy negativas en la evolución de su terapia, sin mencionar el caos y la molestia que eso le supondría al hospital. A su hermano Tatsuo le preocupaba especialmente esa posibilidad.

Trasladaron a Shizuko al centro de terapia y rehabilitación en agosto de 1995. Hasta ese momento, es decir, los cinco meses posteriores al atentado, estuvo ingresada en la UCI de otro centro hospitalario donde el objetivo fundamental fue mantenerla con vida, por lo que fue imposible iniciar cualquier tipo de rehabilitación. Allí, los médicos estaban convencidos de que era prácticamente imposible que Shizuko pudiera llegar a sentarse en una silla de ruedas. Se pasó todo ese tiempo postrada en una cama con su mente en blanco. No abría los ojos, sus músculos apenas se movían. Sin embargo, en cuanto la trasladaron al centro de rehabilitación, su recuperación superó todas las expectativas. Actualmente se mueve por las salas en una silla de ruedas con la ayuda de las enfermeras. Es capaz incluso de mantener conversaciones sencillas. «Milagroso.» Ésa es la palabra que define su evolución.

A pesar de su evidente mejoría, su memoria prácticamente ha desaparecido. Por desgracia no recuerda nada de su vida anterior al atentado. El médico asegura que su mente corresponde a la de una chica que cursa grado elemental, pero su hermano Tatsuo no sabe en realidad lo que significa eso exactamente. Yo tampoco. ¿Se refiere al conjunto de sus procesos mentales? ¿A sus sinapsis, al *hardware* de los circuitos de su pensamiento? ¿O se trata, por el contrario, de que ha perdido el *software*, el conocimiento y la información que almacenaba? Así las cosas, sólo se pueden hacer dos afirmaciones ciertas:

1) Ha perdido algunas de sus facultades mentales.

2) Continúa siendo un misterio si será capaz de recuperarlas o no en algún momento.

Shizuko recuerda la mayor parte de las cosas que le han sucedido después del atentado, pero no todo. Tatsuo, por su parte, es incapaz de predecir lo que recordará o lo que olvidará.

Tiene el brazo y la pierna izquierda casi paralizados por completo, especialmente la pierna. No poder mover ciertas partes del cuerpo conlleva numerosos problemas. El verano pasado tuvo que soportar una dolorosa intervención en la que le cortaron un tendón en la parte posterior de la rodilla izquierda para lograr que la estirase. No puede ingerir alimentos ni líquidos por la boca. Tampoco puede mover la lengua ni la mandíbula.

En condiciones normales no somos conscientes de las maniobras tan complejas que llevamos a cabo cuando comemos o bebemos. Sólo cuando perdemos esas funciones tomamos plena conciencia de su tras-cendencia. Ésa es la situación actual de Shizuko. Puede tragar comidas blandas como yogur o helado, aunque le ha llevado meses de práctica conseguirlo. A Shizuko le gusta el yogur de fresa, tanto ácido como dulce. Por desgracia, la mayor parte de la dieta que constituye su ali-mentación se la tienen que introducir por la nariz mediante un tubo. Aún lleva en la garganta una válvula de aire que le colocaron cuando estuvo conectada a un respirador artificial. Es una placa metálica re-donda, un triste recuerdo de su lucha con la muerte.

Su hermano empuja despacio la silla de Shizuko hasta la sala de es-tar. Es menuda, lleva el flequillo corto. Se parece a su hermano. Resulta muy difícil leer la expresión de su cara, pero al menos tiene buen co-lor y las mejillas ligeramente sonrojadas. Parece adormilada, como si se acabara de despertar. Si no fuera por el tubo de plástico que asoma por su nariz, no parecería una mujer discapacitada.

Ninguno de sus ojos está completamente abierto, a pesar de lo cual se aprecia un brillo en ellos. Un destello en lo más profundo de las pupilas que, al contemplarlo, permite ir más allá de su apariencia ex-terna y adivinar algo en su interior que parece al margen del sufri-miento.

—Hola —le digo a modo de saludo.

—Hola —me responde ella con un sonido que más bien suena como o-a.

Me presento con la ayuda de su hermano. Shizuko asiente. Le ha-bían avisado de mi visita.

—Pregúntele lo que quiera —dice Tatsuo.

Me quedo en blanco. ¿Qué puedo decir?

—¿Quién le ha cortado el pelo? —me decido por fin.

—La enfermera —responde. En realidad dice algo como... *fee.. ra*, pero en el contexto en el que nos encontramos resulta sencillo de in-terpretar. Responde rápido, sin titubear. Su mente está ahí, presente, se mueve a toda velocidad en el interior de su cabeza; sólo que su lengua y su mandíbula no son capaces de seguirle el paso.

Al principio está nerviosa, intimidada por mi presencia. No soy ca-paz de captar su timidez, pero a su hermano Tatsuo le resulta obvio.

—¿Qué te pasa hoy? ¿Por qué estás tan tímida? —le dice él medio en broma.

Me pregunto qué mujer joven que no se sienta bien y medianamen-te atractiva, no se mostraría tímida al conocer a alguien por primera vez. A decir verdad, yo también estoy un poco nervioso.

130

Antes de nuestra entrevista, Tatsuo le había hablado de mí: «El señor Murakami, el escritor, dice que quiere escribir sobre ti en un libro. ¿Qué te parece? ¿Estás de acuerdo? ¿Le puedo hablar yo de ti? ¿Puede venir a verte?». Shizuko contestó inmediatamente: «Sí».

Al hablar con ella, lo primero que me llama la atención son sus contundentes síes y noes, la velocidad con la que juzga las cosas. No creo que una niña de primaria fuese capaz de algo así. Se forma rápidamente una idea general de la situación, sin apenas titubeos. Le he traído unas flores amarillas porque me parece que ese color lo inunda todo de vida. Por desgracia, Shizuko no puede verlas. A plena luz del día sólo alcanza a intuir formas. Mueve ligeramente la cabeza y dice algo que no soy capaz de interpretar. Sólo espero que un poco de ese color que, a mis ojos al menos, ilumina la habitación, la impregne también a ella.

Lleva una bata rosa de algodón abrochada hasta el cuello, una manta fina sobre el regazo y un ligero chal cubre sus hombros. Por debajo de la manta asoma su mano derecha, rígida. Tatsuo se la coge de vez en cuando y la acaricia con cariño. La mano siempre está ahí cuando las palabras fallan.

Tiene el pelo alborotado debido a que pasa mucho tiempo en cama. Si se dieran cuenta las enfermeras, vendrían enseguida a arreglárselo, ya que su pelo corto resulta fácil de peinar.

Su hermano explica con una sonrisa que hasta hace poco sólo utilizaba unas pocas palabras para expresarse. No le costaba trabajo entenderla, pero recientemente ha empezado a formar frases más largas y a veces reconoce que no puede seguirla. Al menos eso significa que hace progresos, aunque a su boca aún le cueste seguir a su mente.

En mi caso, apenas puedo entender la mitad de lo que dice, pero Tatsuo, obviamente, comprende mucho más. Las enfermeras cuentan aún con más ventaja.

—Las enfermeras de aquí son jóvenes, honestas y amables —asegura Tatsuo—. Tenemos que estarles muy agradecidos. Son buena gente, ¿verdad, Shizuko?

—*Aayiih-ee-uh* (Buena gente) —confirma Shizuko.

—A veces —explica Tatsuo—, si no entiendo lo que dice, se enfada mucho. No me deja irme hasta que lo entienda, como la última vez, ¿verdad, Shizuko?

Se produce un silencio. Un silencio embarazoso.

—¡Oye! ¿De qué te avergüenzas? —le regaña Tatsuo—. Eso es lo que me dijiste, ¿o no? No querías que tu hermano se marchase sin entender lo que le estabas diciendo.

Al escucharle, Shizuko sonríe y, cuando lo hace, se le ilumina el rostro. Sonríe más que la mayoría de la gente, aunque es posible que se deba en parte a que no controla del todo los músculos de la cara. En cualquier caso, imagino que siempre ha sonreído de esa manera; encaja a la perfección con su cara. De pronto se me ocurre que es probable que su hermano y ella hayan estado así desde niños.

—Hasta hace poco —continúa Tatsuo—, solía gritar cuando llegaba la hora de marcharme. Me suplicaba: «No te vayas, no te vayas». Yo siempre le contestaba lo mismo: «Tu hermano tiene que irse a casa porque los niños están solos. No sólo te echan de menos a ti, a mí también». Cada vez comprendía mejor lo que le decía y sólo eso ya representaba un gran progreso, ¿no le parece? Me doy cuenta de que aquí debía de sentirse terriblemente sola.

Silencio.

—Por eso vengo a menudo al hospital, para hablar con mi hermana —dice para retomar la conversación.

Las actuales circunstancias de la vida de Tatsuo, sin embargo, complican sus visitas. Tiene que realizar un trayecto de cincuenta minutos en coche desde el trabajo y luego volver. Es un vehículo que le deja la empresa, consciente de lo difícil de su situación y de su firme voluntad de visitar a su hermana todas las semanas. Algo que él agradece enormemente. Cuando viene, se sienta durante una hora a hablar con ella. Toma su mano, le da yogur de fresa con una cucharilla, conversan, le ayuda a llenar poco a poco los espacios en blanco de su memoria: «Fuimos todos juntos e hicimos... ¿Te acuerdas?».

—Lo más difícil de aceptar es que los recuerdos que compartimos como familia se han perdido —se lamenta Tatsuo—. Es como si los hubieran cortado con un cuchillo. A veces, cuando recuerdo cosas del pasado junto a mi hermana, me tiembla la voz y ella me pregunta si me encuentro bien.

La hora de visita termina oficialmente a las ocho de la tarde, pero con Tatsuo son menos estrictos. Cuando se marcha, se lleva la ropa sucia de su hermana; conduce de regreso a la oficina, camina desde allí cinco minutos hasta la boca del metro y viaja durante una hora más, incluyendo tres transbordos, antes de llegar a casa. Cuando llega los niños duermen hace rato. Para alguien como él que le da tanta importancia a la familia resulta muy duro. Ésa es su rutina desde hace un año y ocho meses. Mentiría si dijera que no está exhausto y nadie puede decir a ciencia cierta cuánto tiempo más tendrá que seguir así.

—Si todo esto se debiera a un accidente o algo por el estilo —me dirá más tarde Tatsuo sin soltar las manos del volante en el camino de regreso—, podría llegar a aceptarlo. Habría una causa, una razón, pero lo que sucedió es absurdo, estúpido, un acto criminal... Es intolerable, insoportable... —Al decirlo mueve ligeramente la cabeza, de manera que silencia cualquier comentario por mi parte.

—¿Podría mover un poco la mano derecha? —le pido a Shizuko. Levanta ligeramente los dedos. Es un intento. Los mueve despacio, los encoge con paciencia, luego los extiende—. Si no le molesta, ¿podría intentarlo agarrando mi mano?

—*A-e* (Vale) —contesta ella.

Pongo cuatro de mis cinco dedos en la diminuta palma de su mano, no más grande que la de una niña. Los envuelve cuidadosamente, como si fueran los pétalos de una flor que se cierra para dormir. Son dedos suaves, ligeramente mullidos, femeninos, pero mucho más fuertes de lo que había supuesto en un principio. Atrapan mi mano con la determinación de un niño al que le dan algo importante que no puede perder. En su gesto se aprecia una fuerte voluntad, un objetivo. Parece muy concentrada, como si buscara algo o a alguien. Es probable que no sea yo al que busca, sino a otro que está más allá de mí y que, sin embargo, acaba por traerle de vuelta hasta mí. Pido disculpas por una explicación tan imprecisa de algo provocado por una impresión fugaz.

Hay algo en ella que intenta salir a la superficie. Puedo sentirlo. Algo importante que no encuentra el camino. Aunque sólo sea temporalmente, ha perdido la capacidad y los medios que le permitirían sacarlo a la luz; y, a pesar de todo, ese algo continúa ileso, intacto, protegido entre los muros de su interior. Agarrar la mano de otra persona es todo lo que puede hacer para comunicarlo. Mantiene la mía sujeta durante mucho tiempo. Le digo: «Gracias». Poco a poco sus dedos se relajan.

—Su recuperación es muy lenta. Si fuera a verla todos los días no tendría la sensación de que avanza —me explica Tatsuo más tarde en el coche—. Sin embargo, al dejar pasar unos días o un periodo de tiempo más o menos largo, soy consciente de lo evidente de su mejoría. Si no viera su evolución, no sé si podría continuar con esta rutina. Me doy cuenta de que tiene el firme propósito de recuperarse lo antes posible. Eso es lo que me ha sostenido hasta ahora. Los médicos que se encargan de su rehabilitación están admirados por su voluntad y paciencia. Shizuko nunca dice «dolor» o «cansancio». Hace terapia todos los días, entrena brazos y piernas, acude a la logopeda. También participa en programas de otras especialidades. Ninguna de esas cosas re-

133

sulta sencilla, pero de todas las veces que los médicos o las enfermeras le han preguntado si estaba cansada, ella sólo ha respondido que sí en tres ocasiones. Tres. Por eso ha llegado donde está. Al menos eso es lo que dicen los profesionales a cargo de su rehabilitación. De estar postrada en cama, inconsciente, atada a un respirador artificial, ha logrado volver a hablar. Es como un sueño hecho realidad.

—¿Qué te gustaría hacer cuando te recuperes? —le pregunto a Shizuko.

—*Aaah-eeeh!* —No entiendo lo que quiere decir.

—Viajar, quizás —dice Tatsuo tras reflexionar unos instantes.

—*Ii..* (Sí) —confirma ella con una ligera inclinación de cabeza.

—¿Y adónde le gustaría ir? —vuelvo a preguntar.

—*I-ne-an.* —Al principio ninguno de los dos entendemos, pero tras un poco de ensayo y error queda claro que se refiere a Disneylandia.

—*Ii* —dice Shizuko con énfasis.

No resulta fácil asociar la idea de viajar con Disneylandia. Cualquiera que viva en Tokio, seguramente no considera que ir a Disneylandia sea un viaje. Pero según su forma de entender las cosas, sin una idea clara de lo que representan las distancias, ir a Disneylandia debe de ser lo mismo que vivir una gran aventura. Conceptualmente no es muy distinto al deseo de cualquiera de nosotros de ir, pongamos por caso, a Groenlandia. En la práctica, a ella le tiene que resultar mucho más difícil ir a Disneylandia que a cualquier otra persona al fin del mundo.

Los dos hijos de Tatsuo, de ocho y cuatro años, recuerdan bien la ocasión en la que fueron con su tía. Cuando van a verla al hospital, le hablan de aquello: «Nos lo pasamos muy bien», le dicen siempre. Quizá por eso Disneylandia representa para ella un lugar que simboliza libertad y salud. Nadie sabe exactamente si se acuerda o no de haber ido alguna vez. Es posible que se trate de un recuerdo implantado a posteriori. Después de todo, ni siquiera recuerda la habitación de la casa donde ha vivido tantos años.

Real o imaginario, Disneylandia ocupa un lugar nítido en su mente. Podemos acercarnos a esa imagen, pero no ver lo que ella ve.

—¿Te gustaría ir a Disneylandia con toda tu familia? —le pregunto.

—*Ii* —responde ella alegremente.

—¿Con tu hermano, tu cuñada y los niños?

Asiente.

—Cuando pueda comer y beber con normalidad en lugar de hacerlo por ese tubo que tiene en la nariz —dice Tatsuo— quizá vayamos todos juntos.

Al decirlo aprieta ligeramente la mano de Shizuko.

—Espero que puedas ir muy pronto —le deseo a Shizuko.

Vuelve a asentir. Me mira, pero su mirada parece fija en algo que está más allá de mí.

—Cuando vayas, ¿en qué atracción te vas a subir? —le pregunta Tatsuo.

—¿En la montaña rusa? —le propongo yo.

—¿En la montaña espacial? —sugiere Tatsuo—. Son las atracciones que más le gustan.

Antes de marcharme, le pregunté:

—¿Podrías darme la mano por última vez?

—*Ii* —contestó ella claramente.

Me levanté para acercarme a la silla de ruedas donde estaba sentada. Le ofrecí mi mano. Ella la tomó con más fuerza que la vez anterior, como si quisiera transmitirme algo con mayor insistencia. Estuvimos así mucho rato. Desde hacía mucho tiempo que nadie me apretaba la mano con tanto vigor como ella. Fue una sensación que conservé hasta mucho después de haber regresado a casa, como el recuerdo de un lugar cálido y soleado en una tarde de invierno. Honestamente, aún conservo una vaga memoria táctil que quizá guarde para siempre. Mientras escribo estas palabras sentado a mi mesa de trabajo, siento cómo ese calor me ayuda a hacerlo, como si lo que tengo que escribir estuviera cifrado en esa calidez. Trato de capturar lo que ella vio, hacerlo mío; sigo inconscientemente su mirada, pero al final sólo me encuentro con la pared.

Tenía la esperanza de que mi visita le infundiera cierto ánimo, pero no sabía cómo lograrlo. En un primer momento pensé que dependía por entero de mí, aunque no sucedió así en absoluto. Fue ella la que terminó infundiéndome a mí ánimo y valor.

Durante el proceso de escritura de este libro he pensado mucho en la que en mi opinión es la gran pregunta: ¿qué significa estar vivo? Si yo estuviera en la piel de Shizuko, ¿tendría su misma fuerza de voluntad, esa fuerza imprescindible para seguir vivo? ¿Tendría su coraje, su perseverancia, su determinación? ¿Podría tomar la mano de alguien con esa misma calidez? ¿Me salvaría el amor de los demás? No lo sé. Sinceramente, no estoy seguro.

Gente de todo el mundo vuelve la vista hacia las religiones como un modo de encontrar la salvación. Pero cuando la religión hiere y mutila, ¿a qué clase de salvación se dirigen? Mientras hablaba con Shizuko, la miré a los ojos para tratar de verla como era antes. ¿Qué es lo que ella ve? ¿Qué ilumina sus ojos? Si alguna vez consigue volver a hablar sin trabas, hay algo que me gustaría preguntarle: el día que fui a visitarla, ¿qué vio en ese instante fugaz en el que parecía mirar más allá de mí?

Pero ese día aún está lejos. Antes tiene que ir a Disneylandia.

«La policía no fue capaz de intuir
lo que había tras la aparente ridiculez de Aum.»
YUJI NAKAMURA, abogado (nacido en 1956)

El abogado Nakamura se presenta a sí mismo: «En una palabra, soy un abogado que actúa como si fuera el médico del pueblo». El bufete donde trabaja está cerca de la estación de Machida, en la línea Odakyu. Es una oficina luminosa, limpia. Cada uno de los abogados que trabajan allí cuenta con su propio despacho. Hay también varias secretarias y el ambiente no resulta arrogante ni de suficiencia. Encaja bien con el aspecto del señor Nakamura. Tiene cuarenta años, pero la vivacidad de sus ojos le da un aspecto más joven.

Con una sonrisa, asegura: «Asumo cualquier tipo de caso, desde un divorcio hasta conflictos con prestamistas. No tengo una especialidad concreta». Lo primero que trata de aclararme es que no es de ese tipo de abogados con un ideal y una clara ambición: «Soy una persona corriente, como las que puede usted encontrar en cualquier parte. No me malinterprete, por favor».

El abogado Sakamoto* y yo nos graduamos en derecho en la misma promoción de la Universidad de Tokio. Era la trigésimo novena y la componían diez clases. Yo estaba en la ocho, Sakamoto en la nueve. Después de licenciarnos, se formaron cuatro grupos de trabajo en prácticas y nosotros coincidimos en el mismo. Estaba compuesto por veintisiete personas. Nos llamaban los «Tokio cuarto». Fue allí donde nos vimos por primera vez. Sakamoto quería ser un abogado al estilo del abogado y activista estadounidense Ralph Nader, pero yo, por el contrario, no tenía una motivación tan clara como la suya. Mis razones eran más ambiguas. Quería trabajar por libre sin pertenecer a ninguna empresa concreta, pero obtener el título oficial de abogado no me re-

---

* Tsutsumi Sakamoto fue un abogado que trató de desenmascarar a la secta Aum y que fue asesinado junto a su familia el 4 de noviembre de 1989. En octubre de 1998 se condenó a muerte a Kazuaki Okazaki, miembro de Aum, al ser declarado culpable de los asesinatos. Entró en la casa de las víctimas y les inyectó una dosis letal de cloruro potásico, luego los estranguló. Shoko Asahara también fue encausado por la muerte de los Sakamoto. *(N. de los T.)*

sultó nada fácil. Fue muy duro. Me suspendieron en varias ocasiones y no hice otra cosa más que estudiar, estudiar... Sakamoto y yo éramos de la misma edad, lo que significa que pasamos por el mismo calvario hasta aprobar el examen oficial que te da derecho a ejercer. *(Risas.)*

Después de aquello, durante el año y medio que estuvimos de prácticas en investigación judicial, nos hicimos amigos íntimos. Cuando empezamos a ejercer, solíamos reunirnos con otros colegas del grupo. Éramos unos diez. Intercambiábamos informes y datos sobre nuestras investigaciones en curso. Ya por entonces Sakamoto estaba muy ocupado y a menudo no podía asistir a las reuniones. En una ocasión tenía entre manos un asunto sobre un timo. Fuimos todos a Yokohama para que nos hablara sobre un jarrón que estaban vendiendo unos estafadores al que atribuían unas supuestas propiedades sobrenaturales. Comimos en un restaurante chino. En aquella época ya había empezado a dedicarse a ese tipo de asuntos oscuros.

Tenía un carácter alegre y activo. Creo que ambas palabras le hacen justicia. Lo malo es que había en él un exceso de ironía, no miraba las cosas de una manera directa, simple. Siempre tenía algo que decir sobre cualquier tema. Si hablo de él en positivo, le diré que una de sus virtudes era la capacidad crítica. Si hablo en negativo, que siempre estaba preparado para agarrarte en un descuido.

Se encargaba de asuntos como los de la Iglesia de la Unificación o Aum, un trabajo duro. Más bien ingrato, ¿no le parece?

Al principio de su carrera no. Era un tipo corriente. Nos invitaba a menudo a cantar en un *snack,* uno de esos bares para hombres donde sirven chicas jóvenes. Siempre decía: «Vamos mejor sobre las cinco de la tarde porque a esas horas sólo hay que pagar dos mil yenes». *(Risas.)*

Honestamente, Sakamoto no correspondía a la imagen que tenemos de un abogado implicado en la defensa de los derechos humanos. No pertenecía a ningún partido político, era una persona normal, como yo. Queríamos ganar dinero como los demás. Mejor dicho, queríamos ganar más, de ser posible. Era así, lo cual resulta natural en una persona de nuestro tiempo. Sin embargo, conocía bien sus límites, sabía cómo tenía que actuar, cómo asumir su papel. En ese sentido se tomaba a sí mismo mucho más en serio de lo que lo hacía yo.

El bufete de Yokohama en el que trabajaba tenía fama de ser muy combativo y avezado en todo lo relacionado con temas laborales. Pero hoy en día ya no es así y llevan también otros asuntos. Al haberse hecho cargo de numerosos conflictos laborales y ganado muchas causas en las que sus clientes fueron declarados inocentes, se enfrentó en repetidas ocasiones a la policía. Quizá por eso la policía consideraba su bufete «especial», una etiqueta que sigue manteniendo hasta ahora.

Hubo un caso concreto relacionado con unas escuchas ilegales a un dirigente del Partido Comunista en la ciudad de Machida, que lo enfrentó a todo el cuerpo policial. Después de aquello, cuando las cosas se calmaron, desapareció.

Su caso lo llevó desde el principio la brigada central de investigación. En su bufete asignaron a un abogado para que también se hiciera cargo del asunto. Es un bufete con un poder considerable y desde el primer momento la policía se preocupó por sus movimientos y no se mostró muy dispuesta a colaborar.

Es decir, a pesar de que el bufete de Yokohama le dijo a la policía que los secuestradores de Sakamoto podían ser la gente de Aum, ellos no hicieron caso...

Sí, es posible. Creo que hubo cierta ansia de venganza. A mí normalmente me informaban unos policías a cargo del seguimiento y protección de políticos, pero me da rabia no poder confirmárselo. Los responsables de la policía decían: «Aquel lugar es...» y levantaban la mano izquierda si se referían a izquierdas. Lo cierto es que ignoraban la mayor parte de los asuntos relacionados con Aum.

Yokodaia está bajo la jurisdicción de la comisaría de Isogo. En un principio, los investigadores y los de la sección de identificación trabajaron mucho. Pero sus informes no llegaban a los responsables de la policía. La comunicación interna entre ellos fue muy deficiente.

En aquel momento, la policía no sabía que Aum era un grupo peligroso. Ellos mismos lo han admitido en el informe oficial de la investigación. Ni siquiera disponían de un organigrama. Eso se traduce en que no estaban vigilados. Por eso, cuando les advertíamos de nuestras sospechas respecto al peligro potencial que representaban, hacían oídos sordos a lo que les decíamos.

Sin embargo, en la comisaría de Isogo lo comprendieron. Les proporcionamos una enorme cantidad de datos sobre la secta. Por ejemplo, el abogado Taro Takimoto presentó una lista de casi mil adeptos de Aum con sus fotos correspondientes. Lo hizo tanto en Isogo como en el departamento de policía del Ministerio de Justicia. Hasta el mes de marzo de 1994 se llegaron a presentar noventa y siete informes. Por eso entendieron lo que ocurría. Colaboraron con nosotros, se tomaron el asunto en serio. Supieron valorar los informes con exactitud.

Pero el resto de la policía no parecía querer entenderlo. La situación empezó a cambiar poco a poco cuando sustituyeron a uno de sus responsables. La velocidad a la que se transmitían los informes de una comisaría a otra se aceleró enormemente. Tuvimos la oportunidad de confirmarlo.

Lo más importante de todo fue el millón ochocientas mil firmas de apoyo que recogimos para el caso Sakamoto. Cada vez que alcanzábamos cierta cantidad, diez mil, veinte mil, las llevábamos a la policía. No sólo fuimos a la comisaría de Isogo, sino a muchas otras, al departamento de policía en el ministerio. Incluso algún parlamentario nos dio su apoyo públicamente. La presión fue cada vez más eficaz. Poco a poco la policía empezó a pensar que nuestro movimiento era algo útil para sus investigaciones.

Me nombraron subdirector en la secretaría de la oficina central para la liberación de Sakamoto y ya en aquel entonces escuchábamos noticias sobre el gas sarín.

Como usted sabrá, el día de Año Nuevo de 1995, el periódico *Yomiuri* publicó un artículo sobre la detección de residuos de gas sarín en la localidad de Kamikuishiki. Un poco antes, en el mes de diciembre, nos había llegado una información de un equipo de abogados que llevaba el caso de las familias con adeptos en la secta, que consideraban a sus familiares víctimas de una gran maquinación. Insistían en que había que considerar a Aum Shinrikyo directamente implicada con el gas sarín, con asuntos de drogas y de sustancias químicas. Podrían estar utilizando algún tipo de estimulantes o alucinógenos con su propia gente.

Además, creo recordar que en el mes de marzo de 1994, en el sermón de Chizuo Matsumoto (el verdadero nombre de Shoko Asahara) en la sede local de la secta en Kochi, en la isla de Shikoku, pronunció la palabra «sarín». De ahí que se le llamase el sermón del sarín. Después habló sobre el Armagedón, y, desde aquel momento, el equipo de abogados que seguíamos el caso nos convencimos de que algo se movía... Nada más oírlo, lo primero que se me ocurrió fue: «¿Qué hacemos si derraman algo así en nuestra oficina?». Me da vergüenza reconocerlo, pero fue lo primero que se me vino a la mente. Lo hablamos y decidimos que lo mejor sería retirar el letrero que había en el exterior de nuestras oficinas en el que exigíamos la inmediata liberación de la familia Sakamoto. En nuestra sede en concreto no había ninguno, pero los que sí tenían se asustaron. En el incidente Matsumoto ya habían derramado gas sarín. De ser así, era imposible determinar dónde o cuándo volvería a ocurrir.

Antes de aquel discurso no teníamos verdadera conciencia de lo que pasaba. Sabíamos que secuestraban a personas para abducirlas, pero no pensábamos que llegasen al extremo de asesinar a alguien y hacerlo desaparecer. La verdad es que no queríamos pensar que eso fuera posible.

El incidente Matsumoto tuvo lugar en el mes de junio de 1994. Sin embargo, en aquel momento no sospecharon que fuera cosa de Aum, ¿verdad?

No, no lo sospechamos. Gracias a la descripción del perfil psicológico de los adeptos, quedó claro que usaban drogas para captarlos. Nos enteramos gracias al relato exhaustivo de uno de ellos que logró escapar. Nos enteramos también de que hubo un asesinato por linchamiento. Sin embargo, ninguno de nosotros llegó a pensar en el sarín. Conocíamos el sermón del gas venenoso, pero pensábamos que sólo era una especie de recurso de cara a los creyentes. Es posible que también utilizasen gas mostaza, ya que en julio de 1994 apareció gente con síntomas de envenenamiento por ese tipo de gas. Al margen de eso, por lo visto también se dedicaron a fabricar sarín.

Empezamos a pensar en serio en el sarín en diciembre de 1994. Poco después se hizo pública una información que actuó como detonante. Para entonces, ya estábamos sumidos en un estado de pánico. Sólo era cuestión de tiempo que sucediera algo.

Me enteré de que en el mes de enero se iba a producir un registro conjunto por parte de la policía de la prefectura de Nagano, Yamanashi, Shizuoka y Miyazaki. Sin embargo, la Jefatura Superior de la Policía metropolitana de Tokio no estaba incluida. Según ellos, no tenían previsto ni registro ni embargo de ninguna de las sedes de Aum al no disponer de orden judicial, aunque en ese momento ya había tenido lugar el secuestro de la hija de mayor de Tomoko Kashima.* En realidad, no es que no pudieran intervenir, simplemente no lo hicieron. Sólo se decidieron a hacerlo tras el incidente del señor Kariya,** que trabajaba con un notario de la zona de Meguro en Tokio. Antes de eso no tenían verdadera conciencia de la gravedad del problema al que se enfrentaban; tampoco sabían el peligro real que podía representar un ataque con gas sarín, ni se tomaron en serio la primicia que había publicado el *Yomiuri.*

---

* Era una cantante muy conocida por su participación en distintos programas de televisión, quien, después de un grave accidente, entró en Aum y secuestró a su propia hija para que se adhiriera también al culto. *(N. de los T.)*
** Kiyoshi Kayira fue secuestrado y asesinado en 1995 por adeptos de Aum. Su hermana pequeña había entrado en la secta y donado una importante cantidad de dinero, pero cuando le exigieron algunas de sus propiedades, huyó y se refugió con su hermano mayor, al que secuestraron y mataron más tarde al darse cuenta de que la policía les seguía los pasos. *(N. de los T.)*

Si no actuaba la Jefatura Superior de la Policía metropolitana, tampoco lo harían las Fuerzas de Autodefensa de Japón. En cualquier caso, en las cuatro prefecturas mencionadas estaban preparados para llevar a cabo el registro, y justo en el momento en que se disponían a actuar tuvo lugar el gran terremoto de Kobe. No me gusta decir esto, pero los de Aum tuvieron mucha suerte.

Tanto usted como el señor Takimoto ya tenían conciencia a comienzos de año de la situación real, ¿cierto? Sin embargo, la policía no llegó a actuar.

Así es. Sabíamos perfectamente a lo que nos enfrentábamos. Ya habían atacado al señor Takimoto y el 4 de enero de 1995 trataron de envenenar a un miembro de la Asociación de Familias Afectadas por Aum, el señor Nagaoka, con un compuesto a base de organofosfatos. Estuvo entre la vida y la muerte.

En febrero de 1995 nos reunimos para hablar sobre el sarín. Éramos en total veinte abogados. Mi compañero de bufete, el señor Kajiyama, hizo de profesor improvisado ya que era doctor en ciencias. Aprendimos conceptos básicos sobre el asunto. Kajiyama, además, tenía relación con el señor Kono,* conocía el incidente Matsumoto y había estado en el lugar de los hechos.

No entendíamos nada de formulación química, así que nos explicó detalles sobre los efectos del gas, sobre cómo se fabrica y cómo se almacena. Cosas prácticas de ese estilo. Estábamos convencidos de que iban a atacar nuestra asociación. En el incidente Matsumoto habían atacado la residencia de un juez. Parecía que sentían una especial hostilidad hacia todo lo relacionado con la justicia. Por eso reforzamos la vigilancia.

Puede que no sean más que imaginaciones mías, pero me da la impresión de que Shoko Asahara tiene algún tipo de complejo y por eso le gustaba rodearse de doctores y abogados, para que le sirvieran. Al parecer quiso estudiar medicina o derecho en la Universidad de Tokio, de ahí que nombrase a médicos y abogados para los puestos de responsabilidad. A los médicos les pudo engañar con más facilidad, pero los abogados tenían una mente mucho más retorcida *(risas)*, por lo que le fallaban en su devoción y al final no pudo contar con muchos de ellos. A pesar de todo, hubo tres o cuatro además de Aoyama, el segundo de Asahara y también abogado.

* Yoshiuki Kono es un escritor japonés víctima de Aum en el incidente Matsumoto. Fue el primero en llamar a la policía, que, en un principio, lo consideró sospechoso. *(N. de los T.)*

Decidimos que lo mejor sería no frecuentar lugares donde se concentrara mucha gente. Estábamos tan nerviosos que nos sentíamos objetivos potenciales. Por eso la mañana del día 20 de marzo de 1995, cuando oí en las noticias que en el atentado del metro había numerosos muertos y heridos, sentí un gran despecho. Creo que todo el mundo se dio cuenta de que la estación de Kasumigaseki era el objetivo principal y que los autores fueron los de Aum, ¿no es así? Sin embargo, la policía fue la única que no había comprendido la gravedad de la situación. Eso provocó un gran problema.

El señor Takimoto preguntó el 6 de marzo a los responsables de la policía si habían establecido algún dispositivo especial de seguridad pública. El día 13 envió por correo urgente una carta en la que les advertía del peligro inminente de un atentado con gas sarín perpetrado por Aum. La carta iba dirigida al director general de la Jefatura Superior de la Policía metropolitana de Tokio y al fiscal general del Estado. El atentado se produjo tan sólo siete días después.

No lo tuve claro hasta ese momento, pero en realidad existen dos tipos de policía en Japón: la de seguridad pública (Kôan) y la criminal (Keiji). La de seguridad pública no se molestó en comprender la verdad sobre Aum hasta diciembre de 1994. Hasta la publicación de la primicia en el *Yomiuri* no decidieron enfrentarse de verdad al asunto. Sin embargo, ni siquiera fueron capaces de comprender el organigrama de la secta en los tres meses que precedieron al atentado. Tampoco sabemos hasta dónde habrían llegado si el 30 de marzo no hubieran disparado contra el director general de la Policía.

Nadie se enteró en realidad de que lo se cocía en Aum. Despreciaban todo lo que tenía que ver con ellos. Incluso después del atentado mantuvieron una actitud parecida. Los policías encargados del seguimiento de Aum demostraron un gran empeño en su trabajo por capturar a los autores del crimen, pero los demás compañeros los menospreciaban. No sé si no querían entender o no podían hacerlo. El caso es que lo infravaloraron todo. Los miraban por encima del hombro: «No es más que una banda de perturbados. ¿Cómo es posible que ni siquiera seáis capaces de capturar a esa Naoko Kikuchi?* ¿A qué diablos os dedicáis?».

En el atentado con gas sarín del metro de Tokio no existió un acuerdo entre esos dos departamentos de la policía como sucedió, por ejemplo, cuando capturaron a los miembros de Rengo Sekigun, el Ejército

* Adepta de Aum responsable de la fabricación del gas sarín y autora material del atentado. No fue capturada hasta el 3 de junio de 2012, en la localidad de Sagamihara, en la prefectura de Kanagawa, cerca de Tokio. *(N. de los T.)*

Rojo Japonés.* Ésa es mi opinión. Los miembros del equipo permanente de la policía para el seguimiento de Aum se quejan de que ni sus compañeros ni sus superiores los apoyan o entienden. A pesar de la gravedad del atentado, todos esos desacuerdos y problemas internos no se han resuelto. La cuestión de Aum se aborda desde una profunda incomprensión general que se queda en la superficie sin llegar a entender las graves implicaciones que plantea.

En este momento, nuestro equipo de abogados negocia con los funcionarios del Ministerio de Justicia las medidas que se deberían tomar con respecto a los creyentes de Aum. Tampoco en este punto existe consenso. Ellos dicen: «¡Vaya! Están ustedes con el caso de Aum. Imagino que debe de ser muy complicado», pero en realidad no entienden absolutamente nada. Cómo explicárselo. Las personas que trabajan dentro de un orden establecido no quieren entender por mucho que nos esforcemos en hacerlo. Al final de nuestras largas conversaciones suelen hacer preguntas del tipo: «¿Por qué razón se tuvo que meter en esa tontería un doctor tan reputado que se graduó en una universidad de primer nivel?», o «¿Cómo es posible que tal chica se enamorase de un tipo tan feo y barbudo como ese Asahara?». Con eso demuestran su absoluta ignorancia respecto a la gravedad del asunto al que nos enfrentamos. Para ellos no es más que un tema de conversación chistoso.

¿Cree usted que los descuidos de la policía o de la justicia condujeron a los graves daños que provocó el atentado?

Creo que la policía no fue capaz de intuir lo que había tras la aparente ridiculez de Aum. Quiero decir, les parecía todo demasiado disparatado, cómico. No vieron el horror sin límite que se escondía tras esa máscara de payaso. Desde ese punto de vista, la policía no supo ver el enorme ángulo muerto que tenía. Aum encarnó a un tipo de enemigo nuevo sin precedentes en el trabajo policial. Ésa es, al menos, mi opinión.

Actualmente, usted se encarga de dar respuesta a las consultas que llegan a la Asociación de Víctimas del Atentado del metro. ¿Cómo se creó la asociación?

Como ya he mencionado antes, empezamos a trabajar para lograr la liberación del abogado Sakamoto y, en el proceso, se nos ocurrió la idea del número 110, el teléfono de la policía en Japón. Es decir, que

* Fue un grupúsculo de extrema izquierda que participó en actividades terroristas en la década de los setenta. El 19 de febrero de 1972, la policía acorraló durante nueve días a varios de sus miembros en una casa aislada en la prefectura de Nagano, episodio al que se refiere el autor. *(N. de los T.)*

las personas captadas o secuestradas por Aum, o los familiares de éstos, llamasen a la policía para dar a conocer su caso y solicitar ayuda. En principio fue una idea destinada a salvar a los adeptos de la secta y a sus familiares, pero recibimos muchas llamadas de las víctimas del atentado en el metro, por lo que establecimos una nueva línea para ellos. Eso sucedió en el mes de julio. Empezamos con la atención telefónica a las víctimas unos setenta abogados, tanto de Tokio como de Yokohama. Sin embargo, el número de llamadas no hacía más que aumentar, por lo que nos vimos obligados a formar un equipo con dedicación exclusiva. Nos organizamos entre los que habíamos estudiado con Sakamoto, los de la trigésimo novena promoción. Fue una iniciativa de un grupo de abogados jóvenes. Habíamos empezado con todo aquello por un fuerte sentimiento de compañerismo hacia Sakamoto y decidimos continuar después del atentado.

Pero ésa no fue la única razón. Todos nosotros nos sentíamos profundamente avergonzados. Disponíamos de información muy concreta sobre Aum, pero no fuimos capaces de prevenir el atentado... Tendríamos que haber levantado aún más la voz, haberle gritado a la sociedad. Pero no pudimos o no supimos hacerlo. Me incluyo a mí mismo; no tuvimos suficiente coraje. Sinceramente, teníamos miedo.

Intentaron asesinar al autor de manga Yoshinori Kobayashi por atacar con su discurso crítico a Aum. Lo mismo le sucedió a Shoko Egawa.* Salvaron su vida por los pelos. Si nosotros como asociación hubiéramos montado algún tipo de alboroto en enero o en febrero de 1995, diciendo que el sarín del que disponía Aum podía ser peligroso, es muy probable que no hubiera muerto nadie. A pesar de encontrarnos en esa situación, la policía no nos protegió. Por mucho que se lo suplicamos no hicieron nada, ni siquiera nos hicieron caso: «¿Qué dicen ustedes? ¿Los van a matar?». Ése era el tipo de respuestas al que nos enfrentábamos. No se tomaban nada en serio. La señora Egawa sobrevivió de milagro. Como vivía en Yokohama, después del intento de asesinato vigilaron su casa día y noche, pero en el caso de Nagaoka** y Kobayashi, éstos no tuvieron esa misma protección.

En cualquier caso, no fuimos capaces de levantar la voz lo suficiente de una manera eficaz. Por una parte teníamos miedo, pero, por otra

* Yoshinori Kobayashi es autor de manga y un conocido crítico social. Shoko Egawa, periodista, había investigado y publicado mucho sobre Aum. *(N. de los T.)*

** Padre de uno de los adeptos de Aum y responsable de todas las asociaciones que se ocupaban de las personas captadas por la secta. Fue atacado con gas VX por miembros de Aum. *(N. de los T.)*

parte, quizá no le dimos la importancia que realmente tenía. Todos nosotros hemos reflexionado mucho sobre lo ocurrido y el sentimiento de culpa nos mueve a esforzarnos por arreglar las consecuencias de lo que no supimos evitar. No fuimos capaces de extraer las conclusiones oportunas del caso de Sakamoto ni de aprender la lección. «Lo sentimos mucho, Sakamoto»: ésta es la principal motivación que nos empuja a ayudar a las víctimas del atentado.

Línea Marunouchi (destino a Ikebukuro)
Tren B801 / A801 / B901

Para perpetrar el atentado en la línea Marunouchi dirección Ikebukuro se asignaron dos hombres: Masato Yokoyama y Kiyotaka Tonozaki.

Yokoyama nació en 1963 en la prefectura de Kanagawa, al sur de Tokio. Tenía treinta y un años en el momento del atentado. Graduado en física aplicada en el Departamento de Ingeniería de la Universidad de Tokai, entró a trabajar para una empresa de componentes electrónicos y lo dejó tres años más tarde cuando juró votos en Aum. De los cinco autores materiales del atentado, él es, quizás, el que deja una impresión menos duradera. No hay nada relevante en su carácter, su nombre apenas se menciona en los testimonios de otros miembros de la secta. Es muy probable que siempre haya sido una persona callada por naturaleza. Ostentaba el cargo de subsecretario en el ministerio de ciencia y tecnología de Aum, un puesto eminentemente técnico. Junto a Hirose, fue uno de los artífices del plan clandestino para el desarrollo y fabricación de armas automáticas guiadas por luz. De hecho, el día de Año Nuevo de 1995, ambos presentaron a Asahara el modelo de un rifle recién terminado. (Yokoyama se ha negado hasta el día de hoy, enero de 1997, a testificar en el juzgado en relación con los atentados.)

Al igual que él, Tonozaki es un tipo anodino. Nació en 1964 en la prefectura de Aomori, en el lejano norte de la isla de Honshu. Después de terminar el bachillerato, tuvo varios trabajos. Juró votos en 1987. Estaba adscrito al ministerio de construcción de Aum.

De camino a la estación de Shinjuku, Yokoyama le pidió a Tonozaki que detuviera el coche frente a una tienda abierta las veinticuatro horas. Compró un ejemplar del *Nihon Keizai,* un diario económico de tirada nacional. Lo utilizó para envolver los paquetes que contenían el gas sarín. Tonozaki había comprado un periódico deportivo, pero Yokoyama le explicó que sería mejor utilizar uno de información general. Antes de salir del coche, se puso una peluca y unas gafas sin graduar.

Subió al quinto vagón del tren de la línea Marunouchi con destino a Ikebukuro, que salía de Shinjuku a las 7:39. Cuando al aproximarse a la estación de Yotsuya el convoy redujo velocidad, agujereó en repetidas ocasiones los paquetes con el gas sarín que había depositado en el suelo. Lo hizo con la punta afilada de su paraguas. Sin embargo, sólo logró atravesar uno de ellos. El otro quedó intacto. De no haber sido así, el número de víctimas se habría multiplicado.

Se apeó en Yotsuya. Limpió los restos de sarín del paraguas en el baño que había junto a la salida. Montó en el coche en el que le esperaba Tonozaki y huyeron.

A las 8:30 de la mañana el tren llegó a Ikebukuro, el final de la línea. Hizo el cambio de vía para emprender camino en dirección contraria. Es probable que la causa de que no hubiera un mayor número de víctimas en ese momento fuera que el paquete liberó su contenido muy lentamente. En la estación de Ikebukuro bajaron todos los pasajeros. Al ser final de línea, hay un empleado que se encarga de revisar el tren. En caso de encontrar algo sospechoso, tiene la obligación de retirarlo, pero no cumplió con su responsabilidad. Ese hecho se aclara gracias a uno de los testimonios de este libro.

A las 8:32, el tren salió de Ikebukuro en dirección a la estación de Shinjuku. Su número era el A801. Casi de manera inmediata, varios pasajeros comenzaron a sentirse mal. Uno de ellos se apeó tres paradas más tarde, en la estación de Korakuen. Informó de que había un paquete sospechoso a bordo. En la siguiente estación, la de Hongo-sanchome, el personal del metro subió al tren, retiró los paquetes y limpió el vagón a toda prisa. En ese mismo instante, la línea Hibiya a su paso por la estación de Tsukiji estaba sumida en un caos absoluto.

Mientras se evacuaba de la estación a las numerosas víctimas, el tren contaminado de gas continuó hasta la estación de Shinjuku, donde llegó a las 9:09. Desde allí, y eso es lo que resulta más difícil de entender, se lo envío de vuelta a Ikebukuro con el número B901. Eran las 9:13 de la mañana. Catorce minutos después, a las 9:27, se le ordenó parar definitivamente en la estación de Kokkai-gijidomae. Se evacuó a los pasajeros y se dejó el tren fuera de servicio. Había circulado en total una hora y cuarenta minutos desde que Yokoyama liberó el gas.

Esta breve descripción de los hechos puede dar una idea de la confusión que reinaba en el Mando Central de la Autoridad del Metro. A pesar de que se les había informado de la presencia de objetos sospechosos a bordo del tren B801, a pesar de que ya sabían que había heridos, nadie tomó la decisión de dejar el tren fuera de servicio en el momento oportuno. No hubo víctimas mortales, pero doscientas personas sufrieron lesiones de distinta consideración.

21 de marzo de 1995. Conscientes de que los resultados de la exhaustiva investigación policial no tardarían en producirse, Yokoyama e Hirose trataron de escapar. Hisako Ishii les proporcionó un coche y cinco millones de yenes para facilitarles la huida. Durante un tiempo se alojaron en varios hoteles y balnearios de los alrededores de Tokio antes de ser detenidos.

El señor Komada trabajó en uno de los principales bancos de la ciudad hasta que a los cincuenta años lo recolocaron en una agencia inmobiliaria. Al cumplir los cincuenta y tres, la edad estipulada para la prejubilación en la empresa, lo dejó. Al parecer, es una práctica corriente en los bancos cuando los empleados se acercan a la jubilación. En la actualidad dirige una galería de arte de su propiedad. Sin experiencia previa en ese campo, lleva seis años con ella y en ese tiempo ha desarrollado un considerable gusto. Es la viva imagen de un banquero, un hombre serio, trabajador infatigable con una vida sana y familiar. Igual de honesto parece en lo que se ha convertido en su «segunda carrera». Asegura que es paciente por naturaleza. Por desgracia, eso significa que se quedó pacientemente sentado junto a los paquetes de gas sarín a pesar de que empezó a sentirse mal «justo antes de que el tren entrase en la estación». Sufrió lesiones graves, pero, en su opinión, lo que le salvó la vida fue el hecho de estar sentado contra la corriente de aire en relación con el lugar donde habían colocado los paquetes. De no haber sido así, las cosas habrían sido mucho peor para él.

Le gustan los coches y, cuando dispone de tiempo libre, conduce para ir con su mujer a visitar distintos museos.

Tomo la línea Seibu desde Tokorozawa hasta Ikebukuro; después cambio a la línea Marunouchi hasta Ginza, y de allí la línea Hibiya hasta Higashi-ginza. En total, el trayecto me lleva una hora y veinte minutos. Los trenes van siempre llenos, especialmente en la línea Seibu. Desde Ikebukuro hasta Ginza también resulta agotador. Dejo pasar dos o tres trenes hasta que llega el que sale de Ikebukuro. Detesto pelearme por un sitio, por eso me aseguro de colocarme el primero de la cola. Suelo subir por la puerta delantera del segundo vagón.

Como Ikebukuro es el final de la línea, al entrar el tren en el andén descienden todos los pasajeros. Normalmente bajan como mínimo unas veinte personas, pero aquella mañana fueron muchas menos, cinco a lo sumo. No me llamó la atención, porque es algo que sucede de vez en cuando.

Una vez se ha bajado todo el mundo, entran los empleados de la estación para revisar el tren y asegurarse de que nadie se ha olvidado nada. Cuando han terminando de comprobar que todo está en orden, anuncian: «¡Pueden subir!». El encargado de revisar aquel día era un empleado a tiempo parcial, una persona sin la suficiente experiencia. Es terrible. Era joven e iba vestido con una chaqueta. Por las mañanas se ve a muchos estudiantes que trabajan media jornada. Van vestidos con esas chaquetas de la Autoridad del Metro en lugar de llevar el uniforme verde reglamentario. Había un paquete envuelto en papel de periódico en una esquina, junto a uno de los asientos de la parte derecha, justo enfrente de mí. Lo vi con mis propios ojos. «¿Qué será eso?», pensé. Los responsables del metro, sin embargo, dejaron subir a la gente y no se hicieron cargo de aquello. Tenían que haberlo visto a pesar de que nunca han llegado a admitirlo. Si lo hubieran retirado de allí a su debido momento, el número de víctimas habría sido muy inferior. Fue una verdadera lástima.

Pero en el caso de que lo hubieran sacado y tirado a la papelera de la estación, el daño podría haber sido mayor, ya que la gente se amontona allí, como sucedió en la estación de Kodenmacho.

De cualquier modo, el tren arrancó con los paquetes a bordo dos o tres minutos más tarde. Me considero afortunado por no haberme sentado en el lado donde estaban, sino en el contrario. Así quedé fuera del torrente de aire por donde circulaba el gas.

En realidad, lo primero que pensé es que alguien había vomitado y había usado los periódicos para tratar de limpiarlo. Tanto el papel como el suelo a su alrededor estaban empapados. Se mire como se mire, el hecho de que aquel empleado no se hiciera cargo de algo que obviamente tenía que haber visto va contra todo sentido común. El tren se puso en marcha. El olor lo inundó todo. He oído que en teoría el sarín es inodoro, pero no era el caso, se lo aseguro. Olía a una especie de sirope dulce. Llegué a pensar que era perfume, porque no resultaba desagradable. Si hubiera olido mal, todo el mundo se habría asustado. A sirope dulce: así olía.

El tren continuó con su recorrido; Shin-otsuka, Myogadani, Korakuen. Cerca de Myogadani, la mayoría de los viajeros empezaron a toser. Yo también, por supuesto. Todo el mundo se tapaba la nariz y la boca con pañuelos. Era una escena muy extraña, tosiendo juntos al unísono. Creo recordar que muchos pasajeros empezaron a bajarse en

Korakuen. Movidos por un mismo impulso, empezaron a abrir las ventanas: les picaban los ojos, nadie paraba de toser, era una escena terrible... Yo no tenía ni idea de lo que ocurría, todo resultaba muy extraño, pero seguí leyendo el periódico, como de costumbre. Es un hábito muy arraigado.

Cuando el tren se detuvo en la estación de Hongo-sanchome, subieron cinco o seis empleados del metro. Parecía que ya les habían prevenido: «¡Ah, sí, aquí está!». Se llevaron el paquete con las manos, sin ninguna protección. El suelo estaba completamente impregnado de sarín, pero lo único que hicieron fue limpiarlo por encima. Al terminar, el tren reemprendió la marcha. En Ochanomizu volvieron a subir seis empleados. En esa ocasión llevaban fregonas.

Me dio un ataque de tos. Tosía tanto que me resultaba imposible leer el periódico. «Ya queda poco para Ginza», me dije. «Aguanta hasta llegar allí.» Apenas podía mantener los ojos abiertos. En la estación de Awajicho me convencí de que ocurría algo realmente grave, pero me obligué a continuar hasta Ginza. Aguanté porque cerré los ojos. No me dolía la cabeza, no tenía náuseas ni nada por el estilo; aunque me daba la impresión de que iba a perder el conocimiento.

Por fin, el tren llegó a Ginza. Abrí los ojos y descubrí que el vagón estaba completamente a oscuras, como en una sala de cine. Me bajé. Estaba mareado. A pesar de todo, logré subir las escaleras sujetándome al pasamanos, consciente de que podía caerme en cualquier momento. En condiciones normales habría hecho transbordo a la línea Hibiya, pero anunciaron por megafonía que, debido a un accidente, el servicio sufría retrasos. «¡Vaya! Allí sucede lo mismo», pensé. «Sea lo que sea esto, no es sólo cosa mía.»

Quiero que entienda usted una cosa: si hubiera sufrido un dolor insoportable, si hubiera vomitado o perdido la vista de repente, me habría bajado del tren de inmediato, pero no ocurrió nada de eso. El gas me atacó despacio, de manera que no me encontré tan mal hasta que llegué a Ginza. Nunca he padecido ningún tipo de enfermedad grave, tampoco me han hospitalizado. Siempre he gozado de buena salud. Quizá por eso aguanté tanto tiempo.

El tren continuó su recorrido. Tenían que haberlo detenido en Hongo-sanchome, en Ochanomizu como mucho. ¿Cómo es posible que no se dieran cuenta de que algo terrible sucedía después de ver a todos los pasajeros aterrorizados? Media hora antes, cuando me había subido al tren en la estación de Kasumigaseki, ya reinaba un completo caos. Estaban en situación de emergencia y lo sabían; tenían que haber detenido los trenes después de evacuar a los pasajeros. De haber actuado así, el número de víctimas habría sido mucho menor. Fue una grave negligencia, un fallo completo de comunicación interna.

Trepé por las escaleras como pude. Sabía que tenía que salir de allí lo antes posible o, en caso contrario, moriría. Me dominaba un absoluto pavor. Logré alcanzar la salida. Tenía que ir deprisa a un hospital. Pensé ir a pie hasta el de Ginza, adonde iba siempre, pero había una distancia considerable. No quería caminar por la avenida principal y desplomarme en mitad del tumulto. Decidí ir despacio por las calles adyacentes. Daba tumbos como un borracho. Todo estaba oscuro y neblinoso. No dejé de escuchar todo el rato ambulancias, sirenas de bomberos, campanas de aviso. La gente caminaba despavorida. No podía dejar de pensar: «Está pasando algo grave».

Llegué a la oficina y le pedí a uno de mis colegas que viniese conmigo al hospital. «Acompáñeme, por favor», le rogué, «no veo por dónde voy.» En el hospital ya había varias personas con síntomas parecidos a los míos. Le expliqué a la enfermera de la recepción que no podía ver. «De acuerdo, pero esto no es una clínica oftalmológica», fue su respuesta. Aún no habían comprendido la situación. Empezó a llegar más gente en las mismas condiciones. Al poco tiempo, la televisión ofreció todo tipo de detalles sobre los síntomas que padecían las víctimas. En el hospital se percataron al fin de lo que tenían entre manos. Adaptaron los sofás de la zona de recepción para convertirlos en camas improvisadas. Empezaron de inmediato con las transfusiones de sangre. Muy pronto, los faxes se atascaron dada la cantidad de información médica que les llegaba.

Me transfirieron a otro hospital donde estuve ingresado cuatro días. Mis ojos mejoraron poco a poco. Al segundo día ya podía ver con normalidad. Únicamente tenía un dolor insoportable en la frente y en las sienes. No podía dormir. Me despertaba en plena noche y sólo lograba descansar, como mucho, dos o tres horas al día. Llegué a pensar que nunca podría volver a trabajar en condiciones normales y me resigné. Todas las noticias que oía eran malas: dos o tres personas habían muerto, otras tantas habían quedado en estado vegetativo.

Dos días después de que me dieran el alta regresé al trabajo y le aseguro que no estaba en absoluto preparado para empezar de nuevo. Me sentía aletargado, me agotaba con suma facilidad, no era capaz de recordar nada, ni siquiera la rutina diaria. «¿Cómo voy a empezar de nuevo?» Por muy extraña y enervante que fuera la situación, no tenía ninguna prueba fehaciente de que se debiera al gas sarín. Todo aquel asunto seguía poniéndome muy nervioso y me daba miedo ir a cualquier parte en coche. Me preguntaba si sería capaz de conducir de nuevo.

Durante un tiempo me dio pánico viajar en metro, pero no me quedaba más remedio, así que me obligaba a hacerlo. Hoy en día sigue sin gustarme. Después de una experiencia así, el temor que me provoca ir bajo tierra en una caja metálica, la posibilidad de que vuelva a ocurrir algo, resulta agobiante, pero ¿qué otra opción le queda a un trabajador que tiene que desplazarse a su oficina? No hay alternativas.

Antes me enervaba, me enfurecía cuando escuchaba lo que decían los de la banda de Aum, pero ahora no me parecen más que tonterías. ¿Por qué razón tenían que matar indiscriminadamente a gente inocente? ¿Por la simple razón de complacerle a él, a ese Asahara? ¿Qué se supone que debo hacer con toda esta rabia que me consume? Me gustaría que los juzgaran a todos de una vez y que los condenasen lo antes posible para pagar por lo que han hecho.

«Por extraño que parezca, estaba muy tranquila. Sabía que era sarín.»
IKUKO NAKAYAMA (en la treintena)

Me lo dejó clarísimo desde el primer momento: sin nombres, sin direcciones, sin detalles sobre la edad. Quería ocultar en la penumbra cualquier detalle que la pudiera identificar. Es extremadamente cauta con los adeptos de Aum, porque vive muy cerca de un centro de entrenamiento de la secta. Está convencida de que podría tener problemas si llegasen a localizarla.

Debe de andar por la treintena, está casada y no tiene hijos. Nada más terminar la universidad consiguió un trabajo corriente en el que estuvo durante un tiempo. Más tarde lo dejó para ocuparse de su casa, pero recientemente ha realizado una formación que la capacita como profesora de japonés para extranjeros. Le gusta mucho el trabajo, asegura que le resulta estimulante.

De entre todas las víctimas del atentado que entrevisté, ella es una de las pocas que en mitad del caos intuyó que podía tratarse de gas sarín. La mayor parte de la gente se vio arrastrada por la confusión, por la pesadilla en la que se convirtió el ataque sin saber exactamente qué estaba pasando. La señora Nakayama, sin embargo, fue una de las pocas personas que identificó de inmediato los síntomas: «¡Pupilas contraídas! ¡Tiene que ser sarín!». Al hablar con ella me sorprendió su calma, su racionalidad, su cauta perspicacia. Igual de impresionantes resultan su memoria y su capacidad de observación. Sin duda, todas esas virtudes la convierten en una profesora competente.

Se niega a aceptar lo que representa la secta Aum, algo que está en las antípodas de su mundo. «No se trata exactamente de miedo», explica. Sea lo que sea, le llevará un tiempo librarse de ello por completo.

Todo el mundo piensa que la enseñanza del japonés a extranjeros es muy difícil, pero en realidad no lo es tanto. En el curso para formarme como profesora me dijeron que el 60 por ciento se puede explicar de una manera lógica, aunque yo no estoy muy de acuerdo. Gracias a la experiencia del trabajo, aprendí lo que sí se puede hacer y lo que no. Actualmente trabajo tres días por semana. Depende de mis alumnos, pero en total suman unas siete clases. Son todas individuales y la duración es de entre una hora y una hora y media. Los estudiantes son todos empleados en empresas extranjeras que viven en Japón. La empresa para la que trabajo es la que se encarga de determinar el nivel de cada uno y qué clase le corresponde. Suelo ir a la oficina de mis alumnos y, en algunos casos, a su casa.

Cuando ocurrió el atentado en el mes de marzo, yo estaba muy liada en el trabajo. Tenía diez horas de clase repartidas en cuatro o cinco días a la semana. Por eso me vi envuelta en aquello. El alumno al que tenía que dar clase aquella mañana trabajaba en una empresa en Otemachi. Iba hasta allí en la línea Marunouchi. La clase empezaba a las 9 de la mañana. Sí, bastante pronto, pero la mayor parte de mis alumnos prefieren terminar las clases antes de que empiece el trabajo.

Salí de casa sobre las 8. Entré en la estación de Ikebukuro a las 8:32. Llegaría a clase justo a las 9. No tenía más que bajar en Otemachi, subir las escaleras y listo.

La estación de Ikebukuro es la última de la línea Marunouchi. Siempre hay trenes vacíos esperando en los dos andenes. Ya había mucha gente en el que estaba situado a la izquierda. En el de la derecha, sin embargo, la gente hacía cola porque el tren aún no había pasado. Aunque tuviese que esperar llegaría a tiempo. Los trenes entran en la estación a intervalos de dos o tres minutos. Estaba cansada, quería sentarme.

Me subí por la primera puerta del segundo vagón. Había un sitio libre en la fila de asientos de la derecha. El tren arrancó. Iba en dirección a Shin-otsuka. En los trenes japoneses, por la mañana no se oye un ruido, ¿no le parece? No habla nadie. A pesar del silencio reinante aquel día, había mucha gente que tosía. «¡Vaya!», pensé, «parece que todo el mundo está acatarrado.»

El tren avanzó bajo tierra. Dejamos atrás las estaciones de Shin-otsuka, Myogadani, Korakuen... En Myogadani, la salida para el transbordo a Ikebukuro está al final del andén, por eso en la hora punta de un día normal, la gente que va en la parte de delante no suele bajarse. Sin embargo, aquel día se bajó casi todo el mundo. Me extrañó, pero no presté mayor atención.

La gente no dejaba de toser. El interior del vagón estaba demasiado iluminado, o al menos eso me pareció. Era una especie de resplandor amarillo, quizá perla matizado de amarillo. Ya me había desmayado por culpa de la anemia en alguna ocasión y volvía a experimentar esa misma sensación. Uno tiene que vivir aquello para saber qué se siente.

Estaba sofocada. El vagón en el que viajaba era nuevo. Pensé que el olor que lo impregnaba todo tenía algo que ver con los materiales, con los acabados, no sé. Me volví para abrir la ventana. Fui la única persona que lo hizo. Esperé un poco y abrí otra.

Mi sistema respiratorio siempre ha sido delicado; padezco terribles dolores de garganta y toso mucho cuando me resfrío. Quizá por eso soy tan sensible a las cosas sintéticas. Aún estábamos en el mes de marzo, no hacía calor, pero yo no podía soportar el sofoco allí dentro sin abrir las ventanas. No entiendo cómo los demás pasajeros eran capaces de soportar aquel extraño olor. Aunque en realidad no era tan extraño... No era acre, ¿cómo explicarlo? Se trataba más de una sensación, una especie de ahogo. Abrí para ventilar. Debió de ser entre Myogadani y Korakuen. Cuando el tren se detuvo en ambas estaciones, bajó mucha gente. Nadie reaccionó cuando abrí las ventanas, nadie dijo nada, todo el mundo estaba callado.

¿Nadie le preguntó si le ocurría algo, si se encontraba bien? Es probable que los demás pasajeros también sintieran algo extraño en el ambiente.

No hubo respuesta cuando abrí las ventanas, no se produjo ningún tipo de comunicación. Viví en Estados Unidos un año y, créame, si allí hubiera ocurrido algo parecido, se habría organizado un verdadero escándalo, todo el mundo se hubiera puesto a gritar «¿Qué está pasando?». La gente habría hablado entre sí para tratar de descubrir la causa.

La policía me preguntó más adelante si no había cundido el pánico. Repasé la escena de nuevo mentalmente: «No, todo el mundo estaba callado. Nadie dijo una palabra», les expliqué. Los que se bajaron del tren se quedaron en el andén. Tosían sin parar. Pude verlos a través de la ventana.

Después de dejar atrás la estación de Korakuen, me sentía cada vez más sofocada, la intensidad del resplandor amarillo iba en aumento. Pensé que no podría dar mi clase. A pesar de todo, hice cuanto pude por llegar puntual. Decidí que me cambiaría de vagón en cuanto llegase a la estación de Hongo-sanchome. El tren se había quedado prácticamente vacío y había asientos libres por todas partes. Algo insólito de verdad: a esas horas de la mañana suelen ir hasta los topes.

Bajé por la puerta de atrás o por la del medio, no recuerdo bien. No podía soportarlo más. Un hombre que llevaba el uniforme de los empleados del metro y guantes blancos entró en el vagón por la puerta más próxima a donde yo me encontraba; recogió del suelo con las manos un paquete envuelto en papel de periódico y lo sacó del tren. Un compañero suyo esperaba en el andén. Lo metió todo en un cubo de plástico y se lo llevó. Había otros dos o tres empleados que se afanaban de acá para allá. Todo sucedió en el intervalo en el que salí del tren. Aún tengo grababa en la mente la imagen de aquel hombre con los guantes blancos recogiendo papeles de periódico.

El tren estuvo detenido mucho tiempo. Me trasladé dos vagones más atrás. No había prácticamente nadie. Podía contar a los pasajeros con los dedos de una mano. Me sentía fatal, se me contraían las pupilas, tenía la sensación de que sufría convulsiones musculares. No me dolía nada, pero lo seguía viendo todo amarillo.

En Awajicho sólo nos bajamos tres personas: una chica de unos veinte años, un hombre de unos cincuenta y yo. Por extraño que parezca, pensé que se trataba de gas sarín. Tenía las pupilas contraídas. Leo el periódico de arriba abajo todos los días y también veo las noticias en la tele. Sabía lo del incidente de Matsumoto. Fue en esa ocasión cuando leí por primera vez algo sobre pupilas contraídas.

Parece que mantuvo usted la calma todo el tiempo.

Por extraño que parezca, estaba muy tranquila. Sabía que era sarín. Me enfrentaba a una situación completamente desconocida para mí. Pensé que lo mejor que podía hacer era pensar con calma. En el andén éramos tres: la chica joven, el hombre de mediana edad y yo, lo cual es inaudito a esas horas en la línea Marunouchi. La chica se sentó; agachó la cabeza, se tapó la boca con un pañuelo. Parecía aquejada por algún dolor. El hombre no dejaba de repetir que algo no iba bien, caminaba sin descanso arriba y abajo por el andén. Al cabo de un rato se puso a gritar que no veía. (Me enteré más tarde de que una parte de su cuerpo se había quedado paralizada por completo, pero no llegué a verlo.)

«Esto es una insensatez», me dije. «Tenemos que ir a un hospital.» Ayudé a la chica a ponerse en pie como buenamente pude. Los tres nos dirigimos a las oficinas de la estación. El empleado que había allí se quedó de piedra al vernos, no sabía qué hacer. Al final llamó a una ambulancia. El problema era que nadie contestaba en los servicios de emergencia. La situación realmente asustaba. Fue en ese momento cuando me venció el miedo. Todo lo que me había propuesto hasta ese momento se derrumbó.

A partir de entonces, el caos fue total. Habían atacado varios trenes con sarín, lo cual había desatado el pánico. Nuestro tren había ido hasta Ikebukuro y desde allí había vuelto impregnado de gas, por eso hay una cosa que aún no entiendo y me molesta: en la estación de Ikebukuro cierran las puertas del tren para limpiar, inspeccionar y comprobar que nadie ha olvidado nada. Lo hacen antes de mandarlo de vuelta. ¿Cómo es posible que no vieran que había algo raro? Tendrían que haber prestado más atención, tendrían que haber mirado más a fondo.

No había manera de contactar con los servicios de emergencia. Al final, el empleado del metro decidió que lo mejor sería salir de allí por nuestro propio pie. El hospital más cercano estaba sólo a dos o tres minutos. Nos acompañaría otro empleado más joven. Fue un acierto salir del tren cuando lo hicimos. Si hubiésemos continuado hasta Hongo-sanchome, habría resultado catastrófico.

Si no me equivoco, usted estuvo ingresada cinco días en la UCI con un tratamiento especial.

Sí. Cuando me dieron el alta, me tomé varios meses libres en el trabajo. Sufría problemas respiratorios. En mi trabajo tengo que hablar mucho, y eso suponía un verdadero problema. También estaba furiosa, por supuesto. Como ya le he dicho antes, era obvio que Aum estaba involucrado en aquello... Pero si le digo la verdad, más fuerte que la rabia es el deseo de no volver a pensar en todo aquello. Durante el tiempo que estuve hospitalizada quise saber todo lo que había ocurrido, estaba enganchada a las noticias de la tele, pero ahora ya no puedo soportarlo más. Cuando vuelven a hablar del tema, cambio inmediatamente de canal. No quiero ver más imágenes del atentado. Se debe a la rabia que siento, por consideración hacia quienes murieron, hacia quienes aún sufren. Todavía hoy, cuando me topo con alguna noticia sobre los atentados, siento que algo me oprime el pecho. Sólo deseo que jamás vuelva a suceder algo parecido.

Cuantas más noticias escuchaba sobre Aum, cuantas más cosas descubría sobre ellos, más cuenta me daba de que no merecía la pena prestarles un minuto de atención. Al menos ya he conseguido dominar mi rabia y dejar de gritarle a la pantalla del televisor. Esa gente tiene una moral distinta por completo a la nuestra, piensa de otra manera, creen ciegamente en lo que hicieron. No saben qué es la tolerancia, no viven en este mundo, son de otra dimensión... Lo pienso y no soy capaz de contener la furia. Obviamente, mi mayor deseo es que los juzguen, que los condenen por lo que hicieron.

Lo que más detesto es que me pregunten si padezco efectos secundarios. Sigo adelante con mi vida, convencida de que estoy bien, me aseguran que desde el punto de vista médico no hay nada reseñable, pero es la primera vez que ha sucedido una cosa así y no creo que puedan estar completamente seguros de eso. Lo cierto es que no soporto que me lo pregunten y es probable que el disgusto que me provoca esa pregunta ya sea por sí mismo algún tipo de efecto secundario.

En alguna parte dentro de mí hay algo que desea borrar lo que pasó. Eliminarlo, traspasarlo a otra dimensión para dejarlo allí escondido. Quisiera hacerlo desaparecer de la faz de la tierra... Si únicamente hubiera transcurrido medio año desde el atentado, es probable que hubiese rechazado conceder esta entrevista, pero ahora es distinto. Al pensar de nuevo en todo aquello me doy cuenta de que no he vuelto a utilizar esa línea de metro. Hongo-sanchome es uno de mis lugares favoritos en Tokio, pero no he vuelto por allí. No es que me asuste hacerlo, es sólo que me supone un verdadero problema.

«Lo primero que me vino a la cabeza
al oír "gas venenoso" fue que se trataba
de cianuro o sarín.»
DOCTOR TORU SAITO (nacido en 1948)

El doctor Saito ha trabajado en el servicio de urgencias del Hospital Universitario Omori, en Toho, durante veinte años. El centro cuenta con una plantilla de profesionales que sabe perfectamente cómo actuar en casos de vida o muerte y tomar decisiones críticas en fracciones de segundo. De hecho, la mayor parte de las veces ni siquiera tienen tiempo de consultar entre sí qué deben hacer. Ahí es donde desempeña un papel fundamental la experiencia y la intuición del doctor Saito. Su amplio conocimiento sobre distintos casos y síntomas resulta casi enciclopédico.

Con semejante experiencia a sus espaldas, ha adquirido una forma de hablar clara y concisa, muy fidedigna. Observar cómo trabaja es impresionante: cada día tiene que afrontar una dura responsabilidad, sin un solo momento para relajarse y templar los nervios. Le estoy muy agradecido por buscar un hueco en su apretada agenda para atenderme.

El doctor se hace cargo de un paciente grave, el señor Hiroshige Sugasaki, cuyo testimonio aparece más adelante. Creo que es una buena idea leer ambos testimonios juntos.

Soy especialista del sistema circulatorio y trabajo en la sala número dos del departamento de medicina interna. Mi trabajo se desarrolla principalmente en urgencias, en todo lo relacionado con válvulas arteriales y disfunciones cardiacas. En las urgencias de este hospital se ha reunido a un equipo de médicos veteranos que provienen de distintos departamentos. Todos tenemos entre cinco y quince años de experiencia en esa área. En total seremos unos veinte. Trabajamos en turnos de veinticuatro horas.

El día anterior al atentado yo estaba como supervisor jefe del hospital. Es un turno de veinticuatro horas, de nueve de la mañana a nueve del día siguiente, así que entré el domingo y salí el lunes. En esos turnos suelo pasar consulta durante el día a los pacientes de planta.

Aquel lunes por la mañana me encontraba en la sala de médicos. Veía la tele mientras desayunaba una ración de *ramen* instantáneos, ya sabe, esos fideos deshidratados a los que se añade agua caliente y listo. Empezaron a dar las primeras informaciones sobre las 8:15: «Gas venenoso en Kasumigaseki. Numerosos heridos graves». «¿Qué sucede?», me pregunté. Lo primero que me vino a la cabeza al oír «gas venenoso» fue que se trataba de cianuro o sarín.

Es decir, ¿no se le ocurrió en ningún momento que podría ser gas natural o algo parecido?

Es muy improbable que se produzca un escape de esas características en una estación de metro. Desde el primer momento intuí que se trataba de un acto criminal. No hacía mucho habían atribuido la autoría del incidente Matsumoto a los de Aum. Se me encendió una luz casi de inmediato: «Gas venenoso, acto criminal, Aum... Tiene que ser sarín o cianuro».

Era muy probable que empezasen a llegar víctimas al hospital. Pensé que lo mejor sería estar preparados para afrontar una emergencia de esas características. Siempre tengo a mano un kit para casos de envenenamiento con cianuro. Para el sarín, sin embargo, hay dos tratamientos, la atropina y el 2-Pam. Ya habíamos utilizado los dos anteriormente.

Se lo digo honestamente, antes del incidente Matsumoto no sabíamos nada sobre el sarín. No habíamos investigado ese tipo de armas químicas de uso militar, en general prohibidas, porque no hace falta. Sin embargo, los síntomas que presentaban las víctimas del atentado nos llevaron a pensar que se trataba de algo relacionado con los fosfatos.

Los fosfatos se usan desde hace mucho tiempo para la fabricación de fertilizantes y pesticidas y a veces la gente los usa para suicidarse. En veinte años habré tratado unos diez casos por envenenamiento con fosfatos. Para que todo el mundo lo entienda: el sarín es un fosfato en su forma gaseosa.

Es decir, si alguien ingiere un fertilizante a base de organofosfatos o gas sarín, sufre el mismo descenso en su nivel de colinesterasa. Y a su vez se le contraerán las pupilas.

Exactamente, los mismos síntomas. A día de hoy, sin embargo, todos esos productos químicos para la agricultura se encuentran en su forma líquida, no suelen evaporarse. Por eso los podemos pulverizar en las rosas, etcétera. Como en última instancia el sarín es un organofosfato gaseoso, los médicos de los servicios de urgencias sabemos que ese tipo de envenenamiento se trata de igual manera que los otros. Lo descubrimos gracias al incidente Matsumoto.

La atropina se usa en cuadros en los que el pulso es muy bajo o lento. Es un tratamiento preliminar a los anestésicos, por lo que se utiliza en la mayor parte de los hospitales, tanto en casos de urgencia como en pacientes ingresados en sala. El 2-Pam, sin embargo, es un antídoto especializado para organofosfatos. La farmacia del hospital sólo tiene la obligación de almacenar una pequeña cantidad.

Cuando la televisión comenzó a pasar imágenes del atentado, empezaron a discutir si se trataba de sarín o de cianuro. Yo ya había pedido a algunos de los médicos residentes que estaban de servicio que estudiaran algo sobre el sarín. En mis clases de toxicología en la universidad habíamos analizado el incidente Matsumoto. Había utilizado una grabación de las noticias de unos diez minutos de duración. Les pedí que se fijasen en aquello atentamente. De esa manera pudieron ver con claridad lo que trataba de explicarles. «Ahora ya entendéis lo que sucede con el sarín. Éstos son los kits de emergencia.» Estábamos preparados. Sólo quedaba esperar a que llegasen las víctimas.

Sobre las 9:30 de la mañana, la televisión informó de que los bomberos de Tokio habían detectado acetonitrilo. Disponen de un vehículo especial para detección in situ de agentes químicos. Habían encontrado acetonitrilo, es decir, un compuesto de hidrocianuro, cianuro para entendernos.

Nos llamaron por la línea de emergencia: «Estén listos para hacerse cargo de las víctimas del metro». Dispusimos los kits de envenenamiento y esperamos en urgencias. A las 10:45 trajeron al primer paciente. Tenía las pupilas contraídas, estaba en coma. Reaccionaba si le pellizcábamos, pero no había respuesta de otro modo. Si se trataba de cianuro, tenía que padecer lo que se conoce como acidosis, acidez en la sangre. La acidosis indica presencia de cianuro, pero las pupilas contraídas indican presencia de sarín. Ése era el punto crítico que debíamos diferenciar.

Los análisis de sangre no mostraron acidosis. No había ninguna traza. Todos los síntomas eran de envenenamiento por sarín. Todo el mundo estuvo de acuerdo: «Doctor, tiene que ser sarín», me dijeron mis compañeros. «Sí, eso parece, pero las noticias dicen que se trata de acetonitrilo. Probemos con la mitad del kit de cianuro para estar seguros.»

Media hora más tarde, aproximadamente, el paciente recobró poco a poco la conciencia. Eso nos llevó a pensar que el kit de cianuro había funcionado. Su estado general había mejorado notablemente después de la inyección que le pusimos, aunque no entendíamos realmente por qué. Supuse que los autores del crimen habían mezclado acetonitrilo con sarín para ralentizar la evaporación y así tener tiempo de escapar. El sarín puro se habría evaporado mucho más rápido y, con toda seguridad, los habría matado también a ellos.

Alrededor de las 11 de la mañana, la policía confirmó que se trataba de sarín. Me enteré por la televisión. Nadie se puso en contacto con nosotros. Nadie nos dijo una sola palabra. Toda la información que recibíamos venía de la televisión, pero todas las víctimas mostraban ya síntomas inequívocos de envenenamiento por sarín, por lo que habíamos empezado a usar atropina.

Recibimos una llamada del departamento médico de la Universidad de Shinshu. Era el doctor que había tratado a los pacientes del incidente Matsumoto. Había llamado a todos los servicios de urgencias de los hospitales de Tokio para ofrecerse a enviar por fax los datos que tenía en su poder sobre el tratamiento por envenenamiento con sarín. «Envíelo, por favor», le dije. Un instante después el fax lo escupió todo.

Al estudiar sus informes, nos dimos cuenta de que lo más difícil iba a ser distinguir entre pacientes que requerían hospitalización y pacientes que no. Sin la experiencia directa, carecíamos de una base práctica para llegar a conclusiones definitivas. De acuerdo con los informes, no había necesidad de ingresar a aquellos con pupilas contraídas que aún podían hablar y caminar. Las personas con un nivel de colinesterasa normal no requerían tratamiento inmediato. Toda aquella información fue de gran ayuda. Sin ella, habríamos topado con un verdadero problema si hubiéramos tenido que hacernos cargo de toda la gente que nos trajeron.

¿Podría explicar brevemente qué es la colinesterasa?
Si quieres mover un músculo, las terminaciones nerviosas envían una señal a las células con una sustancia química, la acetilcolina. Es, por así decirlo, la mensajera. Al recibir el mensaje, los músculos se mueven, se contraen. Después de contraerse, la encima de la colinesterasa neutraliza el mensaje enviado por la acetilcolina, lo que prepara a los músculos para la siguiente acción. Así una y otra vez.

Sin embargo, cuando desaparece la colinesterasa, el mensaje de la acetilcolina continúa activo y el músculo contraído. Los músculos trabajan a base de repetir contracciones y expansiones, de tal manera que cuando se quedan contraídos nos paralizamos. Si se produce en los ojos, eso se traduce en pupilas contraídas.

Los informes del incidente Matsumoto nos mostraron que un nivel de colinesterasa de doscientos o inferior significa que el paciente requiere hospitalización. Normalmente, esos pacientes se recuperan en unos días y se les puede dar el alta sin más. A menos que el nivel de colinesterasa sea muy bajo, no se llega al extremo de sufrir parálisis. Entre los pacientes externos, había algunos cuyos niveles descendían. A pesar de todo, parecían encontrarse bien. La contracción de las pupilas persiste durante tres o cuatro meses, pero no afecta a la respiración.

La mayoría de los pacientes graves recuperaron la conciencia en el transcurso del día. No pudimos salvar a los que habían sufrido parada cardiorrespiratoria antes de ingresar. Si les hubiésemos desfibrilado nada más llegar, habríamos sido capaces de reiniciar el ritmo cardiaco, pero al precio de convertirlos en «vegetales».

¿Recibieron algún tipo de información por parte de los bomberos o la policía? Ante lo inusual de esos síntomas, imagino que habrá pensado en la necesidad de publicar una guía médica consensuada y única de la que pueda disponer todo el mundo lo más rápido posible.

No recibimos información de ninguno de los organismos que menciona y nada de eso sucedió después del atentado. La Oficina de Salud Pública de Tokio publicó un boletín aquella madrugada *(abre un archivo y lee):* «Apreciamos sinceramente los esfuerzos realizados para tratar a las víctimas en el atentado de esta mañana. Hemos obtenido cierta información relacionada con el gas sarín. El sarín es..., etcétera, etcétera». Cuando llegó, ya nos habíamos hecho con la situación. La única persona que contactó de manera inmediata con nosotros para ofrecernos toda la información necesaria fue el doctor a cargo del departamento médico de la Universidad de Shinshu. Eso sí fue una ayuda real y práctica.

Es decir, parece que cada hospital, cada equipo médico hubiera dicho: «Que cada uno se las arregle como pueda».

Bueno, sí. En efecto. El conocimiento sobre el sarín era inadecuado. Por ejemplo, en uno de los hospitales, tanto médicos como enfermeras a cargo de las víctimas empezaron a marearse. Tenían la ropa impregnada de gas. Fueron víctimas secundarias.

Línea Hibiya (procedente de Naka-meguro)
Tren B711T

El equipo formado por Toru Toyoda y Katsuya Takahashi colocó los paquetes con gas sarín en el tren de la línea Hibiya dirección norte, procedente de Naka-meguro y destino a Tobu-dobutsu-koen, el parque zoológico de Tobu. Toyoda fue el autor material del atentado; Takahashi, el conductor.

Toyoda nació en 1968 en la prefectura de Hyogo, cerca de la ciudad de Kobe. Tenía veintisiete años en el momento del atentado. Era uno más de los numerosos miembros de la llamada «superélite» formada en diversas ramas científicas y convertida al culto de Aum. Estudió física aplicada en la Facultad de Ciencias de la Universidad de Tokio, donde se graduó con honores. Continuó sus estudios de posgrado en un prestigioso laboratorio y, antes de concluir su doctorado, lo dejó todo para jurar votos.

En la jerarquía de la secta, Toyoda estaba adscrito a la brigada química dependiente del ministerio de ciencia y tecnología.

Durante el juicio que se siguió contra él se le pudo ver en el banquillo de los acusados con el pelo cortado a cepillo, vestido con una camiseta blanca y una chaqueta negra. Sus pómulos marcados acentuaban los rasgos de su cara delgada y con su mirada fulminaba a todos los presentes. Era el gesto severo de un estudiante joven, serio, desafiante, vivo reflejo de un entregado «buscador de la verdad». Un tipo de persona que no descansa nunca una vez se ha fijado un objetivo, que le gusta llevar las cosas hasta sus últimas consecuencias. Aunque también podría ser una de esas personas capaces de entregar su vida a una causa. Daba la impresión de ser agudo e inteligente, pero en apariencia sólo estaba interesado en objetivos claros y cuantificables.

Practicante durante muchos años del kick boxing Shaolin, mantenía la espalda completamente derecha, la barbilla gacha, la cara al frente, los ojos siempre entornados, como si durante todo el juicio no se hubiera dedicado a otra cosa más que a meditar el proceso. No se inmutó ni un solo momento. Sólo abría los ojos cuando se producía en

167

la sala algún movimiento poco habitual y ni siquiera entonces su mirada llegaba a cruzarse con la de nadie. Con su porte parecía demostrar que se sometía a la más estricta de las disciplinas, que en realidad no había dejado de practicarla en ningún momento.

El contraste no podía ser más notorio entre Toyoda y el ufano y malcriado Kenichi Hirose, sentado junto a él. No había forma de saber qué pensaba o sentía Toyoda. Parecía capaz de bloquear cualquier titubeo o emoción gracias a su enorme fuerza de voluntad.

El 18 de marzo, Toyoda recibió órdenes de su superior en el ministerio de ciencia y tecnología, Hideo Murai, de perpetrar el atentado. Hasta ese momento había trabajado en el programa de desarrollo de armas de luz y ya tenía las manos manchadas a causa de varias actividades ilegales. A pesar de sus antecedentes, el plan de atacar el metro de Tokio con gas sarín le pilló por sorpresa. Dado su profundo conocimiento de química, gracias también a su participación en la fabricación del sarín en Satyam número 7 (uno de los refugios de Aum), podía imaginar las trágicas consecuencias del plan. Se dio cuenta de que lo único que querían de él era que participase en una matanza indiscriminada.

Como es natural, a Toyoda le angustiaron las posibles consecuencias del atentado. Para una persona corriente con sentimientos corrientes, sólo imaginar algo tan abominable resultaría insoportable, pero Toyoda no podía contradecir una orden emanada directamente de su maestro. Se sentía como si estuviera en un coche a una velocidad de vértigo a punto de precipitarse a un abismo. Carecía del coraje y del juicio necesarios para rechazar o evitar la destrucción que se avecinaba. Lo único que podía hacer, y eso es exactamente lo mismo que hizo Hirose, era aferrarse con todas sus fuerzas a las «enseñanzas» para, de esa manera, disipar todas sus dudas. En suma, anular sus sentimientos. En lugar de saltar de un coche en marcha por voluntad propia y afrontar las consecuencias, le resultó mucho más fácil obedecer. Toyoda templó sus nervios. Una vez decidido, las cosas se desarrollaron sin impedimentos.

Dejó el *ajid* de Aum en Shibuya a las 6:30 de la mañana. Se subió al coche que conducía Takahashi y se dirigió a la estación de Naka-meguro para tomar la línea Hibiya. De camino, compró un ejemplar del diario *Hochi-Shimbun* y lo utilizó para envolver los paquetes que contenían el gas sarín.

Le habían asignado el tren B771T con salida a las 7:59 en dirección a Tobu-dobutsu-koen. Se subió al primer vagón y se sentó en el asiento más próximo a la puerta. Como todos los días a esa hora de la mañana, el tren iba lleno de pasajeros que se dirigían al trabajo. Es probable que para todas las personas que estaban en el tren aquella mañana del 20 de marzo de 1995, aquél no fuera más que otro día cualquiera en sus vidas. Toyoda colocó la mochila a sus pies; sacó con naturalidad los paquetes de gas sarín envueltos en papel de periódico y los dejó en el suelo. En total, no estuvo en el tren más de dos minutos. Cuando el convoy se detuvo en Ebisu, la siguiente estación, perforó los paquetes varias veces con la punta del paraguas sin vacilar, se levantó y salió. Se apresuró hacia la salida donde le esperaba Takahashi en el coche. Todo salió de acuerdo con el plan, como si trazara una línea recta sobre un papel en blanco.

De regreso al *ajid* de Shibuya, Takahashi empezó a mostrar síntomas de envenenamiento por sarín. Fue el único error de cálculo en la operación. El líquido que impregnó la punta del paraguas y la ropa de Toyoda empezaba a hacer efecto. Por fortuna para él, Shibuya no estaba lejos y el daño no fue grave.

La punta de su paraguas perforó los paquetes de plástico y derramó novecientos mililitros de gas en el suelo. Cuando el tren llegó a Roppongi, dos estaciones más tarde, los pasajeros del primer vagón comenzaron a sentirse «raros». Poco antes de llegar a la siguiente estación, la de Kamiyacho, cundió el pánico. La gente se afanaba por abrir las ventanas del vagón, pero eso no fue suficiente para evitar los graves daños causados por el gas. Muchos pasajeros se derrumbaron en el andén de la estación de Kamiyacho. Tuvieron que llevarlos en ambulancia al hospital. Milagrosamente sólo murió una persona, si bien quinientas treinta y dos resultaron heridas de distinta consideración. El tren B711T continuó su trayecto hasta Kasumigaseki con el primer vagón vacío. Allí evacuaron al resto de los pasajeros y el tren quedó fuera de servicio.*

* El juicio que se seguía contra Toru Toyoda no había concluido cuando se publicó el libro. La acusación pidió para él la pena de muerte. Era diciembre de 1999. Katsuya Takahashi continúa en paradero desconocido y es objeto de una investigación especial por parte de la policía. *(N. de los T.)*

«¿Y si no llegas a ver la cara de tu nieto?»
HIROSHIGE SUGAZAKI (58)

El señor Sugazaki es director ejecutivo de Corporación de Gestión de Edificios Myojo, una empresa subsidiaria de Seguros de Vida Meiji. Es el típico hombre de Kyushu, la más occidental de las islas principales de Japón, famosos por su ambición, por su franqueza y tenacidad. El señor Sugazaki siente un rechazo innato por cualquier actitud que considere deshonesta. Reconoce que siempre ha tenido mucho genio, lo cual explica, quizá, por qué tuvieron que cambiarlo de colegio en cinco ocasiones. Su padre era productor de sake y él, por alguna razón, apenas bebe.

No es muy alto, pero sí recio, delgado, con una postura asertiva y una voz que transmite confianza. Tiene una memoria asombrosa. El policía que le tomó declaración escribió ingenuamente en su informe: «Debe quedar algún cabo suelto a pesar de que alguien lo recuerde todo de una manera tan vívida». En su casa es el señor absoluto; un padre estricto que ha mantenido a raya a sus tres hijas, hasta el extremo de que nunca le han llevado la contraria. Es obvio que ya no quedan muchos hombres como él.

No pretendo dar la impresión de que es una persona inflexible. También tiene su faceta relajada: «Hace tiempo», asegura, «nunca hacía ninguna tontería, pero últimamente me he relajado. En la oficina procuro no asumir demasiadas responsabilidades. Más bien trato de reducir al mínimo mi trabajo y pasar inadvertido como si fuera una linterna encendida a plena luz del día».

El día del atentado lo ingresaron de urgencia en el hospital. Su corazón y sus pulmones habían dejado de funcionar. Tanto los médicos como su familia se resignaron a lo peor, pero, después de tres días en coma, volvió milagrosamente a la vida. La suya fue una auténtica lucha a vida o muerte.

Su hija pequeña viajaba en el mismo tren por pura casualidad, pero al estar en otro vagón no resultó herida.

Mi casa se halla cerca de la estación X, de la línea Toyoko. Nos mudamos el 37 de Showa (1962), hace ya más de treinta años. En realidad es una casa que construyó mi padre cuando me casé. Durante

171

los nueve años que estuve estudiando me las arreglaba para engañar a mi padre para que me diera dinero. «En fin, no me queda más remedio. Yo hacía lo mismo que tú», decía resignado. Nos mudamos allí un año después de casarnos.

Me despierto a las 6:30 de la mañana, desayuno algo y salgo de casa a eso de las 7:05. Tomo la línea Toyoko hacia Naka-meguro, lo cual supone unos treinta minutos de trayecto. No suele haber mucha gente, aunque es difícil encontrar un sitio libre. Si por casualidad pasa un servicio exprés, de esos que sólo paran en algunas estaciones, me cambio. Soy un hombre impaciente. A veces, cuando llego al andén de la línea Hibiya, dejo pasar un tren para encontrar asiento libre en el siguiente. Si por casualidad lo encuentro, leo algo, aunque no he leído mucho desde el atentado... Me gustan los libros de historia. En aquella época estaba leyendo la obra de Akira Yoshimura sobre el avión de caza Zero. De joven soñaba con volar y aún me interesan los aviones. Devoraba una página tras otra, la lectura era fascinante, por eso no me di cuenta de cuándo llegamos a Naka-meguro.

En el andén de la línea Hibiya esperábamos en filas de a tres. Normalmente me pongo el primero de la tercera cola, pero estaba tan inmerso en la lectura del libro que acabé mucho más lejos, el sexto, lo que significa que resulta mucho más difícil sentarse. Tan pronto como se abrió la puerta del vagón, me dirigí hacia al lado derecho para ocupar un sitio libre. Una mujer se acopló como pudo en el hueco que quedaba en el asiento para tres, así que estábamos bastante apretados. «De acuerdo», pensé, «lo mejor es que saque el libro.» La gente se forma una idea falsa si empiezas a moverte más tarde. Extraje el libro y continué con la lectura. Me quedaban entre diez y veinte páginas para acabar y quería hacerlo antes de llegar a mi destino. No fui capaz de concentrarme en el libro más de dos o tres minutos, antes de llegar a la estación de Ebisu.

En la de Hiro-o, me fijé en el hombre que viajaba sentado a mi izquierda. Llevaba un abrigo de cuero. Seguía enfrascado en la lectura, pero empecé a ponerme nervioso. El cuero tiene un olor extraño, ¿no le parece? Parece desinfectante o antipolillas. Me dio la impresión de que el hombre apestaba y le miré directamente a los ojos. Él me devolvió la mirada como si me preguntase: «¿Tiene usted algún problema?».

Realmente apestaba. Seguí mirándole. Él ya no parecía interesado en mí. Se fijó en algo que había a mis espaldas. Me volví y vi algo del tamaño de una agenda tirado en el suelo junto a los pies de la persona sentada a mi derecha. En realidad era un paquete de plástico. En las noticias dijeron que los paquetes estaban envueltos en papel de periódico, pero yo vi plástico y un líquido que salía de su interior. «¡Vaya! Así que eso es lo que apesta», pensé sin moverme del sitio. La persona sentada a mi derecha se levantó para salir. Debió de ser entre Hiro-o y Roppongi cuando me di cuenta.

Poco tiempo después, todo el mundo empezó a quejarse de que olía mal. Empezaron a abrir las ventanas y en un instante estaban todas abiertas. Recuerdo que hacía frío. Me pregunté si no sería mejor soportar un poco de mal olor. Una mujer mayor se sentó a mi lado. Tenía aquella cosa justo debajo de ella. Se levantó para cambiarse al asiento de enfrente y al hacerlo caminó sobre el gas derramado en el suelo.

No quedaba nadie en la parte de atrás del vagón, todos se habían movido hacia delante. Se quejaban sin parar: «¡Apesta, apesta!». Aquello sucedió cuando el tren entraba en Roppongi. Para entonces la cabeza me daba vueltas. Por megafonía anunciaron la estación. Me sentía muy débil. Los síntomas era los mismos que los de otras víctimas: náuseas, problemas de visión, sudores. En cualquier caso, no llegué a relacionar lo que me pasaba con el olor. Estaba convencido de que se trataba de una hipoglucemia. Tengo muchos parientes médicos y por eso estoy familiarizado con el olor del alcohol y el cresol. Pensé que había subido al vagón algún médico o alguna enfermera y que se les había derramado por descuido aquel producto. Me preguntaba por qué no se tomaba alguien la molestia de recogerlo. Empezaba a estar enfadado. Sinceramente le digo que nuestro comportamiento y nuestra moral se han relajado mucho en los últimos tiempos. De haberme encontrado en mejores condiciones, yo mismo lo habría sacado al andén.

No. No pensé en cambiar de sitio. Estoy acostumbrado a ese tipo de olores y no me desagradaba. No entendía por qué todo el mundo se había alborotado tanto. Hacía frío. «¿Por qué no cierran las ventanas?», me pregunté. Por otra parte, me sentía muy fatigado.

Después de Roppongi, cuando el tren disminuyó la velocidad, supe que algo iba mal. Estaba tan débil que decidí bajarme en Kamiyacho para descansar un rato; dejaría pasar dos o tres trenes para continuar más tarde. Traté de levantarme pero fui incapaz. No me respondían las piernas. Me agarré del pasamanos y tiré con todas mis fuerzas para incorporarme. Fui de agarradera en agarradera hasta alcanzar la puerta. Finalmente, logré abandonar el vagón. Me preparé para salir y apoyarme en la pared del andén. Recuerdo que pensé: «Si no consigo apoyarme, me caeré y me haré daño en la cabeza». Después perdí el conocimiento.

En realidad no llegué a salir del tren. Nada más agarrarme al pasamanos metálico que había junto a la puerta, me caí al suelo. En lugar de apoyarme en la pared de la estación, me derrumbé en el suelo del vagón. Estaba frío. Publicaron una foto mía en los periódicos y gracias a eso pude ver lo que me había pasado. También me filmaron, salí en la tele. Estuve allí tirado al menos media hora, tranquilo y despatarrado. *(Risas.)* Al cabo de un rato me sacó el personal de la estación. Se puede ver todo en el vídeo del que le hablo.

Recuperé la conciencia durante unos segundos el mediodía de ese 20 de marzo en el Hospital Omori, de la Universidad de Toho. Luego volví a quedarme inconsciente. Cuando finalmente volví en mí, me dijeron que ya estaba lo bastante bien para dejar la unidad de cuidados intensivos. Fue el 23 de marzo. Yo estaba convencido de que era justo el día después del ataque (el 21 de marzo). No tenía conciencia de nada. No tenerla, le aseguro, era como hallarme en el paraíso: la auténtica nada.

Jamás había vivido una experiencia cercana a la muerte ni nada parecido a aquello. Tan sólo escuchaba el ligero rumor de unas voces que me llegaban de lo lejos, como las de los chicos cuando juegan al béisbol en un parque cercano, algo así, pero más amortiguado e indefinido, interrumpido de vez en cuando por el murmullo del viento...

Una de mis hijas estaba embarazada de cuatro meses, si no recuerdo mal. Yo estaba muy inquieto: Iba a nacer mi primer nieto. Tengo entendido que fue a verme y me preguntó: «¿Y si no llegas a ver la cara de tu nieto?». Hasta entonces no había reaccionado a ningún estímulo, a nada de lo que nadie me había dicho, pero cuando la oí a ella, recuperé la conciencia. Pasó mucho tiempo a mi lado. Me decía: «¡Aguanta, papá! ¡No te rindas!». Yo sólo oía un lejano rumor, sin embargo, su pregunta me tocó de lleno. Mi nieto nació en septiembre. Gracias a él regresé a la vida.

Estuve tres días inconsciente. Después, mi memoria no funcionaba demasiado bien. Si alguien me decía algo, media hora más tarde se me borraba de la cabeza. Creo que es una de las consecuencias del envenenamiento con gas sarín. El presidente de la compañía vino a visitarme en varias ocasiones, pero no lo recuerdo, ni tampoco sé de qué hablamos. Espero no haberle desairado. Me dijeron que estuvo unas diez veces. Yo no recuerdo ni una sola.

Ocho días después del atentado recuperé la memoria. Fue más o menos entonces cuando empecé a ingerir comida de verdad. No tenía síntomas físicos, no me dolían los ojos ni la cabeza, no tenía dolores ni picores. No me di cuenta de que me ocurría algo extraño en la vista.

Quizá no debería confesar esto, pero todas las enfermeras eran preciosas. Incluso se lo dije a mi mujer: «La enfermera tal es muy guapa. Dicen que las mujeres guapas son frías, pero ella es muy amable conmigo». Cuando recuperé la conciencia, estaba convencido de que todas las personas de este mundo se habían hecho muy hermosas. *(Risas.)*

A pesar de todo, las noches en el hospital fueron aterradoras. Tumbado en la cama, rozaba a veces su estructura metálica y sentía como si una mano fría estuviera a punto de arrastrarme hacia la oscuridad. De día siempre me acompañaba alguien, pero, a la hora de dormir, rozaba por descuido el metal de la cama y me invadía la impresión de que alguien tiraba de mí hacia abajo. Si estaba más despierto de lo normal, mi cabeza funcionaba bien y el temor empeoraba. No lo atribuía a ningún tipo de alucinación, tenía el convencimiento de que en la habitación había un muerto que me susurraba: «¡Ven conmigo! Por aquí, por aquí...». Estaba muerto de miedo, pero no se lo podía decir a nadie. Soy el cabeza de familia, no puedo admitir que tengo miedo. *(Risas.)*

Quería dejar el hospital lo antes posible. Si no era capaz de terminarme la comida que me daban, le pedía a mi mujer que la tirara disimuladamente para que pensaran que ya estaba recuperado. Al final forcé un poco la situación y logré que me dieran el alta en once días. Se suponía que debía haber estado ingresado al menos quince.

De vuelta en casa me pasó lo mismo. Pisaba el tatami, tocaba algo frío y reaparecía el miedo. Me sucedía incluso en la bañera. No me podía bañar solo, tenía demasiado miedo. Mi mujer era la que se encargaba de frotarme la espalda. «Quédate conmigo hasta que salga», le decía. «No quiero estar aquí solo.» *(Risas.)*

Ese miedo a tocar algo frío me duró todo el mes de abril y finalmente desapareció en mayo. Al caminar me mareaba, pero, por fortuna, también eso se terminó al cabo del tiempo. Podía leer sin mayores dificultades el periódico o un libro. Por el contrario, si se trataba de buscar algo en el diccionario, me enervaba. No soportaba tener que buscar las palabras por orden. Creo que ya lo he superado.

A muchas víctimas aún les da miedo volver a subirse al metro. Al principio a mí también. En la empresa pensaron que me pasaría y me dijeron que, en lugar de eso, utilizase el *shinkansen*, el tren bala. Se ofrecieron a pagarme un abono, pero lo rechacé. No quería un trato especial, tampoco quería huir y no enfrentarme a la realidad. Volví al trabajo el 10 de mayo. Desde el primer día tomé el mismo tren de la línea Hibiya, el de las 7:15 de la mañana, el que había sido objeto del atentado. Me aseguré incluso de subirme en el mismo vagón, de sentarme en el mismo sitio. Cuando el tren pasó por Kamiyacho, levanté la vista. «Aquí es donde sucedió», me dije. En un primer momento me sentí intranquilo, pero al verme obligado a pasar por aquello, mi ánimo se recuperó. Todas mis inquietudes desaparecieron.

Los que murieron como consecuencia de la inhalación del gas no tenían ni idea de que iban a morir. Ni siquiera tuvieron la oportunidad de pensar en sus mujeres o en sus hijos. Nadie podía imaginar que sucedería algo así. No había forma de saberlo. Lo que quiero decir es: ¿por qué demonios sacrificaron a aquella gente inocente?

Me gustaría que condenasen a la pena máxima a todos los que fueron capaces de cometer algo así. Lo digo por las once personas que murieron, lo hago porque yo sobreviví. ¿Qué iban a ganar con la muerte de gente inocente? Nada. «Yo no sabía nada de eso. Lo hicieron mis discípulos...» No es más que una excusa, basura. Matar gente como si fueran hormigas por puro egocentrismo, quizá sólo por antojo. Es imperdonable. Rezo para que los muertos descansen en paz.

> «Soy militar. Algo sabía sobre el sarín.»
> KOZO ISHINO (39)

El señor Ishino se licenció en las Fuerzas de Autodefensa de Japón para entrar más tarde en las Fuerzas Aéreas. Su actual graduación es la de comandante de segunda clase, lo que equivaldría a teniente según el antiguo sistema de graduación.

Nunca sintió verdadera vocación por el Ejército. No fue un joven comprometido, siempre se sintió al margen de cualquier movimiento político o estudiantil. Podría haber estudiado en una buena universidad y encontrar después un buen empleo, por muy mediocre que fuera. Cuando su hermano mayor entró en la academia de las Fuerzas de Autodefensa, asistió a la ceremonia de admisión y el lugar no le pareció «nada mal». Sin embargo, no se le ocurrió en ningún momento que también él fuera a ingresar allí. Cuando se sentó para realizar los exámenes de acceso, se lo planteó como «una especie de ejercicio».

A partir de cierto momento pensó que no estaría mal hacer algo distinto con su vida al margen del típico trabajo de oficinista. Por eso decidió alistarse a pesar de que no le movía un especial espíritu patriótico. Con la boca pequeña asegura que: «Actualmente no hay tanta gente en el Ejército que tenga ese espíritu».

Es una persona tan apacible que uno nunca diría de él que es militar. Viste traje en el trabajo, tiene facilidad de palabra y se expresa de un modo afable: la auténtica imagen del tecnócrata joven y competente. Es sincero y franco en lo que se refiere a su visión del mundo y a sus valores. No hay rastro de afectación en todo su ser. Estoy seguro de que si una persona como él tuviera problemas, todos los demás también los tendríamos.

Le agradezco sinceramente que me concediera esta entrevista en mitad de una vorágine de trabajo y falta de sueño crónica.

Siempre me han gustado los aviones, aunque nunca he coleccionado modelos a escala ni cosas de esas. El ser humano me parece tan pequeño, que yo al menos quería ver cosas más grandes. Por eso, si aprobaba el acceso a las Fuerzas de Autodefensa, quería ser piloto. Mi hermano mayor también pertenece al Ejército del Aire; es pura casualidad. Venimos de una familia que no ha tenido relación con el Ejército hasta ahora.

Desgraciadamente no pude convertirme en piloto. No es posible si uno tiene una vista inferior al 20/20. Son las reglas. Por alguna razón, durante los años que estuve en la academia, mi vista no hizo más que empeorar. Quise disimular y continuar, pero las cosas no salieron como quería. *(Risas.)* No me esforcé mucho en los estudios... Creo que perdí el tiempo, pero en fin, me suspendieron en los exámenes de vuelo. Me tuve que quedar en tierra en contra de mi voluntad.

A partir de ese momento, me destinaron a la Comandancia de Interceptación de Ataques. Existen veintiocho emplazamientos de radar en el territorio nacional que vigilan el espacio aéreo. En caso de detectar algo desconocido, ordenamos el despegue inmediato de nuestros cazas y los guiamos hasta el objetivo. Miramos el radar y enviamos a nuestros pilotos, ése es nuestro trabajo.

Se lo digo honestamente, cuando supe que no podría ser piloto, fue un golpe muy duro, pero después de reflexionar un poco me di cuenta de que todavía había un camino para mí. Mi primer destino fue un radar situado en Wajima, en la península de Noto, en la prefectura de Ishikawa. Es un destino al que envían a los novatos. Me gradué como subteniente. Allí pasé seis años.

En aquella época estábamos en plena guerra fría. Al encontrarnos frente al mar de Japón, todos los días se acercaban al espacio aéreo japonés aviones de procedencia desconocida. Ordenábamos la salida inmediata de patrullas para repeler la incursión. Empecé a trabajar en el 55 de Showa (1980), así que sería poco después de la invasión rusa de Afganistán. La situación era muy tensa.

Nada más empezar a trabajar, los rusos invadieron el espacio aéreo japonés en el mar de Japón. Cuando lo detecté en la pantalla del radar, sentí por primera vez la dura realidad de la situación internacional. Les avisamos de que cambiasen de rumbo para no sobrevolar el territorio de las islas. No sé si no lo oyeron, pero no hicieron caso. Se acercaron y, de hecho, lo sobrevolaron. Me sentí impotente.

Wajima es un lugar perdido. Cuando llegan los turistas, y las chicas, en verano está animado, pero en invierno no hay absolutamente nada que hacer. No hay más que niños y gente mayor. Es muy triste. Aunque pudiese disfrutar de un permiso, la ciudad no ofrecía ninguna diversión. Estaba solo, soltero. Mi nivel de estrés aumentaba día a día. Al principio, adaptarme a aquel entorno fue una auténtica lucha, pero Wajima es un lugar hermoso. Ahora lo siento como mi segunda casa.

Después de seis años de servicio en aquel destino me enviaron de un día para otro a Tokio. ¡Vaya cambio! *(Risas.)* ¿No cree? Desde entonces estoy en el departamento de reclutamiento del cuartel general del Ejército del Aire en Roppongi.

Entré en la escuela de formación continua del Ejército en Ichiya. Después de eso me destinaron al Ministerio de Asuntos Exteriores. Luego regresé a Roppongi y de nuevo otro destino, en este caso en Francia, para estudiar en el Centro de Defensa Nacional.

Entonces, ¿pertenece usted a lo que llamamos la «superélite»?

No. Sólo fue una casualidad. Las clases se impartían en francés y lo pasé mal con el idioma. En las conversaciones normales no tenía muchos problemas, pero debería estudiar economía europea, asuntos financieros, además de escribir mi tesis final.

Me casé hace diez años, poco después de que me destinasen a Tokio. Nos presentó el amigo de un amigo. Tenemos dos niños, un chico de ocho años y una niña de cinco. Hace seis años compramos una casa en Saitama, justo en el momento álgido de la burbuja...

Para ir al trabajo tomo la línea Yurakucho desde la estación de X. Si no llueve, me bajo en Sakuradamon y camino hasta Kasumigaseki. Después, tomo la línea Hibiya hasta Roppongi. En total, el trayecto me lleva una hora y quince minutos.

Nuestro trabajo en las Fuerzas de Autodefensa no tiene un horario tan estricto como el de las oficinas. Cada unidad tiene turnos de veinticuatro horas. Los turnos de noche están diseñados para hacer frente a cualquier imprevisto que pueda surgir. Trabajamos en dos turnos, que empiezan a las 8 y a las 9:15 de la mañana. Las primeras reuniones empiezan alrededor de las 9.

Vuelvo a casa tarde, generalmente alrededor de la medianoche. Los niños ya están dormidos, por supuesto, pero tenemos muchas cosas que hacer en el trabajo: mejorar nuestras capacidades defensivas, profundizar en la cooperación entre Japón y Estados Unidos, colaborar con las misiones de paz de Naciones Unidas, tanto en las más modestas como en los grandes despliegues. Nos hacemos cargo de todo. Nuestra responsabilidad va desde cosas pequeñas, como por ejemplo la adquisición de una fotocopiadora nueva, hasta la elección de un avión de combate. Todo ello pertenece al estado japonés. Tenemos adjudicado un presupuesto a costa del erario público y hemos de ajustarnos a él.

El 20 de marzo cae a finales del año fiscal, por eso hay menos carga de trabajo de lo normal. Muchos hombres de mi unidad se tomaron libre el puente. Yo también quería aprovechar un fin de semana largo y descansar, pero no nos podemos ir todos en el mismo momento, así que acudí a trabajar.

El tren iba más vacío de lo normal. Encontré un asiento libre e hice todo el trayecto sentado hasta Sakuradamon. Como aquel día no había ninguna reunión programada, me tomé mi tiempo. Llegué a Sakuradamon a eso de las 8:20. Caminé hasta Kasumigaseki y bajé de nuevo a la estación del metro.

Al acercarme a la entrada, vi un cartel luminoso que anunciaba la cancelación del servicio a causa de una bomba. Bajé de todos modos. Había mucha gente esperando en el andén. «Si toda esta gente espera», pensé, «seguro que viene un tren.» Me puse en la cola. No había señales de ningún tren. Renuncié y me dirigí al andén de la línea Chiyoda. Podía caminar desde la estación de Nogizaka. Pero cuando llegué al andén, estaba tan atestado que resultaba imposible moverse. El tren que había en la vía de enfrente estaba detenido. Esperaba con las puertas abiertas a que le dieran orden de continuar. Decidí subirme. Era un tren de la línea Hibiya procedente de Naka-meguro con destino a Kitasenju. Recorrí al menos cuatro o cinco vagones. No había un alma. Otros pasajeros hicieron lo mismo que yo. No sentí nada extraño al caminar solo por los vagones. Tampoco había nada sospechoso en el andén. Tan sólo parecía un tren corriente que se había detenido por algún fallo de suministro eléctrico.*

La línea Chiyoda aún funcionaba. Sufría algunos retrasos, pero esperé un rato y finalmente subí a uno de los trenes. Justo antes de llegar a la estación de Nogizaka empecé a sentirme apático, como aletargado. Cuando me bajé del tren tenía palpitaciones. Me costó un triunfo subir las escaleras, pero como mi trabajo es tan exigente, sufro falta de sueño crónica y a menudo descuido mi salud. Lo atribuí a que estaba fatigado por dormir poco, pero de pronto todo se oscureció. Pensé que quizás estaban probando las luces de la estación. Hasta que entré en el cuartel no pensé: «Aquí hay algo que no marcha bien».

Poco tiempo después vi, en la tele que había en la sala, las noticias sobre la enorme confusión que reinaba en Kasumigaseki. Se habían can-

---

* De hecho, habían descubierto los paquetes con el gas sarín en el primer vagón y el tren había quedado fuera de servicio, a pesar de que permaneció estacionado allí con las puertas abiertas. (N. del A.)

celado todos los trenes, todo estaba sumido en un enorme caos. Mi superior me dijo: «Debería llamar a casa para decirle a su mujer que se encuentra usted bien». Obedecí. Aún no se sabía nada en ese momento del sarín. Imaginé que sólo se trataba de un accidente. Me senté a la mesa y me puse a trabajar. Sin embargo, algo tan sencillo como escribir en el ordenador me resultó muy difícil. La pantalla estaba oscura. Poco después dijeron que se trataba de sarín. Inmediatamente pensé: «¿Sarín? Debo de haberlo inhalado».

No hace falta decir que no todos los oficiales de las Fuerzas de Autodefensa están instruidos sobre el sarín, pero cuando me destinaron al Ministerio de Asuntos Exteriores, estuvimos un tiempo con las negociaciones para la prohibición de armas químicas, por eso sabía algo al respecto. Y, por supuesto, había oído lo del incidente de Matsumoto, aunque no estaba demasiado interesado en ello. Si le soy sincero, no llegué a creerme del todo que fuera gas sarín. Pensé que quizá se trataba de otro tipo de gas tóxico. No creía que en Japón nadie estuviera capacitado para fabricar armas químicas. Por una sencilla razón, no son fáciles de conseguir.

Recordaba que el sarín provoca la contracción de las pupilas. Fui al baño a lavarme los ojos, me miré en el espejo y lo único que vi fue precisamente eso, mis pupilas, tan pequeñas como dos minúsculos puntos. Decidí ir al médico. En la consulta había otros compañeros que también habían resultado afectados por el gas. Sólo en el cuartel éramos muchos, de hecho, es posible que más que en otros lugares. Empezamos a trabajar temprano y muchos tomamos a diario la línea Hibiya o la Chiyoda. Por lo que yo sé, sin embargo, nadie sufrió heridas de consideración.*

Los atentados terroristas son más frecuentes en Europa, por mucho que no sean algo habitual. Hasta aquel día, en Japón nunca había sucedido nada parecido. Yo estudié en el extranjero durante un tiempo, en Francia, y recuerdo que allí me sentía afortunado de vivir en un país tan seguro como Japón. Todo el mundo me envidiaba y, después de regresar, sucedió eso. No sólo era un ataque aleatorio, indiscriminado, sino que se había perpetrado con un arma química como el gas sarín. Un doble golpe.

* El señor Ishino fue transferido de inmediato al Hospital Central de las Fuerzas de Autodefensa, en Setagaya, al sudoeste de Tokio. Afortunadamente, sólo presentaba síntomas leves por lo que le dieron el alta aquella misma noche. A pesar de todo, la fatiga y la sensación de letargo persistieron. Se recuperó de las pupilas un mes después. *(N. del A.)*

¿Por qué? No podía dejar de preguntarme la causa. Incluso en el caso del IRA, era capaz de ver las cosas desde su punto de vista, podía llegar a entender lo que pretendían conseguir, pero el atentado del metro estaba más allá de mi comprensión. Soy afortunado por haber sufrido sólo heridas leves, por no padecer efectos secundarios, aunque eso no me sirve de consuelo si pienso en la gente que murió o en los que aún sufren por aquello. Los muertos, muertos están, obviamente, pero tiene que haber formas de morir con más sentido.

Espero que se analice el atentado desde todos los ángulos posibles. De acuerdo, mi opinión personal es que la gente que lo hizo no tiene perdón. Japón, sin embargo, es un estado de derecho. Creo que deberíamos acometer un profundo debate que nos implicara y sirviera a todos, hacerlo para demostrar dónde está la responsabilidad de cada uno en casos así. Deberíamos pensar seriamente cómo extraer una lección positiva de semejante acto criminal, decidir qué pena se aplica a los responsables. Es evidente que se trata de un caso poco frecuente, pues incluye elementos sin precedentes, como el proceso de lavado de cerebro de los miembros de la secta, pero, a pesar de todo, tenemos que tratar de establecer unas normas generales para casos así. Con el fin de prevenir que algo tan terrible vuelva a repetirse, necesitaríamos un debate público para aclarar cómo debe enfrentarse una nación como la nuestra a este tipo de crisis.

Después de esa experiencia, debemos hacer un esfuerzo para asegurarnos de que nuestro próspero y pacífico país, construido con el esfuerzo de las generaciones precedentes, se preserve como tal y así poder entregárselo a las venideras. Lo más importante para Japón en este momento es buscar una nueva espiritualidad. No veo ningún futuro para el país si seguimos cegados por la consecución de objetivos puramente materiales.

¿Es usted pesimista u optimista respecto al futuro de Japón?
Diría que más bien pesimista. He cumplido los cuarenta y hasta ahora he vivido despreocupadamente. Después del atentado me he dado cuenta de que ha llegado el momento de tomar el control de mí mismo, de darle profundidad a mi vida. A pesar de tener un trabajo en el que debemos hacer frente a las amenazas externas, no había sentido miedo de verdad hasta ahora.

«Yo no dejaba de gritar en japonés:
¡Ayuda, ayuda, ayuda!»
MICHAEL KENNEDY (63)

Michael Kennedy es un jinete irlandés ya retirado, ganador de innumerables carreras. Vino al país invitado por la Asociación Ecuestre Japonesa para entrenar a jóvenes jinetes en la escuela de Chiba, al este de Tokio.

Nacido en Irlanda, aún mantiene la casa familiar en los alrededores de Dublín. Tiene tres hijos y dos hijas, todos casados. Viven en un radio de quince kilómetros alrededor. Una gran familia con una excelente relación cuyo centro de reunión sigue siendo la casa de los padres. Ya tiene dos nietos. Es un hombre activo, se le ve en forma, extrovertido por naturaleza. Asegura que le encanta conocer gente nueva. Confiesa que, después de los cuatro años que ha vivido aquí, le gusta mucho Japón y que no tiene ninguna queja. Lo único que echa de menos de su país natal es la «conversación». Lejos de la gran ciudad, hay poca gente que hable inglés, viven distantes los unos de los otros y eso le provoca cierta sensación de soledad.

A pesar de todo, disfruta mucho de su experiencia como maestro de jóvenes promesas en la escuela de equitación. Siempre que sale el tema de sus alumnos, una sonrisa le ilumina la cara.

Realizamos la entrevista en inglés. Al escuchar más tarde la cinta, encontré una parte que no entendía bien. En ella, Michael hablaba sobre sus circunstancias concretas en el momento en el que estaba dentro del vagón. Al margen de ese pasaje, su inglés es claro y conciso, pero justo ahí se aceleraba y lucía un fuerte acento irlandés. Por si fuera poco, de vez en cuando dejaba frases a medias, sin concluir lo que decía. Escuché la grabación en varias ocasiones sin llegar a entenderlo del todo. No me quedó más remedio que recurrir a un conocido inglés que se crió en Irlanda.

Gracias a nuestra charla, descubrí que en Japón existen escuelas de jockeys. Me sorprendió enterarme de las instalaciones de las que disponen, especialmente la pista de entrenamiento.

Sin duda, el atentado supuso para el señor Kennedy un gran trauma del que no estoy seguro que haya logrado recuperarse del todo. Una tragedia de esa magnitud no distingue nacionalidades. Comprendo cómo debió de sentirse, atrapado por algo ajeno a él por completo, en un país que no es el suyo y donde ni siquiera se habla su misma lengua.

183

Unas semanas después de realizar esta entrevista, finalizó su contrato con la escuela de equitación y regresó a su Irlanda natal.

Ya llevo cuatro años en Japón. Es mucho tiempo y echo de menos a mi familia, pero como mínimo tengo la oportunidad de volver a Dublín dos veces al año. Mi mujer viene una, lo que da como resultado tres lunas de miel en un año. *(Risas.)* No está mal.

He sido jinete durante treinta años. Empecé como aprendiz a los catorce y me hice profesional a los veinte. Estuve seis años y medio de aprendiz. En condiciones normales, uno deja de serlo en cinco años, pero como mi calificación era buena, mi tutor me recomendó: «Aún eres joven y tienes buenas expectativas. Quédate un poco más y aprende bien». Fue una buena decisión a pesar de que estuve más tiempo que los demás. Cuando llegué a profesional, era más maduro que mis compañeros.

En aquella época no había escuelas de jinetes en ninguna parte. Entrenábamos en las mismas cuadras donde vivíamos. Al principio, me encargaba de los trabajos más sucios y duros: limpiar los excrementos de los caballos, los boxes, cosas así... Nos mandaban de aquí para allá hasta acabar exhaustos. Poco a poco, sin embargo, me dejaron montar cada vez más tiempo. En mi cuadra había un buen plantel de excelentes jinetes. Allí aprendí muchas cosas valiosas para la monta.

Como aprendiz no tenía derecho a sueldo, sólo a comida. Una vida dura y sin dinero. Las cosas más imprescindibles eran de segunda mano. Por ejemplo, nunca tuve más de dos camisas, aunque le hablo del pasado. Ya no ocurre eso. Antes, si querías ser jinete, tenías que empezar por lo más bajo, por lo peor de lo peor.

¿Por qué quise ser *jockey*? Porque cerca de mi casa se celebraban carreras de caballos y yo quería ser como los chicos que montaban. En Irlanda, las carreras son un buen negocio. En relación con la población, seguramente es el país del mundo donde más se celebran. Tenga en cuenta que no somos más que una pequeña isla. De aprendiz gané varias carreras importantes. Aún recuerdo claramente la primera. Fue en 1949. Yo tenía diecisiete años. Fue un miércoles, con potros de tres años. Una historia divertida. En mi cuadra éramos cuatro aprendices, yo el menor, así que me menospreciaban, me trataban como al chico de los recados. En ningún momento pensé que iban a dejar que participase en aquella carrera en concreto porque era bastante importante. Aquel día temprano por la mañana, estaba limpiando las cuadras como de costumbre. El entrenador se acercó a mí y me dijo: «Oye tú, vas a correr en la carrera de hoy. Date prisa y prepárate». Me sorprendió tanto que me quedé boquiabierto. No fui capaz de contestar. A duras penas alcancé a preguntar: «¿Por qué?». Él gritó: «Da igual la razón. Haz lo que te mando». Los entrenadores no explicaban nada. Sólo daban órdenes. Me temblaron las rodillas. Mis compañeros se quedaron atónitos. Se juntaron en una esquina para conspirar: «¿Cómo ha podido elegir a semejante mocoso...?».

Gané la carrera. El mocoso ganó, como en un cuento de hadas. Es algo que nunca olvidaré. Ocurrió hace mucho tiempo, pero es como si hubiera sido ayer.

Tenía usted talento de jockey. *¿Qué es lo más importante para ser un buen jinete?*

Tener la capacidad de comunicarte con el caballo. Eso es lo más importante. Es un don. Es muy difícil de transmitir con palabras.

A mis alumnos japoneses les repito hasta el aburrimiento que hablen con los caballos, pero hay pocos que lo hagan de verdad. Los jinetes japoneses tienen tendencia a comportarse como «machos». Intentan dominar al caballo por la fuerza. Me gustan mis estudiantes y en general creo que son excelentes, pero debo admitir que ésa es la tendencia mayoritaria.

Es obvio que a un caballo se lo puede controlar por la fuerza. Es un animal que lo da todo y responde para no pasarlo mal, para huir de un fuego, por ejemplo, de algo que le asusta. Yo creo, sin embargo, que da buen resultado convencerles, explicarles las razones. Ser su compañero y su amigo para lograr juntos un objetivo común. Eso permite sumar fuerzas. Es lo mejor que puede pasar.

Claro que hay caballos tercos como mulas, con un carácter espantoso. Pero muchas veces es porque lo han pasado mal, es una reacción lógica. No hay muchos que por naturaleza tengan mal carácter. Con tiempo y paciencia se los puede convertir en buenos amigos.

En las carreras, todos los caballos alcanzan un punto de inflexión, es decir, un instante en el que sienten que ya no pueden más. Es un momento de crisis mental para ellos y así se lo transmiten al *jockey*. Es como si le gritaran. A pesar de todo, de la propia carrera, del ruido de la gente, del estrés del animal, el jinete tiene que comprender lo que pasa y animarlo. Yo al menos lo hacía. En ese momento de crisis, cuando tenía que hacer un último esfuerzo, le hablaba de corazón y mi voz le llegaba. Estoy convencido de ello. Era mucho más eficaz que la fusta. Si golpeas a tu montura, obviamente corre hasta la meta, pero yo prefiero que se les hable: «¡Vamos! Lo estás haciendo muy bien. Estamos juntos en esto». Siempre llega el momento en el que el caballo necesita palabras de ánimo. Yo sé dónde está ese punto, sé cómo transmitirle fuerza.

Desde joven tuve esa capacidad. Lo hacía de manera inconsciente. Es uno de esos dones naturales de la gente joven. Si le dices algo al caballo, te contesta. Yo siempre he sentido esa fuerza. Es un poder arrollador.

El caso es que me convertí en *jockey* profesional y, a partir de ese momento, mi vida consistió en viajar. Siempre estaba viajando. Era mi estilo de vida. En mi mejor época corría doscientas cincuenta carreras al año. No tenía mucho tiempo para mí, lo cual llegó a afectarme y me provocó un considerable estrés. Todos tenemos rachas buenas y malas, podemos ganar o perder. Yo siempre rondaba el peligro.

Nunca he tenido lesiones de gravedad, ha sido una suerte. Eso no quiere decir que mi cuerpo no esté roto por todas partes, los hombros, la cadera, las costillas... Por suerte, nada grave.

La carrera que más recuerdo es el Big Race de Washington. Montaba un caballo muy rápido y potente. Era la primera vez que había un presidente de origen irlandés en Estados Unidos, que, además, se apellidaba como yo. Tuve ocasión de conocerlo, pero me venció la timidez y al final no acudí a la recepción. Habían invitado casi a doscientos *jockeys* a la Casa Blanca. Yo me quedé encerrado en el hotel. En otoño de aquel mismo año lo asesinaron. Una desgracia.

Me retiré en 1979, con cuarenta y siete años. A partir de ese momento me convertí en gerente de un centro de entrenamiento en el condado de Kildare. Teníamos que entrenar mil quinientos caballos. Yo era responsable de las instalaciones, de los terrenos, de las pistas y las monturas. En mi tiempo libre me dedicaba a dar clase en una escuela de entrenamiento para aprendices, el Centro de Educación para Jinetes de Carreras, el RAC según sus siglas en inglés. Iba dos tardes por semana. Veía vídeos de carreras con los chicos. Los observaba cuando montaban para corregir defectos, les hablaba sobre distintos estilos y técnicas.

Actualmente la JRA, la Asociación Japonesa de Carreras, está asociada con el RAC. Gracias a eso conocí a muchos japoneses y les impartí algunas lecciones. No sabía nada sobre las carreras en Japón, pero en la JRA estaban ansiosos por contratar a un profesor. Por eso vine en marzo de 1992, para conocer la escuela. De paso aproveché para ver algunas carreras en Miho y Mito. También fui a Utsunomiya y a Tokio. Me quedé impresionado con las instalaciones, con la belleza de los lugares. La gente fue muy amable conmigo. Regresé a Irlanda y les dije a todos que me marchaba: había decidido aceptar el trabajo. ¡Vaya cara que se les quedó! *(Risas.)*

Vivo en una residencia para los entrenadores, un lugar estupendo. Ya me he acostumbrado a vivir por mi cuenta y me he convertido en un auténtico soltero. En los cuatro años que llevo en Japón he visto muchos cambios. El nivel de los jinetes ha mejorado mucho con relación a su estilo, que era un tanto anticuado cuando llegué. Los jinetes jóvenes tienen más imaginación, más ganas, pero creo que aún podrían mejorar si se comunicasen más con los caballos. ¿Es algo cultural considerar a los caballos algo inferior? Hay que entenderse con el caballo, no se trata sólo de técnica. Eso, precisamente, es lo más bonito que puede suceder entre el hombre y el animal.

El 20 de marzo estaba en Tokio. Había ido a celebrar el día de San Patricio. El baile esmeralda fue el viernes 17 y aproveché para quedarme con unos amigos en Omote-sando. Es mi pequeño ritual de todos los años. Le sorprendería saber la cantidad de irlandeses que hay en Tokio. El sábado me quedé en casa de un amigo en Setagaya. El domingo por la mañana fui a una pequeña iglesia franciscana y luego al desfile. Me encontré con el embajador irlandés, James Sharkey, que me invitó a cenar cerca de su casa en Roppongi. Estaba encantado. Cenamos en el Hard Rock Cafe, algo informal. Bebimos lo justo. Un par de copas es mi límite. El embajador me dijo: «No tienes necesidad de volver a la escuela. ¿Por qué no te quedas a dormir en casa?». Pasé la noche en Roppongi.

El lunes por la mañana me levanté a las 6:30. Le di las gracias al embajador y me preparé para marcharme, pero él insistió en que me quedara a desayunar. Me tomé mi tiempo y después decidí caminar hasta la estación de metro. Iba a tomar la línea Hibiya hasta Kayabacho. Allí haría el transbordo a la línea Tozai hasta Nishi-funabashi.

Nada más bajar las escaleras de la estación, vi un tren que se marchaba. Fue alrededor de las 7:30. Llegó el siguiente. El vagón delantero iba prácticamente vacío. No me lo podía creer. «¡Estupendo!», pensé. Entré por la puerta de atrás y vi una gran mancha en el suelo de algo parecido a una sustancia aceitosa cubierta por un montón de papeles de periódico.

«¿Qué demonios será eso?», pensé. Todo el mundo evitaba la mancha. Me extrañó, pero como no sabía lo que pasaba, yo también procuré pasar lo más lejos posible y ocupé uno de los asientos libres. Alguien abrió la ventana. Noté un olor no demasiado fuerte. Tengo buen olfato. No era un olor agradable. De pronto, los ojos me dolieron. Ya habían cerrado las puertas y el tren se movía. Poco después, una chica joven que estaba sentada a mi lado se desplomó. Tendría alrededor de veinte años. No sé si sobrevivió.

Cuando el tren llegó a Kamiyacho, salimos en tropel, nos precipitamos hacia el andén, como si estuviéramos a punto de desfallecer. Había mucha gente. Fue una auténtica estampida, un ataque de pánico colectivo, aunque debo aclarar que no por ello la gente dejó de ayudarse. Nos sentamos en el suelo. No sé por qué, pero pensé que me salvaría si me agachaba. Un sinsentido, obviamente, porque la estación también estaba contaminada.

Alguien habló con el conductor, que se acercó a echar un vistazo. Regresó a su puesto para llamar por radio. La estación se inundaba con los efluvios del gas, pero nadie se movía de allí. Los ojos empezaron a llorarme. No sabía qué pasaba. Había gente tendida en el suelo del andén. Yo permanecí sentado. Las lágrimas me salían a borbotones. Con una mano traté de sujetar la cartera que llevaba colgada al hombro y, con la otra, a la chica que estaba inconsciente. Teníamos que salir de allí como fuera. Lo veía todo oscuro, me daba la impresión de que había agujeros por todas partes. Fuimos en una dirección, luego en dirección contraria, así hasta que al final dimos con las escaleras. Llegamos al torniquete de salida, pero nos decían que esperásemos. Yo no dejaba de gritar en japonés: «¡Ayuda, ayuda, ayuda!». La chica estaba apoyada contra mí y la gente no hacía más que empujarme.

Nos quedamos apiñados en lo alto de las escaleras. De pronto, bajó un hombre con un maletín, pasó bajo la barrera, me arrancó a la chica de los brazos y la sacó a la calle. Alguien me ayudó a mí también. Una vez fuera nos dijeron que nos quedásemos sentados en el bordillo de la acera. Pensé: «¡Por fin, aire fresco! Ahora todo irá bien». Sin embargo, justo en ese instante empecé a sentirme muy mal. Si no hacía algo por remediarlo, iba a vomitarme encima. Me incliné hacia la izquierda y lo arrojé en plena calle. Me vacié por completo. Debía de tener muy mal aspecto porque se me acercaba mucha gente. Nadie sabía qué pasaba. Grité: «¡Socorro! ¡Llamen a una ambulancia, por favor!». Estaba al borde del pánico, no dejaba de preguntarme por qué diablos no venía nadie a ayudarnos. Llegaron seis o siete ambulancias diez minutos más tarde. A mi alrededor habría entre treinta y cuarenta personas. Me subieron a una camilla. Fui uno de los primeros en ingresar en el hospital.

Sabía que era gas porque me afectó mucho, me puse muy enfermo.

Debía de ser algo muy serio porque cada vez me ponía peor. La gente que estaba sentada en la calle se tapaba la boca con pañuelos.

Todos los pasajeros que viajaban en el mismo vagón que yo se bajaron en Kamiyacho. El tren continuó. No creo que nadie se diera cuenta del verdadero alcance de lo que pasaba. Mi primer pensamiento fue sentarme y esperar al siguiente tren. Creía que estaba bien, pero no, en el fondo ya me había afectado el veneno. Es probable que al tren no le quedara más remedio que continuar su recorrido, pero aquella cosa seguía dentro.

A menudo me pregunto qué sucedió con la chica inconsciente a la que intenté ayudar. Parecía la más grave de todos. Era muy joven. Sólo Dios sabe cuánto tiempo había pasado allí dentro. Más tarde oí que había fallecido una chica de veintiún años. No dejo de preguntarme si era ella. Tenía aspecto de trabajar en una oficina, parecía simpática, una chica decente. También había otro extranjero. Un hombre grande y alto. Me pregunto qué sería de él.

Yo fui uno de los primeros a los que se llevaron en ambulancia. No recuerdo el nombre del hospital donde me ingresaron, pero no quedaba lejos de Kamiyacho. Me pusieron oxígeno, suero, un gotero intravenoso. Tenía un montón de agujas en el cuerpo. Estuve cuatro días en el hospital. La gente de la JRA me acompañó todo el tiempo, no me dejó solo en ningún momento, porque Kamiyacho está al lado de su oficina central. En cuanto pasé las primeras horas en el hospital, supe que me pondría bien. Enfermar de repente cuando se supone que estás bien es tremendo. Fue aterrador. La sensación de protección y seguridad del hospital me ayudó a mejorar rápidamente. Pronto supe que estaba fuera de peligro. Los ojos aún me picaban y me dolía mucho la cabeza. En realidad estaba bastante mal, pero se me pasó poco a poco. El problema vino después con mis riñones. Tuvieron que limpiármelos para sacar todos los agentes químicos que se habían infiltrado hasta allí.

Nada más darme el alta, volví a casa del embajador. Me quedé allí dos o tres días. Durante tres semanas apenas dormí. Me aterraba quedarme dormido porque, al hacerlo, imaginaba que alguien me golpeaba con un mazo. Siempre se repetía el mismo sueño. Con el paso del tiempo los golpes se redujeron hasta desaparecer. El gas sarín tiene ese efecto: te quedas dormido y te despiertas de repente. Me daba miedo la oscuridad. Dejaba la luz encendida y había noches enteras que no pegaba ojo.

A partir de entonces viví en una especie de trance. Continué con mi trabajo, traté de volver a la normalidad; iba a la oficina como si nada, pero en realidad nada era muy normal. Me llevó tiempo recuperarme, aunque al final lo logré. Los ojos me seguían picando y no me quedaba más remedio que usar gotas todo el tiempo. Fui dos veces al hospital para un chequeo. Me dijeron que me había recuperado del todo.

Cuando estuve ingresado, me derrumbé. Me preocupaba que mi mujer me hubiera visto en la tele, por eso llamé a casa a Irlanda. «Todo va bien», le dije. Mi hija estaba con ella. «Era tu padre. Ha tenido un accidente en el metro», le dijo mi mujer. Ella bajó corriendo para encender la televisión y me vio. ¡Menos mal que había llamado antes!

La gente se portó muy bien conmigo. Recibí cartas de apoyo de personas que apenas sabían escribir una frase en inglés. A pesar de todo, entendía lo que me decían. Fue un gesto muy hermoso.

Tokio tiene fama de ser una de las ciudades más seguras del mundo. Tuvo muy mala suerte de verse envuelto en el atentado.
En efecto. Mi opinión no ha cambiado. Tokio es una ciudad segura y Japón un país maravilloso donde se puede caminar por la calle sin ninguna sensación de amenaza. He vuelto a subir al metro en varias ocasiones. No tengo miedo.
No soy una persona que se asuste con facilidad. No hay muchas cosas que me den miedo, la verdad. A pesar de envejecer, los hombres como yo nunca sentimos el miedo, lo cual puede llegar a ser un problema. *(Risas.)* Piensas que aún puedes hacer las cosas como cuando eras joven. Sin embargo, todo aquello fue una experiencia aterradora.

¿Algo cambiaría en su vida después de aquella experiencia?
Le diré lo que ha cambiado en mi vida: me vi a mí mismo postrado en cama cuan largo soy. Me pregunté: «Michael, ¿de qué te preocupas tanto?». Todos nos preocupamos por las cosas pequeñas de la vida y, de repente, sucede algo así...
No suelo pensar en la muerte. He montado a caballo toda mi vida. He estado siempre flirteando con ella. Mi vida son los caballos. He participado en muchas carreras y he ganado en numerosas ocasiones. Ahora me dedico a enseñar y eso me hace feliz. Creo que he tenido una vida maravillosa.

«Después de comer me entraba un sueño horrible
que no era capaz de controlar. Estuve así casi un mes.»
SABURÔ SHIMADA (62)

El señor Shimada nació el 7 de julio, el séptimo mes del año, del año siete
de la era Showa (1932). Todo con el número siete, lo cual hace pensar en buenos
augurios ya desde el nacimiento. «¿Cómo lo siente usted?», le pregunté en nues-
tra entrevista. Antes de contestar reflexionó. «No es nada especial.» A mí me
dio la impresión de que en realidad quería decir: «Bueno, no está mal».

Trabajó en una pequeña industria metalúrgica especializada en la fabrica-
ción de tornillería hasta que se jubiló a los sesenta años. Sus hijos se indepen-
dizaron hace tiempo. «¡Uf, al fin he terminado una etapa importante de mi
vida!» Tenía previsto mudarse al campo para vivir una vida tranquila, aleja-
do de la agitación de una gran ciudad, pero la empresa le pidió que continua-
se un poco más dada la escasez de mano de obra. Sus planes se trastocaron y
eso significó, a la postre, que se viera envuelto en el atentado cuando se despla-
zaba al trabajo.

Lo entrevisté durante alrededor de una hora en su descanso de mediodía.
Nos dejaron una habitación del almacén de la fábrica situada en Ichinohashi.
Me impresionó el hecho de que al final de nuestra conversación suspirase y di-
jese en un murmullo que no parecía ir dirigido a nadie: «No sé por qué, pero
últimamente me harta todo lo que me rodea...».

Es probable que esté cansado de ir al trabajo todos los días, subir a trenes
repletos de gente, tener que estar de pie durante las dos horas y media que dura
el viaje. Es difícil relacionar el atentado con su estado de ánimo actual. Sin em-
bargo, mi hipótesis después de escuchar los testimonios de las víctimas es que pro-
bablemente sí tenga algo que ver.

La fábrica produce unas diez mil variedades de tornillos. Los fabricamos, los almacenamos y, cuando recibimos el pedido desde alguna
de nuestras oficinas regionales, los enviamos. Actuamos como una especie de centro de distribución, es decir, almacenamos la totalidad de
la producción de la empresa. Tenemos que estar pendientes de toda esa
enorme variedad de productos. Es un trabajo minucioso. No es algo

que pueda hacer cualquiera que empieza a trabajar, requiere bastante tiempo. Por eso el responsable de producción, un antiguo compañero, me suplicó: «Shimada, por favor, vuelva al trabajo con nosotros».

Me había jubilado a los sesenta años y vivía la mar de tranquilo en Tsukuba, pero como me lo pedía un compañero, no pude negarme y empecé de nuevo. Anteriormente no trabajaba aquí sino en la oficina central de Tamachi. Allí también me pidieron que me quedara, pero lo rechacé: «Se lo agradezco, pero déjenme que me marche y disfrute de mi jubilación», les dije. También me gustaría marcharme de aquí dentro de poco... *(Risas.)*

Después de terminar los estudios tuve varios empleos. Primero en una bolera de Tokio, la única que existía en los años 27 y 28 de la era Showa (1952-1953). La mayoría de los clientes eran de una guarnición cercana, norteamericanos y agregados del Ejército. En aquel entonces una partida costaba entre 250 y 300 yenes, un precio prohibitivo para los japoneses de clase media. Era un lugar con una atmósfera muy peculiar. Yo manejaba las máquinas desde el interior, no las había automáticas como ahora. Teníamos que colocar los bolos a mano. Nos llamaban los Pin Boys.

El sueldo no estaba nada mal. Cuando había trabajo, los solicitantes formaban una larga cola. Ya no existe en la actualidad, pero se hallaba junto al campo de rugby de Jingû Gaien. Me acuerdo de las colas impresionantes que se formaban. ¿Propinas? Sí, cuando trabajábamos con ahínco, los extranjeros tiraban la bola de vez en cuando con alguna moneda metida en alguno de los agujeros. Sucedía en pocas ocasiones, pero alguna sí. El Japón de entonces era un país muy pobre.

Tras dos años lo dejé. Tenía ganas de hacer algo por mi cuenta y puse en marcha la granja avícola de Saginomiya. En aquella época allí no había más que campos y no tuve ningún problema para poner en marcha el negocio. Se me ocurrió porque me había graduado en un instituto agrícola municipal de Tokio. Con un antiguo compañero compramos unas doscientas gallinas y alquilamos el terreno. Producíamos huevos y los vendíamos, pero no era un negocio lucrativo. *(Risas.)* Doscientas gallinas son poca cosa. Ya entonces hacían falta por lo menos mil para que la cosa fuera rentable. Por eso lo dejamos un año más tarde. Vendimos las gallinas para carne.

Mi tío me colocó más tarde en esta empresa. Antes había otra fábrica que ya no existe y él era el director. Yo tenía veintitrés o veinticuatro años, no lo recuerdo bien. Estaba soltero. Me casé con veintinueve años. Trabajé mucho tiempo en el área de negocio y debía moverme a menudo en coche fuera de la empresa.

Mientras trabajé para la empresa viví en Tokorozawa, en una vivienda en régimen de cooperativa. Después de jubilarme nos mudamos a Tsukuba, donde nos hicimos una casa. Tengo dos hijos, los dos casados en la actualidad, pero en el momento del atentado la chica aún estaba soltera y vivía con nosotros. Mi mujer quería trabajar un poco más, así que las dos se quedaron en Tokorozawa y yo vivía solo en Tsukuba. Una casa deshabitada se echa a perder fácilmente, por eso decidimos vivir separados. Mi mujer venía los fines de semana, limpiaba y lavaba la ropa. Yo comía en la cantina de la fábrica y cenaba por ahí. Lo único que me hacía era el desayuno.

Llevábamos una vida un poco irregular. El viernes, cuando acababa mi jornada, conducía hasta Tokorozawa y me quedaba allí a dormir. Al día siguiente volvía a Tsukuba con mi mujer y el domingo por la noche la llevaba de nuevo a Tokorozawa. El lunes por la mañana iba a trabajar en coche a Hirao desde allí. Finalmente, el pasado mes de mayo mi mujer se mudó a la casa nueva.

El día del atentado fue un lunes, así que fui al trabajo desde Tokorozawa. Caía entre dos festivos y me lo podía haber tomado libre. Me hubiera gustado estar tranquilamente en casa en Tsukuba, pero como tenía que pasar en cualquier caso cerca de la empresa para volver, decidí ir a trabajar. Mi mujer puso cara de sorpresa. «¿Trabajas hoy?», me preguntó, «¿Ni siquiera puedes descansar un día como hoy?». «Ya que tengo que volver a Tsukuba, iré a trabajar», le respondí.

Hice el camino de siempre: la línea Seibu hasta Ikebukuro, transbordo a la línea Marunouchi hasta Kasumigaseki y de nuevo a la línea Hibiya hasta Hirao. Antes de llegar a Kasumigaseki hubo un anuncio por la megafonía del tren: «Se ha producido un accidente en la línea Hibiya. El tren está detenido». Creo recordar que dijeron que había sido una explosión por agentes químicos, pero en realidad no sabía a qué se referían.

Cuando me bajé en Kasumigaseki, todo el mundo llamaba por teléfono para advertir de que llegaban tarde. Eran alrededor de las ocho y media. No había un especial desorden ni pánico. Todo el mundo deambulaba por la estación para buscar otra alternativa que les permitiera llegar a su destino. Yo también llamé por teléfono a la empresa: «No creo que pueda ir porque han suspendido el servicio en la línea Hibiya». Sin embargo, me dijeron: «Si has llegado hasta ahí, ¿por qué no tratas de venir por otro camino?».

Le pregunté a un empleado de la estación qué alternativa tenía. Me dijo que la línea Chiyoda funcionaba sin problemas. Pensé que llegaría antes si tomaba la línea Chiyoda hasta Hibiya, luego la línea Mita del metro administrado por el ayuntamiento de Tokio hasta Tamachi, y, finalmente, el autobús. El empleado me cambió el billete.

Para llegar a la línea Chiyoda hay que atravesar todo el andén de la línea Hibiya. Cuando bajé la escalera para encaminarme hacia allí, lo hice junto a un equipo de identificación de la Jefatura Superior de la Policía metropolitana. Eran cuatro o cinco agentes. Tampoco en ese momento tuve sensación de apremio. No se respiraba en el ambiente que pasara algo grave. Los policías charlaban mientras caminaban. Llevaban su traje de faena azul oscuro con un brazalete que los identificaba. No tenían máscaras de gas.

En el andén había un tren detenido con destino Kita-senju. No había pasajeros en el interior. Los policías entraron en el primer vagón. No había nadie en el andén, sin embargo, un quiosco seguía abierto y dentro estaba la dependienta. Fue la única persona que vi. Todas las puertas del tren estaban abiertas. Apreté el paso para llegar lo antes posible al andén de la línea Chiyoda.

Allí tampoco me encontré con ningún tipo de desorden, ni nada que me llamara especialmente la atención. El servicio no se había interrumpido, aunque no había mucha gente. Lo único extraño fue que uno de los trenes en dirección a Yoyogi-uehara pasó de largo sin detenerse. Sin embargo, el tren que iba a Kita-senju sí se detuvo y pude subir.

Llegué al trabajo sobre las diez y media. En aquel momento moqueaba mucho. Me lo tomé a broma: «Qué extraño. ¿Será alergia al polen, a mis años?». Lo cierto es que parecía que todo el mundo tuviera una alergia. Al poco rato empecé a notar dificultades para distinguir las cosas que estaban encima del estante, me costaba identificar los objetos que manejaba a diario. «¡Vaya! Ni siquiera veo como es debido. No soy capaz de leer las etiquetas de los artículos.» Salí a la calle y todo estaba oscuro. «¡Anda! Se ha estropeado el tiempo», les dije a unos compañeros. «Qué va, si hace muy bueno.» Me extrañé.

A mediodía encendimos el televisor para ver las noticias. Nos enteramos de todo lo ocurrido. Seguí el consejo de mis compañeros y fui al Hospital de Hirao. No paraba de moquear. De camino, me pareció que todo se volvía de color sepia.

Estuve un mes de baja. Ingresado, sólo un día, ya que el resultado del análisis de sangre no dio nada anormal. Pero al volver a casa empeoré. Después de comer me entraba un sueño horrible que no era capaz de controlar. Estuve así casi un mes. Me despertaba por la mañana, desayunaba y, a pesar de que me había despertado hacía muy poco tiempo, volvía a tener sueño. Comía y me dormía. Era matemático. Además, caía en un sueño profundo durante una o dos horas. Me asaltaba un sueño violento que no era capaz de resistir. No podía permanecer despierto. Cada una de las tres veces que comía al día, me dormía. Eso no quiere decir que por la noche no pudiera conciliar el sueño. De hecho, aumentaron mucho mis horas de sueño. El médico me había aconsejado que me cogiera la baja al menos durante un mes y así lo hice. Después de ese tiempo, la somnolencia desapareció. Empecé a trabajar de nuevo. En la empresa estaban en dificultades por la escasez de mano de obra.

No tengo secuelas dignas de mención. ¿La memoria? Obviamente empeora, pero creo que se debe más a la edad y dudo que haya remedio para eso. Para ir al trabajo aún debo subirme a un tren completamente lleno. Viajo de pie durante dos horas y media, desde la estación Ushiku hasta Hirao y eso me agota. Ya tengo ganas de vivir tranquilo, sobre todo después del atentado. Muchas veces se me hace muy cuesta arriba ir al trabajo. Otras, me da por pensar que puede ocurrir algo extraño y me pongo nervioso.

Durante la posguerra hubo movimientos como los de Rengo Sekigun, el Ejército Rojo Japonés, pero la mayoría de ellos se enfrentaba al Estado, no le causaban demasiados problemas a la gente corriente. Esta vez, sin embargo, fue un atentado indiscriminado, y me enerva, me parece que no puede haber crimen más vil.

«Es una clase de miedo que nunca se olvida.»
YOKO IZUKA (24)

Nacida en Tokio, la señorita Izuka trabaja en uno de los principales bancos de la ciudad. Entusiasta del deporte, muchos de sus conocidos piensan que es una persona extrovertida, pero ella lo atribuye a su carácter relajado. No es de las que suelen tomar la delantera, parece muy educada.

Sin embargo, al escuchar el relato de lo que le sucedió, uno se da cuenta de que no es en absoluto tan relajada como declara. Da la impresión de poseer una gran fuerza de voluntad y una enérgica determinación, pero al mismo tiempo esconde una parte vulnerable y sensible.

Gracias a esta serie de entrevistas tuve la oportunidad de hablar con algunas mujeres jóvenes y me quedé admirado al descubrir sus distintas formas de pensar y los distintos enfoques que le dan a sus vidas. Sin duda, son chicas inteligentes con un carácter firme. Obviamente, sólo se trata de un número limitado, de una pequeña muestra. Quizá no sea más que una casualidad.

Soy consciente de que debió de resultarle duro contar lo ocurrido aquel día a un completo desconocido como yo. Sin duda, la obligué a recordar cosas que hubiera preferido olvidar. Mi esperanza es que esta entrevista le sirva para «trazar una línea respecto a todo aquello», como dice ella, para poder seguir adelante con su vida de la manera más positiva.

El 20 de marzo estaba acatarrada. Tuve fiebre durante unos diez días y llegó a subirme hasta los treinta y nueve grados. No había forma de que bajase. Creo que me tomé un día libre, no estoy segura. Lo que sí sé es que aquel día hice un verdadero esfuerzo para ir a trabajar. Si me tomo días libres, a mis compañeros les provoco serios problemas.

Aquel día sólo tenía treinta y siete grados, un poco de fiebre. En cualquier caso, mucho menos que los días anteriores, pero no dejaba de toser y me dolían las articulaciones a causa de la fiebre. Por si fuera poco, estaba tomando un montón de medicamentos, lo cual me dificultó mucho distinguir los síntomas del gas sarín...

A pesar de todo tenía mucha hambre. Normalmente desayuno bien. Si no lo hago, estoy como aturdida, no soy capaz de poner la cabeza en marcha. Me levanto a eso de las 5:30 de la mañana, lo cual me deja tiempo suficiente para hacer cosas. Salgo de casa antes de las 8, más de dos horas después. De esa manera puedo leer un poco, ver algún vídeo, cosas que no puedo hacer cuando vuelvo a casa porque estoy exhausta. Pero aquel día seguía con algo de fiebre y tenía claro que lo más importante era dormir lo máximo posible. Me levanté a las 6:30.

El 20 de marzo era un día importante para mí. Me iba a hacer cargo de mis nuevas responsabilidades en el trabajo. Estaba un poco nerviosa.

Tomé la línea Hibiya desde la estación de X, luego cambié a la línea Marunouchi en Kasumigaseki. Situarse delante de todo es lo más conveniente para hacer el transbordo, pero esa parte del tren suele ir siempre llena, por eso subo por la puerta de atrás del segundo vagón. El tren apareció en cuanto llegué al andén. Me apresuré. Entré por la puerta del medio. Una vez dentro, me fui hacia atrás y me quedé de pie, a mitad de camino entre la segunda y la tercera puerta.

Nunca me agarro a los pasamanos. Están sucios. No me sujeto a nada. Cuando era pequeña, mis padres siempre me decían: «No toques los pasamanos de los vagones porque están asquerosos».

Tal vez tengan razón. Nunca lo había pensado. En cualquier caso, ¿no se siente insegura si no se sujeta a algo?

Me siento segura sobre mis pies. Juego al tenis, tengo las piernas fuertes, estoy bien aunque no me sujete a nada. A pesar de que llevo tacones para ir al trabajo, tengo el paso firme.

Como siempre cojo el tren de las 8:03 con destino Tobu-dobutsu-koen, suelo ver las mismas caras. En el trayecto hasta Roppongi, mucha gente tosía. Pasaba algo raro. «¡Oh, no! Justo lo que me faltaba para recaer y tener que volver a la cama», pensé. Saqué un pañuelo y me tapé la boca.

Cuando el tren llegó a Roppongi, cinco personas salieron a toda prisa del primer vagón para decirle algo al encargado de la estación que se encontraba junto al conductor. En la estación de Roppongi, los empleados del metro están siempre a la cabeza del convoy. La gente salió del tren como si se muriera de ganas de hacerlo. Al verlos pensé: «¡Qué extraño! ¿Qué estará pasando?». Parecían quejarse de algo. El tumulto provocó que el tren saliera de Roppongi con algo de retraso.

Justo antes de entrar en la estación de Kamiyacho, la persona que estaba sentada junto a mí dijo que no podía ver. Al momento alguien se desmayó. A partir de entonces, el caos se apoderó del tren. Un hombre se puso a gritar: «¡Abran las ventanas! ¡Ábranlas o aquí no se salva nadie!». Todo el mundo se puso a abrirlas, desde la parte de delante a la de atrás.

En cuanto se detuvo el tren en la estación, mucha gente gritó que había que salir de allí: «¡Salgamos! ¡Salgamos!», decían. Yo no tenía ni idea de lo que pasaba, pero decidí salir por si acaso. El hombre que había perdido la vista se levantó también y, nada más salir, se desplomó en el andén. Otro se dirigió a la cabina del conductor y empezó a aporrear el cristal. Había un encargado de la estación al final del andén. Se acercó a toda prisa y le dijo al conductor que algo iba mal.

Habían derramado el sarín junto a la tercera puerta del primer vagón, la puerta por la que normalmente me subo. Lo vi cuando salió todo el mundo del tren y se quedó vacío. Era un paquete cuadrado. El líquido se derramaba y formaba un charco. Recuerdo que pensé: «Eso debe de ser la causa de todo». Había demasiada gente en el vagón para verlo antes de que se despejara.

Me enteré más tarde de que el hombre mayor sentado justo a la derecha del paquete murió. Cuando el tren llegó a Kamiyacho, echaba espuma por la boca. Parecía inconsciente. Lo levantaron entre varios para sacarlo del vagón. Hubo otras personas que se desplomaron en el andén. Algunos, incluso, se cayeron de bruces. La mayor parte se agachó y se apoyó contra la pared. Le pregunté al hombre que no podía ver si se encontraba bien.

Sabía que se trataba de una emergencia, pero, si le soy sincera, no se me ocurrió que fuese nada serio. En realidad, ¿qué podía pasar? Japón es un país muy seguro, ¿no es así? No hay armas, no hay terroristas, nada de ese estilo. No pensé en ningún momento que estuviera en peligro, que tuviera que escapar de allí. Quiero decir, si uno camina por la calle y se cruza con gente que parece enferma, sencillamente les pregunta si se encuentran bien. Los pasajeros nos ayudábamos unos a otros.

Supe que sucedía algo raro nada más subir al vagón. Olía a disolvente, a quitaesmalte de uñas, no sé, algo parecido. Uno de esos olores que te golpea al respirarlo, aunque a mí no me molestó especialmente ni en Roppongi ni en Kamiyacho. No me quité el pañuelo de la boca en ningún momento, quizá fue eso lo que evitó que respirase el gas mientras me hallaba allí dentro. Me dirigí hacia dos personas que se habían desplomado para tratar de hablar con ellas. Quise ayudarlas a que se incorporasen y, al hacerlo, me restregué contra su ropa, que estaba impregnada de gas. Quizá fue entonces cuando me afectó a los ojos.

El tren que venía detrás del nuestro se aproximaba. No me quedó más remedio que salir a toda prisa del primer vagón. Por megafonía dijeron: «El tren continúa recorrido hasta Kasumigaseki. Por favor, no suban al primer vagón. Pueden hacerlo en los demás». Mi mayor preocupación en aquel momento era no retrasarme. Por supuesto que me sentía mal por dejar a toda aquella gente allí abandonada, pero era un día importante para mí, no podía permitirme el lujo de llegar tarde.

Quise alejarme lo máximo posible de aquel paquete. Me dirigí hacia el final del tren, al cuarto vagón. Estuve allí el resto del trayecto hasta Kasumigaseki. Cuando me cambié a la línea Marunouchi, todo se oscureció. Me sentía muy débil. Lo atribuí a la medicina que tomaba para la gripe, por eso no le presté demasiada atención. A partir de la estación de X el tren salió un rato a la superficie y, por alguna razón que no entendía, el cielo estaba oscuro, como en blanco y negro o color sepia, no sé; igual que esas fotografías antiguas. «Qué extraño», pensé, «creía que hoy era un día soleado.»

Llegué al banco justo en el último minuto. Fui a cambiarme y empecé a trabajar de inmediato, pero sucedió algo extraño. A las 9:30 empecé a sentirme rara: no era capaz de enfocar la vista, no podía leer. Más tarde me sentí enferma de verdad, tenía ganas de vomitar. Era un día importante y sabía que debía aguantar como fuera, pero todo lo que oía me entraba por un oído y me salía por el otro, no me enteraba de nada. Decía a todo que sí, como si realmente escuchara. Tenía sudores fríos, cada vez me sentía peor, las náuseas eran horribles. No supe diferenciarlo de los síntomas de la gripe. Al final no vomité, sólo estaba mareada.

A las 11 mis compañeros se fueron a almorzar. Yo no estaba en condiciones de comer nada. Me excusé y me fui al servicio médico de la empresa. Fue entonces cuando descubrí que lo que me sucedía se debía al gas sarín. Algo muy grave, según me dijeron. De allí me mandaron directamente al hospital.*

No me gusta salir mucho. Últimamente, los fines de semana paso mucho tiempo en casa. Si salgo, me canso enseguida. Ir al trabajo a dia-

---

* La recuperación de la señorita Izuka no fue en absoluto sencilla. Prácticamente perdió la vista durante una semana. Las náuseas y el letargo socavaron sus fuerzas. Aunque padeció fuertes jaquecas de manera continuada, no faltó al trabajo un solo día. Sufría mucho, pero siguió adelante llevada por su sentido de la responsabilidad. Incluso hoy en día, un año después, la fatiga persiste. Desde el atentado ha renunciado casi por completo al tenis. Cualquier actividad física, incluso subir unas escaleras, la deja sin respiración. Sólo ha experimentado una leve mejoría después de todo este tiempo. *(N. del A.)*

rio, trabajar, volver a casa, es todo cuanto puedo hacer. Sólo eso ya me agota. A las tres de la tarde ya estoy muy cansada, cosa que no me ocurría antes del atentado.

Quizá sea algo psicológico. He tratado de superar todo aquello, dejarlo atrás, pero es una clase de miedo que nunca se olvida por mucho que uno lo intente. No creo que el recuerdo de lo que pasó vaya a dejarme tranquila mientras viva. Cuanto más me esfuerzo por olvidar, más revivo las cosas. Ésa es, al menos, la sensación que tengo. Por otro lado, últimamente me siento más capaz de controlarlo a un nivel psicológico. Depende de mi estado de ánimo, pero en general me resulta difícil.

Es posible que el control psicológico de uno mismo sea algo complicado de conseguir.

Hay ocasiones en las que logro ver las cosas con objetividad; en otras, desfallezco si me enfrento directamente a ellas. Va por rachas, lo noto. Si de pronto hay un desencadenante, toda la secuencia del atentado se presenta de nuevo. Cuando sucede eso, tiendo a encerrarme en mí misma.

Sueño a menudo. No tanto como después del atentado, pero el recuerdo es tan vívido que me despierto sobresaltada en mitad de la noche. Es algo que me aterroriza.

Aunque no sueñe, a veces me siento como si estuviera confinada en un espacio muy pequeño. Me paro, especialmente si me encuentro en el metro o en la entrada de algún centro comercial. Si me pasa en el tren, me siento incapaz de mover las piernas. Desde el mes de febrero me sucede cada vez más a menudo, es decir, casi un año después del atentado. Tengo la sensación de que nadie me entiende. En el trabajo todo el mundo es muy considerado, mi familia también, pero nadie puede entender realmente lo que significa ese miedo.

En cualquier caso, para mí significa mucho la consideración que mi jefe tiene conmigo, el apoyo de mi familia y mis amigos. Al margen de eso, están todas esas personas que padecen secuelas mucho más graves que las mías.

Mis padres no querían que concediera esta entrevista. No es momento de recordar las cosas que llevo tanto tiempo tratando de olvidar. En condiciones normales, ya me cuesta mucho hacerlo, pero me mentalicé y acepté para que fuera una especie de punto y aparte. No puedo arrastrar ni evitar ese recuerdo eternamente.

«Lo primero que pensé fue que no podía faltar a clase.»
YUSUKE TAKEDA (15)

Yusuke Takeda acaba de empezar segundo de bachillerato. Acudió a la entrevista con su madre. Con quince años ya es mucho más alto que ella, pero en su rostro aún queda una expresión de niño. Si especifico que estudia en un selecto instituto de Tokio, quizá se entienda mejor el tipo de joven que es. A primera vista se aprecia su curiosidad, nada ávida por otra parte. Se nota que ha crecido en una familia bien avenida rodeado del amor y la atención de sus padres.

Contestó a mis preguntas con sinceridad y soltura. No me dio la impresión de que se sintiera apocado en ningún momento, ni que fingiese ser lo que no es. Fue su madre, al contrario, la que parecía estar más nerviosa. No sé si Yusuke responde al actual prototipo de estudiante de bachillerato, pero me resultó muy divertido hablar con él, ya que no tengo ocasión de hablar a menudo con chicos o chicas de su edad.

Nació en Tokio y ahora vive en Hirao. Tiene un hermano pequeño. Su sueño es ser policía. Su madre no sabe bien por qué, pero asegura que se lo toma muy en serio desde hace tiempo. Cuando pasan por televisión algún documental sobre ese tema, no se lo pierde. Su madre dice que ya desde pequeño veía con avidez todo lo relacionado con investigaciones o rescates, como por ejemplo los accidentes por descarrilamiento de tren. Sin embargo, y por extraño que parezca, Yusuke no demuestra un interés especial por el atentado a pesar de haber sido una de las víctimas...

Practica judo en el instituto. Es aficionado a las maquetas de trenes y a la música, aficiones que comparte con su padre, cosa que les permite disfrutar juntos.

Su sueño más inmediato es cumplir los dieciocho años y sacarse el carnet de conducir. Le gustan mucho los coches. Cuando tiene tiempo libre, se dedica a limpiar y encerar el coche de la familia. Sin embargo, antes que el carnet de conducir tiene que aprobar el examen de ingreso a la universidad. Va a regañadientes a la academia preparatoria tres veces por semana.

Cuando ocurrió el atentado, iba a la escuela que se encuentra junto al instituto donde estudio ahora. Queda a unos quince minutos a pie desde la estación Ogikubo. Ahora estoy en bachillerato, pero como están juntas, hago el mismo recorrido que antes. Se puede ir en autobús desde la estación, pero en el instituto nos recomiendan caminar. Tampoco quieren que nos excedamos si no es necesario, pero sí que andemos cuanto sea posible.

Tenemos horario de verano y de invierno. En verano empezamos a las nueve menos veinticinco, y en invierno a las nueve menos cinco. En marzo comienza el horario de verano, pero como era un día especial fui un poco más tarde. El día 22 se iba a celebrar la ceremonia de graduación y ese lunes teníamos que ensayar. Por eso nos dejaron llegar un poco más tarde, aunque en realidad sólo fueron cinco minutos.

Salí de casa alrededor de las ocho. Si salgo a esa hora, normalmente llego sobre las nueve. Tardo más o menos una hora en metro. Desde la puerta de casa hasta la estación de Hirao, con cinco minutos basta. Sí, está muy cerca. Tenía que llegar a Kasumigaseki en la línea Hibiya y hacer transbordo a la Marunouchi. Ésa es mi ruta.

Después del suceso no volví a utilizar la línea Marunouchi. En lugar de eso, hago transbordo al cercanías en Ebisu. No dejé de utilizarla por culpa del atentado, es sólo que así el viaje se hace más corto, unos cuarenta y cinco minutos en total. Últimamente llego tarde al instituto porque me despierto con la hora justa pensando que tengo tiempo de sobra. No es que estudie más que antes por estar en bachillerato... *(Risas.)*

Por mucho que dijeran, la ceremonia de graduación no era nada especial, ya que todos mis compañeros iban al instituto de al lado. Asistimos por obligación.

Salí a las ocho, pero antes de llegar a la estación descubrí que me había olvidado de llevar un formulario para pedir los textos de bachillerato y el dinero para pagarlos. Cuando me di cuenta, estaba a mitad del camino entre mi casa y la estación, por eso volví enseguida. Casi nunca me olvido de nada...

Por culpa de mi descuido ya iba con el tiempo justo. En la línea Hibiya pasan trenes cada tres o cuatro minutos. Me subí a uno más tarde de lo normal. No iba muy lleno. Es muy raro encontrar un sitio libre. Tan sólo había algunas personas que se sujetaban a las correas del pasamanos.

Un rato después, poco antes de llegar a Roppongi, me percaté de que había mucha gente que tosía. Recuerdo que pensé: «Hoy es un día muy raro».

Siempre subo al vagón por la puerta de atrás porque está más cerca de la salida para el transbordo. Pero aquel día no llegué a tiempo y lo hice por la de en medio. Me quedé de pie, distraído. No sé por qué, pero de pronto sentí sofocos y no por respirar mal. «¿Qué me pasa?», me pregunté. Era una cosa rara, tenía dificultad para respirar pero a la vez podía hacerlo con normalidad. No, no recuerdo que oliese a nada especial.

Cuando llegamos a la estación Kamiyacho, el tren estuvo un buen rato detenido. No sabía qué pasaba. Por el altavoz anunciaron: «Ha habido una explosión en la estación Hatchobori, nos detendremos aquí unos minutos». Si era una explosión, el tren no iba a funcionar durante un buen rato. Miré el plano del metro, y de repente mi vista se oscureció, aunque en ese momento no hice mucho caso.

Pensé que debía llamar a casa desde el teléfono público, pero había una cola muy larga. Mientras me planteaba qué hacer, hubo otro anuncio: «Algunas personas se han desmayado en la parte de delante del andén. Hay un objeto sospechoso a bordo. Diríjanse a la salida, por favor».

¿Qué pensaste cuando oíste «objeto sospechoso»?

Pensé: «¿Qué será eso?», aunque en realidad no hice mucho caso. Soy optimista por naturaleza. *(Risas.)* Lo primero que pensé fue que no podía faltar a clase a pesar de que la interrupción de la circulación en el metro era una excusa más que justificable.

En realidad, el tren no paró. Sólo dejaron bajar a los pasajeros del primer vagón y enseguida continuó hasta la siguiente estación. «Para dejar paso a otros trenes, continuamos hasta la siguiente estación. No suban al primer vagón, por favor.» Creo que a partir del segundo vagón sí había gente. Pensé que, en caso de ir hasta Kasumigaseki, tendría que cambiar a la línea Marunouchi. Como en realidad no quería ir al instituto, me bajé del tren y me quedé allí.

Pasé el torniquete y salí a la calle para llamar a casa. Muy cerca de la boca del metro había una cabina de teléfono. Llamé desde allí. Mientras subía la escalera, vi a mucha gente agachada que se tapaba la boca con un pañuelo. Pensé que era a causa del «objeto sospechoso».

Yo también respiraba con dificultad, pero pronto me olvidé porque lo más importante para mí en ese momento era que no iba a ir a clase. *(Risas.)* Después de llamar a casa, empecé a sentirme mal. Tenía náuseas. Estaba todo oscuro, pero como era la primera vez que me bajaba en Kamiyacho, en realidad no conocía el aspecto real de aquel barrio. Cuando volví a casa, seguía igual.

MADRE: Llamó a casa y me dijo: «Parece que ha habido una explosión en Hatchobori y el metro se ha parado». Como a mí me sonaba que aquel día iban a ensayar la ceremonia de graduación y pagar los libros de texto, le dije: «Espera ahí un momento. Voy a llamar al instituto. Llámame otra vez dentro de cinco minutos».

Colgué el teléfono y llamé. No sabían nada del asunto. «Si no se encuentra mal, nos gustaría que cogiera el cercanías y viniera. Es preferible que hagamos todos juntos el ensayo», me dijeron. Mi hijo llamó de nuevo. «Tu profesor me ha dicho esto, así que vete.» «Pero es que no me siento bien», me contestó él. Tenía la tele encendida y en los programas de la mañana ya había empezado el alboroto provocado por el suceso del metro. Decían que había sido por algún tipo de producto tóxico. Le dije: «De acuerdo. Vuelve a casa».

YUSUKE: Volví a casa en taxi desde Kamiyacho. Creo que ya se habían enterado de lo ocurrido y por eso había tantos por allí. Estaba todo lleno de taxis. No me costó mucho encontrar uno libre. Antes de llegar a casa estaba más o menos recuperado. Sólo lo seguía viendo todo oscuro. Mi madre me examinó los ojos y vio que tenía las pupilas muy pequeñas. Fuimos al Hospital de Hirao enseguida.

No había mucha gente. Yo era el tercero en la cola. Ya se habían enterado de lo ocurrido y, cuando les expliqué que venía del metro, me llevaron a urgencias. No pasé por consulta. De repente me pusieron suero. No, no me dolió especialmente, pero dudaba de que mi estado fuera tan grave para eso.

Me quedé sentado en una silla hasta que se terminó el suero. El médico me examinó: «No parece grave. Cuando se termine el suero, puedes irte a casa», me dijo.

Sin embargo, mis pupilas no se recuperaban. Al final tuve que ingresar por si acaso.

Durante todo el tiempo que permanecí en el hospital, estuve conectado a una vía con suero. Me moría de aburrimiento. La cama era sencilla, dura, no pude dormirme hasta las doce. No estaba en una habitación normal, sino en una especie de sala de reuniones que habían dispuesto con veinte camas iguales alineadas. No me quejo, sólo quiero transmitir lo grave de la situación...

Mi apetito era normal. La verdad es que no tuve suficiente con la cena que me dieron y le pedí a mi padre que me trajera algo de comer, además de mi *walkman*. No tenía dolor de cabeza ni náuseas.

MADRE: Mi marido y yo estuvimos junto a nuestro hijo en todo momento. A mediodía salimos al pasillo para comprar unas bebidas en una máquina expendedora y vimos a una persona muerta. «Está muerto», dijo mi marido. Estaba tumbado en una camilla. Ciertamente, había muerto. Llamaron a la mujer de aquel hombre. El médico le dijo: «La acompaño en el sentimiento». Rompió a llorar. La gente que se encontraba en el pasillo eran pacientes leves. Quizá por ese motivo nos lo habíamos tomado con cierta ligereza hasta ese momento: «¡Qué suceso más horrible!». Cosas así eran los comentarios más normales. Pero después de ver aquello, sentí que estábamos muy cerca de una situación así de grave. Nos invadió el pánico. Sentí miedo de verdad.

YUSUKE: Yo no sentí especialmente que estuviera al borde de la muerte. A lo mejor es por ser un optimista...

Al día siguiente me desperté sobre las siete. Me sacaron sangre y me examinaron de nuevo. Después me cambiaron de habitación: «El nivel de colinesterasa se está recuperando favorablemente. Puedes irte a casa. Pero, por si acaso, no hagas deporte durante un mes».

Tenía previsto ir a esquiar a Appi con mi familia, por eso insistí en que me encontraba bien. Pero me dijeron que no había nada que hacer. El nivel de colinesterasa podía ser bajo a pesar de que no apreciara ningún síntoma... Al final suspendimos el viaje. Lo deseaba desde hacía mucho tiempo. Fue una lástima.

Asistí a la ceremonia de graduación. En el hospital me recomendaron que, a ser posible, tirase la ropa que llevaba puesta en el momento del atentado. Pero era el uniforme de la ceremonia y no me podía deshacer de él. Mi madre lo lavó bien en la bañera y lo secó. En cuanto se acabó la ceremonia lo tiramos.

¿Has visto las noticias con frecuencia?

Pues, sí... No comprendo a esa gente de Aum. Me parecen un colectivo muy extraño. ¿Por qué hicieron algo así sólo por un motivo religioso? Abandonar todo y dejar todo tu dinero a la religión... ¿En qué estaban pensando? A mí no me gusta mucho la religión, por eso no me interesa ese asunto, pero sí los autores materiales de crímenes, por ejemplo, Tsutomu Miyazaki, aquel secuestrador de niñas que actuaba en Tokio y Saitama al que detuvieron en el año 1989.

Ya casi se me ha olvidado que me vi envuelto en el atentado del metro. No tengo ocasión de hablar sobre este asunto con nadie. Justo después me preguntaban: «¿Qué tal, qué sentiste?». Mi respuesta siempre era muy simple: «Nada especial. Estoy bien».

Mis profesores parecían preocuparse mucho por mí, pero tengo la impresión de que entre mis amigos lo comentaron más sólo por el hecho de que dijeran mi nombre en la tele.

MADRE: Mi hijo es increíble. Es capaz de mantener la calma pase lo que pase. Nunca pierde los nervios. Quizá sea una indiscreción decirle algo así, pero para él fue más importante el hecho de recibir dinero de sus familiares cuando lo felicitaron por graduarse. Además, la Autoridad del Metro nos dio diez mil yenes. No supe cómo interpretarlo, porque ellos mismos también son víctimas.

YUSUKE: Sí. Me lo gasté todo en maquetas de tren y cosas así.

«Si no existe un peligro inminente,
muchas amenazas nos pasan inadvertidas.»
KATSUMI NAKASHIMA (48)

La experiencia del señor Nakashima el 20 de marzo de 1995 se asemeja mucho, extrañamente, a la del señor Kozo Ishino. Ambos se vieron envueltos en el atentado en la estación de Kasumigaseki después de hacer un trayecto parecido, y ambos sufrieron, más o menos, las mismas lesiones. Hay cierta diferencia de edad entre ellos, pero los dos son mandos en las Fuerzas Aéreas de Autodefensa. Son miembros de una élite graduada en la Academia de Defensa. Hasta su trayectoria profesional es similar: ninguno de los dos consiguió ser piloto y no les quedó más remedio que desarrollar su carrera en el servicio en tierra. Se conocen, ya que trabajaron juntos en el mismo destino. Sin embargo, debo aclarar que las entrevistas a estas dos personas fueron casuales y nada tiene que ver con el hecho de que se conozcan.

Tienen una forma de hablar elegante, con buenos modales pero decidida. Sus experiencias en el atentado eran muy valiosas, precisamente por el hecho de pertenecer a las Fuerzas de Autodefensa. Quizá no sea la forma más adecuada de expresarlo, pero por su aspecto diría que parecen más «tecnócratas» aficionados al deporte que militares.

Después de realizar estas dos entrevistas me di cuenta de lo difícil que resulta hablar con funcionarios. Son muy discretos y lo más importante para ellos es el anonimato. Al producirse el atentado en la estación de Kasumigaseki debió de haber un considerable número de víctimas entre los funcionarios de las oficinas gubernamentales que abundan en esa zona. Por desgracia, no pude escuchar sus historias. Sin embargo, en el Ministerio de Defensa se mostraron en todo momento muy cooperativos y aceptaron mi petición de entrevista de buena gana. Quisiera aprovechar estas páginas para agradecérselo de nuevo.

Nos reunimos en la amplia y luminosa oficina que el señor Nakashima tiene en la base aérea de Iruma. No aparenta en absoluto sus cuarenta y nueve años. Tiene un físico juvenil, el pelo negro y una postura erguida. Es el jefe del Estado Mayor de las Fuerzas Aéreas de Autodefensa.

El principal motivo por el que ingresé en la Academia de Defensa fue por haber suspendido el examen para entrar en la universidad donde pretendía estudiar. Otro motivo importante es que provengo de una familia de militares. Mi padre y mi abuelo se graduaron en la Academia, así que yo soy la tercera generación. El hermano menor de mi padre, ya jubilado, se graduó también en la Academia y prestó servicio en las Fuerzas Terrestres de Autodefensa durante la posguerra. Él me recomendó entrar en el Ejército.

Desde el primer momento quise ser piloto, pero antes de lograrlo me rechazaron. La formación comienza con un avión de un solo motor de hélice, después se pasa a uno de propulsión, también de un solo motor y, finalmente, a los de combate. En mi caso me declararon no apto durante el periodo de entrenamiento en el monomotor de propulsión. En los ejercicios de vuelo en solitario, de despegue y aterrizaje, lo hice bien, pero en formación me costaba mantener la posición. Me dijeron: «Eres más adecuado para el servicio en tierra». En formación se vuela a una distancia de un metro y es muy difícil mantenerse así.

Me supuso un disgusto tremendo. Estuve a punto de dejarlo, pero no tenía ninguna alternativa de trabajo si lo hacía. Fue en el año 47 de la era Showa (1972).

Mi primer destino en tierra fue en la base de radares de la prefectura de Chiba. Allí estuve destinado durante un año. Aún volaban unos aviones rusos que llamábamos los «Tokio Exprés». Venían por el Pacífico y su objetivo era interceptar las ondas radioeléctricas de Japón. Solían ser bombarderos o aviones de reconocimiento. Teníamos que codificar nuestras señales para que no las interceptasen. Ahora ya no vuelan tanto, pero antes era algo constante.

Después de aquello volví a la Academia de Defensa para formarme en guerra tecnológica. Me especialicé en ingeniería electrónica, concretamente en ondas radioeléctricas. El título era comparable al de un máster en la universidad. Después de eso me destinaron a la base de Iruma. Mi trabajo consistía en evaluar el rendimiento de un radar terrestre cuando se instala.

Todos los que utilizamos en las Fuerzas de Autodefensa de Japón son de fabricación nacional. Principalmente de Mitsubishi y NEC. Nosotros hacemos primero la especificación y ellos lo fabrican en función de eso. Cuando nos lo entregan, confirmamos que cumpla todos los puntos de la especificación. Normalmente no hay necesidad de volver a configurarlos, porque están muy bien hechos. Eso no quiere decir, sin embargo, que no encontremos algún fallo grave muy de vez en cuando, por ejemplo, errores en el *software*.

He estado destinado en varios lugares. En el Cuartel General del Aire de Fuchu, en Ichigaya... Al final me destinaron al departamento de personal del Cuartel General de Roppongi. Es un trabajo de mucha responsabilidad ya que tenía que decidir sobre traslados y ascensos de otras personas.

En ese mismo destino, trabajé también en la división técnica, en la de defensa y en el Centro de Investigación de Defensa. Me trasladaron dos años a la oficina de enlace provincial de Kochi. Me dedicaba, entre otras cosas, al reclutamiento para las Fuerzas de Autodefensa. ¿El reclutamiento? No era tan difícil. Hay un número asignado que se debe cubrir, pero en ese momento había tantos aspirantes que incluso teníamos que rechazar a muchos de ellos. Fue en la época del estallido de la burbuja. Antes de eso, los recién graduados en la universidad se colocaban sin problemas en las empresas privadas, los negocios marchaban bien, pero cuando la bonanza se acabó, muchos se reorientaron hacia trabajos en la Administración. En Kochi, además, es relativamente fácil convocar a aspirantes, pero, sin duda, donde más hay es en Kyushu. Allí existe una gran tradición militar y la aprecian mucho.

Después regresé a Roppongi y me asignaron al Estado Mayor de las Fuerzas Aéreas de Autodefensa. Fue mientras trabajaba allí cuando ocurrió lo del sarín.

Me casé con veinticuatro años mientras aún estudiaba para piloto. La Academia de Defensa está en Yokosuka. Mi mujer es de allí. Tenemos dos hijos, una hija de veintitrés años y un hijo de veintiuno. La chica se va a casar el año que viene. Mi hijo aún estudia en la universidad, pero no parece que quiera ingresar en el Ejército.

Vivimos en Higashi-Kurume, en la línea Seibu-Ikebukuro. Compramos nuestra casa justo antes del comienzo de la burbuja, en el año 60 de Showa (1985). En aquel momento aún se podían comprar casas. Trabajo en Iruma o en Tokio indistintamente, por eso me pareció una buena idea comprar algo a mitad de camino. El centro de Tokio era prohibitivo, así que nos decidimos por las afueras. En ese momento era una zona asequible. Un año después de comprarla, la inmobiliaria nos dijo: «Ahora habría que añadir diez millones de yenes a su precio original, ¿por qué no nos la venden?». Podía haberlo hecho, pero si tenía que comprarme otra casa igual de cara, al final resultaba lo mismo. *(Risas.)*

Según lo que ha contado, prestó usted servicio en varios puestos en un periodo relativamente corto de tiempo. ¿Se puede decir que es parte del proceso de formación?

Sí, supongo que sí. Después de todo, no se puede entrar en el Estado Mayor con tan sólo una formación técnica. No obstante, no se lo puedo asegurar ya que estoy en una posición en la que me cambian de destino al margen de mi voluntad. *(Risas.)*

El día 20 de marzo del año pasado fui al trabajo desde Higashi-Kurume hasta Roppongi. Era un día como los demás, no había nada extraordinario. Únicamente salí de casa media hora antes de lo normal porque antes de empezar a trabajar debía informar de un asunto a mi superior, el director del departamento técnico. Por eso tenía intención de llegar a Roppongi aproximadamente a las ocho y media de la mañana. En condiciones normales basta con llegar a las nueve y cuarto.

Cuando voy a Tokio, tengo que caminar diez minutos hasta la estación de Kurume, de la línea Seibu. En Ikebukuro cambio a la línea Marunouchi hasta Kasumigaseki y luego vuelvo a hacer transbordo a la línea Hibiya, hasta Roppongi. Tardo aproximadamente dos horas. Es un trayecto agotador, pero es mi rutina y al final uno se acostumbra. Ahora mismo trabajo en Iruma, en dirección contraria, así que hay mucho más sitio en el tren y el desplazamiento es más corto y confortable. No gasto energía yendo en transporte público y la falta de ejercicio físico me preocupa.

Voy en traje al trabajo. Podría ponerme el uniforme, pero nos recomiendan que no lo hagamos en la medida de lo posible si vivimos en la ciudad. Los que viven en provincias sí lo llevan, pero ir así en un tren a rebosar de gente no parece lo más oportuno. No hay una regla escrita que nos diga cómo debemos vestir. Es una elección libre. Hay gente incluso que va sin corbata.

Cuando llegué a la estación de Kasumigaseki, escuché por la megafonía del recinto un anuncio que notificaba un accidente en Kayabacho o en alguna otra estación de la línea Hibiya, que había suspendido el servicio. No dijeron cuándo iba a quedar restablecido. Creo que fue alrededor de las 8:10 de la mañana. Llegué hasta el andén de la línea Hibiya y allí vi bastante gente. Esperaban con la esperanza de que pronto llegase el tren.

Esperé cinco minutos. Estaba al final del andén, en dirección a Naka-meguro, como si dijéramos. No había ningún tren en ese momento. Poco después entró uno vacío por la vía de enfrente. Mi destino era Naka-meguro y aquel tren se dirigía a Kita-senju. Paró, abrieron las puertas y anunciaron: «Tren sin servicio. Este tren no presta servicio». A mí no me afectaba, ya que mi destino se hallaba en dirección contraria.

Por mucho que esperamos, el tren para Naka-meguro no llegó. Oí un nuevo anuncio por megafonía: «La línea Chiyoda funciona con normalidad». Pensé en esa alternativa para llegar hasta Nogizaka, ya que no parecía que hubiera otro remedio. Cambié al andén contrario para dirigirme a la salida que llevaba a la línea Chiyoda. Tuve que abrirme paso entre la multitud. Como estaba tan atestado, subí al tren para avanzar más rápidamente. Seguía allí parado con las puertas abiertas. No estuve dentro mucho tiempo, tan sólo unos segundos. Cuando al final llegué a la línea Chiyoda, vino el tren. Subí a toda prisa. En ese mismo momento me dio un extraño ataque de tos. No fue como cuando te hace toser el humo del tabaco, era algo más peculiar.

Supongo que se debió a la corriente de aire provocada por el tren al entrar en la estación. Eso debió de arrastrar el sarín, pero no llego a comprender de dónde vino.

No lo sé, pero puede que lo inhalase mientras esperaba en el andén de la línea Hibiya. Uno de los trenes procedentes de Naka-meguro causó graves daños en Kamiyacho a las 8:13 de la mañana. Fue el mismo que se dirigió después a Kasumigaseki. Si era ése, el suelo del primer vagón debía de estar impregnado de sarín. Llegó a Kasumigaseki con el primer vagón vacío, pero en los demás debía de haber algunos pasajeros.

Creo recordar que llegó sin pasajeros, pero puede que hubiera algunos. Yo esperaba justo aquí, en el andén de la línea Hibiya. *(Señala el mapa.)* Sí, ése era el primer vagón del tren de Naka-meguro, es decir, el vagón donde derramaron el gas.

Mientras esperaba, el tren entró en dirección contraria. Abrieron las puertas, el sarín salió y usted lo inhaló. En ese momento no percibió nada, pero mientras caminaba empezó a notar los síntomas. ¿Es posible que ocurriera así?

Sí, así sucedió. Fue cuestión de mala suerte esperar justo en aquel lugar, pero lo cierto es que no olía absolutamente a nada.

En la línea Chiyoda no ocurrió nada extraordinario. Sólo recuerdo que en el andén de la estación de Kokkaigijido-mae había dos mujeres sentadas en un banco con la cabeza agachada. Un encargado de la estación cuidaba de ellas. Pensé que sería una lipotimia o algo por el estilo. Las mujeres sufren a menudo cosas así. Lo que me extrañó es que les sucediera a dos al mismo tiempo. Por lo demás, no había nada raro.

Me bajé en la estación de Nogizaka y, nada más salir a la calle, me di cuenta de que estaba oscuro. Pensé que se había nublado. Miré al cielo. Estaba completamente despejado. «¡Qué raro!», pensé. Excepto esa sensación de oscuridad, no tenía ningún otro síntoma. Podía caminar con normalidad, en realidad fue sólo un momento de confusión y no le di mayor importancia.

En la oficina, la televisión estaba encendida. Se veía una gran agitación, ambulancias por todas partes. Me pareció que la sala también estaba en penumbra, pero no lo relacioné en ningún momento con lo que veía en la tele. Mi cuerpo estaba en perfecto estado.

Teníamos programada una reunión informativa a partir de las 9:30 de la mañana. Acudí con mi superior. Antes de que empezara, uno de los directores de departamento que estaba sentado frente a mí comentó: «He visto una de esas bolsas con sarín». Le había afectado a los ojos y lo veía todo oscuro. «Si le digo la verdad, yo también lo veo todo oscuro», dije yo. «Entonces también le ha afectado a usted.» En ese momento no pensamos que se tratase de algo grave. Por supuesto que sabía lo del incidente Matsumoto, pero ¿cómo iba yo a pensar que me vería envuelto en algo parecido?

Después del mediodía ingresé en el Hospital Central de las Fuerzas de Autodefensa de Japón, en Setagaya. Sólo por una noche. Al día siguiente me dieron el alta, pero seguía viendo borroso. La contracción de las pupilas duró un mes. Todo ese tiempo llevé gafas de sol. No sé si fue por el atentado, pero desde entonces llevo gafas graduadas.

A propósito, recuerdo que una semana antes del suceso vi un bolso sospechoso en la entrada de la estación de Sakuradamon, el pasillo que conecta la línea Marunouchi y la Hibiya. Presencié cómo prohibieron el paso por el pasillo. Acudieron los bomberos y la policía y los empleados de la estación acordonaron la zona. Ocurrió más o menos a las 8:30 de la mañana.

Tampoco me preocupé especialmente entonces, pero ahora me doy cuenta de que si hubiera sido una bomba y hubiera llegado a explotar, habría muerto mucha gente. No se puede impedir una explosión simplemente echando agua con la manguera de los bomberos. Aunque nos habían dicho que evacuáramos, nadie hizo mucho caso de la advertencia. Si no existe un peligro inminente, muchas amenazas nos pasan inadvertidas.

«En Japón no existe un sistema de alerta temprana que permita gestionar de forma adecuada las grandes catástrofes.»
DOCTOR NOBUO YANAGISAWA (nacido en 1935)
Director del departamento de medicina de la Universidad de Shinshu, prefectura de Nagano

Como expliqué en el prólogo, los testimonios de este libro son el resultado de entrevistas realizadas personalmente por mí, pero en el caso del doctor Yanagisawa, no logramos encontrar un hueco. Fue mi asistente, Hidemi Takahashi, quien acudió a Matsumoto, en Nagano, para hablar con él.

En un principio quería conocer sus circunstancias en el día del atentado y no teníamos previsto incluir su testimonio en el libro. Sin embargo, el contenido de la charla fue tan interesante y valioso que al final nos decidimos a publicarlo. La entrevista duró una hora y se realizó en el despacho del director del departamento de medicina de la Universidad de Shinshu. La redacción final del texto es mía.

El 20 de marzo, cuando tuvo lugar el atentado en el metro de Tokio, era el día de la graduación en la Universidad de Shinshu. Como director del hospital, tenía la obligación de asistir a las distintas ceremonias que se celebraban. Por eso iba vestido para la ocasión. Tenía también una reunión del comité de admisiones y no programé nada más. Fue un golpe de suerte en mitad de un enorme infortunio.

Otra cosa: había investigado el incidente Matsumoto y había publicado mis conclusiones, que debían aparecer ese mismo día. Así es como sucedieron las cosas.

El caso es que aquella mañana un periodista del *Diario de Shinano* llamó a mi secretaria. Le dijo: «Ha sucedido algo extraño en Tokio. Algo parecido a lo del incidente Matsumoto». Me enteré a las 9 de la mañana. «¿Y ahora qué?», pensé. Encendí el televisor y me enteré de que todas las víctimas presentaban los mismos síntomas de intoxicación por organofosfatos: dolor de ojos, lagrimeo, visión borrosa, moqueo, vómitos... No pude ver lo suficiente, sin embargo, para concluir de una manera determinante que el sarín era la causa.

Una de las víctimas dijo que tenía las pupilas contraídas. Se acercó a la cámara: «Me miré al espejo y me di cuenta de que mis pupilas eran diminutas», explicó. Era un síntoma más de intoxicación por organofosfatos. Comprendí que para causar semejante daño en un lugar como el metro debían de haber utilizado algún tipo de gas. Teniendo en cuenta, por tanto, que los organofosfatos son los componentes principales en la fabricación de armas químicas, sólo podía tratarse de sarín, soman, o cualquier otro agente nervioso, tabún o esa clase de compuestos. Lo mismo que en el incidente Matsumoto.

Cuando encendí la televisión ya habrían llevado al Hospital San Lucas a unas mil personas. Me imaginaba perfectamente la situación: el personal médico tenía que estar viviendo un auténtico infierno, existía incluso el riesgo de que se produjera algún ataque de pánico. Estaba muy preocupado.

Nosotros nos encontramos en un verdadero aprieto cuando lo del incidente Matsumoto, al ingresar todos aquellos pacientes con unos síntomas que ni conocíamos ni entendíamos. Nada más descubrir que se trataba de una intoxicación por organofosfatos actuamos en consecuencia, pero no teníamos la más mínima idea de que se trataba de sarín. Teníamos experiencia con los organofosfatos. Por fortuna, gracias a eso fuimos capaces de salvar a los pacientes más graves. Pensé que lo más adecuado sería transmitir esa experiencia a todos los hospitales y centros que se hacían cargo de las víctimas del atentado.

Llamé de inmediato a dos colegas de neuropatología y urgencias. Les dije que se pusieran en contacto con el Hospital San Lucas y con los otros centros donde habían llevado a las víctimas del atentado. Enviamos por fax a todos los hospitales que citaron en la tele la información de la que disponíamos. «Tienen que tratarlo con sulfato de atropina, con antitoxina 2-Pam, etcétera».

Lo primero que hice fue llamar personalmente al Hospital San Lucas. Fue entre las 9:10 y las 9:30. No pude comunicar con ellos, pero al menos conseguí hablar con alguien por el móvil. «Póngame con la persona responsable del servicio de urgencias», le exhorté. Le hice un breve resumen de la situación. «Tienen que hacer esto y lo otro para tratar los casos que les llegan.» Les dije que les enviaría por fax una información más detallada. En condiciones normales debería habérselo comunicado todo al responsable de turno del hospital, pero pensé que sería más rápido y eficaz si se lo decía a los médicos que atendían a los pacientes. A pesar de todo, se produjo algún tipo de confusión porque, como me enteré más tarde a través de un empleado del hospital, se pusieron a examinar sus archivos para determinar de qué toxina se trataba. No hicieron nada hasta las once de la mañana.

Comenzamos a enviar los faxes alrededor de las diez. Yo debía asistir a la ceremonia de graduación, así que les pedí a mis compañeros de neuropatología y urgencias que se hicieran cargo. Encima de mi mesa había un ejemplar del informe sobre el incidente Matsumoto y el gas sarín. En él explicaba los síntomas, el diagnóstico y el tratamiento para ese tipo de envenenamiento. Los dos se quedaron enviando copias sin parar. Aún pienso en lo afortunados que fuimos de tener el informe a mano, pero era tan voluminoso y había que enviarlo a tantos sitios, que supuso un esfuerzo enorme.

Lo más importante en una catástrofe es el triaje, es decir, clasificar y priorizar a los pacientes que deben recibir tratamiento. En el atentado de Tokio, los casos más graves tenían prioridad en el tratamiento, mientras que los más leves había que prepararlos para que se recuperasen por sí mismos poco a poco. Si hubieran decidido atender a todas las personas que ingresaban sin distinción y por el orden en que llegaban, se habrían perdido muchas vidas. Si no se comprende bien la situación, si no deja de llegar gente al hospital que grita y dice que no puede ver, la situación se puede descontrolar hasta derivar en pánico.

El dilema de los médicos es decidir quién tiene prioridad: el paciente que no puede respirar o el que no puede ver. Los juicios difíciles llegan siempre en situaciones peligrosas. Es lo más duro de nuestra profesión.

¿Existe algún tipo de manual sobre cómo actuar en casos de desastre, una especie de guía a la que puedan recurrir los médicos?
No. No hay nada así. Nosotros tampoco teníamos mucha idea sobre cómo actuar hasta lo del incidente Matsumoto.

El triaje de urgencias es un concepto muy importante que se enseña en la Facultad de Medicina. Cerca de Matsumoto hay una localidad que tiene una ambulancia en la que va siempre un médico. El día del incidente Matsumoto, estaba de turno un especialista en neurocirugía que organizó muy bien la clasificación por gravedad de las víctimas. Dejó a los que ya habían fallecido y se hizo cargo sólo de los que aún tenían posibilidad de salvarse. Fue una decisión muy inteligente.

Cuando volví a mediodía, los teléfonos no dejaban de sonar. Nos pedían información desde todas partes, de todos los lugares donde atendían a las víctimas. Fue un día verdaderamente caótico. El fax no descansó ni un segundo.

De haber sido un día normal sin ceremonia de graduación, habría estado hasta el cuello de trabajo desde las 8:30 de la mañana, de una

215

cosa a la otra sin un momento para respirar. Incluso en el caso de que alguien me hubiera dicho que pasaba algo raro en Tokio, no habría tenido tiempo de encender el televisor como mínimo hasta la hora del almuerzo. Estoy convencido de que no habríamos sido capaces de actuar con tanta rapidez. Fue todo una afortunada coincidencia.

De hecho, lo mejor habría sido ponernos en contacto directamente con los bomberos para explicarles la situación, que ellos se hubieran hecho cargo de pasar la información a quien correspondiera. Nosotros no teníamos forma de saber si nos iban a hacer caso o cuándo. Por mucho que llamase directamente el responsable del Hospital Universitario de Shinshu, dudo que lo atendieran como debían. Juzgamos que en el caso de una emergencia como aquélla, lo más efectivo era llamar a los hospitales. La verdad es que lo intentamos, pero no logramos contactar con ellos.

La lección más importante que aprendimos en el atentado de Tokio, así como en el incidente Matsumoto, fue que cuando ocurre algo grave de verdad, las unidades locales deben ser extremadamente rápidas en su capacidad de respuesta, pero el panorama general, bien al contrario, es desesperanzador. En Japón no existe un sistema de alerta temprana que permita gestionar de forma adecuada las grandes catástrofes. No hay una cadena de mando bien definida. Sucedió exactamente lo mismo en el terremoto de Kobe de 1995.

Estoy seguro de que tanto en el atentado de Tokio, como en el incidente Matsumoto, los servicios médicos respondieron bien. Los servicios paramédicos hicieron asimismo un gran trabajo, estuvieron a la altura de las circunstancias. Todas las alabanzas son pocas. Como dijo un experto norteamericano en este tipo de casos, tener cinco mil víctimas afectadas por gas sarín y tan sólo doce muertos es casi un milagro. Y todo gracias a los extraordinarios esfuerzos de las distintas unidades locales, porque el sistema general de emergencia resultó inútil.

Enviamos faxes al menos a treinta centros médicos y hospitalarios. En las noticias de las 7 de la mañana del día siguiente, informaron de que había setenta heridos graves. Lo fundamental en casos de envenenamiento por gas sarín es que incluso los casos más graves pueden llegar a recuperarse en el transcurso de unas horas si reciben el tratamiento adecuado. Saber eso supone una enorme diferencia.

Honestamente, estaba convencido de que tenía que dar a conocer todo lo que habíamos aprendido, lo que sabíamos, por eso llamé a la Oficina de Salud Pública de Tokio. Hasta pasadas las 8:30 no logré hablar con nadie. La persona que me atendió me dijo algo así como: «Todos tenemos mucho trabajo que hacer. ¿Qué sentido tiene eso que me dice usted ahora?».

Los bomberos tendrían que haber llegado antes al lugar del atentado, monitorizar la situación, establecer equipos de triaje, darles instrucciones oportunas y precisas. De esa manera, las ambulancias podrían haber respondido de un modo adecuado en los lugares donde se las necesitaba. Muy probablemente, los médicos del servicio de urgencias tendrían que haber estado con ellos. Un aporte efectivo por parte médica es crucial si se pretende que la gente no se deje vencer por el pánico.

Si ocurre algo así en el metro, hay que indicar de inmediato a los equipos de rescate qué material necesitan y qué criterios tienen que aplicar para priorizar la atención a las víctimas. En caso contrario, lo más probable es que ocurra una especie de «desastre secundario».

Para serle totalmente sincero, teniendo en cuenta el modo en que funcionan las cosas entre los médicos, resulta casi impensable que alguien se salga del camino que tiene trazado y se ponga a enviar *motu proprio* información que nadie le ha solicitado. Lo primero que uno piensa es no decir nunca demasiado, no sobrepasar en ningún caso la posición que uno tiene asignada.

Sin embargo, en el atentado yo también tenía otros motivos para actuar como actué. Una de las siete víctimas mortales en el incidente Matsumoto fue una estudiante mía de medicina en la Universidad de Shinshu. Una chica excelente que por sus méritos tendría que haberse graduado aquel día. Eso es lo que me hace seguir adelante.

Línea Hibiya (procedente de Kita-senju, destino a Naka-meguro)
Tren A720S

El equipo formado por Yasuo Hayashi y Shigeo Sugimoto fue el encargado de colocar los paquetes con el gas sarín en el tren de la línea Hibiya en dirección sudoeste con destino a Naka-meguro, procedente de Kita-senju.

Yasuo Hayashi nació en Tokio en 1957. Tenía treinta y siete años en el momento del atentado. Aparte de Ikuo Hayashi (de quien no se conocen datos personales), era el miembro de más edad adscrito al ministerio de ciencia y tecnología de Aum, líder adjunto bajo el mando directo de Hideo Murai. Yasuo tenía formación científica, pero al contrario de esa protegida especie de «pura raza», la élite científica que formaban Ikuo Hayashi, Toyoda e Hirose, a él no le quedó más remedio que soportar duros contratiempos. Su padre trabajó en la Japan Railway (JR) antes de que privatizaran la empresa. Murió hace ya veinte años. Él fue el pequeño de tres hermanos y su madre le malcrió a pesar de sus magros ingresos.

Después de terminar el instituto en horario partido, se matriculó en la Universidad de Kogakuin para estudiar inteligencia artificial. Sin ninguna perspectiva de encontrar trabajo fijo después de graduarse, deambuló como temporal de empresa en empresa hasta que finalmente se marchó al extranjero. En India despertó a la religión y comenzó a frecuentar distintas *ashram,* comunidades espirituales centradas en la práctica del yoga. Al final topó con Aum y se hizo devoto de Shoko Asahara. Tomó votos en 1988. Ascendió hasta el número tres en la dirección del ministerio de ciencia y tecnología de Aum.

Se dice de él que fue uno de los más acérrimos defensores del culto, lo cual no le impedía tener una cara amable. De hecho, muchos jóvenes conversos llegaron a considerarle una especie de «Gran Hermano». La mañana del 20 de marzo, cuando los autores materiales del atentado recibieron los paquetes con el gas sarín en la sesión de entrenamiento en Satyam número 7, Yasuo Hayashi fue el único en recibir tres. El paquete extra era uno que presentaba ciertas imperfecciones.

Él mismo lo había pedido. Todo formaba parte de un ritual para «probar el carácter» ideado por Hideo Murai (y muy probablemente por el propio Asahara). ¿Quién de los cinco se haría cargo de ese paquete defectuoso? Era la pregunta que se plantearon para descubrir al más entregado de los fieles. Cuando Hayashi se adelantó sin titubear, Murai sonrió. Hirose, que estaba allí presente, recordaba apesadumbrado la escena: «Parecía como si Murai hubiera ganado una apuesta».

Asahara sospechaba que Yasuo Hayashi era en realidad un espía. Cuando se enteró, a Hayashi le afectó profundamente y provocó que exagerase mucho más su «empuje», su «entrega» y sus dotes de matón. El resultado de su actitud es que en el tren de la línea Hibiya contra el que atentó fue donde se produjo el mayor número de heridos y víctimas mortales. Perforó los tres paquetes...

Yasuo Hayashi se dirigió a la estación de Ueno en un coche conducido por Shigeo Sugimoto. Durante el trayecto envolvió los paquetes en papel de periódico. Tenía orden de subir al tren A720S de las 7:43 de la mañana, procedente de Kita-senju. En la estación de Ueno montó en el tercer vagón, dejó los paquetes en el suelo y, cuando el tren llegó a Akihabara, dos paradas más tarde, los perforó en repetidas ocasiones con la punta afilada de su paraguas. De los cinco autores materiales, él fue quien hizo un mayor número de agujeros en los paquetes. Se apeó en Akihabara, salió a la calle, se subió al coche en el que le esperaba Sugimoto y regresó al *ajid* de Shibuya. Eran aproximadamente las 8:30. Cumplió con su obligación sin ningún contratiempo, sin el más mínimo atisbo de duda o titubeo.

El gas sarín comenzó a esparcirse y a desprender olor poco después de que él saliera del vagón. Cuando el convoy llegó a Kodenmacho, la siguiente estación, los pasajeros empezaron a sentirse mal. La gente se fijó en aquel líquido que se derramaba bajo los papeles de periódico. Ya había un charco alrededor. Uno de los pasajeros atribuyó a eso su malestar y sacó a patadas los paquetes al andén de la estación. El gas se dispersó enseguida en la atmósfera del diminuto andén de la estación de Kodenmacho. Murieron cuatro personas entre las que se encontraba Eiji Wada, un empleado de la tabacalera japonesa.

Mientras tanto, el tren A720S prosiguió su trayecto con el sarín derramado por el suelo. El número de víctimas aumentaba con cada nueva parada, Ningyo-cho, Kayabacho, Hatchobori... Se había convertido en un auténtico tren del infierno.

A las 8:10, poco después de dejar atrás la estación de Hatchobori, un pasajero que se sentía incapaz de mantenerse en pie apretó el botón de emergencia del vagón. Sin embargo, de acuerdo con la normativa, el tren no se puede detener en mitad de un túnel, por lo que continuó hasta llegar a la siguiente estación, Tsukiji. Cuando se abrieron las puertas, se derrumbaron cinco o seis pasajeros en pleno andén. Un encargado se acercó corriendo. Pasó mucho tiempo hasta que el personal de la Autoridad del Metro se percató de que algo iba mal. Nada más hacerlo, se dejó el tren fuera de servicio y se solicitó asistencia médica urgente. La primera comunicación que salió de Tsukiji hacia el centro de control fue la del conductor, que informaba: «Algo ha explotado en el tren provocando un humo blanco. Hay muchos heridos». Por eso se habló del atentado a partir de ese momento como la «explosión en la estación de Tsukiji». La noticia corrió como la pólvora por toda la red del metro.

Los responsables de Tsukiji pronto se dieron cuenta de que se no se trataba de explosivos. «¡Gas venenoso!», gritaron para evacuar la estación tan rápido como fuera posible. El Mando Central de la Autoridad del Metro tardó en reaccionar: pasaron veinte minutos —eran las 8:35—, hasta que tomaron la decisión de cerrar por completo la línea Hibiya. Fue entonces cuando llegó el aviso de emergencia: «Evacuen a todos los pasajeros. Después evacuen a todo el personal del metro».

En las cinco estaciones del recorrido murieron un total de ocho personas. Doscientas setenta y cinco resultaron gravemente heridas. Una catástrofe sin paliativos.

Yasuo Hayashi, «la máquina de matar», se dio a la fuga. Vivió escondido hasta diciembre de 1996, casi un año y nueve meses después del atentado. Finalmente, lo arrestaron en la isla de Ishigaki, en Okinawa, a miles de kilómetros de distancia de Tokio. Durante todo el tiempo que duró su huida, llevó consigo un pequeño altar budista para consolar a las almas de las personas que se había llevado por delante.*

---

* Cuando se imprimió el libro en Japón, tanto Yasuo Hayashi como Shigeo Sugimoto continuaban en pleno juicio. En diciembre de 1999, el fiscal pidió para ellos la pena de muerte. *(N. de los T.)*

«¡Basta ya de noticias que ponen a Aum por las nubes! Es absurdo.»

ATSUSHI HIRANAKA (51)

El señor Hiranaka trabaja en una empresa dedicada a la moda en pleno centro de Tokio. Está a cargo de la administración general y la contabilidad. Es un contable con años de experiencia y no tiene relación directa con la producción ni con la venta de ropa. Pero quizá por dedicarse a ese sector viste con pulcritud y sencillez, haciendo gala de buen gusto. Es resuelto al hablar y se expresa con franqueza, lo que me recuerda el carácter de los tokiotas de los barrios populares. En ningún momento aprecié ambigüedad alguna en su conversación. Da la impresión de que por carácter no le gustan las cosas taimadas o retorcidas.

Su familia está compuesta por cinco miembros: su mujer, él y tres hijos. Asegura que, tanto personalmente como desde una perspectiva social, siente una furia sin reservas hacia la secta responsable del crimen del gas sarín. De igual manera, no se olvidó de lanzar mordaces comentarios dirigidos a los medios de comunicación y a la policía. Es posible que pueda dar la impresión de ser un tanto impaciente, pero en ningún momento dejé de pensar que era una persona honrada y franca.

Nos encontramos para realizar la entrevista un sábado por la tarde del mes de febrero en una cafetería de un hotel de Aoyama. Nevaba. Movía la cabeza como si aún estuviera atónito: «Al vivir en Japón, un país tan seguro, nunca pensé que podría ocurrir algo así, y sin embargo sucedió».

El recorrido que tengo que realizar a diario para ir a trabajar empieza en la estación X hasta Kayabacho en la línea Tozai. Allí hago transbordo a la línea Hibiya y continuó hasta la estación Y. Un desplazamiento aproximado de una hora. El tren siempre va atestado. Debería usted hacerlo algún día para probar. La línea Tozai es especialmente horrorosa. Si uno levanta el brazo, ya no lo puede bajar. Es posible que sea la línea más concurrida del metro de Tokio.

En general llego al metro a las 8:15 de la mañana. Sin embargo, los lunes tengo reunión, así que no me queda más remedio que salir antes de lo habitual, más o menos veinte minutos antes. Aquel día llegué a Kayabacho aproximadamente a las 8 y continué con la línea Hibiya en dirección a Naka-meguro sobre las 8:02. La reunión empieza a las 9:15, pero intento llegar a la oficina media hora antes.

La línea Hibiya iba llena, como siempre. No pude sentarme, por supuesto. Oí que habían derramado el sarín en el tercer vagón, pero yo viajaba en el cuarto, al fondo del todo, casi en el quinto de hecho. Leía un libro agarrado con una mano a la correa del pasamanos cerca de la parte trasera. No me acuerdo del título, creo que era una novela histórica. Sí recuerdo que me llegó un olor a disolvente. Estoy seguro de que era eso. Me acuerdo que empecé a notarlo cuando pasamos por Hatchobori.

El olor llegó hasta donde yo estaba, porque muchos pasajeros del tercer vagón empezaron a moverse hacia el cuarto. Al hacerlo abrían la puerta que hay entre los dos vagones y se colaba la corriente de aire. «Huele a algo», pensé. Hay chicas que se pintan las uñas en el tren e imaginé que era eso. Un olor parecido a quitaesmalte o a algún tipo de disolvente, pero no me molestó especialmente.

Cuando el tren entró en la estación de Tsukiji, oí un grito: «¡Socorro!». Era la voz de una mujer que debía de estar muy cerca, cuatro o cinco metros más adelante como mucho. Es decir, en el tercer vagón. Al principio pensé que se trataba de una pelea. «¿Ya desde por la mañana?», me pregunté. En el andén había tanta gente de pie que me impedía ver a la persona que había gritado.

Poco después dieron un aviso por la megafonía del tren: «Una pasajera ha sufrido un ataque repentino. Nos detendremos un momento en la estación». Mientras tanto, fuera del tren el tumulto no dejaba de aumentar. Aproveché para sentarme y continuar con la lectura de mi libro. Se produjo un nuevo aviso: «Ha tenido lugar un accidente. El tren se detiene en esta estación. Por favor, rogamos a todos los pasajeros que bajen del tren». No dieron más explicaciones.

Me apeé. En la parte de delante la gente estaba hacinada. Volví a notar el olor a disolvente. Un nuevo comunicado: «¡Gas tóxico! ¡Evacuen de inmediato el recinto de la estación!».

Como en la parte delantera del andén se había producido una aglomeración, todo el mundo se dirigió hacia los torniquetes situados en la parte posterior, hacia la salida de Kayabacho. Todavía se notaba el olor, pero el olfato humano se acostumbra rápido a todo y se insensibiliza.

Yo también caminé hacia la salida. Cerca de los torniquetes la gente se detenía como si no hubiesen abandonado del todo la esperanza de que pronto llegara otro tren. Por mi parte pensaba: «No sé qué hacer si no hay más trenes». En el área de descanso de los empleados de la estación y cerca de la zona de venta de billetes había tres o cuatro personas que parecían mareadas.

En el momento en que me disponía a pasar el torniquete, un hombre con gafas y aspecto de oficinista se puso a gritar: «Me encuentro fatal. ¡Ayúdenme! ¡Déjenme un sitio para tumbarme!». Pensé: «¡Qué exagerado!». A la mínima siempre hay gente que exagera y aprovecha para quejarse de todo. Pensaba que era uno de esos casos.

Como no tenía claro si el tren iba a funcionar de nuevo o no, me acerqué a ver las pantallas de información. No sabía qué hacer. En una de las pantallas de televisión pasaban imágenes de personas tiradas en el andén. No quedaba claro si se trataba de hombres o mujeres. También se veía a una persona apoyada contra la pared. Sin embargo, no se veía a ningún empleado de la estación por ninguna parte. Estaban solos. Una escena extraña. Sin saber muy bien por qué pensé: «Está pasando algo grave».

Sin embargo, no sentí una tensión especial. Nada de eso. A pesar de que habían anunciado que se trataba de gas tóxico, no llegué a pensar que fuera cuestión de vida o muerte. Me preocupaba cómo llegar a la oficina. Se escucharon sirenas de policía y ambulancias por todas partes.

Llegué a la conclusión de que no me quedaba más remedio que ir hasta Ginza. Decidí caminar en dirección al mercado de pescado y, una vez allí, girar a la derecha para llegar a Kabukicho, pero cuando alcancé la salida de la estación, me sorprendió enormemente ver que justo delante habían extendido una especie de lona azul donde había mucha gente sentada. Había incluso tres o cuatro personas tumbadas. «¡Qué barbaridad! ¿Qué habrá pasado en realidad?» Uno de los empleados de la estación, de unos cuarenta años, tenía tan mal aspecto que daba lástima. Moqueaba mucho por la nariz. Seguramente tenía las membranas mucosas afectadas. Sin embargo, reconozco que lo primero que me vino a la cabeza nada más verlo fue preguntarme cómo era posible que no se sonara.

Al cabo de un rato me ocurrió lo mismo. Después de la reunión fui a almorzar *ramen* en un restaurante cerca de la empresa. Moqueaba sin parar. Si hace frío y comes *ramen* es normal, pero aquello era demasiado. No había pañuelo capaz de aplacarlo.

Al pasar frente a la gente tumbada en el suelo fuera de la estación Tsukiji me encontraba bien y lo único que se me ocurrió fue: «Vaya, lo siento. Esta gente ha tenido mala suerte». Me imaginé que el accidente sólo había consistido en un pequeño derrame de algún tipo de producto químico y que sólo había afectado a los que estaban más cerca.

Llegué a la oficina a las 9:15, justo para la reunión. Más tarde me dijeron que hablé extraordinariamente deprisa, sin parar un solo momento. A mí me dio la impresión de que lo hacía como de costumbre. También me dijeron que tenía los ojos muy brillantes. Todos los asistentes se preguntaron: «¿Por qué está tan activo tan temprano por la mañana?». No me comportaba como de costumbre, pero yo no apreciaba ningún síntoma. Sí tenía las pupilas contraídas. Nada más llegar a la oficina, pensé que todo estaba oscuro, aunque no tanto para sentirme incómodo. Apenas tengo necesidad de escribir; la mayor parte de mi trabajo consiste en revisar papeles y estampar el sello en ellos. Tampoco tenía nada pendiente por leer, así que no me molestó.

Uno de mis compañeros me dijo: «Han derramado sarín en el metro. Es un asunto serio. Deberías ir al médico». Fui al hospital X, por si acaso. Seguía sin apreciar ningún síntoma especial. Debían de ser aproximadamente las 15:30 de la tarde. Me examinaron las pupilas: «No es grave. De todos modos, ¿por qué no pasa aquí la noche por si acaso?». También «por si acaso» me pusieron un gota a gota.

Entre las 19 y las 20 no podía levantarme por mucho que lo intentara. Lo conseguía a duras penas a fuerza de agarrarme a algo. Me temblaban las piernas, tenía la impresión de que iba a caerme en cualquier momento... A la mañana siguiente no me encontraba bien. No tenía apetito. Tenía ganas de vomitar. Sólo podía tomar té o líquidos. No fui capaz de desayunar ni de comer. Además, empecé a darme cuenta de que no era capaz de articular bien. Por si no fuera suficiente, mi memoria tampoco funcionaba bien. Deben de ser algunos de los efectos secundarios. Creo recordar que al segundo día de estar ingresado vino mi mujer a visitarme. Mientras hablábamos, agarré mi cartera: «Por cierto, hay algo que quiero darte», le dije, pero mientras abría la cartera, me olvidé por completo de lo que quería darle. Me asusté. Mi mujer también se preocupó mucho.

Cada vez que iba al baño era incapaz de orinar. Normalmente, cuando uno tiene ganas acumuladas, no le cuesta nada, pero yo no conseguía nada por mucho que me esforzara. Fue un verdadero shock: empeoraba al segundo día de estar ingresado. A pesar de que en un principio me había dicho a mí mismo que no era nada grave... Me preocupó extraordinariamente la posibilidad de no recuperarme nunca. Al tercer día, sin embargo, ya estaba mucho mejor.

A raíz del atentado me canso con mucha más facilidad que antes, sin duda. Nunca me dormía en el metro, pero últimamente me pasa a menudo mientras leo. No estoy seguro de que se deba a un efecto del sarín. Hace algunos años me extirparon la vesícula biliar y eso sí que me preocupa, porque, al parecer, el sarín afecta al hígado. En este momento me encuentro bien, pero en el futuro...

La manera de pensar de los adeptos de Aum y del resto de la gente es fundamentalmente distinta. Nosotros estamos convencidos de que cometieron un crimen, pero desde su punto de vista los errados somos nosotros y por eso nos castigan. Si lo llevo al extremo, le diría que nos equivocamos al pensar que son como nosotros. Se han desviado de toda norma. No merecen ningún derecho, pues ellos mismos los rechazan y actúan en consecuencia. No creo que haga falta llevarlos a juicio. No tiene sentido invertir tiempo y dinero en eso.

¿Quiere decir que aunque se alcance cierta justicia no tiene sentido?
Eso es. No tiene sentido. Es innegable que son los autores materiales del crimen. Obviamente, el Estado tiene que juzgarlos, pero debería sacar conclusiones lo antes posible y actuar en consecuencia. En cuanto a ese Asahara, que le derramen sarín a él los familiares de las víctimas. Desde luego, le hablo con las tripas en la mano, pero probablemente merecería la pena hacer algo así. Veo la televisión y me parece imperdonable. ¡Basta ya de noticias que ponen a Aum por las nubes! Es absurdo. Me gustaría que pensaran en serio sobre las víctimas, que les dieran la misma importancia. El segundo día que pasé ingresado en el hospital no sabía qué iba a ser de mí en caso de no recuperar la salud.

«Probablemente un chiflado ha soltado pesticida o algo por el estilo.»
TAKANORI ICHIBA (39)

El señor Ichiba trabaja para una conocida marca de ropa. Es posible que yo no esté muy al tanto de lo último en la industria de la moda, pero conozco perfectamente una de las tiendas que tienen en el exclusivo barrio tokiota de Aoyama, cerca de mi oficina. Recuerdo que en una ocasión me compré allí una corbata. Después de la entrevista volví a por un par de pantalones marrones que tenían rebajados. Creo que es una buena marca para mí, porque no venden la ultimísima moda ni diseños muy radicales. Es una línea de ropa informal con un toque tradicional, lo que los japoneses llamamos «soft trad».

Por alguna razón, la gente que trabaja en moda tiene siempre un aspecto juvenil. El señor Ichiba acaba de cumplir los cuarenta y su cara aún parece la de un chaval. No pertenece a ese tipo de hombre que parece deslizarse irremediablemente hacia la madurez. Es muy probable que su profesión demande de él no sólo un aspecto joven, sino que en su interior se sienta también así. Habla con suavidad. Su sonrisa resulta muy agradable. A pesar de todo, no es en absoluto un soñador. De hecho, es un hombre muy agudo. El día del atentado, nada más escuchar el aviso de emergencia por la megafonía de la estación de Tsukiji, pensó: «¿Tendrá esto algo que ver con el incidente Matsumoto?». Su aguda inteligencia y su capacidad de reacción quedaron patentes cuando salvó a un colega que se había derrumbado frente a la estación. Sin pensarlo dos veces se lo llevó a toda prisa al hospital. No es fácil tomar decisiones y valorar qué hacer en situaciones como aquélla.

«¿Qué sentido tiene entrevistar a alguien como yo que sólo padece ligeros síntomas?», me preguntó antes de aceptar la entrevista. «Hay casos mucho más importantes. El mío no es nada.» Le expliqué que no se trataba únicamente de la gravedad de las lesiones, sino de los distintos puntos de vista, de las diferentes experiencias. Eso es lo que importa.

Soy de Kumagaya, en la prefectura de Saitama (a unas dos horas al noroeste de Tokio). Empecé a trabajar para un fabricante de ropa nada más terminar los estudios. Después cambié a la empresa donde trabajo actualmente. Era la típica «marca de piso» de los años ochenta, es decir, esos fabricantes que empezaron sus negocios en pisos muy pequeños. Entonces éramos sólo diez empleados, aunque ahora ya somos una empresa mucho más grande.

Crear una empresa de ropa resulta fácil. No es extraño que cuando se tiene iniciativa termine en algo grande. Todo depende de la capacidad, de la visión del negocio de los diseñadores y de los propietarios. Si esa visión falla, todo el proyecto se echa a perder. Existen máquinas de precisión y la experiencia es un valor muy importante, lo cual ayuda a subsanar posibles errores por muy grandes que sean. Sin embargo, la visión de negocio y la creatividad no se acumulan, son algo perecedero, como la fruta fresca. Hacer algo grande no es garantía de éxito o de permanencia. Hay muchas empresas que han crecido mucho sólo para desaparecer después.

He trabajado en esta empresa durante trece años y la he visto crecer hasta donde está ahora. Tenemos nuestra propia red de tiendas con unos trescientos cincuenta empleados. Yo estoy en el departamento de planificación de negocio. Trabajamos con fabricación final, es decir, con la producción real. La oficina se halla en Hiro-o, al sudoeste del centro de Tokio.

Vivo en el este, en el municipio de Edogawa. La estación de metro más cercana es la de Nishi-kasai. Me casé hace diez años y nos compramos un apartamento allí hace cuatro. Tengo una hija que está en quinto de primaria y un hijo en tercero. Me gusta vivir en esa parte antigua de la ciudad, me relajo.

El 20 de marzo coincide con el pico de ventas que se produce en primavera. Traducido quiere decir mucho trabajo. Esa gente feliz y afortunada que puede disfrutar de un puente completo vive en un mundo al margen del nuestro. El día del atentado la reunión habitual de los lunes estaba prevista a las 8:45, cuarenta y cinco minutos antes de lo habitual. Por eso me pilló de lleno.

Hice transbordo en la estación de Kayabacho de la línea Tozai a la línea Hibiya para ir hasta Hiro-o. En el tren no noté nada fuera de lo normal. Creo que iba más o menos en la mitad del tren, en el sexto vagón. Después de Hatchobori, se produjo un comunicado por megafonía: «A causa del malestar de algunos pasajeros, este tren se detendrá brevemente en Tsukiji, la próxima estación».

Allí se produjo otro comunicado: «Uno... No, dos pasajeros se han desmayado». Como se lo digo. Un momento después se oyó: «¡Se han desmayado tres pasajeros!». Hablaba el conductor; parecía aterrorizado. Daba la impresión de que había querido cumplir con su obligación de informar a los viajeros, pero acabó por meterse en un lío del que no supo salir. En un momento determinado exclamó: «¡Eh! ¿Qué está pasando?». Le gritaba al micrófono. Era una situación muy extraña, pero nadie parecía especialmente preocupado. Si hoy volviera a suceder lo mismo, no lo dude, sería una pesadilla. Me acordé del incidente Matsumoto. No es que llegase al extremo de relacionarlo con un ataque con gas sarín, pero me vinieron a la mente dos palabras: «veneno esparcido». Un pensamiento me cruzó la mente: «Probablemente un chiflado ha soltado pesticida o algo por el estilo». Por aquel entonces, yo no sabía nada de la secta Aum. ¿No se les implicó en el atentado más tarde?

Nos pidieron que abandonásemos la estación por la salida trasera. Al parecer había algún problema en la de delante. Todo el mundo se comportó diligentemente y se dirigió hacia la salida. Por si acaso, yo tomé precauciones: me cubrí la boca con un pañuelo. Nadie más lo hizo. Tengo la impresión de que fui el único que intuyó el peligro.

En cualquier caso, sentía curiosidad por saber qué pasaba. Mientras la gente guardaba la cola para salir, me di la vuelta y vi en uno de los monitores de televisión a alguien inconsciente tumbado en el suelo del andén. Uno de los encargados de la estación se impacientó: «¿A qué espera? ¡Salga inmediatamente!».

En la calle había mucha gente agachada, tirada de cualquier manera. Parecía que algo les había afectado a los ojos. Tenía que enterarme de lo que pasaba por mí mismo. No podía marcharme de allí sin hacer nada. Me subí a una pasarela para tener una visión general. Ante semejante panorama pensé que la reunión se suspendería.

Llegó una ambulancia y bloqueó el tráfico de la calle. Instalaron una gran carpa de coordinación y atención de emergencia y empezaron a llevarse en camilla a todos los heridos. Me rodeó una masa de curiosos que se había juntado en la pasarela para ver qué pasaba. Me marché de allí.

No me quedaba más remedio que tomar el autobús para llegar a Hiro-o. Menos mal que me acordé de esa alternativa. La utilizaba en algunas ocasiones. La parada del bus estaba mucho más concurrida que de costumbre, debido, probablemente, a que la línea Hibiya no funcionaba. Fue allí donde vi a un compañero de trabajo más joven que yo. Tendría veinticuatro o veinticinco años. Estaba apoyado contra una reja. Otra compañera de la oficina trataba de sujetarlo. Ella no sabía nada de lo que había ocurrido en la línea Hibiya. Debió de pensar que se había mareado o algo así. No es raro que suceda por la mañana. Le frotaba la espalda, le preguntaba: «¿Te encuentras bien?». Había tomado la línea Tozai y después había cambiado a la Hibiya. Lo mismo que yo.

«¿Qué ha pasado?», le pregunté al chico. Sólo fue capaz de balbucear unas cuantas palabras: «En el metro...». Yo sabía que en Tsukiji se había desmayado mucha gente. En ese instante tuve una iluminación: «No es un desfallecimiento. Es algo más serio». Teníamos que llevarlo rápidamente al hospital. Fui a una cabina de teléfono y marqué el 119, el número de urgencias, pero lo único que me dijeron fue: «Todas las ambulancias están de servicio. No podemos enviarle ninguna. Por favor, quédese donde está y espere». Claro, estaban todas en Tsukiji y en Kasumigaseki.

Me dirigí al puesto de policía situado frente a la estación para pedir ayuda. Aún no sabían nada de lo ocurrido. Le expliqué al oficial al mando que había sucedido algo en el metro. Obviamente, no tenía ni idea de qué le hablaba y, por su actitud, diría que lo único que deseaba era perderme de vista. Me di cuenta de que no iba a conseguir nada. Decidí parar un taxi y llevar yo mismo a mi compañero al hospital. Lo levantamos entre la mujer y yo, lo metimos dentro y le dijimos al taxista que se dirigiera al Hospital de la Cruz Roja de Hiro-o, el más cercano. Tenía muy mal aspecto. No se mantenía en pie, parecía dolorido, era incapaz de pronunciar una sola palabra. No estaba en condiciones de explicar qué le había pasado. Si la casualidad no hubiera cruzado nuestros caminos, dudo mucho que alguien hubiera sabido hacer lo correcto. La gente que esperaba al autobús no tenía ni idea de lo que pasaba en el metro, y a mi compañera le habría resultado imposible arrastrarle ella sola hasta la parada de taxis.

Fuimos los primeros que llevamos a una víctima del gas sarín al Hospital de la Cruz Roja. Se organizó un auténtico revuelo, la gente se puso a gritar: «¡Tenemos al primero!». Hasta ese momento no se me había ocurrido que yo también podía haber resultado afectado. Mi nariz moqueaba, pero lo atribuí a un simple resfriado. No conocía los síntomas. En cuanto los médicos se hicieron cargo de él, llamé a sus padres para explicarles lo sucedido. No resultaba fácil hablar por teléfono y no llegaron hasta las dos. Para entonces, las víctimas del sarín colapsaban los pasillos del hospital. A todos ellos les habían puesto vías intravenosas.

Estuve en el hospital toda la mañana y ya conocía a las enfermeras. Una de ellas me sugirió hacerme las pruebas. «¿Por qué no?», me dije. Llevaba medio día en el hospital y aún no me había hecho una sola prueba... Era evidente que tenía las pupilas contraídas, aunque veía relativamente bien. Me pusieron una vía durante una hora. Sólo por si acaso.

Recuerdo la imagen de un carpintero que se había cortado un dedo. Llegó al hospital completamente empapado en sangre. Nadie pudo hacerse cargo de él, pobre hombre. Era como si le reprocharan que no se diera cuenta de la gravedad de la situación con las víctimas del sarín. No pude evitar sentir lástima por él, pues parecía mucho más grave.

En cuanto me quitaron la vía fui a la oficina. Aún moqueaba, pero eso no me impidió trabajar. Por la tarde regresé a casa como de costumbre.

El vagón en el que me había subido por la mañana quedaba muy lejos de donde habían derramado el sarín y gracias a eso mi caso no fue demasiado grave. Me encontré con mi compañero por pura casualidad y lo llevé al hospital. Como me hicieron las pruebas para saber si estaba afectado, al final mi nombre apareció en los periódicos. Por tanto, no creo que mi experiencia le resulte demasiado útil.

El chico ya no trabaja con nosotros. Dejó la empresa hace un año aunque no alegó ningún motivo relacionado con el atentado. En ese momento ya se encontraba bien. No sé qué ha sido de él.

En cuanto a mí, prácticamente salí ileso. Mis impresiones de lo ocurrido no difieren mucho de las del resto de la gente. (Es obvio que se trata de un hecho imperdonable, pero mi rencor no va mucho más allá...) Después de aquello, la Autoridad del Metro me envió un abono. Supongo que he debido de causarles muchos problemas porque no tenían ninguna necesidad de hacerlo.

«Yosihiro Inoue fue compañero mío en el instituto.»
KENICHI YAMAZAKI (25)

El señor Yamazaki no es otro que el joven al que el señor Ichiba encontró casi inconsciente frente a la estación de Shibuya. No resultó sencillo dar con él, pero gracias a varias pistas que surgieron en el transcurso de estas entrevistas, al final pudimos localizarlo.

Casualmente estudió en el mismo instituto de Kioto que uno de los máximos responsables de Aum, Yosihiro Inoue. Cuando vio en televisión la cara de su antiguo compañero de clase, lo reconoció de inmediato: «¡Eh! ¡Ése es Inoue!». Nunca fueron amigos y después de hablar con él queda claro por qué. Al señor Yamazaki le gustan el snowboard, *el baloncesto, los coches rápidos (aunque asegura que se ha tranquilizado mucho últimamente), es un hombre con aspecto de deportista. Nada que ver con el oscuro e introspectivo Yosihiro Inoue. Desde la primera vez que se topó con él en el autobús del colegio pensó: «Éste no va a ser amigo mío. Ni siquiera me voy a molestar en hablar con él». Diez años después de aquel primer encuentro iba a tener en el lejano metro de Tokio la desagradable y terrible confirmación de su primera y negativa impresión. Son extraños los reencuentros que se producen en la vida.*

El señor Yamazaki se confiesa un esquiador entregado. No importa lo ocupado que esté, siempre encuentra un hueco en invierno para ir con su novia a esquiar como mínimo una vez por semana. Asegura que lo único bueno que tuvo el atentado fue unirlos aún más. Ya no discute con ella por insignificancias y ha dejado de conducir rápido. Fue una experiencia que le obligó a madurar.

Siente curiosidad por saber qué ha sido de Yosihiro Inoue. Vive con sus padres y su hermana pequeña en Shin Urayasu, al este de la bahía de Tokio.

Tuve muchas dificultades para encontrar trabajo después de terminar la universidad. En todas las empresas que visité me dijeron lo mismo: no. La única opción era tacharlas de la lista. Quería trabajar en diseño de moda, pero los grandes fabricantes no contrataban a nadie, así que decidí probar en otros campos, en arquitectura, telecomunicaciones, cualquier cosa siempre y cuando no tuviera nada que ver con alimentación. Al final, me encontré con las manos vacías. Fue el año en el que estalló la burbuja.

Por casualidad conseguí trabajo en una industria textil donde estuve hasta el mes de marzo. Lo dejé porque en ningún momento tuve la impresión de estar dando lo mejor de mí. Quería trabajar en un lugar donde me sintiera más apreciado.

Se lo expliqué a mi novia y ella también decidió dejar su empleo. Fue así como empezamos a trabajar juntos en la empresa de su padre. La empresa es pequeña, apenas quince empleados. Fabricamos corbatas bajo licencia de una marca italiana y las vendemos en tres tiendas de nuestra propiedad en Tokio. Ahora estoy en ventas. Me gusta, la verdad. Merece la pena trabajar en un negocio así, es algo totalmente familiar. Cuando empecé, tuve que ir a cenar con el presidente. Me preguntó: «¿Tienes pensado casarte con mi hija?». Tenía previsto pedir su mano tan pronto como me hubiera hecho un hueco en la empresa. Reconozco que no me esperaba aquel ataque por sorpresa. «Por supuesto, señor», le contesté, «me casaré con ella mañana mismo.» Y así fue más o menos. «Bueno, bueno. No tengas tanta prisa. No dudo que eres la persona oportuna para nuestra empresa.»

Cuando trabajaba en la empresa anterior, tomaba la línea Keiyo desde Shin-urayasu hasta Hatchobori y desde allí la línea Hibiya hasta Hirao. Salía de casa a las ocho de la mañana para llegar a la oficina a las nueve. No había forma de sentarse, pero los trenes, al menos, no iban tan llenos para convertir el desplazamiento en un sufrimiento. Siempre me ha gustado leer libros que me resultan útiles para el trabajo, aunque sea de pie. Ahora, por ejemplo, estoy leyendo uno que se titula *Una gran revolución en el mundo del cerebro*, de Shigeo Haruyama. Por la noche, de vuelta en casa, estoy tan agotado que no me apetece leer nada. Aprovecho los ratos que tengo que ir a visitar a los clientes. De esa manera, los desplazamientos en metro no son una simple pérdida de tiempo.

Alrededor del 20 de marzo, el día del atentado... Bueno, déjeme que lo piense. ¿Si estábamos muy liados en ese momento? Un segundo, por favor. Aún conservo la agenda. *(Se va a su habitación para buscarla.)* Sí. Parece que estábamos muy liados. Íbamos a abrir varias tiendas y volvía muy tarde a casa, entre las once y las doce de la noche. ¡Ah, sí! También iba a la autoescuela.

¿No tenía carnet?

Me lo habían quitado y trataba de sacarme uno nuevo. Me multaron en tres ocasiones por exceso de velocidad, dos de ellas en Hokkaido. Cuando te quitan el carnet no tienes otra opción que volver a la autoescuela y empezar de nuevo.

La mañana del 20 de marzo salí de casa media hora antes de lo normal. Los lunes hay que actualizar las ventas del fin de semana. También nos reunimos, así que tengo que llegar al trabajo a las 8:30 como muy tarde. Por eso me pilló de lleno el asunto del gas sarín. De no haber sido lunes me habría librado.

Aquella mañana estaba algo desorientado. Siempre me pasa lo mismo después del fin de semana. Había trabajado el domingo por la tarde. Fui a un centro comercial de Machida para hablar con el personal de ventas y decidir la estrategia comercial para los próximos días. También teníamos que cambiar los escaparates. Son cosas que sólo se pueden hacer cuando la tienda está cerrada. En los grandes almacenes la competencia es feroz. Si las ventas no van bien, los gerentes del centro te dicen: «Últimamente no vendéis mucho y la marca X quiere ocupar vuestro local». Una temporada floja y te pueden obligar a cerrar la tienda. No queda más remedio que trabajar lo máximo que se pueda.

El martes era la fiesta del equinoccio de primavera, pero a mí me tocaba trabajar. Tenía que ir a una tienda que acabábamos de reformar en Ginza. Puede que el negocio de la moda parezca todo espectáculo y *glamour,* pero por dentro es muy duro y tampoco se paga gran cosa.

No es un trabajo para vestirte bien y ponerte de figurín en la tienda. Aunque sea verano y no haya aire acondicionado, hay que esforzarse, organizar el género, enviar cajas, etcétera. Ahora que miro la agenda, parece que en aquella época estábamos muy liados, pero ése no era el recuerdo que tenía.

En el metro siempre me subo al primer o segundo vagón. Tomo la línea Hibiya. En el transbordo de la estación de Hatchobori oí un anuncio por megafonía: «Algunos pasajeros se encuentran mal. Nos detendremos en la siguiente estación, Tsukiji. Gracias por su colaboración». En cuanto el tren se detuvo se abrieron las puertas y, ¡zas!, cuatro personas que salieron del tercer vagón se derrumbaron nada más pisar el andén. Un empleado del metro vino a toda prisa para hacerse cargo. Debió de pensar que se trataba de simples desmayos, como sucede en muchas ocasiones, pero al levantarlos puso cara de extrañeza. En ese momento cundió el pánico. Había otro empleado que no dejaba de dar órdenes con el micrófono en mano. Primero pidió una ambulancia, después dijo: «¡Gas venenoso! ¡Salgan todos del tren! Diríjanse a la salida y salgan a la calle».

¿Dijo claramente que se trataba de gas venenoso? ¿De verdad?

Sí, lo dijo. Yo no me eché a correr. Aún me pregunto por qué no lo hice. Estaba confundido. Me puse en movimiento y en lo único que pensaba es que tenía que sentarme. No prestaba demasiada atención a lo que sucedía a mi alrededor. Había otras personas que continuaban sentadas. No dijeron si el tren iba a prestar servicio o no. Todo el mundo salió del tren. Comprendí que también yo tenía que salir. Me levanté. Debí de ser el último.

En realidad, nadie parecía tener demasiada prisa. La gente caminaba despreocupadamente. Los únicos que se impacientaban y levantaban la voz eran los empleados del metro: «¡Por favor, caminen más rápido! ¡Salgan afuera!». Yo era incapaz de percibir el peligro. No había explosiones ni nada por el estilo. Sin embargo, los trabajadores del metro parecían aterrorizados, al contrario que los pasajeros. Quedaba mucha gente en la estación que no sabía qué hacer.

Los que se habían desplomado en el andén ni siquiera se movían. ¿Estaban muertos? Uno de ellos tenía los pies dentro el tren y el resto del cuerpo en el andén. Tuvieron que arrastrarle para sacarlo del todo. Sin embargo, no tenía una sensación real de peligro, no sé muy bien por qué. Visto en retrospectiva me resulta muy extraño. ¿Por qué ni siquiera estaba asustado? Nadie lo parecía en ese momento.

No me dirigí a donde llevaban a los heridos. Caminé en dirección al templo de Hongan. De pronto me llegó el tufillo de un olor dulce, como de coco. Pensé: «¿Qué será eso?». Cada vez respiraba con más dificultad. Tenía que llamar a la oficina para avisar de que iba a llegar tarde. Había una tienda de las que abren las veinticuatro horas junto a la salida. Llamé desde el teléfono que se encontraba fuera de la tienda. Era demasiado temprano. Llamé a casa. Respondió mi madre. «El tren se ha parado en Tsukiji por alguna razón y no llego al trabajo a las ocho y media», le dije.

En el breve intervalo que duró la conversación telefónica, mi respiración empeoró. No es como cuando te atragantas, podía inspirar sin problemas. Parecía más bien que no me llegaba el suficiente oxígeno a los pulmones. Inspiraba una y otra vez y no querían funcionar. Era una sensación extraña, algo parecido a cuando te quedas sin aliento. Empecé a darme cuenta de que lo que me pasaba era muy raro, que podía tener alguna relación con lo que les había sucedido a esas personas que se habían desmayado en el andén. Colgué y regresé a la boca del metro. Me costaba mucho respirar, tenía que saber qué pasaba. Vi a unos soldados de las Fuerzas de Autodefensa vestidos con uniformes especiales y máscaras de gas que se dirigían al interior. Sacaban en camilla a algunos empleados del metro. Tenían muy mal aspecto, como si padecieran la rabia: babeaban, sus ojos estaban en blanco. Había uno que no respondía a ningún estímulo; otro parecía sufrir un ataque, no podía caminar derecho, no paraba de quejarse de dolor. Habían cortado las calles al tráfico y toda la zona estaba llena de coches de policía y camiones de bomberos.

Decidí caminar hasta la estación de Yurakucho para tomar allí la línea Yamanote hasta Shibuya. Después continuaría en autobús hasta Hiro-o, sin embargo, cuanto más caminaba, peor me sentía. Cuando finalmente logré subirme al tren, estaba acabado. Cualquier movimiento, por mínimo que fuera, representaba un enorme esfuerzo. Creo que mi ropa estaba impregnada de aquel olor. En cualquier caso, tenía que llegar como fuera a la parada de autobús de Shibuya. Estaba seguro de que allí encontraría a algún compañero de trabajo. Muchos cogían allí el autobús. Sabía que si me desmayaba en el tren, nadie me ayudaría. Lo mejor hubiera sido subir a una ambulancia en Tsukiji, pero en aquel momento no le di demasiada importancia. Cuando al final tomé conciencia de lo mal que estaba, ya no tenía fuerzas para nada. No me quedaba más remedio que llegar, aunque fuera a rastras.

Me bajé en Shibuya. No sé cómo, crucé varios semáforos hasta llegar a la parada. Allí mis piernas dijeron basta. Me senté en el suelo, apoyé la espalda contra la pared y estiré las piernas. No hay nadie que se comporte así por las mañanas excepto los borrachos. Eso explica por qué nadie me dirigió la palabra. Me veían y daban por hecho que me había pasado toda la noche de juerga.

Al final se acercó una compañera de trabajo. Me habló, pero fui incapaz de responder. Apenas podía respirar. Mi voz sonaba como la de un alcohólico: arrastraba la lengua como si estuviera paralizada. No fui capaz de traducir en palabras mis pensamientos. Quería hablar, pero no lo lograba. Sólo quería ayuda y nadie parecía comprender el estado en el que me encontraba. Tenía más frío, era insoportable. Llegó otro compañero (Takanori Ichiba). El destino quiso que también él viajase en la línea Hibiya. Me preguntó si venía de Tsukiji. De alguna manera fue capaz de relacionarlo todo.

Tuve mucha suerte. De no haber sido por él, nadie sabe lo graves que hubieran sido las consecuencias. Se fue de inmediato a llamar por teléfono para pedir una ambulancia, pero todas estaban ocupadas. Paró un taxi, me metió dentro con la ayuda de la otra compañera y fuimos al Hospital de la Cruz Roja de Hiro-o. En el taxi, uno de ellos preguntó: «¿Qué es ese olor dulzón?». Tenía la ropa impregnada de gas sarín.

Lo más duro era respirar. Notaba todo el cuerpo completamente entumecido. No podía mantener los ojos abiertos. No me quedaba fuerza para nada. Sentía como si me deslizase hacia un profundo sueño. Pensé que iba a morir. A pesar de todo, no tenía miedo. No me dolía nada. Quizás era así como se sentía uno al morir de viejo. «Si voy a morir, quiero ver la cara de mi novia al menos una última vez.» Era ella quien ocupaba mis pensamientos, más que mis padres. Sólo quería ver su cara.

¿Pasó mucho tiempo desde que llegó a la parada del autobús hasta que le encontró su compañero?

No recuerdo cuánto tiempo pasó hasta que me encontró tirado en la calle, pero sí lo furioso que estaba con toda aquella gente que simulaba no verme. ¡Imbéciles! ¿Cómo puede ser tan frío el ser humano? Alguien agoniza tirado en medio de la calle y nadie dice nada. Sólo te esquivan. Si hubiera sido otra persona la que estaba en mi lugar, le habría dicho algo. Siempre que veo a alguien en el metro con mal aspecto, le pregunto si se encuentra bien, si quiere sentarse. Es algo que no hace la mayoría de la gente. Lo aprendí de la manera más cruda posible.

Estuve hospitalizado durante dos días. Me recomendaron que permaneciera ingresado más tiempo, pero me sentía como una cobaya humana, como si me utilizasen para ensayar el tratamiento de alguna enfermedad rara. Me marché a casa. El médico insistió: debía quedarme para permitirles tomar muestras que les sirvieran en otros casos parecidos. ¡No, gracias! Volví a subir al metro para regresar a casa y aún respiraba con dificultad, pero mi única obsesión era llegar lo antes posible, comer algo rico y descansar. Por extraño que parezca no había perdido el apetito. Alcohol y tabaco quedaron al margen durante una buena temporada. Eso estaba fuera de toda duda.

El estado de letargo que me afligía continuó durante un mes entero. Me tomé otra semana libre en el trabajo, a pesar de lo cual no logré recuperarme físicamente. Seguía teniendo dificultades al respirar, me costaba mucho esfuerzo concentrarme en cualquier cosa. Trabajaba en ventas y tenía que hablar todo el rato. Imagínese lo que suponía en el estado en el que me encontraba. Una simple palabra me costaba un triunfo. Era como si tuviera que pelear constantemente por un poco de oxígeno. Subir unas escaleras, por ejemplo, me parecía imposible. Tenía que parar a menudo y tomarme mi tiempo. Era obvio que no estaba listo para reanudar mis responsabilidades de antes.

Ahora soy consciente de que habría sido mejor cogerme una baja más larga, pero la empresa no fue tan generosa conmigo. Tenía que trabajar de nueve a cinco, sin contar las horas extras, es decir, el horario de siempre. Me resultaba muy duro, aunque visto de otro modo, supongo que fue una curiosidad para los demás. Iba a ver a los clientes y me decían: «Yamazaki, he oído que te pilló lo del sarín». Todo el mundo lo sabía. Yo intentaba no pensar mucho en ello. Lo más duro era darme cuenta de que nadie entendía en realidad por lo que estaba pasando. Sin embargo, el hecho de que haya cambiado de trabajo no tiene nada que ver con el atentado.

Todavía no puedo hacer grandes esfuerzos. Antes podía practicar *snowboard* durante dos horas sin descansar un solo momento, pero ahora aguanto como mucho una hora y media en todo el día. Lo peor es el baloncesto. Estoy en un club y juego de vez en cuando, pero me cuesta.

Después de salir del hospital, en casa usaba una botella de oxígeno cuando tenía dificultades para respirar. Ya sabe, como esos jugadores de béisbol que juegan en el Tokio Dome. Era pequeña, como un bote de insecticida. Llevaba una máscara. Fue mi novia quien me la dio.

Para mí lo único bueno que tuvo el atentado fue estrechar mi relación con ella, nos ayudó a entendernos mejor. Hasta ese momento discutíamos mucho. No teníamos lo bastante en cuenta los sentimientos del otro. En realidad no estaba seguro de lo que sentía por mí, por eso me sorprendí tanto cuando la vi llegar al hospital deshecha en lágrimas. «Creía que habías muerto», me dijo. Estaba muy alterada. El jefe se encontraba conmigo en ese momento. Me cogió de la mano delante de él y se negó a marcharse. Vino al hospital todos los días. Cuando me dieron el alta también estaba conmigo para acompañarme a casa. Hasta ese momento habíamos mantenido en secreto nuestra relación en el trabajo. El hecho de que me diera la mano delante del jefe... *(Risas.)* Fue el punto y final de nuestra estrategia.

Yosihiro Inoue fue compañero mío en el instituto, el Rakunan de Kioto. No llegamos a coincidir nunca en la misma clase. Tomábamos el mismo autobús desde la estación de Hankyu Omiya, así que llegué a conocerlo bien. Un amigo mío estuvo con él en clase, por eso íbamos juntos en el bus, pero yo nunca llegué a ser amigo suyo.

¿Lo recuerda bien?

Lo recuerdo bien. La primera impresión que me produjo fue que era un tipo muy extraño, retorcido. No me gustó, por eso nunca llegué a intimar con él. La verdad es que uno puede saber si se va a llevar bien con alguien sólo con intercambiar unas cuantas palabras. Escuchaba las conversaciones que tenía con mi amigo y no podía evitar pensar: «Este tipo no me gusta». Nos mudamos a Tokio antes de acabar el instituto, pero a través de uno de mis amigos me enteré de que Inoue se dedicaba a practicar la meditación en clase durante horas.

En Kioto tenía muchos amigos. Salíamos juntos a pasear en moto. Siempre me ha gustado el aire libre. Inoue no era como nosotros.

Aproximadamente dos semanas después del atentado, cuando mostraron a la gente de Aum en la tele y en los periódicos, vi su cara y pensé: «Yo he visto esa cara antes». Llamé a uno de mis amigos del instituto y me confirmó que era él. Estaba furioso. Me acordé de lo mal que me había caído en el instituto, del rechazo que me provocaba. Estaba indignado. Cambié de instituto en varias ocasiones, pero siempre estuve muy orgulloso del de Kioto. No podía creer que alguien que hubiera estudiado en el Rakunan pudiera cometer semejante atrocidad. Fue un verdadero shock, una auténtica decepción.

Últimamente parece que a Inoue le ha dado por enfrentarse a Asahara. Me pregunto hasta qué punto es sincero. Por eso sigo con interés las noticias que dan sobre él. Quiero ver cómo acaba todo.

«¡Sarín! ¡Sarín!»
KOICHIRO MAKITA (34)

El señor Makita trabaja en la industria del cine. Cuando era estudiante tenía su propia banda y su intención era dedicarse a la música, aunque finalmente terminó en el mundo audiovisual. De 1988 a 1994 tuvo su propia productora y produjo películas independientes, pero cuando llegó la crisis, se vio obligado a abandonar su proyecto y empezó a trabajar para la empresa en la que está actualmente. Es responsable del desarrollo visual para software *de videojuegos.*

Al escribir este libro me impuse a mí mismo una regla: no entrevistar a nadie en más de una ocasión. Sin embargo, con el señor Makita hice una excepción. La grabadora dio problemas y no pude escuchar bien la conversación. Tuve que molestarle de nuevo para pedirle una nueva entrevista con el fin de aclarar algunos detalles. Ese contratiempo debió de ser una especie de señal, ya que en la segunda ocasión nuestra charla fue notablemente más extensa y profunda.

No se mostraba reacio a hablar, pero tampoco es el tipo de persona que habla de sí mismo motu proprio. *Sus respuestas se encuadraban por lo general en los límites de las preguntas formuladas. No me gusta husmear en la vida de los demás, por lo que no me resultó fácil preguntarle por las consecuencias que tuvo el atentado para su familia. Más tarde llegaría a arrepentirme de mis reticencias. La mayor parte de lo que me contó no puedo publicarlo dadas sus circunstancias personales. En cualquier caso, creo que fue una suerte poder encontrarme con él una segunda vez.*

Para ir al trabajo tomo la línea Hibiya. Va siempre hasta arriba de gente, sobre todo en la estación de Kita-senju, donde hay muchas conexiones y transbordos. Debido a unas obras de reparación han limitado el espacio disponible del andén y es realmente peligroso. Un empujón de nada y puedes caer a las vías con suma facilidad.

Cuando digo que la estación está atestada, me refiero, por ejemplo, a que en una ocasión subí a un tren y el torrente de gente me engulló.

Mi maletín quedó atrapado entre la multitud y tuve que sujetarlo con todas mis fuerzas. Al final no me quedó más remedio que decidir entre perderlo o romperme el brazo. Simplemente desapareció entre la masa. Pensé que nunca volvería a verlo. *(Risas.)* Tuve que esperar a que se despejara un poco para recuperarlo. Al menos han puesto aire acondicionado. Antes los veranos eran insoportables.

En Akihabara se baja mucha gente. A partir de ahí la cosa se despeja, se puede respirar y queda algo de espacio libre. En Kodenmacho la gente ya no te aplasta y en Kayabacho puedes incluso encontrar un asiento libre. Después de Ginza queda espacio suficiente para leer una revista.

Mi mujer y yo tenemos una hija de cuatro años. Llevamos cinco años casados. Vivimos en un apartamento alquilado en la misma zona donde viví con mi familia de pequeño. Cuando aún estaba en la universidad murieron mis padres; después mi hermano. Uno detrás de otro. Ahora tengo mi propia familia y somos como los sucesores en este lugar. Es en una zona residencial, un apartamento pequeño en la parte más modesta, pero al menos tiene todas las comodidades.

Al ser una zona residencial no plantea inconvenientes para vivir. La única pega es que nos resulta demasiado pequeño. Esos apartamentos se construyeron hace casi treinta años. Tiene dos habitaciones de seis tatamis y una cocina de cuatro y medio. El alquiler sigue siendo barato, aunque antes el precio era mucho más razonable. Durante la burbuja subió cada dos años.

De joven quería ser músico. Tocaba con un grupo en la universidad y seguimos juntos tres años después de acabar. Éramos *amateurs* y nos dedicábamos a la música tecno. Me gustaría retomarlo, la verdad. Mi principal problema es que no tengo sitio donde guardar los instrumentos.

Nada más acabar la universidad me convertí en el típico asalariado, pero eso no era para mí. No podía soportar el ambiente de la oficina. Trabajaba para una empresa de ordenadores. Lo odiaba. Estaba siempre ocupado, nunca tenía un minuto libre. Soy de letras, aunque en el instituto hice un curso de programación. Gracias a eso entré a trabajar como ingeniero de sistemas. En aquella época los ordenadores no estaban tan extendidos y la gente normal no los usaba a diario. No paraba y casi nunca podía disfrutar de un día libre. Hacía horas extras, me pasaba noches en vela y trabajaba incluso sábados y domingos. Para colmo no podía hacer lo que me hubiera gustado.

Con ese tipo de vida no iba a ninguna parte, así que al año y medio lo dejé.

Al poco tiempo encontré un trabajo en una empresa audiovisual que quebró unos años más tarde. Fue entonces cuando me decidí a montar mi propio negocio. En realidad nunca quise ser autónomo, pero no me quedó más remedio por una cuestión de impuestos. En la mejor época fuimos tres, luego, cuando la economía empeoró y bajó el volumen de trabajo, me quedé yo solo.

El 20 de marzo era lunes. Si le digo la verdad, duermo mucho los sábados y los domingos. Por culpa de eso tengo los horarios muy desorganizados. Es decir, que me acuesto muy tarde el viernes por la noche y me levanto el sábado a las cuatro o cinco de la tarde. El domingo es parecido. Suelo ir a la oficina por la tarde y muchas veces empalmo con el lunes sin volver a casa a dormir. Últimamente no lo hago tanto, unas dos veces al mes.

A diario no duermo más de cinco horas y aprovecho los fines de semana para recuperarme. Tenemos mucho trabajo. Hasta las seis y media de la tarde se considera jornada normal; y, a partir de ahí, horas extras. Si sumo las horas que trabajo en mis días libres, me salen más de cien al mes. Los compañeros que más trabajan superan las trescientas. Todos los empleados son jóvenes y trabajan mucho, pero para rendir hay que descansar bien el fin de semana.

Fui temprano a trabajar porque tenía una cita con mi jefe. Si hubiera dejado pasar varios trenes en la estación de Kita-senju podría haber encontrado un sitio libre, pero ya iba con quince minutos de retraso, así que me subí al primero que pasó. Vayas de pie o sentado, estás apretado como una sardina. En realidad, encontrar asiento no resuelve nada. Aquel día el tren iba lleno. Los lunes son los peores días.

Me subo siempre por la puerta trasera del cuarto vagón. Los horarios no cambian, así que suelo ver las mismas caras. Aquel día, sin embargo, tomé un tren distinto y no reconocí a nadie. Me acuerdo bien de la impresión que me produjo, de cómo las cosas me parecieron ligeramente distintas. No hubo forma de encontrar un sitio hasta Tsukiji, lo cual era muy raro. En general siempre se queda algo libre nada más pasar Kayabacho... Cuando al fin logré sentarme, escuché un anuncio por megafonía: «Un pasajero se ha desmayado. El tren hará una breve parada en la próxima estación para prestarle primeros auxilios». Esperé sentado. Poco después hubo otro anuncio: «Tres pasajeros se han desmayado».

En el andén se había formado una muralla de gente. El suceso tuvo lugar en el vagón delantero, donde estaba el paquete con el gas sarín, aunque en ese momento no lo sabía. Me preguntaba qué estaría pasando. Asomé la cabeza, pero no vi nada. Un hombre de mediana edad vino en nuestra dirección. Gritaba: «¡Sarín! ¡Sarín!».

¿Había una persona que ya hablaba de sarín en ese momento?
Sí. Lo recuerdo perfectamente, pero entonces me lo tomé como la bobada de un borracho. Cuando lo oyeron, varias personas que había cerca de mí se levantaron sin darse especial prisa. No corrían para tratar de escapar, nada de eso.

Hubo un nuevo anuncio: «Se ha detectado gas venenoso. Es peligroso permanecer en los túneles del metro. Por su seguridad, les rogamos que se dirijan a la calle». Todo el mundo se puso en pie y salió del tren. Aún no había cundido el pánico. Caminábamos más rápido de lo normal, eso sí, pero nadie empujaba a nadie. Había quien se tapaba la boca con un pañuelo, otros tosían. Nada más.

El viento circulaba desde la parte trasera de la estación hasta la delantera, por eso pensé que me hallaba fuera de peligro, que el problema estaba en el primer vagón, donde la gente se veía expuesta al viento. La salida quedaba protegida al estar situada en la cola del tren. Sentí un cosquilleo en la garganta, como cuando te anestesia el dentista y se te duerme la parte de atrás de la boca. Algo así. Para ser sincero, estaba asustado. Me di cuenta de que podía haber inhalado una dosis mortal de gas. Era sarín, algo serio. Sabía lo que había pasado en Matsumoto: lo inhalas y te mueres.

Me dirigí hacia las escaleras. Quería fumar un cigarro nada más salir a la calle, pero apenas podía llenar de aire los pulmones. Empecé a toser sin control. Fui consciente de que había respirado gas. «Lo mejor es que llame a la oficina», pensé. Había dos cabinas fuera de la estación, pero en ambas se habían formado dos largas colas de gente que esperaban su turno para llamar. Aún no era la hora, pero le dije a la chica que me respondió al teléfono: «Ha habido un ataque terrorista. Llegaré tarde».

En cuanto colgué vi a un montón de gente agachada en el suelo. Docenas de personas. Algunos parecían inconscientes, a otros los sacaban a rastras por las escaleras. Un momento antes sólo había unos cuantos, pero apenas quince o veinte minutos después se había formado un gran tumulto, aunque todavía no parecía el escenario de guerra que más tarde mostraría la televisión.

Había un policía que preguntaba a todo el mundo: «¿Ha visto alguien a la persona que ha colocado el paquete?». Llegó una ambulancia. Aún no habían clausurado la entrada a la estación y seguía entrando gente para curiosear. Recuerdo que pensé: «¿Qué hacen. Es muy peligroso». Finalmente apareció un encargado de la estación y clausuró la entrada.

Sabía que había inhalado gas venenoso, estaba muy preocupado, pero dudaba si marcharme o quedarme. Decidí que lo mejor sería esperar a que me examinasen. Si me empeñaba en llegar puntual al trabajo, podría tener serios problemas. No quería desmayarme a mitad de camino. Al menos aún podía caminar, no como mucha gente a la que ya se habían llevado. No debía de estar tan mal. El equipo de primeros auxilios dijo que todos los que se sentían mal subieran a las ambulancias. Yo no lo hice. Pensaba que estaba bien.

Caminé hasta la estación de Shintomicho. Allí tomé la línea Yurakucho para ir a la oficina. Nada más llegar me llamó el director ejecutivo. Me preguntó si todo iba bien. Le expliqué la situación y él me respondió: «Dicen que ha sido gas sarín. Lo mejor es que vaya al hospital cuanto antes para hacerse pruebas».

El hospital estaba cerca. Lo cierto es que había empezado a verlo todo oscuro cuando entré en la estación de Shintomicho, pero en un principio lo atribuí al resplandor del sol. Más tarde me enteré de que era un efecto del sarín. El cosquilleo de la garganta había desaparecido. Ya podía fumar, pero antes quería que me examinaran. Me dijeron que allí no podían realizar las pruebas específicas del gas sarín. Los médicos no habían visto las noticias, no tenían la más mínima idea de lo que pasaba. Eso fue sobre las 10:30. Nunca habían hecho pruebas para detectar envenenamiento por gas sarín y no sabían cómo manejar la situación. Me hicieron esperar durante una hora para decirme al final: «Es algo parecido a un pesticida, así que lo mejor es que beba mucha agua para tratar de eliminarlo de su sistema. De momento está usted bien». «De momento estoy bien», pensé. Me fui a la recepción a pagar la factura. Una enfermera que había visto las noticias por televisión se acercó a mí: «Aquí no podemos tratarle. En la tele han dicho que tienen que dirigirse al Hospital San Lucas, donde disponen del tratamiento adecuado y pueden examinarle como es debido. Lo mejor es que le pregunte a la policía».

Seguía indeciso. Fui al puesto de policía que había justo enfrente del hospital. Le pregunté al oficial de guardia a qué hospital debía dirigirme. Al verme, debió de pensar que estaba grave y llamó de inmediato a una ambulancia. Me llevaron a un hospital que se encontraba a unos veinte minutos.

Como les habían avisado de que el mío era un caso grave, me esperaban tres médicos en la entrada de urgencias. Me dio vergüenza, porque en realidad sólo padecía ligeros síntomas. «Está usted bien. Si no se presentan más complicaciones, no hay problema», concluyeron. No me pusieron ninguna vía, no me dieron medicinas. Volví a la normalidad. Mis pupilas no estaban muy contraídas.

Por alguna razón la policía sospechó que yo era uno de los autores materiales del atentado. Vinieron dos agentes a casa para interrogarme. Uno de ellos me miró a los ojos y me preguntó: «¿Ha tenido usted el pelo siempre así?». Cuando se calmó el tumulto de las primeras horas, comenzaron las investigaciones. Habían hecho dos retratos robot y yo me parecía bastante a uno de ellos. «¿Ha visto a alguien parecido en el vagón?» Respondí que no. No lo había visto. A pesar de todo, tenía la impresión de que sospechaban de mí. Según me explicaron, era más que probable que los autores del crimen también se hubieran envenenado y no les hubiera quedado más remedio que acudir a un hospital para recibir tratamiento.

Dos o tres semanas después sonó el teléfono: «¿El señor Makita?», preguntó una voz. «Es la policía. Pasaremos a buscarle si ya está en casa.» Querían llevarme a la comisaría para tomarme declaración. Se me ocurrió que había estado todo el tiempo bajo vigilancia. Era probable incluso que me hubieran seguido. Aún no habían encontrado la conexión con Aum y todo el mundo estaba bajo sospecha.

Más que odio hacia los miembros de Aum siento repugnancia. Desprecio a la gente que se niega a ver los peligros que representan esa clase de cultos y me provocan un especial rechazo los que se ocupan de captar nuevos adeptos.

Cuando estaba en la universidad, perdí a mis padres y a mi hermano menor en el transcurso de tres años. Mi padre había pasado mucho tiempo en distintos hospitales. Su muerte no fue una sorpresa, pero mi madre tan sólo tenía un soplo de corazón; la ingresaron para dejarla en observación y murió dos días después. Ni siquiera llegaron a operarla. Me quedé atónito. En ningún momento pensé que pudiera morir, porque creía que sólo se trataba de asma. Mi hermano falleció después en un accidente. A partir de ese momento no pude dejar de pensar en lo cerca que estamos siempre de la muerte. Mi turno era el siguiente. No hacía más que dormir, doce horas seguidas. Cuando duermes tantas horas, el sueño es poco profundo. Soñaba mucho. Al menos así lograba recuperar el ánimo. Desde entonces duermo muchas horas. A la gente cercana les digo que soy hijo único. No es que quiera ocultar mi historia personal, pero me resulta muy doloroso recordarla y, además, cuando lo cuento se crea una atmósfera muy sombría.

En aquella época se me acercó un tipo de una de esas religiones. Era una especie de reclutador. «Esas desgracias se repiten sin cesar. Ahora tienes la oportunidad de cambiar tu destino. ¿No aceptarías esta clase de fe...?» Fue de muy mal gusto por su parte. Quizá por eso me siento tan lejos de ese tipo de creencias.

> «Me gustaría [...] que asumieran su responsabilidad.
> Después, que se rediman si pueden.»
> MITSURU YOSHIAKI (54)

Visité al señor Yoshiaki en su casa el 15 de agosto de 1996, día conmemorativo del final de la guerra. Era una tarde increíblemente calurosa, la temperatura en Tokio alcanzó los treinta y ocho grados. Washimiya, en la prefectura de Saitama, está bastante lejos del centro de Tokio. A decir verdad, es el lugar más lejano al que tuve que desplazarme para realizar una entrevista. Quería llegar a la estación con tiempo suficiente aunque tuviera que esperar, pero cerca de allí no había nada parecido a una cafetería. Caminé bajo el sol ardiente, tratando de buscar un lugar donde descansar, y noté que cada vez me costaba más pensar. Sin embargo, en opinión del señor Yoshiaki, la zona está animadísima en comparación con la época en la que él se mudó.

Al menos el aire era muy puro; la luz, límpida, las nubes destacaban en el cielo. Aquella visión me traía recuerdos felices, era como un paisaje que había disfrutado ya hacía tiempo. Me acordé de repente: «Es una vista de Japón que contemplé en la segunda mitad del año treinta de la era Showa (1965)». El tacto del viento, el resplandor de la luz de verano, el olor de las hierbas; todo era muy parecido al tiempo de mi niñez. Quizá parezca exagerado, pero tuve la sensación de que había dado un salto atrás en el tiempo.

Ahora entiendo lo que dijo el señor Yoshiaki: «Es un lugar incómodo para ir al trabajo, pero para vivir es maravilloso». Uno no tiene la sensación real de alejarse de la ciudad hasta que uno no llega. Y sí, es cierto: desplazarse tan lejos resulta muy incómodo.

El señor Yoshiaki está en la cincuentena, pero juega al tenis, cosa que le ayuda a mantenerse en forma y a conservar la agilidad en sus movimientos. Por su manera de hablar, se nota que disfruta mucho de la vida en las afueras. Su mujer también participó en la entrevista. Me dieron la impresión de ser una familia alegre. Aparte del tenis, también le gusta esquiar y entretenerse con el ordenador.

De no haberse visto envuelto en el atentado, habría continuado con su tranquila vida familiar sin ningún problema. No fue así, sin embargo. El señor Yoshiaki sufrió graves secuelas que aún tiene que soportar. A pesar de todo, trata de esforzarse para ser lo más optimista posible. Conversamos durante dos horas y su discurso siempre fue positivo.

Después de casarme en año 47 de Showa (1972), nos mudamos aquí. Hasta entonces siempre había vivido en Asakusa-bashi, en Tokio. Nací allí. Antiguamente se llamaba Muko Yanagihara y era un barrio popular. Mi padre era carpintero. Originalmente trabajaba en la provincia de Yamaguchi, pero antes del gran terremoto de Kanto se vino a vivir a Tokio. En realidad, quería ser ebanista especializado en carpintería de templos y tenía intención de ir a Kioto. Tomó su equipo de carpintero y se marchó de Shimonoseki, la capital de Yamaguchi, pero en el camino conoció a otro carpintero que le dijo: «Olvídate de Kioto, a partir de ahora es la época de Tokio». Cambió de idea súbitamente para dirigirse a la capital. *(Risas.)* Se puede decir que le arrastraron.

Poco después de llegar, montó su propia empresa de construcción y contrató a varios empleados. Afortunadamente, el trabajo le fue bien. La empresa creció hasta que le contrataron para obras más grandes en edificios. Murió de repente cuando estaba preparando mi examen de ingreso en la universidad después de que me hubieran suspendido. Yo tenía entonces diecinueve años. Mi madre había muerto hacía tiempo, cuando yo no tenía más de dos años.

A su muerte dejó varias obras por terminar; yo no sabía qué debía hacer. No me quedó más remedio que terminar el trabajo pendiente, por lo que me hice cargo de la empresa. Así estuve cinco años, desde los diecinueve a los veinticuatro. Me dediqué sólo a eso. Mi padre tenía contratado un buen equipo de encargados que se hicieron cargo de las cuestiones prácticas. Sin embargo, la cosa empezó a no ir bien. Al principio resistimos, pero poco a poco se redujo el capital de la empresa. No había dinero a pesar de que sí teníamos trabajo. Lo atribuí a mi inexperiencia en la dirección y tomé la drástica decisión de retirarme. Les dejé la cartera de clientes a los encargados y liquidé los asuntos por resolver.

Después me pregunté qué podía hacer. No me pareció oportuno prepararme otra vez para el examen de ingreso en la universidad. En lugar de eso, me matriculé en una academia para aprender inglés y en otra para estudiar contabilidad. Entonces me recomendaron que lo mejor es que fuera a la universidad para cursar una de esas carreras de dos años y, finalmente, eso hice.

Nada más terminar los estudios trabajé con un asesor fiscal, luego en una empresa eléctrica, más adelante en una de fabricación de tetrabriks. En esta última conocí a mi mujer y me casé. En la empresa en la que estoy actualmente empecé cuando tenía treinta y tres años. Se llama Nihon Konpo, Embalajes y Transportes de Japón. Fui por recomendación de mi cuñado. Era una empresa joven y en aquel momento sólo tenía mil empleados. Ahora somos aproximadamente tres mil seiscientos. En un principio nos dedicábamos casi de forma exclusiva al transporte de motos Honda, pero poco a poco nos hicimos cargo de otros transportes, además del almacenaje y embalaje.

¿Por qué elegimos este lugar para vivir? Teníamos intención de comprar una casa, pero el centro de Tokio era prohibitivo. Buscamos por todas partes hasta dar con esta zona. El aire era limpio, mucho más que ahora. El cielo estaba completamente despejado, era una verdadera belleza. No lo pensamos mucho. Dejamos una paga y señal y nos mudamos. Sí, en cierto sentido fue una elección por capricho. Pagamos seis millones de yenes por una casa de ciento veinte metros cuadrados. Un buen precio para la época y que además nos podíamos permitir. Pedimos un crédito a quince años con cuotas de veinticinco mil yenes al mes.

Hasta ese momento, no pensé mucho en el sufrimiento que iba a significar el desplazamiento. Me lo tomé a la ligera, la verdad, y me dije que entre treinta minutos, una hora o una hora y media, no podía haber mucha diferencia. La casa donde me crié está cerca de la estación de Asakusa-bashi y tenía la idea de que, con esperar un poco, los trenes llegaban enseguida. Aquí sólo hay dos a la hora. Me sorprendió mucho. No queda más remedio que organizarse en función de los horarios.

Cuando vinimos a vivir, para hacer la compra había que desplazarse tres kilómetros. De noche las ranas croaban tanto que casi resultaba molesto. En los alrededores sólo había cañas y en invierno soplaba un viento feroz desde Akagi. Como veníamos del centro, aquello nos inquietaba, nos sentíamos muy solos. Últimamente, sin embargo, ya no ruge tanto como antes. ¿Será cosa del calentamiento global?

Normalmente por la mañana puedo ir sentado hasta Kita-senju. La siguiente estación, Kuki, tiene conexión con la JR. Se baja mucha gente y es fácil encontrar sitio libre. Salgo de casa a las 6:10 de la mañana. A las 6:28 cambio al tren en la estación de Washimiya. Llego a la oficina alrededor de las 8:10. Justo dos horas de trayecto. Me levanto a las 5 de la mañana, pero me despierto media hora antes. Una rutina que no ha cambiado en veintitrés años. Mi mujer se levanta conmigo y me prepara el desayuno. Como bien antes de marcharme.

El desplazamiento es duro, aunque lo peor es madrugar tanto. Los domingos duermo hasta las siete, tan sólo por dormir dos horas más. Un alivio que mi cuerpo agradece. Siempre pienso que si al menos pudiera dormir una hora más, sería estupendo.

El día antes del suceso, el 19 de marzo, fui con mis dos hijas a esquiar a Takatsuka Kogen, en la provincia de Fukushima. A mi edad resulta duro hacer un viaje tan largo en un día. Mi mujer no es demasiado fuerte. Nos dijo que se cansaba mucho si tenía que ir y volver en el mismo día. Se quedó en casa y nos fuimos los tres solos. Las niñas estaban encantadas. Esquiamos mucho, pero como hacía tiempo que no practicaba y mis músculos estaban entumecidos, tuve que sentarme a descansar en varias ocasiones. Fue muy divertido. Nos levantamos muy pronto para coger el tren. Empezamos a esquiar a las 9:30 de la mañana y disfrutamos el día entero.

No acusé especialmente el cansancio. Hacer tanto ejercicio me resultó duro, pero al día siguiente me encontraba bien. Me levanté a las cinco, desayuné bien y salí de casa para llegar al tren de las 6:28, como de costumbre. Sin embargo, venía con cuatro minutos de retraso por la densa niebla que había en Tatebayashi. Está después del río Tone y a principios de la primavera, en marzo y abril, no es raro que se forme niebla. Como el tren se ve obligado a circular a poca velocidad, siempre se retrasa.

Llegamos a Kita-senju cinco minutos después de lo previsto, por lo que la estación estaba más llena de lo normal. Tomé la línea Hibiya más tarde de lo acostumbrado. Creo recordar que fue en el tren de las 7:45. Solía llegar al de las 7:35, pero el destino es caprichoso. Me topé con el sarín por culpa de la niebla.

Subí al tercer vagón por la parte delantera. Siempre me monto en ése. Ahí tengo mi asiento reservado, el tercero de la parte de atrás. *(Risas.)* Noté algo extraño nada más pasar Akihabara. La gente empezó a agitarse dentro del vagón y justo después noté un olor extraño. En un principio pensé que alguien había derramado disolvente, pero olía mucho más fuerte. Era un olor que provocaba un intenso picor de nariz.

Las personas que estaban a mi alrededor empezaron a toser. Alguien dijo: «¡Abran las ventanas!». En un instante estuvieron todas abiertas. Aún había que llevar abrigo, por eso estaban todas cerradas. La reacción fue instantánea, porque el fuerte olor provocaba un picor de ojos insoportable. En el centro del vagón había un paquete. Los pasajeros que iban de pie empezaron a retroceder para evitarlo. Yo estaba sentado en un lugar que quedaba a sotavento de la corriente de aire.

Llegamos a Kodenmacho y, en cuanto abrieron la puerta, la mayoría de la gente bajó a toda prisa. Yo continué sentado, como otros pasajeros a mi alrededor. Habíamos encontrado un sitio libre y tener que levantarnos, con la posibilidad de perderlo, resultaba una verdadera molestia. Sólo los que estaban más cerca del paquete lo hicieron. Creo que se cambiaron de vagón.

Al parecer, alguien dio una patada al paquete para sacarlo al andén, pero desde donde estaba sentado no vi nada.

¿No pensó usted en cambiar de vagón?

Sí. Pensé que sería mejor levantarme y bajar, sin embargo antes de poder reaccionar, la gente que esperaba fuera llenó de nuevo el vagón. Una mujer se apresuró a ocupar un asiento libre. Saltó por encima del líquido que había derramado en el suelo, resbaló y cayó de culo. Sonrió tímidamente. Se levantó y se sentó. Era una mujer un poco regordeta. Me quedé embobado observando la escena: «¡Vaya golpe!», pensé. Cuando quise darme cuenta, ya habían cerrado las puertas. Obviamente, no era momento de quedarme atontado. Debería haber bajado enseguida. La mujer resbaló y yo perdí la ocasión de escapar.

Los ojos me dolían igual que antes. Aquel olor penetrante y apestoso me ponía enfermo, pero no me moví del asiento. Me percaté de que sucedía algo raro. «Tsukiji no está lejos. Llegaré enseguida. Debo aguantar un poco más», fue mi pensamiento optimista. Es posible que ya me hubiera afectado el sarín y no fuera capaz de juzgar bien la situación.

Observé el charco y pensé: «¿Qué demonios será eso?». Encima había algo parecido a una botella de plástico. Se lo dije más tarde a la policía, pero ellos negaron que hubiera algo así. Le aseguro que vi perfectamente un objeto cilíndrico. Tal vez fuera un trozo de plástico que cerraba de manera hermética el paquete que contenía el sarín. De todos modos, esa cosa se elevaba por encima del líquido. Llegué a pensar que se había roto una botella de cristal.

Es posible que poco a poco perdiera el conocimiento. No recuerdo nada, no sé cuántas estaciones pasé. Un hombre que estaba cerca accionó la alarma de emergencia. Me dijeron que lo hizo en la estación de Hatchobori. A pesar de ello, el tren continuó su camino. Alguien había accionado la alarma y el tren salió de la estación como si nada.

Tenía el cuerpo entumecido, especialmente de caderas para abajo. «Me siento muy raro», pensé. Me invadió el nerviosismo. Al final, el tren llegó a Tsukiji. Me levanté como pude y me apeé. En ese momento sentí el peligro. Me puse la cartera bajo el brazo y empecé a caminar con todas mis fuerzas hacia la salida. A mitad de camino me encontré tan mal que tuve que sentarme en un banco. Pero ni siquiera estoy seguro de eso. Lo recuerdo todo vagamente. Cuando volví en mí, estaba en el hospital.

«¡Señor Yoshiaki!» Aquella voz me hizo recuperar la conciencia. Abrí los ojos. Estaba muy confundido. Vi la cara de un médico encima de mí. Pensaba que aún estaba en el tren. Cuando me llevaron al hospital, trataron de despertarme, pero al no reaccionar no fueron capaces de quitarme la ropa. Al final la cortaron con unas tijeras. El corazón era el único órgano de mi cuerpo que parecía funcionar. Me hallaba en estado crítico.

A las 9:27 me ingresaron en el Hospital Universitario de Japón. En el registro consta que me pusieron oxígeno y diez minutos después volví a la vida. Casi al mismo tiempo ingresaron a otra víctima de Chiba. Murió poco después. Estuvo sin conocimiento mucho tiempo y falleció sin recuperar la conciencia. Se apellidaba Okada. Lo siento de veras.

Comentario de la esposa del señor Yoshiaki:
Cuando me llamó la policía, fui enseguida al hospital. Sabía lo del atentado y ya me habían llamado de la empresa de mi marido para decirme que no había llegado. Hasta ese momento sólo había sido una sospecha, pero mientras no me la confirmaran no podía hacer nada aparte de esperar en casa. Casi en el mismo momento en que apareció su nombre escrito en la pantalla del televisor, me llamó la policía. Llegué al hospital pasado el mediodía. Cuando vi a mi marido tumbado, casi desnudo, lleno de tubos por todo el cuerpo, me quedé petrificada. Hablaba con una voz que parecía de dolor. Decía: «Tengo frío, frío». No pronunciaba bien. No pudo hablar correctamente durante mucho tiempo y no nos quedó más remedio que hacerlo por escrito. Tampoco era capaz de escribir claro. Me costaba mucho trabajo descifrar su letra. Era como si no pudiera recordar los ideogramas.

La primera noche dormí en la sala de espera. Después iba a diario desde casa. La familia de Okada hacía lo mismo. Se permitían las visitas tres veces al día. Fuera de esos horarios nos quedábamos en la sala de espera. Había un teléfono y cada vez que sonaba nos sobresaltaba: «¿Le habrá pasado algo?». Recuerdo que el primer día que pasé allí junto con la familia de Okada sentí mucho miedo y nerviosismo. El sexto día ya le dejaron bañarse y a partir de ese momento me sentí aliviada. Sin embargo, me asusté cuando vi el cuerpo de mi marido. Una enfermera me ayudó a bañarle. Estaba flaquísimo. Visto desde atrás parecía un anciano. Pensé que era mejor no decirle nada. Es un hombre fuerte y musculoso. Nunca ha estado gordo. No sé cómo pudo desaparecer su masa muscular en tan poco tiempo.

Me quedé sin palabras al comprobar cómo podía cambiar alguien en tan sólo seis días. Tenía el culo completamente caído, sus piernas, por norma general robustas gracias al tenis, habían adelgazado tanto que no eran ni la sombra de lo que fueron.

SEÑOR YOSHIAKI: Durante tres días me dejaron un tubo en el estómago que me provocaba retortijones. Se me salían los jugos gástricos, tenía hipo, flemas. Apenas podía moverme. Me dijeron que al poco de ingresarme empecé a llamar a la enfermera cada diez minutos. No exagero si le digo que salí con vida por los pelos. Pasé por momentos críticos en los que mi nivel de colinesterasa no superaba cincuenta y nueve, cuando en condiciones normales ronda los quinientos.

Me quitaron el tubo y por fin pude levantarme de la cama. Al cuarto día me empezó a doler la cabeza por la parte posterior de la sien. Es un dolor que ya forma parte de mí. También estoy siempre como entumecido. Obviamente, me encuentro mejor que entonces, lo cual no quiere decir que esté bien del todo. Los ojos se me cansan. Antes me daba la impresión de que tenían forma triangular en lugar de ser redondos. Me miraba y pensaba: «¡Qué cara más rara!». Parece que después de un año por fin vuelven a la normalidad. Las gafas nuevas que me compré justo antes del atentado ya no me sirven para nada. He tenido que comprarme unas nuevas en tres ocasiones.

Pasé una semana ingresado. Soñaba mucho. Eran dos tipos de sueño: uno bonito y otro aterrador. El sueño bonito aparecía cuando cerraba los ojos y de ellos emergían nubes. En un principio todo era de color blanco, pero lentamente cambiaba al rosa, al amarillo y al azul. Mientras tanto, las nubes se dispersaban. A lo lejos se extendía un mundo en el que los colores eran naturales. Yo iba montado encima de algo y atravesaba una selva. Cuando llegaba a la costa, veía flores y pájaros tropicales por todas partes. Los colores eran deslumbrantes. Era una especie de alucinación. Se me ocurrió que el LSD podría tener un efecto parecido. Soñaba y en el transcurso del sueño me repetía: «Es una alucinación».

En la pesadilla alguien me empujaba al tren que estaba parado justo delante de mí. Era una sensación desagradable. Levantaba la mano para zafarme y lograba que desapareciera aquella sensación.

Tenía otro sueño parecido: alguien me llamaba por detrás, me inquietaba y, cuando me daba la vuelta preparado para responder con un manotazo, había desaparecido. Empecé a pensar: «Con la mano derecha puedo estar seguro». Por mucho que soñase algo terrible, mi mano derecha lo hacía desaparecer todo.

Su mano derecha debe de ser muy fuerte gracias al tenis, ¿verdad?
Tal vez. Sin embargo, no podía utilizarla con tanta facilidad como me hubiera gustado. Trataba de levantarla y no lo conseguía. Cuando al fin lo lograba, ese «algo» que me amenazaba desaparecía. Al comprender el mecanismo del sueño, dejé de sentir tanto miedo. Era consciente de que podía desbaratarlo.

A pesar de todo, no fui capaz de dormir profundamente durante mucho tiempo. A veces veía el techo de color rojo. Me miraba el cuerpo y también lo veía rojo. Por eso llamaba a la enfermera o al médico de guardia. Les decía: «Fíjense en el techo, en mi cuerpo. ¿Por qué están tan rojos?». Lo bueno es que a partir del tercer día ya no me hizo falta volver a llamarles. Una semana después de ingresarme me trasladaron de la UCI a planta. En ese momento ya había dejado de soñar.

Volví al trabajo después de la *Golden Week,* la semana de vacaciones de principios del mes de mayo. Pensaba que había mejorado mucho, pero parece ser que aún hacía cosas raras. Al menos discurría con claridad. En ese sentido no había nada extraño. Mis compañeros se preocupaban por mí, pero cuando me vieron se quedaron más tranquilos. Yo también me sentí aliviado. Me angustiaba la posibilidad de haberme vuelto loco.

Mi memoria no funciona bien. Me cuesta mucho recordar, por pequeño que sea el asunto. Por ejemplo, tengo un nombre en la punta de la lengua y no me sale. Si me concentro, consigo recordarlo al cabo de un minuto. A lo mejor alguno de los circuitos de mi cerebro ha quedado dañado y por eso tiene que dar rodeos. El pensamiento no llega por la vía directa, lo cual no significa que me haya olvidado de todo. Al contrario, mi cerebro funciona rápido. Más rápido incluso que antes. Antes era más cauto, pero últimamente tomo las decisiones mucho más rápido. Me he convertido en un intrépido. Ya no valoro tanto las consecuencias, tengo la impresión de estar bien orientado, no me preocupo con tanta facilidad. Tomo decisiones con rapidez. Mis compañeros dicen a menudo: «Te ha cambiado el carácter». Es cierto, a lo mejor soy un poco más impaciente que antes. Si alguien dice algo que me parece que sobra, le contesto casi sin querer: «Ya lo he entendido, ve al grano».

Ser rápido a la hora de decidir es algo bueno. Sólo mi memoria y mi capacidad de concentración se resintieron. Podía concentrarme, pero no aguantaba mucho. Al cabo de cierto tiempo me sentía como si me fallaran las pilas y, en ese momento, todo me molestaba. Era incapaz de esforzarme. Me empezaba a doler la cabeza. Me encontraba en un estado lamentable. A veces, un trabajo simple, por ejemplo ordenar papeles, me cansa mucho. Por mucho que me esfuerce en leer, llega un momento en el que no entiendo nada. No me entra en la cabeza. Tan sólo sigo el texto, pero no capto el sentido. Es como si se me hubiera gastado toda la energía y fuera incapaz de pensar.

Llegué a preocuparme seriamente por mi futuro. Ahora, por el contrario, me siento aliviado. Me he recuperado y me siento capaz de resistir. Antes, el simple hecho de caminar me resultaba difícil. Me temblaban las piernas. Tenía que esforzarme por mantenerme erguido, como si estuviera borracho, vamos. Quería hacerlo, pero de pronto me ponía a temblar. Aún me ocurre a veces. He dejado de conducir porque me canso mucho. Cuando salí del hospital, tomé el coche en varias ocasiones como parte de mi rehabilitación. Cada media hora debía parar a descansar. Al volver a casa estaba tan agotado que tenía la sensación de haberme consumido. Se lo conté a la enfermera que estaba a cargo de mí y me regañó: «¿Cómo se te ocurre semejante disparate?».

Aún juego al tenis, pero he perdido mucha fuerza en las manos. Me canso mucho, más que antes. Si juego por la mañana, se acabó el día para mí. Mi mujer dice: «Ya no tienes el aguante de antes». Más que aguante o resistencia, es el cansancio que me ataca de inmediato y de una forma violenta. Llega de repente. Me afecta mucho.

ESPOSA: Donde más le ha afectado ha sido en los ojos. Quizás él no se dé cuenta, pero son distintos a los de antes. No me refiero a que enfoquen mejor o peor, sino a que los tiene mucho más pequeños. Aunque parece que mira a la gente de frente, en realidad no lo hace. Es como si se fijase en algo que está más allá. No sé si es consciente del cambio. Ahora los va recuperando, pero a principios de año estaba muy mal. Tenía la mirada perdida.

En casa está mucho más callado que antes. Si no se encuentra bien, cierra la boca y no dice una palabra. Sólo se dirige a nosotras para decir: «Buenas tardes, ya estoy en casa». Nada más. Nosotras no somos capaces de entender lo que le ocurre, por qué sufre, de dónde viene su dolor de cabeza. Por mucho que nos lo explique, es casi imposible entender lo mal que lo está pasando. Es algo que siente él.

Sinceramente, cuando se queda así de callado e inmóvil, el ambiente en casa resulta muy triste. Nuestras hijas están muy preocupadas. Quizá por eso últimamente se esfuerza un poco más. Al menos yo lo siento así.

SEÑOR YOSHIAKI: Es cierto, me molesta todo. No tengo ganas de hablar de nada. Lo mejor que puedo hacer es dormir. Por poco que sea, me siento bastante aliviado. Voy a la consulta de un psiquiatra y sigo un tratamiento para el síndrome de estrés postraumático. Tomo unas pastillas que me alivian mucho el malestar de los ojos. Sin embargo, mi entumecimiento empeora. Serán los efectos secundarios del medicamento. Me gustaría dejarlo cuanto antes, cambiarlo por un tratamiento más natural.

Ha habido ocasiones en el metro en las que he estado a punto de perder el conocimiento. De pronto me fatigaba. Pensaba: «¡No puede ser!». Me apretaba con fuerza el estómago y así lograba recomponerme. Este año no me ha ocurrido, pero el año pasado me pasó varias veces. El metro es inevitable. No tengo otra forma de llegar al trabajo. No me da miedo ni me provoca sufrimiento. Simplemente no me queda más remedio que utilizarlo. Lo único que no hago nunca es subir al tercer vagón.

Pienso jubilarme a los sesenta y me gustaría hacer algún tipo de actividad voluntaria en la que pueda utilizar el inglés que aprendí. Me gustaría disfrutar del esquí, del tenis y del golf. También me gustaría aprender más sobre ordenadores, utilizar programas de contabilidad y formar a la gente. Me gustaría practicar caligrafía, ir de viaje a muchos lugares con mi mujer. Hay muchas cosas que me gustaría hacer. Soy muy ambicioso. *(Risas.)*

En cualquier caso, tengo que ser fuerte. Estoy vivo y algún día voy a morir. Una vez muerto, se acabó todo. Ya no existiré más. Por eso, uno debe ser responsable de todo lo que hace. Esa gente de Aum, ¿entenderán el concepto de responsabilidad? ¿Comprenderán cómo nos sentimos las víctimas?

Me gustaría que se dieran cuenta de la gravedad de lo que hicieron, que asumieran su responsabilidad. Después, que se rediman si pueden. No quiero decir que mueran. Deberían solucionar lo que hicieron. Es mi forma de pensar. Creo que eso es el fundamento de todo.

«Yo soy de ciencias y en Aum había una numerosa élite científica. Debo reconocer que una parte de mí hace las cosas como si llevara anteojeras.»
HIROSHI KATAYAMA (40)

Lleva un traje gris, camisa blanca, chaquetón oscuro y corbata elegante. Impoluto, sin un solo detalle de más. Si tuviera que poner calificativos a la primera impresión que produce, diría que parece un «hombre de ciencias brillante». De hecho, es de ciencias, pero no transmite esa hosca y ensimismada atmósfera de algunos de sus colegas entregados en cuerpo y alma a complicadas teorías.

Es de estatura media, tiene aspecto saludable y se le nota en la plenitud de su vida laboral. Sus modales son exquisitos, acompañados de una seguridad en sí mismo nada ostentosa. No es que sea muy locuaz, pero se expresa de manera correcta y directa. En la hora y media que duró nuestra entrevista me dio la impresión de ser una persona honrada y digna de confianza. Podría decirse de él que es un ciudadano ejemplar, un investigador entregado y hombre hogareño. Está casado y tiene tres hijas. Puede que no sean más que imaginaciones mías, pero estoy seguro de que goza de buena reputación entre las mujeres del vecindario.

Cuando estudiaba en el instituto, un profesor le contó la anécdota de un antiguo alumno que había decidido dedicarse a la investigación marina después de leer un libro dedicado al mar. A partir de ese momento se despertó en el señor Katayama el interés por los peces y se matriculó en la Universidad de Ciencias del Mar de Tokio. El destino es un misterio. Desde entonces vive exclusivamente por y para los peces. En la universidad se especializó en la elaboración de productos marítimos. Después de graduarse empezó a trabajar en una importante empresa de productos marinos. En el laboratorio investigó y desarrolló nuevos productos marítimos y ganaderos. Actualmente ya no trabaja en investigación. Es jefe del departamento de producción. Pasó de dedicarse de forma casi exclusiva a los peces a encargarse de las personas.

La mayoría de las empresas que se dedican a derivados marinos están cerca del gran mercado de pescado de Tsukiji. De ahí que él también resultase herido en el atentado con gas sarín cuando se dirigía al trabajo.

Salgo de casa a las siete de la mañana para coger el primer tren de la línea Tozai, que sale de la estación de Mitaka a las 7:25. Siempre lo mismo. Como es el primero, resulta muy cómodo porque hay sitios libres. Llego a la empresa aproximadamente a las 8:20. El trabajo empieza a las 9, así que dispongo de un margen de unos cuarenta minutos. Aprovecho para ordenar las cosas e incluso para empezar a trabajar. Para despachar con los jefes o preparar reuniones, es conveniente hacerlo lo más temprano posible. Una vez empieza la rutina diaria, resulta más difícil.

La hora de salida no es fija, aunque si la cosa se complica, me pueden dar fácilmente las diez de la noche. Como término medio, suelo salir sobre las ocho de la tarde y, muy de vez en cuando, más tarde de las diez. Procuro no hacerlo nunca, porque de esa manera ni siquiera puedo ver a mis hijas antes de que se acuesten.

Nos mudamos a Koganei cinco meses antes del atentado. Hasta entonces vivíamos en una casa propiedad de la empresa situada en Koenji. Era la primera vez que comprábamos un piso. Mi mujer y yo estábamos un tanto inquietos; iba a nacer nuestra tercera hija, debíamos realizar la mudanza y la mayor tenía el examen de ingreso a la escuela secundaria.

Koganei es una zona que me gustaba desde hacía tiempo. Es un lugar tranquilo para vivir. Además, la casa de mis suegros está cerca, en Tatekawa, y el hermano pequeño de mi mujer también había comprado una casa en el mismo barrio casi al mismo tiempo, por lo que todo nos resultaba muy conveniente. La casa de la empresa no estaba mal, no teníamos que preocuparnos por nada, aunque era un poco vieja. Con nuestro sueldo no resulta fácil comprar una vivienda plenamente satisfactoria, pero había cumplido los cuarenta y pensé que era el momento de tener una propia. También había estallado la burbuja, los precios y los intereses de las hipotecas bajaron. De todos modos, si hubiera esperado, habrían bajado aún más.

Los lunes solemos reunirnos a las 8:30 de la mañana. Aquel día, sin embargo, no había nada programado debido al puente. Algunos compañeros se habían tomado días libres. Para mí era imposible: era el mes de marzo, el cierre del año fiscal. Estaba muy ocupado y no era momento de descansar. Fui al trabajo a la misma hora de siempre. Llevaba la misma ropa que hoy, el mismo chaquetón, el mismo traje, la misma cartera. Todo igual. Después del atentado nos recomendaron que lo tirásemos todo, ya que podía estar impregnado de gas sarín. Luego rectificaron y dijeron que no era necesario si lo lavábamos bien. Por eso sigo utilizándolos. El chaquetón y la cartera eran casi nuevos. Lo llevé todo a la tintorería... No he notado nada especial desde entonces.

Cogí como de costumbre la línea Tozai e hice transbordo a la línea Hibiya en Kayabacho. A partir de ahí tengo que pasar por Hatchobori y finalmente Tsukiji. Esa línea suele ir bastante llena, especialmente a partir del transbordo de la línea Tozai. El primer vagón del tren de la línea Tozai queda cerca del vestíbulo de tránsito, pero cuando subes al de la línea Hibiya, al contrario, lo haces por el último. El vestíbulo tiene forma de L y siempre está atestado de gente.

Intento evitar el último vagón de la línea Hibiya en la medida de lo posible. En lugar de eso me dirijo a la parte de delante. Atrás siempre está abarrotado, tan lleno que casi no se puede entrar. Además, la salida en Tsukiji se encuentra delante, así que me resulta más cómodo dirigirme allí. Camino por el andén todo lo que puedo y, justo antes de que el tren se ponga en marcha, me subo. Si me da tiempo voy hasta delante del todo. Depende de cuándo llegue el tren, subo en un lugar u otro. Cuanto más adelante, más vacío. A fuerza de la rutina ya sé cuándo va a llegar. Normalmente me subo por la mitad.

Aquel día, el tren se retrasaba y pude acercarme a la parte delantera. Venía tan lleno como de costumbre, quizás un poco más de lo habitual. Como era puente me había hecho a la idea de que estaría prácticamente vacío, pero sucedió justo lo contrario. No recuerdo con exactitud en qué vagón subí, creo que en el cuarto.

La única cosa fuera de lo normal que noté fue que mucha gente tosía. Yo también. «Será que me he resfriado», pensé. En realidad, todos los pasajeros tosían. «¿Estamos todos resfriados?», me pregunté. No sé por qué, pero estaba muy sofocado. Tenía ganas de llegar a Tsukiji de una vez y respirar aire fresco. En cuanto el tren entró en la estación, bajé y fui derecho a la salida. Cuando pasaba junto al tercer vagón, vi fugazmente a unas personas caídas en el suelo. Una en el tren, las otras dos en el andén. Eran pasajeros.

No sólo se habían caído, sino que sufrían convulsiones. Estaban tendidos en el suelo con los brazos abiertos, agitándose sin parar. Me dio la impresión de que estaban muy graves. Otros pasajeros cuidaban de ellos. Me sentía mal y no tuve la calma suficiente para pararme a observar. Tan sólo eché un rápido vistazo y me fui. Cada vez me costaba más trabajo respirar.

Mucha gente se paró a observar la escena. Preguntaban: «¿Qué les ha pasado?». Otros fueron rápidamente a avisar a los encargados de la estación. Me crucé con uno de ellos en el andén.

Salí a la calle en Tsukiji, respiré aire fresco y me sentí aliviado. Por eso fui a la oficina. Al entrar me pareció que estaba muy oscuro. Miré al techo para confirmar que la luz estaba encendida. Parecía como si no iluminase bien. Mis compañeros, sin embargo, aseguraban que no había ningún problema y yo no entendía qué estaba pasando. Otro compañero se quejaba de dolor de cabeza. Hasta ese momento no tuve la verdadera impresión de que sucediera algo extraño.

Entretanto, oí el ruido de varios helicópteros que volaban muy cerca. Nuestra oficina se encuentra en un edificio muy alto y la ventana está orientada a Ginza. Era allí donde aterrizaban. Los que llegaron más tarde dijeron: «Ha pasado algo en el metro». Encendimos la tele, pero no daban ninguna información. La dejamos encendida por si acaso.

Faltaba mucha gente por venir. Empecé a darme cuenta de lo inusual de la situación. A esas horas ya debíamos estar todos allí. Comenzó a sonar el teléfono sin parar: «Llego tarde». Sobre las 8:50 apareció un rótulo en la parte inferior de la pantalla del televisor en el que se informaba sobre el atentado. Fue así como nos enteramos de la gravedad del asunto.

Los del departamento de asuntos generales averiguaron que había algunas víctimas más aparte de mí y nos recomendaron ir al hospital. Creo que fuimos seis en total. Montamos en dos coches y nos dirigimos al Hospital Universitario de Showa. No me sentía especialmente mal. No me dolían los ojos ni tosía, el único síntoma era que lo veía todo oscuro.

Nada más ingresar me pusieron un gotero. Ya estaban al tanto de que se trataba de envenenamiento por sarín y habían recibido informes por fax sobre cómo actuar. Se comunicaban a través del fax: «Tiene tal síntoma», decían, «entonces hay que darle tal tratamiento», respondían. Me explicaron lo que ocurría con la contracción de mis pupilas. Me hicieron análisis de sangre, una uroscopia y una revisión de la vista. Nos instalaron a los seis en la misma habitación. Estuvimos dos horas con el gota a gota.

Los que padecían síntomas más graves se quedaron ingresados, pero mi caso era leve, así que me dieron el alta y volví a la oficina. El resto pudo ir a dormir a casa por la noche. Cuando llegué al trabajo, el jefe me dijo: «Hoy vete pronto a casa». Pensé que si me quedaba en la oficina, a lo mejor resultaba más una molestia para mis compañeros que otra cosa. Me marché sobre las cinco.

Creía que me recuperaría pronto, pero tardé más de lo previsto. No llegué a encontrarme bien durante una semana, me dolía la cabeza constantemente. Las pupilas ya no me molestaban gran cosa, era una especie de migraña. Pensé que después del puente estaría recuperado del todo, aunque la cosa no fue tan fácil.

Naturalmente que estoy furioso por culpa del atentado. De lo que no estoy seguro es de si se puede solucionar el fondo del problema acusando sólo a una persona. En mi época de instituto ya nos acusaban de lo que entonces llamaban *san-mu-shugi*, es decir, de inercia, falta de interés e irresponsabilidad. Ni siquiera nos entusiasmábamos por el deporte. Los que no pertenecíamos a ningún club nos juntábamos y hacíamos lo que nos daba la gana. Lo malo es que, al llevar una vida tan individualista, cuando pasa algo grave, en caso de necesidad no se puede contar con nadie. El ser humano es débil. Necesita algo con lo que contar. Si nos dan la solución en lugar de buscarla por nosotros mismos, resulta mucho más sencillo.

En el trabajo, por ejemplo, cuando dudo sobre cómo hacer algo y el jefe me dice: «Hazlo así», resulta mucho más fácil y sencillo. Si pasa algo, la responsabilidad es suya y yo estoy a salvo. Creo que es una característica específica de nuestra generación. Por eso comprendo en parte a los adeptos de Aum. Estaban sometidos a un estricto control mental. Yo soy de ciencias y en Aum había una numerosa élite científica. Debo reconocer que una parte de mí hace las cosas como si llevara anteojeras. Me gusta profundizar en lo que hago, llegar hasta el final, aunque no tenga nada que ver con mi investigación, aunque el objetivo sea construir armas. En ese sentido, quizá las personas como yo no tenemos un juicio lo bastante formado. Antes de valorar si es moralmente correcto o no, nos perdemos en teorías: «Me gustaría hacerlo así». «Si lo hacemos así, ¿qué pasará?» «Probemos otra cosa.» Siempre estamos en ésas. Así todo avanza más rápido.

La gente con mi formación trata con objetos y tiene relación con ellos. Por eso entendemos bien la teoría, pero cuando se trata de otro tipo de valoración, estamos perdidos. En mi trabajo me sucede lo mismo. Antes estaba en el departamento de investigación y desarrollo y ahora que he cambiado a administración no siempre entiendo las relaciones con la gente, por mucho que lo piense. Creo que no nos queda más remedio que escuchar las distintas opiniones para formarnos una idea general de la vida.

«Comenté con aquella persona: "Huele muy mal.
Cuando lleguemos a Kodenmacho le damos una patada
para sacarlo de aquí".»
TOSHIO MATSUMOTO (44)

Al realizar las entrevistas que componen este libro, tuve que ver y escuchar a mucha gente. Inevitablemente llegó un momento en el que clasificaba a las personas por tipologías. Sin embargo, el señor Matsumoto no encajaba bien en ninguna de ellas. Eso no significa en absoluto que sea una persona rara, sino más bien que vive a su ritmo, como si de algún modo fuera ajeno al mundo. Sus respuestas y sus maneras le convierten en una persona inclasificable. En lugar de vivir o pensar acorde con los valores imperantes en la sociedad, se aprecia en él un carácter distinto, una filosofía de vida más personal y hasta cierto punto natural. No sé si será por eso, pero a pesar de haber sobrepasado ya los cuarenta y cinco años, aún se observan en él trazas del joven despreocupado que debió de ser.

Si no se hubiera visto implicado en el atentado, tal vez habría continuado con su vida de soltero sin más, con el mismo ritmo de siempre, confiado, tranquilo. Jugaría al golf con los amigos, bebería sake. Sin embargo, las graves secuelas que sufre han cambiado su vida considerablemente. «Lo más duro es que no tengo ánimo para nada», confiesa. Quizá lo más apropiado para comprender su estado sea decir que está más perdido por lo que le ha pasado que enfadado o triste...

Es comercial en una empresa de componentes para máquinas de control automático. En la universidad estudió electrotecnia y en realidad quería ser profesor de matemáticas. Por varias razones, sin embargo, entró a trabajar en la empresa donde continúa actualmente. A lo largo de nuestra charla pensé que cuadraba mejor con su carácter ser profesor que comercial. Es un hombre alto y corpulento.

Trabajé durante mucho tiempo en la oficina de Niigata y hace diez años me trasladaron de nuevo a la central de Tokio. Alquilé un apartamento de dos piezas en una urbanización de Matsubara. Un apartamiento corriente. Fui a una inmobiliaria y les pregunté: «¿No tendrían algo para este presupuesto?». Me hablaron de ése y lo elegí sin más.

En realidad no me importaba dónde estuviera. Lo malo es que la oficina se encuentra en Gotanda y a la hora de la verdad es una distancia considerable. En total tardo una hora y media. Ya que tenía que hacer transbordo, podía haber elegido un lugar más cómodo, pero ya no hay remedio. Me decidí sin pensar en nada.

Estoy en el departamento de ventas y casi nunca hago horas extras. Antes sí, pero ya no. Eso se lo dejo a mis compañeros jóvenes. Normalmente, a las 18:30 me voy de la oficina. Aunque esté en ventas, en nuestro sector no hay muchas ocasiones de tomar algo después del trabajo. Vendemos piezas industriales bastante especiales, no tiene mucho que ver con gente corriente, nuestros clientes son fijos.

Mi principal afición es el golf. Suelo jugar una o dos veces al mes con los amigos del barrio. Nos conocemos de los bares de la urbanización. Me gusta el alcohol, sinceramente. Más que bastante, diría que bebo mucho. No suelo hacerlo en el centro de Tokio, sino después de volver a casa. Todos mis amigos son de mi generación, diez o quince años mayores como mucho. Desde que me mudé, amplié considerablemente mi círculo de amistades. Todos los veranos organizamos un viaje para jugar al golf y vamos casi veinte personas. No se me da muy bien. Tengo un par bajo cien a duras penas. El golf es un deporte muy caro y yo no me gasto gran cosa en los palos. Cada fin de semana que voy a jugar me puedo gastar unos cincuenta mil yenes. En eso lo incluyo todo, las copas que tomo con los amigos después de jugar, por ejemplo. Por eso no suelo jugar más de una vez al mes.

Nací en Yokohama y viví allí hasta que terminé la universidad. Matsubara no está nada mal, aunque es un lugar humilde. En verano, cuando llueve un poco más de lo normal, se inunda enseguida. Vine a vivir aquí sin conocer la zona. En caso contrario, probablemente no lo hubiera hecho. *(Risas.)* A estas alturas ya no me molesto en la posibilidad de mudarme. Si lo hiciera, tendría que encontrar nuevos amigos. Sé valorar esas cosas y me doy cuenta de que aquí estoy bien.

Salgo de casa aproximadamente a las 7:15. Camino hasta la estación de Matsubara, siete u ocho minutos. En Kita-senju cambio a la línea Hibiya y voy hasta Ningyomachi. Allí hago transbordo a la línea Toei hasta Gotanda. No desayuno en casa. Espero a llegar a Gotanda para comer *udon* o algo por el estilo. Me levanto, me lavo, me pongo el traje, cojo la cartera y salgo enseguida... ¿Le gustaría ver la cartera? Es la misma cartera que llevaba aquel día.

Sí, por favor. Parece que pesa mucho. ¿Siempre lleva este peso?

Sí, llevo muchas cosas. Un libro sobre electrónica para el trabajo, uno de lectura, etcétera. Cuando puedo, aprovecho para leer en el metro, aunque por la mañana es imposible porque va lleno. Últimamente estoy con *El Tamuli* de David Eddings, que más que ciencia ficción es una fantasía. Leo mucha novela policiaca, por ejemplo la serie *Akakabu* de Shunzo Waku. También tengo un billete falso de diez mil yenes. *(Risas.)* No, en realidad es una agenda y calculadora, ¿lo ve? Cuando voy a tomar algo, se lo enseño a las chicas. Se sorprenden y luego se ríen. Una forma tonta de romper el hielo. Llevo un paraguas, lotería para el próximo sorteo, medicinas y más medicinas. Después del atentado, mis amigos empezaron a preocuparse por mí y me recomendaron muchas medicinas. Fíjese en estas pastillas: «Recomendado por la asociación de ancianos». ¿Si tienen algún efecto? La verdad es que no lo sé.

También llevo el *walkman* con su libro de instrucciones. ¿Por qué? Porque en el caso de que algo no funcione no sé qué hacer. Me siento más tranquilo si lo llevo conmigo. Tengo una cinta con los valses de Johann Strauss. Me relaja escucharlos mientras regreso de la oficina. Pero por las mañanas no lo escucho. Si lo hago desde por la mañana, mi cabeza deja de funcionar y no me concentro en el trabajo. Qué más... Ah, sí. Tengo bolígrafos, la agenda, el abono del metro, pañuelos, cosas así.

El día del atentado estaba junto a la puerta del tercer vagón, como siempre. Cuando llegamos a Akihabara, noté un olor extraño. Bajaron muchos pasajeros. Miré al suelo y vi una bolsa. Estaba envuelta en un periódico y tenía más o menos un tamaño así *(lo muestra con las manos)*. Pensé que era la causa del olor. Quería darle una patada para sacarlo de allí. Pero antes de poder hacerlo subieron muchos pasajeros y no fui capaz. No quedó más remedio que seguir con aquella cosa hasta la estación de Kodenmacho. Me pareció algo peligroso porque olía a disolvente. El líquido rezumaba a través del periódico, parecía parafina, como la que se usa en los mecheros Zippo. Me imaginé algo explosivo. Pensé que había peligro de que se quemara algo.

Todo el mundo se quejaba: «Huele mal». Después de Akihabara el líquido se desparramó aún más. Tenía intención de dar una patada al paquete para sacarlo de allí, pero lo hizo una persona que estaba a mi lado. Comenté con aquella persona: «Huele muy mal. Cuando lleguemos a Kodenmacho le damos una patada para sacarlo de aquí». Tenía más o menos la misma edad que yo. Era un poco más bajo. No recuerdo bien su cara.

Cuando salimos de Kodenmacho, empezamos a toser sin parar. Todo el mundo dijo al unísono: «Abran la ventana, por favor». En el suelo del tren se había formado un charco. Lo pisé sin querer. El tren iba tan lleno que cada vez que se movía lo pisaba sin remedio. No. No pisé el paquete, sólo el líquido. Me hubiera gustado cambiarme de vagón en Kodenmacho, pero no tuve tiempo y sólo pude moverme hasta una puerta trasera. Es decir, salí al andén y volví a salir al mismo tren por la puerta de atrás. No tuve posibilidad de entrar en otro vagón.

Cuando hice transbordo a la línea Toei en Ningyo-cho, estaba muy oscuro. Pensé que era cosa del tren, pero me di cuenta de que había gente leyendo el periódico. Debían ser mis ojos. En la línea Toei, entre la estación Ningyo-cho y Gotanda, hay nueve estaciones. En todo ese tiempo no me sentí nada raro. Sólo estaba ligeramente oscuro.

Llegué a la oficina y noté algo en la garganta. Fui al baño, me lavé los ojos e hice gárgaras. Tenía la garganta irritada. No tosía, no notaba nada especial. Había varios compañeros que cada vez se sentían peor. Habían inhalado el sarín adherido a mi ropa. Los síntomas se manifestaron en ellos antes que en mí. Su vista también se había oscurecido.

Fui al hospital después de escuchar las noticias en la radio del coche. Iba a ver a un cliente y de camino paré en Toranomon para comprar unos *daifuku*. Me acordé de que le gustaban mucho esos dulces y allí hacían unos muy buenos. En la radio se había armado un buen lío a causa del sarín. Pensé que tenía un problema considerable. Volví a la oficina y de allí me dirigí al Hospital Kanto Teishin. Si hubiera salido a la autopista, seguramente habría sufrido un accidente. Unos compañeros vinieron al hospital conmigo. Estuve una noche ingresado. Algunos de mis compañeros estuvieron dos. Sin duda se me había impregnado en los zapatos una buena cantidad de gas sarín.

Cuando salí del hospital, no me encontraba especialmente mal, aunque no había recuperado del todo la vista. Volví al trabajo después del puente a pesar de sentirme débil. No podía conducir. La oscuridad que veía a mi alrededor duró unas dos semanas.

Una semana después del atentado aparecieron otros síntomas. No era capaz de dormir por la noche. En cuanto cerraba los ojos me despertaba enseguida. Tenía un sueño muy poco profundo. Me daban las cuatro de la mañana y, cuando ya estaba rendido, al fin podía conciliar el sueño. Amanecía y no podía despertarme. Poco a poco fui acumulando sueño atrasado. Fue terrible porque duró varios meses.

Por la mañana me despertaba derrotado, sin ganas de nada. Se suele decir que a las personas hipotensas les cuesta despertarse. Creo que fue algo parecido. Abría los ojos, pero no podía levantarme. No era capaz de pensar algo tan simple como: «Tengo que esforzarme y ponerme en marcha». Simplemente no podía. Me quedaba tumbado, inmóvil. Al cabo de un rato, al fin era capaz de levantarme a duras penas. Por esa razón llegué muchas veces tarde al trabajo, en ocasiones pasado el mediodía.

No me sirvió de nada ir al hospital. Lo único que hacían era darme unas pastillas. Si me dolía la cabeza, pastilla para el dolor de cabeza. Si me dolía el estómago, pastilla para el estómago. En resumen, sólo tratamientos paliativos. Para eso hubiera hecho mejor en ir a la farmacia y comprar un analgésico cualquiera. Estoy convencido de que los médicos no sabían qué hacer y por eso se me quitaron las ganas de acudir al hospital.

Una semana después del atentado fui a jugar al golf, pero me encontraba tan mal que no sabía lo que hacía. A mitad de partida lo dejé y les dije a mis amigos: «Lo dejo, no me encuentro bien». Es una especie de desfallecimiento que aún me afecta a pesar de que ya ha pasado un año y cuatro meses. Me canso con suma facilidad. Hago cualquier cosa y me quedo exhausto. Pero al menos cuando me levanto por la mañana me encuentro mucho mejor que antes, lo cual no quiere decir que esté bien o libre de momentos delicados como me pasó entre los meses de mayo y julio pasados. Es muy duro y doloroso.

Los fines de semana dejé de hacer cosas por puro cansancio. No quería salir de casa. Mis amigos me llamaban para que fuera a jugar al golf, pero me sentía incapaz. Prefería quedarme sin hacer nada. Dejé el alcohol durante una temporada. Empecé a sentirme raro cuando bebía. Me tomaba una cerveza, por ejemplo, y el corazón se me aceleraba. No me sabía bien. Empecé a beber otra vez a partir del verano, aunque no como antes.

Se me olvidan las cosas con mucha facilidad. Me siento como un anciano que chochea. He mejorado un poco, pero de pronto se me olvida lo que estoy diciendo. Es como si hubiera envejecido quince años de golpe. Puede que mejore un poco con el tiempo, pero no creo que llegue a recuperarme como antes. No me voy a recuperar por completo. Intuyo que va a ser así.

Lo que más me preocupa es que no sé calibrar los síntomas ni su alcance. Durante el cambio de estaciones estoy extremadamente débil. Llega un punto en el que no sé discernir si se trata de un resfriado o no. Tampoco puedo explicarlo en detalle cuando voy al hospital. Es como si mi cuerpo fuera el de una persona diez años mayor que yo. Cuando juego al golf, por ejemplo, me entiendo mejor con jugadores diez o quince años mayores que yo. El cansancio nos afecta de la misma manera. Me acuerdo de que cuando antes se quejaban y decían: «¡Ay, qué cansado estoy!», yo les decía que no se preocupasen, que yo conduciría de vuelta a casa. Ahora, sin embargo, estoy tan cansado que ni siquiera soy capaz de conducir. De joven podía jugar tres o cuatro días seguidos; ahora, dos como mucho. Otra cosa extraña es que ya no puedo comer caballa. Me gustaba mucho, pero, por alguna razón, después del incidente me produce alergia. También noto que he perdido mucha vista, aunque quizá sea por culpa de la edad. Parece ser que tengo presbicia.

Si me pongo a pensar uno por uno en todos los síntomas, me enfurezco. Prefiero no darle demasiadas vueltas. Me ha llegado a afectar en el trabajo y eso es grave... Durante todo el año pasado, por ejemplo, no pude hacer gran cosa. Soy comercial, así que tengo que pensar en plazos de medio año, un año, o incluso más. Honestamente le digo que no soy capaz de pensar en un futuro tan lejano. No tengo la energía suficiente para ese tipo de previsiones. No tengo la agilidad mental. El año pasado, al menos, fue especialmente grave. No sólo me ocurrió en el trabajo, también en mi tiempo libre. No tenía ánimo para nada. Mis compañeros parecieron comprenderlo y durante todo ese tiempo me trataron con paciencia. Sin embargo, soy un empleado como cualquier otro. Me exigen lo mismo que a los demás y no me queda más remedio que responder. Todo el rato pienso: «Debo animarme».

Respecto a ese Asahara, lo mejor es que lo juzguen rápido y lo condenen a la pena de muerte. Me parece inútil que se alarguen los procesos judiciales con este tipo de cosas.

Los tres trenes A621T, procedente de Kitakasuga, A785K, procedente de Kita-senju y A666S, procedente del parque zoológico de Tobu, circularon después del tren A720S donde se liberó el gas sarín. Tuvieron que suspender el servicio en las estaciones de Hatchobori, Kayabacho y Ningyo-cho. Debido a la suspensión del servicio del tren A720S en Tsukiji, no tuvieron más remedio que parar sucesivamente. En ellos viajaban los siguientes entrevistados.

«¿Qué hizo la policía hasta ese momento?»
MASAYUKI MIKAMI (30)

El señor Mikami trabaja en un concesionario de coches franceses, a cargo de la asistencia técnica. Empezó a trabajar en esa empresa hace un año y medio. Antes estaba empleado en un concesionario de coches alemanes. Después del atentado lo enviaron a Francia durante un mes para realizar un curso de formación. No hace falta decir que su pasión es meter mano a los coches.

A pesar de sus treinta años aún da una impresión de adolescente tardío. No parece una persona muy habladora. Charlamos delante de un café durante su descanso de mediodía, en una cafetería próxima a su trabajo. Sus respuestas eran despreocupadas. Sólo cuando criticaba a las autoridades por su imprevisión y deficiente respuesta en el atentado, se apreciaba tensión en su cara. Está casado y tiene un niño de dos años y medio. Vive en Saitama.

Sus principales aficiones son los coches y la música rock. Tiene su propia banda y los fines de semana ensayan en un estudio de alquiler. Los otros miembros de la banda son más jóvenes que él. «No hay mucha gente con más de treinta años que toque en una banda», asegura. Su grupo favorito es Rainbow. De vez en cuando tocan en vivo. No fuma, sólo bebe en ocasiones para acompañar a alguien, no apuesta dinero en nada. Reconoce que lo que le gusta es trabajar.

Salgo de casa por la mañana a las 7:15. Tomo la línea Keihin-Tohoku desde la estación de Nishi-kawaguchi hasta Ueno. Allí hago transbordo a la línea Hibiya para ir hasta Hirao. De casa al trabajo tardo aproximadamente una hora y cuarto.

Los trenes suelen ir muy llenos. Durante el desplazamiento no hago nada especial. Escucho música de vez en cuando. Llego al trabajo a las 8:30, media hora antes del inicio oficial de la jornada, que es a las 9. Voy siempre con margen de tiempo suficiente, nunca llego tarde.

Desde Ueno hasta Hirao me subo en el vagón delantero, en el primero o en el segundo, depende. Cualquiera de los dos. No recuerdo bien a cuál me subí aquel día. La policía me lo preguntó, pero no lo sé. El tren se detuvo y me vi obligado a llamar a un taxi para ir al trabajo. Tampoco recuerdo exactamente en qué estación me apeé, si fue en Kayabacho o Hatchobori.

El tren se detuvo después de que anunciaran que había ocurrido una explosión o algo así. Dijeron también que no sabían cuándo se iba a restituir el servicio. No me quedó más remedio que salir a toda prisa del metro y continuar en taxi. En la radio informaban de algún tipo de explosión.

Lo único anormal que vi fue a dos o tres personas tendidas en el andén. Pensé que se sentían mal por alguna razón y no le di más importancia. Los empleados de la estación se los llevaron en brazos. Pasé por delante, me dirigí a la salida y me subí al taxi. Tuve suerte porque al parecer después fue muy difícil encontrar uno libre. Llegué al trabajo antes de las nueve.

Físicamente no noté nada raro hasta llegar al trabajo. Empecé a verlo todo oscuro a mi alrededor, no me sentía bien, tenía náuseas. Mis compañeros encendieron la televisión. «¡Es un gas tóxico!», dijeron alarmados. Informaron de que uno de los síntomas que producía la inhalación del gas era un cuadro de pérdida de visión. En ese momento comprendí lo que me pasaba. Me recomendaron ir al médico y fui al hospital más cercano, el de Hirao.

Llegué a las 10:30. En ese momento ya había allí más de cien personas. Primero me hicieron análisis de sangre. Descubrieron que el nivel de colinesterasa era bajo y me ingresaron. No recuerdo bien en cuánto estaba, a sesenta o setenta. Al parecer, en condiciones normales debe rondar los ciento cuarenta. Me pusieron suero, pero ninguna inyección porque no tenían.

Estuve tres días ingresado en una habitación de cuatro para pacientes graves. Víctimas del sarín éramos otra persona y yo. Los otros dos tenían una enfermedad que no tenía nada que ver con el gas. Llamé a mi mujer para que viniera. No estaba especialmente preocupado. Sólo pensé que había tenido mala suerte. Aunque me explicaron que me había afectado el sarín, en realidad no sabía con exactitud a qué se referían.

El único síntoma que tuve fue el de que se me oscureció la visión. Mientras estaba tumbado me encontraba bien. Tenía apetito, comí como de costumbre. Cuando me dieron el alta, mi nivel de colinesterasa había recuperado los ciento veinte o ciento treinta, igual que antes del atentado, pero no estaba seguro de si veía bien o no porque me había acostumbrado a la oscuridad. No sufrí especialmente ni sentí dolor. Sólo cierto ahogo cuando caminaba rápido.

La semana después del atentado no fui al trabajo. Empecé a partir del siguiente lunes. Mis pupilas seguían contraídas, pero no me afectaba en mis tareas. Aparte de eso no tuve secuelas especiales, tampoco miedo a volver a viajar en metro. Lo que ocurre es que no está claro cuáles son las secuelas. Ésa es mi única inquietud.

No estaría mal que condenasen a los culpables a la pena de muerte, pero una vez muertos se acabó. En lugar de eso, me gustaría que asumieran su responsabilidad. Lo mismo les digo a las autoridades competentes. La verdad es que siento furia hacia los autores del crimen, pero por mucho que hablemos del tema no solucionaremos nada. Por supuesto que Aum es culpable y responsable, lo cual no exime de responsabilidad a todos los demás, a las autoridades, al país en general. Parece que todo el mundo se quedó de manos cruzadas sin hacer nada por evitar que creciera una organización como ésa, que planteaba muchos problemas. Quizá sea una forma equivocada de decirlo, pero hay locos en todas partes. El deber de un Estado, sin embargo, es mantener la seguridad pública ante las amenazas. Para eso pagamos impuestos. Y no solamente afecta a la policía. Parece que si no se obtiene un permiso del responsable de turno, no se puede declarar como peligrosa a una secta con personalidad jurídica. ¿No será que los amenazaron y por eso los dejaron seguir con sus cosas?

Si veo en la tele reportajes sobre el incidente de la familia Sakamoto o el de Matsumoto, me pregunto: «¿Qué hizo la policía hasta ese momento?». Más que rabia contra Aum, la siento contra todos los demás.

«El hombre que se encontraba a mi lado vomitaba sangre. Creo recordar haber visto sangre.»
SHINKO HIRAYAMA (25)

La señorita Hirayama nació y se crió en el centro de Tokio, pero sus padres compraron una casa construida por la Corporación de la Vivienda en la prefectura de Saitama, adonde se mudaron cuando ella iba a secundaria y tenía catorce años. Una de las razones para mudarse fue que su abuela vivía cerca de allí. Tiene una hermana pequeña.

Al terminar la carrera entró a trabajar en una importante empresa que lamentablemente quebró tres años después por dificultades financieras. Un día llegó a la oficina y les dijeron a todos: «La verdad es que hemos quebrado». Ocurrió cuando menos se lo esperaba.

Estuvo tres meses sin trabajo. Como desde hacía algún tiempo le interesaban los problemas ambientales, al final consiguió un puesto en una empresa de reciclaje a través de un anuncio publicado en una revista llamada Torabayu. *Es secretaria del director general, un puesto bien considerado con mucha más carga de trabajo de la que imaginamos.*

Antes de cumplir un año en la empresa, se vio envuelta en el atentado. Sufrió una gran conmoción y físicamente quedó muy tocada, por lo que no pudo seguir con el trabajo. Tuvo que someterse a un tratamiento durante medio año, luchar contra las secuelas que le quedaron después de aquello.

A fecha de hoy casi se ha recuperado por completo. Trabaja por horas en una oficina gubernamental, participa en una organización ciudadana y en diversas actividades voluntarias. No es una mujer a la que le dé igual trabajar en cualquier cosa. Parece más feliz cuando se trata de algo en lo que puede desarrollar su propia iniciativa.

Me dio la impresión de ser una persona correcta, responsable e inteligente. Es fuerte, por lo que oculta el dolor que lleva en su interior. Dice que sólo desde hace poco tiempo se siente capaz de hablar de lo doloroso que le resultó estar así, aunque se impacienta cuando se da cuenta de que no es capaz de transmitirlo con exactitud.

En aquella época tomaba el metro en la estación X de la línea Tobu Isezaki hasta Kita-senju. Allí hacía transbordo a la línea Hibiya. Siempre iba tan lleno que me ahogaba, hasta el extremo de que me preocupaba la posibilidad de que alguien pudiera morir. He oído que alguien se fracturó una costilla en una ocasión. Lo he pensado muchas veces: «Me mudaré de aquí como sea». Creo que todo el mundo aguanta por pura resignación, pero en mi caso, si pudiera elegir, nunca viviría a lo largo de esta línea.

Por si fuera poco, a veces hay sobones. Últimamente las mujeres se han hecho más fuertes y ya no se callan. De repente se oye: «¡Ya basta!». Si me pasara a mí, haría lo mismo. Aunque no llegase a gritar, me quitaría la mano de encima, le pellizcaría. En cualquier caso, cuando está tan lleno todo el mundo va tan apurado que ni siquiera existe la posibilidad de meter mano a nadie. Lo único que queda es protegerse a uno mismo.

¿Va tan lleno que ni siquiera pueden actuar los sobones...?

Eso es. El mero hecho de desplazarte al trabajo ya es agotador. De Kita-senju a Akihabara, unos quince minutos de trayecto, es horroroso. En Akihabara se baja la mayoría de la gente y por fin se puede recuperar el aliento.

Desde aquel día no tengo muy claro el orden de mi memoria. Es como si mi cabeza estuviera perdida entre la niebla...

Me subí a un tren que pasó después del que llevaba el gas sarín. Sin embargo, uno de los pasajeros le había dado una patada al paquete que contenía el gas y lo había sacado al andén de la estación de Kodenmacho. La bolsa quedó cerca del lugar donde se detuvo el vagón en el que viajaba. Parece que por desgracia lo inhalé. Empecé a sentirme mal poco a poco.

Se produjo una persecución. Rodearon a un tipo y le preguntaron por qué había dado una patada a la bolsa: «¿La has dejado tú?». Hubo un amago de pelea, aunque debo reconocer que los detalles los leí en el periódico. Observé la escena. Un hombre corría. Lo perseguían otros dos. Me acordé tres meses después del atentado. Hasta entonces no fui capaz de recordar nada. En las entrevistas que tuvo la policía con los testigos fui incapaz de acordarme de nada. Fue la segunda vez cuando se lo conté: «Por cierto, he recordado una cosa...». Mi memoria de lo que pasó aquel día no tiene un orden cronológico, está muy fragmentada. Al menos ahora he logrado recuperarla.

En esa época estaba muy ocupada. Además de mi trabajo de secretaria tenía que hacerme cargo de mucho papeleo sobre asuntos privados del presidente. Era un verdadero lío, una situación realmente difícil en la que casi no era posible descansar un solo día. Sin embargo, aquella mañana pensé en no ir al trabajo. Cuando me levanté presentí algo malo, como si alguien me tirase de la manga. Quería moverme pero no lo conseguía. Mientras me lavaba la cara sentí mi cuerpo distinto.

No se lo había contado a nadie hasta ahora porque pensé que no me iban a creer. Se lo digo de verdad: se me apareció mi abuelo, que había muerto hacía tiempo. Merodeaba por la habitación a mi alrededor como si quisiera decirme: «No te vayas. No deberías ir». No podía moverme. Mi abuelo me quería mucho.

A pesar de todo, salí de casa como si desoyera su consejo. No podía faltar al trabajo, la responsabilidad me pesaba demasiado, tenía que ir. En aquel momento albergaba ciertas dudas sobre lo que hacía y creo que también un fuerte sentimiento de rechazo. Pero la experiencia de esa mañana fue algo diferente. Era una premonición muy mala.

Tardé en prepararme y llegué al metro más tarde de lo normal. Al final, resultó que aquello me salvó. Si hubiera llegado a la hora habitual, me habría subido al tren que llevaba el sarín. Siempre me monto en el tercer vagón y fue ahí exactamente donde liberaron el gas. Cuando me enteré más tarde, se me encogió el corazón.

Me acuerdo bien de la ropa que llevaba ese día: un abrigo y unas botas de ante. Debajo un jersey escocés y una falda gris. En la empresa no nos obligaban a vestir formalmente excepto los días que teníamos reunión.

Como ya le he explicado antes, inhalé el gas en la estación de Kodenmacho. Después de dejar la estación empecé a sentirme cada vez peor. Me apoyé en el pasamanos y cerré los ojos. Tenía náuseas. No quería vomitar pero no podía evitar las arcadas.

Empecé a sentir una especie de entumecimiento dentro de la cabeza. La palabra «brumosa» explica bien la sensación que tenía. Por mucho que quisiera pensar en algo, no lograba centrarme. En un principio lo atribuí a una anemia grave, a una hipoglucemia, algo así. A partir de ese punto la memoria me falla.

El tren fue directo hasta Hatchobori. Entre Kodenmacho y Hatchobori hay dos estaciones: Ningyomachi y Kayabacho. Cuando llegamos, sonó la alarma. De repente, el tren se detuvo. Yo iba apoyada en el pasamanos. Estaba abstraída en mi malestar. Quizás hubiera sido mejor bajarme antes, pero la verdad es que no se me ocurrió. Para colmo llegaba tarde. A pesar de que me sentía mal, no tenía más remedio que continuar.

Todos los asientos estaban ocupados. Me daba la sensación de que iba a quedarme sin fuerza en los músculos, pero no hasta el extremo de no poder estar de pie. Sentí como si un gran vacío me inundara la cabeza. El tren seguía parado en Hatchobori. Ya había pasado mucho tiempo. Salí al andén. Había un hombre tirado boca arriba en el suelo, con los brazos y las piernas extendidos en cruz. Parecía que hubiera sufrido un ataque al corazón. El personal sanitario le hacía un masaje cardiaco para tratar de reanimarlo. La gente se apiñaba alrededor.

Había una persona desmayada en el suelo, pero otras muchas estaban agachadas. Se oyó un anuncio: «Un pasajero ha derramado una sustancia. El tren queda detenido en esta estación hasta que finalicen los trabajos de limpieza». Poco después dijeron: «Rogamos a todos los pasajeros que evacuen de inmediato la estación. Las personas que no se encuentren mal, abandonen de inmediato el recinto de la estación».

En el tren aún había mucha gente sentada. En realidad pensábamos que se iba a poner en marcha enseguida. Llamé a la oficina desde la cabina que había en el andén. Tuve que hacer una larga cola. «El tren se ha parado. Por alguna razón me encuentro mal. Llegaré tarde.» Cuando colgué el teléfono, sentí como si inhalara un aire pesado. Tosí. La gente que estaba detrás de mí también tosía. Pensé: «¿Será por ese mal olor?». A partir de ese momento no pude moverme bien. Me dirigí a uno de los bancos del andén y me senté.

Los encargados de la estación decían: «Los que se sientan mal reúnanse, por favor, en el centro del andén». Como había mucha gente que parecía en estado grave, me daba vergüenza acercarme sólo por mi ligero malestar. No fui. Decidí moverme mientras fuera capaz. En el rato que descansé en el banco mi estado había empeorado. Me costaba mucho trabajo respirar con normalidad.

Al final cambié de idea y fui a donde estaban los encargados de la estación. A partir de ese momento me quedé paralizada. Uno de ellos me dijo que me sentara en una especie de plataforma que utilizan ellos para observar el andén. Casi no podía ni estar sentada. Me hundía poco a poco, hasta que no tuve más opción que tumbarme.

No llegué a perder el conocimiento en ningún momento, por eso la policía me llamó más adelante para preguntarme sobre lo ocurrido. No recuerdo nada de lo que les dije. Probablemente sólo me hicieron preguntas sencillas, mi nombre, mi dirección, cosas así.

La gente que se encontraba bien salió a la calle y en el andén nos quedamos trece personas. Todos tenían aspecto de asalariados excepto una mujer. Era la misma mujer que estaba justo detrás de mí, tosiendo, en la cola del teléfono. El hombre que se encontraba a mi lado vomitaba sangre. Creo recordar haber visto sangre...

Al principio nos tumbaron a todos en el suelo del andén. Poco después, los encargados sacaron varios asientos del tren y nos acostaron encima. Más tarde nos llevaron afuera. Creo que se dieron cuenta de que no podían dejarnos allí. Usaron los asientos a modo de camilla. Me parece que lo hicieron todo entre tres. Debíamos de pesar mucho sentados en los asientos. A pesar de todo cargaron con nosotros por la escalera y nos subieron. Cuando llegamos a la calle, extendieron un plástico en el suelo y nos dejaron allí con los asientos del tren incluidos. Sacaron mantas de una ambulancia y nos cubrieron con ellas. Yo tenía mucho frío, un frío fuera de lo normal. Los escalofríos me recorrían todo el cuerpo. Grité: «¡Tengo frío!». Gracias a eso me cubrieron con más mantas.

En la zona había un montón de ambulancias. Como es lógico, primero se llevaron a las víctimas más graves. Yo fui una de las últimas. De la estación de Hatchobori, en total llevaron a veinticinco personas al hospital.

No sabía lo que pasaba. Oí que un hombre que llevaba voluntariamente a las víctimas al hospital decía que era sarín. En la estación Tsukiji había tantas víctimas que las ambulancias no daban abasto. La gente que circulaba por la zona con sus coches particulares ayudó a llevarlas a los hospitales más próximos. Oí la conversación entre una víctima leve y el hombre al que me he referido antes: «Es por culpa del sarín». Pensé: «¿Qué? ¿Sarín?». Enseguida me vino a la mente el atentado de Matsumoto. Si se trataba de sarín, tenía que haber muerto mucha gente. «A lo mejor han sido los de Aum.» Había leído un reportaje en el periódico *Yomiuri* el día de Año Nuevo.

Perdí la noción del tiempo. Ni siquiera era capaz de levantar el brazo para mirar la hora. Cuando llegamos al Hospital de Medicina y Odontología de la Universidad de Tokio, vi un reloj y pensé: «¡Vaya! Ya son las once».

Más que dolor sentía mucho frío. No llegué a perder el conocimiento. Pensé que si lo perdía, no sería capaz de recuperarme. Si le digo que no sentí miedo o preocupación por lo que iba a pasar le mentiría, pero me había invadido la confusión. No llegué a pensar que mi vida corriese verdadero peligro. Tenía la cabeza tan embotada que gracias a eso no se me ocurrió.

Aquella noche en el hospital no pude dormir. Soñé que alguien venía a matarme. Era una habitación individual, pero me desperté en plena noche y me dio la sensación de que había una figura humana. Tenía mucho miedo. Si me quedaba adormilada, me despertaba enseguida. Me ocurría una y otra vez.

Mientras estuve ingresada me pusieron suero. No me sentía especialmente mal. Más bien al contrario. El entumecimiento de pies y manos había desaparecido. Al día siguiente me encontraba algo indispuesta, pero nada más. Estuve tres noches. Al cuarto día me dije a mí misma: «Ya estoy bien. No tengo secuelas». Me marché. El médico me dijo que mi nivel de colinesterasa se había recuperado. No tenía nada de que preocuparme. Sin embargo, en cuanto llegué a casa empeoré. Respiraba a duras penas. Me sentía fatal, hasta un extremo indescriptible. Duró una semana. Tenía náuseas, nada de apetito. La parte izquierda del cuerpo se me había dormido. No podía mover bien la mano, como si los nervios se me hubieran paralizado. No quiero decir que no pudiera moverla del todo, pero al principio era incapaz de sujetar algo. Tenía una fuerza de agarre de cuatro. Con el tiempo la recuperé hasta diez. De ahí ya no soy capaz de subir. Y no sólo es la mano, sino que va desde la cara hasta el pie. No puedo moverlos bien.

Volví varias veces al hospital donde estuve ingresada. Lo único que me decían era: «El valor numérico se ha recuperado. Está usted bien. Si se encuentra mal, será por el estómago». Me recetaron un medicamento gastrointestinal. Les pregunté por qué me sentía entumecida, pero no supieron qué contestar. Sólo abrían la boca para insistir en los valores numéricos.

No me hallaba en condiciones de trabajar. Lo dejé y durante medio año me quedé en casa. Los compañeros de trabajo me dijeron: «¿Por qué no esperas un tiempo a ver cómo evoluciona la situación? Además, tienes que hablar con el seguro porque es un accidente laboral». Yo sabía que si continuaba en el trabajo no haría más que molestarles. Lo dejé y me sometí al tratamiento en casa.

Durante medio año mi estado fue tal que si salía un día de casa, al siguiente estaba tan agotada que no podía moverme. En el mes de mayo una gripe insignificante se me complicó hasta el extremo de dejarme un mes postrada en cama. Tuve que acudir a diario durante una semana a una clínica cercana para que me pusieran suero.

Me hubiera gustado ir al hospital donde me atendieron y quejarme por la falta de atención teniendo en cuenta el estado en el que me encontraba, pero no tuve fuerzas para llegar hasta allí. Ahora, transcurrido un año y medio he mejorado bastante. Cuando estoy cansada aún se me entumecen los dedos del pie.

Sigo sin tener recuerdos claros de lo ocurrido antes y después del atentado. Es como si todo estuviera oculto por la niebla. A veces ni siquiera me acuerdo de lo que hacía en aquel momento. Tenía buena memoria, pero últimamente se me olvidan las cosas. Unos meses después fui a la oficina para recoger mis objetos personales y ni siquiera me acordé de lo que había ido a buscar.

Como ya le he dicho antes, sólo recuerdo cosas de manera fragmentada. En un momento dado me viene a la mente algo que pasó, como si las piezas del rompecabezas encajasen de repente. Tardé unos cuatro meses en recordar el esquema general. A partir de ese momento pude tener la cabeza más despejada.

Aún me duele la cabeza si estoy cansada. Se me nota inmediatamente. Trabajo por horas, pero si tengo una reunión, enseguida me duele. Me dura una o dos horas. Aguanto de pie si tengo que hacer algo, pero no para pensar. Cuando me encuentro mal no puedo hacer nada, no me queda más remedio que sentarme donde esté. Me pasa una o dos veces por semana. Al menos últimamente duermo bien. Antes tenía muchas pesadillas. Veía a gente a mi alrededor que vomitaba; otros estaban tumbados, algunos pedían auxilio a gritos. Se me reproducía el atentado una y otra vez. No era siempre igual, pero el esquema se repetía. Después del atentado mi cabeza estaba siempre embotada, no era capaz de pensar con claridad. Cuando al fin pude, me venció el miedo. Las pesadillas se repetían. No lograba dormir profundamente.

Perdí mucha vista. No quiero saber cuánta, por eso no he ido al oftalmólogo. No utilizo gafas ni lentillas pero me doy cuenta de que veo peor. Durante los tres meses siguientes al atentado si entraba en un lugar oscuro, no veía nada con el ojo izquierdo. En realidad, los problemas venían todos por ese ojo, aunque ya ha mejorado.

Sufrí muchas secuelas, pero nunca se lo conté a mi familia. Creo que nadie supo en realidad en qué estado me encontraba.

¿No le contó nada a su familia? ¿Por qué?

En realidad no podía hacerlo. Mi madre también estaba enferma. Aunque hubiera querido contarlo no habría podido. Tenía que soportar yo sola el peso de muchas cosas dolorosas. No tenía con quién hablar.

Por carácter, no soy capaz de hablar de todo lo que me ocurre con cualquiera. Eso no quiere decir que no sea una persona sociable. De hecho, tengo muchos amigos íntimos. Escucho sus preocupaciones, pero no me siento capaz de contarles mis cosas. Es mi forma de ser. Después del atentado fui consciente de que mis sentimientos son muy volubles. Si ocurre algo triste, no puedo contener las lágrimas. También me invade a veces una alegría inexplicable y, cuando me deprimo, me deprimo de verdad... Trato de descubrir la causa, pero en realidad no son más que cosas insignificantes y eso no me pasaba antes.

Desde octubre del año pasado trabajo por horas en una oficina gubernamental. En este momento, cuatro días por semana. De esa manera me queda libre un día laborable, lo que me da la oportunidad de descansar bien. Ya no tengo estrés como cuando trabajaba en la otra empresa.

Aparte del trabajo, me gustaría dedicar más tiempo a las actividades voluntarias. Participo en un movimiento civil contra la experimentación con seres vivos (ALIVE). Si las investigaciones se realizan bien, hay muchas que resultan innecesarias. En cualquier parte del mundo se hacen cosas sin sentido, se sacrifica animales por nada. Por ejemplo, cosen los parpados de los bebés de los monos para investigar cómo buscan el contacto con sus padres, cómo responden los ratones a las enfermedades mentales. Los fabricantes de cosméticos echan los productos en los ojos de los conejos para comprobar su irritabilidad... Si ve esas fotografías, se dará cuenta del horror que representa. Hace poco, el 22 de abril, el día de la Tierra, fui a repartir folletos.

Después del atentado le doy mucha más importancia a la vida, a los seres vivos.

Los cuatro trenes precedentes se detuvieron en las estaciones de Tsukiji, Hatchobori, Kayabacho y Ningyomachi. Más tarde llegó el tren A750S (procedente de Kita-senju). Fue al que subió Michiaki Tamada, el revisor cuyo testimonio aparece más adelante. El tren estuvo un buen rato detenido en el andén de Kodenmacho, pero no hubo más remedio que desalojarlo y permitir que continuara para dar paso al que le seguía, que había quedado bloqueado en el túnel después de salir de la estación de Akihabara. Se detuvo en el túnel antes de llegar a la estación de Ningyomachi.

El tren que entró tras él en Kodenmacho fue el A738S (procedente de Takenozuka).

Los pasajeros de los dos trenes que suspendieron su servicio en esa estación se vieron muy afectados por el gas sarín que estaba esparcido por el suelo del andén. Los siguientes testimonios corresponden a los viajeros del tren A750S.

> «Cuando quise darme cuenta, el suelo estaba
> como reblandecido, ondulado.»
> SUMIO TOKITA (45)

El señor Tokita nació en la localidad balneario de Yumura, en la prefectura de Hyogo, al oeste de Kinosaki, frente al mar de Japón. Después de graduarse empezó a trabajar para una cadena de supermercados de la región de Kansai. Hace diez años lo trasladaron a Tokio. Hasta ese momento residió en la ciudad de Hanshin.

Su especialidad es la informática y desde que entró en la empresa se dedica exclusivamente a ello. La informática y las cadenas de supermercados tienen una relación muy estrecha, ya sean las ventas de cada una de las tiendas o las existencias en almacén, controladas entre la red de cajas registradoras y el ordenador central. Es sencillo, si el sistema no funcionase, no podrían abrir. Se trata de un trabajo en el que uno no se puede relajar.

Es un cuarentón delgado con una constitución magra. Así se lo dije: «Está usted muy delgado». A modo de aclaración me contestó: «Hace tres años me cortaron dos tercios del estómago a causa de una úlcera». Se la había producido el estrés. Aun así, dice que no le cuesta mucho el desplazamiento al trabajo, casi dos horas por trayecto.

Le gusta el deporte. Sus dos hijas pertenecen a un club de softball y él practica con ellas en su día libre. En realidad, es una afición que comparte toda la familia. Parece divertido. Está muy ocupado por el trabajo, lo cual le consume los nervios, pero aparte de eso me dio la impresión de llevar una vida tranquila.

Hasta que empecé a trabajar, ni siquiera había tocado un ordenador, tan sólo era un aficionado. Tuve que aprenderlo todo cuando empecé en la empresa, pero si uno recibe la formación adecuada, cualquiera es capaz de hacerlo en dos o tres meses. A hacer los programas, diseñar los sistemas... se aprende gradualmente.

En el trabajo se producen accidentes de vez en cuando. Hace tiempo, por ejemplo, la Compañía Eléctrica de Tokio realizaba una obra cerca de nuestras oficinas. Cortaron un cable sin darse cuenta y eso provocó un corte de suministro que lo paralizó todo. Inmediatamente cayó el sistema y empezaron a llamarnos de todas partes. Tenemos que estar alerta las veinticuatro horas.

Hace poco, en septiembre del año pasado, hubo una reorganización de personal y empecé a trabajar para una empresa afiliada. Fue un alivió considerable. Ya no me encargo de preparar sistemas, sino que encargo a otros que nos los hagan. Supone una gran diferencia, se lo aseguro. Mi trabajo consiste ahora en quejarme *(risas):* «Hazlo así, o de esta manera. Va muy lento, lo quiero más rápido». Hasta que cambié de puesto era yo, precisamente, quien recibía las quejas. Era muy duro.

Vivo en Satte, en la prefectura de Saitama, dos estaciones después de la parada del parque zoológico de Tobu, en la línea Tobu Isezaki. Hasta Gotanda, donde estaba la oficina en el momento del atentado, tardaba unas dos horas. Muy lejos. Ahora está en Daimon y tardo una hora y media. Lejos también. Desde Satte hasta Kita-senju puedo sentarme, pero a partir de ahí es la guerra. No me queda más remedio que dejar pasar trenes hasta que llega uno un poco más despejado. Hay tanta gente que no puedo subir enseguida y, cuando al fin lo consigo, resulta imposible encontrar un asiento libre.

¿Por qué fuimos a vivir a Satte? Muy sencillo: era más barato. Antes vivía en Yokohama, pero quería comprarme una casa para vivir con mi familia un poco más desahogados, lo cual era imposible en el propio Yokohama. Había una diferencia de varios ceros en el precio de las viviendas. Me dediqué a investigar dónde encontrar algo asequible, algo que pudiera permitirme. Fue hace ocho años, antes de que estallara la burbuja. Todavía no existía el IVA.

El desplazamiento diario al trabajo es muy duro, pero cuando compré la casa no pensé en eso. Mi preocupación fundamental era el dinero... Además, estar en el campo resulta muy conveniente para vivir. Somos cuatro, mi mujer, mis hijas y yo. La mayor tiene veintitrés años y la pequeña veinte. Aún estudia.

Todavía existe la posibilidad de que me trasladen de nuevo a Kansai. En realidad iban a hacerlo en marzo del año pasado. Tenía planeado irme solo, pero justo entonces ocurrió el terremoto de Kobe... Al final me quedé en Tokio. Allí no se podía hacer nada. De no haber sido por el terremoto me habría mudado y no me habría afectado el atentado. Se puede decir que fue obra del destino.

Si se hace tarde, volver a casa desde el centro de Tokio resulta complicado y muy molesto. Si vuelvo en taxi, me cuesta unos veinte mil yenes. Así que muchas veces, directamente no vuelvo. Me quedo a dormir en la ciudad. En aquella época terminaba de trabajar sobre las nueve o diez de la noche y llegaba a casa a las doce. Tenía muchísimo follón, fue muy duro. Estaba creando un nuevo sistema informático para la oficina de Gotanda. Dormía tres o cuatro horas al día y recuperaba el sueño los fines de semana. Es decir, dormía hasta pasado el mediodía. No soy capaz de dormir en el tren. No sé por qué, pero nunca he podido. ¿Será que me pongo nervioso? Con la influencia del alcohol lo he conseguido algunas veces, pero en general me resulta imposible. Veía a mis hijas una vez por semana como mucho.

El día del atentado, el 20 de marzo, me levanté un poco más tarde de lo normal. El día anterior me había acostado muy tarde y estaba agotado. No pude levantarme a tiempo de llegar a la estación de metro a la hora de siempre. Se me hizo tan tarde que pensé que llegaría con mucho retraso al trabajo.

Cuando llegué a la estación de Kodenmacho hubo un anuncio: «Se ha producido un incidente en la estación de Tsukiji a causa de un bote de humo. Este tren queda fuera de servicio. Rogamos a todos los pasajeros que abandonen los vagones». No me quedó más remedio que bajar. Esperé en el andén. Todo el mundo se quejaba. Llegó otro tren y ocurrió lo mismo. El andén se llenó de gente.

Pensé que si esperaba un poco, podría subir al siguiente. Estaba más o menos a la altura del penúltimo vagón. De repente, oí el grito de una mujer en la parte delantera del andén. Era una voz atiplada. No entendí bien lo que pasaba. Un hombre de mediana edad hablaba con un empleado de la estación: «Hay un olor extraño». El empleado le contestó: «Ayer fregamos todo el andén con un producto. Será por eso». Un instante después, noté un olor ácido. El andén entero empezó a agitarse.

Hubo otro comunicado: «Se ha producido un escape que ha contaminado el aire en el andén. Rogamos a todos los pasajeros que salgan afuera». Poco a poco el ambiente se enrareció. Pensé que sería mejor salir cuanto antes. Me dirigí a la salida. Vi a cuatro personas que cargaban con una mujer de mediana edad. «La cosa se está complicando. ¡Tengo que salir ya!», pensé. No me molesté siquiera a que me dieran el cambio de billete. Salí de inmediato. Vi a un empleado del metro agachado.

En la calle la escena era tremenda. Habría veinte o treinta personas tumbadas de espaldas en el suelo o agachadas de cualquier manera. Muchos se cubrían la boca con un pañuelo. No entendía nada. Mientras observaba la escena, llegó una ambulancia. Tenía que ir a la oficina y empecé a caminar en dirección a Ningyomachi. En un principio no sentí nada raro, pero cuando quise darme cuenta, el suelo estaba como reblandecido, ondulado. Pensé que se trataba de un terremoto. Me paré y me agaché para tocar el suelo: no pasaba nada, era un suelo normal. Cada vez entendía menos y empecé a tener miedo.

Comenzó a dolerme la cabeza; me pasaba algo raro en los ojos, lo veía todo oscuro, me tambaleaba al andar. Sin embargo, no lo relacioné con la gente tumbada en el suelo de la estación de Kodenmacho. No pensé en eso en absoluto. Caminé con mucha dificultad hasta la estación de Ningyomachi para tomar la línea Toei. Lo veía todo cada vez más oscuro. Pensé: «¡Qué extraño. ¿No han encendido la luz?». Cada vez me dolía más la cabeza. Normalmente nunca me duele. Me sentía cada vez más confundido, iba en el tren con la cabeza sujeta entre las manos.

Me bajé en la estación de Togoshi, salí a la calle y seguía igual. *(Hace un gesto de ondulación con la mano.)* Creo que llegué a la oficina a las 9:10. Un poco tarde. Me esforcé tanto en llegar para nada. No podía trabajar. Unos compañeros tenían la televisión encendida: «Ha pasado algo grave en el metro. Dicen que quizás es gas sarín». Me precipité en taxi al hospital más cercano, el de Kanto Teishin, en Gotanda. Me acompañó una colega.

Estuve ingresado una noche. Lo cierto es que no me acuerdo de nada. Mi memoria se ha borrado hasta la mañana siguiente. Me sentía derrotado. Parece que estuve todo el tiempo dormido. Lo único que recuerdo es que el médico dijo que mi pulso estaba a cincuenta. Muy bajo. Normalmente ronda los cien. El médico estaba como atolondrado, no sabía muy bien qué hacer. Me dijo que lo mejor sería llamar a mi familia.

Cuando me desperté al día siguiente, el dolor de cabeza había desaparecido aunque seguía viendo raro... No fui a trabajar en toda la semana. Me quedé en casa descansando. Retomé el trabajo a partir del sábado siguiente.

Perdí mucha vista. Hace poco me hice una revisión y, de 1,2 o 1,5 de agudeza visual, he pasado a 0,6. Lo noto cuando conduzco. Por mi trabajo tengo que pasar mucho tiempo con los ordenadores y se me cansa mucho la vista. Por lo demás no estoy especialmente cansado, es sólo la vista.

«Pregunté a un joven que estaba a mi lado:
"¿No huele a algo raro?".»
TETSUJI UCHIUMI (61)

La imprenta para la que trabaja el señor Uchiumi está en una zona cono-
cida como la «ciudad de la imprenta» (de hecho, en la estación de metro ponía
«Print City»), una amplia zona que se extiende frente a esa estación de la lí-
nea Keiyo. Es un terreno ganado al mar de reciente construcción donde se con-
centra la mayor parte de las empresas del sector. Hasta ese momento, yo no te-
nía ni idea de que existiera una zona específica dedicada a ese mundo.

Es un paisaje muy distinto al de cualquier otro lugar de la ciudad. En rea-
lidad, no se trata de la ciudad en sentido estricto. No huele a vida. No hay
tiendas, ni restaurantes, ni paradas de autobús. Sólo hay una máquina expen-
dedora de bebidas perdida en una esquina. Ni siquiera se ve el rastro de la gente.
En la calle huele ligeramente a disolvente, a algo relacionado con el material de
imprenta. Es un lugar extraño. De pie, uno llega a perder el sentido de la rea-
lidad. Supongo que es cuestión de costumbre y que con el tiempo esa primera im-
presión se transforma en algo cotidiano, aburrido...

El señor Uchiumi ya tiene más de sesenta años, pero aparenta muchos me-
nos. Es delgado. Según él «su cuerpo no engorda nunca por mucho que coma».
Sus movimientos y su forma de hablar son precisos. Da la impresión de ser ágil,
independiente, un poco obstinado, como todas las personas delgadas de pequeña
estatura.

En su época de estudiante se dedicó con ahínco a la prueba de los diez mil
metros. En la escuela secundaria llegó a ganar una importante prueba de re-
levos que disputó en Onomichi, en la prefectura de Hiroshima. Ahora ya no
corre, pero está pensando en retomarlo poco a poco para no dejarse vencer por
la experiencia del atentado. Al mover su cuerpo le gustaría demostrarse a sí mis-
mo que no padece ninguna secuela.

Lo entrevisté en una sala de visitas de su oficina. Escuché su historia durante
su hora de descanso de mediodía. Su ira hacia los criminales de Aum era evidente.

Casi todas las empresas relacionadas con la imprenta se trasladaron
desde el centro hasta aquí. Y no solamente a esta zona, sino también

a la prefectura de Saitama, cerca de donde vivo. Hay muchas grandes imprentas que han empezado a establecerse allí. Esto en concreto es un terreno ganado al mar. Seguramente el gobierno metropolitano de Tokio lo diseñó para crear una zona industrial y por eso vinieron todas.

No creo que tuviera que ver con la subida del precio del suelo por la burbuja. Las imprentas necesitan grandes maquinarias, y cuando hace falta ampliar la fábrica, no es fácil hacerlo en el centro. Además, la circulación es muy densa, las calles estrechas; los camiones lo tienen muy difícil. Aquí, sin embargo, no existe ese tipo de problemas. Resulta muy conveniente, por otra parte, que empresas del mismo sector estén reunidas en un mismo lugar.

La empresa para la que trabajo se dedica a todo lo relacionado con la imprenta excepto los papeles. Nuestro principal producto son los materiales fotosensibles, un material imprescindible para la impresión. Debido a la revolución tecnológica en el mundo de la imprenta, las máquinas han mejorado mucho últimamente. Suelen salir de fábrica con todo lo necesario, por lo que nuestro negocio ha caído considerablemente y nos dedicamos a poca cosa.

Ya antes del estallido de la burbuja había poca gente joven que quisiera dedicarse a esto. La verdad es que es un trabajo monótono. Me pregunto si tan poco atractivo resulta.

La empresa se fundó en 1946 en plena posguerra. Yo trabajo aquí desde 1961, hace ya treinta y cinco años. Nací en Hiroshima, pero por recomendación de un conocido acepté el trabajo y me mudé a Tokio. Hasta ese momento había ayudado a mi hermana mayor y a mi cuñado, que eran mayoristas de alimentación en Osaka. Pero yo era joven, tenía ganas de venir a Tokio.

En aquella época, la empresa estaba en Kanda, en el distrito de Chiyoda, cerca de Matsuzakaya en Ueno. Durante un año viví en un pequeño apartamento que había en el tercer piso de las oficinas. Luego me mudé al edificio de viviendas para empleados que tenían en Ichikawa, en la prefectura de Chiba. Allí estuve seis años. Me casé con treinta y dos y creo recordar que fue en 1973 cuando nos construimos una casa en la prefectura de Saitama. Allí seguimos. Tengo dos hijos.

En general, nos jubilamos con sesenta años. Hasta ese momento siempre estuve en el departamento comercial. Después de la jubilación oficial, sigo trabajando para la misma empresa. Me dedico a los envíos, al suministro de mercancías. Después de treinta años dedicado a los materiales, conozco perfectamente todo lo relacionado con las mercancías.

Camino quince minutos hasta la estación de Soka. Allí tomo la línea Tobu Isezaki. En Kita-senju hago transbordo a la línea Hibiya hasta Hatchobori y allí cambio de nuevo a la línea Keiyo. De Kita-senju a Hatchobori tardo unos veintitrés minutos. El tren siempre va repleto, especialmente por la mañana. No se puede mover ni un dedo, por eso espero al tren que viene de Kita-senju. Si dejo pasar cinco o seis trenes, al final encuentro algún asiento libre. Si no esperase, tardaría en llegar a Hatchobori el tiempo que espero en Kita-senju, pero prefiero esperar y tardar más que subirme a un tren atestado de gente.

Poco antes de llegar a Kodenmacho anunciaron que en Tsukiji se había producido una explosión. Nada más llegar abrieron las puertas, pero no dijeron si el tren iba a continuar o se quedaba allí parado. Esperé al siguiente anuncio. En caso de que no prestase servicio, continuaría a pie hasta otra estación...

Al abrir las puertas entró un olor en el vagón. Era el olor del sarín. No soy capaz de explicarle cómo es. Después del atentado me lo preguntaron muchas veces, pero no hay forma de describirlo. Hablé de ello con otra víctima que conocí en el hospital y me dijo que era como pintura al pastel fundida. Lo único que le puedo decir es que no era especialmente desagradable ni fuerte. Era algo ligero, lo bastante notorio para inquietarle a uno. Eso es, un ligero olor.

Quizá no sea una pregunta apropiada. ¿Si lo huele otra vez, sería capaz de reconocerlo?

Sí, quizás. No es un olor fuerte, es más bien suave, un poco dulce, no molesta. Sin embargo, había un ambiente extraño que afectaba a los nervios.

Pregunté a un joven que estaba a mi lado: «¿No huele a algo raro?». Me contestó: «Sí, huele mal». Nadie se movió del vagón. Todo el mundo se quedó dentro. Por alguna razón, no pude quedarme allí sentado. Me levanté y salí al andén. Miré a derecha e izquierda. No había nadie, no había movimiento, estaba desierto. La estación de Kodenmacho siempre está vacía. La gente no forcejea para subir al tren como en otras. Aun así, era una escena un poco extraña.

Me dirigí hacia la salida. Quería salir de allí como fuera. Tomé la decisión muy rápido. Mi mujer me preguntó más tarde: «¿Por qué te decidiste a salir tan pronto si no había nadie en el andén?». No sé por qué, la verdad. Quizá sea especialmente sensible a los olores. Creo que si hubiera sido más fuerte, todos habrían huido en estampida. Sin embargo, al ser un poco dulzón decidieron quedarse. Uno de los encargados de la estación estaba en el andén tranquilamente sentado.

Al salir del vagón noté que me temblaba todo el cuerpo. Subí la escalera y, cuando llegué a la calle, me sorprendió descubrir lo oscuro que estaba todo. Caminé un poco más. «¿Por qué está tan oscuro?», me pregunté. Me senté frente a un edificio.

Me quedé allí agachado durante unos minutos. Pasó mucha gente a mi lado y nadie se detuvo a preguntarme qué me pasaba. Tampoco yo dije nada. Todavía no se había organizado el jaleo de después, era una escena habitual de la ciudad. Debieron de tomarme por un borracho. «¿Será ese olor lo que hace que me sienta tan mal?», me pregunté.

Me levanté y caminé de nuevo. Me acerqué a una oficina de Correos donde una mujer limpiaba los cristales. Aún estaba cerrada. Le dije: «¡Llame a una ambulancia, por favor!». Añadí: «Si no viene ninguna, llame a un taxi por favor...». Sólo recuerdo hasta ese momento. A partir de ahí perdí el conocimiento.

Cuando me dieron el alta en el hospital, volví allí para rememorar lo sucedido. Desde el cruce de Kodenmacho hasta la oficina de Correos caminé unos cien metros. A pesar de la poca distancia llegué a duras penas, tambaleándome.

Me ingresaron en el Hospital Tajima, frente a la estación Ryogoku. Me trasladaron en ambulancia. Allí llegaron a muchas víctimas. Yo era el que estaba más grave. Recobré el conocimiento alrededor del mediodía. Me habían puesto suero. El presidente de la empresa se había acercado al hospital para interesarse por mi estado, pero ni siquiera fui capaz de reconocerlo. A mi hijo mayor lo reconocí por la voz.

No sé si fue el médico o un policía, pero alguien me preguntó mi nombre y dirección para comprobar si había recuperado el conocimiento. Dije mi nombre. No fui capaz de recordar mi dirección ni el número de teléfono. Estaba tan despistado que ni era consciente del dolor o el sufrimiento. Pasado el mediodía, me trasladaron al Hospital Central de las Fuerzas de Autodefensa de Japón en Setagaya. Allí me iban a proporcionar un tratamiento más específico. Mis hijos vinieron conmigo.

Estuve una semana ingresado. El Hospital Central de las Fuerzas de Autodefensa de Japón lleva a cabo investigaciones sobre armas químicas, por lo que resultó de lo más apropiado. Los primeros días me inyectaron un antídoto y me pusieron suero. Durante el tiempo que permanecí allí soñé mucho, la mayor parte de las veces con lo que habría pasado si me hubiese quedado más tiempo en el tren.

Salí del hospital a finales del mes marzo. El dolor de cabeza no me abandonó hasta junio, era constante. En el hospital me dolía todo el tiempo. Después de que me dieran el alta se alivió un poco, sólo me dolía por las tardes. Comenzaba siempre después del mediodía. No era un sufrimiento insoportable, pero tenía fiebre y me sentía mal. Los mismos síntomas de los que hablaban las víctimas del gas sarín en la televisión.

No era fiebre alta, poco más de treinta y siete, y a pesar de que me sentía mal, no era tan grave como para no poder trabajar. Era una sensación desagradable que no se me iba. Sobre las seis de la tarde desaparecía, como si bajara la marea. Algo extraño, sin duda.

El doctor del hospital me dijo: «Señor Uchiumi, tenga paciencia y resista medio año. Transcurrido ese tiempo se curará». Las Fuerzas de Autodefensa de Japón ya tenían experiencia en ese asunto por el incidente de Matsumoto. Lo cierto es que el dolor desapareció al cabo de ese tiempo. Los ojos, sin embargo, no se me curaron con tanta facilidad y tuve que ir al médico regularmente hasta octubre.

También ahora pierdo la vista de vez en cuando. Sucede de repente, mientras escribo algo, por ejemplo. Hay un momento en el que no veo nada. Descanso un poco y me recupero. Es muy raro. Antes usaba gafas a causa de la miopía y por suerte no ha empeorado. Lo único es que, en ocasiones, no veo nada. Me ha ocurrido varias veces desde que salí del hospital.

Después del atentado traté de salir antes del trabajo, más o menos sobre las cuatro o cuatro y media. Los sábados y domingos me encontraba tan agotado que casi siempre me quedaba tumbado en la cama. Así estuve hasta el mes de julio.

Durante un tiempo no pude dormir bien. No me quedaba más remedio que beber alcohol, y al final me dormía como un borracho. El insomnio no desapareció hasta agosto, hasta que terminé el tratamiento médico. Me gusta acostarme pronto y levantarme temprano, así que, imagínese, para mí fue muy duro.

Estuve ingresado una semana y el domingo volví a casa. A partir del lunes empecé a trabajar. Aquel primer día fue el único que no pude resistir el viaje en el metro. Me daba mucho miedo. Me subí en Kitasenju y antes de llegar a Naka-okachimachi pensé que me quería bajar. La línea Hibiya circula por la superficie hasta Minami-senju y a partir de Minowa, lo hace bajo tierra. En cuanto entró en el túnel, me sentí fatal. No lo resistí. Me bajé en Naka-okachimachi y cambié a la JR. Desde allí continué hasta la estación de Tokio para volver a tomar la línea Keiyo.

Fue el único día que me pasó. Desde entonces hago el trayecto de siempre. Obviamente, no me siento bien del todo, pero me resulta mucho más conveniente para ir al trabajo.

Aún no han detenido a uno de los autores materiales del crimen, Yasuo Hayashi. Acudo a las reuniones de la Asociación de Víctimas del Atentado del metro. Cada vez que oigo a los familiares de las víctimas o al padre de un chico que continúa en coma, deseo con todo mi corazón que condenen a la pena máxima a esos asesinos. Nunca podré perdonar al Asahara ese ni a ninguno de sus compinches. Nunca desaparecerá el odio que siento hacia ellos. Jamás olvidaré quiénes han sido los responsables de ese crimen.

«Había pedido un crédito y mi mujer estaba embarazada.
Pensé: "¡Qué inoportuno!".»
NOBURU TERAJIMA (35)

El señor Terajima es técnico de mantenimiento de uno de los principales fabricantes de fotocopiadoras. Utiliza a diario la línea Hibiya desde Soka hasta Higashi-ginza. Realiza inspecciones regulares a las máquinas y se encarga de algunas reparaciones. Normalmente trabaja en las oficinas gubernamentales de Kasumigaseki.

Vivía solo en un apartamento en Soka hasta que se casó seis meses antes del atentado. Pidió un crédito y se compró una casa en la misma localidad. Poco después, su mujer se quedó embarazada. Justo en ese momento de cambio que supone la edad adulta, cuando uno debe afrontar las responsabilidades de la madurez, fue cuando se vio envuelto en el atentado.

Lo primero en lo que pensó al sentirse enfermo tras inhalar el sarín en la estación de Kodenmacho fue en el hijo que estaba por venir, en el enorme crédito que le quedaba por pagar.

Nos encontramos en la planta superior de un café en Soka. Era un mediodía de domingo soleado. Tras la ventana, las parejas de jóvenes y familias con niños pequeños paseaban por la avenida que queda frente a la estación. Una escena de vida tranquila en uno de los barrios de la periferia.

El señor Terajima respondió a las preguntas despacio, después de una profunda reflexión, muy atento a no decir más de lo que consideraba necesario.

Siempre quise ser pintor, pero mi padre murió justo después de terminar el instituto y necesitábamos dinero. Mi hermano mayor estaba en la universidad. Todos queríamos que terminase la carrera. Yo suspendí los exámenes de acceso a la universidad, aunque encontré una salida en una escuela especializada, y eso significa que tenía que encontrar trabajo rápido.

En un principio me dediqué a la venta de casas. Era un trabajo muy exigente y extraño. Lo dejé y estuve un tiempo de acá para allá hasta que encontré el empleo que tengo todavía hoy. La verdad es que me hubiera gustado trabajar en planificación o en publicidad inmobiliaria, pero o bien me decían que carecía de la experiencia suficiente, o bien que aún no tenía el carnet de conducir. En fin, acabé por entrar en una empresa con una sólida reputación. En otras palabras, me decidí por la estabilidad.

Me casé el mes de septiembre anterior al atentado y nos compramos un apartamento en Soka. Firmamos el contrato aquel mismo mes aunque la entrega no era hasta el siguiente mes de abril. Hasta entonces seguimos en la casa que tenía alquilada. Alrededor del 20 de marzo, ya lo teníamos todo preparado para la mudanza y en ese momento se produjo el atentado. Habíamos dado una batida por todas las tiendas del barrio para buscar cajas para la mudanza. Lo empaquetamos todo.

En realidad nunca imaginé que fuera a tener una casa en propiedad. Nunca le había dado demasiada importancia al lugar donde vivía, pero en una ocasión fuimos a un salón inmobiliario y nos gustó lo que vimos. Nos preocupaban los intereses del crédito, como es lógico, pero los de la inmobiliaria terminaron por convencernos cuando nos explicaron que, si firmábamos en ese momento, pagaríamos el 3,9 por ciento en lugar del 4 que habría que pagar en breve. Fue una compra impulsiva. Firmamos un crédito a veinticinco años. No es ninguna broma comprar una casa.

Elegí Soka porque mi madre vive en Satte, en la prefectura de Saitama, y mi suegra en Shinagawa. Queríamos vivir en medio de las dos, pero el centro de la ciudad resultaba demasiado caro.

Tenemos una niña pequeña ruidosa como un demonio. Hasta hace dos años, yo vivía feliz, despreocupado y solo. Ahora estoy casado, soy padre, tengo un crédito a mis espaldas y estoy completamente arruinado. Todo mi dinero se ha esfumado. *(Risas.)*

Me casé a los treinta y cinco años. De haber esperado un poco más, creo que ya no lo habría hecho. Estoy seguro de que me hubiera parecido demasiada molestia. Conocí a mi mujer haciendo *windsurf*. Navegaba desde los veinticinco años. Ahora ya no tengo tiempo de practicar, pero en aquella época no me importaba conducir hasta la playa de Shonan o Zaimokuza. Una vez por semana me levantaba a las cinco de la mañana y conducía tres horas. Estaba pletórico de energía. Fue antes de que el *windsurf* se popularizara. Me compré una tabla de segunda mano con un amigo y la guardábamos en un lugar junto a la playa. Me pregunto qué habrá sido de ella.

Ahora, cuando tengo un momento libre, lo único que puedo permitirme es ir a un salón de juego y jugar al pachinko. *(Risas.)* ¡Nada de pintura al óleo tampoco! Soy de esa clase de persona que si se mete en algo, lo hace a fondo, le dedico mucho tiempo, así que, si no lo tengo, no lo hago.

El mes de marzo estuve muy ocupado. Estoy a cargo de la zona de Kasumigaseki y por culpa del presupuesto del Gobierno, tengo que cuadrar las compras de equipo, los gastos de las oficinas, las enormes entregas de material... Los clientes deben usar los recursos que tienen asignados antes de que finalice el año fiscal, por eso es la época del año de más trabajo. El atentado tuvo lugar entre dos días de fiesta, pero yo no me podía permitir en ese momento disfrutar de un puente así de largo.

En general, no como nada por la mañana, tan sólo un poco de café, algún dulce y con ésas me marcho de casa. Para encontrar sitio libre espero al tren que viene de Kasumigaseki y subo por la puerta delantera del tercer vagón. Aquel día tenía que llegar al de las 7:53. Normalmente, en cuanto me siento me quedo dormido. No leo ni el periódico. Se me abren los ojos de manera automática justo antes de llegar a Higashi-ginza, aunque reconozco que me he quedado dormido en tres ocasiones. *(Risas.)*

Aquel día me desperté en Kodenmacho. Oí un anuncio por los altavoces del tren: «Ha habido una explosión en Tsukiji. Nos detendremos aquí y esperaremos hasta nuevo aviso». Me quedé sentado. Al cabo de un rato dijeron: «El servicio no se restablecerá por el momento». ¿Qué otra opción me quedaba aparte de bajarme? Fue entonces cuando noté ese fuerte olor a propanol. El propanol lo usamos para limpiar los cristales de las fotocopiadoras, por eso lo reconocí enseguida. Siempre llevo conmigo un bote en el trabajo.

Al salir del tren me fijé en un paquete envuelto en papel de periódico que estaba junto a una columna que quedaba a mi derecha. Parecía ser el origen del olor. En un primer momento apenas me di cuenta. Lo vi cuando me puse a escrutar el suelo para tratar de descubrir de dónde venía. De tanto olisquear terminé por inhalar profundamente. Al fin y al cabo, el propanol no es un producto químico peligroso.

En la estación de Kodenmacho sólo había una persona que tenía mal aspecto. Un hombre. Me fijé en él cuando pasé por el torniquete de salida. Estaba sentado en el suelo, apoyado contra una columna. Echaba espuma por la boca, vomitaba, le temblaban las manos. Pensé que estaba enfermo.

Salí a la calle y decidí seguir a pie hasta Nihonbashi. Fue entonces cuando empecé a sentirme realmente mal. Comenzaron los mareos, las náuseas. Mi vista se nubló; mejor dicho, no era capaz de notar la diferencia entre llevar las gafas puestas o no llevarlas. No podía enfocar, todo estaba borroso. Por si fuera poco, me dolía mucho la cabeza. Perdí el sentido de la orientación, de repente no tenía ni idea de adónde me dirigía. Pensé que, si caminaba en la misma dirección que el resto de los viandantes, terminaría por llegar a alguna parte. Me dejé llevar por la multitud.

Tuve que sentarme a tomar aire en varias ocasiones. Quería irme a casa, pero la oficina estaba cerca. Decidí caminar hasta allí, pero perdí toda noción de adónde me dirigía. Deshice el mismo camino dos o tres veces. Caminar me resultaba muy penoso. Pensé que padecía un ataque de anemia o algo así. Quise entrar en una tienda para comprar un mapa, pero no podía leer.

No sé por qué, se me ocurrió que me habían estallado los vasos sanguíneos. Me dio un ataque de pánico. Es algo que le sucede con cierta frecuencia a la gente que está en la treintena. Había pedido un crédito y mi mujer estaba embarazada. Pensé: «¡Qué inoportuno!». Me sentía muy mal. ¿Y si había inhalado ya aquella cosa?

Caminé a ciegas y, de algún modo, llegué a la estación de Nihonbashi. Tomé la línea Ginza hasta Ginza. Caminé hasta la oficina. No me acuerdo de nada de lo que sucedió a partir de ese momento. Es como si se me hubiera borrado la memoria. Llegué a la oficina poco después de las 8:45 y ya estaban preparando el día. Me puse la ropa de trabajo para unirme a mis compañeros, pero era incapaz de mantenerme en pie. Nunca sabré cómo fui capaz de cambiarme de ropa, pero eso demuestra mi enorme responsabilidad en el trabajo. *(Risas.)* Será cuestión de fuerza o hábito, quién sabe. De otra forma, nunca habría ido a trabajar en ese estado.

No pude aguantar más. Me fui al Hospital de Hibiya. Llegué sobre las 10 de la mañana. En ese momento ya atendían a mucha gente. Vi las noticias de la tele y oí que mencionaban la puerta delantera del tercer vagón del tren detenido en Tsukiji. De pronto todo encajó: «Había un paquete en el suelo cubierto con papeles de periódico cuando me bajé en Kodenmacho», me dije. Me había quedado allí olisqueando, tratando de averiguar si el olor provenía de allí. Por eso mi estado era mucho más grave que el de los demás.

Estuve una noche ingresado en el hospital. Los síntomas desaparecieron en cuanto me pusieron suero intravenoso. La vista también mejoró poco a poco.

En la actualidad no padezco ningún efecto secundario. Bueno, quizá mi memoria es peor que antes. No es que olvide las cosas como si tuviera una especie de amnesia. Simplemente se me van. Mientras hago algo, de repente me pregunto: «¿Qué estoy haciendo?». Se me va por completo de la cabeza. No es que se me olvide algo que me han dicho, es que incluso se me olvida que me lo han dicho. Tengo que apuntarlo todo para no olvidarme.

¿No le hace sentir mal desde entonces el olor del propanol?
He utilizado propanol en el trabajo durante al menos diez años, por eso soy capaz de reconocerlo. Me enteré más tarde por las noticias de que lo habían usado para fabricar el sarín.

«A menudo sueño que caigo desde una gran altura.»
YASUHARU HASHINAKA (51)

El señor Hashinaka es originario de Kagoshima, al sur de la isla de Kyushu, y en la actualidad vive en Urawa, en la prefectura de Saitama, cerca de Tokio. Trabaja en el área de Kayabacho en una imprenta especializada en impresos generales, es decir, boletines internos, calendarios, folletos y cuadernos de gastos. Es una empresa mediana, con unos ciento treinta empleados.

Después de graduarse trabajó tres años en una siderúrgica de Osaka. Se encargaba de templar el acero y tuvo un accidente en una mano mientras manejaba una muela. Fue en ese momento cuando tomó conciencia del peligro que entrañaba ese trabajo. Un paisano suyo le recomendó que se fuera a trabajar con él a la empresa donde continúa hoy en día. Ya han pasado treinta años desde entonces y reconoce que aquélla fue una decisión que aún le alegra a pesar del tiempo transcurrido.

No tiene hijos. Vive sólo con su mujer. Antes solía beber casi dos litros de sake al día, pero desde que empezaron sus problemas con la tensión arterial se ha vuelto abstemio. Hace tiempo practicó el sumo, de ahí su cuerpo robusto. Sigue siendo un gran aficionado y no se pierde las transmisiones de la NHK, la televisión pública japonesa.

Cuando vivía en un distrito del norte, tardaba unos cuarenta y cinco minutos en ir al trabajo, pero actualmente tardo una hora y cuarto. La verdad es que ahora estoy un poco lejos. De casa a la estación de Urawa voy en autobús. Desde allí tomo el tren de cercanías hasta Ueno, y allí la línea Hibiya del metro hasta Kayabacho. De Urawa a Ueno, el tren va hasta los topes, hasta el extremo de que físicamente resulta doloroso subirse. Es imposible leer el periódico. En el metro sucede lo mismo. No hay forma de encontrar un sitio libre desde que salgo de casa hasta que llego a la oficina. Lo malo es que no sólo pasa por la mañana, sino que, de vuelta, raro es el día en el que puedo sentarme. ¿Si es duro el desplazamiento? Sí, pero lo cierto es que ya estoy acostumbrado.

Suelo tomar el tren de las 7:27 de la mañana en Urawa. Llego a tiempo porque me pongo dos despertadores. *(Risas.)* No, en serio, no me resulta tan duro madrugar. Aprovecho los días libres para dormir hasta tarde. Me quedo en casa tumbado, leo el periódico o veo la tele. Mi mujer se queja y dice que soy como un mueble viejo e inútil.

El 20 de marzo, el día del atentado, salí de casa algo más tarde que de costumbre. Perdí el autobús, lo que en tiempo se traduce en diez minutos de retraso. Aquel día cayó entre un domingo y la fiesta del equinoccio de primavera. Me imaginé que el tren iría más vacío de lo normal. Suelo salir de casa a las 7:03, pero lo hice a las 7:13. Unos minutos de nada que supusieron que me viera envuelto en el asunto del sarín.

De Ueno hasta Kodenmacho no hubo ningún problema. Sin embargo, cuando el tren se detuvo en esa estación, hicieron un comunicado por megafonía. No recuerdo bien lo que dijeron, creo que oí la palabra «Tsukiji» y «accidente por explosión». No lo tengo muy claro. Lo que sí recuerdo es que mencionaron que había heridos, por lo que el tren tenía que detenerse un rato en Kodenmacho.

El tren permaneció allí parado con las puertas abiertas. Un poco más tarde anunciaron que el tren quedaba fuera de servicio. Hasta ese momento había esperado dentro sin moverme. Calculo que fueron unos diez minutos. Todos los pasajeros que esperábamos dentro nos resignamos y salimos del tren. Aún no ocurría nada fuera de lo normal. Todo el mundo actuaba con normalidad.

Creo que fue un pasajero del tren anterior el que le dio una patada a la bolsa que contenía el gas sarín para sacarla al andén. Se quedó allí tirada junto a uno de los pilares. Yo viajaba en el tercer vagón, por lo que estaba cerca de la bolsa, a no más de cuatro metros de distancia. Obviamente, en ese momento no sabía nada de eso.

De Kodenmacho a Kayabacho sólo hay dos estaciones. Decidí caminar. Me dirigí a la salida. Una persona caminaba delante de mí sin dejar de temblar y tambalearse. Estaba junto a la pared donde se encuentran las máquinas expendedoras de billetes. Era un hombre y sujetaba una bolsa entre los brazos. Se desplomó hacia la izquierda.

En el lado contrario había otro hombre que gritó de una manera muy extraña. Era Eiji Wada. Me enteré más tarde de que había muerto. Su mujer estaba embarazada de nueve meses. Cerca de allí había alguien que no dejaba de gritar: «¡Una ambulancia! ¡Una ambulancia!». Pensé que la pedía para el hombre que se había desplomado, pero en realidad sujetaba al señor Wada y no dejaba de preguntarle: «¿Se encuentra usted bien?». El señor Wada daba la impresión de sufrir mucho, forcejeaba. La persona que lo atendía no era capaz de dominarlo. En el forcejeo chocó contra algo y perdió las gafas y la bolsa. Cerca de ellos había una mujer con el pelo largo agachada.

Al contemplar la escena me pregunté: «¿Qué está pasando aquí?». Caminé por el andén de la estación mientras observaba. Un tren entró en la estación.

¿Ocurrían cosas extrañas delante de usted y a pesar de todo no llegó a pensar que fuera algo extraordinario? ¿No le pareció que ocurría algo grave?

Había pasado poco tiempo desde el gran terremoto de Hanshin, de Kobe. Pensé que la gente estaba muy susceptible y se asustaba por cualquier cosa. Al haber anunciado un accidente causado por una explosión, me imaginé que se había desatado el pánico. El tren que acababa de entrar en la estación había estado detenido en el túnel entre Akihabara y Kodenmacho. Cuando el tren en el que yo viajaba se vació y salió de la estación, finalmente pudo entrar. En lugar de ir a pie a la oficina, lo mejor sería continuar en metro. Me subí al tren y anunciaron que también ése quedaba fuera de servicio. «¡Que fastidio! Otro que no funciona», me dije. Todo se oscurecía lentamente delante de mis ojos.

Suelo tener la tensión alta, así que voy periódicamente al médico para que me recete algo que me la baje. Siempre me repite: «Modera el alcohol, disminuye la cantidad de sal». También insiste en que haga todo lo posible por adelgazar, aunque por mucho que lo intente no lo consigo. *(Risas.)* Teniendo en cuenta mis antecedentes, me imaginé que era una repentina subida de tensión. «¡Maldición! La cosa se complica», me dije. Pasé el torniquete y salí de la estación agarrándome a los pasamanos. Caminé hacia la oficina, pero me dolía mucho la cabeza, moqueaba, tosía. Me encontraba en un estado lamentable. Me tambaleaba. Caminé doblado hacia delante hasta llegar a Ningyo-cho.

De camino vi a varias personas sentadas. Se cubrían la boca con pañuelos. Había ambulancias por todas partes. «¿Qué demonios pasa? ¿Qué ha ocurrido?», me pregunté inquieto. Como sabía lo de la explosión en Tsukiji, pensé que el humo había llegado hasta allí a pesar de que está bastante lejos.

Afortunadamente, en el cruce de Ningyo-cho apareció un taxi. Lo paré y me llevó a la oficina. Nada más llegar, una compañera me preguntó qué me ocurría. Estaba lívido. Le expliqué que no me sentía bien.

Subí al segundo piso. Colgué el abrigo en el perchero. «Lo siento, pero no me encuentro nada bien. Me voy al hospital», le dije a mi jefe. Fui al de Kyobashi, a unos cinco minutos a pie desde la estación. Estaba hecho polvo. Me registré en la recepción y aguardé en la sala de espera. No dejaban de llegar personas que, como yo, habían empezado a sentirse mal en la estación de Kodenmacho.

Aún no habían dado ninguna noticia sobre el atentado. Nadie comprendía la verdadera dimensión de lo que pasaba. Yo mismo había dicho en la recepción que tenía la tensión alta, no pensaba que fuera ninguna otra cosa. Cada vez me sentía peor. Fui al baño y vomité. Por fin me examinó el médico. Me dieron una pastilla de esas que se disuelven en la boca. Dejaron que me tumbase un rato en una habitación vacía. Uno de los efectos que tuvo el sarín en mi caso fue el de dispararme la tensión, aunque no sé si les sucedió también a otras personas.

Después de saber que era una intoxicación por gas sarín, me dieron un medicamento para la contracción de las pupilas que me ayudaría también a recuperar el nivel de colinesterasa. La tensión me bajó de forma drástica en tan sólo dos horas. El dolor de cabeza continuó; aún moqueaba y los ojos me lloraban sin parar. Todo seguía oscuro.

Estuve tres días ingresado en el hospital. No lograba conciliar el sueño. Vi las noticias en la tele. Pensé: «¡Vaya! Ha sido un atentado realmente grave. Estoy vivo de puro milagro». Si uno deja que le asalten semejantes pensamientos, ya no es capaz de dormir. Mi sufrimiento fue más psicológico que físico.

El día después de recibir el alta en el hospital volví al trabajo. Sin embargo, el malestar en los ojos me duró mucho tiempo. De vez en cuando todo se me nublaba, como si me hubieran puesto un velo delante, como si entrara en una habitación llena de humo. Otra cosa que me sucede desde entonces es que se me cae la saliva con suma facilidad. Tengo que estar siempre atento.

A menudo sueño que caigo desde una gran altura. Nunca había soñado algo parecido. Me despierto de golpe. No llego a sentir miedo, pero al recuperar la conciencia me digo aliviado: «¡Ah! No ha sido más que un sueño». Mientras permanecí ingresado en el hospital tuve sueños en los que había mucha tensión. Fueron dos noches en las que soñé mucho: me veía a mí mismo caminando por un sendero que de repente desaparecía. Tenía que atravesar entonces un charco insignificante que un instante después se transformaba en un río enorme. No sé nadar. Me quedaba paralizado de miedo ante aquella imagen. Últimamente tengo la impresión de que sólo consigo soñar cosas incoherentes, aunque no sé si atribuirlo al gas sarín.

En mi empresa nos jubilamos a los sesenta años. Tengo pensado regresar a mi Kagoshima natal y vivir allí una vida tranquila. Mi mujer también es de allí, así que volveremos juntos a nuestro hogar. Nací en Ibusuki, un lugar maravilloso. No siento ningún apego por Tokio.

> «En una situación así, los servicios de emergencia
> no fueron de ninguna ayuda.»
> MASANORI OKUYAMA (42)

El señor Okuyama me impresionó por su espíritu sosegado. Nos vimos en una sola ocasión y nuestro encuentro sólo duró un par de horas, por lo que no puedo saber a ciencia cierta cómo es en realidad. Después de tantas entrevistas, adquirí cierta habilidad para conocer el carácter de las personas aunque sólo tuviera oportunidad de cruzarme con ellas durante un rato.

Nacido y criado en una pequeña ciudad del nordeste, estudió en la universidad local. Es el mayor de tres hermanos y, según admite él mismo, «era un chico que se portaba bien. Siempre hacía lo que me decían». En la época del instituto estaba entusiasmado con el balonmano y llegó a participar en la liga nacional.

Tiene dos hijos. El mayor cursa tercero de secundaria y el pequeño sexto de primaria.

Es un padre poco severo que casi nunca regaña a sus hijos. Cuando le pregunté si le preocupaba cómo se las iban a arreglar en el mundo, me contestó: «No, no estoy demasiado preocupado por eso».

Trabaja para un diseñador y fabricante de productos de decoración de interiores que vende al por mayor en grandes almacenes y cadenas de supermercados. Al contrario de lo que ocurre en la mayor parte de los trabajos dedicados a ventas, no tiene la obligación de recibir a muchos clientes ni obsequiarlos con nada. Sus clientes son muy estrictos a la hora de aceptar favores y en lo que se refiere a evitar connivencias con los proveedores, lo cual «hace más fácil separar el trabajo de la vida personal», como él mismo admite. Normalmente va al trabajo en la línea Hibiya hasta Kayabacho.

En sus días libres ve la tele y de vez en cuando juega a algo en el ordenador. No sale a beber con sus colegas de trabajo. Como mucho toma una cerveza al día. Es un hombre que conoce sus límites.

El 20 de marzo no tenía demasiado trabajo, pero como casi estábamos al final del año fiscal había muchas cosas que hacer. El día siguiente era festivo, por eso salí de casa antes de lo habitual. Quería llegar con tiempo para poner en orden mis archivos, ese tipo de cosas. Estoy casi seguro de que llegué al tren de las 7:50 de la mañana procedente de Kita-senju. Normalmente me subo en el segundo vagón de la parte delantera.

Cuando el tren llegó a Kodenmacho, dijeron por megafonía que teníamos que salir. Había habido una explosión o algo por el estilo. Salió todo el mundo. Pensé que tarde o temprano el tren volvería a ponerse en marcha o que llegaría otro. Esperé en el andén. Debí de permanecer allí unos dos o tres minutos. De pronto, un hombre que estaba cerca de mí se puso a gritar. Estaría a unos veinte metros de distancia. Fue un grito extraño, incomprensible. Al poco rato se lo llevaron.

Me di cuenta de que algo extraño ocurría con mi respiración. No es que le dedicara mucha atención, fue tan sólo un pensamiento fugaz del tipo: «¿Y ahora qué pasa?». Entonces..., eso es. Una mujer se agachó a mi lado, pero de nuevo pensé que estaba enferma y no se sentía bien. Poco después oí otro anuncio por los altavoces: «Desalojen la estación, por favor». Explicaron algo, pero no recuerdo qué.

La salida de la estación de Kodenmacho se encuentra justo en el centro del andén, por eso la gente que estaba en la parte delantera tuvo que retroceder. No recuerdo bien, pero creo que volví a subir al tren para ir por dentro, porque el andén estaba atestado. A mitad de camino vi a alguien caído en el suelo. De eso sí estoy seguro.

Cuando salí de nuevo al andén, recuerdo vagamente haber visto un charco detrás de una columna. También que olía a algo parecido a los disolventes que se utilizan en la construcción... Me dio la sensación de que el aire estaba viciado. Sufro asma desde que era niño. Pensé que tenía algo que ver con eso. De todos modos, ninguno de los pasajeros parecía tener prisa. Simplemente caminaban hacia la salida.

Una vez fuera, miré a mi alrededor y vi a un hombre tirado en el suelo. Echaba espuma por la boca. Había una persona que trataba de ayudarle. Había mucha gente sentada. Todos moqueaban y tenían los ojos llorosos. Era una visión increíble. No tenía la más mínima idea de lo que estaba pasando, sólo tenía una sensación de peligro inminente. «En una situación así no debería ir a trabajar», pensé. Era algo serio, lo mejor que podía hacer era sentarme y quedarme allí tranquilo un rato.

Allí me quedé; primero en pie, luego sentado. Mi campo de visión se redujo y se oscureció. Por encima de cualquier otra cosa me sentía aturdido. El anuncio de la explosión, la persona que gritaba, la gente que se caía al suelo... No conseguía entender la relación que había entre todas esas cosas. No imaginaba que nada de eso tuviera algo que ver conmigo. Tan sólo me senté y pensé: «Mejor me quedo como estoy». Supongo que fue instinto.

En los testimonios que he escuchado hasta ahora, mucha gente coincide en que a pesar de notar algo extraño tenían que ir a la oficina como fuera. Pocos pensaron en quedarse donde estaban y esperar a que los socorrieran. Se sentían obligados a ir al trabajo aunque fuera a rastras...

Sí. La mayor parte de la gente se afanaba por llegar al trabajo como fuera a pesar de que estaban físicamente mal. Me extrañaba. Apenas podían caminar, de hecho había un chico a mi lado que se arrastraba por el suelo. Era evidente que no estaba en condiciones de ir a ningún sitio. No hablé con nadie excepto con una mujer que parecía luchar con cada paso que daba. Le dije: «Si se encuentra usted mal, es mejor que se siente».

Yo no estuve presente y no puedo saber exactamente cómo era el ambiente, pero, como poco, imagino que fue una situación nada frecuente en la que ocurría algo incomprensible. ¿No habló usted con las personas que estaban cerca para tratar de averiguar qué pasaba o, al menos, para intercambiar opiniones?

Aparte de con ella, no hablé con nadie más. No sé qué hizo el resto de la gente, si hablaron entre sí para ver qué hacían... Obviamente quería saber qué pasaba, pero no le pregunté a nadie. No me encontraba mal del todo, tampoco sentía náuseas.

Las ambulancias tardaron mucho en llegar y al final sólo vino una. A la mayoría de la gente no le quedó más remedio que recurrir a los taxis. Paramos a los taxis entre todos y subimos primero a los que parecían más graves y a las mujeres. Todos los que estábamos allí colaboramos. En una situación así, los servicios de emergencia no fueron de ninguna ayuda.

Yo fui de los últimos en subirme a un taxi para ir al hospital. Éramos cuatro en total. Ninguno estaba especialmente mal. Supongo que no se trataba de ninguna urgencia. Éramos todos trabajadores. Hablamos durante el trayecto, pero no recuerdo de qué. Por alguna razón no soy capaz de recordarlo.

Fuimos al Hospital Mitsui, en Akihabara. No tengo ni idea de por qué acabamos allí. Quizás alguien nos envió. Nada más llegar llamé a la oficina. Por fortuna ya sabían lo del atentado. Otros dos colegas del trabajo también habían resultado afectados. Nada grave, tenían los mismos síntomas que yo.

Estuve dos noches ingresado en el hospital. Usaron no sé qué medicina para dilatarme las pupilas y al final resultó que todo lo veía muy luminoso. Uno de los efectos secundarios fue que mi vista se debilitó. Me duró una semana. Aparte de eso, no noté ningún otro desarreglo físico. Tan sólo sufrí un ataque de asma, que fue lo me obligó a quedarme dos noches ingresado, pero ése es un padecimiento al que ya estoy acostumbrado.

No puedo decir si la fatiga que siento se debe al sarín o no. Parece una zona gris. Podría ser la edad... Ahora estoy muy olvidadizo, pero ¿quién puede conocer la causa exacta? En cuanto a los dolores de espalda, ya los tenía antes del atentado, aunque últimamente se han intensificado. Es probable que se deba al hecho de que ya tengo una edad.

Lo que me produjo terror fueron los medios de comunicación, especialmente la televisión. La información sobre lo que ocurrió fue tan limitada. Cuando empezaron a hablar sobre lo ocurrido lo hicieron de una manera sesgada que sólo confundió a la gente. Crearon la ilusión de que los pequeños detalles en los que se fijaban ellos eran el cuadro completo.

Cuando estaba fuera de la estación de Kodenmacho, es cierto que el lugar tenía un aspecto muy inusual, pero a pocos metros de allí las cosas seguían como siempre. Los coches circulaban sin mayores complicaciones. Ahora pienso en ello y comprendo que fue algo muy inquietante. Un contraste de lo más extraño. Sin embargo, en televisión sólo enseñaron, digamos, la parte «anormal», algo muy distinto a lo que yo vi. Me di cuenta de lo aterradora que puede resultar la televisión.

«Si vas a diario en un tren, conoces perfectamente
la atmósfera habitual.»
MICHIAKI TAMADA (43)

El señor Tamada es revisor de la Autoridad del Metro. Se incorporó a la
empresa en 1972. En el momento del atentado llevaba ya veintitrés años de ser-
vicio. Ostenta el cargo de revisor jefe, el de un auténtico veterano.

Los motivos que lo llevaron a trabajar en el metro fueron un tanto inusua-
les. Quería un trabajo en el que pudiera disfrutar de su tiempo libre, «no como
en uno de nueve a cinco», puntualiza. Al trabajar en el metro dispone de días
libres y turnos distintos. Un sistema de trabajo que no puede ser más distinto
del de una oficina, lo cual resulta atrayente para ciertas personas.

Mientras hablaba con él me dio la impresión de que le daba mucha impor-
tancia a su individualidad. No sé cómo precisarlo mejor. Me pareció que, cuan-
do no está trabajando, vive a su ritmo sin mayores preocupaciones.

Era un buen esquiador, pero por culpa de una grave lesión que sufrió hace
seis años no ha vuelto a practicar ese deporte. «No tengo otras aficiones de las
que merezca la pena hablar», añade. En sus días libres no se dedica a nada es-
pecial. Descansa o conduce hasta alguna parte. No parece que le preocupe mu-
cho vivir solo.

Si bien nunca fue un gran bebedor, después del atentado no volvió a pro-
bar una gota de alcohol. Se tomó muy en serio la advertencia del médico res-
pecto al posible daño que el gas sarín podía haberle provocado en el hígado.

Aceptó de buen grado esta entrevista. Quería aportar su granito de arena
para tratar de evitar que el atentado se borrase del recuerdo de la gente.

Terminé el instituto en jornada partida. Tenía veintiún años cuando entré a trabajar en el metro. Al principio me dedicaba a picar billetes, vigilar trenes desde el andén... Estuve un año en la estación de Ii-
dabashi y dos en Tekabashi, creo. Después me trasladaron al servicio
de trenes del área de Nakano, en la línea Marunouchi.

Hay que superar un examen para pasar del servicio de estación al
servicio de trenes. Más adelante, para convertirme en revisor tuve que
hacer una prueba aún más difícil y un examen escrito, pasar un che-

queo médico, una entrevista, etcétera. En mi época había muchos candidatos que hacían las pruebas, así que si lo lograbas, entrabas a formar parte de la flor y nata. Yo quise cambiar del servicio de estación al de trenes porque se trabajaba menos horas. En la actualidad apenas hay diferencia, pero entonces sí.

Me incorporé en el servicio de trenes de Nakano en 1975. Durante los catorce años siguientes estuve asignado a la línea Marunouchi. Luego me cambiaron al área de Yoyogi, en la línea Chiyoda, y hace un año a la línea Hibiya. Cuando te cambian de línea hay un montón de cosas que se deben aprender desde cero. Las especificidades de cada estación, la distribución, la estructura... Hay que meterse toda esa información en la cabeza. De otra manera, nunca puedes saber realmente si todo funciona acorde con las medidas de seguridad, y la seguridad es lo más importante, por encima de cualquier otra cosa. Es algo que siempre tenemos en mente en el trabajo.

Se me ha helado la sangre en las venas unas cuantas veces. Noches en las que la gente bebe de más y alguno se acerca demasiado a los trenes en marcha... Aparecen de repente tras los pilares, no hay forma de prevenirlo. Luego está la hora punta. Todo el mundo se apiña en el límite del andén, no queda más remedio que colocarse entre la masa de gente y los trenes que entran en la estación para hacer de pantalla protectora. Es espeluznante. Por suerte, nunca he presenciado ningún accidente grave.

El día del atentado, el 20 de marzo, era mi día libre, pero estaban cortos de personal y por eso me llamaron. «¿Te viene mal trabajar mañana?» En fin, es una cuestión de toma y daca. No lo pensé mucho y acepté. El turno comenzaba a las 6:45 de la mañana. Me presenté en la estación de Naka-meguro. A las 6.55 me destinaron a Minami-senju. «Destinar» es lo que nosotros llamamos subir a un tren para dirigirnos al lugar que nos corresponde. En la estación de Minami-senju cambié de andén para subir a mi tren. No recuerdo la hora exacta en que salimos de allí; debían de ser las 7:55.

Iba bastante lleno, como de costumbre. No noté nada raro mientras el tren estaba en marcha. Desde el puesto de mando del control central se comunicaron con nosotros: «Ha habido una explosión en la estación de Tsukiji. Detengan el tren, por favor...».

Le llegó la orden al tren, ¿verdad?

Nos detuvimos en la siguiente estación, Kodenmacho. Les hablé a los pasajeros por megafonía: «Nos detendremos aquí unos instantes debido a una explosión en la estación de Tsukiji. Les informaremos debidamente en cuanto recibamos más datos al respecto. Hasta entonces, les pedimos disculpas por el retraso».

Mientras tanto mantuve las puertas abiertas. Salí de la cabina del conductor para comprobar que no se producían irregularidades. Algunos pasajeros se acercaron para preguntarme: «¿Cuánto va a durar esto?». Cosas así. Yo no disponía de la información, por lo que no me quedaba más remedio que repetir que había habido una explosión y que eso nos llevaría un rato.

En Kodenmacho se baja mucha gente por la mañana, pero sube poca. Por eso el andén estaba vacío. Algunos pasajeros se bajaron del tren en cuanto paró, aunque la mayoría se quedó dentro.

En total, creo que estuvimos allí unos veinte minutos. En ese tiempo, el tren que venía detrás tuvo que detenerse entre Akihabara y Kodenmacho. Nosotros interrumpíamos su recorrido.

Llegó un mensaje de la central. Decían que había que evacuar a todos los pasajeros del tren y seguir adelante. Había que dejar vía libre al tren que venía detrás. Volví a comunicarme con los pasajeros: «Este tren queda fuera de servicio. Rogamos a todos los pasajeros que desciendan y busquen medios de transporte alternativos. Les pedimos disculpas por los inconvenientes que les hayamos podido causar». Justo después llegó otro comunicado desde la central: «Esto nos va a llevar más tiempo del que pensábamos».

No explicaron nada sobre lo que pasaba en la estación de Tsukiji. A pesar de todo, fuimos capaces de hacernos alguna idea gracias a lo que oíamos por la radio. No entendía bien. ¿Una explosión? ¿Qué daños había causado? Lo único que teníamos claro era que allí reinaba una confusión total. «Varias personas se han desmayado», repetían. En realidad, en el metro no hay nada que pueda explotar. Pensé que habían colocado una bomba, es decir, un acto terrorista. De ser así, era algo realmente serio.

Todos los pasajeros abandonaron el tren. Los encargados de la estación subieron para comprobar que todo estaba en orden dentro. Yo también miré. Después cerré las puertas y nos pusimos en marcha. Mucha gente se quejaba: «No pueden dejarnos aquí tirados». Les expliqué que teníamos que dejar paso al tren que venía detrás y les pedí disculpas.

Nos paramos en mitad del túnel, entre Kodenmacho y la estación de Ningyo-cho. Sólo íbamos a bordo el conductor y yo. En cuanto nos paramos, recorrí todo el convoy para inspeccionarlo. Por lo que pude ver, no había nada fuera de lo normal. Sólo «sentí» algo extraño. Después de atravesar el segundo o el tercer vagón, no podía dejar de pensar que había algo «diferente». No era tan obvio como un olor, era más bien un pálpito. «Aquí hay algo raro», me dije. La gente suda y el olor de los cuerpos y de la ropa deja una huella indeleble. Si vas a diario en un tren, conoces perfectamente la atmósfera habitual. Cuando hay algo raro, lo pillas a la primera. Llámelo instinto.

Esperamos en el túnel alrededor de treinta minutos. Durante todo ese tiempo escuchamos los comunicados de la central. Quedó claro que había habido una explosión. El tono de la conversación cambió poco a poco. Oímos un mensaje inquietante: «A todo el personal que se encuentre mal: diríjanse de inmediato a sus oficinas». Yo me encontraba perfectamente.

Al parecer, en ese momento en la estación de Kodenmacho ya se había producido un gran tumulto, pero nosotros no sabíamos nada porque ya nos encontrábamos lejos.

Mientras el tren estuvo parado en Kodenmacho, ¿no sucedió nada extraño?

Mientras permanecimos allí no vi nada fuera de lo normal. Mi puesto está a la cola del tren y los pasajeros afectados por el gas estaban todos en la parte delantera. Una distancia considerable, quizás unos cien metros. No aparté la vista del andén. Si alguien se hubiera caído lo habría visto. Vigilé hasta que se cerraron las puertas y nos pusimos en marcha. No ocurrió nada extraordinario.

Al cabo de cierto tiempo empecé a sentirme mal. Todo se oscurecía a mi alrededor, como si se apagasen las luces. Mi nariz moqueaba, se me aceleró el pulso. «¡Qué extraño!», pensé. «Ni siquiera estoy resfriado.» Llamé a la central: «Creo que me sucede algo raro». «¿Es grave?», respondieron de inmediato. Finalmente continuamos hasta la estación de Ningyo-cho donde me apeé tan pronto como llegamos.

El médico de servicio de la estación me examinó y me dijo: «Esto me supera. Diríjase de inmediato al Hospital San Lucas o a cualquier otro». Descansé un poco en la oficina a la espera del cambio de turno. Mi tren no podía moverse de allí hasta que viniera alguien a sustituirme.

No empeoré. Seguí con los mismos síntomas. Lo veía todo cada vez más oscuro. Sin embargo, no estaba mareado ni sentía dolor alguno. Alrededor del mediodía llegó mi sustituto. Me metieron en una ambulancia y me llevaron al Hospital de Tajima, pero allí no había camas libres. Me enviaron al Hospital de las Fuerzas de Autodefensa, en Setagaya, lo cual, en cualquier caso, me resultaba mucho más conveniente porque vivo en Machida.

Estuve ingresado una noche. Al día siguiente mis pupilas seguían contraídas, pero al menos la nariz se había recuperado. Me dieron el alta. No sufrí ningún efecto secundario realmente grave a excepción quizá de un sueño más ligero. Estaba acostumbrado a dormir siete horas de un tirón y ahora apenas puedo cuatro o cinco. Da igual que esté cansado o en mitad de un sueño. Se me abren los ojos sin más. Cuando me ocurre, intento volver a dormir.

¿Que si tengo miedo? Soy empleado del metro. Si tuviera miedo no podría trabajar. Puede que a veces me sienta inquieto, pero trato de no pensar mucho en ello. Lo que pasó, pasó. Me digo a mí mismo que lo más importante es que no vuelva a suceder algo así. Trato de no tener rencillas personales contra los responsables de aquello. Eso no le hace bien a nadie. Me horroriza pensar en mis compañeros muertos. Somos como una gran familia, sabe. Pero ¿qué podemos hacer nosotros para ayudar a sus familias? Nada.

Lo único que podemos hacer es no permitir que suceda de nuevo. Eso es lo más importante. Es la razón principal por la que no podemos olvidarnos de lo que sucedió aquel día. Sólo espero que mis palabras sirvan para que todos recordemos el atentado. Eso es todo.

«Me da la impresión de que a partir del atentado
muchas cosas cambiaron.»
HIROSHI NAGAHAMA (65)

El señor Nagahama vive con su hijo al final de una galería comercial, cerca de la estación de Minami-senju. El mes de julio del año pasado perdió a la mujer con la que había convivido largos años de matrimonio. Su casa es ahora un espacio de hombres donde se nota que no funcionan bien del todo los detalles domésticos. Cuando fui a verlo a su casa, me ofreció un té, pero la taza nunca llegó a aparecer. Al final tuvo que bajar a la calle a comprarlo en una máquina expendedora.

Nació y creció en un barrio popular tokiota y todavía conserva algo castizo en su carácter. Durante treinta años, desde que tenía quince, trabajó en una herrería no muy lejana, pero a partir de la crisis del petróleo del 72 dejó de verle futuro a esa profesión y se decidió a cambiar para dedicarse al mantenimiento de edificios. Mientras trabajaba en la herrería asistió a una escuela nocturna donde se formó como electricista. Gracias a eso pudo cambiar de profesión sin mayores problemas.

Las entrevistas que componen este libro me dieron la oportunidad de conocer a mucha gente. Me he dado cuenta de que el lugar de nacimiento puede llegar a influir decisivamente en el carácter de las personas. El señor Nagahama es un hombre sin adornos, no pretende nada más que ser el chico de barrio que siempre ha sido.

Pertenece a un club de senderismo y cada fin de semana camina una distancia considerable, de ahí su buen color y aspecto saludable. Sin embargo, parecía algo triste, no sé si por haber perdido a su mujer recientemente: «Muy cerca de aquí estaba el estadio de los Lotte, el equipo de béisbol. Antes solíamos ir a ver los partidos, pero se cambiaron de sitio y lo echo de menos», me dijo en un tono de añoranza como si eso hubiera sucedido hace poco tiempo, aunque creo recordar que el equipo se cambió a Kawasaki (más adelante, de nuevo a Chiba) hace una eternidad.

Llevamos vida de hombres solteros, así que no cocinamos. Mi hijo prepara algo de vez en cuando, pero en general nunca cocina. Si me hace falta cualquier cosa, voy al supermercado de la esquina, que está abierto las veinticuatro horas. Últimamente tiene de todo, desde arroz hasta platos preparados. Los hombres de mi generación no hacemos nada en la casa. Desde que murió mi mujer sufro mucho.

Cobro la pensión desde que tenía sesenta años, pero desde que enviudé no me gusta estar sin hacer nada. Empecé a trabajar por horas para una empresa de mantenimiento de edificios. Me asignaron a un museo de pintura situado en el distrito de Eto, que se inauguró en marzo del año pasado, justo en el momento del atentado, aunque ya llevábamos trabajando allí desde hacía dos años. La apertura oficial fue el sábado 18 de marzo. Dos días más tarde, el lunes, me vi envuelto en el atentado cuando iba al trabajo.

De casa al trabajo tengo que tomar la línea Hibiya hasta Kayabacho; allí hago transbordo a la línea Tozai y continúo dos estaciones más. Paso unos veinte minutos en el metro. Desde la estación de Kiba hasta el museo hay una distancia considerable, unos veinte minutos a pie. Me gusta estar en el trabajo a las 8:30 de la mañana, por lo que suelo llegar a Kiba a las 8:10 como mucho.

Aquel día, mientras aún estaba en la línea Hibiya, el tren se detuvo en la estación de Kodenmacho. Hubo un anuncio por megafonía: «Debido a una explosión en la estación de Tsukiji, este tren permanecerá detenido durante algún tiempo». A pesar de que se abrieron las puertas, nadie se movió de su sitio. Quizá pensaron que era un problema que se solucionaría en poco tiempo.

Yo estaba en el cuarto vagón. Me di cuenta de que en el andén, justo delante de mí, había unos asientos vacíos. Salí del tren y fui hasta allí. Tenía la impresión de que el tren iba a estar parado un buen rato. Empezó a pasar mucha gente que venía desde la parte delantera. Todos tosían, se cubrían la boca con pañuelos. «¿Qué hace todo el mundo?», me pregunté. Quizás era alergia, debida a la inminente primavera. No noté ningún olor extraño, tampoco me dio tos. Me quedé allí sentado, inmóvil.

Al poco tiempo se produjo otro anuncio: «Señores pasajeros. Como consecuencia de los retrasos sufridos procederemos a canjear sus billetes. Les rogamos que continúen el viaje a su destino mediante algún transporte alternativo». La gente se dirigió hacia los torniquetes de salida, recogió los billetes que entregaban los empleados del metro y subió las escaleras. Cuando llegué a la calle, me detuve a pensar en qué dirección debía continuar. Desde Kodenmacho quedan cerca las estaciones de Mituskoshimae, de la línea Ginza, y la de Bakuro Yokoyama, de la línea Toe-shinjuku. Me decidí por la primera. Al poco rato de ponerme en marcha, sin embargo, pensé que iba a dar un rodeo enorme. Volví sobre mis pasos para dirigirme hacia Bakuro Yokoyama. Al pasar otra vez por la salida de la línea Hibiya, noté algo extraño en la vista. Los ojos me hacían chiribitas. Me empezó a doler la cabeza.

Miré a un lado, a la parte de la acera donde había unas plantas. Allí vi a mucha gente sentada. Me pregunté qué demonios hacían.

Crucé un paso de cebra. Al otro lado también había muchas personas sentadas en el suelo. Recuerdo a dos que no dejaban de patalear mientras otros trataban de sujetarlos. Sufrían convulsiones. ¿Qué les ocurría? ¿Un ataque epiléptico? No, parecía demasiado fuerte para ser epilepsia. No había una sola ambulancia a pesar de lo grave que parecía la situación, tampoco policías ni empleados del metro. Eran los pasajeros los que se ayudaban entre sí.

Pensé que debía hacer algo. Quería ayudar. Por otra parte, si me entretenía, llegaría tarde al trabajo. Me dolían los ojos. Finalmente caminé hasta la estación de Bakuro Yokoyama, tomé la línea Toei hasta Kikukawa y desde allí al museo. La distancia es más o menos la misma que desde Kiba. Cuando me bajé en Kikukawa, me dolían mucho los ojos. Fui al baño a refrescarme y a lavármelos. Lo atribuía al humo de la explosión. Cuando se produce algo así en un lugar como el metro, aparecen muchos gases nocivos.

Llegué al trabajo quince o veinte minutos tarde. Los ojos no dejaban de hacerme chiribitas, el dolor de cabeza no remitía. Como me sentía incapaz de trabajar, le pedí a unos compañeros que me sustituyeran y me quedé a cargo del teléfono. Los fluorescentes estaban muy oscuros, mi campo de visión no hacía más que reducirse. Todo resultaba muy extraño. Me preocupaba seriamente la posibilidad de quedarme ciego. «No me encuentro bien. Ni siquiera soy capaz de atender el teléfono. Me voy al hospital», le dije a mi jefe.

Nada más llegar al Hospital de Bokuto, me ingresaron en la UCI. Estuve dos días con suero. La primera noche fue un verdadero sufrimiento. Ni siquiera podía orinar. Tenía muchas ganas y pedí una cuña, pero por mucho que lo intenté no salió ni gota. Estaba como enloquecido; me peleé con las enfermeras, les dije que me volvía a casa y me puse a ordenar mis cosas. Creo que perdí los nervios. No sé por qué, pero mis recuerdos no son muy claros. Al final logré orinar a la mañana siguiente. Me tranquilicé considerablemente.

Me trasladaron a una habitación en planta. Los pacientes con los que la compartía se quejaron de mí. Al parecer me ponía a ordenar mis cosas en plena noche con el suero puesto sin dejar de murmurar: «Tengo que llevarme esto y esto a casa», y cosas por el estilo. Estaba muy confundido. No dejaba de hacer ruido, ni dejaba dormir a los otros. Me cambiaron de habitación. Fue una suerte porque había televisión. *(Risas.)* En total, estuve tres noches en el hospital.

Un pasajero le había dado una patada a la bolsa que contenía el gas sarín en la estación de Kodenmacho, por eso el paquete estuvo mucho tiempo en el andén. Resultó que el asiento donde me senté estaba cerca de aquella cosa.

¿Ha tenido otros síntomas desde que volvió a casa?
No. El dolor va y viene. Ni siquiera he sentido un verdadero impacto psicológico, pero si lo pienso, creo que he envejecido mucho. Cualquier cosa fuera de lo normal me asusta; si huelo algo raro me preocupo enseguida: «¿Qué será ese olor?». Si veo humo me pregunto: «¿Habrá ocurrido algo?». Cualquier cosa, por pequeña que sea, me da miedo. Me sucede a menudo.

A veces intento alcanzar algo y choco contra cualquier cosa. Tropiezo con todo, lo tiro todo, no puedo evitarlo. Ese tipo de cosas me suceden frecuentemente. Quizá se deba a la edad, pero tengo la impresión de que por culpa del sarín estoy peor. Me olvido de todo, de lo que tengo que hacer, así, sin darme cuenta. A lo mejor tiene algo que ver con la pérdida de mi mujer, pero no me cabe duda de que a partir del atentado muchas cosas cambiaron.

«Ya no me quedaba nada que vomitar, pero las arcadas no paraban. Creo que expulsé sangre.»
SEIJI MIYAZAKI (55)

El señor Miyazaki nació en la localidad de Takada, en la prefectura de Niigata. Es el tercero de seis hermanos de una familia campesina oriunda de una de las zonas de Japón donde más nieva. La vida durante la posguerra fue muy dura para ellos. Cultivaban arroz, pero prácticamente nunca podían comer arroz blanco. De pequeño, el señor Miyazaki creía que el pescado más selecto y más caro era la caballa.

Quiso asistir a la escuela secundaria técnica, pero el primogénito de la familia, destinado a quedarse a cargo de la casa familiar, perdió un brazo en un accidente laboral. Los padres le dijeron: «Es imposible recoger arroz con un solo brazo. Tú te harás cargo». En lugar de a la escuela técnica, lo enviaron a una escuela agrícola. Su hermano mayor se casó con una mujer del pueblo y, a pesar de su minusvalía, decidió dedicarse al campo. Los padres le dijeron a Miyazaki que ya no hacía falta en la casa. Lo echaron sin más. Se fue de casa con lo puesto, con un futón bajo el brazo, como se dice en Japón; se marchó a Tokio, allí encontró un trabajo en una fábrica de papel situada en el distrito de Adachi.

A pesar de su dura vida, es una persona tranquila y optimista que no le guarda rencor a nadie por el pasado. No se desanima con facilidad. Al oír su historia pensé que la vida se arregla muchas veces por sí sola, siempre y cuando uno sea digno de confianza. Para el señor Miyazaki lo más importante es la salud y la concentración. Con esas dos premisas, asegura, todo lo demás se puede superar. Hablando con él cara a cara se nota ese orgullo sano de quien ha logrado salir adelante con lo puesto y formar una familia sin ayuda de nadie. El atentado le provocó una notable pérdida de salud y de concentración, de ahí su enorme enfado.

En la primera fábrica de papel donde trabajé estuve alrededor de siete años. Había un turno de noche y era peligroso. Decidí dejarlo cuando tenía veinticinco años. En una jornada se producían muchas lesiones. Tenía que girar a mano los rollos de cartón y doblar papeles muy duros. Si eras lento o un poco torpe, podías cortarte los dedos con suma facilidad. Trabajar sin uno de los dedos en una fábrica de papel era todo un motivo de prestigio. Las normas de seguridad nos obligaban a cubrir las máquinas con una especie de capas que se supone que nos protegían. En realidad no era más que una molestia, así que al final las quitábamos e inevitablemente se producían accidentes.

Un conocido mío se cortó el dedo anular a la altura de la segunda falange. Lo hizo a propósito. Era un gran aficionado al esquí, pero no tenía dinero suficiente para dedicarse a ello. Se lo cortó y cobró una cantidad estipulada por el seguro. Como los accidentes eran algo corriente, la gente se conocía los trucos para provocarlos. No había más que poner el dedo un instante en la cinta continua de la máquina para que desapareciera sin más. El dinero del seguro estaba asignado en función de la falange por la que se seccionaba el dedo. A mi compañero lo ingresaron en el hospital, lo curaron y el seguro le pagó la cantidad que le correspondía. A partir de ese momento pudo esquiar... El anular es el dedo menos importante para la vida cotidiana, de ahí que fuera el más barato.

Dejé la fábrica para trabajar en una pastelería. Akebono, así se llamaba. Estaba situada en Ginza y me proporcionaban alojamiento. Empecé mi nueva vida vendiendo dulces en el barrio cuatro de Ginza, aunque los hombres no nos dedicábamos a la venta al público. Pasaba la mayor parte del tiempo con los repartos a restaurantes, cajas de regalo para los clientes, etcétera. Los internos, es decir, los que trabajábamos y vivíamos en la pastelería, éramos tres hombres y nueve mujeres. La mayoría de las chicas venían de sitios muy lejanos, de Okinawa o Kagoshima.

Era una pastelería antigua de mucho renombre. Nuestra vida y nuestro trabajo estaban sujetos a tal cantidad de normas y tradiciones, que llegaban a ser una verdadera molestia. Vivíamos todos juntos en una casa propiedad del dueño situada justo detrás del teatro Meiji. Cada vez que queríamos darnos un baño, por ejemplo, nos teníamos que sentar de rodillas en el pasillo y anunciarle al patrón: «Señor: Yo, Miyazaki, me dispongo a bañarme en este momento». Estuviera presente el dueño o no, había que cumplir con el ritual. Él era el primero en bañarse. Si tenía alguna reunión o algo le retrasaba, los internos debíamos esperar hasta la medianoche. Había días en los que estaba permitido lavarse la cabeza; en el caso de los hombres, los miércoles y los sábados. Sólo nos daban libre para ir a la peluquería, un verdadero fastidio. A mis veinticinco años me resultaba tan agobiante que hasta me costaba respirar.

Lo peor de todo era la comida. El arroz siempre estaba frío; en el desayuno, en la comida y en la cena. Durante todo el tiempo que estuve allí no comí nunca arroz caliente. Un día, un antiguo compañero de la fábrica de papel me invitó a visitarlo en su nuevo trabajo. La mujer que estaba a cargo del alojamiento de los empleados cocinaba para ellos todos los días y les servía arroz caliente. Uno podía comer tanto como quisiera. Probé la comida. Estaba deliciosa... *(Risas.)* Decidí trabajar con ellos. Me daba igual el salario, sólo quería comer arroz caliente y la cantidad que me diera la gana.

En la empresa no nos dedicamos a la fabricación sino a la venta. No había peligros ni turnos de noche. Trabajo ahí desde hace veintiocho años.

Me casé a los treinta. Tengo una hija de veintitrés y un hijo de veintiuno. Los dos trabajan. La chica vive con nosotros, pero el chico ha preferido independizarse. Vive solo en una casa propiedad de la empresa. No creo ser un padre pesado *(risas)*, pero los hijos lo interpretan de otra manera.

Vivimos en Kashiwa en una casa que construí cuando tenía cuarenta años. Tomo la línea Tokiwa hasta la estación de Kita-senju, donde hago transbordo a la línea Hibiya para ir hasta Tsukiji. Sumando los transbordos tardo en total una hora. En Kita-senju espero a que salga el tren que tiene su origen en esa misma estación para poder sentarme. Salgo de casa aproximadamente a las 7:10. El trabajo empieza a las 8:55, aunque los de ventas llegamos más o menos a las 8:20. Es temprano, pero es una antigua costumbre. Tengo entendido que cuando la empresa se encontraba más allá del río Sumida, aún se mantenía la tradición de fregar el suelo de delante de la tienda temprano por la mañana. Obviamente ya no lo hacemos, pero el hábito de llegar pronto no ha cambiado. Entre nuestros clientes tenemos muchas empresas pequeñas y oficinas. En los barrios populares tienen costumbre de abrir temprano, así que nosotros también venimos pronto para atenderles. Es una especie de enseñanza que los nuevos reciben de los más veteranos de la empresa.

En la época en la que se produjo el atentado estábamos muy ocupados. Marzo es el mes en el que se cierra en Japón el año fiscal y, como yo estoy en ventas, tengo que cumplir con muchas formalidades. Una de las más importantes es conocer exactamente nuestras pérdidas y ganancias. También negociar muchos detalles con los proveedores. Sin duda es la época más atareada de todo el año. Volvía a casa muy tarde, sobre las once de la noche, pero no me importaba porque allí no tenía nada que hacer, y si regresaba pronto, no me quedaba tranquilo. Estoy acostumbrado a ese ritmo.

Todos los lunes tenemos reunión. Empezamos a las ocho de la mañana. De no haber sido un lunes que caía entre festivos habría ido más temprano y no me habría encontrado con el atentado. Ese día, sin embargo, habían suspendido la reunión debido a la fiesta del equinoccio de primavera que se celebraba el martes. Hay muchos departamentos en la empresa que cobran el día 20. No podemos llevarnos a casa los talones, los pagarés o las letras de cambio de los clientes. En caso de perderlos, sería un verdadero desastre. Lo guardamos todo en la caja fuerte y el plazo máximo para depositarlo allí es, precisamente, la tarde del 20. Los de ventas fuimos los únicos que suspendimos la reunión. Otras secciones las celebraron como de costumbre, de ahí que nadie resultase herido.

Justo en ese momento teníamos con nosotros en casa a la hermana mayor de mi mujer y a su marido, que habían venido el viernes anterior desde Hokkaido. Se habían instalado allí cuarenta años antes, después de recibir del Estado unas tierras para cultivar. Desde entonces no habían vuelto a pisar Honshu, la isla principal. El día 21 me había propuesto hacerles de guía en Tokio. Les gusta mucho el sumo y querían ver sin falta el Kokugi Kan, el estadio principal, además del santuario de Yasukuni. Les dije: «Hoy estoy muy ocupado, pero mañana pasaremos el día entero juntos y os llevaré a donde queráis». Salí de casa el lunes por la mañana y, por desgracia, ya no pude ocuparme de ellos como debía.

Cuando el tren se detuvo en la estación de Kodenmacho, anunciaron por megafonía que había tenido lugar una explosión en Tsukiji. El anuncio se produjo cuando las puertas estaban abiertas. ¿Dijeron Tsukiji? En cualquier caso, explicaron que habían encontrado explosivos y que los trenes quedaban retenidos en las estaciones donde se encontraban hasta nuevo aviso. Esperé en el tercer vagón, junto a la puerta de atrás. Al poco tiempo de producirse el anuncio noté un olor parecido al de la goma quemada. La mujer que estaba sentada frente a mí se tapó la boca con un pañuelo, se levantó y salió del vagón. Yo estaba de pie. Pensé: «¡Qué suerte!», y me senté.

Nada más hacerlo empecé a sentirme mal. Lo cierto es que el día anterior había bebido demasiado con nuestros invitados. Pensé que era resaca por el exceso de alcohol. Tenía náuseas. Lo primero que se me vino a la cabeza es que no podía vomitar delante de la gente.

Uno no sabe si le puede ver algún conocido. Sería una auténtica vergüenza.

Salí del vagón a toda prisa. Corrí. Lo único que quería era vomitar fuera de la estación, lejos de aquel lugar. Atravesé el torniquete, aceleré el paso, pero a mitad de la escalera mis piernas flaqueaban. Me sentía cada vez peor, casi no podía continuar. Al menos había llegado hasta allí y creo que eso me vino bien. Ahora me doy cuenta de que el haber bebido mucho el día anterior, precisamente, me salvó la vida.

En cuanto salí a la calle vomité en un rincón donde había unas plantas. Cuando terminé era incapaz de levantarme. Lo intenté, pero no tenía fuerzas. Me tumbé. No fue ésa la única vez que vomité. Devolví varias veces más, aunque no sentía ningún alivio.

Llevaba una bolsa. La coloqué a modo de almohada y me tumbé. Sudaba a pesar del frío. Las náuseas no desaparecían. Estaba en esta salida, en la número uno *(la señala en un mapa)*. Cada vez tenía más frío. No entendía por qué. ¿Cómo era posible? Mire el cielo, que estaba completamente nublado, pero pensé: «Al salir de casa hacía buen tiempo». Imaginé que había cambiado el tiempo y amenazaba lluvia. Nunca había estado así de enfermo hasta ese momento. Realmente no sabía lo que significaba tener el cuerpo tan mal.

¿Había más gente tumbada a su alrededor?

Lo cierto es que no sabría decirle. No me fijé en nada más. Algunas personas que pasaron por allí me preguntaron si me encontraba bien. Sólo quería que me dejasen descansar un momento. Insistieron en que allí no estaba bien y al final me metieron en un coche, en un coche normal. Detenían a todos los conductores que pasaban por allí, metían dentro a los pasajeros que se encontraban mal y les pedían que los llevaran a algún hospital. A uno incluso llegó a llevarle un camión. Yo insistí en que quería descansar, pero se negaron a dejarme allí. Casi me llevaron obligado. Seguía aterido de frío, temblaba. Por si fuera poco, también sudaba. El conductor me preguntó: «¿Adónde vamos?». «A Tsukiji», le contesté. Aún tenía intención de ir a la oficina. Llevaba a más personas y, obviamente, no me preguntaba sólo a mí, pero yo no podía pensar en nada más que en mí. El único pensamiento que ocupaba mi cabeza era: «Tengo que llegar a la oficina como sea».

Le dije al conductor que me sentía mal. Me pidió que esperase un momento. Fue al maletero a buscar una toalla limpia. La utilicé para taparme la boca durante el trayecto. No quería manchar nada. Sudaba profusamente. Éramos tres víctimas en total: otro hombre, una mujer y yo. La mujer iba sentada en el asiento de delante. Los dos hombres atrás.

No sé cómo se desarrollaron los acontecimientos a partir de ese momento, pero nos detuvimos en Hatchobori y me cambiaron a una ambulancia. Nada más bajar les imploré: «¡Déjenme vomitar! Tengo que hacerlo. Esperen un momento». Vomité. Ya no me quedaba nada que vomitar, pero las arcadas no paraban. Creo que expulsé sangre. Estuve todo el tiempo tumbado sobre una especie de lona azul.

No llegué a perder la conciencia. El sanitario de la ambulancia me preguntó varias veces mi nombre, dirección y número de teléfono. Ya lo habían apuntado antes, estaba cansado de que me preguntase todo el rato lo mismo. En realidad, sólo quería confirmar que estaba consciente. Al final logró enfadarme. Sufría unas náuseas terribles y no dejaba de obligarme a repetir una y otra vez lo mismo.

No recuerdo nada de lo que sucedió a mi alrededor. El sufrimiento no me dejaba margen para preocuparme de los demás. Sólo mantenerme en ese estado exigía de mí todo el esfuerzo y dedicación de los que era capaz. Cualquier otra cosa no contaba. Lograba expulsar el aire, pero era incapaz de inhalarlo. Era como si se quedase atascado en algún punto del camino hacia los pulmones. Tenía la impresión de que no me entraba. El sufrimiento era tan intenso que cada vez sudaba más. Me preguntaba: «¿Por qué no puedo respirar? Me voy a morir».

Me llevaron al Hospital de Kyobashi. Fui la primera víctima a la que ingresaron allí por envenenamiento con sarín. Me pusieron oxígeno y tres vías intravenosas. Las arcadas no desaparecieron hasta la tarde.

No pude dormir. Como no me quedaba otro remedio, me pasé toda la noche leyendo una novela policiaca.

¿Leyó toda la noche? ¿No le dolían los ojos?

No, en absoluto. No tengo una vista demasiado aguda. No llego a ver las letras pequeñas, pero, por alguna razón que desconozco, en ese momento no tenía ningún problema. «¿Qué me está pasando? ¡Qué extraño!», me dije. En condiciones normales, si leo por la noche me entra el sueño enseguida, pero aquel día no.

Pasé cuatro noches en el hospital. Me dijeron que no podía moverme. No me quedó más remedio que permanecer todo el tiempo tumbado. No me dolía la cabeza, sólo tenía molestias en la garganta. Mis pupilas se convirtieron en un diminuto punto que tardó mucho tiempo en recuperarse.

Lo cierto es que después del atentado ya no tengo la misma capacidad de concentración. Por mucho que me esfuerce en algo, me canso enseguida. Antes no tenía ningún problema para concentrarme, pero últimamente no lo consigo. Estoy distraído y, cuando leo algo, tengo que repasarlo varias veces hasta que consigo entenderlo del todo. Mis ojos son capaces de seguir el orden de los ideogramas, pero su significado no me llega. Antes del atentado solía leer mucho. Ahora estoy muy molesto porque la velocidad a la que leo se ha reducido de forma considerable. Por si fuera poco, se me olvida todo. Tengo que anotar las cosas enseguida para que no se me vayan. Puede que en parte se deba también a la edad.

Sigo jugando al golf, pero me agota. Cuando termino un hoyo, tengo unas ganas tremendas de sentarme. Mis compañeros bromean y dicen que me hago viejo. Siempre me ha gustado el deporte y estaba orgulloso de mi energía. Últimamente, sin embargo, cualquier cosa me fatiga con suma facilidad. Quizá se deba al gas sarín, aunque no puedo descartar del todo que también sea por la edad. No sé a cuál de las dos cosas atribuirlo.

Si le guardas rencor a alguien, puedo llegar a entender que quieras provocarle algún daño, pero morir por nada, como en el atentado, es intolerable. Esa gente me provoca una ira tremenda. Si hubiera quedado incapacitado para el trabajo, para hacer las liquidaciones y los balances de la empresa y debido a ello hubiera quebrado, ¿quién iba a asumir la responsabilidad? Como no sabían dónde estaba, mis compañeros lo dejaron todo y se pusieron a buscarme. Trabajamos en una empresa pequeña, somos unas treinta personas. Todos salieron de la oficina. No se quedó nadie siquiera para atender el teléfono. En una empresa así, es una situación grave. Por mucho que hablen de indemnizaciones, nada puede reparar lo que pasó. Es exasperante.

Tren A738S (procedente de Takenozuka)

> «Es decir, la verdadera víctima no soy yo
> sino quien me dio el golpe.»
> TAKAHASHI ISHIHARA (58)

Gracias a las entrevistas realizadas para este libro me di cuenta de que la mayoría de las víctimas procedían del norte del país o del este de la región de Kanto. De la zona sur u oeste había muy pocas. Quizá tenga alguna relación con las líneas del metro. En concreto, las personas procedentes de la región de Kansai eran pocas, por eso, cuando hablé con el señor Ishihara, originario de Osaka, sentí cierta nostalgia porque yo también soy oriundo de aquella región. No se trata del dialecto, sino del tono de la conversación que es muy propio de allí. Como es natural, el señor Ishihara hablaba muy en serio, pero la cadencia y la suavidad de la conversación le imprimían a todo lo que decía otro aire. Es posible que se deba también a su personalidad.

Por alguna razón, dejó una viva impresión entre los pacientes con los que compartió habitación en el hospital donde lo ingresaron. La verdad es que roncaba como un león. Él mismo lo reconoce con su amplia sonrisa: «Ronco mucho. Creo que me convertí en una auténtica pesadilla para los demás».

Tiene cerca de sesenta años, pero su aspecto es joven y enérgico. Se empeña a fondo en cualquier cosa que emprende y quizá sea ésa la razón de que tenga una buena cantidad de aficiones. Su mejor resultado en golf hasta ahora ha sido de setenta y siete golpes. Respecto al trabajo, asegura que ha puesto más ahínco que nadie. En realidad no lo dice con palabras, sino que su actitud lo da a entender. Es un hombre que desprende confianza en sí mismo. Después del atentado se vio obligado a tomarse un descanso gracias al cual reconsideró muchas cosas.

Se confiesa un verdadero admirador de Corea y se dedica con entusiasmo al estudio de su lengua. Una sonrisa involuntaria ilumina su cara cuando habla de ello. Sin duda, su corazón mantiene la vitalidad de cuando era joven.

Me gradué en una de las universidades de Kioto y empecé a trabajar en la empresa en la que continúo actualmente. (Se trata de una importante empresa textil.) Soy de formación técnica, así que no tengo demasiada relación con la oficina central. Tras el primer año me destinaron enseguida a la fábrica situada en la prefectura de Tokushima,

331

en la isla de Shikoku. Me licencié en 1959. En aquella época, la sección textil producía y vendía su máximo histórico, al contrario de lo que pasó a partir del estallido de la burbuja. Ciertamente, por aquel entonces era una de las industrias claves de Japón. En la universidad estudié químicas. Mi campo específico de investigación eran los tejidos sintéticos. Por entonces aparecieron el nailon, el poliéster, etcétera. Anhelaba participar en el desarrollo de todos aquellos productos y empecé a trabajar para esta empresa. En Tokushima me dediqué siempre a la investigación y el desarrollo. Era muy interesante. Al tratarse de trabajo, no puedo mencionar detalles concretos, pero gracias a nuestro esfuerzo se comercializaron una gran cantidad de artículos.

He pasado casi la mitad de mi vida en Tokushima. A mi mujer también la recluté de entre el personal nativo. *(Risas.)* Somos una familia de cuatro. Aparte de mí, todos nacieron allí. Soy el único forastero. Nos mudamos todos juntos a Tokio, aunque una hija se ha casado con un hombre de allí y ha vuelto. Tokushima es un lugar maravilloso. La gente es muy cariñosa, y si tuviera que ponerles una pega, sólo les reprocharía que son demasiado tranquilos. Un carácter muy distinto al de la gente de las grandes ciudades. Cuando vivía allí, había una carretera, la Nacional 11, por la que pasaba un coche cada diez minutos. Se lo digo para que se haga una idea de la tranquilidad que se llega a respirar allí. Era joven, pero nunca me sentí solo por vivir en el campo. Venía de una gran ciudad y al principio sí me extrañó, pero me adapto bien a los cambios. Enseguida me acostumbré al ambiente. No soy nervioso. Me casé con veinticinco años. En 1964, el año de los Juegos Olímpicos de Tokio, nació mi primera hija. Ya tengo dos nietos.

¿En serio? No da usted la impresión de tener nietos.

Es verdad. Aparento cinco años menos de los que tengo en realidad. Lo cierto es que me queda mucha hipoteca por pagar, así que no me puedo permitir el lujo de envejecer. *(Risas.)* Hace poco compré un piso en Misato, en la prefectura de Saitama, una verdadera carga financiera.

Me trasladaron a la oficina central de Tokio en 1985. Tres años después de mudarnos murió el emperador Showa. En total viví veintiséis años en Tokushima. Mi hijo vive ahora en Ichikawa, en la prefectura de Chiba. Es ingeniero informático especializado en sistemas. Tiene un hijo. Su trabajo es muy absorbente. No vuelve a casa ningún día antes de las diez o las once de la noche. Es muy joven, es lo que le toca...

No me dio pena marcharme de Tokushima. Ya había pasado mucho tiempo en el mismo sitio y la investigación que había desarrollado ya estaba en fase de comercialización. Fue un buen momento para cambiar. Además, mis dos hijos estaban en Tokio. Mi hija trabajaba de azafata y mi hijo estudiaba en la universidad. Vivían juntos en un piso que les había alquilado. No nos hicimos mucho de rogar cuando me propusieron ir allí. Compré el piso hace seis años, poco después del estallido de la burbuja. Los precios habían bajado un poco y se podían encontrar casas por treinta millones de yenes, accesibles para un empleado medio.

La estación más cercana a mi casa es la de Kanamachi, en la línea Chiyoda. En Kita-senju tengo que hacer transbordo a la línea Hibiya. Salgo de casa a las 7:20 de la mañana y llegó a la oficina, en Ningyo-machi, a las 8:20. El trabajo empieza diez minutos más tarde. Me subo al primer tren que pasa, por lo que me resulta imposible encontrar un sitio libre. Con mucha suerte me siento una vez al año. Cuando ocurre, es un verdadero milagro. No me importa demasiado, la verdad, pero... Sí, últimamente me gustaría poder hacerlo de vez en cuando. Claro, usted acaba de preguntarme mi edad y me doy cuenta de que ya no soy tan joven; no me queda más remedio que admitir que envejezco... En cualquier caso, hasta después del atentado nunca me preocupó sentarme.

Cuando residía en Tokushima, la casa de la empresa en la que vivía estaba a diez minutos a pie del trabajo. En Tokio, de pronto me vi inmerso en un infierno de desplazamientos y apreturas, aunque me acostumbré enseguida. Como ya le he dicho antes, me adapto con facilidad a los cambios. Cuando era estudiante e iba a la universidad, tenía que subir al tren en plena hora punta. Para mí las aglomeraciones no eran algo nuevo. No me molestan especialmente. Me viene igual de bien el campo como la ciudad...

Recuerdo bien un detalle concreto del día del atentado: mi mujer siempre me lleva en coche desde casa a la estación. Es un camino estrecho con una curva muy cerrada al final. Está prohibido el paso a vehículos grandes, pero, por alguna razón, aquella mañana un camión había cerrado el paso. Estaba atascado en medio, intentaba salir de allí sin éxito. Nos impacientamos: «¿Qué hace? ¡Qué demonios! ¿Por qué no se quita de en medio?». Habría entre diez y veinte coches atascados. Debido al imprevisto, llegué a la estación cinco minutos más tarde de lo normal. De no haber sido por eso, es probable que hubiera tomado el tren de siempre, donde ese tal Hayashi había depositado las bolsas con el gas sarín. Se me escaparon dos o tres trenes, lo cual fue una verdadera suerte. Soy una víctima, sin duda, pero al haber tomado un tren distinto no llegué a estar en contacto directo con el gas. Podría decirse que es una suerte dentro de la tragedia...

El tren se detuvo entre las estaciones de Akihabara y Kodenmacho. Un anuncio por megafonía informó a los pasajeros de una explosión en Tsukiji. Algo más tarde, al entrar en Kodenmacho, nos hicieron bajar. No me quedó más remedio que obedecer. Iba en el segundo vagón. Caminé hacia los torniquetes de salida situados al final del andén. Vi a dos personas tendidas en el suelo separadas unos cuatro metros una de la otra. Eran un hombre y una mujer. No puedo pasar de largo si me encuentro con una situación como ésa. Fui a atender a la mujer. Ya había otros pasajeros que se hacían cargo de ella. Ningún empleado del metro. Alguien dijo que era un ataque epiléptico y le puso un pañuelo en la boca. Los dos estaban en estado crítico, prácticamente inmóviles.

Mucha gente me preguntó después si había llegado a ver el paquete que contenía el gas sarín, porque al parecer estaba por allí cerca. No vi nada. Recuerdo vagamente que había un líquido derramado por el suelo, algo pegajoso. Fue sólo una impresión fugaz... No, no aprecié ningún olor especial.

Allí estuve tres o cuatro minutos. Pensé que debía alertar al personal del metro. Me dirigí hacia la salida, donde me crucé con un encargado. Le expliqué la situación y se encaminó hacia allí. Continué hasta la salida. Empezaba a sentirme mal. Subí la escalera y, al salir a la calle, me encontré con un montón de gente desplomada en mitad de la acera y en las zonas verdes que rodeaban la estación. Fui a la cabina de teléfono. No podía dejar de contemplar aquella escena. Llamé al trabajo para decirles que me iba a retrasar. De todos modos, iría más tarde a pesar de que cada vez me encontraba peor. Por momentos, sentía más y más frío.

Era el primer día que había dejado el abrigo en casa. Supongo que soy impaciente por naturaleza. Me adelanté. Quería hacerme la ilusión de que había llegado la primavera. Me arrepentí: «¡Maldita sea!». Obviamente, me había equivocado justo el día que más frío hacía. Salí de la cabina de teléfono. Veía las líneas blancas de la calle de color marrón claro o ladrillo. Me moría de frío.

Ahora lo pienso y me doy cuenta de lo extraño de la situación, pero en aquel momento no fui capaz de relacionar a los dos pasajeros del andén con las personas que había en la calle desplomadas por todas partes, y con los que no paraban de toser mientras subían la escalera. Si lo hubiera pensado con más tranquilidad, habría sido capaz de encontrar la relación entre todos aquellos detalles. En ese momento, sin embargo, no tenía conciencia de haber sufrido un ataque. Sólo llegué a la conclusión de que lo que me pasaba no era más que la consecuencia de haber dejado el abrigo en casa un día tan frío.

Languidecía. Estaba muy distraído. No recuerdo bien los detalles concretos, sí el sonido de las ambulancias. Eché a andar hacia la oficina en dirección a Ningyomachi. De camino vi una furgoneta de policía. Les expliqué que me sentía mal y me dejaron subir. No quedaban ambulancias libres, por lo que los coches de policía hacían las veces de vehículos de emergencia.

Apenas había caminado doscientos metros, cuando me topé con la furgoneta. En realidad no me quedaba mucho para llegar a la oficina, pero me tambaleaba al andar, todo lo veía de color marrón. Era consciente de que me sucedía algo extraño a pesar de no haber comprendido del todo la gravedad de la situación. Caminé con todas mis fuerzas. Me admiro de haber sido capaz.

Cuando vi a la policía, sentí que había llegado a mi límite, no podía más. Sólo quería que alguien me ayudase. Tuve la tentación de sentarme, de dejarme caer en cualquier sitio, rendirme. Aun así, no dejaba de pensar que todo lo que me pasaba era por no llevar el abrigo. No podía dejarme vencer por el frío. Un detalle tan tonto como ése me hacía sentir muy desgraciado. El ser humano es extraño. Me encontraba en una situación completamente anormal y tan sólo era capaz de pensar en el dichoso abrigo.

Confiaba en mi buena salud. Tengo una constitución fuerte y nunca he caído enfermo. No he faltado un solo día al trabajo. Sin embargo, estaba en estado de shock. ¿Cómo era posible que me encontrase así de mal por un simple abrigo?

En un caso así la gente que no confía tanto en su salud quizá se comporte de una manera más precavida. Si uno es demasiado confiado, hace lo imposible por seguir adelante.

Tiene razón. No podía dejar de preguntarme por qué estaba así. Todo lo achacaba al abrigo, no me lo podía quitar de la cabeza. Subí a la furgoneta y vi que dentro había siete u ocho personas con muy mal aspecto. Uno sacaba la cabeza por la ventanilla para vomitar. Había una pareja joven, la chica respiraba con dificultad, el chico trataba de ayudarla, parecía muy grave. En cuanto a mí, aún podía estar sentado. Al fin tomé conciencia de que sucedía algo extraordinario que no sólo me afectaba a mí.

Le cuento lo que recuerdo, pero es posible que las cosas no suce-

335

dieran así, que sólo se trate de mi memoria fragmentada. Alguien me contó más tarde lo que había sucedido en realidad y, a partir de su relato, he reconstruido otra secuencia distinta. Hablé de ello en el hospital y ya no soy capaz de distinguir con claridad entre la experiencia real y el recuerdo construido después. Sinceramente, no confío en mi memoria. Es muy confusa. Lo único que recuerdo con precisión es que miré por la ventanilla cuando el tren entró en la estación de Kodenmacho y vi a un chico joven muy alborotado dando gritos. Eran unas voces horribles, no dejaba de saltar de un lado a otro. Es mi único recuerdo claro. Se lo conté a la policía cuando estaba en el hospital. Me explicaron que era una de las víctimas. Hasta ese momento había pensado que era el autor material del atentado.

Me examinaron en el hospital de las Fuerzas de Autodefensa, en Setagaya. Era el caso más grave de todos los que habían visto hasta ese momento. Tenía las pupilas contraídas por debajo del milímetro, un punto diminuto a través del cual fui incapaz de ver durante los tres días que permanecí ingresado. No veía ni siquiera los titulares de la prensa. Leía y al instante me atacaba tal jaqueca, que no me quedaba más remedio que apartar la vista y cerrar los ojos. Pasado ese tiempo me retiraron el suero. Por fin podía comer por mí mismo, aunque, para hacerlo, obviamente, tenía que fijarme en lo que comía. Pues bien, ese simple detalle me provocaba un terrible dolor de ojos. Me veía obligado a alimentarme sin mirar. Una semana después de dejar el hospital volví al trabajo. No era capaz de leer nada más de diez segundos seguidos. Me resultó muy duro. Durante un mes, mi única responsabilidad fue estampar sellos aquí y allá. Tardé todo ese tiempo en recuperar el nivel normal de colinesterasa. Salía pronto del trabajo, a las tres o cuatro de la tarde como mucho. Algunos días ni siquiera iba.

Ahora ya vuelvo a hacer la jornada completa, pero me canso con facilidad. Antes solía ir a Kobe, Shikoku o Kyushu por motivos de trabajo, pero ya no puedo. Siempre me ofrecía de buen grado, pero ahora me veo obligado a pedirle a alguien que me sustituya. Como ya le he dicho antes, mi principal virtud no es la paciencia. El tiempo que tardo en llegar al trabajo me irrita, me agota, me resulta muy duro. Es algo nuevo.

Por lo menos estoy cerca de la jubilación. Yo creo que por eso mis compañeros se muestran tolerantes conmigo. La verdad es que abuso de su tolerancia. Se lo agradezco profundamente. Alguien que esté en una situación más complicada que la mía, que padezca síntomas más graves, seguro que se enfrenta a un problema considerable. El Gobierno debería considerar todos esos casos. La atención a los enfermos de VIH es fundamental, sin duda, pero de igual manera me gustaría que se prestase atención a las víctimas del gas sarín. En mi caso concreto no me importa. Lo digo bien alto y claro en beneficio de otras personas.

Prácticamente he perdido la vista del ojo derecho. Antes tenía 0,8 de agudeza visual; ahora 0,4. No quiero atribuirlo al sarín, es como si no quisiera reconocerlo. Si lo hiciera significaría que me han vencido. Intento no pensar así. Lo achaco a la edad.

Como en el hospital mis ronquidos representaban un auténtico problema y molestaba a los demás si me dormía pronto, a menudo salía al pasillo para matar el tiempo mientras escuchaba mis cintas de coreano. Cuando pensaba que los demás se habían dormido, volvía en silencio a la cama. A la mañana siguiente me decían admirados: «Señor Ishihara, duerme usted muy bien». Todos mis esfuerzos habían sido en vano.

El único beneficio que tuvo para mí el atentado es que me dejó tiempo libre para estudiar coreano. Mis ojos no andaban bien, pero la cabeza sí. De ahí que me centrase en la parte oral. Aprendí un refrán en ese idioma: «Quien recibe el golpe, duerme a pierna suelta. Quien golpea, duerme encogido». Es decir, la verdadera víctima no soy yo sino quien me dio el golpe. Seguramente una víctima en estado grave se enfadaría si le dijera algo así. Cada cual tiene su realidad y su forma de pensar, pero al margen de posibles malos entendidos, ese dicho expresa mi opinión más sincera. En un principio pensaba: «¡Cabrones!». Ahora lo veo con algo más de objetividad.

Hasta el día de hoy me he matado a trabajar y no he sido más que un simple empleado. Me gustaría replantearme el ritmo de mi vida. Durante este año he pensado mucho en qué será de mí a partir de ahora. De una forma involuntaria me dieron la oportunidad de contemplarme a mí mismo desde un ángulo distinto. Eso ha sido uno de los efectos secundarios inesperados y positivos del atentado.

«No comprendo lo que hicieron. Quizá debido a eso no albergo odio contra ellos.»
TOSHIMITSU HAYAMI (31)

El señor Hayami trabaja en un mercado de abastos al por mayor en Ningyomachi. Su empresa es intermediaria en la venta de azúcar y almidón, aunque también se dedican al arroz y al aceite.

Su trabajo no consiste únicamente en comprar productos en origen para comercializarlos después. En su departamento también especulan y negocian con los precios. Sin duda es la parte más comprometida del negocio. Negocian por teléfono con productos que no pueden ver ni tocar. Entran y salen cantidades de dinero que pueden superar con facilidad los cien millones de yenes. Es una gran responsabilidad.

«En este mundo hay mucha gente sucia. Es fácil reconocerlos con sólo mirarlos a la cara», asegura. Él, al menos, parece un hombre sensato, en sus ojos no se aprecia maldad alguna a pesar de su mirada penetrante y decidida.

Lleva el pelo corto, es de complexión robusta, moreno de piel, con esa apariencia, modales y forma de hablar propios de la gente recia. Jugaba al béisbol cuando estudiaba secundaria.

En el momento del atentado, su mujer estaba embarazada de tres meses. Su primer hijo nació en octubre: «Menos mal que no ocurrió antes de que se quedase embarazada». Tenía miedo de que el sarín pudiera provocar algún tipo de secuela genética. Una lógica preocupación por su familia. Probablemente ya vive tranquilo en su nuevo hogar con su mujer y su hijo.

Las transacciones que hacemos son bastante particulares y el proceso que llevan es muy complicado. Si lo resumo diciendo que negociamos con acciones, creo que se entenderá mejor. Cerca de aquí hay muchas empresas que se dedican a las transacciones comerciales. Si camina un poco desde la estación de Ningyomachi, verá un edificio al que llaman la Bolsa de Grano de Tokio. Ése es el punto de partida de todos los demás negocios.

En sesiones de un minuto, o un segundo incluso, se intercambian infinidad de valores. Eso implica mucha tensión. Estamos todo el día colgados al teléfono y cada hora ofrecemos a nuestros clientes nuevos precios de venta a través de opciones de compraventa. Nuestro beneficio son las comisiones. No es frecuente que una empresa que se dedica a la venta al por mayor de cereales tenga también un departamento de transacciones. Normalmente, las empresas se dedican a eso en exclusiva, con todas sus ramificaciones, pero la nuestra es especial. Nuestro principal negocio lo constituye la venta al por mayor.

Dentro de la compañía, nuestro departamento está muy diferenciado de los demás. Los compañeros de otras secciones se dedican a las ventas, digamos normales, de cualquier negocio relacionado con la alimentación. Van a ver a sus clientes, se encargan del transporte de los artículos, etcétera. Sin embargo, nuestro trabajo se reduce exclusivamente a hablar por teléfono. Compramos y vendemos cosas que no vemos con nuestros ojos.

La primera transacción se produce a eso de las nueve de la mañana y la última sobre las tres y media de la tarde. Tengo licencia para operar en bolsa y mientras está abierta trabajo. Esa licencia te la dan ellos. Te acreditan con un carnet. *(Me lo muestra. Es un carnet con una fotografía. Lo lleva guardado en una funda de plástico.)* Se renueva cada dos años. Si no lo tengo, no puedo operar ni disponer de una cartera de clientes. Con él puedo trabajar también fuera de la oficina. No es que vaya personalmente con la soja en la mano a ver a mis clientes, sino que ellos me confían su dinero para negociar un buen precio. Invierten con nosotros para mejorar sus márgenes... Por mucho que salga de la oficina, lo cierto es que el negocio no anda muy bien. La mayor parte de las veces, los clientes son fijos y es difícil conseguir nuevos. Llevó mucho tiempo dedicado a esto, catorce años para ser exactos. Gracias a eso tengo bastantes clientes. El beneficio está en las comisiones, como le he dicho antes, pero nosotros tenemos un sueldo fijo. Por mucho beneficio que obtengamos, nuestra prima no sube gran cosa. No es como en las empresas norteamericanas, donde funcionan con salarios variables en función de comisiones y beneficios. Algunas empresas de la competencia han implantado en parte ese sistema, pero no es nuestro caso. No somos más que simples empleados que cargan con toda la responsabilidad en sus espaldas. No hay margen para hacer cosas extrañas o poco éticas. La verdad es que somos todos bastante honestos. Por ejemplo, no tenemos autorización para jugar con los pagos de márgenes. Una vez recibidos los devolvemos, porque hay muchos clientes que especifican claramente que, si no los reciben, compran en otra parte. En total somos unas sesenta empresas las que nos dedicamos a esto. Una competencia considerable que no se puede obviar.

Uno de mis colegas se independizó para trabajar por su cuenta. Conserva su puesto con nosotros, pero no es empleado directo, por lo que no recibe el salario como los demás. Tampoco pensión de jubilación ni garantías. A cambio, se lleva una comisión del 35 por ciento. El resto se queda en la empresa. Es el único caso.

La competencia en este sector es feroz. Hoy en día, por ejemplo, hay muchas empresas que cuentan con tienda propia y comercian con soja. Eso nos ha obligado a cambiar, a reorganizar el trabajo y compartirlo con nuevos competidores. El porcentaje de las comisiones que recibíamos se decidía de antemano, aunque en la actualidad esa regla se ha roto. Existe, pero en realidad es como si no existiera. Nosotros recibimos comisiones por nuestra mediación, pero algunas de esas pequeñas empresas juzgan innecesario cargarlas. No me explico cómo pueden sobrevivir sin ellas. Llaman la atención de los clientes con informaciones engañosas y ponen el acento en que no necesitan pagar las comisiones.

¿Se dan casos, por ejemplo como el mío, de gente que no entiende nada de este tipo de transacciones y, a pesar de todo, acuden a ustedes con cien mil yenes para que los inviertan donde mejor les parezca?

No, no muchos. Pocas veces tratamos con gente corriente que no tiene nada que ver con el negocio. Hace poco, un cliente nos confió medio millón de yenes y perdió seiscientos cincuenta mil. Como le faltaban ciento cincuenta mil, nos pidió financiar la deuda con pagos aplazados. Gente de ese tipo es la que acude a nosotros; han jugado en Bolsa con anterioridad.

Si compras valor en soja y baja su cotización en la Bolsa, no obtienes ningún beneficio. No queda más remedio que tomar una decisión y, si vendes, las pérdidas son muy cuantiosas. Sin embargo, si te quedas con el producto físicamente, al menos puedes vendérselo a un productor. Es una garantía que te permite vender de vez en cuando para mantener el valor y minimizar la pérdida. Por todo ese tipo de razones es por lo que le digo que éste es un trabajo muy especial.

Cuando se mueve el dinero, lo hace en grandes cantidades. Últimamente, el mercado más activo es el del maíz. Un cliente que nos confió treinta millones de yenes para invertir en ese producto ya lleva ganados por encima de los cien millones. Y sólo en el plazo de medio año. Es un mundo agresivo, muy volátil. Obviamente, hay mucha gente que gana grandes cantidades, pero otros pierden muchísimo. Hay un gran número de personas que lo han perdido todo, absolutamente todo. Una ruina total. En la época de la burbuja, en las noticias atribuían todo lo malo al riesgo excesivo en Bolsa. Algunos políticos mostraban especial predilección por señalarlos como los culpables de todo... Este negocio tiene una imagen un tanto contaminada. Hoy en día ya no se oyen tantas noticias como entonces, pero en realidad tengo la impresión de que las transacciones especulativas han aumentado en relación con la época de la burbuja.

Mi trabajo es interesante. No, no entré en este mundo porque me gustase especialmente. Empecé en la empresa y, por pura casualidad, me destinaron a este departamento. Para mí era un mundo desconocido completamente nuevo. Me encontré con algo muy distinto a lo que imaginaba. Nunca he estado una jornada laboral completa sentado a la mesa, ni tampoco fuera de la oficina como haría un comercial. No se puede comparar con nada. La verdad es que todavía disfruto de la frescura que sentí nada más empezar.

Por una parte me gustaría trabajar por mi cuenta. Lo malo es que así no tendría garantías. Si estuviera soltero me lanzaría, sin duda, pero tengo una mujer y un hijo. Si lo dejo todo por una aventura incierta, lo más seguro es que no obtenga ni estabilidad ni gratificaciones a final de año. Mi mujer está de acuerdo. Para ella es mejor que me quede como estoy. Trabajaba en la misma empresa, sabe bien de lo que hablo.

Intento llegar a la oficina a las 8:20 de la mañana. La Bolsa abre a las nueve. Llego antes para tener margen de movimiento, aunque no tenemos que fichar hasta las 8:40. En cuanto abre la Bolsa empieza a sonar el teléfono.

Vivimos en Shiraoka, al sur de la prefectura de Saitama. La estación más cercana es Shiraoka, en la línea Tohoku. Nos mudamos hace tres años, nada más casarnos. Mi mujer nació ahí. Yo soy de Tokio, pero los alquileres son prohibitivos y, ya que teníamos que irnos lejos, preferimos hacerlo a un lugar conocido. En Shiraoka no hay nada. En los alrededores sólo hay campo. El aire es puro, pero lo malo es que en invierno hace un frío que pela. Hay una diferencia de entre cuatro y cinco grados respecto al centro de la ciudad. Al principio, el desplazamiento se me hacía muy largo y pesado. Con el tiempo he llegado a acostumbrarme.

Cuando el tren llega a Shiraoka, ya no queda un solo asiento libre. En Omiya se baja la mayor parte de los pasajeros y entran otros nuevos. Una vez más se llena hasta los topes. Pasadas las estaciones de

Urawa, Akabane y Oku, va tan saturado que mucha de la gente que espera en los andenes ni siquiera puede subir. Resulta imposible moverse. En el peor de los casos, hay viajeros que quieren bajarse en Akabane y no lo consiguen. Llego a Ueno sobre las 8:02 de la mañana. Allí hago transbordo a la línea Hibiya para ir hasta Ningyomachi.

Me levanto sobre las 5:30 de la mañana. A las 6:15 veo en el canal 12 la información sobre el precio de los cereales en la Bolsa de Chicago. No es una obligación, sólo lo hago para saber cómo está el mercado. Salgo de casa a las siete en punto.

En un día normal suelo acostarme sobre las doce, lo cual significa falta de sueño crónica. Llega un momento que te acostumbras y ya no supone especial sufrimiento. Por ahora estoy bien de salud. El trabajo termina a las 17:30. Vuelvo a casa directo. En una hora y media estoy de vuelta. No suelo hacer horas extras a no ser que se produzca algún inconveniente como la caída del sistema informático o algo así. Nuestro trabajo se estructura por horas. En ese sentido es sencillo.

El día del atentado cayó entre un domingo y un festivo. En el departamento dos compañeros habían pedido vacaciones. Yo no podía faltar ni llegar tarde; de los siete que somos, faltaban dos.

Cuando me bajé en la estación de Ueno, me encontré por casualidad con un compañero. Tomamos juntos la línea Hibiya. Nos subimos en el vagón de atrás y nos fuimos moviendo hacia el de delante. En el transbordo de Ueno el vagón de atrás queda más a mano, pero en Ningyomachi la salida está delante. Lo mejor es aprovechar las paradas para adelantar. En Akihabara nos encontramos con otro compañero. Ya éramos tres. Justo después de salir de la estación, el tren se detuvo en mitad del túnel. Hubo un anuncio por megafonía. Hablaron de una explosión en la estación de Tsukiji. Lo repitieron dos o tres veces, pero no dijeron nada más.

Poco después, se produjo otro anuncio: «Todos los pasajeros del tren precedente han tenido que bajar en la estación de Kodenmacho. Les comunicamos que la vía ya ha quedado libre». Por lo que dijeron, pensamos que también nosotros tendríamos que bajar allí. No nos quedaba más remedio que continuar a pie hasta la oficina. Sólo es una estación, poca cosa.

La salida en Kodenmacho queda en la parte de atrás. Estábamos en el tercer vagón por la parte de delante. Nos vimos obligados a deshacer todo el camino. En el andén había mucha gente. Vimos a una mujer desplomada cerca de la pared. Parecía sufrir un ataque de epilepsia. Todo su cuerpo temblaba, tenía unas terribles convulsiones. Estaba tumbada boca arriba. Era joven. A su lado había un chico que se hacía cargo de ella.

Al contemplar la escena me pregunté qué le ocurriría, pero lo cierto es que no nos detuvimos. En ningún momento se me ocurrió que aquello tuviera relación con la explosión de la que habían hablado. Pensé que le había dado el ataque por haber subido a un tren atestado de gente.

Un poco más adelante nos topamos con un hombre de unos cincuenta años que estaba en el suelo cerca de la vía. Tenía espasmos aún más violentos que la mujer. Había a su alrededor tres o cuatro personas que trataban de calmarlo. Primero aquella mujer, luego el hombre. Por un instante pensé que la mujer le había rociado con uno de esos esprays contra los sobones y ella también lo había inhalado.

Debajo de los pies del hombre había papeles de periódico mojados. No podía imaginar la razón por la que estaban allí, quizá porque se había orinado encima. Sin embargo, era un líquido incoloro, parecido al agua. De haber sido pis, habría tenido un color más amarillento. Todo eso sucedió mientras caminábamos. En ningún momento nos detuvimos. Tan sólo me pregunté qué sucedía. Ni siquiera hablé de ello con mis compañeros. Caminábamos juntos. Yo era el que estaba más cerca de la vía, es decir, pasé justo al lado del periódico impregnado con el sarín, a una distancia máxima de treinta centímetros.

La explosión de Tsukiji quedaba lejos. No pensé que nada de aquello tuviera relación. No se me pasó por la cabeza que sucedía algo fuera de lo normal por el simple hecho de que hubiera allí un periódico mojado. En mi mente sólo había una idea fija: no llegar tarde a la oficina. Andábamos justos de personal. Si me daba prisa, llegaría a tiempo, como muy tarde a las nueve. Desde Kodenmacho hasta la oficina se tardan diez o quince minutos si uno aprieta el paso.

Subimos las escaleras y en la calle nos encontramos con que toda la zona estaba llena de gente. Muchos esperaban a que el metro volviese a funcionar, otros buscaban una cabina de teléfono. En el mismo instante que llegamos afuera, un hombre que caminaba delante de mí se desplomó. Parecía haber perdido el conocimiento. Alguien lo ayudó a incorporarse. Lo sentó en el suelo. No sé si era un conocido suyo o no.

Contemplamos anonadados cómo se derrumbaban delante de nuestras narices tres personas. A pesar de todo, no llegué a pensar en ningún momento que ocurría algo extraño. No supe relacionar los hechos. Me había construido una teoría y lo atribuí todo a que se sentían mal. Sí, recuerdo que en el andén había un olor. Dicen que el sarín es inodoro, pero olía a algo aunque no sé cómo explicarlo. Saqué un pañuelo y me tapé la nariz. Quizá fue ese olor lo que me hizo pensar en un espray repelente.

Nada más salir empecé a tener náuseas. El más joven de mis compañeros me preguntó: «¿No le duelen los ojos, señor Hayami?». Mis ojos estaban bien. «No, pero ¿no te sientes mal?», le contesté. «A mí sí», dijo el otro compañero, «siento algo extraño en el fondo del ojo.»

Caminamos hasta la oficina. Empecé a trabajar nada más abrirse la sesión, a las nueve en punto. En la habitación apenas había claridad. Las luces estaban encendidas, pero casi no podía leer mis notas. Lo veía todo borroso. «¡Qué raro!», pensé. Todavía no sabía nada de la contracción de las pupilas. Me resigné y seguí a lo mío. Peor que eso eran las náuseas. Le expliqué a mi jefe lo que me pasaba y me dijo que fuera al baño a lavarme la cara.

Yo no lo vi, pero en el mismo tren había otro compañero del departamento de administración general. Al parecer, esperó en el andén de Kodenmacho a que el tren volviese a prestar servicio. Cuando llegó a la oficina, presentaba los mismos síntomas: dolor de ojos, náuseas. Se lo dijo al responsable de su departamento y fueron ellos los que decidieron que había que llevarlo al hospital. Al final fuimos todos juntos en un coche de la empresa.

Nos dirigimos al Hospital de Bokuto, donde aún no había ingresado ninguna víctima del sarín. Nosotros fuimos los primeros. Aguardamos en la sala de espera y vimos las noticias por televisión. Se veía a los empleados del metro sentados en el suelo tapándose los ojos. Fue en ese momento cuando nos dimos cuenta de lo que había sucedido. Poco después empezaron a llegar muchas más víctimas.

Pasé dos noches ingresado. Tenía la impresión de que no estaba tan grave, pero no me dieron el alta porque los resultados de los análisis de sangre no eran satisfactorios y tenía las pupilas contraídas. Mi mujer estaba embarazada, no quería causarle preocupaciones, pero al quedarme ingresado no me quedó más remedio que avisarla. Cuando me sacaron de la UCI por la tarde para trasladarme a planta, ella se encontraba allí con mis padres y mis suegros. Por la noche no pude pegar ojo. Nunca había estado ingresado en un hospital. Había muchas cosas que me rondaban por la cabeza. Tenía un tubo metido en la nariz para inhalar oxígeno. Era incapaz de conciliar el sueño con esa cosa.

No padecía secuelas, pero me daba miedo viajar en metro. Cambiaba los horarios, los vagones en los que acostumbraba a viajar. Me aterrorizaba que pudiera volver a ocurrir algo parecido. El miedo desapareció poco a poco, sin embargo, cambié de estación para hacer transbordo. Gracias a que puedo llevar una vida normal, el odio se ha ido desvaneciendo lentamente. No es algo que tenga presente. No me interesa en absoluto la religión. No comprendo lo que hicieron. Quizá debido a eso no albergo odio contra ellos. Si llegase a sufrir alguna secuela en el futuro, es probable que me vuelva a invadir ese sentimiento de nuevo, pero de momento...

Lo que más me preocupa son las posibles consecuencias que podría acarrear el sarín si tenemos un segundo o un tercer hijo. No quiero causarle ningún perjuicio a su salud. Antes de salir del hospital se lo comenté al médico. «Nunca se ha producido un caso como éste. No puedo darle una garantía total de que todo está bien», me dijo. Eso es lo único que me preocupa.

Este otoño tenemos previsto mudarnos. Hemos comprado otra casa en Shiraoka. Aún no han empezado a construirla, pero estará lista en otoño.

«¡No lo lograremos! Si nos quedamos aquí esperando a que vengan a atendernos, moriremos todos.»
NAOYUKI OGATA (28)

El señor Ogata trabaja en el departamento de mantenimiento de una empresa informática. Mientras escribía este libro, apenas me he topado con gente que se dedicara a la informática. Según él: «Hay muchas empresas de soporte informático a lo largo del recorrido de la línea Hibiya». Desconozco las razones. ¿Mera coincidencia?

Por lo visto, algunas características comunes de la gente que trabaja en el sector informático son que todos están extremadamente ocupados y que cambian de trabajo con frecuencia. El señor Ogata, por el contrario, ha trabajado regularmente para la misma empresa desde que se graduó en la universidad. Es algo excepcional en su campo y por eso despierta admiración entre sus colegas. En lo que sí coincide es en que está tan ocupado como los demás. (La verdad es que nunca he hablado con un asalariado que me haya dicho: «Fíjese lo fácil que es el trabajo en mi empresa. Tenemos un montón de tiempo libre. Estamos en una calle tranquila».)

La gente que he tenido oportunidad de conocer que trabaja en el sector de la informática no suelen ser precisamente unos frívolos. El señor Ogata es la viva imagen de un hombre joven comedido y responsable que se expresa con corrección. Acababa de cumplir los treinta cuando nos conocimos, pero apenas los aparentaba.

Quizá por responsabilidad se quedó más tiempo del debido en la zona de riesgo. Ayudó a las víctimas del tren en el que viajaba cuando se detuvo en la estación de Kodenmacho. El resultado es que inhaló una considerable dosis de sarín y terminó tan mal como muchas de las personas a las que salvó. No le reprocha a los servicios de emergencia las carencias que mostraron en una situación como aquélla.

Nací en el municipio de Adachi, al norte de Tokio. Siempre he vivido en el mismo lugar. Oficialmente es Tokio, pero está más cerca de la prefectura de Saitama. Vivo con mis padres y mi hermana. Tengo otra hermana que está casada.

El trabajo ocupa casi todo mi tiempo. Tengo muchas responsabilidades; no me queda más remedio que esforzarme hasta reventar. Llevo mucho tiempo quejándome a mi jefe, pero no me escucha. Cuando se acumula trabajo, puedo llegar a estar en la oficina doce o trece horas diarias. Es lo que hay. Trabajo más de lo que debo, pero no puedo quejarme porque a mi jefe no le sienta bien. Si no hiciera todas esas horas extras, no acabaríamos nunca con las cosas pendientes.

¿Por qué estamos en esas condiciones? Competencia entre empresas, supongo. Últimamente, cuando voy a ver a algún cliente, me encuentro a otras dos empresas que ya están allí. Uno no puede quedarse sentado de brazos cruzados. Los fines de semana me limito a dormir, como mucho, voy a ver a algunos amigos. Tengo dos ordenadores en casa y trabajo desde allí. Tal como lo oye. Incluso en mis días libres. Preferiría no hacerlo, pero es que el trabajo no tiene fin. Siempre ha sido así. *(Risas.)* Mis padres ya se han resignado: «Ya está bien», me dicen. «Así sólo vas a conseguir matarte.» No importa lo que me digan. No me queda más remedio que hacerlo.

Si tienes más de treinta años en este sector, estás casi obsoleto. No dejan de llegar nuevos sistemas y normas. Es muy difícil que el agua no te llegue al cuello. Los mejores de nuestra empresa no tienen más de veintidós o veintitrés años. Cuando se enfrentan a la dura realidad, normalmente se marchan al cabo de un tiempo. Nadie resiste en este sector para siempre.

Mi oficina está en Roppongi. Tomo el autobús a eso de las 7 de la mañana hasta la estación de Gotanno. A las 7:42 o 7:47, como mucho, la línea Hibiya en dirección a Naka-meguro. El tren va increíblemente lleno. A veces ni siquiera puedes subir. A pesar de todo, en Kita-senju aún se monta gente. Te quedas aplastado como una sardina. Hablo de sufrimiento físico; tienes la sensación de que te van a espachurrar hasta morir, notas como si se te dislocaran las caderas. Te quedas ahí retorcido, fuera de ti, lo único que puedes pensar es: «¡Duele!». Pero hay que aguantar como sea. Sólo los pies parecen quedar al margen.

Representa un verdadero sufrimiento tener que desplazarse en esas condiciones todos los días. Cuando llega el lunes por la mañana, pienso: «Bueno, quizás hoy no vaya a trabajar». *(Risas.)* Pero ya sabe, aunque la cabeza se niegue a ir, el cuerpo se pone en marcha automáticamente.

Si todo el mundo tuviera los sistemas configurados de determinada manera, no haría falta desplazarse. No es algo imposible. Podríamos mantener videoconferencias. Podríamos ir a la oficina una vez por semana... Tal vez eso llegue algún día.

El 20 de marzo perdí varios trenes porque venían con retraso por la niebla que se forma en el río Tone. Al final subí en el de las 7:50. Iba bastante lleno. Era horroroso. El viernes anterior había tenido fiebre por un resfriado y me había tomado el día libre, pero el sábado estaba de vuelta en el trabajo. Tenía que hacer unos arreglos en el sistema de un cliente. El domingo lo tuve libre y me dediqué a dormir todo el día. El lunes aún estaba medio mal; quería tomarme el día libre, pero ya le había dicho a mi jefe que iría.

En la estación de Ueno se bajó mucha gente y, gracias a eso, al fin pude respirar. Me agarré a un pasamanos. ¿Qué hago en el metro normalmente? Nada. Pensar que me gustaría sentarme. *(Risas.)*

Aquel día el tren se detuvo en el túnel entre las estaciones de Akihabara y Kodenmacho. Anunciaron que había habido una explosión en Tsukiji. «El tren se detendrá en Kodenmacho», dijeron. «¡Mierda!», pensé, «primero la niebla, ahora este accidente. Obviamente no es mi día.» Me estaba retrasando mucho.

El tren se detuvo en Kodenmacho. Estaba convencido de que seguiría antes o después y me quedé dentro. Sin embargo, volvieron a anunciar: «Este tren no presta servicio. No se prevé que vuelva a ponerse en marcha próximamente». ¿Qué podía hacer aparte de bajarme? Decidí tomar un taxi para llegar a la oficina lo antes posible. Subí las escaleras, pasé por el torniquete y salí a la calle donde me topé con una escena asombrosa. La gente se caía por todas partes como si fueran moscas.

Yo me había subido en el tercer vagón por la parte trasera y no tenía la más mínima idea de lo que ocurría en la parte delantera del andén. Lo único que hice fue dirigirme a la salida y maldecir mi suerte, como todos los demás, supongo, y de pronto me encontré con toda aquella gente desplomándose, echando espumarajos por la boca, agitando brazos y piernas. «¿Qué diablos pasa aquí?», me pregunté.

Cerca de mí había un hombre que sufría fuertes temblores. Echaba espuma por la boca, parecía sufrir un ataque epiléptico. Al verlo me quedé boquiabierto. Me di cuenta de que estaba muy grave y me dirigí a él para preguntarle qué le pasaba. Era evidente que necesitaba ayuda inmediata. Alguien me dijo: «Es muy peligroso que eche espuma por la boca. Debería ponerle algo en la boca para que no se ahogue». Le ayudamos entre los dos. Aún salía mucha gente del metro con muy mal aspecto. Muchos se caían al suelo. Yo no era capaz de imaginar lo que había pasado. Se sentaban y al momento caían redondos.

Era una visión muy extraña. En la parte de atrás de un edificio cercano había un hombre mayor, realmente viejo, que no respiraba, no tenía pulso. Estaba inmóvil. «¿Ha llamado alguien a una ambulancia?», le pregunté al hombre que estaba junto a mí. «Sí», me contestó, «pero ya ve que aquí no viene nadie.» Alguien gritó: «¡No lo lograremos! Si nos quedamos aquí esperando a que vengan a atendernos, moriremos todos». Empezamos a parar a los coches; pedíamos a los conductores que llevaran a la gente a los hospitales más cercanos. El semáforo se puso en rojo y no desaprovechamos la oportunidad. El hospital más cercano era el de San Lucas. Buscábamos furgonetas con la idea de meter a la mayor cantidad de gente posible. Los conductores se pararon y en cuanto les dijimos lo que pasaba, se hicieron cargo y nos ayudaron de buen grado.

Debí de estar así alrededor de una hora. Ayudé a que se llevaran a los que se encontraban en peores condiciones, los que se habían arrastrado desde el interior. Los pasamos de un sitio a otro como si fuera el testigo de una carrera de relevos. Nos dividimos en dos grupos, los que detenían los coches y los que transportaban a los heridos hasta esos coches.

Las ambulancias no aparecían. Al fin, media hora más tarde, llegó una. Venía de muy lejos porque, al parecer, todas las demás estaban ocupadas en Tsukiji. ¡Una sola ambulancia!

Fui al hospital en taxi. Había estado tanto tiempo ayudando a la gente que, al final, empecé a notar los síntomas. Creo que la razón principal es porque bajé de nuevo al andén. Nos habían dicho que uno de los empleados del metro se había desmayado. Fue un compañero suyo el que vino y nos preguntó: «¿Hay alguien que pueda echarme una mano?». Bajamos varios de inmediato. Fue en ese momento cuando debimos de inhalar el sarín. La estación estaba impregnada por el gas...

El encargado al que íbamos a socorrer apenas estaba consciente. No dejaba de murmurar: «No, no. Tengo que quedarme en la estación». Había logrado apoyarse contra el torniquete de salida. Repetía sin cesar que debía quedarse. Tuvimos que llevárnoslo a la fuerza. No se me pasó por la cabeza bajar allí de nuevo. No sé si estaba asustado, no era consciente de ello; estábamos todos demasiado nerviosos para pararnos a pensar en algo. Lo único que tenía claro era que debía ayudar. Sólo había unas cuantas personas capaces de mantenerse en pie. ¿Cómo no iba a ayudar? Al bajar noté un olor raro, como a pintura o disolvente.

Me llamó la atención que hubieran bajado la intensidad de las luces. Tenía las pupilas contraídas.

Cuando nos hicimos cargo de los heridos y pudimos recuperar el aliento, busqué un taxi para ir al trabajo. Empezaba a sentirme mal. Me dolía la cabeza, tenía náuseas, me picaban los ojos. Me dijeron que, si me encontraba mal, me fuera al hospital. Compartimos un taxi entre tres. Uno de los chicos venía por negocios desde Osaka o Nagoya, no recuerdo bien. No dejaba de lamentarse: «¿Por qué ha tenido que pasar precisamente hoy?». Yo iba en el asiento delantero. Los dos de detrás estaban muy mareados. Fuimos todo el rato con las ventanillas bajadas. Había atascos por todas partes. La zona de Tsukiji estaba cerrada al tráfico. No había forma de acceder a ninguna de las calles adyacentes. No nos quedó más remedio que seguir por la avenida Harumi, que estaba prácticamente bloqueada. Un auténtico desastre.

En el hospital me hicieron pruebas en los ojos y me pusieron una vía intravenosa. Parecía un hospital de campaña: gente con vías a lo largo y ancho de todos los pasillos... Me pusieron dos vías. Cuando se dieron cuenta de que mi estado no era tan grave, me enviaron a casa. El médico me preguntó: «¿Prefiere usted quedarse o marcharse?». Me sentía muy agitado y nervioso, como si regresara de una zona de guerra. Ni siquiera sabía si estaba cansado o débil.

Cuando llegué a casa, los ojos me dolían de verdad. No pude dormir durante una semana. Cerraba los ojos, pero no dejaban de dolerme, así toda la noche, desde que me acostaba hasta que me levantaba... Estaba extenuado. Volví al hospital para hacerme más pruebas. Me dijeron que el nivel de colinesterasa era bajo, que tenía síntomas de envenenamiento por sarín. ¡Ojalá me lo hubieran dicho antes! Conocían los síntomas desde el incidente Matsumoto. Deberían haber tenido protocolos de actuación. Se supone que el Hospital San Lucas es uno de los mejores de Tokio. Los demás estaban tan pobremente equipados que parecía una broma.

Las pruebas demostraron que el funcionamiento de mis riñones era pésimo. «Corre usted un grave riesgo», dijeron. Y no era sólo yo. Había muchas más personas que estaban en la misma situación. Al parecer, tenía algo que ver con el disolvente a base de alcohol que habían utilizado para reducir el sarín. Los riñones son lo que llaman «órganos silenciosos», es decir, resulta imposible predecir con exactitud lo que puede pasar con ellos. No me dolía nada, sin embargo. Me dijeron que tenía que eliminar el alcohol de mi sistema y que debía beber mucha agua.

Me tomé una semana libre en el trabajo y no hice horas extras durante los tres meses siguientes. Mi jefe se hizo cargo de la situación. Resultó de gran ayuda.

Si le soy sincero, tengo mis dudas sobre el trabajo de la policía y de los bomberos. De acuerdo, se pusieron en marcha nada más ocurrir lo de Tsukiji, pero tardaron demasiado en acudir a Kodenmacho para hacerse cargo de la gente. Ya habíamos renunciado y nos habíamos marchado de allí cuando llegaron. Me pregunto qué habría sido de nosotros si no hubiéramos tomado la decisión de actuar por nuestra cuenta. Es posible que la policía no tenga experiencia en ese tipo de casos, pero la realidad es que no sirvieron de nada. Les preguntabas a qué hospital dirigirte y no sabían qué responder. Se pasaban diez minutos pegados a la radio, a la espera de una respuesta que no llegaba. Era una simple pregunta: ¿a qué hospital?

La policía apareció después de que la operación de rescate estuviera prácticamente finalizada. Se pusieron a organizar el tráfico para dar paso a las ambulancias que llegaban. No sé qué es lo que no funciona bien en el protocolo japonés para situaciones de emergencia. Después del incidente Matsumoto, deberían haber aprendido la lección. Tenían que haber reconocido de inmediato la conexión entre Aum y el atentado del metro. De haberlo hecho, es probable que ni siquiera se hubiera producido el atentado, al menos los daños habrían sido infinitamente menores.

En el hospital nos encontramos algunas de las personas que habíamos ayudado a atender a las víctimas. Algunos estaban postrados en cama. Todos habíamos inhalado sarín. No quiero callarme al respecto. Guardar silencio es una costumbre muy japonesa. Me doy cuenta de que la gente empieza a olvidar el asunto, pero yo me resisto a que lo hagan y voy a seguir planteando mis objeciones: ¿Por qué no se han tomado medidas para ayudar a los afectados por estrés postraumático? ¿Por qué no ha llevado a cabo el Gobierno un programa para evaluar el estado de salud de las víctimas? Voy a seguir luchando por eso.

«Sería terrible morir así.»
MITSURU KONO (53)

El señor Kono nació en el seno de una familia campesina de la localidad de Oyama, en la provincia de Tochigi (al norte de Tokio), en 1941, el año en el que empezó la guerra del Pacífico. Después de terminar el instituto consiguió un trabajo en una imprenta en Kayabacho gracias a un amigo. Fue durante la época en la que aún quedaban coches tirados por caballos en los antiguos distritos de los almacenes de Tokio, la zona que se encuentra actualmente frente a la estación de Tokio. Vivió en una habitación de la fábrica hasta que cumplió veintiún años. En su tiempo libre iba al cine o, como mucho, a pasear con sus amigos por las colinas cercanas.

En 1969 se casó. Tenía veintiocho años. Su mujer y él viven actualmente en Soka, en la prefectura de Saitama. Tienen dos hijos que ya han cumplido los veinte.

Es de constitución robusta y nunca ha estado enfermo. Está convencido de que el fundamento de su buena salud es comer bien y beber con moderación. Si sale alguna noche, no prueba una gota de alcohol al día siguiente, aunque su mujer le abra por descuido una botella de cerveza. Sin duda es un hombre con una gran fuerza de voluntad.

Va a la piscina una vez por semana. El atentado afectó mucho a su salud. A partir de ese momento empezó con su nuevo régimen de vida.

Su gran afición son los bonsáis. Sólo con mencionarlos se le ilumina el rostro y se pone a hablar de ellos sin parar. Después del 20 de marzo, sin embargo, se encontraba tan mal, tan confundido que decidió deshacerse de sus queridas plantas. Por suerte, cambió de opinión a tiempo aunque no lo suficiente para evitar que un amigo suyo se llevara diez de sus mejores especímenes.

En nuestra empresa hacemos libros de contabilidad. Trabajo allí desde hace treinta y nueve años, desde 1957. No había otro sitio adonde ir. *(Risas.)* Últimamente el negocio no marcha bien porque todo el mundo se pasa a los ordenadores. Cada vez hay menos demanda. Ahora le das a un botón y todo resuelto. Luego ya no queda más que meterlo todo en un sobre y mandarlo por correo. Listo. La demanda de libros de facturas y albaranes ha desaparecido casi por completo y la cosa va a empeorar de ahora en adelante. Somos ocho en la empresa. Antes éramos veinticinco.

Me despierto a las 5:30 y lo primero que hago es regar los bonsáis. Antes de beber yo tienen que beber ellos. Una vez cada tres días es suficiente, pero en verano tengo que hacerlo todos los días. Poseo un total de ochenta macetas, así que me lleva un buen rato ocuparme de ellas, media hora como mínimo. Cuando termino, desayuno, me visto y salgo de casa sobre las siete. Camino hasta la estación de Matsubara Danchi y tomo el tren de las 7:17. Sin embargo, aquel día me retrasé.

Lo cierto es que aparte de los bonsáis tengo otra afición: soy pescador, de río. Suelo tomarme un día libre después de salir a pescar. Hacen falta un montón de herramientas, botas altas, caña de pescar, todo tipo de aparejos. En fin, tengo que limpiar cada una de las piezas del equipo. Es mi carácter. No me queda más remedio que tomarme un día libre.

Normalmente salgo con mis amigos de pesca. Conducimos toda la noche del sábado hasta lugares remotos como Niigata. No dormimos y tan pronto como amanece empezamos a pescar, desde el alba hasta la una más o menos. Empezamos corriente abajo y subimos hacia la cabecera del río, en dirección a la ciudad. Cuando la autopista de Kanetsu está atascada, esperamos hasta que se despeje. En días así suelo llegar a casa sobre las diez de la noche y el lunes siguiente me lo tomo libre. Aquel fin de semana, el del 18 y 19 de marzo, fuimos al río Daimon, en Nagano, justo debajo del lago Shirakaba. Volví a casa el domingo a las ocho de la tarde, pero el lunes tenía bastante trabajo. Así que tuve que ir. No pude tomarme el día libre. Dejé las cosas para otro momento y lo coloqué a toda prisa. Salí de casa diez minutos más tarde de lo normal. No me dormí. Nunca me duermo.

Hago transbordo en Takenozuka para coger el primer tren de la línea Hibiya. Podría cambiar en Kita-senju, pero está demasiado abarrotado. Hace seis o siete años se me rompieron las gafas allí. Me aplastó literalmente una masa de gente que entraba en el vagón. Renuncié a Kita-senju. Tengo más posibilidades de encontrar un asiento libre en el primer tren de Takenozuka. En cuanto me siento, me pongo a leer mi libro sobre bonsáis o una revista. Pero aquel día iba tarde y tomé otro tren. Me senté en los asientos de la parte derecha en el sentido de la marcha, junto a la puerta central del tercer vagón delantero. La policía me ha preguntado por ese detalle muchas veces. Lo recuerdo perfectamente. No lo olvidaré mientras viva. *(Risas.)*

El trabajo que teníamos pendiente tenía algo que ver con el VIH. Estábamos imprimiendo etiquetas para una empresa farmacéutica. Dos etiquetas de color que iban pegadas al envase. Teníamos que enviar el pedido antes del día 25. Había que empezar a imprimir el día 22. No me quedó más remedio que ir para dejar todas las planchas preparadas.

De camino, antes de llegar a la estación de Akihabara si no recuerdo mal, el tren se detuvo. Se oyó un anuncio por megafonía: «Ha habido un accidente en Tsukiji. Nos detendremos aquí unos instantes». No estuvimos mucho tiempo, ni siquiera el suficiente para aburrirme. Ese tipo de paradas se produce constantemente. Después volvimos a detenernos entre Akihabara y Kodenmacho. Otro anuncio. Explicaron algo sobre una explosión de gas en Tsukiji. Lo repitieron dos veces. Se oyó un rumor en el vagón.

Cinco o seis minutos más tarde, no estoy seguro, el tren entró en la estación de Kodenmacho. En ese mismo instante oí el grito de una mujer. Era muy agudo, como el chillido de un loro. En realidad no la vi, pero por el tono pensé que era una mujer. Me llegó desde el exterior del vagón. «¿Y ahora qué pasa?», me pregunté. El andén estaba tan atestado de gente que no se veía nada desde dentro.

Hubo otro anuncio: «El tren quedará detenido en la estación por tiempo indefinido». Prácticamente un tercio de los pasajeros ya se había bajado del tren. Yo continué sentado. Teniendo en cuenta experiencias pasadas, sé que suele ser mejor idea quedarse sentado donde uno está. A veces el tren se pone en marcha casi de improviso. Me molesta que eso pase cuando ya he decidido cambiar de tren.

El caso es que esperé dos o tres minutos hasta que anunciaron: «Este tren queda fuera de servicio». «Ya está», pensé. Me levanté. Hay dos estaciones entre Kodenmacho y Kayabacho, o sea, entre treinta y cuarenta minutos a pie. Si me daba prisa podría llegar a las nueve. Cogí la bolsa de papel que había dejado en el portaequipajes y salí al andén. Junto a una columna en dirección a la cabecera del tren había un hombre tumbado boca arriba. Agitaba los brazos y las piernas con espasmos, como si estuviera a punto de morir. Apoyé la bolsa de papel contra la pared y le sujeté las piernas. No fui capaz de controlarlo por lo agitado que estaba. Tenía los ojos cerrados. Lo sujeté seis o siete minutos. Al final murió, lo sé. Fue la undécima víctima mortal. Era el señor Tanaka, de Urawa. Cincuenta y tres años, los mismos que yo.

Yo no soy de esos que pasan de largo cuando ven a alguien que se encuentra mal. Si ocurre algo, ahí estoy yo para echar una mano. La gente me dice que no debería buscarme problemas *(risas)*, pero soy incapaz de mirar a otra parte. Alrededor de una mujer que se había desplomado había unas diez personas. Hay que ser cuidadoso si tienes que atender a una mujer, pero a un hombre le puedes echar una mano sin demasiadas contemplaciones. De todos modos, ya había mucha gente alrededor de ella. Yo estaba agachado y alcanzaba a ver sus piernas entre las del resto de la gente. Era la señorita Iwata. Tenía treinta y dos años. Murió dos días después.

Le grité a toda la gente que caminaba por el andén: «¡Este hombre está enfermo! ¡Que alguien llame a un encargado!». Miré a mi alrededor. No vi a ninguno en toda la estación. Al poco tiempo, sin embargo, apareció uno. Se fue derecho hacia la mujer, no a donde yo estaba. Le grité: «¡Aquí, aquí!». Él contestó: «Estoy yo solo. No puedo atender a dos personas a la vez». Me enteré más tarde de que él mismo había resultado gravemente herido y estuvo a punto de perder la vida.

Continué allí agachado, frotando las piernas del hombre. De pronto noté un olor como a cebollas podridas. Sabía que era gas porque habían dicho algo sobre una explosión. Tenía que salir de allí tan rápido como pudiera. Me levanté, cogí la bolsa de papel (me sorprende que aún recuerde ese detalle) y salí de allí por piernas. Cada segundo era importante. Ni siquiera me tomé la molestia de sacar el billete; salté el torniquete y me lancé escaleras arriba sin dejar de gritar: «¡Gas! ¡Gas! ¡Tienen que salir de aquí!». El resto de la gente subía despacio, completamente ajena a lo que estaba pasando. Otros bajaban. No había nadie para impedirles que lo hicieran. Cuando comencé a gritar, la gente que estaba más arriba empezó a quejarse: «¿A qué viene tanta prisa?» «¡Eh, usted! ¡No empuje!». Quizá tenían miedo de que pudiera provocar una estampida, pero yo seguí abriéndome paso. Corrí hasta una calle lateral, me estrujé entre los coches aparcados. No podía quitarme de la cabeza la idea de que las calles principales resultaban muy peligrosas. Pensé incluso en la posibilidad de meterme en uno de los coches, pero lógicamente estaban todos cerrados. Los nervios me dominaban de tal manera que no podía pensar con claridad.

Eché a correr de nuevo, en esa ocasión hacia un edificio. Quería escapar de la explosión. Vi uno en el que ya estaban todas las luces encendidas, pero aún era demasiado temprano. La puerta estaba cerrada. Crucé la calle. Me sucedió algo extraño en la vista, como si viera fuegos artificiales, algo así. «¡Qué raro!», pensé. Diez segundos después mi vista se oscureció por completo. Era un día radiante y de pronto cayó una cortina negra de no sabía dónde.

No veía nada. No podía correr, pero sabía que debía cruzar la calle. Corría por puro instinto. Iba por una calle estrecha, no podía estar lejos. Tropecé con algo y me caí al suelo. «¿Me voy a morir así? ¡No quiero morir!»

Oí la voz de un hombre. Me preguntaba qué me ocurría. Recuerdo vagamente que también me preguntó dónde trabajaba. Creo que saqué mi tarjeta de transporte, donde llevaba la identificación de la empresa. En realidad no estoy seguro de cómo sucedieron las cosas. Después, todo se volvió negro. Ya no recuerdo nada más. Cinco o seis horas más tarde me desperté en la cama de un hospital.

Por poco pierdo la vida. Me salvaron tres cosas: la primera, que olí algo; la segunda, que salí corriendo, y la tercera, que un desconocido me encontró y me llevó al hospital sin esperar a que llegase una ambulancia. Si no se hubieran dado esas tres circunstancias, estoy seguro de que habría muerto. Lo he pensado muchas veces. Estoy casi seguro de que el señor Tanaka, el que murió, me dijo cuando olí el gas: «Es demasiado tarde para mí. ¡Corra!».

Mientras los demás pasajeros salían a la calle y caían como moscas, yo recibía tratamiento en el hospital. Si se trata de sarín, un segundo de oxígeno puede significar una gran diferencia. Yo fui la tercera víctima por envenenamiento con sarín en ser hospitalizada. Más tarde supe que cuando trataba de ayudar al hombre en el andén, el paquete con el gas estaba sólo a unos metros de mí.

A mediodía mis ojos mejoraron algo. Aún no podía ver. Era como si tuviera pompas de jabón en los ojos, como si todas las cosas tuviesen una doble o triple capa, como si se arremolinasen a mi alrededor. Mi familia fue a verme al hospital. Sabía que había alguien a mi lado, pero sólo los reconocía por la voz.

Fue terrible. Vomité sin parar. Lo único que expulsé fue un poco de líquido. Tenía espasmos en los músculos de las piernas. Mi nuera y una enfermera tuvieron que darme masajes hasta que se hizo de noche. Estoy convencido de que me pasaba lo mismo que al hombre de la estación, aunque cuando traté de ayudarlo él apenas podía hablar. Debió de sufrir un dolor insoportable.

Al verme en ese estado, mi familia se resignó al hecho de que iba a morir. Sin embargo, al tercer día pasó lo peor. A pesar de lo grave que estuve en un primer momento, pronto desaparecieron los síntomas y me recuperé rápido. A partir del cuarto día me subió la fiebre por encima de los treinta y nueve grados. No me bajó durante cuarenta y ocho horas. Tenía los riñones muy afectados. «No hay forma de recuperarlos», dijeron los médicos. Me sorprendió oír eso. Todos los años pasaba las revisiones médicas sin ningún problema.

Estuve trece días ingresado. En ningún momento me quitaron las vías intravenosas. Querían depurar todos los fluidos de mi cuerpo como fuera. El mayor problema era orinar. Tenía la sensación de que necesitaba ir al baño cada cinco minutos, pero no expulsaba nada; apenas unas cuantas gotas. Me resultaba casi imposible conciliar el sueño con aquellas ganas constantes de hacer pis.

Más o menos a partir del cuarto día empecé a tener alucinaciones. Siempre se repetía el mismo sueño. En cuanto me quedaba dormido, me asaltaba: estaba en una habitación blanca y un velo blanco descendía hasta cubrirme la cabeza. Se agitaba al caer. Trataba de agarrarlo, quitármelo de encima. No es que estuviera muy alto, pero no lograba alcanzarlo. Soñaba lo mismo todas y cada una de las noches.

También notaba esa fuerte presión, como si alguien empujase con todas sus fuerzas mi cuerpo entero. Dicen que las pesadillas son uno de los efectos secundarios que provoca el sarín. En realidad, no se trata exactamente de soñar. El miedo se queda atrapado en la mente y por eso se producen esas reacciones. Asusta. Te despiertas constantemente por la noche y eso te agota.

Otro efecto secundario fue que la vista me empeoraba por momentos. Ya no tengo esperanza de que llegue a recuperarse. No veo las cosas con detalle. Mi trabajo consiste en comprobar las maquetaciones, por lo que resulta muy complicado si no soy capaz de ver las alineaciones.

Me tomé una semana libre. En el hospital me dijeron que debía tomarme al menos tres, pero de haberlo hecho, la empresa habría quebrado. *(Risas.)* Estoy a cargo de todas las planchas de maquetación y no hay nadie que pueda sustituirme. Podemos dejarlo correr dos o tres días, pero no más. Por eso, al cuarto de estar ingresado en el hospital pedí que llamasen al trabajo y di instrucciones por teléfono. Puede que estuviera enfermo, pero no estaba incapacitado. Creo que eso me ayudó a recuperarme.

Volví a viajar en metro, en el mismo tren, en el mismo asiento. Incluso fui a ver el lugar donde me desplomé. En aquel momento pensé que había corrido una gran distancia, pero en realidad apenas fueron cincuenta metros.

Después del atentado me dieron ganas de deshacerme de todo. En general se me da bien guardar cosas (aún conservo el bolígrafo de plástico que usé en la escuela primaria). Sin embargo, ese impulso desapareció, tenía la impresión de que nada merecía la pena. Me dieron ganas incluso de regalar mis preciados bonsáis.

Cuando me quedé ciego, pensé: «Sería terrible morir así». En el hospital grité que no me quería morir. Me lo dijeron después. Me oyeron en todo el pasillo, hasta en la recepción. A la gente se le puso la carne de gallina al oírme.

Recuerdo que cuando tenía seis años estuve a punto de ahogarme en un río. Luego, tras el accidente, pensé: «¿Acaso me salvé entonces para quedarme ciego ahora y morir de esta manera tan terrible?». No pensé en mi familia. Simplemente no quería morir. No allí. No de aquella manera.

No siento rencor ni odio hacia los de Aum. Todavía no. Cuando pasó estaba furioso, indignado, pero la rabia desapareció relativamente rápido. «¡Matadlos! ¡Condenadlos a todos a la pena de muerte!» Yo estoy por encima de eso. Si no logras deshacerte de ese odio acumulado, nunca superarás las consecuencias de lo que sufriste. Es posible que piense así porque no padezco secuelas graves...

«Asahara y yo pertenecemos a la misma generación. Ésa no es la única razón, pero cuanto más lo pienso más me enfado.»
TAKEO KATAGIRI (40)

El señor Katagiri nació en Tokamachi, en la prefectura de Niigata, al norte de Japón, no lejos de Yusawa, donde nieva copiosamente. Parece que en los últimos tiempos ya no nieva como antes, pero tres metros de espesor siguen siendo algo normal. Su familia se dedica al campo. Él es el tercero de cinco hermanos. Nada más terminar el instituto se trasladó a Tokio para trabajar en un concesionario. Le gustan mucho los coches y desde muy joven quiso ser mecánico, un trabajo que le resultaba muy divertido. Así estuvo diez años, pero por decisión de la dirección de la empresa tuvo que entrar en la sección de ventas.

Tiene la tez morena y una mirada intensa, todo el aspecto de ser un vendedor competente y experimentado. No resulta adulador ni seductor, más bien desprende la confianza en sí mismo de alguien que cumple honradamente con su trabajo. Me da la impresión de que si le comprase un coche a alguien como él, podría estar tranquilo.

Le pregunté si le gustaban las ventas, si se sentía bien en ese campo. Después de reflexionar un poco me contestó como si hablase de otra persona: «Ya llevo mucho tiempo en ello. Se puede decir que soy apto para el trabajo».

Después de recibir el alta en el hospital empezó a sufrir fuertes jaquecas que le impedían dormir. Una semana después del atentado aún no se había recuperado, y además era una época de mucho trabajo. A pesar de su sufrimiento, no le quedó más remedio que ir a trabajar. Al recordar aquel momento en el transcurso de la conversación, su rostro se ensombreció.

Después de nuestra entrevista se marchó a casa en un coche a estrenar, de la empresa, color crema. Al volante tenía la expresión de una persona feliz. Es un dato anecdótico, pero de todas las personas que entrevisté es el único que llegó al hospital en coche.

Cuando era mecánico, me dedicaba a las máquinas, pero ahora, en ventas, tengo que dedicarme a los seres humanos. Es distinto por completo. En un principio no sabía lo que tenía que hacer. Obviamente no vendía. Nada de nada.

Para llegar a vender un coche hay que pasar por un proceso de unos tres años. En ese tiempo nos dedicamos a visitar clientes. Vamos a un lugar cualquiera, nos presentamos y ofrecemos nuestros servicios. Tres años enteros los dedicamos a eso. En ventas, si no eres capaz de pasar ese periodo, no tienes futuro. Muchos de mis compañeros de entonces lo dejaron. Por otra parte, si resistes la formación y te esfuerzas, tienes garantizados los ingresos al menos durante una década. Si uno actúa con sentido común y aguanta, el resultado no está nada mal.

Yo me encargo de la zona este de Gotanda, el distrito de Shinagawa, que queda en el recorrido de la línea de metro circular, la de Yamanote. Es una zona residencial que comprende Takawa, Shirogane, Meguro y Kamiosaki. Cuando visito a mis clientes, no les hablo mucho de coches. Si mi único fin fuera el de vender, no podría trabajar en esto. Más bien se trata de establecer una relación con ellos. Les digo, por ejemplo: «Si en algún momento necesita algo, no dude en ponerse en contacto conmigo». Hablamos de las cosas generales de la vida. Del tipo: «Últimamente el Kyojin, el equipo de béisbol, está jugando bien». También les escucho. No hace falta hablar siempre de coches. Sólo con mostrar la tarjeta de visita comprenden a qué hemos ido.

Sé más o menos qué coche tiene cada uno de mis clientes en esa zona. Voy a menudo, por lo que me resulta fácil memorizarlo. También tengo claro quién necesita cambiarlo, pero lo más importante de todo es que ellos me conocen. Camino por la calle y saben que soy Katagiri, de la empresa X. Sin embargo, tras el estallido de la burbuja, la situación cambió por completo en Gotanda. Muchas fábricas tuvieron que cerrar o se trasladaron a otros lugares. Mis clientes desaparecieron, podía contarlos con los dedos de una mano.

Vivo en Koshigaya, en la prefectura de Saitama. Mis hijos crecían y quería mudarme a un lugar más amplio. Tengo tres. El mayor está en segundo de secundaria, el mediano en primero y el tercero en cuarto de primaria. Me da pena que crezcan tan rápido. Antes vivíamos de alquiler en una casa de una cooperativa en Matsubara, pero se nos quedó demasiado pequeña.

Salgo de casa a las 7 de la mañana. Hago transbordo en Ningyomachi y llego a la estación de Togoshi, en la línea Toei, sobre las 8:30. Vuelvo a cambiar en Kita-senju. Es la estación de cabecera para algunos trenes y resulta fácil encontrar sitio libre en alguno de ellos, pero yo suelo subirme al primero que sale. Marzo es un buen mes para la venta de coches, porque es el cierre del año fiscal. A partir del 14 de febrero empieza el periodo de la declaración de la renta y, si hay beneficios, muchas empresas y particulares piensan en cómo invertirlos. En los concesionarios también hacemos balance y para cuadrar las cuentas no queda más remedio que vender. De ahí que si alguien quiere comprar un coche, ése es el momento más adecuado para hacerlo. Es una época en la que no tenemos tiempo para nada.

Los concesionarios están obligados a cerrar matriculaciones antes del 31 de marzo. No basta sólo con el contrato de compraventa. Una vez matriculado y entregado al cliente, el vehículo se fiscaliza como venta. Es cuando los periódicos suelen publicar las estadísticas de ventas comparadas con el mismo periodo del año anterior. El cálculo se hace sobre la base de coches matriculados.

Como ya sabrá usted, después de firmar el contrato de venta con el cliente no se puede matricular el vehículo de inmediato. Hace falta una certificación de garaje y muchos otros papeles. La certificación no es un papel que pueda llevarse a la policía para que te lo devuelvan en el momento. Es un trámite burocrático que lleva su tiempo. Tienen que confirmarlo todo, publicar un certificado, en suma, tres o cuatro días de demora. Los sábados y los domingos la policía no hace nada. Si echamos la cuenta en el sentido inverso, el momento álgido es el 20 de marzo, es decir, el límite para matricular un coche y llevárselo antes de que finalice el mes. Por eso el día del atentado tenía asuntos pendientes que estaban en el límite. Tenía un montón de cosas que hacer.

El fin de semana anterior fui a esquiar con unos compañeros de la empresa. Como soy del País de Nieve, es decir, de la región de los Alpes japoneses, se me da bien el esquí. Fuimos en coche. Regresé a casa cansado de tanto conducir. La mañana del 20 de marzo estaba agotado y pensé que lo mejor sería dejar el coche e ir a la oficina en metro.

¿Normalmente va a trabajar en coche?

No, pero por aquel entonces iba la mitad de los días en metro y la otra mitad en coche. En épocas de mucho trabajo recurría al coche. Después del atentado, no quise utilizar el metro durante mucho tiempo.

Recuerdo que aquel día tomé el metro en la estación de Kita-senju a las 7:52 de la mañana. Viajaba en el tercer vagón, como de costumbre. Se detuvo entre Akihabara y Kodenmacho y anunciaron por megafonía que se había producido una explosión en el recinto de la estación de Tsukiji. Al parecer había heridos. Nos quedamos allí parados. Al cabo de unos minutos anunciaron que continuábamos hasta la estación de Kodenmacho. La línea Hibiya había suspendido el servicio. Así que tuve que bajarme allí.

Hasta Ningyomachi sólo hay una parada. Lo mejor, pensé, sería caminar. Tenía tiempo. El imprevisto no me retrasaba mucho. Caminé hasta allí, llegué a la estación, pasé el torniquete y oí que llegaba el tren. Corrí escaleras abajo y llegué por los pelos al tren de Nishi-magome. Todo bien hasta ese momento. A partir de ese punto, las cosas empezaron a torcerse.

Jadeaba por la carrera que me había pegado. Me apoyé en un pasamanos. El tren no iba demasiado lleno. De pronto, me empezó a doler la cabeza por la zona de la nuca. Me costaba respirar, no lograba recuperarme, hasta el punto de que me mareé; la misma sensación de desmayo que se tiene cuando se padece una fuerte anemia. Aguanté como pude.

No era un dolor normal, era agudo, intenso, hasta el extremo de pensar que se me había cortado el riego sanguíneo en la parte posterior de la cabeza. Un conocido mío sufrió una hemorragia cerebral. Los síntomas que yo tenía eran muy parecidos a los que me había contado. Pensé: «¡Maldita sea! ¿Qué demonios me pasa? ¿Cómo es posible que me sienta así de mal de repente?». Coloqué la cartera en el portaequipajes, me sujeté con las dos manos. A duras penas lograba mantenerme en pie. Incluso llegué a pensar que no resistiría mucho más tiempo. Por suerte, la persona que estaba sentada frente a mí se levantó y ocupé su sitio. Me recuperé un poco.

Me di cuenta de que sucedía algo extraño de verdad cuando salí a la calle. Estaba completamente a oscuras, borroso. Una cosa rara porque hacía buen tiempo. Caminé como pude hasta la oficina. Trataba de ir recto, pero me tambaleaba, no lo lograba. Cada vez me dolía más la cabeza, mi respiración no mejoraba y, por si fuera poco, tenía náuseas. Era la misma sensación que produce una resaca horrible.

Llegué a la oficina y les expliqué a mis compañeros que me sentía muy mal. Nadie me hizo caso. Sólo hubo uno que bromeó: «¡Mírate! Has ido a esquiar tres días y por eso estás tan cansado». Tuvieron una actitud muy fría. Me uní a los demás para la gimnasia matutina. Después me puse a trabajar...

¿Ejercicios? ¿Pudo hacerlos a pesar de encontrarse en ese estado?

Sí, los hice. Los lunes nos reunimos para la gimnasia matutina y aquel día me resultó muy duro seguirlos. Hice lo que pude. Cumplí con el ritual por puro formalismo. Comprendí que me resultaría imposible ir de visita en semejante estado y decidí permanecer en la oficina toda la mañana. A las 10 o 10:30, sin embargo, recordé que tenía un asunto inaplazable en el notario de Shinagawa antes del mediodía. No me quedó más remedio que ir. Me marché con el coche de la empresa. A pesar de que lo veía todo oscuro, conduje sin problemas. El dolor de cabeza remitió.

Oí una información muy extraña por la radio. Decía que la estación de Tsukiji estaba sumida en el caos debido al gas sarín. No supe nada de lo ocurrido hasta ese momento. A pesar de todo, fui a entregar los documentos al notario. Llegué a mi límite. En lugar del volver a la oficina fui al Hospital de Kanto, en Gotanda. Llegué sobre las 11:30 de la mañana. Habían habilitado una ventanilla especial en recepción para las víctimas del atentado. Había policías, bomberos y encargados del metro. Los médicos decidían el orden y la prioridad en los ingresos. En mi caso, tenía el nivel de colinesterasa muy bajo. Me ingresaron de inmediato, pero debía devolver el coche por si lo necesitaba alguno de mis compañeros. Los médicos se enfadaron: «¡Esto no es una broma!», me dijeron.

Durante el tiempo que estuve ingresado no dejó de dolerme la cabeza en ningún momento, hasta el punto de ser incapaz de conciliar el sueño. Para colmo, no me explicaron nada sobre los efectos secundarios del sarín, lo cual me llevó a cometer una grave equivocación. Me dijeron que me quitara la ropa y me duchase. Me lavé el cuerpo a conciencia, pero no la cabeza. De habérmelo advertido, lo habría hecho sin falta, pero no llegaba a comprender el alcance de lo que pasaba. El gas sarín se quedaba adherido al pelo y, de no lavarlo bien, se corría un grave peligro de padecer efectos secundarios. Es probable que el personal médico no estuviera preparado para actuar de forma correcta en un caso así. Supongo que nadie pudo hacer otra cosa...

Mis ojos no se recuperaban. Tardé una semana en ver igual que antes. Lo veía todo oscuro, los tenía completamente enrojecidos. Lo cierto es que llegué a perder la vista. El doctor me aseguró que no iba a tener ningún problema en cuanto desaparecieran por completo los restos del sarín, pero no era verdad. En el mes de febrero de ese mismo año me habían certificado que mi agudeza visual era de 1,2. Ahora es tan sólo de 0,8 o 0,9 como mucho. Lo que más me preocupa es la vista.

Me canso con mucha facilidad, al menos en lo que va de año. He perdido la capacidad de concentración. Hay muchos días en los que me siento tan débil que soy incapaz de centrarme en nada. En nuestro negocio hay que prestar mucha atención durante las conversaciones con los clientes. Debemos escucharlos, fijarnos en sus gestos, en su lenguaje no verbal. En caso contrario, se nos escapan detalles importantes que nos pueden llevar a dar respuestas equivocadas. Aunque no sean más que vaguedades sobre la vida, hay que escucharlas con atención. Uno no puede relajarse. No obstante, en numerosas ocasiones me he sentido incapaz de hacerlo. Quiero decir, lo que he perdido es la voluntad de concentrarme. Lo noto perfectamente.

En el trabajo no puedo hablar de estas cosas. De hacerlo, tendría consecuencias negativas. A lo largo de todo este año he seguido adelante con el trabajo sin decir nada a nadie. No me ha resultado fácil. Pasado ese tiempo, creo que al fin he sido capaz de recuperar el ritmo normal.

Lo pienso ahora y me parece increíble. Tan sólo caminé unos metros a lo largo del andén de la estación de Kodenmacho. Lo suficiente para intoxicarme, para que mi vida entera diera un vuelco. Tengo tres hijos pequeños y hemos empezado a pagar la hipoteca de la casa nueva. Me preguntaba angustiado qué iba a ser de nosotros si no lograba recuperarme, y la preocupación me asfixiaba. Obviamente, el resto de mi familia también se preocupó.

Asahara y yo pertenecemos a la misma generación. Ésa no es la única razón, pero cuanto más lo pienso más me enfado. Me he hecho miembro de la Asociación de Víctimas. Lo hemos demandado por daños y perjuicios. No lo he hecho por la expectativa de obtener una compensación económica, sino para ir legalmente contra ellos, para mostrar de forma abierta y pública mi enorme enfado. Puedo asegurarle que estoy furioso de verdad. Nunca más debe ocurrir algo semejante.

«Dos días antes del atentado nació mi primera hija.»

YASUSHI NAKATA (39)

El señor Nakata nació en el barrio de Kakigaracho, en Nihonbashi, cerca de Suitengu, en Tokio. Es el prototipo de hombre de barrio popular. Tuve esa impresión en el transcurso de nuestra conversación. Es un hombre abierto, rápido, caza al vuelo lo que quieren decir los demás y extrae sus propias conclusiones. No por ello, sin embargo, oculta cierta timidez que hay en su carácter.

De joven fue un auténtico fan del rock and roll. *Quería dedicarse a la música profesionalmente. Reconoce que se emocionó la primera vez que escuchó* Hold on, I'm coming, *de Sam and Dave. Recuerda que vio la película sobre el festival de Woodstock cuando aún estaba en secundaria. Tiene casi cuarenta años, pero se diría que se resiste a convertirse en uno más, uno de esos hombres corrientes del montón. Tal vez, sencillamente, no pueda serlo. Es posible que la impresión se acreciente aún más debido a su delgadez.*

Trabaja en el departamento de ventas de una empresa de programación. Es aficionado al tenis. Se casó hace tiempo con una mujer, nueve años menor, que conoció jugando al tenis. Fue entonces cuando sentó la cabeza, asegura. El sábado anterior al atentado nació su primer hijo.

Cuando apareció en televisión, lo vio un antiguo amigo y se puso en contacto con él de inmediato. Ese encuentro fue la ocasión perfecta para volver a reunir a su antigua banda. Ahora alquilan un local dos veces al mes para ensayar. Para él no es más que una afición: «Ya que sólo lo hacemos por gusto, nos da igual equivocarnos. Por eso nos divertimos tanto».

En la actualidad vive en Matsubara, en la prefectura de Saitama. Me entrevisté con él un domingo por la tarde en una cafetería próxima a la estación de Soka. Vestía camiseta y vaqueros rotos. Obviamente, al trabajo va con traje.

Según tengo entendido, mi familia vive en la zona de Kakigaracho desde la época Meiji, es decir, hace casi cien años. Mis padres eran empleados, no comerciantes. Nací y crecí allí. En la época de la burbuja, más o menos en 1987, nos expropiaron la casa y nos dieron a cambio un piso en Hamamachi, un barrio vecino. La razón era que iban a construir algo, pero a día de hoy no han hecho nada de nada. Es un solar que sirve de aparcamiento.

Trabajo en una empresa de programación, pero después de graduarme estuve dando tumbos por ahí durante cuatro años. Toqué en una banda hasta los veintiséis años. Nuestro rollo era Jimi Hendrix, blues, cosas así. En un principio tocaba la guitarra, pero después me cambié al bajo, aunque, si es necesario, toco cualquier cosa. Mis padres se habían resignado. Soy su único hijo y vivía con ellos. Me habían dado por imposible.

La verdad es que resulta muy complicado subsistir sólo del rock. Al final tuve que ganar dinero. Cantaba algunos temas pop y hacíamos pequeñas giras por teatros de provincias... Me di cuenta del oscuro futuro que tenía frente a mí. Algunos conocidos con más talento que yo habían empezado a ganar dinero con la música. No era mi caso. Me resigné. *(Risas.)* Fue entonces cuando comencé a trabajar en esto y lo otro, en bares de ambiente ligero y locales por el estilo. Algunos amigos míos siguen en el mundo de la música. En una ocasión me invitaron a participar como cantante de una banda de pop, pero eso...

Un compañero de la banda, que la había dejado antes que yo, trabajaba como informático. Me pidió que fuese a trabajar con él. Yo no sabía nada de ordenadores, pero en aquel momento faltaba gente del sector; contrataban a cualquiera que estuviera dispuesto a trabajar. En aquella empresa no estuve en el departamento de ventas, sino en el de informática. Durante un año entero fue como si me hablasen en chino. En realidad es un trabajo que puede hacer cualquiera que sepa sumar, restar, multiplicar y dividir, aunque, si uno quiere llegar a lo más alto, sin duda hace falta inteligencia.

Fue así como empecé a llevar una vida honesta y responsable. Era muy duro. Me pasaba noches enteras en vela por culpa del trabajo y en aquella época el sueldo de un informático era muy bajo. Para ganar algo de dinero no quedaba más remedio que hacer horas extras. Trabajé allí tres años y medio, pero como mi inteligencia no daba para más, me resigné hasta que comprendí que podía pasar al departamento de ventas. De esta manera cambié de empresa. Se dedicaban a lo mismo que la anterior, a la programación. Pensé que lo más fácil sería continuar en el mismo sector.

¿Que si tengo el carácter apto para las ventas? Pues, la verdad... No sé qué decirle. Mucha gente dice que sí, pero en realidad yo creo que lo que pasa es que no valgo para otra cosa. *(Risas.)*

Nuestro trabajo consiste en abrir mercado. Para tener cierta seguridad nos citamos previamente por teléfono con los clientes potenciales.

En cualquier caso, tenemos que visitar empresas para vender. No nos dedicamos a los particulares. Vendemos paquetes completos de oficina diseñados exclusivamente para las empresas.

El negocio no va bien. Todo el mundo trata de reducir gastos, no invierten en nada, tampoco en comprar *software*. Ponemos el triple de ahínco en el trabajo que en la época de la burbuja, pero con que las ventas lleguen a la mitad de entonces, nos damos por satisfechos. Es una situación muy complicada. La mía es una empresa de capital extranjero y los sueldos base no son muy altos. Tenemos un porcentaje sobre las ventas, por lo que si el negocio va mal, sufrimos considerablemente. Lo bueno es que sólo con vender un paquete las ganancias son generosas. Los ingresos anuales han descendido entre dos y tres millones de yenes en relación con los años de la burbuja. Yo me casé justo cuando estalló. No podía haber elegido peor momento. *(Risas.)*

De soltero salía prácticamente todos los días. Ganaba mucho dinero y me gasté una cantidad considerable. Tenía que haber sido más previsor, ahorrar, pero no lo hice. Pequé de optimista al pensar que, por muy mal que fuesen las cosas, el mundo de la informática quedaría al margen. Me fundí todo mi dinero.

Dos días antes del atentado nació mi primera hija. Mi mujer estaba en casa de sus padres, en Minowa, e iba a la clínica en Tsukiji. Mientras tanto yo vivía solo en Matsubara. Si le digo la verdad, no sentí ninguna alegría especial cuando nació mi hija. Fue más bien algo como: «¡Ah, vale!».

El día del atentado tenía que ir a trabajar para elaborar un presupuesto que debía entregar a un cliente. No era tan importante, pero había que terminarlo sin falta. Pensaba acercarme a la clínica en cuanto hubiera acabado. Tenía que ir por si acaso...

Dos días antes del atentado, el sábado, fui a casa de mis suegros. Nada más llegar me enteré de que ya estaba en la clínica. Me dirigí allí, pero llegué pasadas las tres y la hora de visita había terminado. Así que tuve que volver a casa sin verla. Al poco rato me llamaron para avisarme de que había nacido mi hija. Fue un parto sin complicaciones.

El domingo vi por primera vez la cara de la niña. No sentí tanta emoción, la verdad. Nunca he querido hijos, pero mi mujer sí y no me quedó más remedio...

Tenía intención de volver a la clínica el lunes después del trabajo para llevar algunas cosas, pero al final no pude por culpa del atentado. Creo que mi mujer se puso furiosa. Seguramente pensó que estaba bebiendo por ahí. *(Risas.)* No tenía tele en la habitación y no supo nada del atentado hasta más tarde. Nadie le dijo nada.

La mañana del 20 de marzo entré en el metro, me subí al tercer vagón del tren que tenía su origen en Takenozuka, como siempre. Me senté y me quedé profundamente dormido. Cuando quise darme cuenta, el tren se había parado en mitad de ninguna parte, entre Akihabara y Kodenmacho. Dijeron algo por megafonía: «Explosión en Tsukiji. Este tren finaliza su servicio en Kodenmacho. Rogamos a los pasajeros que se bajen en esa estación». Cuando entró en la estación, se bajó todo el mundo. En cuanto salí vi gente tumbada en el suelo. Había una mujer y un hombre que sufría convulsiones. Oí decir a alguien que se trataba de un ataque epiléptico. El hombre tendría unos treinta años. Más tarde me enteré de que la mujer vivía cerca de mi casa y cogía el tren anterior en la misma estación.

Me fui directo a la salida. Pensaba ayudarlos, pero desistí porque ya había bastante gente haciéndose cargo... Esperé en el vestíbulo de la estación entre cinco y diez minutos. Estaba lleno. Todos esperábamos que volviese a funcionar la línea. Muchos se cubrían los ojos, actuaban de un modo extraño.

Poco después se produjo un nuevo anuncio: «El aire de la estación está contaminado. Rogamos abandonen el recinto y salgan a la calle». Me dirigí a la escalera. Estaba mareado, tenía la sensación de que me tambaleaba. Tuve que hacer un esfuerzo para salir. En la calle también había un hombre que sufría convulsiones. Era la tercera persona, en poco rato, que veía en un estado grave. Me extrañó mucho. Giré a la derecha. También allí había gente sentada en el suelo. Algunos incluso echaban espuma por la boca. «Esto es muy raro. Si me quedo aquí, corro peligro. Tengo que alejarme como sea», me dije a mí mismo.

Casualmente la casa de mis padres está en Hamamachi, no muy lejos. Decidí ir allí. Se tarda unos veinte minutos a pie, lo justo para no tomar un taxi. Empecé a caminar. Poco a poco empecé a verlo todo doble. No podía enfocar, tenía frío. Pensé que había inhalado algo extraño, pero en ningún momento me sentí tan mal como para ir al hospital. Estaba seguro de que me recuperaría después de descansar un poco. Mis padres estaban en casa. Les pedí que me dejasen tumbarme un rato. No sabían nada de lo sucedido, simplemente dijeron: «De acuerdo, échate». Llamé al trabajo para avisarles de que había ocurrido un accidente y me sentía mal. Trataría de recuperarme y en un rato los llamaría de nuevo.

Aún conservaba mi antigua habitación. Me tumbé en el futón. Tenía curiosidad por saber qué había pasado. Encendí el televisor. En las noticias aparecía la zona de Tsukiji. Debían de ser sobre las nueve de la mañana. Dijeron que el atentado se había perpetrado con un gas venenoso. Me dolía la cabeza, los ojos, la garganta. Por si no fuera suficiente, tenía la impresión de sufrir una taquicardia y aún lo veía todo doble. Empecé a pensar que realmente me pasaba algo grave.

Mi tío es médico en la prefectura de Kanagawa. Lo llamé. «Tienes que lavarte bien los ojos e ir al hospital rápidamente», me ordenó. Llamé a un taxi y le pedí que me llevara al Hospital Memorial de Mitsui. Cerca de Ningyomachi, el taxista me dijo que lo mejor sería que hablase con la policía porque la zona estaba acordonada. Estaba plagada de coches patrulla y ambulancias. Me bajé allí y me acerqué a unos agentes para explicarles mi estado. Me metieron en una ambulancia y me llevaron al Hospital de Tajima, en Ryogoku.

(El señor Nakata fue trasladado desde el Hospital de Tajima al de las Fuerzas de Autodefensa, en Setagaya. Estuvo ingresado ocho días. Su nivel de colinesterasa había descendido hasta cinco veces por debajo de lo normal. Tardó tiempo en recuperar los valores de referencia. Las jaquecas y el persistente dolor de ojos continuaron durante mucho más tiempo. De hecho, aún no ha recuperado por completo el valor de colinesterasa.)

Pasé una larga temporada con los ojos mal, me cansaba con suma facilidad. Era muy duro sentarme a trabajar con el ordenador, porque me resultaba casi imposible enfocar. Ya antes del atentado era miope, y en una revisión que me hice hace poco descubrí que mi ojo izquierdo había empeorado. El derecho está bien, aunque no ha desaparecido del todo un persistente dolor en el fondo del ojo.

Después del atentado me daba miedo volver al metro. El día en el que se celebró el primer juicio contra Asahara no fui a trabajar. Mi mujer me suplicó que me quedara en casa. Llamé al trabajo para explicarles mis motivos. A partir de entonces, pensé cambiar la ruta, pero al final qué más da. Al fin y al cabo se trata del mismo metro.

Cuando le dieron el alta y por fin pudo ver la cara de su hija, ¿sintió algo especial?

La verdad es que no. *(Risas.)*

Cuando trabajaba en la empresa anterior, fui en algunas ocasiones a vender paquetes de programas a algunas de esas nuevas sectas religiosas. En momentos de recesión son los únicos que tienen dinero. Me presenté allí sin cita previa y al final me compraron algunos paquetes, aunque tampoco tantos, ya que sólo les serían verdaderamente útiles en caso de tener un millón de adeptos. No son productos que puedan venderse en cualquier parte, así que con colocar uno ya se gana bastante dinero. No fui nunca a Aum.

Me dedico a los ordenadores porque es mi trabajo, pero honestamente no me gustan demasiado. No me seduce la idea de entregarles mi vida. ¡El omnipotente mundo de la informática...! Enviamos correos electrónicos por cualquier tontería en lugar de hablar las cosas en un minuto. Nos hemos metido en este mundo y hemos perdido el contacto con la realidad... Los de Aum tienen el mismo comportamiento.

«Oí que alguien decía: "Se le ha parado el corazón".»
TADASHI ITO (52)

*El señor Ito nació en Irifune, en el distrito centro de Tokio, aunque creció
en Minato. Al igual que el señor Nakata, entrevistado anteriormente, es otro
prototipo de los barrios populares tokiotas. Su padre se dedicaba al comercio del
hierro y el acero. También les expropiaron su casa natal y los obligaron a mudarse contra su voluntad. Antes de eso, Minato era un barrio donde se concen-
traban muchas imprentas. En la actualidad no es más que un terreno desolado
y yermo. No hay más que aparcamientos sin coches. Con el tiempo se ha convertido en un «desierto» en pleno centro de la ciudad.*

*A pesar del cambio, conserva a muchos de sus amigos y conocidos de su
antiguo barrio. El día de fiesta en el santuario de Teppozu, el señor Ito acude
sin falta para participar como costalero en la procesión. Todos los que se han
marchado de Tokio vuelven ese día para rememorar viejos tiempos. El vínculo
con la tierra se mantiene. El señor Ito trabaja en una imprenta en Monzen-
nakacho. Es una empresa pequeña de tan sólo siete empleados. Él ocupa el cargo de director de ventas.*

*Desde la estación de Matsubara va a Takenozuka. Allí cambia para diri-
girse hasta Kayabacho y desde allí toma la línea Tozai. En una parada llega
a su destino. Un trayecto largo que aprovecha para leer. En los veinte años que
lleva haciendo ese recorrido, se ha convertido en un ávido lector. En su cartera
siempre hay dos o tres libros.*

*Escuché su historia un domingo por la tarde en una cafetería cerca de
la estación de Soka. Había carreras de caballos. Compró su boleto y le pregunté si tenía opciones reales de ganar. Me contestó con una amplia sonrisa: «No creo». Parece que lleva años apostando, si bien niega ser un experto
en caballos.*

*Le gusta beber, pero después del atentado no probó ni una gota de alcohol
durante un mes. Algo le preocupaba.*

Vivo en la prefectura de Saitama desde hace veinte años. Sinceramente, no siento demasiado apego por el lugar, tengo más cariño por

el barrio donde nací. Sólo soy un hombre del centro de Tokio que vive en Saitama.

Antes de eso viví en Tsukijima, donde estuve hasta después de casarme. Cuando nació mi primer hijo nos mudamos a una casa más amplia. Habíamos solicitado una vivienda en régimen de cooperativa y al final nos la concedieron. No era una casa individual. Mi salario no es tan alto, así que no podíamos permitirnos un alquiler muy caro. Cuando me marché de Tsukijima, me dio mucha tristeza. Nunca había tenido que ir en metro al trabajo. Fue muy duro. Tardé casi medio año en acostumbrarme.

Tengo un hijo en la universidad, cursando segundo de carrera, y una hija en tercero de instituto. Somos cuatro en total. Se necesita mucho dinero para mantener a la familia, y precisamente ahora es cuando más falta me hace. Mi hijo va a una universidad privada y el próximo año mi hija empezará una carrera técnica de dos años, es decir, que los próximos tres o cuatro serán muy duros para mí. No podré tomarme ni un momento de descanso. Por fortuna, la empresa en la que trabajo es pequeña y no hay jubilaciones anticipadas. Puedo trabajar hasta que yo decida. Eso es lo bueno de las empresas pequeñas.

El 20 de marzo subí al tren de las 7:39 procedente de Takenozuka con destino a Naka-meguro. Lo hice por la última puerta del tercer vagón. Me agarré al pasamanos y me puse a leer. Como siempre. Los libros en tapa dura pesan demasiado, prefiero los de bolsillo. Me gustan las novelas históricas. Leo algo de ese género a diario, por ejemplo las obras de Toyoda Yuzuru, que murió recientemente, o las de Tsutomu Mizukami...

El día del atentado, el 20 de marzo, no recuerdo con claridad qué libro tenía entre manos. Quizá *Taikoki,* la vida del famoso sogún Hideyoshi Toyotomi, de Eiji Yoshikawa. Lo había leído antes, pero como habían pasado por televisión una serie basada en el libro, volví a leerlo. A menudo releo los mismos libros. Será un defecto profesional, pero las erratas me llaman mucho la atención, no puedo evitar fijarme en ellas. *(Risas.)*

El tren se detuvo entre las estaciones de Akihabara y Kodenmacho. Anunciaron por megafonía una explosión en Tsukiji. Debimos de permanecer en mitad del túnel sin movernos unos diez minutos.

Nada más entrar en la estación de Kodenmacho vi a la izquierda de la puerta por la que bajé a una mujer tumbada en el suelo. Miré hacia la derecha. Había un hombre tirado en el suelo. Me acerqué a él. Más tarde me enteré de que en ese lado era precisamente donde habían depositado el paquete con el gas sarín.

Vi un bulto cubierto de papeles de periódico empapados. Estaba junto a un pilar. Lo vi con toda claridad. Era el doble que una de esas cajitas de *obento*, ya sabe, esa comida preparada que viene con servicio de plástico. Estaba muy bien envuelto, no de cualquier manera. Me dije: «¿Qué será eso? Es extraño».

En lugar de atenderlo, le pregunté si se encontraba bien. Tenía convulsiones, parecía sufrir un ataque de epilepsia. Junto a él había dos empleados del metro y otros cuatro o cinco pasajeros. Todos repetían que había que ponerle la cabeza en alto. El hombre estaba boca arriba con los ojos entornados. Tenía la cara lívida, todo su cuerpo temblaba.

Si hubiera seguido mi camino sin detenerme, tal vez no me habría ocurrido nada, pero como soy de barrio, soy sociable por naturaleza. Si me encuentro con una situación así, no puedo dejarlo y pasar sin más.

Lo levantamos del suelo y entre todos lo llevamos en brazos hasta el torniquete de la salida. En el camino vi a dos o tres personas que parecían a punto de derrumbarse. Se agachaban, parecía como si sufrieran enormemente. Me extrañé. «¡Qué demonios pasa aquí!» Veía a demasiada gente en malas condiciones. Yo también empecé a sentirme mal. Uno de los empleados del metro que nos acompañaba se tambaleó. Creo que había pasado mucho tiempo en el andén y había inhalado demasiado gas. Se agachó cerca del torniquete, se sujetó la cabeza... Parecía que se hubiera quedado ciego. «Esto no es normal», pensé. Yo me atragantaba todo el rato, como si se me hubiera quedado algo atascado. Tosía sin parar. No, no noté ningún olor, no olía a nada.

Me pareció que lo más urgente era salir a la calle. Fuera, sin embargo, la situación era peor de lo que imaginaba. En realidad era una escena terrible: todo el mundo sentado de cualquier manera; vi a un chico joven que sangraba por la nariz.

Llegó una ambulancia. Se llevaron en camilla al hombre que habíamos sacado. Creo que para entonces ya estaba muerto. Oí que alguien decía: «Se le ha parado el corazón».

El personal de emergencia se hizo cargo de él. Tarde, por desgracia. En lo más hondo de mi corazón, supe en todo momento que no iba a lograrlo. Me temblaban las piernas, me ocurría algo en la vista. Lo veía todo oscuro a mi alrededor, como si estuviera anocheciendo, pero era un día espléndido sin una sola nube en el cielo. No sabía lo que estaba pasando.

Tuve que buscar un sitio para sentarme cerca de la salida, donde había un pequeño jardín. El corazón me palpitaba cada vez más rápido. Me sentía muy inquieto. Quería que me llevasen al hospital lo antes posible, pero no había suficientes ambulancias. Había policías, pero estaban tan confundidos que no eran capaces de hacerse cargo de la situación. Los empleados del metro, que en teoría debían dar las órdenes e indicaciones oportunas para organizarlo todo, se encontraban en un pésimo estado. La confusión era total. La gente estaba tirada de cualquier manera. Muchos gritaban: «¡Una ambulancia, por favor! ¡Rápido!».

Había obras en los alrededores. Los trabajadores empezaron a parar a todos los coches que pasaban por allí sin importar si eran de particulares o furgonetas de reparto. Consiguieron subir a mucha gente en los coches para que los llevaran al hospital. Si era una furgoneta, intentaban subir a tanta gente como fuera posible. Estoy convencido de que mucha gente se salvó en Kodenmacho gracias a la colaboración de muchas personas anónimas.

Me metieron en el asiento delantero de un taxi. Detrás subieron a otras tres personas. Alguien lo había detenido y nos había empujado a todos adentro. Monté delante porque era el que mejor me encontraba de los cuatro.

El taxista parecía preocupado. No sabía ni por dónde, ni adónde ir. Tampoco, obviamente, quién le iba a pagar la carrera. Le preguntó a un policía que a su vez preguntó por radio. Le dijo que se dirigiera al Hospital San Lucas. Me di cuenta de que estaba más cerca el Memorial de Mitsui. Desde Kodenmacho, de hecho, se llega en un santiamén, pero como la policía le había dicho San Lucas, allí nos fuimos. Al fin tenía claro adónde ir, pero no quién le iba a pagar. El taxista estaba cada vez más nervioso. Los de atrás se encontraban en un estado lamentable, no paraban de vomitar. Me saqué dos mil yenes del bolsillo y le dije: «No se preocupe por nada. Quédese con el dinero. Se trata de una emergencia».

El Hospital San Lucas está en Akashicho, justo al lado del colegio donde estudié. Resultó que conocía mejor el camino que el propio taxista. Había un atasco considerable y le indiqué la ruta más conveniente: «No salga a la calle Shinohashi. Vaya mejor por Shinkawa, es mejor evitar las calles principales».

El taxista fue consciente enseguida de que se trataba de una situación anormal. Perdió la calma por completo. No se quejó de los vómitos, pero no podía hacer nada por evitar el atasco. No habíamos recorrido ni dos kilómetros y el contador ya marcaba dos mil yenes.

Estaba dispuesto a pagarle la diferencia, lo que hiciera falta. Él se negó. Apagó el taxímetro.

Estaba muy preocupado por los que iban en el asiento trasero. Tenían mal aspecto, especialmente dos de ellos. Al principio gemían, pero poco después se dieron por vencidos. De camino nos detuvimos en la comisaría de Takahashi, en el barrio de Arakawa. Les pedimos por favor que nos abrieran paso hasta el hospital. Teníamos mucha prisa, la situación no permitía demoras. Resultó que también la policía estaba desbordada por el pánico general. No sabían cómo reaccionar. Tan sólo nos dijeron que continuásemos, que tratáramos de llegar como fuera al hospital. Llegamos después de muchos quebraderos de cabeza. Los dos más graves eran incapaces de andar por sí mismos. Una enfermera se acercó con dos sillas de ruedas. Ayudé al tercero cargándomelo al hombro. Yo también me tambaleaba, pero, en cualquier caso, estaba mejor que él.

Estuve una noche ingresado. El día siguiente era festivo. Volví al trabajo un día más tarde. No me dolía especialmente la cabeza, tampoco padecía otros síntomas. A oscuras no veía nada, eso sí. No podía conducir de noche. En el trabajo me pusieron a atender el teléfono. Como la empresa se halla cerca del hospital, allí estaba más tranquilo que en casa. En caso de necesidad, llegaría en un abrir y cerrar de ojos. La primera semana hubo momentos en los que me sentía mal de repente, aunque no fuera nada importante en realidad. Nuestros clientes se enteraron de que era víctima del sarín y llamaron para interesarse por mi estado. Al atenderles yo mismo se quedaban atónitos. *(Risas.)*

Lo que peor me sentó fue que la policía me investigó. Creyeron que había sido yo el que había colocado el paquete con el sarín en el vagón. Fueron a hablar con el jefe de la empresa, le preguntaron todo tipo de detalles sobre mí, por ejemplo, mis creencias religiosas, qué ropa y qué zapatos llevaba puestos aquel día. Cosas así. Para colmo, le pidieron que no me dijera nada. El jefe se enfadó tanto que les gritó: «Ito se hizo cargo de otras víctimas y encima pagó el taxi. ¿Cómo iba a hacer él semejante cosa?». Yo también me enfadé mucho. Era una víctima. ¿Por qué tuvieron que molestarme y hacer todas esas preguntas sobre mí?

No sé qué fue de las personas que fueron conmigo en el taxi. ¿Qué habrá sido de ellos? Muchas veces me pregunto por su destino.

«De camino a Ningyomachi vi a dos personas
caídas en el suelo.»
KUNIE ANZAI (53)

El señor Anzai trabaja en una imprenta muy importante. Por alguna razón, en esta serie de entrevistas encontré a muchas personas que trabajaban en imprentas.

Proviene de una familia campesina de Fukushima, el cuarto de siete hermanos, circunstancia que lo obligó a marcharse de casa para buscarse la vida después de terminar el instituto. Llegó a Tokio con sólo veinte años. Vio una oferta de trabajo en un taller de encuadernación y empezó a trabajar allí. Era una empresa pequeña. Él aspiraba a trabajar en una más grande. Dos años más tarde cambió a una de las empresas señeras en el sector de la imprenta.

Aunque se conozcan de forma genérica como imprentas, en realidad existen muchas especialidades. El señor Anzai es actualmente especialista de encuadernación, pero antes se dedicaba a las cajas, es decir, a embalajes para todo tipo de artículos, desde chocolate, por ejemplo, a una pastilla de jabón. Tras doce años cambió a encuadernación, pero más que a libros se dedica a las revistas. En la vitrina que hay en la recepción de la empresa hay expuestas muchas publicaciones conocidas. Asegura que resultan mucho más entretenidas porque todos los meses hay cambios, mientras que los embalajes son siempre lo mismo.

Es un hombre de escasa estatura, delgado y vivaz, la imagen arquetípica del padre japonés entregado. Asegura que por mucho que coma, no engorda. Ahora ya no corre gran cosa, pero durante veinte años lo hizo todos los días. Participó muchas veces en la carrera de relevos del distrito de Ekiden. El equipo de su empresa ganó muchas veces.

Como en el caso del señor Anzai, otra de las coincidencias entre ellos es la de ser corredores vocacionales. Todos los días, mañana y tarde, se embuten en trenes repletos de gente; tienen una vida ocupada y, a pesar de todo, encuentran tiempo para correr en ratos perdidos. Me resulta admirable. Me dio la impresión de ser un trabajador concienzudo con un fuerte sentido de la responsabilidad. Como escritor me gustaría que, a partir de ahora, hiciera también libros maravillosos.

La imprenta funciona las veinticuatro horas del día. La mayor parte de las secciones y departamentos tienen también turno de jornada completa. La nuestra, sin embargo, sólo lo tiene de día. Nuestra hora de entrada son las 8:30 de la mañana, pero intento llegar media hora antes.

Vivo en Soka. Para llegar a las ocho a la oficina en Gotanda tengo que salir de casa a las 6:25. Me despierto a las 5:30 de la mañana. En invierno aún es de noche, por eso mi mujer se queda en la cama. *(Risas.)* Desayuno un poco de pan, me arreglo, salgo de casa y tomo el autobús que va a la estación de Takenozuka, un trayecto de unos diez minutos.

Compré la casa hace veinte años. ¿Por qué allí? No es que sintiera un vínculo especial con el sitio ni que tuviera conocidos. La razón principal es que las casas eran más baratas. Lo cierto es que está muy lejos. Si me toca hacer horas extras, de regreso ya no circulan autobuses y no tengo otra opción que volver en taxi. La empresa no se hace cargo, soy yo quien tiene que pagarlo con el dinero de mi bolsillo, con mi asignación, es decir, con el dinero que me deja mi mujer para que me lo gaste como yo quiera. *(Risas.)* Es duro, pero no queda más remedio porque es el único lugar en el que me podía permitir comprar una casa.

La época en la que se produjo el atentado teníamos mucho trabajo. Hacía horas extras todos los días. Hablé con un compañero para organizarnos en una especie de turno: uno empezaba a las 8 y el otro a las 9:30, comenzábamos de manera escalonada. En la empresa se sigue un estricto control de la horas extras, hay un límite que no se puede rebasar. Por eso nos organizamos así. A mí me tocó el de las 9:30. Ahora me doy cuenta de que en realidad fue mala suerte. Llegaba al metro mucho más tarde de lo normal, a las 7:47, y subía al cuarto vagón. Aquel día, cuando el tren circulaba entre las estaciones de Akihabara y Kodenmacho, anunciaron por megafonía: «Un convoy se ha averiado en la estación de Kasumigaseki. Nos detendremos aquí un momento». El tren avanzaba y se detenía, así durante mucho tiempo. En total, creo que tardamos unos veinte minutos en llegar a Kodenmacho.

El tren se detuvo allí. No sabía qué hacer. Pensé que volvería a funcionar pronto y me senté. En ese momento oí los gritos de una chica joven que llegaban desde el andén. Corría en dirección a la salida sin dejar de gritar. No sólo ella; de pronto, todo el mundo se puso a correr. La salida está situada en la parte central del andén. Pensé: «¡Mira que hay gente rara! ¿Qué estará pasando? Me da igual, no tiene nada que ver conmigo». No le di mayor importancia. Permanecí sentado en mi sitio. Hasta Ningyomachi sólo quedaba una estación. El tren no funcionaba, así que no había motivo para peleas motivadas por las prisas. Me molestaba la idea de tener que caminar...

Después no sucedió nada extraño. Todo se quedó tranquilo y en silencio.

Creo que estuve allí sentado cinco o seis minutos. Al final me resigné. Salí. En la estación no había prácticamente nadie, tan sólo unas cuantas personas aquí y allá. Me sentía solo. *(Risas.)* Me inquieté. Todo aquello me resultaba muy extraño. Me preguntaba qué estaría pasando. Decidí salir y caminar hasta Ningyomachi.

Pasé el torniquete y subí las escaleras para salir a la calle. Junto al torniquete había un empleado del metro sentado. No parecía que sucediera nada fuera de lo común, pero en cuanto llegué a la calle, vi a mucha gente en el suelo. Había dos personas tendidas en la acera a las que otros frotaban la espalda. Tenían convulsiones. Pensé que habían sufrido una lipotimia o algo así.

De camino a Ningyomachi vi a dos personas caídas en el suelo. Estaban junto a la entrada de un edificio y, como los dos anteriores, sufrían convulsiones. Eran dos hombres. Uno de ellos robusto. Al verlo comprendí que no podía haber tanta gente en esas condiciones por una anemia.

Llegué a Ningyomachi. Tomé la línea Toei. No dejaba de preguntarme qué había sucedido, pero no lograba encontrar la respuesta. No me parecía razonable pensar que hubiera un ataque de anemia general. En cualquier caso, cada vez tenía menos tiempo para llegar al trabajo, así que no le di más importancia. Cuando llegué a la oficina, empezaron a hablar sobre un atentado con gas sarín en las noticias de la televisión. Un compañero del departamento de administración general me llamó por teléfono: «Señor Anzai, ha ocurrido algo grave. Tiene que ir al hospital». Me fui de inmediato. Serían las 11 de la mañana. En realidad no sentía nada especial, estaba algo resfriado, pero no había empeorado.

Fui al Hospital de Kanto Teishin. Me examinaron y llegaron a la conclusión de que mis ojos habían resultado afectados. Hasta ese momento no fui consciente de que me podía pasar algo. Ni siquiera me di cuenta de que mi visión se había oscurecido, aunque al parecer tenía las pupilas contraídas. Me ingresaron. Me pusieron suero. Me lavaron los ojos, me desvistieron, me bañaron, me dieron uno de esos pijamas de hospital. Como no tenía ropa interior de recambio, me entraba aire por la parte inferior del pijama y me hacía sentir incómodo. Llamé a casa para que me trajeran algo de ropa, pero mi mujer se había ido al karaoke. *(Risas.)* Mi hija trabajaba cerca del hospital. Vive cerca, en una casa propiedad de la empresa. La llamé, le pedí que me comprase ropa interior de hombre. Me dijo que no sabía qué comprar, pero al menos fue a verme enseguida.

Estuve una noche en el hospital. Al día siguiente me dieron el alta. Mi mujer acudió a recogerme y me trajo ropa limpia, porque la que llevaba puesta el día anterior se la había llevado la policía a la comisaría de Osaki.

Mientras estuve en el hospital no me encontré particularmente mal. Tenía apetito y descansé bien. Cuando volví a casa, sin embargo, me subió la fiebre de repente. Me sentí muy extraño desde por la tarde... No me puse el termómetro, pero creo que debía de andar por los treinta y ocho grados. Me quedé en cama. Lo pasé mal. Estuve así dos días enteros. Se me había quitado el apetito por completo. Ese día y el siguiente, el miércoles, estuve todo el tiempo tumbado. Lo atribuí al gas sarín.

A partir de la medianoche del miércoles empezó a bajarme la fiebre. Poco a poco me fui sintiendo mejor. No me pongo nunca enfermo y por eso mi familia se sorprendió. Me compraron bebidas reconstituyentes, se hicieron cargo de mí, insistieron para que volviese al hospital pero me negué. No me gustan esos sitios.

Más que las secuelas, mi principal temor era que los culpables de Aum siguiesen en libertad. Hay varios que lograron escapar y encima hay algunos que se acogen a su derecho a no testificar.

«Fue espantoso. De haber sido una guerra,
hubiera preferido que me matasen.»
SEITO HATSUSHIMA (59)

*El señor Hatsuhima nació en la ciudad de Utshunomiya, en la prefectura
de Tochigi. Nada más terminar el instituto empezó a trabajar en una asegura-
dora perteneciente a un antiguo daibatsu, uno de esos conglomerados empre-
sariales que se crearon en la era Meiji para potenciar la industrialización del
país. Además de escuchar sus circunstancias personales en el momento del atentado, también presté especial atención a los detalles de su trabajo en seguros.
Resultó muy interesante. Hablamos largo y tendido. Si tuviera que transcribir
toda nuestra charla, no tendría fin. No me queda más remedio, por tanto, que
hacer una síntesis.*

*Admite que de joven era muy callado, que le costaba expresarse de una for-
ma espontánea y que era incapaz de hablar en público. Sufrió mucho por ello.
Gracias a las exigencias del trabajo logró superar sus dificultades hasta trans-
formarse en un hombre que se expresa con facilidad. La entrevista resultó de lo
más fluida. Escuché su historia con mucho interés y el tiempo pasó volando.*

*Después de despedirnos pensé: «Su forma de hablar me recuerda a alguien.
¿A quién?». Al cabo de un rato caí: «A Michiyo Watanabe», el político también oriundo de Tochigi. De hecho, el señor Hatsushima me contó que cuando
toma un taxi suelen preguntarle: «¿Es usted cantante de naniwabushi?».*

*En el mes de marzo se prejubiló con sesenta años. En la actualidad colabo-
ra como consejero en una empresa auxiliar que pertenece a un gran conglo-
merado de seguros. Por su forma de hablar, por su actitud, se aprecia claramente su convicción del deber cumplido. Como la mayor parte de la gente que vivió
la época del crecimiento acelerado de la economía japonesa, ésta le pilló pletórico de fuerza y capacidad de trabajo.*

Tardo una hora y veinticinco minutos en llegar al trabajo. Voy desde Hasuda a Ueno y allí hago transbordo a la línea Hibiya, que va
siempre llena, aunque decir eso no expresa bien la realidad del tren.
Es horroroso, está tan atestado que ni siquiera queda un mínimo espacio donde agarrarse. Por si eso no fuera bastante, tengo que viajar

de pie cuarenta y tres minutos. Es muy duro. A lo largo del trayecto, el tren se llena cada vez más. En Omiya, Urawa y Akabane es frecuente que mucha gente ni siquiera pueda subir. El transbordo en Ueno también es una pesadilla. Lo peor de todo es la escalera de subida al vestíbulo. La gente se abalanza hasta allí, se amontona, se golpea sin ningún miramiento. Tardo unos siete minutos en llegar al pasillo que lleva a la línea Hibiya.

(El tren de la línea Hibiya que tomó el señor Hatsushima se detuvo unos minutos entre las estaciones de Akihabara y Kodenmacho. Finalmente pudo entrar en la estación de Kodenmacho.)

Tenía tiempo de sobra para llegar al trabajo, pero como nos habíamos quedado parados en mitad del túnel, me daba la impresión de que me retrasaría. A la empresa no le importa si me retraso, la verdad. De hecho, estoy seguro de que prefieren que no vaya tan temprano. *(Risas.)* En cualquier caso, no me gusta llegar tarde. Cerca de la estación de Kodenmacho hay una filial de la empresa. Decidí que iría allí para llamar a la oficina y explicarles la situación.

Yo iba en el primer vagón. Nada más llegar a la estación, me pareció ver a dos hombres que se peleaban en el andén más o menos a la altura del segundo vagón. Me fijé mejor. Más que pelear parecía como si uno de ellos tratase de detener al otro. A día de hoy sigo sin entender lo que pasó realmente porque apenas lo vi un instante antes de que el tren se detuviera.

La salida de la estación de Kodenmacho se encuentra a la altura del tercer vagón. No me quedó más remedio que caminar hasta allí. En el trayecto vi a una mujer en el suelo. Estaba tumbada con las piernas ligeramente encogidas. No tendría más de veintinueve o treinta años. Pensé que le había dado un ataque epiléptico. Alguien le había metido un pañuelo en la boca. Sentí lástima por ella. A su alrededor había varias personas en pie que la observaban. Más que ayudarla o hacerse cargo de ella, daba la impresión de que estaban allí porque no tenían nada mejor que hacer. Se limitaban a curiosear mientras la mujer sufría espasmos.

Seguí adelante. Cerca del tercer vagón había otra persona tirada en el suelo. En esta ocasión se trataba de un hombre. No estaría a más de cuatro o cinco metros de distancia de la mujer. Tendría unos treinta y cinco años como mucho y estaba tumbado de costado. Sin duda era un día muy extraño. Es lo único que se me ocurrió en ese momento. Avancé unos metros más y vi a otro hombre de unos cincuenta años también en el suelo. La tercera persona en tan pocos metros. Tenía el pelo canoso, su cara me resultaba conocida. Se parecía al director de la sucursal bancaria que queda enfrente de la estación. Me fijé atentamente para comprobar si era él de verdad. A su lado había un paquete cubierto con papeles de periódico que estaban completamente empapados. Tenían un aspecto pegajoso, como untados con pegamento blanco.

Continué hacia la salida. Noté un olor extraño. Quizás el viento arrastró el gas hasta concentrarlo en esa zona. Todos los que estaban a mi alrededor tosían. Era un olor a aceite quemado. En aquel momento no podía saber de qué se trataba. Salí de allí.

¿Había tres personas en el suelo? ¿No pensó que ocurría algo grave? Son demasiados para tratarse de una casualidad, ¿no cree?

La verdad es que no entendí bien lo que pasaba. Era la primera vez que veía algo así. Creo que los seres humanos no somos capaces de entender la causa de algo si no lo vemos con nuestros propios ojos. Tan sólo pensé: «¡Vaya! Esto está lleno hoy de epilépticos». Lo único que se me ocurrió fue atribuirlo a esa enfermedad. Mi imaginación no dio para más. Por muchos indicios que hubiera de que sucedía algo raro, lo cierto es que no supe interpretarlos.

Me picaba la garganta. No llegaba al extremo de dolerme, pero me provocaba una tos continua. La gente que me rodeaba también tosía. Todo el mundo se tapaba la boca con un pañuelo. Cuando salí a la calle, el cielo estaba de color rojo oscuro, la misma tonalidad del atardecer. Un ocaso en pleno amanecer. Me sorprendió mucho. «¿Qué pasa aquí?», me pregunté. Miré a mi alrededor y me asusté aún más. Había mucha gente tirada de cualquier manera en el suelo. Calculo que unas cien personas. Unos vomitaban, otros simplemente estaban quietos sin hacer nada.

Era incapaz de pensar con claridad. No entendía nada. Tenía la cabeza bloqueada. «Me da igual. Llegaré como sea a la oficina. No puedo quedarme aquí sentado. Aún puedo moverme, iré mientras aún pueda caminar. Si llego, todo irá bien», me dije para tratar de superar el miedo. Total, la oficina no se hallaba a más de dos o tres minutos a pie. Muy cerca.

Cuando llegué, todos mis compañeros estaban allí. Les expliqué que había ocurrido algo grave en el metro y que también me había afectado a mí. Les rogué que me dejasen descansar un poco. Me dolía la cabeza, los ojos, me sentía mal. El dolor era insoportable. Me tumbé en un sofá con una toalla fría en la frente. Media hora más tarde me enteré por la tele de que había sido un atentado con gas venenoso. Regresé a la estación de Kodenmacho acompañado por uno de mis compañeros. Pensé que lo mejor sería pedir a los equipos de emergencia que estaban allí desplegados que me llevasen al hospital en una ambulancia. Estaba convencido de que habría alguien que podría hacerse cargo de mí, pero al llegar comprobamos que ya se habían llevado a casi todas las víctimas. Me subieron a una ambulancia junto a unos empleados del metro. Eran los últimos que quedaban.

Cada vez me sentía peor. Tenía síntomas parecidos a los de la anemia, me sentía muy débil. Me costaba trabajo permanecer sentado. Pedí que me dejasen tumbarme y, a partir de ese momento, ya no pude levantarme.

Pasé dos noches en el hospital. Los ojos no dejaron de dolerme en todo el tiempo, y cuando los abría, era aún peor. Tumbado boca arriba estaba más o menos bien, pero al quedarme dormido y girarme hacia un lado, me dolían otra vez. Llamé a la enfermera y me los lavó con agua. Fue muy duro no poder estar tumbado con los ojos cerrados. Me ponía de pie y el dolor de cabeza era tan insoportable que ni siquiera podía dar cuatro pasos para ir al baño. El primer día me vi obligado a utilizar una cuña.

Me dieron el alta al tercero, a pesar de que seguía muy débil. Los valores de colinesterasa, sin embargo, se habían recuperado. Me pareció que lo mejor sería quedarme en casa tranquilo. En el hospital no me prescribieron ningún tratamiento especial.

Al fin y al cabo no me encontraba tan mal. Tomé un taxi. Estaba decidido a ir a trabajar al día siguiente. Soy muy estricto en ese sentido. Por la noche dormí a pierna suelta. Me levanté, me duché y, justo antes de salir por la puerta, me dio de nuevo jaqueca. Notaba un peso enorme sobre los hombros, empeoraba por momentos. No sé cómo explicárselo: tenía náuseas pero eso no era todo.

No tuve más remedio que volver a tumbarme. De esa manera me sentía algo aliviado. Me pasé todo el día así, y me vi obligado a permanecer en casa y faltar al trabajo. Cerré los ojos y tomé verdadera conciencia del terrible dolor que me atenazaba. Cuando podía, me entretenía un rato viendo los combates de sumo que daban por la tele. Es curioso, pero con la tele no me dolían tanto ni la cabeza ni los ojos. Los mantenía entreabiertos, la veía sin concentrarme demasiado. Sin embargo, me levantaba y en tan sólo diez segundos volvía a encontrarme muy mal, fatal para ser más preciso. Estuve así cuatro días enteros. Fue espantoso. De haber sido una guerra, hubiera preferido que me matasen. Con toda seguridad se me habrían quitado las ganas de luchar y me habría dejado morir. Hubiera preferido un disparo limpio. Está mal decirlo, pero el sarín es un gas con un poder terrible. *(Risas amargas.)*

El lunes siguiente volví al trabajo a pesar de que aún no me encontraba bien del todo. Regresé a casa antes de tiempo. Estuve así cinco o seis días. Me costaba un enorme esfuerzo desplazarme a la oficina.

Hoy en día el dolor se ha desvanecido y no tengo síntomas especialmente graves. Sólo de vez en cuando me pica un poco la garganta, aunque no sé si atribuirlo al sarín. Otras veces me siento débil, como si tuviera anemia. Son síntomas leves que no desaparecen del todo. Como ya tengo una edad, no sé si achacarlo al sarín o a los años.

Deberían condenar a Asahara a la pena capital. ¿En qué demonios estaba pensando ese tipo? No se puede perdonar a alguien así. No tengo ningunas ganas de ver el juicio que se sigue contra él. Si lo hago, me pongo furioso. Hay mucha gente que está en contra de la pena de muerte, pero a mí me gustaría que sintiera lo mismo que las víctimas. No están de acuerdo en condenar a los miembros de Aum, pero la ley es igual para todos. A mí me parece que esa gente no son humanos, no tienen sentimientos humanos. Honestamente le digo que me gustaría que acabasen enseguida con ellos.

«Después de salir del hospital no pude dormir
durante un mes.»
AKIHISA KANEKO (32)

El señor Kaneko nació en Koshigaya, en la prefectura de Saitama. Hace
cuatro años se casó y se mudo a Soka. Su nueva residencia supone para
él ahorrarse cinco estaciones de metro en su desplazamiento diario a Tokio.
En la época del atentado tenía la oficina en Ningyomachi. Trabaja en una
empresa de ofimática. Es técnico de mantenimiento de máquinas fotocopia-
doras y está a cargo de la zona de Kodenmacho y Bakurocho, donde se con-
centran un gran número de oficinas. Tiene a su cargo un total de unas cien-
to cincuenta máquinas, las suficientes para estar siempre de un sitio para
otro sin posibilidad de relajarse ni de soltar el móvil. Un trabajo que casi
no le deja un minuto libre. En un momento de la entrevista se rascó la ca-
beza y me confesó: «Le he asegurado a un cliente que iría esta misma tar-
de, pero aún no he tenido tiempo de aparecer por allí». Le agradezco mu-
cho el esfuerzo de buscarme un hueco. «Hay avisos que son un verdadero
fastidio. Me llaman, por ejemplo, porque no se enciende la fotocopiadora y
resulta que lo único que pasa es que ha saltado el diferencial o que no han
limpiado el cristal.» Reconozco que yo mismo podría ser uno de esos clien-
tes que llaman por nada, así que a partir de ahora tendré que estar más
atento.

En los rasgos de su cara se aprecia su carácter sociable. Él mismo asegu-
ra: «Soy más bien optimista por naturaleza, no suelo tomarme las cosas por
su lado negativo». Su amabilidad natural lo obligó a quedarse hasta el último
momento a cargo de un viajero que se había desplomado en el andén de la es-
tación de Kodenmacho. Como consecuencia de ello, él mismo sufrió graves se-
cuelas. Durante un mes casi no pudo conciliar el sueño. Para colmo, lo consi-
deraron sospechoso y su nombre apareció publicado en la prensa. Fue víctima de
un desagradable infortunio. Sin embargo, él prefiere verlo de otra manera: «Fui
muy afortunado porque estoy aquí a salvo».

El día del atentado cayó en lunes, ¿verdad? La semana anterior estuve de vacaciones con mi mujer en la isla de Guam. La empresa en

la que trabajo tiene la política de dar cinco días de vacaciones cada diez años a sus empleados con una paga extra de cien mil yenes. Había regresado justo el sábado anterior.

Parece una buena empresa.
Bueno, normalmente tenemos tanto trabajo que ni siquiera podemos pensar en las vacaciones. Tampoco pagan las horas extras, no se crea. Pero al menos disfrutamos de esos días en Guam. Nos levantábamos muy pronto para ir de compras, así que tampoco llegamos a descansar de verdad.

Volvimos el sábado. Descansé el domingo y el lunes vuelta al trabajo. Me gustaría decir que la semana de vacaciones me había infundido nuevos ánimos, pero la verdad es que no. *(Risas.)* Lo único que pensaba era: «¡Vaya! ¡Ya se han terminado las vacaciones!».

El 20 de marzo salí de casa por la mañana veinte minutos antes de lo normal. Creo recordar que hice el transbordo en Kita-senju pasadas las 7:50. Fui a trabajar antes porque llevaba algunos regalos para mis compañeros. Subirme a un tren en plena hora punta cargado de regalos me pareció una pésima idea, por eso decidí ir antes. El tren de la línea Hibiya a partir de la estación de Kita-senju va tan lleno que resulta indescriptible.

¿Los regalos? No eran más que pequeños detalles, de esos que se compran cuando uno va de viaje al extranjero. ¡Ah! Y carne seca. Al final, por culpa del atentado, la policía se quedó con todo. Lo llevaba metido en una bolsa. En la otra mano llevaba la cartera.

El tren se detuvo entre Akihabara y Kodenmacho. Anunciaron por megafonía que se había producido una explosión en la estación de Tsukiji, y que el servicio quedaba suspendido a partir de la estación de Kodenmacho. Poco después, el tren entró en la estación. Yo iba en el tercer vagón.

Cuando se abrió la puerta y bajé, vi justo delante de mí a una mujer sentada en uno de los asientos del andén. Estaba inclinada hacia delante. No pude ver su cara, pero era una chica joven. Había otra mujer a su lado que se hacía cargo de ella. Imaginé que había sufrido una lipotimia o algo por el estilo.

Caminé por el andén y vi a un hombre de mediana edad tumbado boca arriba. Tenía el mismo aspecto que la mayor parte de los trabajadores que viajan en metro a esas horas de la mañana. Pensé que había sufrido un ataque epiléptico. Había mucha gente a su alrededor. Alguien dijo que era un ataque. Si hubiera continuado sin más, no me habría pasado nada, pero el caso es que me detuve a observar. Había un bolígrafo y se lo coloqué en la boca para que no se tragara la lengua. También mi pañuelo.

¿El bolígrafo era suyo?

No. Recuerdo que me lo dio alguien. Se lo coloqué transversalmente para evitar que lo mordiera. Lo que no recuerdo bien es si primero le puse el pañuelo... En un principio había cinco personas a su alrededor, pero se fueron marchando y me quedé sólo con él. Se acercó un empleado de la estación para ver qué ocurría. Alguien le había pedido que llamase a una ambulancia, pero me contestó que no había disponibles. Lo dijo tan tranquilo, sin perder la calma en ningún momento por lo que estaba pasando. Se limitó a decir que no había. Nada más. No comprendí por qué actuaba así, ya que no sabía lo que estaba pasando. Nos quedamos junto a aquel hombre al menos diez minutos.

Cuando me quise dar cuenta, estaba yo solo. Era la hora de empezar a trabajar y, por si fuera poco, tenía que caminar hasta Ningyomachi. No me quedó más remedio que dejar allí al hombre. Sí, lo dejé tal cual estaba. El empleado del metro no había vuelto a aparecer.

No quedaba nadie en el andén, estaba completamente vacío. Al caminar tuve la impresión de que olía de forma extraña, algo raro que se adhería a la garganta y provocaba un picor en la nariz. Me pregunté: «¿Qué será eso?». Parecía desinfectante, lo recuerdo bien. Estoy seguro de que aún sería capaz de reconocerlo sin ningún problema. Sin embargo, no vi nada parecido a un paquete ni me percaté de que el suelo estuviera mojado. Cuando estaba a punto de atravesar el torniquete de la salida, me mareé. Por poco me desmayo, no fui capaz de sacar del bolsillo el billete del metro. Salí como pude sin preocuparme de nada más. Me sentía tan mal que lo único que quería era llegar a la calle lo antes posible. Me pregunto si me vio algún empleado del metro... No lo sé, la verdad.

La escalera estaba vacía, pero cerca del exterior me crucé con otras personas. Corrí cuanto pude, pero me tambaleaba y terminé por chocar con una mujer. «¡Eh, tenga más cuidado! ¡No empuje!», me recriminó.

Miré hacia arriba y al fin pude ver la luz del día. «¡Por fin, el cielo!» A partir de ahí, mi memoria se queda en blanco. La mujer que se quejó, el cielo azul, eso lo recuerdo bien pero nada más. Me llevaron al Hospital Universitario de Mujeres. Recuperé el conocimiento antes del mediodía, aunque mi estado era penoso. No entendía nada de lo que sucedía a mi alrededor. Mi mujer vino rápidamente. Al llegar me encontró grave y sin conocimiento. Me intubaron para que pudiera respirar.

Poco a poco recuperé la vista. Aun así, no entendía lo que pasaba. No sé por qué, pero creía que estaba en la aduana, supongo que porque acababa de regresar de Guam. Me sentía muy mal y no dejaban de preguntarme qué tal estaba. Pensé que me habían puesto en cuarentena. *(Risas.)*

Recuperé el conocimiento en la UCI. Miré a mi alrededor y no entendí lo que pasaba. Me habían colocado todo tipo de instrumentos en el cuerpo: suero, un tubo para respirar, sensores para un electrocardiograma... Nada más despertarme, mi mujer entró en la sala. Al tratarse de la UCI no queda más remedio que ponerse una bata, una máscara y un gorro. Yo estaba postrado en la cama y a ella se la veía muy saludable. ¿Qué había pasado? No entendía nada. Llegué a pensar que el avión que nos traía de Guam se había estrellado, que mi mujer había salido ilesa y yo no.

¿Quiere decir que todo lo ocurrido entre el viaje y el hospital se ha borrado de su memoria?

Exactamente. Los recuerdos de nuestro regreso a Japón, de cómo tomé el metro al lunes siguiente para ir al trabajo, todo ha desaparecido por completo. No me acordaba de nada, por eso lo primero que hice fue preguntarle a mi mujer: «¿Te encuentras bien?». Ella puso cara de extrañeza, no entendía mi reacción. *(Risas.)*

Estuve cuatro días en la UCI. Me sentía muy débil. No podía mover las manos ni las piernas. Tampoco veía gran cosa; todo estaba borroso. He oído que muchas víctimas empezaron a verlo todo oscuro debido a la contracción de las pupilas, pero en mi caso simplemente veía borroso.

Cuando estaba en el metro, no sentí ningún dolor. Simplemente me quedé dormido y me derrumbé. Si hubiera muerto, no me habría enterado de nada. Aun así, no llegué a experimentar ese momento previo a la muerte del que hablan. Me desplomé y basta. Dicen que cuando uno está a punto de morirse es capaz de verse a sí mismo desde fuera. Yo creo que no es verdad. Me dijeron que tenía convulsiones, que parecía sufrir mucho, pero como estaba inconsciente, no me di cuenta de nada.

Por casualidad en ese hospital tenían el antídoto para del sarín. Eso me salvó la vida. Mis valores de colinesterasa eran extremadamente bajos, aunque me recuperé bien gracias al tratamiento. Fue una suerte desmayarme cuando ya estaba a punto de salir a la calle. De haberlo hecho en el andén o dentro del recinto de la estación, es posible que no me hubieran trasladado al hospital tan rápido.

Después de dejar la UCI me trasladaron a otro hospital donde permanecí otros cuatro días. En total estuve ocho ingresado. En todo ese tiempo apenas dormí. Era incapaz de conciliar el sueño. Me quedaba adormilado y, de repente, sentía como si me cayera al vacío. Tenía mucho miedo, creía que el corazón se me iba a parar. A partir de ese momento me desvelaba. Me dolía mucho el pecho. Observaba el monitor del electro y veía las subidas y bajadas de la aguja. También me dolía la cabeza, pero, aparte de eso, nada más.

Recuperé la memoria poco a poco. Ese mismo día por la noche me acordé de que había salido de casa por la mañana con el abrigo puesto. Eran imágenes fragmentadas.

Después de salir del hospital no pude dormir durante un mes. En el hospital no lograba relajarme. Pensé que podría hacerlo cuando estuviera de vuelta en casa con mi familia, pero no fue tan fácil.

¿No pudo dormir durante un mes?

No, nada. Me metía en la cama y, a pesar de todos mis esfuerzos, no lo lograba. Padecí un insomnio terrible. Cada noche se repetía el mismo proceso: me obsesionaba la idea de no dormir y, cuando quería darme cuenta, ya era por la mañana. Aunque me quedase tumbado era incapaz de hacerlo. Pensaba que a la mañana siguiente iba a estar destrozado, pero no era así. Creo que ésa fue la principal diferencia con un insomnio normal. No tenía sueño en absoluto. Además, en el trabajo estaba tan liado que ni me quedaba tiempo para pensar en ello. Estuve así un mes entero. Puedo decir sin temor a exagerar que no pegué ojo en todo ese tiempo.

No había malestar físico, sólo me inquietaba no poder dormir. Al margen de eso, nada más. En mi caso, la única secuela evidente fue la falta de sueño. Es probable que después de todo fuera afortunado teniendo en cuenta lo mucho que me afectó el gas.

Quizá lo peor de todo fue el miedo. Cuando vuelvo a casa, la calle que queda enfrente está muy oscura. Me aterrorizaba pasar por allí. También me daba pánico la gente de Aum. Pensaba que me había convertido en su objetivo. Incluso me compré una porra de acero extensible, como las que usa la policía. La llevé conmigo durante un mes, pero terminé por dejarla en casa porque pesaba una barbaridad. *(Risas.)*

Si lo comparo con antes del atentado, soy consciente de que me agoto con facilidad, se me olvidan las cosas. Hay quien dice que es debido a la edad. No lo sé. En cualquier caso, no supone un verdadero impedimento para la vida cotidiana.

Lo que más me sorprendió fue que me citasen en la primera página del periódico. Decían que era sospechoso. La policía había llegado a esa conclusión porque subí la escalera a toda prisa, le di un empujón a una mujer y al final me desplomé. El titular decía: «Un sospechoso se derrumba en la estación de Kodenmacho». En un primer momento no caí en la cuenta, pero se referían a mí. También publicaban un comentario de mi madre que se mostraba muy enfadada: «Ha estado de vacaciones en el extranjero. Acababa de regresar y se dirigía al trabajo. Aun así le consideran sospechoso. ¡Es el colmo!». Cuando lo leí, supe que se trataba de mí.

Escribieron que llevaba gafas de sol. Cuando volví al trabajo, mis compañeros me preguntaron: «¿No traes las gafas?». ¿Quién sube al metro por la mañana con gafas de sol? *(Risas.)* El mundo está plagado de falsos rumores.

Comprendí que deberíamos haber disfrutado de las vacaciones un día más; tendría que haberlo planeado. Al fin y al cabo, era un domingo, y, de haberlo hecho, no habría sido víctima del sarín. Todo el mundo insiste que estoy sano y salvo, que fue una experiencia fuera de lo común, pero no se trata de eso.

De vez en cuando me da por pensar que, en realidad, ya he muerto una vez. Por eso creo que no tengo que dejarme ir, sino hacer las cosas con ánimo positivo.

«Tenía un negocio importante entre manos.
¿Por qué había de pasar algo así precisamente ese día?»
YOSHIO ONUMA (62)

El señor Onuma regenta una tienda al por mayor de quimonos en Kaki-
baracho, en Nihonbashi. Tiene el pelo blanco y lleva gafas. A primera vista da
la impresión de ser un hombre afable. No parece uno de esos tipos que hacen
negocios quitándose a sus competidores de en medio. Podría pasar perfectamen-
te por un profesor de historia de un instituto cualquiera.

Nació en Hikone, en la prefectura de Shiga. Gracias a la mediación de la
escuela donde estudió, entró a trabajar en una tienda al por mayor de quimo-
nos. Al parecer, Oumi, su provincia natal, formaba parte de una especie de
ruta del quimono que conectaba distintos lugares del país y que al final le llevó
a Tokio. En la tienda donde trabajó en la capital había treinta empleados, la
mayoría de ellos originarios de la prefectura de Shiga. Después de más de tres
décadas se independizó para montar su propio negocio.

Hay pocas mujeres que vistan actualmente con quimono, por lo que toda
la industria relacionada con estas prendas padece una profunda crisis. «Este
negocio ya no marcha», se lamenta con un suspiro. Las perspectivas no son muy
optimistas. Todos sus colegas han cambiado de ocupación. Quizás es su forma
de hablar, pero da la impresión de no estar demasiado animado.

Durante la entrevista se quejó amargamente de que, además de estar ya bas-
tante fastidiado, encima se había convertido en víctima del sarín... Cierto, quie-
nes viven de su propio negocio no tienen a nadie que los sustituya por muy mal
que se encuentren.

Nuestro sector aguantó más o menos en la época de la burbuja. El
punto álgido, de hecho, se alcanzó durante la crisis del petróleo. Por
aquel entonces se extendió el rumor de que ya no se iban a hacer más
quimonos. No tenía ningún fundamento, pero cundió el pánico. Las
tiendas acapararon todo el género que encontraron y todo el mundo
se lanzó a hacer pedidos. El rumor se originó en la región de Kansai.
Vino mucha gente de allí para comprar. Desde entonces el trabajo está
muy difícil.

Me puse a trabajar por mi cuenta con cincuenta años. Estaba a cargo de la administración de la empresa, pero se produjo una reestructuración y nos echaron a todos. Monté mi propio negocio con otros cinco compañeros que se encontraron en la misma situación. Lo fueron dejando sucesivamente y, al final, me quedé solo. El negocio no daba para tanta gente. No creo que vuelva la moda de los quimonos, la verdad. Es algo que deseamos todos, pero es más un sueño que otra cosa. Cada vez hay menos ocasiones en la vida cotidiana de vestir quimono. Además, quedan pocas mujeres que sepan vestirse.

Vivo en Shinkoiwa con mi mujer y una hija. Nuestra casa está a diez minutos a pie desde la estación. En total tenemos tres hijos, pero los otros dos se han independizado. La que queda en casa también trabaja; sin embargo, todavía no puedo permitirme el lujo de retirarme. De momento, al menos, disfruto de cierta holgura.

Tomo la línea Shobu de la JR hasta la estación de Akihabara. Allí hago transbordo a la línea Hibiya para ir hasta Ningyomachi. Normalmente trato de llegar a las nueve, pero aquel 20 de marzo salí una hora antes de lo normal. ¿Por qué? Porque por primera vez en mucho tiempo un cliente me hizo un pedido de tela con tintura especial. Lo tenía preparado y quería entregárselo ese mismo día, antes de cerrar el año fiscal. Mi cliente empieza a trabajar muy temprano. Se lo quería llevar antes de las diez de la mañana para que confirmase que todo estaba bien. El tintorero estaba en Nerima. Mi plan era pasar primero por la oficina, recoger al tintorero en Nerima e ir juntos a Itabashi.

En condiciones normales no me tomo la molestia de ir a ver a los clientes con el tintorero, pero era la primera vez que recibía un pedido de ese cliente y pensé que sería bueno de cara al futuro. Por eso salí de casa una hora antes de lo normal. Se trataba de un pedido importante y quizá podrían llegar más. Tenía que estar todo a gusto del cliente.

Cuando llego a la línea Hibiya siempre me subo en el primer vagón. El tren iba lleno, como de costumbre. Nada más salir de la estación de Akihabara, el convoy se detuvo. Anunciaron por megafonía que se había producido una explosión en Tsukiji. Dijeron que también había sucedido algo en Hatchobori. En cualquier caso, estuvimos mucho tiempo parados, calculo que entre diez y quince minutos. No podíamos continuar porque los trenes precedentes también estaban bloqueados.

Me impacienté. Tenía un negocio importante entre manos. ¿Por qué había de pasar algo así precisamente ese día? Poco después se produjo otro anuncio: «En cuanto desciendan los viajeros del tren detenido en la estación de Kodenmacho continuaremos. Este tren no presta servicio a partir de ahí. Rogamos a todos los pasajeros que se apeen». Por fin empezó a moverse. Tenía intención de caminar desde Kodenmacho hasta Suitengu-mae y desde allí tomar la línea Hanzomon, a pesar de que en ese trayecto podía tardar mucho; cada vez me impacientaba más. Tenía que apresurarme como fuera.

Cuando el tren llegó a la estación, reinaba una gran confusión. Los pasajeros del tren anterior seguían allí. Había un joven que alborotaba. Estaba junto a la pared. Lo vi por la ventanilla y me pregunté qué pasaba. Era una escena muy poco habitual. No paraba de gritar. Después me di cuenta de que sufría mucho. Otro hombre que parecía un compañero suyo —en realidad no estoy seguro de que lo fuera— trataba de calmarlo.

Como ya le he explicado antes, yo estaba en el primer vagón. La salida en Kodenmacho se encuentra por la parte de atrás. No me quedaba más remedio que recorrer todo el andén. Junto a un pilar, aproximadamente a la altura del tercer vagón por la parte delantera, había algo de este tamaño cubierto con papel de periódico. *(Muestra con las manos algo superior a un folio.)* El suelo y el papel estaban empapados. Pasé junto a aquella cosa y percibí un olor. Estoy seguro de que olía a algo como medicamento. Me lo han preguntado muchas veces, pero hasta entonces nunca había olido nada parecido. Me resulta difícil describirlo con palabras. No le puedo decir que se pareciera a algo conocido. En cualquier caso, no me preocupé. Simplemente era un olor que emanaba de aquel paquete.

Junto al torniquete de salida había gran cantidad de gente. Avanzábamos a duras penas. Mi única obsesión era salir de allí lo antes posible. Quizá por eso no me percaté de nada más. Tenía mucha prisa. No sé qué fue del joven que alborotaba. No volví a verlo. Subí las escaleras y llegué a la calle. Hablé con una persona que subía junto a mí: «¿Qué estará pasando?», le pregunté. Noté como si fuera a perder la conciencia. Estaba mareado. Fue algo pasajero y enseguida me recuperé. Encendí un cigarrillo y caminé junto a aquel desconocido.

Había mucha gente que se dirigía a Suitengu-mae. Caminábamos todos juntos. Desde Kodenmacho son más de diez minutos y el trayecto no me resultó especialmente penoso. Podía caminar sin problemas. Sin embargo, llegué a la tienda, abrí la puerta y, al entrar, descubrí que todo estaba muy oscuro. Era un día espléndido, no sabía a qué se debía esa oscuridad repentina. Parecía que llevase gafas de sol. Me fui al lavabo, hice unas gárgaras. No tengo costumbre de hacerlo, pero me sentía mal por aquel extraño olor.

De todos modos tenía que ir a recoger al tintorero. Como la línea Hanzomon funcionaba, se me ocurrió ir hasta Otemachi y de allí cambiar a la línea Marunouchi hasta Ikebukuro para volver a cambiar a la línea Seibu. Acostumbro a leer el periódico en el metro, pero me resultaba difícil hacerlo sumido en esa oscuridad. No quiero decir que no pudiera, simplemente que no veía bien. Pensé: «¡Qué raro!». Aparte de eso no noté nada más. Fui a la tintorería, recogí el pedido y me dirigí con el tintorero a Itabashi. Fuimos en su coche. Como estaba preocupado por lo que había presenciado un rato antes, le pedí que encendiese la radio. Las noticias ya hablaban del atentado. Me enteré de todos los detalles, pero ya que había llegado hasta allí, quería terminar mi trabajo. Ya tendría tiempo después de ir al hospital.

El cliente se preocupó mucho por mi estado. Insistió en que fuera enseguida al médico. No hablamos prácticamente nada del negocio. Le hice caso y me dirigí al hospital. Pasamos por Kinshicho y allí tomé el metro para ir al hospital de Bokuto. Nada más llegar, el doctor me examinó y concluyó que debía ingresar de inmediato. Estuve dos noches. No me dolía la cabeza ni nada. Dormía bien por la noche. Nunca había estado enfermo hasta ese momento. Mi tensión era normal. Ahora, sin embargo, se me entumece de vez en cuando la pierna izquierda. No sé si se debe al sarín, lo único de lo que estoy seguro es de que antes no me pasaba. También me lloran los ojos. Es posible que se deba a la edad, aunque nadie es capaz de determinar la causa exacta.

¿Algún daño psicológico? Bueno, me irrita mucho la situación del negocio, pero supongo que ése es otro problema. *(Risas.)* Si una persona que trabaja por su cuenta como yo ingresa tres días en el hospital, cuando sale se encuentra con un montón de cosas por hacer. Nadie puede hacerlas en su ausencia... Por si fuera poco, casi estábamos a fin de mes. Un verdadero desastre, vamos. Si al menos hubiera contado con cierto margen, la cosa no habría sido tan grave, pero estaba al límite de mis posibilidades. Quizá soy una persona poco afortunada o que no ha sabido hacer bien las cosas. *(Risas.)* Al menos el negocio de aquel día salió adelante. Es lo único que salió bien.

Siento una rabia inmensa hacia la gente de Aum y lo que más me molesta es que ahora traten de hacerse los inocentes. Estoy tan enfadado que no puedo expresarlo con palabras.

A los cincuenta y cinco años el señor Ishikura se jubiló de la empresa de toallas donde trabajaba y empezó en una de caucho situada en Ningyo-cho, al nordeste de Tokio.

Lo entrevisté en su casa, cerca de la estación de Tanizuka en la línea Tobu Isezaki, al noroeste de Tokio. Estaba extremadamente limpia, es decir, inmaculada. Se levanta a las tres y media de la madrugada, la limpia de arriba abajo, se da un baño y se va a trabajar. ¡Increíble!

No es que tenga un gusto especial por la limpieza, es que siempre ha querido hacer algo mejor que los demás y resulta que precisamente eso es lo que mejor se le da. Asegura que es impulsivo por naturaleza, que no piensa mucho las cosas antes de actuar, pero más bien aparenta ser un hombre constante con una fuerza de voluntad de acero.

No estaba en el andén ni en ninguno de los trenes en los que liberaron el gas sarín. Casualmente pasaba cerca de la estación de Kodenmacho cuando vio derrumbarse a una de las víctimas. Preocupado, entró en la estación para ver qué ocurría y fue en ese momento cuando se intoxicó. Un caso peculiar entre todas las demás víctimas. Aún hoy padece las secuelas de aquello.

El tren en el que viajaba se detuvo en Akihabara. No fui capaz de localizar el número de servicio que tenía asignado aquel día.

Nací un 20 de marzo, así que el día del atentado cumplía sesenta y cinco años. Nací en Ono, en la provincia de Fukui, en la costa norte de Japón, muy cerca del monasterio zen de Eiheiji. Mi familia tenía una granja, con seis o siete vacas lecheras. Las ordeñábamos todas las mañanas, procesábamos la leche y la embotellábamos. Luego la distribuíamos entre unas ochocientas casas de la ciudad y de los alrededores.

Yo era el tercero de siete hermanos. Mi hermano mayor entró con dieciséis años en una escuela militar del Ejército de Tierra. Fue entonces cuando empecé a ayudar con la leche. Mi responsabilidad fundamental era el reparto. Así estuve hasta acabar la escuela. Ordeñar era cosa de mis padres, porque era un trabajo duro. Había que levantarse a las cuatro de la madrugada y luego pasteurizar. A mí me despertaban a las cinco para que empezase con el reparto.

Hay que ordeñar a las vacas dos veces al día. En caso contrario, pueden sufrir una especie de mastitis. Eso nos impedía ir a ningún sitio en cualquier época del año; lloviera, nevara, cayeran chuzos, daba igual. Había que hacerse cargo de todo. Ni siquiera en Año Nuevo podíamos disfrutar de un día libre. Al menos, la leche era extraordinariamente buena. Ya no soy capaz de beber la leche que venden por ahí. Está muy aguada y me sienta mal. La que está recién ordeñada no sienta mal por mucho que bebas.

Que una familia sola se haga cargo de todo eso sin contar con la ayuda de nadie resulta muy duro. A mediodía nos echábamos la siesta hasta las dos. Luego íbamos a recoger el forraje para las vacas. Volvíamos sobre las siete y mi madre ya había ordeñado las vacas.

Para un niño como yo, trabajar e ir a la escuela era muy duro. A pesar de todo, no falté a clase un solo día. Mis padres no tenían tiempo de hacerse cargo de nosotros y nos decían que fuéramos a la escuela a jugar. Eran muy exigentes. Cuando comíamos, me regañaban por cualquier menudencia, por ejemplo, por cómo levantaba o dejaba los palillos sobre la mesa. Mi padre había estado en un regimiento de caballería y había sufrido en carne propia una buena ración de disciplina y castigos. Nunca me llevé bien con él. La razón principal por la que me marché de casa para instalarme en Tokio fue que nunca escuchaba mis razones. Para él yo no era más que un advenedizo. Mi hermano mayor estaba en el Ejército y, cuando lo destinaron a Manchuria, quise marcharme, pero no me dejaron. «Tu hermano ahora no está aquí, y si tú desapareces, ¿quién se hará cargo del negocio? Te quedarás aquí hasta que sepamos si está vivo o muerto.»

Al terminar la guerra lo enviaron a Tashkent, en Uzbekistán, como preso de guerra condenado a trabajos forzados. Tenía formación técnica y lo valoraban mucho como conductor de coches y tractores. Tardaron años en liberarlo y mandarlo de vuelta a casa, aunque parece ser que allí lo trataron mucho mejor que en Siberia. Ocho años después de que acabara la guerra, en 1953, finalmente regresó a Japón. No supimos si estaba vivo hasta que recibimos una carta suya en 1950.

Durante todo ese tiempo no pude marcharme de casa. Repartir leche. ¡Cómo lo odiaba! Crecía y lo único que podía hacer era romperme la espalda. Hacía mis rondas de reparto y me escondía de pura vergüenza cada vez que me cruzaba con una chica.

En cuanto nos enteramos de que mi hermano mayor estaba sano y salvo, mi padre me dijo: «Ahora ya puedes ir a donde quieras». Ya no me necesitaban más. Me marché directo a Tokio. Fue en 1951. Tenía veintiún años.

En realidad no había pensado qué iba a hacer en la capital. Grave error. Siempre igual: «Si no hubiera hecho esto, si no hubiera dicho lo de más allá», los reproches de siempre, pero tan pronto como se me ocurría algo, ¡bam!, tenía que hacerlo. Así que, ¡bam!, me marché a Tokio y, por pura casualidad, me encontré con un paisano que trabajaba para una empresa de toallas. Me propuso trabajar con él.

Me da vergüenza admitirlo, pero cuando me marché de casa, me llevé tres mil yenes de la leche. *(Risas.)* Tres mil yenes en aquella época eran una cantidad considerable. El billete de tren de Fukui a Ueno sólo costaba ochocientos. Era el dinero de una docena de familias. Simplemente me lo metí en el bolsillo y me largué.

Trabajé durante mucho tiempo en la empresa de toallas. Estaba en Nihonbashi. Me jubilé en 1984, lo cual suma treinta y tres años. Estaba en ventas. Salía a la calle a la búsqueda de pedidos.

¿Matrimonio? Sí, me casé el año en que prohibieron los barrios del placer, es decir, en... 1958, ¿no? Bueno, en realidad no sé exactamente cuándo fue. *(Risas.) (El borrador del acta contra la prostitución data de abril de 1957 y la ley fue aprobada el 10 de marzo de 1958.)* El día de las Fuerzas Armadas. Me casé ese día. Había vuelto a casa para pasar unos días y un vecino me dijo: «Tienes a esta chica. ¿Qué te parece?». «De acuerdo», le contesté yo. Sencillo y rápido. Me parecía que ya era momento de formar una familia, como el resto de la gente. Nos vimos por primera vez al día siguiente.

Mi padre estaba furioso. Conocía a la perfección mi naturaleza impulsiva. «De entre todas las cosas estúpidas que has hecho a lo largo de tu vida, ésta es sin duda la peor. ¡Casarte con alguien a quien no has visto nunca! Ni siquiera has tenido en cuenta el buen nombre de tu familia.» Nos enzarzamos en una buena bronca. Ahora lo pienso en retrospectiva y me doy cuenta de que tenía razón. Yo, como padre, cuando mi hija se casó, pensé exactamente lo mismo.

Así que al día siguiente nos encontramos. Apareció de repente. La verdad es que no pude ver bien su cara. Apenas hablamos. Sus padres se encargaron de todo y por mi parte lo hice todo yo. Sólo se dejó ver un momento. Intercambiamos saludos y se acabó. Me sirvieron sake. No vi nada que me gustara o me disgustara especialmente en ella. En aquella época era muy delgada. Supongo que me pareció guapa. Sólo pensé: «No está mal», pero a causa de la pelea con mi padre, aún tardamos seis meses en casarnos.

Compré la parcela donde construí mi casa en 1962. Me acuerdo bien porque fue el año en que murió mi padre. Después de casarnos vivíamos cerca del hipódromo de Chiba, en una casa de alquiler que era una caja de cerillas. Un cliente me ofreció la oportunidad de comprar una tierra barata y acepté. Mi primer hijo estaba a punto de entrar en el colegio y el segundo estaba en camino. Tenía ganas de vivir más holgado, por eso me decidí. En aquella época esta zona era barata. A nuestro alrededor sólo había casas de campesinos y campos de labor. Delante de la estación de Tanizuka no había ni una sola tienda, un panorama desolador. Lo bueno, sin embargo, es que la gente era encantadora y todo el mundo nos acogió muy bien.

Era una parcela de unos doscientos cincuenta metros cuadrados. La compré y el dinero que me faltaba para construir la casa se lo pedí a mis padres. Un millón de yenes. Mi sueldo entonces era de cuarenta y ocho mil yenes al mes. Tardé cinco años en devolverlo. Acabar la casa me salió en total por cuatro millones. Al cabo de unos años la reconstruimos por completo.

En fin, en cuanto al atentado. Aquel día me llevó más tiempo de lo normal llegar de Tanizuka hasta Kita-senju. El tren fue muy despacio durante todo el trayecto. Miraba a mi alrededor y no dejaba de preguntarme qué diablos estaba pasando. Cuando por fin llegamos a Kita-senju, anunciaron por megafonía que había tenido lugar una explosión de gas en Tsukiji y que todos los trenes sufrían retrasos. Más tarde anunciaron que había transportes alternativos. Quienes tuvieran prisa podían hacer uso de ellos. Yo no tenía, así que me quedé en el tren. Cambiar hubiera sido un verdadero problema. Disponía de tiempo de sobra antes de que abriera la oficina.

El tren estuvo parado en Kita-senju durante veinte minutos. Cuando se puso en marcha de nuevo, no dejaba de arrancar y parar todo el tiempo, como si se arrastrase a paso de tortuga. Se paró en Minami-senju y en Minowa, y las puertas se quedaron abiertas. De camino habían dicho algo sobre gente herida en Kasumigaseki. Obviamente aún no sabíamos nada sobre ningún gas venenoso, así que el hecho de que hablasen de heridos no significaba gran cosa.

Nos detuvimos en Ueno durante una eternidad. Hubo otro anuncio: «Este tren queda detenido por tiempo indefinido. Rogamos a los pasajeros que tengan prisa que tomen otro tren o alguno de los transportes alternativos a su disposición». En ese momento el tren ya estaba prácticamente vacío. Continuó hasta Akihabara y allí se detuvo de forma definitiva. «El servicio termina aquí», dijeron. Eran alrededor de las 8:30.

Decidí seguir a pie. Sólo hay dos estaciones desde Akihabara hasta Ningyo-cho. Sin embargo, cuando llegué a la zona de Kodenmacho, vi ambulancias y gente tirada por todas partes, incluso sobre el asfalto. «¿Qué pasa aquí?», me pregunté. Eché un vistazo desde la boca del metro, apenas bajé dos o tres escalones. Había gente tumbada. Parecían sufrir. Vi a un encargado de la estación que se había quitado la gorra de servicio y se agarraba la garganta con las dos manos. Gemía como si agonizara. También había un hombre de negocios que gritaba sin parar: «¡Mis ojos, mis ojos! ¡Hagan algo, por favor!». Nada de lo que veía tenía sentido.

De vuelta en la calle, junto al Banco Sanwa, en una especie de nicho del edificio, había una chica que ayudaba a un chico a incorporarse. Había dos o tres ambulancias (a todas luces insuficientes), cuerpos tendidos en el suelo por todas partes. Nadie estaba sentado, todos boca arriba, retorciéndose de dolor, tratando de desabrocharse las camisas o aflojarse las corbatas. También había gente que vomitaba. Me fijé en una chica que acababa de hacerlo; trataba de sacar un pañuelo del bolso para limpiarse la boca, pero ni siquiera era capaz de algo tan sencillo. Parecía avergonzada, trataba de esconder su rostro.

Todo el mundo sufría, se retorcía de dolor. No había forma de preguntar a nadie qué estaba pasando. Los bomberos se afanaban de aquí para allá con las camillas. No tenían tiempo de pararse a hablar con nadie.

Había una chica tirada sobre el asfalto que no dejaba de pedir ayuda. Me acerqué a ella y le pregunté qué le pasaba, pero no supo qué responderme. Sólo pudo decir que por favor llamase a alguien.

No vi a un solo policía, sólo bomberos con camillas de aquí para allá. Me hubiera gustado ayudar, pero no comprendía bien la situación. Decidí seguir mi camino. Fui por la avenida Ningyo-cho. Hacía bueno, aunque me parecía que todo se oscurecía, como si se estuviera nublando. Tenía calor. Empecé a sudar. Cuando llegué a la oficina, me dio la impresión de que el sol se había ocultado.

El interior del edificio estaba en penumbra. Encendí la televisión. Me sentía enfermo. Fui corriendo al baño y vomité hasta vaciarme por completo. En la tele empezaron a ofrecer las primeras noticias sobre el atentado. Mis compañeros de oficina sugirieron que, si me sentía tan mal, lo mejor sería acudir al médico. Fui al hospital más cercano. El médico dijo que se trataba de un simple resfriado. «Pero ha salido en la tele», repliqué yo. Por desgracia, las noticias de la NHK, la televisión pública japonesa, aún no habían dicho nada sobre el atentado. Me dio un par de aspirinas y me dijo que no me preocupase por la televisión. «Es sólo un resfriado. Si le sigue doliendo la cabeza, tómese otra pastilla a mediodía.»

¿También le dolía la cabeza?
La cabeza me dolía, es cierto, pero siempre tengo jaquecas, así que no presté demasiada atención. Volví a la oficina, me tomé las pastillas y lo vomité todo. Las arcadas no paraban, pero ya no me quedaba nada que echar.

En la tele pronto dieron más detalles sobre lo ocurrido. Dos personas habían muerto en Kodenmacho, habían llevado a unas ochenta víctimas al Hospital San Lucas. Llamé a la policía para preguntarles a qué hospital debía dirigirme. Me dijeron que al de Tajima, en Ryogoku.

Mi visión no se recuperó. Con el ojo izquierdo veía el sol completamente nublado, borroso, como si hubiera un eclipse. El día antes veía perfectamente y, desde entonces, tengo que llevar siempre gafas con protección ultravioleta. No puedo salir a la calle sin ellas y apenas puedo ver la televisión.

También me canso con mucha más facilidad. Carezco de energía en las piernas y en las articulaciones. Si tengo que estar de pie un rato, ya no me recupero. Los médicos aseguran que no es culpa del sarín, sino de la edad, pero ¿acaso envejece uno de un día para otro? A mí me parece muy extraño, qué quiere que le diga. Lo que pasa es que no tengo forma de demostrar que se debe al atentado.

¿Qué tal su memoria?
Mi mujer dice que he perdido mucha. Empiezo a hacer algo y al momento ya no me acuerdo de qué se trata; tampoco recuerdo dónde dejo las cosas. Mucha gente dice que desde el atentado me voy por las ramas. Empiezo a decir algo y en casa todo el mundo se escaquea. Antes ya me sucedía, lo reconozco, pero desde el atentado ha empeorado mucho. Por si fuera poco, bebo más. Antes tenía la costumbre de beber sake, pero últimamente me he aficionado al whisky. Bebo solo. No puedo dormir, así que bebo.

Me acuesto sobre las ocho y me levanto a las dos de la madrugada para ir al baño. Dormito más o menos hasta las tres y media y en ese intervalo sueño a menudo con lo mismo. Voy caminando y de repente choco con alguien. Pienso: «¡Pobre chico!», pero resulta que soy yo el que se ha caído. Me llevan al hospital, me encuentro con la persona que me ha hecho caer y se disculpa. El sueño se repite una y otra vez. Cuando me despierto, estoy empapado en sudor frío.

No lo diría en público, pero deseo que condenen a muerte a ese Asahara. A cualquiera que hiciera algo así lo condenaría a la pena de muerte sin más. Dicen que el juicio se va a alargar. Espero que lo ejecuten antes de que me muera. Sería absurdo que yo muriese antes que él.

«El empleado gritó varias veces: "Da igual lo que pase. ¡Salga de aquí como sea! ¡Salga!".»
ETSUKO SUGIMOTO (61)

La señora Sugimoto fue el último testimonio que recogí en esta larga serie de entrevistas. Nuestro encuentro se produjo la tarde de un 25 de diciembre en la cafetería de un hotel cercano a la estación de Hatchobori. En la cinta magnetofónica, se oye constantemente una música de fondo navideña.

Tiene una piel tersa y resplandeciente. Da la impresión de ser una mujer que rebosa salud y, desde luego, no aparenta su edad. Quizás influye su trabajo y la necesidad, que le exigen sus obligaciones, de estar activa. «No es que sea una mujer especialmente fuerte, pero nunca caigo enferma», asegura. Más que una mujer con un carácter optimista, me dio la impresión de ser directa y enemiga de los rodeos.

Trabaja en el metro como vendedora en una de las numerosas tiendas que hay repartidas por las distintas estaciones. Tiene un turno de mañana y uno de tarde que cambia cada semana. El de mañana empieza a las 6:30 y termina a las 15:30 de la tarde.

Desde su casa en Mushashino, tiene que ir hasta la estación de Naka-okachimachi (cuando se produjo el atentado trabajaba en la estación de Kodenmacho). Se despierta poco después de las 4 de la madrugada para llegar al primer tren, el de las 5:18. Obviamente, no dispone de margen para desayunar como es debido. En el trabajo tiene que estar de pie casi todo el día.

Sus tres hijos ya se han independizado. En total tiene cinco nietos y vive con la familia de su primogénito, que es profesor de secundaria. Hasta la muerte de su marido, propietario de una empresa, nunca tuvo necesidad de trabajar. A partir de entonces, su vida cambió y empezó a hacerlo por su cuenta. Ya lleva nueve años en su actual trabajo. «Si no trabajas, no comes», afirma con una sonrisa. Me dio la impresión de que, más que para ganarse la vida, lo hace porque se siente capaz y le resulta algo natural.

La tienda de la que era encargada en la estación de Kodenmacho está en el vestíbulo que hay que atravesar para dirigirse a Kita-senju, nada más pasar los torniquetes a la derecha, es decir, justo enfrente de donde se detuvo el tren que llevaba en su interior el sarín. A pesar de la distancia, los efluvios del gas llegaron hasta su tienda.

Lo primero que hago a las 6:30 de la mañana es abrir la persiana de la tienda. Lo siguiente es ordenar la prensa y el resto de los productos. Viene un hombre a ayudarme. Las revistas y los periódicos pesan tanto que no puedo manejarlos yo sola. A la hora de la comida viene otra persona para sustituirme. Aparte de eso, lo tengo que hacer todo yo. En las tiendas que se encuentran en estaciones más grandes a veces trabajan dos personas, pero en la de Kodenmacho sólo una.

Al principio hay poca gente. Entre las 8 y las 9 de la mañana es la hora punta, y el trabajo resulta demasiado para una sola persona. En la línea Hibiya hay mucho movimiento de pasajeros que suben y bajan. A menudo se producen peleas por cosas tontas, un pisotón, un empujón... No es raro que haya chicas víctimas de tocamientos.

El día 20 de marzo sonó la alarma de la estación sobre las 8:10, justo cuando estaba a punto de empezar la hora punta. Hizo un ruido estridente.

Me pregunté qué ocurría. Al momento llegó un empleado del metro que se puso a escribir algo en el tablón de anuncios de la estación: una explosión en la estación de Tsukiji. El servicio de la línea Hibiya quedaba suspendido. «Justo ahora que iban a empezar a venir clientes», pensé algo frustrada. Lo tenía todo preparado para el momento álgido de la jornada.

Lo único que podía hacer era sentarme a descansar un rato. Miré hacia el otro lado del andén. Había un tren detenido. Permaneció mucho tiempo allí con las puertas abiertas. Poco después se acercó un hombre a la tienda. Se tambaleaba como si estuviera borracho. Se apoyó contra una de las máquinas expendedoras de billetes. Un empleado del metro se acercó a él. Le preguntó: «Señor, ¿qué le ocurre? ¿Se encuentra usted bien?». El hombre no le dio una respuesta clara. Me extrañó. No es muy frecuente ver borrachos a esas horas de la mañana. Vestía un abrigo fino de color marrón. Llamaron a la policía para que se hiciera cargo de él. Nunca he sabido quién era. He llegado a pensar que era uno de los miembros de Aum.

A mi alrededor todo se fue oscureciendo poco a poco. Pregunté a un empleado del metro que pasaba en ese momento delante de la tienda: «Oiga, ¿están bajando la intensidad de la luz?». Nunca lo habían hecho, pero como soy una ingenua por naturaleza le pregunté por si acaso. El hombre reflexionó unos instantes antes de contestar. «Ahora que lo dice, sí, parece que está más oscuro de lo normal.» Mis pupilas ya habían empezado a contraerse.

Eché un vistazo al vestíbulo de la estación. En el andén de enfrente había pasajeros tumbados en el suelo. No dejaba de preguntarme qué estaba pasando. Era la primera vez en mi vida que veía algo así y no era capaz de encontrar una respuesta lógica. Sobrepasaba mi capacidad de comprensión.

De pronto, se acercó a toda prisa otro empleado del metro. Me gritó: «Señora, ¡salga de aquí!». «¿Por qué? ¿Qué sucede?», le pregunté yo. No entendía nada. El empleado gritó varias veces: «Da igual lo que pase. ¡Salga de aquí como sea! ¡Salga!».

Comprendí que se trataba de algo grave. Me levanté de un salto y mis piernas desfallecieron. Quizá fue de puro miedo, pero, más que eso, creo que fue uno de los síntomas del sarín. Lo había inhalado sin darme cuenta.

La tienda, sin embargo, no se puede cerrar así como así. Está todo colocado, hay muchos expositores que se encuentran fuera... Lo empujé todo hacia dentro, periódicos, revistas, todo. Cerré la persiana y subí por las escaleras tan rápido como pude para salir a la calle. Mis piernas casi no respondían, no dejaban de temblar. Empecé a toser. A mi lado había un encargado de la estación al que conocía. Tenía los ojos muy rojos, como yo.

Desde abajo no dejaban de subir a los pasajeros que se habían desmayado. Es una de las obligaciones del personal del metro. Por muy mal que se sientan, están obligados a socorrer a quien lo necesite. Por eso muchos de ellos resultaron gravemente afectados y tuvieron que ser ingresados. Hubo incluso un caso de parada cardiaca, pero lograron reanimarlo y salvar su vida.

Llamé desde una cabina de teléfono a la oficina de Hatchobori. Tenía que informarles lo antes posible de que me habían obligado a evacuar y de que no me había quedado más remedio que cerrar la tienda. Saltó el contestador. Por mucho que insistí, nadie me respondió. Lo único que pude hacer fue dejar un mensaje: «Soy Sugimoto de Kodenmacho. Debido a las circunstancias...».

Los pasajeros que habían salido a la calle estaban sentados y tumbados por todas partes. Yo me tambaleaba al andar. Apenas lograba mantenerme erguida. Llegaron dos hombres de mi empresa, me vieron y se acercaron a mí. Me explicaron que en la oficina de Hatchobori no se podía entrar. «Diríjase enseguida a la cafetería X, la que está encima de la estación. Es donde se está reuniendo todo el personal», me dijeron. Iban de estación en estación para asegurarse de que todos los empleados se encontraban a salvo y para darles instrucciones de cómo actuar.

Tomé un taxi y fui hasta Hatchobori. Entré en la cafetería y, nada más verme, un compañero dijo que tenía mal aspecto. «Te noto rara. ¿Te pasa algo en los ojos? Deberías buscar una ambulancia para ir al hospital», sugirió. Muy cerca de allí había varias. En ningún momento se me había ocurrido ir a un hospital. Seguía sin comprender lo que pasaba. Al final, subí a la ambulancia.

El Hospital San Lucas ya no daba abasto, por eso me llevaron al de Nagura, en Ochanomizu. Es un hospital especializado en tratamientos ortopédicos. Habían llamado a un especialista oftalmológico desde una clínica cercana para que se hiciera cargo de los pacientes. Me dijo que el diafragma de mis pupilas era de un milímetro. Las piernas no dejaban de temblarme, me dolía la cabeza, tosía sin parar. Me hicieron análisis de sangre, me explicaron que el valor de no sé qué *(el valor de la colinesterasa)* había descendido considerablemente.

Me pusieron varios tipos de suero, inyecciones. Me recomendaron que me quedase ingresada esa noche. Al menos me preguntaron mi opinión. Si no me quedaba más remedio que ingresar, prefería hacerlo en un hospital que estuviera cerca de casa. Se lo dije a los médicos y me marché. Tenía intención de volver a casa directamente, pero me di cuenta de que tenía que hacer transbordo a la línea Seibu en la estación de Takadanobaba, la que tiene tantas escaleras. No me sentí capaz. Cambié de idea y me decidí por la línea Chuo, la central. Iría a la cercana estación de Ochanomizu y desde allí a Fuchu, donde vive mi hija.

Cuando subí al metro ya eran las cinco de la tarde pasadas. Plena hora punta. Evidentemente, no encontré un sitio libre donde sentarme. Fue durísimo. Nunca había deseado tanto poder descansar un poco. Temblaba, tenía la impresión de que estaba a punto de caerme. Me sentía muy débil, con un gran cansancio en todo el cuerpo. Me sujetaba como podía al pasamanos y pensaba que me iba a morir. Estuve a punto de rogarle a una persona que viajaba sentada que tuviera la amabilidad de cederme el sitio, pero al final no le dije nada. Aguanté hasta Musashi-sakai.

En cuanto mi hija me vio dijo que me notaba muy rara. Enseguida me llevó al hospital de Anrin. De nuevo me hicieron análisis de sangre y descubrieron que el valor de esa cosa *(colinesterasa)* aún no se había recuperado. Me ingresaron.

Estuve tres días en el hospital. Cuando me dieron el alta, me quedé en casa otros cuatro o cinco días. Después, las cosas volvieron a la normalidad, aunque desde el atentado me canso con suma facilidad y se me olvidan las cosas. Mi hijo lo atribuye a la edad, pero yo no creo que sea por eso. Se trata de algo diferente. Hace poco hablé con un empleado del metro que también estaba en Kodenmacho el día del atentado y que estuvo ingresado durante un mes. Me contó que, desde entonces, no es capaz de memorizar nada. Le dije que a mí me sucedía lo mismo.

Se me olvida lo que tengo que hacer. Se me va todo de la cabeza. Nunca me había ocurrido. Alguien que no ha pasado por esa experiencia no es capaz de comprenderlo y lo atribuye a la edad.

Muchas víctimas del gas sarín me han contado lo mismo. Se quejan de que desde entonces han perdido memoria. En mi opinión, no creo que se deba exclusivamente a un problema a causa de la edad.

Por fortuna no es un impedimento para el trabajo. Recuerdo el precio de los productos y, cuando me piden varias cosas a la vez, soy capaz de calcular el total mentalmente. Mientras pueda seguir así, todo irá bien. Es lo único que me salva.

Por desgracia, no puedo leer como antes. Me gustaba mucho, pero desde aquel día no soy capaz de entender el orden lógico de los ideogramas. Por mucho que siga con los ojos los trazos, enseguida pierdo la concentración. Me agota. También dicen que es por la edad, pero yo lo dudo.

En el metro suena de vez en cuando la alarma de emergencia por alguna avería o un accidente que se ha producido en otra estación. Antes del atentado la escuchaba y pensaba: «¡Vaya! Una avería». No quiero decir que me dejase indiferente, pero no me preocupaba. Sin embargo, desde aquel día, cada vez que salta se me ponen los pelos de punta. Pensar que se puede repetir algo como lo del sarín me aterroriza. Es un cambio que he notado en mí desde entonces: suena la alarma y siento algo que no soy capaz de expresar.

«Fue un niño muy bueno que dio poco trabajo.»
KICHIRO WADA (64) Y SANAÉ WADA (60)
(padres de Eiji Wada)

Kichiro y Sanaé Wada viven en Shioda-daira, en pleno campo a las afueras de Ueda, cerca del balneario de aguas termales de Bessho. Cuando fui a verlos, ya caían las hojas del otoño, las colinas estaban teñidas de carmesí y oro, los manzanos en los huertos se doblaban por el peso de la fruta madura. Una estampa idílica de la montañosa prefectura de Nagano en plena época de cosecha.

La zona fue durante un tiempo un importante centro de producción de seda, con vastas extensiones de moreras cuyas hojas servían para alimentar a los gusanos. Después de la segunda guerra mundial, se arrancaron los árboles para transformar el campo en arrozales, lo que provocó un súbito colapso de la industria local. Últimamente hay exceso de producción de arroz y no pueden cultivar tanto como antes.

«La forma de hacer las cosas del Gobierno no tiene ningún sentido en un pueblo tan pequeño como el nuestro», asegura el señor Wada, resignado. Es un hombre de pocas palabras a pesar de que tiene mucho que decir. Su mujer Sanaé, al contrario, es el prototipo de madre afable y habladora.

Los Wada tienen alrededor de una hectárea dedicada al arroz, además de verduras y manzanos. Cuando regresé a Tokio, me dieron una cesta repleta de deliciosas manzanas frescas de su huerto.

Después de casarse, los Wada pudieron vivir exclusivamente del campo, pero los tiempos se complicaron y al señor Wada no le quedó más remedio que entrar a trabajar en una fábrica para llegar a fin de mes. A partir de ese momento sólo pudo ocuparse del campo en sus días libres. La doble carga de trabajo llegó a pesarle mucho. Cuando su hijo murió en el atentado, no pudo superar la pérdida y dejó su trabajo en la fábrica.

Le pregunté cómo había sido de niño su hijo Eiji. «Yo no tuve mucho que ver con su educación», me respondió. «Mejor pregúntele a mi mujer.» Cargaba con demasiada responsabilidad sobre sus hombros para ocuparse de los niños. Sea como fuere, me dio la clara impresión de que la muerte de su hijo le resultaba demasiado dolorosa para hablar de ello. «Fue un niño muy bueno que dio poco trabajo», repitió varias veces a lo largo de la entrevista. Eiji fue un joven fornido e independiente que nunca quiso causar preocupación a sus padres. No hasta que enviaron su cuerpo de vuelta a casa sin una sola explicación...

PADRE: Nací en 1932, me casé en 1961, mi hijo mayor nació en 1963 y Eiji en 1965. Mi mujer es de cerca de Ueda y su familia también se dedicaba al campo.

Al principio vivíamos sólo de la agricultura, pero cuando tenía cerca de cuarenta años, no me quedó más remedio que trabajar en la industria de la seda. En esta zona siempre ha habido una gran industria textil. Tienen que funcionar las veinticuatro horas, porque si se paran las máquinas, se enfrían y, al volver a ponerlas en marcha, aparecen irregularidades en los hilos. De ahí que existan tres turnos, lo cual resulta muy conveniente para hacerlo compatible con la agricultura.

El primer turno va de las cinco de la mañana a la una y media de la tarde. El segundo, de una y media a diez de la noche, y el tercero, de diez a cinco de la mañana. Cuando me tocaba el tercer turno, volvía a casa y dormía. Por la tarde me dedicaba un rato al campo. El mejor momento es el mediodía, pero, a decir verdad, resultaba agotador, especialmente en la temporada de cosecha. La mayoría de los trabajadores eran también agricultores, así que no había forma de pedir un día libre.

Trabajé veintidós años en la fábrica. Estaba tan ocupado que nunca tuve tiempo para dedicárselo a mis hijos. Sobre su infancia, es mejor que le pregunte a mi mujer.

MADRE: Eiji nació la madrugada del 1 de abril. Me di cuenta de que no iba a aguantar hasta la mañana, así que nos fuimos a casa de la comadrona antes del amanecer. Unas horas después di a luz.

Fue un parto sencillo. Pesó dos kilos setecientos; mientras que el mayor, más de tres y medio. Eiji era mucho más pequeño. Fue un parto natural. No hubo necesidad de llamar al médico. En hora y media había terminado todo. Con su hermano mayor, al contrario, supuso un auténtico suplicio.

A Eiji le daba el pecho, pero yo no tenía suficiente leche. Debía darle un suplemento pero lo vomitaba todo. Sólo quería leche materna. Un verdadero problema, sinceramente. A mi hijo mayor lo amamanté sin más.

Nos veíamos obligados a criar cabras para subsistir. Lo bueno es que hay verde por todas partes. Las ordeñaba, me bebía la leche y así tenía suficiente para darle el pecho a Eiji. Por eso creció tan sano, aunque siempre estuvo delgado y nunca llegó a ganar mucho peso. Nunca tuvimos que llevarle al hospital.

De niño repartía periódicos. Los de la tienda que recibían la prensa vinieron a pedir la ayuda de nuestros hijos. En realidad pensaban en el mayor, pero fue Eiji el que se hizo cargo. Tendría doce o trece años. Estuvo cuatro con el reparto sin faltar un solo día. Se despertaba a las seis de mañana y repartía el *Asahi* y el *Shinno* en las cuarenta casas que hay en el pueblo. Los periódicos le entregaban todos los años un diploma de honor. Ganaba su propio dinero y se compraba aeromodelos teledirigidos para montar. Siempre le gustaron las máquinas. Era muy hábil. Nosotros estábamos demasiado ocupados con el trabajo, por lo que fueron sus abuelos quienes se hicieron cargo de ellos. Ellos mismos hacían con sus propias manos todos los trabajos de la casa, y quizá de tanto observarlos aprendió por sí mismo.

Fue un niño que no requirió demasiados cuidados. Se tratara de lo que se tratara, siempre lo resolvía por sí mismo. Cuando le tocó ir a hacer la entrevista con Tabacos de Japón, le preguntamos si quería que alguno de nosotros le acompañase. Ya la pregunta en sí pareció molestarle: «¿Para qué va a venir nadie conmigo? Iré yo solo», dijo todo orgulloso. *(Risas.)* Recuerdo que cuando vivía solo le pregunté en alguna ocasión: «¿Quieres que vaya a limpiar la casa?». «Limpiar la casa es algo que puedo hacer sin ayuda.» En los últimos diez años únicamente fui a verlo en tres ocasiones: cuando se comprometió, cuando se casó y para traer de vuelta a casa su cuerpo.

Mi hijo mayor es mucho más tranquilo, pero Eiji era muy activo, un hombre extraordinario, de esos que lo resuelven todo por sí mismos. Incluso cocinaba. Supongo que por eso nunca tuvimos ningún problema al criarle; él lo decidía todo por sí mismo.

Cuando terminó el instituto, le dijimos: «¿Por qué no vas a la universidad?». Él respondió: «Lo que me gusta es la electricidad. Iré a una escuela de formación profesional. No hace falta que apunte más alto». Los dos hermanos ya habían hablado del asunto. El mayor le dijo: «A mí me gustaría hacerme cargo del campo y quedarme aquí». Eiji le respondió: «Yo no espero nada de este lugar. Me organizaré por mi cuenta, no te preocupes». Entre los dos decidieron su futuro.

El mayor quiso estudiar en la Universidad de Tokio, pero decía que le resultaba insoportable vivir en un lugar tan confuso y enloquecido, así que regresó para continuar con sus estudios en una escuela agrícola de aquí. Pero Eiji no. Él podía arreglárselas en cualquier parte. Se adaptó a la vida de la ciudad sin ningún problema.

Los hermanos tenían un carácter completamente distinto. A lo mejor por eso se llevaban bien. No se peleaban nunca. Yo estaba tan ocupada que no tenía tiempo de hacerme cargo de ellos y había delegado toda mi responsabilidad en los abuelos. Los bañaba y les hacía la cena, eso sí, pero después de que se durmieran debía alimentar a los gusanos de seda. Tenía el primer turno en la fábrica. Salía de casa a las cuatro y media de la mañana, por lo que casi nunca me vieron dormida. En un trabajo de redacción que le pidieron en la escuela, Eiji escribió que yo trabajaba sin dormir. *(Risas.)*

Nunca les regañé; nunca hicieron nada malo ni me molestaron. Tampoco yo los molesté a ellos ni les obligué a que estudiaran. Ellos lo hacían por voluntad propia sin necesidad de que nadie les empujara. No quiero enorgullecerme en exceso de ellos, pero Eiji, por ejemplo, siempre sacaba buenas notas y en matemáticas tenía todo diez.

Después de terminar sus estudios en 1983 entró a trabajar en Tabacos de Japón.

¿Eiji eligió por sí mismo hacer el examen para entrar en esa empresa?

El marido de mi hermana trabajaba allí. Cuando estaba a punto de jubilarse, nos dijo: «¿Por qué no viene Eiji a trabajar con nosotros?». Era la época en la que lo estaban automatizando todo. En la entrevista, Eiji les dijo: «Me gustaría trabajar aquí para aprender a manejar todos esos sistemas informáticos». Quizá por eso le dieron el trabajo, aunque le costó trabajo aprobar. Durante el periodo de formación en Nagaoka, se encontró con que el resto de sus compañeros eran casi todos licenciados universitarios. Sólo dos de los doce acababan de terminar el instituto.

Nos contó que en invierno, en Nagaoka, se acumulaba un metro de nieve y que le gustaría aprender a esquiar, pero necesitaba el equipo. Me preguntó si podía enviarle dinero. Lo hice. Fue así como se aficionó al esquí. Se pasaba el día esquiando. Fue precisamente en una pista de esquí donde conoció a Yoshiko.

Nagaoka quedaba lejos de casa, empezaba una nueva vida para él, pero no parecía sentirse solo. Tenía muchos amigos, ganaba dinero y podía disponer de él como quisiera. Por aquel entonces vivían con nosotros los abuelos, que ya estaban muy mayores. Vivieron muchos años, hasta los noventa y cinco y noventa y tres. Ocuparnos de ellos no nos dejaba mucho tiempo libre para estar tristes por nuestros hijos. Teníamos que ir a trabajar a la fábrica, dedicarnos al campo y hacernos cargo de los abuelos. Fue una época de mucho trabajo, pero nunca quisimos llevarlos a una residencia.

Cuando nos dijeron que había muerto, me quedé en blanco. Se oyen cosas sobre la gente que se queda en blanco y una no sabe qué pensar, pero realmente sucede. Hasta ese momento no tenía ni idea de en qué consistía. Cuando nos llamaron, no había nadie en casa. Llamaron de la empresa y de la comisaría de policía, pero todo el mundo se encontraba fuera. Yo estaba preparando el miso. Siempre lo hago en el mes de abril, pero como tenía que ir a ayudar para el nacimiento del niño de Eiji, lo adelanté todo un mes. Estaba muy ocupada. El 20 de abril estaba despejado. Hice la colada que tenía amontonada de varios días y salí a llevar a cabo varios recados. Mi marido había ido a terciar los manzanos del huerto. Como tenía la presión un poco alta, fui a la clínica a por unas medicinas. Por eso no había nadie en casa.

Fue mi hermana mayor quien me localizó. «Te he llamado mil veces. ¿No has visto la televisión?», me preguntó. A la vuelta de la clínica me paré a comprar unas flores. Era Higan, la fiesta del equinoccio de primavera y antes de ir a hacer la ofrenda al templo pasé un momento por casa. Fue entonces cuando sonó el teléfono. «¿Con este buen tiempo? ¿Por qué se supone que debería estar viendo la televisión? Si lloviera quizá, pero ahora estoy muy ocupada.» Ella me dijo: «Escucha atentamente y no te alarmes. Siéntate». Yo le contesté: «¿Que me siente? ¿Puedo saber qué pasa?». «En la televisión acaban de decir que Eiji ha muerto.» Fue en ese preciso instante cuando me quedé en blanco. Así es como sucedió. No puedo recordar nada más. Fue tan espantoso... Un golpe que borró de un plumazo todo lo demás.

Últimamente puedo recordar cosas del pasado. Mi suegra llevaba un diario. Ayer mismo lo sacamos y lo leímos. Nos trajo a la memoria otros tiempos. De repente, nos pareció que habíamos hecho bien conservándolo.

Un año antes de casarse, Eiji trajo a Yoshiko a casa para presentarla. Era pleno invierno. Eiji sólo volvía dos veces al año, para *Obon,* el día budista de difuntos, y en Año Nuevo. En esa ocasión, sin embargo, lo hizo en pleno invierno. Lo recuerdo bien porque acabábamos de terminar con los preparativos para la estación. Yoshiko no se quedó. Regresó a casa aquel mismo día.

Le pregunté si no sería mejor casarse con una chica de campo. «Si los dos fuerais de aquí, sería más fácil volver de vez en cuando.» Eiji se limitó a responder: «No. Una chica de campo no sería más que una molestia. Sé lo que hago. No te preocupes, madre, sé ocuparme de mí mismo».

No quería que viniera cada dos por tres con una nueva novia y lo vieran todos los vecinos. Lo único que le pedí es que si venía con una mujer, fuera con la que estaba seguro de querer casarse. Antes de que viniera con Yoshiko, me llamó para decirme que quería venir con la mujer con la que pretendía casarse. Me contó que era hija única. Eso me preocupó y le pregunté si no sería mejor una mujer con hermanos. Él dijo que mejor así para que no hubiera complicaciones. Después de todo, él la había elegido y yo no tenía nada que decir.

PADRE: A mí me pareció bien. Teníamos que dejar que eligiera por sí mismo, que viviera con ella si eso era lo que quería. Lo demás no importaba. Nadie tiene derecho a interferir en el matrimonio de nadie. Había que dejarlos a ellos dos solos. Eso es lo que dije.

MADRE: La boda se celebró en una iglesia de Aoyama. Fue una ceremonia sencilla. «No cabe mucha gente», nos advirtieron. Invitamos sólo a la familia más cercana. «Organizaremos otra ceremonia cuando volváis al campo», le propuse. Él me contestó: «Soy el segundo hijo. Mi hermano es quien va a conservar el apellido de la familia. Yo no sé si volveré aquí o no. No hay ninguna necesidad de organizar nada especial».
Nos enteramos de que Yoshiko estaba embarazada cuando vinieron en Año Nuevo. Ya había intuido algo cuando estuvieron a finales de agosto, porque sus mejillas no lucían tan saludables entonces. Se lo pregunté y ella me respondió: «Supongo. Podría ser».

PADRE: El 20 de marzo, como ya le ha dicho antes mi mujer, estaba terciando los manzanos desde por la mañana. Debía terminar antes de finales de marzo. Tenemos cuarenta en total.
Nuestro hijo mayor vive con nosotros, pero bajo otro techo. Las comidas y demás lo hacemos cada uno por nuestro lado. Él ya tiene a su mujer y a sus hijos. Si suena nuestro teléfono, es imposible oírlo desde allí. En esa época su mujer estaba embarazada y debía de haber ido a consulta por alguna razón.
Nuestro hijo mayor escuchaba por pura casualidad la radio en el trabajo cuando dijeron el nombre de Eiji Wada. Vino corriendo a casa. Había llamado un montón de veces, pero nadie atendía el teléfono. Se imaginó que estábamos en el campo. Mi mujer volvió antes que él.
También llamaron de la policía. La comisaría central se había puesto en contacto con la de nuestro pueblo para decirles que fueran a buscarnos. Así es como sucedieron las cosas. Justo cuando mi mujer estaba al teléfono apareció la policía.

MADRE: No quería que mi marido se enterase de lo que había sucedido y se derrumbase en el campo. Me acerqué al huerto y le dije que viniera a casa un segundo. Le dejé que contestara a la llamada de la comisaría central de policía. Puso cara de no entender nada. Me dijo: «Han llamado de la comisaría central de Tokio, pero no sé qué dicen. No sé si tengo que apuntar algo o no. Escribe tú adónde tenemos que ir». Al final, fue la policía local la que nos dijo adónde debíamos ir.

Un policía del pueblo nos contó que había ocurrido algo en el metro y Eiji se había desmayado, y que luego había muerto. Aún no sabían nada del sarín. Por mucho que nos dijeran, no podíamos hacernos una idea de lo que había pasado a menos que lo viéramos con nuestros propios ojos. Siempre cabía la posibilidad de que fuera una persona que tuviera su mismo nombre. Decidimos ir a Tokio.

Fuimos cuatro a Tokio. Mi marido, mi hijo mayor, el marido de mi hermana, el mismo que le había conseguido a Eiji el trabajo en Tabacos de Japón, y yo. Tomamos el tren que salía de Ueda a las dos de la tarde y llegamos a la estación de Ueno a las cinco. Aún era de día. Fue a recogernos una persona de la empresa de Eiji y nos llevó en taxi a la comisaría central. Nadie dijo una sola palabra en todo el trayecto, el silencio era absoluto. Nos metimos en el coche y permanecimos callados hasta que nos dijeron que habíamos llegado.

Su cuerpo ya no estaba en la comisaría. Lo habían mandado al Instituto Anatómico Forense de la Universidad de Tokio. Después de todo, no pudimos ver a nuestro Eiji aquel día. Nos alojaron en una casa de huéspedes propiedad de Tabacos de Japón. No pegué ojo en toda la noche. A las nueve de la mañana del día siguiente fuimos a la universidad y al fin pudimos verlo. Lo toqué sin pensar en nada más. Todos me gritaron.

¿Por qué razón tenía que saber yo que no podía tocarlo? No pude evitarlo. Era mi hijo. Yoshiko también lo había tocado y le habían gritado que no lo hiciera. Yo era su madre y estaba obligada a hacerlo para comprobar por mí misma que su cuerpo estaba frío antes de admitir que ya era demasiado tarde. Si no lo hubiera hecho, nunca me habría convencido plenamente.

Todo lo que tenía en mi mente desapareció. Era incapaz de comprender nada, pero me contuve, no lloré. Simplemente quedé reducida al estado de un pelele; mi cuerpo se movía pero nada más. Teníamos que enviarlo a encontrarse con Buda, ofrecerle un funeral. Cuando la cabeza se vacía, ni siquiera quedan lágrimas.

Es extraño. Sólo podía pensar en que teníamos que preparar los campos de arroz. Dos niños..., un nieto de camino, plantar el arroz, hacer esto y lo otro; mi mente funcionaba sin descanso, como si necesitara mantenerse ocupada.

Cuando me preparaba para trasplantar los plantones del arroz, apareció un equipo de la televisión...

PADRE: Yo no contesté a ninguna de las preguntas de los periodistas. Me enfurecí con ellos. Llegaron a seguirnos hasta el crematorio, hicieron fotos de la maternidad donde iba a dar a luz Yoshiko. Les rogué que se marcharan, pero daba igual lo que les dijera. No se iban de ninguna manera. Presionaron a los vecinos y éstos nos preguntaron qué debían hacer. Yo les pedí que no dijeran nada.

Sólo en una ocasión, mientras conducía el tractor y me pusieron un micrófono delante para preguntarme si quería hacer algún comentario, les dije: «Me gustaría que condenasen a la pena de muerte a esos asesinos por su crimen. Deberían enmendar la Constitución japonesa. Eso es todo. Ahora les ruego, por favor, que vuelvan a sus casas». No quería tener nada más que ver con esa gente y volví al campo. Una cadena de televisión instaló una cámara frente a nuestra casa y esperó a que regresara. Di media vuelta y entré por detrás. Había demasiada gente interesada por nosotros. Decían que escribían para revistas, periódicos, yo qué sé, para cualquier cosa.

Aguanté porque tenía que hacerme cargo del arroz y las demás cosas del campo, pero cuando todo estuvo terminado, me derrumbé. No podía dejar de pensar, no podía controlar mis pensamientos. Daba igual lo que hiciera: mi hijo había muerto y no iba a volver.

Sabía que no podía seguir así para siempre, pero no hay forma de olvidar. Cada vez que pienso en ello, la tristeza aflora de nuevo.

No soy un gran bebedor, pero me gusta el sake que hago. Cuando Eiji regresaba a casa, bebíamos juntos, el padre con sus dos hijos. Es un sake estupendo, mejor que ningún otro. Bebes un poco y la conversación se anima. A veces llegábamos a bebernos los casi dos litros de una botella de un *sho* en una tarde. Siempre hemos sido una familia unida y nunca discutíamos.

MADRE: Siempre fue un chico cariñoso. Cuando le dieron su primer salario nos regaló un par de relojes. Siempre que volvía a casa traía algo para los hijos de su hermano mayor. Le gustaban mucho los niños. Cuando se marchó a Estados Unidos y a Canadá por trabajo, volvió con regalos para todos. También para su hija a pesar de que aún no había nacido. Hace poco, Yoshiko vino con la niña. Asuka llevaba los pantalones que Eiji le había comprado en Estados Unidos. Se preocupaba por su hija antes de nacer. Quiero decir, estaba tan ilusionado con ella, y entonces... Pienso en cómo lo mataron esos desgraciados y me resulta insoportable.

PADRE: ¿Por qué no se empleó la policía a fondo para investigar el incidente Matsumoto? Si lo hubieran hecho, no habría ocurrido lo de Tokio. Sólo con que hubieran prestado más atención al caso...

MADRE: Su mujer y la niña están bien. Nos ha dado una nieta maravillosa. Intento pensar sólo en eso. Si me hubiera quedado aquí lamentándome, no la habría podido ayudar después del parto. Tuve que obligarme a mantener la cabeza erguida.

PADRE: Hay mucho trabajo por hacer en el campo, como siempre. Gracias a eso salimos adelante. En cuanto los plantones del arroz están listos es el momento de trasplantarlos. Una vez terminado, hay que injertar los manzanos para que polinicen... No nos queda tiempo para descansar. El trabajo no termina nunca. Al menos nos distrae y nos da ánimo para seguir. Trabajar así te agota físicamente, y cuando estás cansado te vas a la cama y duermes como un tronco. No tenemos tiempo para neurosis ni tranquilizantes. Así son las cosas para los campesinos.

«Siempre fue muy cariñoso. Incluso lo parecía más antes de morir.»
YOSHIKO WADA (31) (viuda de Eiji Wada)

La señora Wada estaba embarazada cuando murió su marido. Su hija, Asuka, nació poco después. Estuvo bajo el foco de la prensa japonesa durante mucho tiempo, por eso su cara resulta familiar. Antes de encontrarme con ella, di un repaso a todos los artículos que se habían publicado en revistas y periódicos, lo cual me ayudó a darme cuenta de la gran diferencia que había entre la persona que imaginaba y la real. Evidentemente, al enfrentar con la realidad la imagen que yo me había hecho de ella, y no pretendo culpar a nadie por ello, me hizo reflexionar sobre el modo en que trabajan los medios, cómo maquillan a su antojo todo cuanto quieren.

La Yoshiko Wada real que conocí, en contraposición a la inventada por los medios, era una mujer luminosa que se expresaba con exactitud e inteligencia. Con inteligencia quiero decir que elegía cada una de sus palabras con sumo cuidado, como si fueran decisiones trascendentales. No puedo saber cómo era su marido, pero si ella lo eligió como compañero es porque tenía que ser una buena persona.

Perderlo debió de ser terrible para ella. Dudo que alguien pueda recuperarse por completo de algo así. A pesar de todo, durante las tres horas que se prolongó nuestra conservación no perdió en ningún momento la compostura ni una sonrisa dejó de iluminar su cara. Fue muy abierta en sus respuestas, por muy delicadas que pudieran ser mis preguntas. Sólo la vencieron las lágrimas cuando llegamos al final. Quisiera disculparme con ella por haber llevado las cosas hasta ese extremo.

Vino a mi encuentro con su hija Asuka en los brazos. De igual manera se despidió de mí en la estación. Las calles estaban prácticamente desiertas debido al calor del verano. Cuando la vi alejarse, me pareció una más de las muchas amas de casa felices que viven en las afueras de las grandes ciudades. Mis palabras de despedida no fueron las más adecuadas: «Le deseo salud y felicidad», o algo por el estilo. Fui incapaz de pensar algo más apropiado. En ocasiones, las palabras son inútiles, pero como escritor son lo único que tengo. En el tren que me llevaba de vuelta a casa, pensé en muchas cosas. La señora Wada me había parecido una mujer típica de Yokohama. Si transcribiese literalmente sus palabras, puede que muchos lectores se sorprendieran por su forma de expresarse, típica de su ciudad. En realidad los matices de sus palabras mostraban una naturalidad y una suavidad muy elocuentes. También se intuía en ellas un tímido sentido del humor. Cuando escuché las cintas en las que grabé nuestra conversación, pude compartir su profundo dolor.

Nací en Kanagawa, al sudoeste de Tokio, pero nos mudamos a Yokohama, al sur, cuando estaba en la escuela. Desde entonces he vivido allí. Fui al colegio en Yokohama, trabajé en Yokohama, soy una chica de Yokohama. Me encanta la ciudad. El año pasado, cuando tuve a la niña, pasé mucho tiempo con mis suegros en Nagano. El aire es mucho más puro, fue estupendo, un cambio total de ambiente, pero cuando regresé, me sentí tan feliz que se me saltaron las lágrimas.

La mayor parte de mis amigos están aquí; amigos del instituto, del trabajo, del esquí, Nos conocemos desde hace más de diez años... Ellos me ayudaron mucho. Ahora están todos casados, pero seguimos muy unidos y de vez en cuando organizamos una barbacoa, vamos a jugar a los bolos, cosas así.

Cuando terminé el instituto, empecé a trabajar en una entidad financiera de crédito y ahorro. Lo dejé poco después de casarme. Vivía con mis padres. Soy hija única aunque eso no evitaba discusiones frecuentes, especialmente con mi padre. Siempre era por cosas absurdas: «¡Has dicho eso! ¡No, no lo he dicho!». *(Risas.)* Yo me comportaba de forma muy egoísta. Ahora vivo otra vez con mi padre y ya no discutimos nunca. En aquella época, sin embargo, teníamos peleas muy serias. Si encontraba un apartamento para vivir sola, él se disculpaba conmigo porque en realidad no quería que me marchase de casa *(risas)*, aunque debo reconocer que, por mi parte, había más amenaza que verdadera intención.

Conocí a mi marido en un viaje de esquí. Una compañera de trabajo tenía un novio que trabajaba para Tabacos de Japón y los invitó a venir en una ocasión. Fue en febrero de 1991, pero no recuerdo bien adónde fuimos. Quizás a Nagano.

A mi marido le encantaba esquiar. Yo empecé con veinte años. Nunca logré llegar a su nivel. A pesar de todo, iba a esquiar unas cinco veces por temporada. Mis padres no querían que fuera porque les parecía muy peligroso. *(Risas.)* Eran demasiado protectores. Viví bajo toque de queda hasta los veinticinco años, a las diez tenía que estar de vuelta. *(Risas.)*

¿Tenía que volver a casa a las diez?

Si volvía tarde, me encontraba con la puerta de casa cerrada a cal y canto, así que no me quedaba más remedio que ir a dormir a casa de algún amigo. Ahora soy consciente de que mi comportamiento dejaba mucho que desear. Comparados con los padres de mis amigos, los míos eran muy estrictos. Me siento mal cuando recuerdo aquello. Tengo una niña y entiendo que los enfados muchas veces están motivados por la preocupación. Mi madre quería tenerlo todo claro y por eso nos peleábamos mucho. Se enfadaba y mi padre intervenía. Siempre decía: «Estamos enfadados porque tú eres muy importante para nosotros y nos preocupamos por ti».

Por mucho que me lo explicaran, me seguían pareciendo muy pesados. Intentaré no ser igual con mi hija, pero supongo que al final me parezco a mi madre. De vez en cuando me doy cuenta de que me parezco a ella en la forma de hablar. Debo tener cuidado.

Mi madre falleció a causa de un cáncer de mama hace cuatro años. La metástasis le invadió todo el cuerpo. Mi padre dejó el trabajo para poder estar a su lado. Fue muy duro para él, lo sé, pero incluso entonces no dejamos de discutir un solo momento. Me arrepiento mucho de haberme comportado así. Lo bueno es que gracias a aquellas discusiones ahora nos llevamos bien. Él dice que he cambiado mucho, que me he suavizado. Quizá sea porque ya soy una adulta, aunque es probable que la razón principal sea Asuka. Miro a la niña y, aunque esté desesperada, tengo que sonreír.

Nos conocimos en la estación de esquí y me pidió el teléfono. No se lo di. No sé cómo lo consiguió, pero al final me llamó. Poco después empezamos a hablar todos los días y al cabo de un mes me invitó a esquiar. Fuimos seis en total, todos compañeros de mi marido. Yo era la única mujer. Esquiamos en la estación de Togari.

¿Cuál fue la primera impresión que le causó su marido?

La primera impresión no fue nada especial. No le encontré ningún encanto. Aparte de las gafas de esquiar llevaba otras graduadas. Intenté hablar con él en varias ocasiones sin demasiado éxito. «¿Qué le pasa a éste?», me preguntaba. Era tan antipático, estaba tan absorbido por el esquí que daba la impresión de que no quería que nadie le molestase. Era incapaz de relajarse si había esquí de por medio. Apenas hablaba.

Pero una tarde salimos a beber y cambió por completo. Quiero decir, se abrió e incluso se puso a gastar bromas. Descubrí a una persona completamente distinta. Estuvimos tres días en la estación y, aunque no llegamos a intimar, supongo que al final nos sentimos atraídos.

Para serle sincera, la primera vez que lo vi así pensé: «Podría llegar a salir con él, incluso casarme». Fue algo..., ¿cómo explicarlo? Intuición femenina. No pensé que hiciera falta darle mi número de teléfono. Pensé que si quería contactar conmigo, encontraría la manera. Estaba bastante segura de mí misma. *(Risas.)* Teníamos veintiséis años, bebíamos mucho, cerveza, whisky, sake, vino, lo que fuera. Nos gustaba pasárnoslo bien.

Después de aquel viaje nos vimos muchas veces. Como él vivía en una habitación de soltero en Kawaguchi, solíamos encontrarnos en el centro de Tokio. Íbamos al cine, paseábamos. Procurábamos vernos cada fin de semana y, cuando era posible, también entre semana. Sí. La verdad es que parecíamos hechos el uno para el otro, como si nos hubiera unido el destino. Nuestro cortejo duró un año. No me aburrí nunca.

Habló con mi padre de matrimonio antes incluso de decirme nada a mí: «Me gustaría pedirle permiso para salir con su hija con la intención de casarme con ella», le dijo. Él me gustaba mucho, pero pensar en ellos dos hablando de mí sin estar yo presente me sacó de quicio.

Nos casamos el mes de junio del año siguiente. Mi madre había muerto en febrero, estábamos de duelo, así que tuvimos que posponer la fecha hasta entonces. Supongo que quería ponerme el traje de novia y todo lo demás. Teníamos intención de vivir con mi padre en Yokohama después de la boda. No queríamos dejarle solo... Se le ocurrió a mi marido, a pesar de que eso suponía para él tener que desplazarse a diario desde Yokohama hasta Oji, dos horas por trayecto. Salía de casa a las seis de la mañana. Yo no dejaba de pelearme todo el tiempo con mi padre y era mi marido el que debía templar los ánimos entre nosotros. No lo tuvo fácil. Volvía a casa a las once o las doce de la noche muerto de cansancio.

Vivimos diez meses con mi padre antes de mudarnos a Kita-senju. Resulta que Tabacos de Japón tenía allí casas para los empleados, pero eso me dejaba a mí a una hora y media de distancia de mi trabajo en Yokohama. Después de un año de ir y venir estaba extenuada. Mi marido dijo: «¿Por qué te maltratas de esa manera? Haz lo que realmente te apetezca».

Así fue como me convertí en ama de casa. Aunque sólo duró un año, pero me alegro mucho de haber tenido la oportunidad de cuidar a mi marido. ¿Tres comidas al día y una siesta? No está nada mal, que quiere que le diga. *(Risas.)* Podía ver la tele todo cuanto quisiera. Hasta entonces nunca la había visto de día. Al principio estaba... ¡feliz! En el mes de julio del año siguiente me quedé embarazada. Kita-senju era un buen lugar para vivir. Había muchas tiendas cerca de la estación y la casa de la empresa era espaciosa. Además tenía amigos.

En noviembre de 1994 transfirieron a mi marido de Oji a la fábrica central en Shinagawa, cerca de Yokohama. Tenía que hacerse cargo de las obras en el nuevo edificio de las oficinas centrales que estaban construyendo en Toranomon, en el centro de Tokio, cuya finalización estaba prevista para abril de 1995. Él se ocupaba de las instalaciones de la construcción. Era especialista en montajes eléctricos, así que lo pusieron a cargo de los ascensores, de la iluminación y de los sistemas de aire acondicionado. Le aseguro que librarse del trabajo de oficina le hizo muy feliz.

Volvía a casa y me hablaba de cómo le había ido el día mientras se tomaba una cerveza. Era lo mejor de todo; escucharlo cuando hablaba de la empresa o de sus compañeros. Solía decir: «Hay un compañero que ha hecho esto o aquello. ¿Qué crees que debería hacer yo?». Le gustaba mucho bromear, pero en el trabajo se concentraba. Era una persona de fiar.

¿Tenía su marido alguna otra afición aparte del esquí?

No sé si hago bien en decírselo, pero le gustaba el pachinko. *(Risas.)* A pesar de que estaba muy liado, se buscaba ratos libres para ir a jugar un rato. ¿Si ganaba dinero con eso? No lo sé, la verdad. Iba para librarse del estrés. Los fines de semana dormía y luego se iba al pachinko. Nunca fuimos de viaje. No le gustaba viajar. Le gustaba el esquí; pero hacer turismo, no. En sus días libres le gustaba quedarse tranquilo en casa.

Cocinaba para él y se lo comía todo. Me gusta cocinar. No sé si lo hago bien o no, pero él estaba encantado, aunque por mucho que comiese no engordaba. Después de casarnos, incluso adelgazó. Medía un metro sesenta y cinco y apenas pesaba cincuenta kilos. Como era un buen esquiador estaba en forma. Siempre bromeaba con él: «Cuando te vean, todo el mundo pensará que no te doy más que comida basura».

Los dos queríamos niños. Tres para ser exactos, especialmente yo, quizá movida por el hecho de ser hija única. Cuando supe que estaba embarazada, fue la alegría de mi vida. Decidimos el nombre que le íbamos a poner a la niña antes de que naciera. Lo escuché en un sueño: corría y yo me precipitaba detrás de ella gritando su nombre. Yo no lo recuerdo, pero mi marido me dijo que en plena noche me puse a gritar: «¡Asuka! ¡Asuka!».

Casi nunca nos peleábamos, pero yo estuve muy irritable durante el embarazo. Me enfadaba con él por cualquier bobada y él se lo tomaba todo con calma. Solía reírse de todo. Siempre fue muy cariñoso. Incluso lo parecía más antes de morir. Si volvía a casa y no había preparado la cena, decía: «No te preocupes. Iré a comprar algo por ahí». Llegó a preguntar a sus compañeros de trabajo que ya tenían niños cómo debía tratar a una mujer embarazada. Se preocupaba mucho por mí. A veces tenía náuseas y sólo podía comer sándwiches o gelatina de pomelo. Él nunca se olvidó de traérmelos cuando volvía del trabajo.

El domingo 19 de marzo fuimos juntos de compras. Normalmente nunca lo hacíamos. Ahora que lo recuerdo, el viernes anterior al atentado no fue a trabajar. Creo que estaba agotado. Se levantó y me dijo que no quería ir. Yo deseaba que se quedase conmigo y le animé a ello. Se pasó todo el día dormido. El sábado acudió un rato a la oficina y al día siguiente por la tarde salimos juntos.

Por la mañana temprano llovía. Nos quedamos dormidos. A mediodía escampó. «Vamos de compras», le propuse. Por una vez contestó: «De acuerdo». Fuimos a comprar ropa para la niña, pañales y cosas así. Yo ya tenía la tripa muy grande y me costaba trabajo caminar, pero el médico insistía en que me moviera. Al volver a casa le di dos mil yenes para que se fuera un rato al pachinko. Normalmente siempre me quejaba si iba. Cuando regresó a casa, le pregunté si había ganado algo. Dijo que no. Creo que se fue a eso de las cinco y volvió sobre las siete y media.

Salimos a cenar. Se moría de ganas de ir a trabajar al día siguiente. Se había tomado libre el viernes, pero se acercaba el 1 de abril, la fecha en la que debía finalizar la obra y tenerlo todo preparado, y que ocupaba sus pensamientos. Aquel lunes iban a celebrar algo. Estaba impaciente.

Tomaba la línea Hibiya y se bajaba siempre en Kasumigaseki para ir a la oficina, que estaba en Toranomon. Normalmente se levantaba a las 7 y salía de casa a las 7:30. Aquel día me levanté muy pronto, a las 5:30 de la mañana. En general, no me daba tiempo de prepararle el desayuno, pero la noche anterior me había dicho: «No estaría mal que me mimases un poco y alguna vez me preparases un desayuno de verdad». «Bueno, si eso es lo que quiere, lo haré», me dije a mí misma.

Hice todo lo que pude para prepararle algo rico. Parecía necesitar un poco de cariño.

Yo nunca he sido madrugadora y suelo olvidarme de desayunar. A él tampoco le gustaba levantarse pronto y al final siempre decía: «Da igual». Saltaba de la cama en el último minuto y salía de casa con un tentempié para el trayecto hasta el trabajo. Aquella mañana, sin embargo, puse dos despertadores, me levanté muy temprano llena de energía; le preparé tostadas, café, huevos fritos y salchichas. Estaba tan feliz que gritó: «¡Guau! ¡Desayuno!».

Creo que tuvo una premonición. Después de desayunar me dijo: «Si alguna vez me ocurre algo, ya sabes que tienes que resistir y luchar». Lo dijo como si nada, me pilló completamente desprevenida. Le pregunté: «¿Por qué dices eso?».

Resulta que en la nueva oficina iban a instaurar un sistema de turnos de trabajo y tendría que dormir fuera de casa dos noches. Algunos días ya no podría volver y quería estar seguro de que era capaz de arreglármelas yo sola. De todos modos, si tenía que pasar dos noches fuera, eso quería decir que tendría tres días libres que podría aprovechar para estar con el bebé. Era una perspectiva maravillosa.

Salió de casa a las 7:30. Tengo entendido que tomó el tren de la línea Hibiya procedente de Kita-senju a las 7:37. Me despedí de él, fregué las cosas del desayuno, me entretuve un rato con esto y aquello y me senté a ver un programa matutino. En la tele aparecieron unos subtítulos en los que informaban de un incidente en la estación de Tsukiji. No me preocupé, porque creía recordar que me había dicho que iba a tomar la línea Marunouchi.

A las 9:30 me llamaron de la empresa: «Al parecer se ha visto atrapado en todo ese lío», me dijeron. Al cabo de un rato llamaron de nuevo: «Le han llevado al Hospital de Nakajima. Le daremos todos los detalles para que pueda ponerse en contacto con él directamente». Llamé de inmediato, pero en el hospital reinaba una confusión total: «Ni siquiera podemos decirle quiénes están aquí ingresados», me dijeron antes de colgar. No me quedaba más remedio que ser paciente y esperar.

Justo antes de las 10 volvieron a llamar: «Su marido está grave. Venga al hospital lo antes posible». Estaba a punto de salir de casa cuando sonó de nuevo el teléfono: «Lamento comunicarle que su marido acaba de fallecer». Creo que fue su jefe el que llamó. No dejaba de repetir: «Mantenga la calma señora Wada, mantenga la calma».

Cuando salí de casa, estaba tan aturdida que no tenía ni idea de adónde ir. Ni siquiera sabía cuál era la línea de metro que debía tomar.

Ni la de Hibiya ni la Marunouchi prestaban servicio. Me dirigí a la parada de taxis que hay junto a la estación. Había unas cincuenta personas haciendo cola. No me pareció buena idea esperar allí. Fui a una empresa de taxis cercana. Todos los coches estaban de servicio. Llamaron por radio; esperé y esperé pero no llegó ninguno. Por suerte, el hombre que me atendía vio un taxi libre al otro lado de la calle y lo llamó para mí.

Cuando llegué al hospital, ya habían mandado el cuerpo a la comisaría central en Nihonbashi. Tomé otro taxi hasta allí. Había un atasco enorme por culpa de un accidente en la autopista. Salimos de Kitasenju a las 10:10 y llegamos a la comisaría alrededor de las 11:30. En el taxi escuché el nombre de mi marido. El conductor escuchaba las noticias; leían el nombre de los fallecidos. «Es él», dije, «mi marido ha muerto.» El taxista me preguntó si quería que apagase la radio. «No», contesté, «quiero saber qué ha pasado.»

Aquella hora en el taxi fue una auténtica tortura. El corazón me latía tan fuerte que pensaba que se me iba a salir por la boca. Pensé: «¿Qué hago si el bebé nace ahora?». Pero también pensé: «No puedo estar segura hasta que vea su cara. No lo creeré hasta que lo vea con mis propios ojos. Es imposible que haya sucedido una cosa así. Debe de tratarse de un error. ¿Por qué tiene que ser precisamente mi marido el que ha muerto?». Todos esos pensamientos me martirizaban. «No pienso llorar hasta estar segura...» No era más que esperanza contra la desesperanza.

Le estaban haciendo la autopsia y no pude verlo hasta las 13:30. No me quedó más remedio que ponerme a dar vueltas por la comisaría. El teléfono no dejaba de sonar, todo el mundo corría presa del pánico. Reinaba una confusión total. El jefe de mi marido y un oficial de policía me explicaron lo ocurrido, aunque en ese momento aún había muchos detalles sin aclarar. Tan sólo me ofrecieron una somera explicación: «Ha inhalado algún tipo de sustancia y eso es lo que le ha matado».

Llamé a mi padre: «Ven inmediatamente», le dije. En cuanto apareció y vi su cara, no pude contener las lágrimas por más tiempo. Los padres de mi marido se dedican al campo. Si hace bueno, están siempre fuera de casa, por eso no pude contactar con ellos. El jefe de mi marido seguía tratando de comunicarse con ellos, pero nadie respondía al teléfono. Quería ver a mi suegra lo antes posible. Me quedé allí sentada, incapaz de hablar, sin dejar de preguntarme qué hacía yo allí. Los policías me preguntaban cosas y yo sólo podía asentir.

Finalmente pude verlo. Me llevaron a la morgue que estaba en el entresuelo. La comisaría se encontraba en el primer piso. Allí es donde lo vi, en una habitación de apenas dos tatamis de superficie. Lo habían tumbado en el suelo y cubierto con una sábana blanca. Estaba completamente desnudo, cubierto con una sábana blanca. «No lo toque», me advirtieron. «No se acerque.» Había algo nocivo en su cuerpo que con sólo tocarlo podía llegar a traspasar mi piel.

Pero antes de que me lo pudieran impedir yo lo toqué. Su cuerpo aún estaba caliente. Tenía manchas de sangre en los labios, parecían postillas, como si él mismo se hubiera mordido. También tenía heridas en las orejas y en la nariz. Sus ojos estaban cerrados. No tenía un gesto de sufrimiento, pero aquellas cicatrices, esos restos de sangre, parecía tan doloroso...

No me dejaron quedarme mucho tiempo porque era peligroso. Quizás un minuto como mucho... No, ni siquiera llegó al minuto. «¿Por qué ha tenido que morir?», pregunté. «¿Por qué has tenido que dejarme aquí sola?» Me derrumbé.

A las 16:30 llevaron el cuerpo al Departamento de Medicina Legal de la Universidad de Tokio. Mi padre trataba de darme ánimos, pero yo apenas escuchaba sus palabras. No podía hacer nada, no podía pensar en nada. «¿Qué va a ser de mí? ¿Qué va a ser de mí?» Eso era todo lo que podía pensar.

Al día siguiente tuve oportunidad de darle el último adiós en la Universidad de Tokio. Tampoco me dejaron tocarlo, ni siquiera a su madre, que había venido desde Nagano. Sólo pudimos mirarlo. No me podía creer que lo hubieran tenido toda la noche en un lugar tan solitario como aquél. Incluso la comisaría hubiera resultado más apropiada. Sus padres vinieron a Tokio a toda prisa y ni siquiera pudieron ver el cuerpo de su hijo Eiji en la comisaría. Fue muy cruel.

Mi cuñado acompañó en otro coche al que se llevó su cuerpo a Nagano. Los demás fuimos en tren. Lloré todo el trayecto. Me decía a mí misma que debía controlarme. Hice lo que pude en el funeral, pero después me dio todo igual. Mis suegros aguantaban como podían y yo debería haber hecho lo mismo. Como dicen ellos, a Buda no le gustan las lágrimas. Sin embargo, yo no podía...

El bebé se movía dentro de mí. En cuanto empezaba a llorar, se daba la vuelta. Después del funeral, mi tripa empezó a bajar. Todo el mundo se preocupaba mucho por mí. Decían que después de un gran disgusto los nacimientos se aceleraban.

Coloqué una foto de mi marido en el altar que había junto a la cama en la habitación donde di a luz. Eso me dio fuerza. El marido de la mujer con la que compartía habitación no había podido ir. Si lo hubiera hecho, me habría derrumbado. Mi suegra y la madre de un amigo de mi marido estuvieron conmigo en todo momento.

El parto duró trece horas. «Es normal», decían. «¿Esto es normal?», me preguntaba yo. *(Risas.)* El bebé pesó tres kilos, más de lo que esperaban. Durante el parto estaba tan preocupada que me olvidé por completo de mi marido. Fue muy doloroso. Estuve a punto de desmayarme, pero mi suegra entró en el paritorio y me dio un golpecito en las mejillas: «¡Resiste! ¡Resiste!». Me lo contó después. Yo no lo recuerdo.

Cuando todo terminó, me encontraba tan cansada que lo único que quería era dormir. Puede que la mayoría de las mujeres piensen: «¡Qué maravilla!» o «¡Qué bebé tan precioso he tenido!», pero no era mi caso.

Me costó mucho recuperarme después de dar a luz. Mi suegra se ocupó de todo. Se hizo cargo de Asuka. Yo había perdido a mi madre y mi padre no tenía la más mínima idea de qué hacer con un recién nacido. Mi suegra y mi cuñada, en cambio, eran auténticas veteranas. Mi suegra había ayudado a la mujer de mi cuñado con sus hijos. Me sentí como en un crucero de lujo. Si hubiera tenido que hacerme cargo yo sola, me habría vuelto loca. Eso es lo bueno de las familias grandes.

El hermano de Eiji tenía dos hijos (tuvo al tercero un poco después de que naciera mi hija). Cada vez que me veían sollozar se acercaban preocupados y me preguntaban: «Tía, ¿estás bien?» o «¿Es porque Eiji está muerto?». No puedo llorar si hay niños alrededor. Ellos son mi gran consuelo.

Volví a Yokohama en septiembre, después de pasar seis meses con mi familia política. Prácticamente se había convertido en mi segunda casa *(risas)*, y aún voy muy a menudo. Lo disfruto mucho. Todo el mundo me acoge muy bien. Además allí está la tumba de mi marido.

Al cabo de un año pude superar un poco las cosas. Poco a poco voy comprendiendo que ya no está junto a mí... Mi marido solía viajar a Estados Unidos por negocios y se quedaba allí dos o tres meses. En cierto sentido puedo decir que estaba acostumbrada a su ausencia. Después de su muerte, pensaba de vez en cuando: «¡Ah, claro! Otra vez en uno de esos viajes». Era una sensación extraña que se repitió a lo largo de todo el año. Tenía la impresión de que iba a entrar por la puerta en cualquier momento y gritar: «¡Ya estoy aquí!». A veces me despertaba por la mañana y pensaba que estaba de viaje, pero entonces veía su foto en el altar. Una parte de mí era incapaz de aceptar lo que había pasado, me parecía vivir en una especie de limbo entre la realidad y la fantasía. No podía dejar de pensar que iba a volver, incluso cuando visitaba su tumba. Ahora, un año después, tengo las cosas mucho más claras: «Está muerto». Soy capaz de decírmelo a mí misma.

Al principio, lo más duro fue salir de paseo y ver a otros padres con sus hijos a hombros. Me resultaba insoportable, como cuando escuchaba por casualidad la conversación de una pareja joven... Deseaba con todas mis fuerzas no estar allí, desaparecer.

Leí todo lo que escribieron sobre mí en los periódicos, pero nunca publicaron una sola palabra sobre lo que de verdad importa. Por una u otra razón, no recuerdo, fui a la televisión en una ocasión. El productor del programa me dijo que habían recibido muchas llamadas y cartas, pero no me enviaron ninguna. ¡Qué asunto más feo! *(Risas.)* No quiero volver a salir nunca más en televisión. Jamás. Simplemente no dicen la verdad. Fui con la esperanza de contar un poco la verdad, pero ellos tenían su propia agenda de prioridades. No se molestaron en enseñar lo que en realidad quise decir. Por ejemplo, cuando desapareció ese abogado, Sakamoto. Si la policía de Kanagawa hubiera investigado a fondo, como se supone que debían hacer, el atentado no se habría producido nunca. Nos habríamos ahorrado un montón de vidas y sufrimientos. Eso es lo que yo quería decir, pero lo cortaron todo. Cuando les pregunté por qué, me respondieron que los anunciantes les amenazaban con retirarse si lo emitían. Lo mismo sucedió con los periódicos y las revistas.

Cuando llegamos con el ataúd a Nagano, nos encontramos con un montón de equipos de televisión con sus cámaras preparadas. ¡Unos auténticos buitres! Al regresar a Yokohama todo el mundo lo sabía todo de mí. Caminaba por la calle y la gente me señalaba: «¡Mira! Es la viuda del gas sarín». Sentía un cosquilleo por la espalda, como si me apuñalaran. No podía soportarlo. Acabé por mudarme.

La primera vez que entré en la oficina del fiscal para una audiencia previa al juicio, escuché el testimonio de una persona que había ayudado a sacar a mi marido de la estación. También testificaron los trabajadores del metro que estaban allí presentes. El fiscal me preguntó si quería saber cómo murió mi marido. «Por supuesto», le respondí. Leyeron todos los testimonios. «¿Cómo? ¿Sufrió tanto? ¿Tuvo que soportar semejante agonía?» En ese momento me hubiera gustado hacerle al asesino de mi marido lo mismo que había hecho él. ¿Por qué lo mantenían con vida? Cuanto antes lo condenasen a la pena capital, mejor para todos. Eso es lo que sentí y es lo que sigo sintiendo. Todo el procedimiento legal me irrita. ¿Qué razón podía tener alguien para matar a mi marido? ¿Qué se supone que debo hacer con este sufrimiento, con este vacío que me ha quedado, con mi futuro echado a perder?

Me gustaría matar a ese Asahara con mis propias manos. Si me dejasen, lo mataría despacio, le infligiría un dolor terrible. Hayashi, el asesino que esparció el gas en la línea Hibiya, continúa en paradero desconocido.*

Sólo quiero saber la verdad. La verdad lo antes posible.

Ni siquiera los medios de comunicación dijeron nada sobre las personas que agonizaron antes de morir. Ni una sola palabra. Hubo algo de información cuando el incidente Matsumoto, pero en el atentado de Tokio nada de nada. Es muy extraño. Estoy convencida de que la mayor parte de la gente piensa que simplemente se desmayaron y murieron de una forma «natural». Me enteré del enorme sufrimiento que padeció mi marido cuando el fiscal leyó los testimonios. Quiero que la gente sepa la verdad, que sepa lo horrible que fue... Si no es así, simplemente se convierte en el problema de otra persona.

Lo mejor de todo durante este tiempo ha sido cuando Asuka dijo sus primeras palabras. Algunos gestos suyos, algunas de las cosas que le gusta comer me recuerdan a él. Siempre le digo: «Tu padre era como tú». Si no lo hiciera, nunca llegaría a saberlo. Cuando le pregunto dónde está, señala la foto y dice: «Papá está ahí». Siempre le da las buenas noches antes de irse a dormir y cuando la veo me entran ganas de llorar.

Aún conservo algunos de los vídeos que hicimos en nuestras escapadas de esquí, los de la luna de miel. Se oye su voz, así que se los pondré cuando sea un poco más mayor. ¡Me alegro tanto de haber grabado esas imágenes! Yo misma empiezo a olvidar sus rasgos. Al principio conservaba la memoria táctil de cada uno de los ángulos de su cara, pero se pierde poco a poco.

Lo siento, es que... Discúlpeme, pero sin su cuerpo todo empieza a desvanecerse.

Pienso llevar a Asuka a que aprenda a esquiar. Mi marido quería enseñarle. Me pondré su ropa, sus esquíes y lo haré yo misma. Teníamos la misma talla, sabe. Creo que empezaré la próxima temporada. Es lo que él habría querido.

---

* Finalmente fue arrestado en diciembre de 1996. *(N. de los T.)*

Cuando crezca mi hija, me gustaría trabajar. De momento nos arreglamos con los ingresos de mi padre, pero si le ocurre algo y nos quedamos solas... Dedicarme de forma tan exclusiva a mi niña no es bueno. Tengo la sensación de que empiezo a parecerme a mi madre y eso va a hacer que ella se sienta incómoda. En cuanto empiece el colegio decidiré qué voy a hacer con mi vida.

Epílogo
Una pesadilla que llega
sin ninguna señal de advertencia
¿Hacia dónde nos dirigimos?

1

¿Qué ocurrió la mañana del 20 bajo el suelo de Tokio?

La mañana del 20 de marzo de 1995 estaba en mi casa de Ooiso, en la prefectura de Kanagawa. Por entonces residía en Massachusetts, Estados Unidos, pero disfrutaba de unos días de vacaciones que me habían dado en la universidad donde trabajaba y había regresado a Japón. Una estancia breve de apenas dos semanas. No tenía televisión ni radio. No tenía forma de enterarme del grave atentado que se había producido en Tokio. Escuchaba música y ponía en orden mis libros. Era una mañana agradable, tranquila, con un cielo completamente despejado. Lo recuerdo bien.

Sobre las diez me llamó un conocido que trabajaba en un medio de comunicación. Su tono de voz era tenso: «Ha ocurrido algo extraño en el metro. Al parecer, hay muchas víctimas. Se trata de gas venenoso. Sin duda es obra de Aum. Es mejor que no venga a Tokio de momento, son muy peligrosos».

No tenía la más mínima idea de lo que hablaba. ¿Gas venenoso en el metro? ¿Aum? Llevaba mucho tiempo fuera del país, por lo que mi conocimiento de la realidad era muy fragmentario. Ni siquiera conocía la primicia publicada por el diario *Yomiuri* en Año Nuevo (en la localidad de Kamikuisiki se habían localizado restos de gas sarín), tampoco la relación de la secta Aum con el llamado incidente Matsumoto, ni que varios de sus miembros habían cometido algunos crímenes y por eso estaban en primera plana informativa.

Si lo pienso ahora, resulta fácil entender que a los profesionales de los medios de comunicación les resultase natural establecer la relación de Aum con el atentado. En cualquier caso, yo no tenía previsto ir a Tokio ese día. Sin llegar a comprender bien la situación, le di las gracias y colgué el teléfono. Seguí con mis cosas como si nada. La verdadera dimensión de aquel terrible hecho no empezó a conocerse hasta más tarde.

Así es como viví el 20 de marzo.

Me invadió una extraña desorientación que duró mucho tiempo, un extrañamiento cercano a la perplejidad. Estaba como «desfasado», fuera del tiempo y del espacio que debía vivir. Probablemente debido a eso, se despertó en mí un profundo interés por todo lo relacionado con el atentado.

Durante meses, los medios de comunicación estuvieron literalmente inundados de todo tipo de información relacionada con el atentado o con los miembros de la secta. La televisión informaba sin descanso, de la mañana a la noche. Los periódicos, los semanarios, los tabloides, todos dedicaron miles de páginas al asunto. Sin embargo, no encontraba en ninguna parte lo que en verdad quería saber: ¿qué había sucedido realmente la mañana del 20 de marzo bajo el suelo de Tokio? Ésa era mi pregunta. Algo muy simple.

Puedo explicarlo de una forma más detallada: ¿qué vieron los pasajeros que estaban en el metro? ¿Cómo reaccionaron? ¿Qué sintieron? ¿Qué pensaron? Quería saberlo. A ser posible, quería conocer hasta el último detalle, preguntarles a todos y cada uno de ellos, saber cuál era su ritmo cardiaco en ese instante, cómo respiraban. Si un ciudadano normal (como yo mismo o usted) se hubiera visto envuelto en un extraño e inesperado atentado en el subsuelo de Tokio, ¿qué habría hecho?

Es posible que, después de todo, aquello no fuera tan raro. No obstante, nadie hablaba de lo que yo quería saber. ¿Por qué?

Si eliminamos lo superfluo, se puede decir que la estructura básica que siguió la prensa para informar sobre aquello fue muy simple. El atentado se enfocó desde un principio moral muy claro: lo «bueno» en contraposición a lo «malo», la «cordura» opuesta a la «locura», lo «sano» a lo «enfermo». Una serie de dicotomías, en fin, muy simplistas.

La población sufrió un enorme impacto emocional ante un terrible hecho como aquél. Todo el mundo coincidía en lo mismo: «¿Qué clase de locura es ésta? ¿Qué sucede en Japón para que esos dementes puedan andar por ahí sueltos con la cabeza bien alta? ¿A qué se dedica la policía? Pase lo que pase, ese Shoko Asahara merece que lo condenen a la pena de muerte...».

Al pensar de ese modo, todos se sumaron en mayor o menor medida a la corriente dominante de lo «bueno», de la «cordura» y lo «sano». No resultó difícil de hacer. Es decir, en esas circunstancias estaba muy claro qué era relativo y qué absoluto. Comparados con Shoko Asahara o con los adeptos de Aum, con la barbaridad que cometieron, la inmensa mayoría de la gente entraba en la categoría de lo «bueno», representaba la «cordura» más genuina y quedaba dentro de lo considerado «sano». No podía haber un consenso mayor en ese sentido. Los medios se sumaron a esa corriente dominante y, al hacerlo, se generó una espiral, una corriente de opinión que no hizo sino agigantarse, crecer y crecer cada vez a mayor velocidad.

Otras voces, sin embargo, se alzaron contra esa inmensa fuerza. El crimen debía ser condenado, por supuesto, pero había que dejar a un lado toda esa cháchara de lo bueno y lo cuerdo. En caso contrario, el único resultado sería que todo quedaría aplastado por el furor popular. (En su gran mayoría, los argumentos que exponían esas voces disidentes eran correctos, pero en algunos casos su fallo fue exponerlos con demasiada suficiencia.)

Sólo ahora, dos años después del atentado, cabe preguntarse adónde nos habría llevado esa corriente de opinión dominante, toda esa palabrería de «la razón está de nuestra parte». ¿Qué lección hemos aprendido de aquel terrible suceso?

Sólo hay una cosa clara. Se ha instaurado un incómodo malestar en la sociedad japonesa, un sabor amargo. Torcemos el gesto y nos preguntamos: ¿de dónde viene todo eso? Para sobrellevar el malestar y la amargura, la mayor parte de nosotros preferimos meter el asunto en un hipotético baúl del olvido y clasificarlo como algo del pasado. El profundo significado que entraña el suceso en sí queda circunscrito al proceso judicial y, por tanto, digerido por el sistema.

Obviamente, es esencial que salga a la luz toda la verdad en el transcurso del juicio, pero a menos que los japoneses seamos capaces de metabolizar esos hechos e integrarlos en nuestro campo de visión, nos perderemos en un marasmo de detalles insignificantes, de cotilleos sobre un crimen que pasará de esa manera a formar parte de un oscuro y olvidado rincón de nuestra historia. Será como la lluvia fina que cae despacio sobre las ciudades, se recoge en los tejados, se canaliza y desaparece a través de las cloacas para desembocar en el océano sin llegar siquiera a humedecer el suelo. El sistema legal sólo puede afrontar este hecho desde la ley, pero eso no es nada más que una parte de todo un conjunto. No tenemos ninguna garantía de que sólo con eso podamos llegar al sustrato de donde nace algo así.

En otras palabras, la profunda conmoción que supuso para la sociedad japonesa el descubrimiento de la secta Aum y el atentado en el metro con gas sarín aún no se ha analizado eficazmente, no se ha logrado poner en claro las lecciones que deberíamos haber extraído sobre lo ocurrido. Incluso después de terminar el libro, esa duda sigue inquietándome. «En suma, se trata de un crimen excepcional y sin sentido cometido por un grupo de dementes.» Con esta sentencia se pone punto final a toda la historia del atentado. Quizá sea una forma un tanto peculiar de decirlo, pero parece que la memoria colectiva hubiera transformado lo ocurrido en un osado manga, en un mito urbano, incluso en una especie de cotilleo sobre crímenes poco frecuentes, como si ésa fuera la única forma de poder vivir con ello.

Si las cosas han sucedido realmente así, mi pregunta es: ¿por dónde hemos empezado a abotonar mal la camisa?

Si de verdad queremos aprender algo de esta desafortunada tragedia, creo que es el momento de contemplar desde distintos ángulos lo que pasó, volver a analizarlo. Lo fácil es decir: «Aum es la maldad. La locura y la cordura son cosas opuestas». Por mucho que nos enfrentemos a todo esto con nuestra mejor voluntad, resulta muy complicado desactivar esa especie de hechizo que produce la corriente de opinión dominante. Sin embargo, algo me dice que, si no depuramos nuestro metabolismo, las cosas irán a peor.

Tampoco si aceptamos el hecho de que el atentado no tuvo nada que ver con la «maldad» o con la «locura» solucionamos nada. El embrujo que producen esas palabras es casi imposible de romper. Todo ese vocabulario de «nosotros» y «ellos» está tan cargado emocionalmente que impide ver con claridad.

No. Lo que necesitamos, en mi opinión, son palabras que nos lleguen de otro sitio; palabras nuevas para una narrativa nueva. Otra narrativa para purificar a la ya existente.

2
¿Por qué desvié mi mirada de la secta Aum?

¿Qué alternativa existe a ese «nosotros» del que hablan los medios en oposición al «ellos»? ¿Dónde se puede encontrar una nueva narrativa de lo sucedido?

Como ya he explicado anteriormente, la postura básica de los medios en todo lo relacionado con la información sobre el atentado era oponer «nuestro lado» (el de las víctimas, equivalente a algo puro, cuerdo) al de «ellos» (el de los agresores, equivalente a algo sucio, a la maldad). De ese modo, la postura de lo «nuestro» se apuntaló como premisa de partida y casi única para analizar al minuto las «sucias» distorsiones en «su» forma de pensar. Si no aceptamos cierta flexibilidad en nuestras definiciones, nos quedaremos estancados para siempre, seguiremos con los mismos gestos reumáticos de siempre, las mismas reacciones. Peor aún, nos deslizaremos hacia una completa apatía.

Poco después del atentado me vino una idea a la cabeza. Para entender en toda su complejidad la realidad de lo que había pasado en el metro de Tokio, ninguno de los estudios ni de las razones que se basaban en la premisa de cómo funcionaban «ellos», es decir, la gente que lo instigó, iban a ser suficientes para explicar lo que hicieron. Por muy necesarios y beneficiosos que fueran todos esos esfuerzos, ¿acaso no existía la necesidad de realizar un estudio paralelo, un análisis sobre «nosotros»? ¿No era más que probable que pudiéramos encontrar en algún lugar escondido de «nuestro» territorio esa clave (o al menos una parte de ella) que nos ayudaría a entender el misterioso golpe que «ellos» lanzaron sobre Japón?

Mientras repudiemos el «fenómeno Aum», mientras lo consideremos como algo completamente ajeno, como un «otro» absoluto, una presencia extraña que miramos con prismáticos en una costa lejana, no llegaremos a nada. Por muy desagradable que resulte esa perspectiva, es esencial que los incorporemos a «ellos» (hasta cierto punto) dentro de esa construcción que llamamos «nosotros» o, al menos, dentro de la sociedad japonesa. Desde luego, es así como se interpretó este hecho fuera de nuestras fronteras. Pero más importante aún, si fracasamos en esa búsqueda de la llave que se encuentra bajo nuestros pies, bien visible, y mantenemos en la distancia este fenómeno, correremos el peligro de reducir su significado y trascendencia a un nivel microscópico.

Esta idea tiene una historia detrás. Se retrotrae hasta el mes de febrero de 1990, cuando Aum se presentó a las elecciones a la Dieta de Japón. Asahara se postuló por la circunscripción de Shibuya, el distrito de Tokio donde yo vivía por aquel entonces, y su campaña fue una auténtica pieza teatral de lo más extraño que haya visto. Día tras día se oía una música inquietante a través de unos altavoces. Mientras tanto, hombres y mujeres jóvenes vestidos de blanco inmaculado, cubiertos con enormes máscaras de Asahara y cabezas de elefante, se alineaban en la acera que quedaba justo enfrente de la estación de tren, saludando a todo el mundo e interpretando una danza incomprensible.

Cuando me enfrenté por primera vez a la visión de una campaña electoral tan extravagante, mi primera reacción fue la de mirar a otra parte. Era lo último que quería ver. Mucha gente a mi alrededor tuvo la misma reacción: siguieron su camino como si no hubieran advertido la presencia de los adeptos de Aum. Me atenazó un miedo innombrable, una repugnancia que estaba más allá de mi capacidad de comprensión. No me tomé la molestia de analizar de dónde venía ese disgusto, por qué razón era «lo último que quería ver». No le di mayor importancia. Simplemente aparté esa imagen de mí. La coloqué en la categoría de cosas que no tenían nada que ver conmigo.

Enfrentados a esa escena, estoy seguro de que el 90 por ciento de la gente habría sentido lo mismo y reaccionado de igual manera. Habrían pasado de largo como si no hubieran visto nada, sin concederles un solo segundo de su pensamiento. Puro y simple olvido. Quizá durante la República de Weimar los intelectuales alemanes se comportaron de una manera muy similar cuando vieron a Hitler por primera vez.

Ahora, sin embargo, cuando vuelvo a pensar en aquello me resulta muy curioso. Hay una gran cantidad de sectas religiosas ahí fuera haciendo proselitismo, aunque todavía no logran inocularnos, al menos a mí, el miedo en el cuerpo. No. La única reacción que provocan es: «¡Vaya! Otra vez con lo mismo». Eso es todo. Si uno quiere hablar de aberraciones, esos jóvenes japoneses con las cabezas tonsuradas que van por ahí cantando y bailando el *hare krishna* son un punto de partida aceptado por la norma social. Sin embargo, yo no miro a otra parte cuando se trata de *hare krishna*. Entonces, ¿por qué sí lo hice cuando me topé con los adeptos de Aum? ¿Qué había en ellos que me inquietaba tanto?

Mi conjetura es la siguiente: el «fenómeno» Aum desasosiega precisamente porque no es asunto de «otros». Nos devuelve una imagen distorsionada de nosotros mismos que nadie supo ver. Los *hare krishna* y todas las otras religiones nuevas se pueden desechar de entrada (antes incluso de que lleguen a permear nuestra mente racional) como algo que no tiene nada que ver con nosotros. Sin embargo, con Aum, por alguna razón, no sucede lo mismo. Su presencia, su aspecto, sus cánticos, tienen que ser activamente rechazados mediante un acto de voluntad. Ésa es la razón de nuestra inquietud.

Si hablamos desde un punto de vista psicológico (sólo recurriré a este tipo de psicología *amateur* en esta ocasión, así que les ruego me permitan hacerlo), los encuentros que provocan reacciones psíquicas de fuerte disgusto o repugnancia incluso, son a menudo proyecciones de nuestras propias faltas o debilidades en las que también desempeña un papel la memoria. De acuerdo, pero ¿cómo se relaciona eso con la repugnancia que sentí al pasar frente a la estación de tren?

No, no estoy diciendo que en otras circunstancias alguien como usted o como yo nos habríamos unido a Aum para atentar con gas sarín en el metro de Tokio. Desde un punto de vista realista no tiene ningún sentido. Lo único que digo es que en ese encuentro, ante esa presencia había algo dentro de nosotros que exigía un rechazo activo y consciente. O dicho de otro modo: «ellos» son «nuestro» espejo.

Obviamente, una imagen especular es siempre más oscura y distorsionada que la de la realidad. La convexidad y concavidad se intercambian, lo falso se impone a la realidad, la luz y la sombra crean ilusiones. Pero si eliminamos esos defectos visuales, veremos que las imágenes resultan asombrosamente parecidas. Algunos detalles, incluso, parecen conspirar juntos. Ésa es la razón por la que evitamos mirar directamente a la imagen, porque, de manera consciente o no, eliminamos los elementos oscuros de la cara que no queremos ver. Esas sombras del subconsciente constituyen nuestra parte «subterránea», son la cara oculta que llevamos con nosotros. Por eso aún nos asedia mucho después de que tuviera lugar el atentado, un regusto amargo que emana de nuestras profundidades.

Puede que con esta simple explicación no llegue a convencer a mis lectores. Quizá mi tesis suscite algunas reticencias. Quisiera, por tanto, explicarme con más detalle. Hay algo en todo esto que tiene que ver con nuestro ego, con la «narrativa» que nace desde nuestro ego.

3

El Yo impuesto: La narrativa adjudicada

Cito el manifiesto de *Unabomber** publicado en el *New York Times* en 1995:

«El sistema se reorganiza a sí mismo para presionar a quienes no encajan en él. Quienes no encajan son considerados "enfermos"; lograr que lo hagan es "curarlos". Por tanto, el proceso de poder mediante el cual pretendemos alcanzar autonomía personal se rompe. El individuo es sometido entonces a otro proceso de poder dependiente de otro y reforzado por el sistema. Perseguir la autonomía personal se percibe como una "enfermedad"».

Es interesante comprobar que a la vez que el *modus operandi* de *Unabomber* era prácticamente igual al de Aum (enviaron, por ejemplo,

---

* Theodore John Kaczynski, conocido por el sobrenombre de *Unabomber*, es un filósofo y matemático estadounidense que envió cartas bomba a diferentes destinatarios, lo que le convirtió en objetivo prioritario del FBI hasta su detención en 1995. En ese mismo año, los diarios *New York Times* y *Washington Post* publicaron bajo coacción su manifiesto titulado: «La sociedad industrial y su futuro». *(N. de los T.)*

una carta bomba al ayuntamiento de Tokio), el pensamiento de Theodore Kaczynski está también íntimamente relacionado con la esencia de las «enseñanzas» de la secta.

El razonamiento que propone Kaczynski es, en sí, bastante acertado. Muchos mecanismos de la sociedad en la que vivimos funcionan para reprimir de una forma efectiva la consecución de una autonomía personal o, como dice un adagio japonés, «el clavo que sobresale se lleva un mazazo».

Desde la perspectiva de los adeptos de Aum, en la medida en que luchaban por alcanzar su propia autonomía, la sociedad y el Estado cayeron sobre ellos cuando los etiquetaron de «movimiento antisocial» o «cáncer» que debía ser erradicado, lo cual, a su vez, se convirtió en una de las principales razones que alimentaba el bucle que los llevaba a ser cada vez más antisociales.

Sin embargo, Kaczynski, de manera intencionada o no, pasó por alto un detalle importante. La autonomía es sólo la imagen reflejada de un espejo que no muestra la dependencia que tenemos de otros. Si a uno lo abandonasen al nacer en una isla desierta y lograse sobrevivir, no tendría la más mínima idea de lo que significa «autonomía». Autonomía y dependencia son como la luz y la sombra, son conceptos atrapados por la fuerza gravitatoria de los contrarios. Sólo después de un considerable número de ensayos y errores, cada individuo es capaz de encontrar su lugar en el mundo.

Los que fracasan a la hora de lograr ese equilibrio, como quizás es el caso de Shoko Asahara, tienden a compensarlo mediante el establecimiento de un sistema propio, limitado pero de hecho bastante efectivo. No sé qué carisma tenía Asahara como líder religioso. Ni siquiera sé cómo se podría medir el nivel de carisma de alguien así. Sin embargo, una mirada rápida a su vida sugiere un posible escenario. Los esfuerzos que hizo por superar sus vicisitudes personales tuvieron el efecto de dejarlo atrapado en un círculo vicioso. Una especie de genio atrapado en una botella etiquetada como religión, con la que empezó a comerciar como forma de experiencia compartida.

Con toda seguridad, Asahara se metió solo en su propio infierno, en un horrible baño de sangre motivado por conflictos internos, búsqueda espiritual, hasta que finalmente logró sistematizar su visión. Sin duda, experimentó su propio *satori*, su iluminación, un «logro» con un valor paranormal. Sin haber sufrido el infierno en sus propias carnes, sin haber experimentado una inversión total de los valores cotidianos, Asahara no habría desarrollado nunca semejante poder ni carisma. En cierto sentido, las religiones primitivas llevan siempre asociado un aura especial que emana de algún tipo de aberración psíquica.

Con el fin de participar en esa «autodeterminación» que Asahara ofrecía, la mayor parte de los adeptos que se refugiaron en el culto de Aum depositaron sus valiosas individualidades bajo llave y cerrojo en ese «banco espiritual» llamado Shoko Asahara. Los fieles renunciaron a su libertad, a sus posesiones materiales, repudiaron a sus familias, desecharon cualquier tipo de juicio secular (el sentido común). Los japoneses «normales» estaban horrorizados: ¿cómo puede alguien cometer semejante locura? Pero en el lado contrario, a los adeptos debió de resultarles muy reconfortante. Al menos contaban con alguien que se ocupaba de ellos, que les ahorraba la ansiedad de tener que enfrentarse a situaciones nuevas por sí mismos, que los liberaba de cualquier necesidad material, incluso de tener que pensar por sí mismos.

Mediante ese proceso de sintonización, de fusión con ese «Yo más grande, más profundamente desequilibrado» que era Shoko Asahara, alcanzaban una pseudodeterminación. En lugar de lanzarse al asalto de la sociedad individualmente, cedían la responsabilidad estratégica a Asahara, como si dijeran: «Elegiremos un menú de "autopoder contra el sistema", por favor».

La suya no era la misma batalla de Kaczynski contra «el sistema para alcanzar el poder que otorga el proceso de autodeterminación». El único luchador era Shoko Asahara. La mayoría de sus seguidores fueron simplemente engullidos, asimilados por ese inmenso ego «ansioso por luchar». No fueron sometidos unilateralmente al «control mental» de Asahara. No fueron víctimas pasivas. Ellos mismos buscaron de forma activa ser controlados. El control mental no es algo que se otorgue. Es un proceso que implica a dos partes.

El escritor estadounidense Russell Banks asegura en su novela *Deriva continental:* «Cuando nos dejamos arrastrar por cosas más grandes o poderosas que nuestro yo, por ejemplo, la historia, Dios, o cierta forma de inconsciencia, perdemos la coherencia de la realidad con suma facilidad. La narrativa vital pierde su curso».

Si se pierde el ego, desaparece la amenaza que pende sobre esa narrativa que llamamos «uno mismo». Los seres humanos, sin embargo, no podemos vivir mucho tiempo sin cierto sentido de continuidad histórica. Las diferentes historias van más allá de ese sistema racional limitado (o de una racionalidad sistemática) que nos rodea. Se pueden compartir elementos clave de esa continuidad con otros.

Una narrativa, por tanto, es una historia. No tiene por qué ser lógica, ni ética o filosófica. Es un sueño que se mantiene intacto, se llegue a realizar o no. Tan cierto como que respiramos, es que seguimos soñando incansablemente con nuestra historia, y en esa historia tenemos dos caras. Somos simultáneamente objeto y sujeto. Somos el todo y la parte, reales y sombras, «narradores» y al tiempo «personajes». A través de los intrincados papeles de nuestras historias es como nos curamos de la soledad que nos provoca ser individuos aislados en este mundo.

Pero sin un ego adecuado, nadie es capaz de crear su narrativa personal, al igual que no se puede conducir un coche sin motor, ni proyectar una sombra sin que exista un objeto físico real. Por tanto, una vez consignado el ego a otra persona, ¿hacia dónde nos dirigimos a partir de ese momento?

En ese preciso instante se obtiene una nueva narrativa otorgada por la persona a quien se le ha confiado el ego. Se entrega algo real y se recibe a cambio una sombra. Una vez el ego renace gracias al de otro, la propia narrativa asumirá esa otra creada por el otro ego.

Pero ¿qué clase de narrativa es ésa?

No tiene por qué ser algo especialmente extravagante, nada complicado o refinado. No hay por qué tener ambiciones literarias. De hecho, cuanto más esquemático y simple, mejor. Cualquier basura, un refrito sobrante bastará. Lo cierto es que la mayor parte de la gente está cansada de escenarios complejos o intrincados que constituyen potenciales decepciones. Precisamente, el hecho de que la mayor parte de las personas sean incapaces de encontrar puntos fijos de referencia en sus esquemas vitales superpuestos les empuja a renunciar a su identidad.

Un simple «emblema» de una historia servirá para este tipo de narrativa, de igual modo que una prestigiosa medalla de guerra concedida a un soldado no tiene por qué ser de oro puro. Es suficiente con que esté respaldada por el reconocimiento público y compartido de que se trata de una medalla, para que no nos importe que sea de hojalata.

Shoko Asahara tenía el suficiente talento para imponer su refrito narrativo a sus adeptos, que en su gran mayoría buscaban precisamente eso. Era una historia risible, chapucera. Para los no creyentes no era más que una colección de sinsentidos regurgitados sin descanso. Sin embargo, hay que reconocer con toda justicia que había cierta consistencia en todo ello: era una llamada a las armas, una narrativa agresiva con un claro objetivo.

Visto desde esa perspectiva y en un sentido limitado, Asahara era un narrador consumado que demostró ser capaz de anticipar el clima de la época. No le disuadió la certeza, ya fuera consciente o no de ello, de que sus ideas e imágenes no eran más que basura reciclada. De forma deliberada, remendó todos los trozos y piezas sueltas que encontró a su alrededor (de igual manera que ET, en la película de Spielberg, montaba un aparato rudimentario para comunicarse con su planeta con las cosas viejas que había en el garaje de la familia) y les insufló un flujo vital singular, una corriente que reflejaba de una manera misteriosa los fantasmas de su propia mente. Fueran cuales fuesen las deficiencias de esa narrativa, en realidad se trataba de Asahara, por eso no planteaba ningún obstáculo para quienes elegían unirse a él. Si acaso, esas deficiencias constituyeron un plus hasta que al final terminaron fatalmente contaminadas. Eran delirantes y paranoicas, pero desarrollaron un nuevo pretexto, grandilocuente e irracional, hasta que ya no hubo marcha atrás...

Ésa fue la narrativa que ofreció Aum: «Su» lado. Estúpida, se podría decir. Y seguramente lo fue. La mayor parte de nosotros nos mofamos de ese escenario que planteaba Asahara. Nos reímos de él por inventar esa retahíla de sinsentidos, ridiculizamos a los adeptos que se sintieron atraídos por semejante «alimento de lunáticos». Fue una risa que nos dejó un regusto amargo, pero, a pesar de todo, nos reímos en voz alta. ¿Qué otra cosa se podía esperar? Pero ¿fuimos capaces de ofrecerles a «ellos» una narrativa más viable? ¿Teníamos nosotros una narrativa lo suficientemente potente para anular el efecto del sinsentido de Asahara?

Creo que ésa debió ser nuestra principal tarea. Soy novelista y, como todo el mundo sabe, un novelista es alguien que trabaja con «narrativas», que teje historias profesionalmente. Para mí eso se traduce en que la tarea que tengo entre manos se convierte en una espada gigante que pende sobre mi cabeza. Algo con lo que voy a tener que lidiar de una manera mucho más concienzuda a partir de ahora. Soy consciente de que tengo que fabricar un «instrumento de comunicación cósmica», como el de ET, yo solo. Probablemente no me quedará más remedio que encajar hasta el último pedacito de chatarra, de debilidad, de deficiencia que haya dentro de mí. (Eso es. Ya está. Lo he dicho. La gran sorpresa para mí es que es eso, exactamente, lo que he tratado de hacer siempre en mi vida como escritor.)

Y entonces: ¿qué pasa con los demás? (Digo «demás», pero por supuesto yo también me incluyo.)

¿Acaso no hemos ofrecido una parte de nuestro «Yo» a alguien o a algo y hemos obtenido una «narrativa» a cambio? ¿No hemos confiado una parte de nuestro ser a un «sistema» o a un «orden» que juzgamos superior? Si es así, ¿no ha exigido de nosotros ese «sistema» hasta cierto punto una clase de «demencia»? ¿Es la narrativa que poseemos real y ciertamente nuestra? Los sueños que tenemos, ¿son nuestros de verdad? ¿No serán visiones de otros que antes o después podrían convertirse en pesadillas? No somos capaces de eliminar el mal sabor de boca que nos dejó el atentado, ni de eliminar a los responsables de Aum. ¿Es así porque en realidad aún no hemos resuelto todas esas dudas? Ésa, al menos, es mi opinión.

4
Sobre la memoria

Comencé el trabajo de investigación para este libro nueve meses después del atentado. Después, trabajé en él durante otro año más.

Hasta el momento en que empecé a recopilar historias, había transcurrido cierto «periodo de enfriamiento», pero el acontecimiento me había provocado tal impacto que conservaba los recuerdos muy frescos. Muchos de los entrevistados habían contado una y otra vez su experiencia a sus allegados. Otros nunca llegaron a contar ciertos detalles sobre el atentado, pero, a pesar de todo, estoy convencido de que revivieron en sus mentes una y otra vez lo ocurrido hasta lograr objetivarlo. En la mayor parte de los casos, me encontré con que las descripciones eran extremadamente reales y muy visuales.

Sin embargo, hablando con rigor, no eran más que recuerdos.

Ahora bien, como explica un psicoanalista: «La memoria humana no es más que una interpretación personal de los hechos». Tamizar una experiencia a través del cedazo de la memoria provoca que muchas veces se transforme en algo más fácilmente comprensible: las partes inasumibles se omiten; el «antes» y el «después» se invierten; los elementos confusos se redefinen; la memoria personal se entrecruza con la de otros, se intercambia y todo ello ocurre de una forma natural, inconsciente.

Dicho de manera sencilla, la memoria que conservamos de ciertas experiencias se traduce como una forma de narrativa. En mayor o menor grado es una función normal (es un proceso que los novelistas utilizamos a diario de manera consciente en nuestra profesión). La verdad de «lo que se dice» puede diferir, aunque sea ligeramente, de lo que en realidad ha sucedido. Eso, sin embargo, no lo convierte en mentira. Es verdad, sin duda, una verdad que llega bajo una forma distinta.

Los testimonios que componen este libro fueron contados por la propia voluntad de cada uno de los protagonistas. No son declaraciones para un juicio. Ésa es la razón por la que no he tratado de aclarar las contradicciones que existen entre algunos de ellos. Sería prácticamente imposible de hacer. No pretendo disculparme, pero no es el objeto de este trabajo.

En el transcurso de las entrevistas que componen este libro me esforcé por mantener la premisa de que la historia de cada una de las personas era cierta en el contexto de esa otra historia, la del atentado, y aún lo creo así. El resultado es que los testimonios de la gente que vivió una misma situación en un mismo momento difieren en pequeños detalles, pero aquí se presentan tal cual, sin eliminar ninguna de las contradicciones que plantean. Es así porque, en mi opinión, las discrepancias y contradicciones dicen algo por sí mismas. A veces, en este mundo poliédrico en el que vivimos, la inconsistencia puede resultar más elocuente que su contrario. No obstante, después de entrevistar a tanta gente tenía más o menos formado un juicio sobre la verdad u objetividad que había en cada uno de sus relatos. Además, al juntar varias historias y contemplarlas desde una perspectiva distinta, era relativamente fácil hacerse una idea de cuál era la atmósfera del lugar en aquel momento preciso. Cuando no estaba seguro de a qué se refería determinado pasaje, lo eliminaba, pero lo hice sólo en casos excepcionales. Lo que juzgué un error, traté de corregirlo y todo lo demás lo he publicado según me lo contaron.

Por otro lado, intenté empatizar con cada una de las personas a las que entrevisté. Si lo expreso así de simple, puede sonar a sentimentalismo barato, pero es la verdad. Traté de sentir lo que contaban en mi propia piel. Me esforcé por pensar como ellos, ver las cosas desde su punto de vista, sentir con su corazón.

No fue tan difícil después de todo. En ningún momento pensé que una sola de las historias fuera aburrida o poco importante. Me dejé fascinar por cada uno de los casos que conocí. Sentí admiración por la profunda dimensión de cada una de las vidas humanas al observarlas en detalle. Incluso llegué a emocionarme. Puede que fuera por estar tan absorbido en un asunto concreto durante un periodo de tiempo relativamente largo. Me encontré con algunas personas en dos ocasiones, pero no dejó de ser algo excepcional. En la casi totalidad de los casos, se produjo un solo encuentro. De otra manera, puede que pensara distinto a como lo hago ahora. Sin embargo, a lo largo de todo este tiempo me he dado cuenta de que fue una experiencia mucho más determinante de lo que había previsto, tanto como escritor como a título individual.

5
¿Qué puedo hacer yo?

Lo explicaré brevemente: decidí escribir este libro porque siempre quise entender Japón a un nivel más profundo. He vivido en el extranjero, lejos de Japón, durante un largo periodo de siete u ocho años. Primero en Europa, luego en Estados Unidos. Me marché cuando terminé *El fin del mundo y un despiadado país de las maravillas*. Al margen de breves visitas, no regresé hasta que terminé *Crónica del pájaro que da cuerda al mundo*. Pienso en ese tiempo como en un periodo de exilio autoimpuesto.

Quería ampliar mi experiencia de otros lugares, establecerme y escribir. Al marcharme de Japón —que era una condición a priori para relacionarme de otro modo con el idioma, con el país y con mi propio ser—, me vi obligado a planificar estrategias que tuve que asumir una por una, ya se tratase de la lengua japonesa o de las cosas relacionadas con Japón.

Para mi sorpresa, los dos últimos años de mi exilio descubrí que no había nada que quisiera saber de manera urgente sobre «ese país llamado Japón». El tiempo que pasé en el extranjero, errando de un sitio a otro para tratar de llegar a un acuerdo conmigo mismo, tocaba a su fin, o al menos así empezaba a percibirlo. Notaba los cambios que se habían producido en mí, la reevaluación que había hecho de mi escala de valores. Yo ya no era, obviamente, aquel joven que había salido del país un tiempo atrás. Del mismo modo, era consciente de que empezaba a entrar en esa categoría de persona con un deber adquirido hacia la sociedad japonesa.

«Ha llegado el momento de volver a Japón», pensé. Regresar y sacar adelante un trabajo sólido, algo distinto a una novela, mediante el cual sondear en las profundidades del corazón de mi distante país. De esa manera sería capaz de redefinir mi postura, adoptar una nueva posición estratégica.

De acuerdo, entonces, ¿qué podía hacer yo para entender mejor a mi país?

Tenía una idea más o menos precisa de lo que buscaba. Después de resolver cuentas emocionales pendientes, la idea base era que necesitaba saber más de Japón como sociedad, tenía que aprender algo nuevo sobre lo que significa ser japonés como una «forma de conciencia». ¿Quiénes somos nosotros como pueblo? ¿Hacia dónde nos dirigimos? Está bien, pero para concretar: ¿qué tenía que hacer? Ni idea. Mi último año en el extranjero lo pasé inmerso en una especie de niebla después de que dos catástrofes de dimensiones colosales golpearon al país: el gran terremoto de Hanshin, o de Kobe, y el atentado con gas sarín en el metro de Tokio.

Finalmente, mi extenso trabajo de investigación sobre el atentado en el metro se transformó en ese ejercicio decisivo que me iba a ofrecer una mejor comprensión de Japón. Conocí de verdad a muchos de mis compatriotas, escuché sus historias. El resultado es que fui capaz de comprender lo que significaba ser japonés cuando uno debe enfrentarse a un golpe brutal contra el sistema como fue el atentado. Lo pienso ahora, y debo admitir que inyecté cierto grado de mi ego de autor en ello. En cierto sentido, me serví de todo ese trabajo como si fuera un «vehículo adecuado» para lograr mis objetivos. No reconocerlo sería hipócrita por mi parte.

A pesar de todo, ciertos aspectos de ese ego quedaron marginados en el transcurso de las entrevistas. Encontrarme con las víctimas cara a cara, escuchar de primera mano sus crudos relatos, me obligó a replantearme las cosas. No podía correr el riesgo de jugar a la ligera con todo eso. Lo que emanó de los encuentros con las víctimas era más profundo, estaba más cargado de significados de lo que nunca podía haber imaginado. Darme cuenta de lo ignorante que era respecto al atentado fue toda una lección de humildad.

No sólo eso. Sin duda descubrí una suerte de respuesta natural que suponía una verdadera primicia sobre lo ocurrido. Lo sentí en cada uno de los poros de mi piel y al cabo del tiempo empecé a dejarme llevar por ese flujo. Comencé a pensar con toda naturalidad que este libro no lo escribía para mí, sino para otros, y, por tanto, debía esforzarme por hacerlo lo mejor posible. Si me preguntasen si reflexioné sobre mi actitud, no me quedaría más remedio que contestar que sí. Pero, si soy honesto, más que reflexión diría que es inducción. Fue una corriente natural de mi corazón que estaba más allá de la razón, de lo bueno y de lo malo.

¿De dónde nació esta inducción natural? Obviamente, a partir de lo que brotaba de las distintas «narrativas» (ni que decir tiene que era la narrativa de «nuestro lado»). Como novelista, escuchar la «narrativa» de todas aquellas personas —contada desde «nuestra» parte, huelga decirlo— tuvo para mí cierto poder curativo.

A partir de cierto momento dejé de formular juicios, «correcto», «incorrecto», «cuerdo», «demente», «responsable», irresponsable»... Todas esas valoraciones dejaron de tener importancia. No me correspondía a mí dictar sentencia y eso puso las cosas mucho más fáciles. Me relajé y me dediqué a escuchar las historias de la gente. Digerí todas y cada una de las palabras y me transformé en una araña que iba a tejer una «narrativa distinta». Una araña común, como las que están agazapadas en los rincones oscuros del techo.

Después de entrevistar a los familiares de Eiji Wada —que murió en la estación de Kodenmacho— y a la señorita Shizuko Akashi —que perdió la memoria y el habla y aún estaba en terapia en el hospital—, tuve que reconsiderar seriamente lo que escribía y cómo lo hacía. ¿Cuán gráficas tenían que ser las palabras dirigidas a los lectores para explicar las distintas emociones (el miedo, la desesperación, la soledad, la rabia, la apatía, la alienación, la confusión, la esperanza...) que experimentaron esas personas?

Por otra parte, estoy seguro (y eso me preocupa) de que herí los sentimientos de algunas personas durante las entrevistas, ya fuera por mi falta de sensibilidad hacia su situación, por mi ignorancia o, simplemente, por algún defecto de mi carácter. Nunca he sido un gran conversador y a veces no expreso las cosas de la forma más adecuada. Me gustaría aprovechar esta ocasión para disculparme con todas aquellas personas a las que haya podido herir o molestar.

Hasta ahora siempre he pensado de mí mismo que tenía una faceta caprichosa e incluso impertinente, pero nunca me he tenido por un arrogante. Sin embargo, ahora pienso que antes de nada debía haber admitido que, en mi situación, me guste o no, siempre hay un punto de arrogancia.

Mi acercamiento a ellos fue desde una zona de seguridad, un lugar del que podía regresar siempre que quisiera. Aunque dijeran: «No hay forma de expresar y entender lo que sentimos». Tenía que haberles dado la razón. No me quedaba más remedio que aceptarlo. Nunca llegaré a entenderlo del todo, sin embargo, si ponemos un fin a esta historia e interrumpimos la comunicación, no iremos a ninguna parte, nos daremos de bruces con un dogma.

6

Una abrumadora violencia desatada ante nosotros

El gran terremoto de Hanshin, en enero de 1995, y el atentado con gas sarín en el metro de Tokio, en marzo de ese mismo año, son dos de las mayores tragedias ocurridas en la historia del Japón de la posguerra. No es exagerado asegurar que esos dos acontecimientos han marcado un antes y un después en la conciencia de los japoneses. Esas catástrofes quedarán grabadas de por vida en nuestra conciencia colectiva como dos hitos fundamentales.

El hecho de que se produjeran en tan rápida sucesión fue tan extraordinario como casual. Pero que lo hicieran en el mismo momento en el que explotó la «burbuja» de la economía japonesa, poniendo un trágico punto final a los tiempos de desenfreno y excesos; y en el mismo momento en que tocaba a su fin también la guerra fría, por lo que el sistema de valores empezó a tambalearse en todo el mundo, eso nos llevó a un periodo de reflexión crítica sobre las verdaderas raíces en las que se fundamenta el estado japonés. Era como si ambos acontecimientos hubieran esperado ocultos el momento preciso de tendernos una emboscada.

El elemento común fue una violencia abrumadora. Ineludible en una catástrofe natural, evitable en un desastre provocado por el hombre. Un paralelismo indirecto, aunque para todas las víctimas el sufrimiento fue aterradoramente parecido. El origen o la naturaleza de la violencia podía diferir, pero el impacto que causó en ambos casos fue igual de devastador. Ésa es, al menos, la impresión que tuve después de hablar con las víctimas del atentado.

Muchos de ellos repetían lo mucho que odiaban a esos «matones de Aum» y no contaban con las válvulas de escape necesarias para dar salida a su intenso odio. ¿Adónde podían ir a exigir una reparación? ¿A qué clase de lugar iban a regresar? Su confusión se agravaba por el hecho de que nadie era capaz de localizar con exactitud las fuentes de las que emanaba esa violencia. En ese sentido, el atentado con gas sarín y el terremoto planteaban una asombrosa semejanza.

Los dos acontecimientos se pueden comparar con una explosión inmensa. Los dos fueron la erupción de una pesadilla nacida bajo nuestros pies, desde el subsuelo, desde el mundo subterráneo. Los dos pusieron en evidencia, con toda su crudeza, todas las contradicciones y debilidades latentes en nuestra sociedad. Demostraron que estábamos indefensos ante ese tipo de arremetidas inesperadas, que éramos incapaces de preverlas y que fracasamos a la hora de prepararnos. No supimos responder de una manera eficiente. Claramente «nuestra» parte falló.

Es decir, la narrativa que la mayor parte de los japoneses compartíamos (o que imaginábamos compartir) se derrumbó. Ninguno de nuestros valores comunes demostró la más mínima eficacia a la hora de prevenirnos contra una violencia maléfica que estalló bajo nuestros pies.

Es obvio que, en determinadas circunstancias, como en el terremoto de Hanshin o en el atentado, apareció de forma natural un flujo positivo que hasta ese momento no existía. Después del terremoto, por ejemplo, los jóvenes iniciaron un movimiento de voluntariado que demostró una gran fuerza. También en el atentado se comprobó que los pasajeros se ayudaron entre sí. Los empleados del metro hicieron todo lo posible por socorrer a la gente sin pensar en el peligro que ellos mismos corrían (me gustaría reconocer el mérito y valor de quienes entregaron su vida en cumplimiento de su deber). Existen casos excepcionales, pero, en general, el trabajo de los empleados del metro merece nuestras alabanzas por su entrega. Cuando pienso en todo ello, me siento capaz de creer en la fuerza «positiva» que existe dentro de cada uno de nosotros. Si uniésemos nuestras fuerzas, seríamos capaces de evitar las situaciones peligrosas que aún están por venir. Deberíamos crear una red social tejida de confianza en nuestra vida cotidiana.

A pesar de que existe un lado positivo, eso no puede borrar la confusión que se produjo en el sistema japonés. Si hablo del atentado, no me parece que los responsables del metro, de los bomberos o de la policía, hayan tomado las medidas oportunas para suplir sus carencias y defectos y equilibrar su respuesta a la de las víctimas. No me refiero únicamente a aquel día, sino a su situación actual.

Un empleado del metro de Tokio me dijo un tanto enojado: «Ya está bien de entrevistas, ¿no? Eso ya es agua pasada». Entiendo sus sentimientos. A lo que se refería es a que ellos también eran víctimas y ya habían sufrido lo suficiente. Sólo quería que lo dejase en paz.

En ese caso, si nos olvidamos del atentado, ¿todo vale? Es cierto que muchos empleados del metro quieren olvidar lo ocurrido, pero no son los únicos. Hay mucha gente, en cambio, que no quiere que nos olvidemos de lo ocurrido. Y están los muertos que ya no pueden hablar.

Como es natural, en una emergencia de semejantes proporciones resulta inevitable que se produzca cierto nivel de confusión. Queda claro, gracias a los testimonios aquí recogidos, que hubo gente en todos los niveles —en la Autoridad del Metro, en el Departamento de Bomberos, en la Policía, en los distintos centros sanitarios— que se vio superada por los acontecimientos, fue incapaz de valorar la verdadera dimensión de lo que ocurría y ello los llevó a cometer errores en mayor o menor medida.

No es mi intención señalar esas deficiencias, ni sermonear a nadie sobre lo que hizo a título individual. Con eso no pretendo dar a entender que no se pudo hacer otra cosa, ni que deberíamos dejar correr los errores sin analizarlos. Lo que sí espero es que nos convenzamos y reconozcamos que la gestión de las crisis en Japón es errática y profundamente inadecuada. Los errores de juicio y valoración cometidos en el terreno fueron el resultado de carencias preexistentes en el propio sistema.

Peor aún. Por poco que se aprendiera de los errores cometidos en aquel momento, de nada sirve, ya que la información se considera clasificada. Las instituciones japonesas están encerradas en círculos dentro de otros círculos, son extremadamente sensibles a lo que entienden que puede ser cualquier tipo de humillación pública, no están nada predispuestas a mostrar sus fallos a personas ajenas. Los esfuerzos por investigar y aclarar lo ocurrido se vieron frustrados por toda esa serie de razones comúnmente aceptadas. «El asunto está en los tribunales...» o «Eso es asunto del Gobierno» son excusas repetidas una y mil veces.

Curiosamente, algunos de los entrevistados también se mostraron reticentes: «Me gustaría colaborar, pero como los de arriba son unos ineptos...». Es probable que tuvieran la impresión de que, si hablaban demasiado, tendrían que pagar las consecuencias. Es típico de Japón que la orden de guardar silencio no sea algo expresado de forma directa, sino una suerte de imposición para bajar la voz que llega desde arriba: «Bien, en cualquier caso ya pasó, así que lo mejor es que no hablemos de este asunto más de lo necesario...».

Cuando preparaba mi última novela, *Crónica del pájaro que da cuerda al mundo,* me sumergí en la investigación sobre el llamado «incidente de Nomonhan», una agresiva y cruenta incursión del Ejército japonés en Mongolia en 1939. Cuanto más rebuscaba en los archivos, más horrorizado me quedaba ante aquella temeridad, ante la locura total demostrada por la cadena de mando del Ejército imperial. ¿Cómo es posible que aquella tragedia inútil haya caído en el olvido sin más? Al investigar de nuevo en este caso sobre el atentado con gas sarín en el metro de Tokio, me sorprendió descubrir que la forma cerrada y evasiva a la hora de asumir responsabilidades de la sociedad japonesa, no fue muy distinta del *modus operandi* del Ejército imperial en aquella época.

En esencia, lo que ocurrió entonces fue que los soldados de a pie, con sus armas en ristre, lo arriesgaron todo, fueron los que más sufrieron, se enfrentaron a horrores indescriptibles y, al final, no recibieron ninguna compensación. Mientras tanto, los oficiales y la inteligencia que se quedó tras la línea de fuego no asumieron ninguna responsabilidad. Se escondieron tras sus máscaras, se negaron a admitir la derrota, maquillaron sus fallos con jerga y retórica. Si se hubiera llegado a conocer la ignominia que provocaron ellos, como oficiales al mando, habrían recibido un severo castigo. En condiciones normales eso significaba *seppuku* [o hara-kiri]. La verdad sobre lo ocurrido se clasificó como secreto militar, se aisló debidamente y se alejó del escrutinio público.

El resultado fue el sacrificio de la vida de miles de soldados por culpa de una estrategia demente en una inútil batalla a muerte. (Un resultado mucho peor de lo que nadie habría imaginado jamás.) Más de cincuenta años después me sorprendió descubrir que éramos nosotros, los japoneses, los que nos habíamos embarcado en semejante estúpida y suicida maniobra.

Las razones de la derrota en Nomonhan no fueron nunca analizadas debidamente por el Alto Mando del Ejército (al margen de unos pocos y precipitados estudios), de manera que nada se aprendió de lo ocurrido. No se extrajeron las conclusiones oportunas y, con la sustitución de algunos mandos, toda la información sobre la guerra en aquel frente distante quedó convenientemente oculta bajo la alfombra. Dos años después, Japón entró en la segunda guerra mundial, y la misma locura y tragedia que había tenido lugar en Nomonhan se repitió a una escala mucho mayor.

El Gobierno japonés debería reunir a especialistas en distintos campos y llevar a cabo una profunda investigación para descubrir los hechos ocultos, averiguar los fallos del sistema. ¿Cuáles fueron los errores? ¿Qué impidió el correcto funcionamiento del sistema? Perseguir con todo el peso de la ley a los responsables del atentado es de justicia para con los muertos y una responsabilidad apremiante. Pero si llegasen a conclusiones importantes, no deberían ocultarlas a la sociedad sin compartirlas. En caso contrario repetiremos los mismos errores.

Después de ese gran atentado, ¿hacia dónde nos dirigimos? En caso de no encontrar una respuesta no podremos escapar de esa pesadilla que llega sin ninguna señal de advertencia.

Otro de los motivos personales que despertaron mi interés por el atentado con gas sarín en el metro de Tokio es que se produjo bajo tierra. Los mundos subterráneos —pozos, pasadizos, cuevas, surgencias de aguas y ríos, callejones oscuros, pasos peatonales— siempre me han fascinando y constituyen un tema importante en mis novelas. La imagen, la sola idea de un camino oculto colma de inmediato mi imaginación con todo tipo de historias...

Los emplazamientos subterráneos desempeñan un papel esencial en dos de mis novelas: *El fin del mundo y un despiadado país de las maravillas* y *Crónica del pájaro que da cuerda al mundo*. Los personajes acuden al mundo subterráneo en busca de algo. Allí se topan con distintas aventuras que desarrollan la trama. Se dirigen a las profundidades tanto en sentido físico como espiritual, obviamente.

En *El fin del mundo,* una raza de seres imaginarios, los tinieblos, han vivido debajo de nosotros desde tiempos inmemoriales. Son criaturas horribles: no tienen ojos y se alimentan de carnes putrefactas. Han excavado una amplia red de túneles debajo del suelo de Tokio para conectar sus nidos. La gente corriente, sin embargo, jamás ha sospechado de su existencia. Los protagonistas descienden por una u otra razón a ese mítico paisaje inferior y allí encuentran escalofriantes trazas de una plaga de tinieblos. De un modo u otro, consiguen encontrar el camino de vuelta a través de las oscuras profundidades hasta emerger indemnes en la estación de Aoyama Itchome, en la línea Ginza.

Después de terminar la novela, hubo ocasiones en las que viajaba en el metro de Tokio y fantaseaba con la idea de que había entrevisto algún tinieblo allí fuera, protegido por la oscuridad. Imaginaba que empujaban una roca hasta la vía del tren, que cortaban el suministro eléctrico, rompían las ventanas e invadían los vagones para despedazarnos con sus dientes afilados como cuchillas...

Una fantasía infantil, tengo que reconocerlo. Pero cuando tuve noticia del atentado en el metro, admito que pensé en los tinieblos, en esas figuras sombrías agazapadas tras las ventanas de los vagones. Si pudiera dar rienda suelta a una paranoia mía muy personal, habría logrado ver la relación entre esas criaturas malvadas y los oscuros adeptos que acechaban a los viajeros del metro. Imaginaria o no, esa semejanza fue otra de las razones que me motivó a escribir este libro.

Al decir esto, no pretendo otorgarle a los adeptos de Aum un papel similar al que tienen algunos de los protagonistas de las obras de

H.P. Lovecraft. El hecho de que inventase a los tinieblos en *El fin del mundo* seguramente habla de miedos esenciales que habitan dentro de nosotros. Ya fueran producto exclusivo de nuestra mente o de cierto tipo de subconsciente colectivo, eran una presencia simbólica y representaban un puro y simple peligro, una amenaza de la oscuridad, de ese lugar que queda justo fuera de nuestro campo de visión. No deberían andar sueltos en ninguna circunstancia y nunca deberíamos ver sus horrendas figuras. Debíamos evitarlos a cualquier precio y no abandonar nunca la luz como el lugar donde tenemos que vivir. A pesar de todo, hay ocasiones en las que nosotros, hijos de esa luz, encontramos cierta comodidad al abrigo de la oscuridad. Es como si necesitáramos la protección de la noche, aunque en ninguna circunstancia nos aventuramos hasta el extremo de abrir una puerta cerrada que da paso a lugares más profundos. Más allá comienza la impenetrable y oscura narrativa del mundo de los tinieblos.

Por tanto, en el contexto de mi propia narrativa, los cinco «agentes» de Aum que agujerearon los paquetes que contenían el gas sarín con la punta afilada de sus paraguas, liberaron enjambres de tinieblos bajo las calles de Tokio. Es un pensamiento que me produce pánico, no importa lo simple que pueda ser. A pesar del miedo, tengo que alzar mi voz para decirlo alto y claro: a nadie en ninguna circunstancia, bajo ningún pretexto, le asiste ni una sola razón para justificar lo que hicieron esos criminales en el atentado.

8
A modo de conclusión

En primer lugar me gustaría agradecer el apoyo incondicional de Setsuo Oshikawa e Hidemi Takahashi a mi trabajo de investigación de un año. Ya en el prólogo he hablado de su valiosa ayuda, pero no se trató sólo de eso: me sostuvieron psicológicamente. Al ser un trabajo tan dilatado en el tiempo, se produjeron muchos momentos álgidos y muchas caídas. Me deprimía cada cierto tiempo al tener que enfrentarme con la realidad del atentado. En esos momentos difíciles, sus buenos consejos y ánimos para continuar con un trabajo que consideraban muy importante me sirvieron para seguir adelante.

La redactora Yoko Konosita no tenía experiencia previa en trabajo de no ficción, pero ha manejado con suma rapidez y cuidado cada uno de los imprevistos que tenían lugar, lo cual me ha permitido seguir avanzando en la composición del libro. Se lo agradezco profundamente. Asimismo a Takayoshi Tokushima, Keiko Amano y Akihiro Miyata, de la editorial Kodansha. Su ayuda se remonta al momento de la planificación. De no haber contado con ellos, no habría sido capaz de realizar este trabajo como se presenta ante ustedes.

A los trabajadores de la empresa Miyata Sokki, encargados de las transcripciones de las cintas, un trabajo lento, concienzudo y pesado, quisiera agradecerles también su ayuda durante todo el proceso de redacción. Sin su esencial colaboración, el trabajo habría resultado casi inabordable.

Debería mostrar también agradecimiento al Macintosh 6310 que está sobre mi mesa. De no ser por este ordenador, habría sido imposible organizar todos los textos y documentos que fui recopilando.

Creo que debo aclarar que me inspiré en los libros de Studs Terkel y Bob Greene para escribir el mío.

Dedico este libro con mi más profundo agradecimiento y respeto a las sesenta y dos personas cuyos testimonios aparecen en él. Les deseo a todos salud y una vida próspera.

Lo cierto es que no sé hasta qué punto puede servir un simple deseo, ni tampoco confío mucho en su eficacia. Al final, no soy más que un escritor incompleto con muchos defectos personales. Pero si en algún rincón de este mundo existe un lugar donde se pueda atender, rogaré con todas mis fuerzas para que se haga realidad.

«Todo lo que me han dado ustedes, que tanto ha significado para mí como persona, quisiera compensárselo con creces.»

5 de enero de 1997

Segunda parte
El lugar que nos prometieron

Éste es el lugar que nos prometieron
cuando me dormí,
y me quitaron al despertar.

Éste es el lugar que nadie conoce,
en el que el nombre de barcos y estrellas
se pierde.

Las montañas dejan de ser montañas
y el sol deja de ser el sol.
Uno acaba olvidando cómo era todo.

Me veo a mí mismo, veo
en mi frente la orilla de un mar oscuro.
Hubo un tiempo en que estuve entero, en que fui joven...

Como si eso importara ahora
y pudierais oírme
y el mal tiempo de este lugar fuera a cesar algún día.

«*An Old Man Awake In His Own Death*»
(Un anciano muerto que despierta),
Mark Strand

Prólogo

Cuando escribí *Underground* me hice el propósito de no leer nada sobre Aum. Me puse en la misma situación en la que estaban las víctimas del ataque aquel día: pillados completamente desprevenidos por una fuerza mortal desconocida.

Por eso descarté adoptar cualquier punto de vista de Aum. Mi único temor era que el libro careciera de foco. Lo que quería era evitar ese tipo de planteamientos vagos que quieren presentar el punto de vista de las dos partes.

Por esta razón, algunos criticaron el libro de unilateral. Bueno, era lo que quería: colocar la cámara en un punto fijo. Mi intención era escribir un libro que nos acercara a las personas entrevistadas (lo que, por cierto, no siempre significa que uno esté de parte de esas personas). Quería un libro que nos hiciera sentir lo que esas personas sentían, pensar lo que ellas pensaban. Esto no quiere decir que ignorara por completo la significación social de Aum Shinrikyo.

Después de publicado el libro, y de que la situación se normalizara, se abrió paso en mi interior una pregunta: ¿qué era Aum Shinrikyo? Al fin y al cabo, *Underground* era un intento de restablecer cierto equilibrio en lo que a mí me parecía una información tendenciosa. Una vez hecho el trabajo, debía preguntarme si estábamos recibiendo noticias fidedignas sobre la otra parte de la historia: Aum.

En *Underground*, Aum Shinrikyo era una amenaza sin identificar —un «paquete anónimo», por así decirlo— que, de pronto, sin saber de dónde venía, trastornaba la vida diaria. Ahora quería abrir ese paquete y ver lo que contenía. Comparando el contenido con los puntos de vista expuestos en el libro esperaba alcanzar una comprensión más profunda del fenómeno.

Otra cosa que me motivaba era la vehemente sospecha de que seguíamos sin abordar, y no digamos resolver, ninguna de las cuestiones que planteaba el atentado con gas. En concreto, para mucha gente que está fuera del sistema social japonés (los jóvenes sobre todo) sigue sin haber una alternativa ni protección real. Mientras exista ese vacío crucial en nuestra sociedad, semejante a un agujero negro, de poco servirá que suprimamos Aum, pues volverán a aparecer otros campos de fuerza magnéticos —otros grupos como Aum— y volverán a producirse sucesos parecidos.

Empecé a trabajar en *El lugar que nos prometieron* con un sentimiento de desasosiego; ahora que he acabado, mi desasosiego es incluso mayor. No siempre era fácil encontrar a víctimas del ataque que quisieran ser entrevistadas, como tampoco lo era encontrar a adeptos de la secta, o a ex adeptos, a quienes entrevistar. ¿Qué criterio podía emplear para elegir a los entrevistados? ¿Cómo elegirlos para que fueran representativos y cómo saber que lo eran? Pero aunque encontrara a las personas adecuadas, también me preocupaba que lo que dijeran no fuera más que simple propaganda religiosa. ¿Cómo comunicarnos con ellos de una manera que tuviera sentido?

Los editores de la revista *Bungei Shunju,* en la que se publicaron las entrevistas por primera vez, me encontraron a los miembros o ex miembros de la secta. En general, las entrevistas fueron del mismo estilo y formato que las de *Underground.* Decidí dejar a los entrevistados toda la libertad y el tiempo que necesitaran para responder. Las entrevistas duraron unas tres o cuatro horas. Se transcribieron las grabaciones y se permitió a los entrevistados que revisaran las transcripciones para que, después de reflexionar, omitieran partes que no querían que se publicaran o añadieran cosas que creyeran importantes y hubieran olvidado decir en la entrevista. Sólo cuando tenía su visto bueno, publicaba las entrevistas. Yo quería usar sus nombres reales en la medida de lo posible, aunque muchas veces ponían como condición para la entrevista que no se diera indicación alguna si se usaba un seudónimo.

No nos preocupamos mucho de comprobar si las afirmaciones de los entrevistados se correspondían con la realidad, salvo en el caso de que dichas afirmaciones contradijeran los hechos de manera palmaria. Esto podrá parecer objetable, pero mi labor era escuchar a la gente y registrar lo que decía lo más claramente posible. Aunque haya detalles que no se correspondan con la realidad, el relato colectivo de las historias personales tiene en sí mismo una fuerte dosis de realidad. Esto es algo que los novelistas saben muy bien, y por eso este trabajo me parece perfectamente apropiado para un novelista.

Debo decir, sin embargo, que el formato de entrevista del presente libro difiere algo del de *Underground.* Esta vez intercalo mis opiniones, expreso dudas e incluso debato algunos puntos. En *Underground* procuré mantenerme siempre en un segundo plano, pero en este libro he decidido participar más activamente. En ocasiones, por ejemplo, la conversación se desviaba demasiado hacia cuestiones de dogma religioso, algo que no me parecía oportuno.

No soy ningún experto en religión ni ningún sociólogo, sino simplemente un novelista, y no muy bueno. (Esto no es falsa modestia, mucha gente puede dar fe de ello.) Mis conocimientos de religión no superan en mucho los de cualquier aficionado, y por eso llevaría las de perder si me pusiera a debatir cuestiones doctrinales con un creyente devoto.

Esto me preocupaba cuando empecé a hacer las entrevistas, pero no me arredré. Cuando no entendía algo, exponía sin reparos mi ignorancia; cuando consideraba que la mayoría de la gente no aceptaría un determinado punto de vista, lo rebatía. «Podrá tener cierta lógica», decía, «pero la gente normal no se lo creerá.» No digo esto para defenderme ni para presumir de enérgico. Quería que los términos y las ideas quedaran claras antes de seguir; decir: «Un momento, ¿eso qué significa?», en lugar de asentir y dejar que un montón de términos técnicos pasaran sin aclaración.

Creo que, a efectos de sentido común, logramos entendernos y yo pude comprender las ideas básicas que los entrevistados querían transmitir. (Otra cosa es que esté o no de acuerdo con ellas.) Esto era más que suficiente para el tipo de entrevista que yo estaba realizando. Analizar detalladamente el estado mental de los entrevistados, evaluar las justificaciones éticas y lógicas de sus posturas, etcétera, no eran los objetivos que me fijé para este proyecto. Dejo para los expertos el estudio en profundidad de las cuestiones religiosas y su significado social. Lo que yo he querido exponer es la manera como estos adeptos de Aum se presentan en una conversación normal cara a cara.

Con todo, hablar con ellos tan confidencialmente me hizo ver hasta qué punto la inquietud religiosa que los mueve y el proceso de escribir novelas se parecen, aunque no sean idénticos. Esto excitaba mi curiosidad mientras los entrevistaba, y también es la razón por la que a veces sentía algo parecido a la irritación.

Siento una rabia permanente contra los miembros de Aum Shinrikyo implicados en el atentado, contra los acusados y contra todos los que tuvieron algo que ver. He conocido a algunas de las víctimas, muchas de las cuales siguen sufriendo, y he visto en persona a aquellos que perdieron a sus seres queridos. Es algo que recordaré mientras viva. Sean cuales sean los motivos o circunstancias que haya detrás, un crimen como éste no puede tolerarse bajo ningún concepto.

Dicho esto, no está claro en qué medida fue todo el grupo responsable del atentado. Que el lector juzgue por sí mismo. No entrevisté a adeptos o ex adeptos de la secta con la idea de criticarlos o denunciarlos, ni tampoco para que la gente los viera con mejores ojos. Lo que quiero proporcionar con este libro es lo mismo que esperaba transmitir con *Underground:* no un punto de vista claro, sino material de carne y hueso con el que construir múltiples puntos de vista, que es lo mismo que me propongo cuando escribo novelas.

Como novelista, pasaré por el tamiz lo que haya quedado dentro de mí, investigaré, pondré en orden todo el material, siguiendo el largo proceso de darle forma narrativa; lo cual, en este caso, no es tarea fácil.

Las entrevistas se publicaron por entregas mensuales en la revista *Bungei Shunju* desde abril a octubre de 1997, bajo el título de *Post-Underground.*

«Sigo en Aum.»
HIROYUKI KANO (nacido en 1965)

Kano nació en Tokio, pero pronto se trasladó a una prefectura vecina, donde creció. En la universidad su salud decayó y empezó a asistir a clases de yoga en un centro de Aum. A los veintiún días, Shoko Asahara le aconsejó que se hiciera monje, consejo que siguió cinco meses después.

Cuando se produjo el atentado del metro, Kano era miembro del ministerio de ciencia y tecnología de Aum, donde realizaba tareas informáticas. Hasta entonces, los seis años que llevaba en la secta habían sido plenamente satisfactorios y había hecho muchos amigos.

Aunque no ha dejado Aum de manera oficial, ya no vive en comunidad con otros miembros y guarda las distancias. Vive solo en Tokio, trabaja en casa con el ordenador y sigue su propio régimen de aprendizaje ascético. Está muy interesado en el budismo y aspira a confeccionarle un marco teórico. Muchos de sus amigos han dejado Aum. Con treinta y dos años, se pregunta lo que le deparará el futuro.

La entrevista duró bastante tiempo, pero en ningún momento mencionó el nombre de Shoko Asahara. Evitaba aludir a él por su nombre y prefería términos como «líder» o «gurú» y, en una ocasión, si no recuerdo mal, lo llamó «esa persona».

En la escuela era un niño sano y más alto que mis compañeros. Me gustaba hacer deporte y participaba en todo. Pero luego dejé de crecer y ahora soy un poco más bajo que la media. Es como si mi desarrollo físico hubiera obedecido a mi estado emocional y decaído junto con mi salud.

Era un buen estudiante, pero sentía cierta reticencia a estudiar. Para mí, estudiar significa adquirir sabiduría, pero la enseñanza en la escuela consistía simplemente en memorizar, por ejemplo, cuántas ovejas hay en Australia. Uno puede aprender muchas cosas así, pero eso no va a hacerlo sabio. Y, para mí, ser adulto era eso, tener cierta paz, esa clase de inteligencia. Había una gran diferencia entre la idea que yo tenía de lo que debía ser un adulto y los adultos reales que me rodeaban.

Nos hacemos mayores, adquirimos conocimientos y experiencia, pero por dentro no maduramos como personas. Si quitamos la apariencia externa y el saber superficial, lo que queda es poco más que un niño.

También albergaba serias dudas acerca del amor. Cuando tenía diecinueve años, reflexioné mucho sobre el tema y llegué a la siguiente conclusión: el amor puro y lo que la gente llama amor romántico son dos cosas distintas. El amor puro no manipula la relación en provecho propio, pero con el amor romántico es distinto. El amor romántico contiene otros elementos, por ejemplo, el deseo de ser amado. Si amar a otra persona fuera suficiente, nadie sufriría por el amor no correspondido. Mientras la persona amada sea feliz, no habría que sufrir por no ser amado. Lo que nos hace sufrir es el deseo de que nos amen. Así que concluí que el amor puro y el amor romántico son cosas distintas, y que, si seguimos esta idea, podemos mitigar el dolor de no ser correspondidos.

Me parece un planteamiento demasiado lógico. La gente vive amores no correspondidos, pero no por eso suscribiría esa idea.

Es posible. Pero yo, desde que tenía doce años, siempre me lo he planteado todo desde el punto de vista filosófico. Cuando me ponía a pensar en algo, era capaz de pasarme seis horas. Para mí, «estudiar» algo significa precisamente eso. La escuela no era más que una carrera para obtener las mejores notas.

Hablé con mis amigos sobre todo esto, pero no sirvió de nada. Incluso los amigos que era buenos estudiantes me decían: «¡Vaya cosas se te ocurren!», y con eso zanjaban la cuestión. No se hablaba más del tema. No encontraba a nadie que quisiera hablar sobre lo que a mí me importaba.

La mayoría de los adolescentes, cuando tienen inquietudes de ese tipo, buscan consejo y guía en los libros.

A mí no me gusta leer. Cuando leo un libro, lo único que veo es lo equivocado que está, sobre todo los de filosofía (sólo he leído unos pocos y no los soporto). Yo siempre he pensado que la filosofía debe ayudarnos a profundizar en nuestra conciencia y a encontrar una «solución» a los problemas de la vida, a entender cuál es el fin del vivir, a alcanzar la plenitud y a ser felices, a decidir cuáles deben ser las metas de nuestra vida. Todo lo demás debe conducir a esto. Pues bien: los libros que he leído parecían todos simples pretextos para que famosos académicos hicieran alarde de sus conocimientos lingüísticos: «¡Mirad cuánto sé!». Esto lo veía pronto y se me atragantaba. Así que los libros de filosofía nunca me han ayudado a nada.

Hay otra cuestión que me dio qué pensar cuando iba a sexto de secundaria. Un día me quedé mirando unas tijeras que llevaba en la mano y, de pronto, reflexioné que aquellas tijeras, que alguien había creado trabajando muy duro, algún día se romperían. Todo lo que tiene una forma acaba deformándose. Lo mismo ocurre con el ser humano. Al final, todos morimos. Todo se dirige a la destrucción y no hay vuelta atrás. Por decirlo de otro modo, la destrucción es el principio con el que opera el universo. Cuando llegué a esta conclusión, empecé a verlo todo de una manera muy negativa.

Por ejemplo, si mi vida está destinada a la destrucción, poco importa si soy presidente del país o pobre de solemnidad. ¿Qué sentido tiene luchar? La horrible conclusión a la que llegué es que si el sufrimiento es siempre mayor que el placer, lo más juicioso es suicidarse lo antes posible.

Sólo hay una salida, y es el «más allá». Es la única esperanza que nos queda. La primera vez que oí esa expresión, «más allá», pensé que era una estupidez. Leí el libro de Tetsuro Tanba *¿Qué hay después de la muerte?* para ver cuántas tonterías decía. Yo soy de esos que, cuando se les mete una idea en la cabeza, la llevan hasta las últimas consecuencias. No soy de los que dicen: «¡Qué diablos! Seguro que es verdad». Tengo que diferenciar claramente lo que entiendo de lo que no. Lo mismo ocurre con el estudio. Por cada cosa que aprendo surgen en mi mente diez más que quiero saber. Y hasta que no las aprendo no puedo seguir.

Pero a lo que iba: el libro de Tanba no valía nada, pero mencionaba a Swedenborg, al que leí y admiré. Swedenborg era un famoso científico que habría merecido el Premio Nobel, pero a partir de los cincuenta se convirtió en una especie de psicólogo y escribió mucho sobre la vida en el más allá. Lo que me impresionaba era lo lógico de su pensamiento. A diferencia de otros libros sobre el tema, todo lo que él decía encajaba de una manera lógica. La relación entre las premisas y las conclusiones era perfectamente convincente y creíble.

Decidí profundizar un poco más en el tema y leí un montón sobre experiencias al borde de la muerte. Me quedé asombrado. Los testimonios se parecían muchísimo. Las personas figuraban con sus propios nombres y fotografías. «No pueden haberse puesto de acuerdo para decir la misma mentira», me decía. Cuando conocí las leyes del karma, fue como si se hubiera descorrido un velo, y muchas de las dudas que había tenido desde que era niño se desvanecieron.

Me percaté de que el principio budista fundamental de la transitoriedad del mundo coincide con la idea que yo tenía sobre la tendencia a la destrucción del universo. Esto siempre me había parecido negativo, pero ahora veía que me llevaba fácilmente al budismo.

¿Leíste también libros sobre budismo?

No estudios propiamente dichos. Los que leí trataban el tema con vaguedad. No pude encontrar la «solución» que estaba buscando. Hablaban de varios *sutras,* pero no acababan de abordar el meollo de la cuestión, los temas que a mí me interesaban. Los testimonios de las personas me eran más útiles para lo que quería descubrir.

Naturalmente, había cosas que no podía creerme. No sé cómo, pero, por alguna razón, estaba seguro de que podía distinguir qué partes de las historias de la gente podían creerse y qué partes no. Llámalo experiencia, o intuición, pero sentía una extraña seguridad de que podía hacerlo.

Tengo la impresión de que descartas todo lo que va en contra de tus teorías o pensamientos. En el mundo hay muchas cosas que contradicen nuestras opiniones, que desafían nuestras queridas ideas, pero me da la sensación de que prefieres no tenerlas en cuenta.

Ya en la escuela casi nunca perdía una discusión con un adulto. Los adultos me parecían tontos. Ahora lamento haber pensado así. Entonces yo era un inmaduro. Cuando defendía un punto de vista, sabía que podía perder y por eso daba rodeos y nunca perdía. Era un poco orgulloso.

Con mis amigos siempre me llevaba bien. A la persona con la que estaba hablando le decía lo que convenía. Siempre sabía lo que había que decir en cada momento para que no estallara un conflicto. De este modo hacía muchos amigos. Así viví unos diez años, juntándome con amigos. Pero cuando llegaba a casa y estaba solo, me preguntaba qué sería de mi vida si seguía así. En última instancia, no tenía un solo amigo con los mismos intereses que yo.

No hice los exámenes de ingreso a la universidad, sino que me matriculé en una escuela técnica y estudié para ingeniero electricista, aunque en verdad no era lo que quería hacer. Seguía aspirando a alcanzar la verdadera sabiduría. Tenía un ideal que consistía en sistematizar científicamente la filosofía oriental.

Tomemos por ejemplo los biofotones, la luz que los seres vivos despiden. Si reuniéramos estadísticas detalladas sobre la relación entre los biofotones y las enfermedades, podríamos descubrir las propiedades físicas que intervienen. Por ejemplo, se pueden descubrir propiedades físicas relacionando los biofotones con los movimientos del corazón. Yo lo creo por mi experiencia con el yoga.

Es decir, para ti era muy importante medir la cantidad de fuerza y ser capaz de visualizarla, ¿no?

Exacto. Si sistematizamos las cosas así, nuestros argumentos resultarán verdaderos. En este sentido, la ciencia moderna es un sistema asombroso. Aum también tiene muchas cosas válidas. Quiero conservar su sustancia. Ha acabado como religión, pero aún queda teorizarlo como ciencia natural.

Lo que no puede medirse científicamente no me interesa. Lo que no puede medirse carece de poder persuasivo, cualquier valor que pueda tener luego resulta intransmisible. Cuando las cosas que no pueden medirse adquieren poder, acaban siendo como Aum. Si somos capaces de medir las cosas, les quitamos su peligro potencial.

Vale, pero ¿cómo podemos estar seguros de que esas medidas son verdaderas? ¿No diferirán según el punto de vista? Y está también el peligro de que los datos pueden manipularse. Tendríamos que decidir con qué medidas quedarnos y con cuáles no, por no hablar de la fiabilidad de los instrumentos de medición.

Mientras que el sistema estadístico que usemos sea el que se usa en la ciencia médica, todo irá bien. Tales síntomas significan tal cosa y han de ser tratados de tal forma.

Imagino que no lees novelas.

No, no leo novelas. Lo máximo que he podido leer de una novela antes de dejarla son tres páginas.

Yo, como novelista, soy lo opuesto que tú, porque creo que lo más importante es aquello que no puede medirse. Respeto tu manera de pensar, pero la mayor parte de la vida de la gente consiste en cosas que son inconmensurables, e intentar convertirlas en algo medible es imposible.

Cierto. No es que yo crea que las cosas que no pueden medirse no valgan, es que me parece que el mundo está lleno de sufrimiento que podría evitarse. Y las causas de ese sufrimiento no hacen más que crecer. El deseo incontrolable hace sufrir a las personas: por ejemplo, la avidez por la comida, por el sexo...

Lo que Aum hizo fue reducir ese tipo de estrés psicológico, con lo que aumentó el poder de las personas. El 99 por ciento de la imagen que los adeptos de Aum tienen de Aum Shinrikyo es exactamente eso: una manera de ver los fenómenos espirituales y físicos y un remedio o solución a ellos. La organización o cierta filosofía escatológica no es más que la imagen que han creado de Aum los medios de comunicación. No conozco a nadie que se tome en serio las profecías de Nostradamus, ni que se deje convencer por ese tipo de cosas.

Lo que yo quiero es sistematizar científicamente ciertas ideas filosóficas propias de Oriente, como la transmigración de las almas y el karma. Si vas a la India, verás que allí la gente cree en estas cosas de una manera intuitiva, que estas creencias forman parte de la vida cotidiana, pero en los países avanzados vivimos en una época en la que es necesario darles un fundamento teórico para que la gente las entienda y las acepte.

Antes de la guerra, había japoneses que creían que el emperador era un dios y murieron por esa creencia. ¿Te parece esto aceptable? ¿Crees que las cosas están bien porque uno se las cree?

Si ése fuera el fin, entonces estaría bien, pero si creemos en el más allá, entonces es mejor vivir una vida budista.

Pero eso es simplemente una cuestión de creer en una cosa o en otra: creer en el emperador o en la transmigración budista.

Pero el resultado es distinto. Lo que conseguimos después de muertos si creemos en el emperador no es lo mismo que conseguimos si creemos en el budismo.

Eso es lo que dicen los budistas. La gente que creía en el emperador pensaba que, si moría por él, su alma reposaría en el santuario Yasukuni y encontraría la paz. ¿A ti te parece bien?

Por eso me interesa tanto encontrar un método que demuestre matemáticamente el budismo. Ese método aún no existe, y por eso estamos debatiendo ahora. Es todo lo que tengo que decir.

O sea, que si alguien encuentra un método para demostrar teóricamente la divinidad del emperador, ¿no tendrías nada que objetar?

Nada. Si eso beneficia a esa persona en el más allá, no tendría nada que objetar.

Lo que quiero decir es que si estudiamos la historia de la ciencia, vemos que ésta ha sido manipulada por razones políticas y religiosas. Los nazis lo hicieron. Ha habido mucha presunta ciencia que luego ha resultado una impostura.

Y eso ha causado a la sociedad un perjuicio indecible. Puede que tú seas una persona que comprueba las cosas cuidadosamente, pero la mayoría de la gente se traga lo que la autoridad le dice que es «científico» y hace lo que le dicen. Y eso para mí es muy peligroso.

Creo, en efecto, que nos hallamos en una situación muy peligrosa. Pero hay gente en el mundo que sufre innecesariamente. Por eso trato de discurrir la manera de evitarlo.

Por cierto, ¿cómo te uniste a Aum Shinrikyo?

Leí un libro sobre cómo practicar meditación en casa y, cuando intenté hacerlo, me ocurrió algo muy extraño. No lo hice con la seriedad que debía y, cuando quise purificar mi *chakras,* vi que mi *chi* [fuerza vital] se había debilitado muchísimo. Se supone que cuando uno purifica su *chakras,* aumenta al mismo tiempo su fuerza vital. Pero no era mi caso. Mi *chakras* se había desequilibrado. Tan pronto sentía que me abrasaba como que me congelaba. Mi energía caía en picado y siempre estaba anémico. Era una situación peligrosa. No podía comer nada y perdí mucho peso. En clase me mareaba y no podía estudiar.

Un día fui al *dojo* de Aum, en el barrio de Setagaya. Me explicaron lo que me pasaba y me dijeron cómo curarme. Practiqué los ejercicios de respiración que me enseñaron y mejoré tan rápido que me parecía mentira.

Los dos meses siguientes acudí poco al *dojo,* pero luego empecé a ir regularmente y trabajaba de voluntario doblando folletos y otras cosas. Al poco hubo una sesión de *«secret yoga»* en la que uno podía hablar directamente con el líder [Shoko Asahara], yo le pregunté qué debía hacer para mejorar mi mala salud. «Tienes que hacerte monje», me contestó. Era como si hubiera visto mi verdadero ser con sólo mirarme. La gente estaba sorprendida porque yo era la primera persona a la que le decía aquello, así que pensé que no me quedaba más remedio que dejar los estudios y hacerme monje. Tenía veintidós años.

Eran muy pocos los que empezaban haciéndose monjes. No es lo normal. Pero yo estaba tan débil que apenas podía caminar, y sabía que si seguía así, no podría llevar una vida normal. «Tú no estás hecho para este mundo transitorio», me dijo, y yo no podía estar más de acuerdo. En realidad, no mantuvimos lo que se dice una conversación, sino que me lo dijo de pronto. Normalmente, él no hablaba, pero era capaz de decir muchas cosas de una persona simplemente mirándola a la cara. Era como si lo supiera todo de uno. Por eso la gente creía en él.

Uno podría sospechar que antes de ver a una persona se leía algún informe con toda clase de datos sobre ella.

Claro, es posible. Pero entonces no lo parecía. Me hice monje en 1989, y por entonces sólo había unos doscientos monjes. Al final creo que eran tres mil.

Cuando estaba de buenas, [Asahara] era la persona más amable que he conocido en mi vida. Ahora bien, cuando se enfadaba, daba miedo. La diferencia era tan marcada que, cuando uno hablaba con él, acababa convencido de que aquel hombre estaba inspirado.

Me costó mucho hacerme monje. No quería preocupar a mis padres y tampoco me gustaban las nuevas religiones. A mis padres se lo expliqué lo mejor que pude, pero ellos se echaron a llorar, cosa que me irritó. Mis padres no debaten, lloran. Mi madre murió poco después y eso me apenó mucho. Había padecido mucho durante su vida, y es posible que este asunto fuera la gota que colmó el vaso. Estoy seguro de que mi padre piensa que murió por mi culpa. Sí, seguro que lo piensa.

[Poco después hubo elecciones al congreso y Aum Shinrikyo presentó varios candidatos. Kano estaba convencido de que Asahara sería elegido. Aún hoy sigue sin creerse que casi nadie votara por él. Muchos adeptos piensan que las elecciones estuvieron amañadas. Después de eso, Kano fue destinado al departamento de construcción y trabajó en la edificación de un centro de Aum en Naminomura, en la prefectura de Kumamoto.]

Estuve en Naminomura durante unos cinco meses, trabajando de camionero. Me recorría todo Japón trayendo material de construcción. No estaba mal. En la obra se trabajaba a pleno sol y conduciendo un camión se estaba mucho más fresco.

La vida en Aum era más dura que la vida secular, pero cuanto más dura era, más satisfecho se sentía uno. Mis conflictos internos se acabaron gracias a Aum. Hice un montón de amigos, adultos, niños, ancianas, hombres, mujeres. En Aum todo el mundo aspiraba a lo mismo, a elevar su espiritualidad, y teníamos mucho en común. No necesité cambiar para llevarme bien con los demás.

Ya no dudábamos, porque todas nuestras preguntas tenían una respuesta. Todo estaba resuelto. Se nos decía: «Haz esto y te ocurrirá aquello». Nos preguntáramos lo que nos preguntáramos, enseguida teníamos la respuesta. Yo me hallaba completamente inmerso en aquella vida. *(Risas.)* Los medios de comunicación nunca trataron este aspecto. Para ellos todo se reducía a que controlaban nuestra mente. Pero no es verdad. Eso lo dicen para tener más audiencia. Ni siquiera se molestan en contar los hechos.

Cuando volví a la sede del monte Fuji, trabajé con ordenadores. Mi superior era Hideo Murai. Yo quería investigar una serie de cosas y Murai me dijo, sin mucho interés: «Pues adelante». Él bastante tenía con cumplir las órdenes que recibía de arriba.

Cuando dices «de arriba», ¿te refieres a Asahara?
Sí. Murai estaba tratando de suprimir su ego. Lo que menos quería era que lo molestara nadie con nuevas ideas. Pero no le importaba que investigáramos por nuestra cuenta.

Mi rango era el de ayudante de maestro, el mayor que se puede tener por debajo del líder, algo parecido al jefe de sección de una empresa. En realidad no era para tanto. No tenía a nadie por debajo de mí. Era como si trabajara por mi cuenta, sin trabas. Conocí a un montón de gente como yo. De creer lo que dicen los medios de comunicación, todos estábamos sometidos a un control estricto, como si nos halláramos en Corea del Norte, pero la realidad es que mucha gente tenía libertad para hacer lo que le diera la gana. Y, por supuesto, para salir y entrar. No teníamos coche propio, pero podíamos pedir prestado uno cuando quisiéramos.

Pero luego se ejerció una violencia sistemática: el asesinato del abogado Sakamoto y su familia, palizas mortales, el atentado de Matsumoto. ¿Tú sabías que estas cosas estaban sucediendo?
Notaba que había más actividad de la habitual, tejemanejes secretos y sospechosos. Pero, al margen de lo que yo pudiera ver, yo me obstinaba en creer que los beneficios personales de lo que estábamos haciendo eran mucho mayores que el mal que pudiéramos causar. No me creía todo lo que decía la prensa. Ahora bien, hace un par de años [1996], empecé a preguntarme si esas cosas no estarían ocurriendo de verdad.

Estaba seguro de que nuestro grupo no podía ocultar durante tantos años lo que le había ocurrido a Sakamoto. Porque la organización era un caos. Era como el comunismo: si uno cometía un error, nadie lo despedía, y aunque decíamos que «trabajábamos» en Aum, no percibíamos un salario ni nada parecido. Yo no diría que fuéramos irresponsables; sólo que no existía un sentido de la responsabilidad individual. Todo era confuso y arbitrario. Se tenía la idea de que, mientras uno avanzara en su espiritualidad, ninguna otra cosa importaba. La mayoría de la gente que hace vida secular tiene mujer e hijos, y, por tanto, cierto sentido de la responsabilidad, pero en Aum eso no existía.

Por ejemplo, si uno estaba trabajando en una obra y esperaba unas vigas de acero que no llegaban, la persona encargada decía: «Ah, es verdad, me había olvidado». Y no pasaba nada. Podían reprenderlo un poco, pero a él le daba igual. Todos habían alcanzado un nivel en el que las duras realidades de la vida no los afectaban. Y cuando ocurría algo malo, decían que era por el mal karma que había y todos tan contentos. Los errores, las reprimendas, todo eso lo veían como impurezas personales que les sobrevenían. *(Risas.)* Bien pensado, era gente impasible. Pasara lo que pasara, a ellos les daba igual. Los miembros de Aum miraban con superioridad a la gente que vivía en el mundo secular, como diciendo: «Pobres, ¡cuánto sufren! Pero a nosotros no nos preocupa».

Tú fuiste miembro activo de Aum durante seis años, de 1989 a 1995. ¿Tuviste problemas o dudas en ese tiempo?

Yo sentía gratitud, satisfacción plena. Porque si algo doloroso me ocurría, ellos me explicaban con todo detalle lo que significaba. Conforme uno subía de rango, más admirable le parecían todos. Fumihiro Joyu es un buen ejemplo, pero había muchos tan elocuentes como él. Había algo en Aum que actuaba en una dimensión diferente del mundo secular. Cuanto más alto se llegaba, menos necesitaba uno dormir; había mucha gente que sólo dormía tres horas al día. Hideo Murai era uno de ellos. Esta gente poseía poder espiritual, capacidad de discernimiento... Eran asombrosos en todo.

¿Tuviste muchas ocasiones de ver a Shoko Asahara y hablar con él?

Sí, algunas. Antes, cuando éramos menos adeptos, la gente se dirigía a él muy a menudo para exponerle problemas tontos, por ejemplo, que siempre tenían sueño... Pero luego la organización fue creciendo y ya no tuvimos tantas oportunidades. Ya no pudimos hablar a solas con él.

Pasé por varias iniciaciones. Algunas, bastante duras. Había una que se llamaba «Calor» que era tremenda, y en la que además se usaban drogas. Entonces no lo sabía, pero era LSD. Lo tomabas y era como si no existiera más que tu mente. No sentías tu cuerpo, te veías cara a cara con tu subconsciente más profundo. Daba poco gusto enfrentarse a eso, te lo aseguro. Uno se sentía completamente inerte, como debe de sentirse uno cuando se muere. Yo no sabía que era droga, creía que era alguna medicina que me hacía más introvertido para ayudarme en mi aprendizaje ascético.

Pero parece ser que hubo gente que tuvo muy malas experiencias y acabaron con profundas secuelas emocionales.

Eso es porque la dosis era muy fuerte y porque no funcionaron otros métodos. En Aum existía un departamento que se llamaba ministerio médico cuyo encargado era Ikuo Hayashi, pero era algo caótico. Creo que si lo hubieran hecho de una manera más científica, no habría habido problemas. Hay que tener en cuenta que en Aum existía la idea de que uno debe ser sometido a duras pruebas y tiene que superarlas. En el caso de las drogas, es cierto, deberían haber ido con más cuidado.

En marzo de 1995, cuando se produjo el atentado con gas del metro, ¿dónde estabas y qué hacías en ese momento?

Estaba en mi habitación en Kamikuishiki, solo, con el ordenador. Tenía acceso a internet y estaba leyendo la prensa. Eso no nos estaba permitido, pero yo lo hacía porque sí. A veces también salía a comprar algún periódico, que luego les pasaba a los demás. Si nos pillaban nos daban un aviso, pero nada más.

Así pues, estaba repasando la prensa por internet cuando leí lo del atentado. Pero no pensé que Aum tuviera nada que ver. No sabía quién lo había cometido, pero estaba seguro de que no había sido Aum.

Incluso cuando lo detuvieron [a Asahara], no sentí rabia. Parecía algo inevitable. Los adeptos de Aum creen que sentir rabia es señal de una espiritualidad inmadura. En lugar de enfadarnos, pensamos que era más virtuoso profundizar en la realidad de la situación y estudiar qué acciones emprender.

Deliberamos acerca de lo que se podía hacer y resolvimos que lo mejor era seguir con nuestras prácticas. No teníamos ninguna sensación trágica de vernos acorralados ni nada por el estilo. Dentro de Aum se estaba en calma, como en el ojo del huracán.

No empecé a creer que Aum era culpable hasta que confesaron los detenidos. Casi todos eran viejos amigos míos. Ahora bien, para la mayoría de los adeptos de Aum, lo importante no es si lo hicieron o no, sino si debían o no seguir con su aprendizaje ascético. Cómo desarrollar nuestro yo interior era más importante que si Aum era culpable o no.

Pero las enseñanzas de Aum Shinrikyo iban en una determinada dirección que condujo a esos atentados en los que murió o resultó herida mucha gente. ¿Qué piensas de eso?

Hay que entender que esa parte, el budismo Vajrayana, es muy diferente de lo demás.

Sólo los que han alcanzado un estadio muy elevado practican Vajrayana. Se nos decía una y otra vez que sólo quienes completaban el estadio Mahayana podían emprender el otro. Nosotros estábamos muchos niveles por debajo. Por eso no cuestionamos la educación ni las actividades ni siquiera después del ataque.

Dejando aparte la cuestión de los estadios altos o bajos, lo cierto es que el budismo Vajrayana constituye una parte importante de la doctrina Aum y tiene, por tanto, su relevancia.

Entiendo lo que dices, pero, desde nuestro punto de vista, aquello quedaba muy lejos y no guardaba ninguna relación con lo que hacíamos o pensábamos. Había miles de cosas que teníamos que cumplir antes de alcanzar ese nivel.

O sea, que pensabas que aquello no iba contigo, ¿no? Ahora bien, imaginemos que tu nivel subiera de pronto al nivel del budismo Vajrayana y te ordenaran matar a alguien como parte de tu camino para llegar al nirvana. ¿Lo harías?

Lógicamente, es una pregunta sencilla. Si matando a otra persona la elevas, esa persona será más feliz de lo que lo sería en esta vida. O sea, que entiendo esa vía. Pero sólo debería hacerlo quien sea capaz de distinguir el proceso de transmigración y renacimiento. Si no, es mejor que se abstenga. Si yo hubiera sido capaz de percibir lo que le pasa a una persona después de muerta, y hubiera sido capaz de ayudarla a subir de nivel, es posible que lo hubiera hecho. Pero en Aum no había nadie que hubiera subido tan alto.

Pero esas cinco personas lo hicieron.

Pero yo no lo habría hecho. Ésa es la diferencia. Yo no podía responsabilizarme de esa clase de acciones. Me espanta y no habría podido hacerlo. Una cosa debe quedar clara: quien no es capaz de distinguir la transmigración de una persona no tiene derecho a quitarle la vida.

¿Estaba Shoko Asahara facultado para hacerlo?

En aquel momento creo que sí.

Pero ¿acaso puede medirse eso? ¿Hay alguna prueba objetiva?

No, de momento no.

Pero ¿crees que está bien que las leyes de nuestra sociedad lo juzguen, independientemente de la sentencia que se dicte?

Sí. No digo que todo lo que hace Aum sea correcto. Pero sí pienso que tiene muchas cosas válidas y quiero usarlas para provecho de la gente normal.

Pero el caso es que murió gente normal, y si no sois capaces de tener eso en cuenta, ¿quién, con sentido común, querrá escucharos?

Por eso creo que ya no podemos hablar del tema en el marco de Aum. Sigo siendo miembro, porque los beneficios que he recibido son enormes. Estoy tratando de buscar una solución a nivel individual. Sigo creyendo que hay muchas posibilidades. Creo que se necesita un cambio de rumbo lógico. Hay elementos buenos y lo que ahora estoy haciendo es tratar de separar lo que entiendo de lo que no.

Voy a esperar unos dos años, y si Aum sigue siendo como ahora, me saldré. Hasta entonces he de reflexionar mucho. Pero una cosa es segura: Aum Shinrikyo no aprende por experiencia. Es un grupo sordo a lo que la gente dice. No se dejan afectar. Son inmunes al remordimiento. Es como cuando, hablando del atentado, dicen: «Era una misión por los demás, no por nosotros».

Yo no soy así, porque pienso que el atentado fue algo terrible. Nunca tendría que haberse llevado a cabo. En mi interior se debaten ese sentimiento de horror y las cosas buenas que he vivido. La gente que siente con más intensidad lo terrible del suceso deja Aum; los que piensan que lo «bueno» es más importante se quedan. Yo estoy en medio. Voy a esperar y ver qué pasa.

«Nostradamus ha tenido una gran influencia en mi generación.»
AKIO NAMIMURA (nacido en 1960)

Namimura nació en la prefectura de Fukui. Quería estudiar literatura y religión, que siempre le habían interesado, pero su padre, que era un hombre obstinado, se opuso, así que dejó la universidad y se puso a trabajar en una fábrica de componentes de automóviles en la ciudad de Fukui. En el instituto no le gustaba estudiar y leía libros por su cuenta, sintiéndose siempre ajeno a su entorno. La mayoría de los libros que leía eran de religión y filosofía.

Ha tenido muchos libros y sigue leyendo, reflexionando, escribiendo e interesándose por las religiones. A lo largo de su vida siempre ha tenido la sensación de no estar en armonía con el mundo, y por eso ha buscado siempre el trato con gente marginal. En su búsqueda, sin embargo, siempre persiste la duda de si lo que encuentra es la respuesta que busca. No se ve capaz de entregarse en cuerpo y alma a ningún grupo, ni lo hizo cuando era adepto de Aum.

En la actualidad ha vuelto a su ciudad natal, donde trabaja para una compañía de transportes. Siempre le ha gustado el mar y va muy a menudo a nadar. Le encanta Okinawa. Llora con las películas de Hayao Miyazaki. «Eso demuestra que siento como una persona normal», dice.

Cuando acabé el instituto, quería renunciar al mundo o morir, una de las dos cosas. La idea de ponerme a trabajar me horrorizaba. Deseaba llevar una vida religiosa. Como vivir significa pecar, pensaba que morir era lo mejor para el mundo.

Eso era lo que pensaba cuando empecé a trabajar vendiendo neumáticos para una fábrica de componentes de automóvil. Al principio era un mal vendedor. Iba a una gasolinera o a un taller mecánico, decía «Hola» y me quedaba paralizado, incapaz de decir nada más. Lo pasaba mal y no hacía clientes. Al principio, mis ventas se reducían a cero.

Luego me volví más sociable y conseguí vender algo. Era una buena preparación para la vida. Trabajé en eso durante unos dos años. Lo dejé porque perdí el carnet de conducir.

Un pariente mío dirigía una escuela preuniversitaria en Tokio y me preguntó si quería trabajar allí. Yo estaba pensando en hacerme novelista y, cuando se lo dije, me respondió: «Puedes estudiar para novelista mientras corriges los trabajos de los estudiantes».

Me pareció bien. Me trasladé a Tokio a principio de 1981 y empecé a trabajar en la escuela. Pero las cosas no fueron como me esperaba. Mi pariente me trataba de pronto con gran frialdad y me decía: «¿Quieres ser novelista? Deja de soñar. El mundo no es un cuento de hadas». Ni siquiera me permitía corregir redacciones. «Eres un incompetente», me decía, y me asignaba trabajos de poca monta, como vigilar a los estudiantes, limpiar las aulas y demás. Aguanté así un año y medio y luego lo dejé.

Tenía ahorrado algo de dinero de cuando trabajé en Fukui y decidí que viviría de los ahorros y estudiaría para escritor. Así que estuve sin empleo tres años. Gastaba lo mínimo, sólo compraba comida y, además, soy una persona muy frugal. Me dedicaba a leer y a escribir. Me gustaba la zona en la que vivía porque había tres bibliotecas cerca. Llevaba una vida solitaria, pero la soledad no me molesta. Imagino que la mayoría de la gente no lo habría soportado.

Leía sobre todo ficción surrealista: Kafka, *Nadja* de Breton y cosas por el estilo. Asistía a los festivales universitarios, leía todas las revistillas que publicaban e hice amigos con los que podía hablar de literatura. Uno de ellos trabajaba en el departamento de filosofía de la Universidad de Waseda y me dio a conocer a muchos escritores: Wittgenstein, Husserl, Shu Kishida, Shoichi Honda. Mi amigo escribía ficción, unas historias que me impresionaban, aunque, pensándolo ahora, veo que no eran tan originales.

Mi amigo tenía a su vez un amigo llamado Tsuda que era miembro de la asociación laica budista Soka Gakkai. Tsuda quería convencerme de que me uniera a la asociación y no parábamos de debatir sobre religión. Al final me dijo: «Mira, hablar no lleva a ninguna parte. Si no lo pruebas, tu vida no cambiará, así que hazme caso e inténtalo». Así que me uní a ese grupo y viví con ellos un mes, pero vi que aquello no era para mí. Es una de esas religiones que ayudan a la gente a tener éxito en el mundo. Yo buscaba una doctrina más pura, como Aum. Aum era más afín a las enseñanzas originales del budismo.

Cuando se me acabó el dinero, empecé a trabajar en el almacén de una compañía de transportes. Estuve dos años. Era un trabajo duro, pero yo siempre he practicado artes marciales y me gustaba hacer ejercicio, así que el esfuerzo físico no me asustaba. Trabajaba a tiempo parcial y me pagaban poco, pero yo me esforzaba el triple que los demás.

Iba a clases nocturnas a la escuela de periodismo. Mi idea era escribir reportajes.

Por entonces, sin embargo, la vida en Tokio empezaba a cansarme. Estaba hecho un lío. Me había vuelto más violento e irascible. Como me gustaba la naturaleza, pensé que sería una buena idea volverme a mi ciudad natal. Cuando me da por algo, me entrego por completo. Por entonces era la ecología. La jungla de cemento me había quemado y estaba deseando ver el mar de mi ciudad.

Así que volví a casa de mis padres y empecé a trabajar en las obras del reactor nuclear de Monju. Montaba andamios. Yo lo consideraba también un ejercicio, pero era un trabajo muy peligroso. Uno se acostumbra enseguida a las alturas. Me caí varias veces y estuve a punto de matarme. Debí de trabajar allí como un año. Desde el reactor se tenía una vista fantástica del océano. Por eso elegí ese trabajo. Podía ver el océano mientras trabajaba. La parte de la costa en la que se construía la planta era de las más bonitas.

Pero si te interesaba la ecología, ¿cómo es que trabajabas en una planta nuclear?

Mi plan era escribir un reportaje. Pensaba que, si lo escribía, anularía mi participación en la construcción de la planta. Iluso que era uno, quizá. ¿Conoces la película *El puente sobre el río Kwai?* Mi idea era hacer algo parecido. Trabajar duro en construir algo para, al final, destruirlo. Naturalmente, no iba a poner una bomba ni nada parecido. ¿Cómo lo diría? Ya que el mar al que tanto amaba iba a contaminarse de todas maneras, ¿por qué no ser yo el que lo hiciera? Tenía sentimientos encontrados, como ves. Mi mente apuntaba en varias direcciones.

Al año terminé el trabajo en Monju y me dirigí a Okinawa. Con el dinero que había ahorrado me compré un coche de segunda mano, cogí el ferry a Okinawa y viví en el coche por un tiempo. Viajaba de una playa a otra. Estuve unos dos meses. Me enamoré de la vida al aire libre. Lo bueno de Okinawa es que cada lugar tiene su propio carácter. Todos los veranos me entraba la «fiebre Okinawa» y no podía estarme quieto. Me resultaba imposible conservar ningún trabajo. Llegaba el verano y me iba para Okinawa sin decirle nada a nadie.

A todo esto, mi padre murió antes de cumplir yo los treinta. No nos llevábamos bien. En mi familia no lo quería nadie. La gente pensaba que era una buena persona, pero en casa era un déspota. Cuando bebía se ponía violento. De niño me pegaba. Luego yo me hice más fuerte que él y le pegaba yo primero. No me enorgullezco. Tendría que haber sido mejor hijo.

A mí me atraía mucho la religión, pero mi padre era un materialista, un racionalista. Eso causaba problemas entre nosotros. Cuando yo expresaba alguna opinión religiosa, él se reía y me decía: «¡Tonterías!». Y montaba en cólera. A mí sus exabruptos me apenaban mucho: «¿Por qué dice esas cosas terribles? ¿Por qué no apruebas nada de lo que hago?».

Estaba en Okinawa cuando la salud de mi padre empeoró. Regresé deprisa a Fukui, pero falleció poco después. Murió de cirrosis hepática, una muerte horrible. Al final no comía nada, sólo bebía y se consumía. En el lecho de muerte me dijo: «Hablemos como buenas personas», pero yo le contesté: «Déjame en paz y muérete». Creo que, en cierto sentido, yo lo maté.

Después del entierro volví a Okinawa. Allí trabajaba en la construcción. Pero estaba lejos de Fukui y de mi familia y me deprimí. Y eso que después de morir mi padre me sentí muy bien, mi familia se unió más y pareció que revivíamos tiempos mejores. Pero al poco de volver a Okinawa caí en picado. Me sentía como si me arrastraran al infierno, pataleando y gritando. «Soy hombre muerto», pensaba. «Acabaré en el infierno, no hay remedio.» Sentía estas cosas. Era un caso severo de depresión clínica. Me estaba volviendo loco. Los días de lluvia en que no podíamos trabajar me quedaba hecho un ovillo en la cama. Mis compañeros salían a jugar al pachinko, pero yo me quedaba en mi cuarto, solo, postrado.

Una noche, a eso de las tres de la mañana, me desperté sintiéndome tan mal que pensé: «Ya está, me muero». Desfallecía. Llamé a mi madre y me dijo que volviera a casa. Lo hice, pero en Fukui mis problemas mentales persistieron. Nada me alegraba. Pasé el primer mes en casa sin hacer absolutamente nada.

La que me salvó fue una mujer *yuta* (una especie de chamán), de Okinawa.

De hecho, había leído el libro de Lyall Watson *El pájaro del rayo: la incursión de un hombre en el pasado de África* y me impresionó mucho.

Un libro interesante, ¿no?

El protagonista, Boshier, es epiléptico y esquizofrénico. Pero él y otros como él conocen a un maestro, siguen un aprendizaje y se hacen hechiceros. Adquieren la facultad de convertir las cosas negativas en positivas y la gente los consulta. Leí esto y pensé: «¡Eh! Esto es para mí». Hice mis averiguaciones y descubrí que lo mismo se dice de los *yuta* de Okinawa. En Okinawa sigue existiendo esta vía de salvación. Así que me dije: «A lo mejor puedo hacerme *yuta*. Soy el tipo de persona adecuado, ¿no?». Era una solución.

Conque me fui para Okinawa y conocí a una famosa *yuta.* La frecuentábamos muchas personas, pero ella se fijó en mí y me dijo que algo me perturbaba. Era como si pudiera verme el alma. «Lo que te perturba es tu padre, ¿verdad?», me dijo. «Sigues ligado a tu padre y tienes que liberarte de ese apego. Deja a tu padre atrás y da un paso en una nueva dirección. Si tu madre vive, tienes que cuidar de ella. Llevar una vida normal es lo más importante.»

Al oír esto, me sentí liberado de un gran peso. «¡Estoy salvado!» Desde entonces empecé a trabajar para una sola empresa y dejé de ir los veranos a Okinawa. Decidí cuidar de mi madre y trabajar duro en una sola cosa.

En el caso de Adrian Boshier, tenía que entrar en ese otro mundo, pero en el tuyo pudiste volver a éste. De hecho, te dijeron que volvieras.

En efecto. Y es lo que ocurrió. Llevar una vida normal, casarse, tener hijos, es todo un aprendizaje, me dijo. Y es verdad: es el aprendizaje más difícil.

Había estado un tiempo profesando varias religiones. Practicaba bastante el cristianismo, el Soka Gakkai, como he dicho. Aún hoy sigo yendo a una iglesia cristiana. O sea, que Aum era una pequeña parte de mi vida. Aunque es verdad que me parecía y sigue pareciéndome especial. Debido al mucho poder que tenía.

En 1987, cuando se fundó Aum, les escribí pidiéndoles información y me enviaron un montón de folletos. Me sorprendió lo profesionales que eran; parecía mentira que una religión recién creada publicara cosas tan impecables.

Por entonces no había sede de Aum en Fukui, pero en la vecina Sabae había un hombre llamado Omori que cedía su apartamento a adeptos de Aum para que se reunieran una vez a la semana. Me invitaron y empecé a ir de vez en cuando. Me enseñaron un vídeo de Aum que había aparecido en un programa de televisión y quedé impresionado. Joyu* era un gran orador.

Explicaba que los adeptos de Aum usaban el budismo primitivo para desarrollar la *kundalini* gracias a la práctica ascética. Respondía a las preguntas de una manera clara y sencilla. «¡Qué bueno!», pensé. «¡Qué tío más impresionante y qué gente más estupenda!»

Allí todos eran adeptos de Aum menos yo, que iba de simple ob-

---

* Fumihiro Joyu es un miembro antiguo y portavoz de Aum Shinrikyo. En 1997 fue condenado a tres años de prisión por falsificación y perjurio y fue puesto en libertad en diciembre de 1999, año en que se reincorporó a la secta. *(N. de los T.)*

servador. Había una razón de carácter práctico que me frenaba y por la cual no seguí adelante, y era que Aum costaba dinero. Ofrecían un curso que consistía en diez casetes por trescientos mil yenes. Eran sermones del maestro Asahara, o sea, que eran muy efectivos. Todo el mundo decía que era muy poco dinero por conseguir poder y soltaban los trescientos mil yenes. Sólo a mí me aterraba la idea. Además de pobre, yo era tacaño, cosa que seguramente me hacía más sensible a la cuestión.

Fuimos todos a Nagoya en autobús. Era la primera vez que yo veía a Shoko Asahara. Como no era adepto, no me estaba permitido preguntarle nada. En Aum, uno tiene que escalar una serie de rangos para realizar cualquier cosa, y eso costaba dinero. Hasta llegar a cierto nivel no se podía hacer preguntas a Asahara. Cuando alguien subía otro escalón, se le daba una guirnalda. Esto lo vi en Nagoya y me pareció más bien tonto. También veía cómo Asahara iba siendo divinizado más y más y no me gustaba.

Me suscribí a *Mahayana*, la revista de Aum, desde el primer número. Al principio me gustaba. Contaba con gran rigor experiencias de creyentes e incluía historias del tipo «Cómo me hice adepto de Aum», usando nombres reales. Me impresionaba la sinceridad de esos testimonios. Pero luego la revista dejó de tratar de los adeptos y empezó a centrarse únicamente en Asahara, y todo era enaltecerlo y adorarlo. Por ejemplo, cuando Asahara iba a algún sitio, los adeptos tendían su ropa en el suelo para que caminara sobre ella. Esto es demasiado. Da miedo. Adorar a una persona es perder la libertad. Para colmo, Asahara estaba casado y tenía un montón de hijos, algo que no se aviene muy bien con los fundamentos del budismo. Decía que era el «último liberado» y que esas cosas no se acumulaban como karma. Por supuesto, nadie sabía si lo era o no.

No tengo reparos en expresar públicamente mis dudas. Una cosa que me parecía muy rara era que muchos adeptos de Aum murieran en accidentes de tráfico. Le pregunté a Takahashi, una mujer a la que conocía: «¿No te parece extraño que mueran tantos adeptos?». «No, porque dentro de cuatro mil millones de años el maestro regresará como Buda Maitreya y revivirá las almas de los muertos.» «¡Necedades!», pensé.

Otro detalle: Aum atacaba a Taro Maki, el editor de la revista *Sunday Mainichi*, porque criticaba a Aum. Cuando les pregunté por qué lo atacaban, me contestaron: «No importa que nos critiquen ni lo que nos pase, porque quienes tienen relación con el maestro están bendecidos. Aunque vayamos al infierno, él nos salvará».

Durante mucho tiempo, mi relación con Aum Shinrikyo fue intermitente. Pero un día, en 1993, un hombre de Aum llamado Kitamura vino a verme. Dijo que quería hablar conmigo. Yo llevaba un tiempo desconectado de Aum y quería ponerme al día, así que lo escuché. Pero cuanto más hablaba, más absurdo me parecía lo que decía. Me habló de lo que pasaría si estallaba la tercera guerra mundial, de armas de rayos láser y de plasma, en fin, de cosas que parecían ciencia ficción. Era interesante, lo reconozco, pero me dio la impresión de que Aum estaba metiéndose en cosas muy fuertes.

Por entonces, Aum me presionaba mucho para que me hiciera miembro. Al final me uní a ellos por la mujer que he mencionado antes, Takahashi. Mi abuela acababa de morir y yo me sentía muy triste. Takahashi me llamó y me dijo que quería hablarme de una cosa. «Acabo de unirme a Aum y quiero hablar contigo del tema.» Así que nos vimos. Ella tenía veintisiete años, seis años más joven que yo. Parecía que nos había unido el destino. Nos sinceramos el uno con el otro y en abril de 1994 me adherí a Aum.

Estoy seguro de que la muerte de mi abuela me influyó. Además, la empresa para la que trabajaba empezaba a despedir a gente. Y, para remate, seguía aquejado de la enfermedad de la que he hablado antes, y esperaba que pertenecer a Aum me ayudara a curarme de una vez para siempre.

Reconozco que Takahashi me interesaba. No en sentido romántico, pero lo cierto es que no podía dejar de pensar en ella. Veía que Aum la tenía totalmente absorbida y me preguntaba: ¿es eso bueno para ella? Yo era escéptico con respecto a Aum y pensaba que lo mejor era comunicarle mis dudas. Lo más fácil para llevarlo a cabo, me dije, era hacerme adepto también, así la vería y tendría ocasión de hablarle. Sé que esto suena un poco altruista.

Por suerte habían rebajado la tarifa de ingreso a diez mil yenes. Medio año costaba seis mil. Y nos daban diez casetes. Una vez admitido, y antes del rito iniciático, había que ver 97 vídeos de Aum y leer 77 libros. Una cantidad enorme, pero no sé cómo lo hice. Lo último que había que hacer era entonar un mantra. Nos dieron un papel impreso y teníamos que leerlo en voz alta una y otra vez, con un contador que todos los adeptos poseen. Teníamos que repetirlo siete mil veces. Yo lo intenté un rato, pero me parecía estúpido y lo dejé. Para mí, no había ninguna diferencia con lo que ofrecía Soka Gakkai.

Hacían todo lo posible para convencerme de que ingresara como monje. Por entonces, la secta quería aumentar sus filas. Yo aún no había pasado por los ritos iniciáticos, pero me dijeron que no era necesario.

Con todo, yo me resistía. Takahashi se hizo monja a finales de año. El 20 de diciembre me llamó al trabajo y me dijo: «Estoy decidida». Ésa fue la última vez que hablamos. Se hizo monja y desapareció.

Cuando lo del atentado con gas del metro, yo ya me había distanciado de Aum. Había una persona a la que Takahashi había convencido para que se uniera a Aum y yo estaba tratando de disuadirla. Todos sabían que yo era crítico con los métodos de Aum. Pero un adepto es un adepto y, en mayo de 1995, la policía me detuvo para interrogarme. Ya sabían quiénes habían sido adeptos, probablemente disponían de una lista. Los métodos policiales eran bastante arcaicos. Nos pedían que pisoteáramos una foto de Shoko Asahara. Me recordaba lo que hacían en el periodo Edo para que los cristianos japoneses renunciaran a su fe: obligarles a pisotear un dibujo de Jesús. Sabía por experiencia propia lo intimidatoria que puede ser la policía.

Vinieron a interrogarme de nuevo cuando, ese mismo año, secuestraron en Hokkaido un avión de la compañía aérea All Nippon Airways. «Seguro que sabes algo, ¿a que sí?», insistían. Venían constantemente. Me sentía acosado. Hiciera lo que hiciera, siempre había alguien vigilándome. Es una sensación horrible. La policía debe proteger a los ciudadanos, no asustarlos, como hacían conmigo. Yo no había hecho nada malo, pero daba igual: temía que me detuvieran en cualquier momento. Estaban arrestando a miembros de Aum por cualquier cosa. Se inventaban cargos, como falsificación u otros, y yo estaba seguro de que harían lo mismo conmigo.

Me telefoneaban todo el tiempo para preguntarme si me había llamado alguien de Aum. Tendría que haber resistido, pero fui lo bastante estúpido para dejar que la curiosidad me venciera y me presenté en un satyam de Osaka a ver a otra monja que conocía. Quería saber qué pensaba de aquella persecución policial.

Compré unos cuantos números de la revista de Aum *Anuttara Sacca*. Las librerías ya no vendían revistas ni libros de la organización y quería saber lo que decían. Nada más salir del satyam, dos agentes de policía me dieron el alto y me preguntaron a qué había ido allí. Tenía miedo, pero, no sé cómo, me los quité de encima y me alejé de allí. No me extraña que desde entonces me vigilaran más.

¿Creías entonces que el atentado del metro era obra de Aum?

Sí, estaba seguro, pero no podía evitar sentir curiosidad por aquella gente. Me interesaba la esencia de la secta que la sociedad atacaba, cuyos libros no se vendían en las librerías, pero que seguía publicando sus revistas; me interesaba esa extraña fuerza vital que surgía una y otra vez por mucho que se la intentaba sofocar. ¿Qué ocurría en Aum? ¿Qué pensaban realmente los adeptos? Eso es lo que quería saber. Era un punto de vista periodístico, digamos. Nada de eso se había visto en la televisión.

¿Qué piensas del atentado?

Pienso que es un error y que no puede tolerarse, sin duda. Pero hay que distinguir entre Shoko Asahara y el común de sus adeptos. No todos son criminales y algunos tienen un corazón muy puro. Conozco a mucha gente así y lo siento por ellos. No encajan en el sistema porque no se sienten cómodos en él o porque se sienten excluidos. Ésta es la clase de personas que se unen a Aum. A mí me gustan. Me resulta fácil comunicarme con ellas. Me siento más afín a ellas que a la gente cabal. El verdadero culpable es Asahara. Era poderosísimo.

Curiosamente, de tanto estar con policías, empecé a hacerme amigo de ellos. Al principio me asustaban, pero luego comenzamos a llevarnos bien. Me preguntaban si recibía correo de Aum y yo se lo enseñaba. Cuando cooperas, la policía se vuelve mucho más amable y accesible. «Bueno», me decía; «¡si resulta que hasta la policía puede ser pura y honesta! Hacen su trabajo lo mejor que pueden. Así que, si me piden algo razonable, cooperaré.»

Llegó Año Nuevo y recibí una postal de la madre de Takahashi. Decía: «Estábamos equivocados». Ella también había sido adepta de Aum. Había pasado la iniciación. Yo quería verla como fuera, porque deseaba hablar con ella de muchas cosas. Se lo dije a la policía y les enseñé la postal.

Seguramente eso les dio la idea de utilizarme como espía. Me llamaron y me sondearon. No recuerdo si usaron la palabra «espía», pero de eso se trataba. O sea: ¿debía infiltrarme en la organización de Aum para obtener información y pasársela a la policía? La idea de ser un espía no me hacía gracia, claro. Yo sólo quería estar con adeptos de Aum. Pero ahora era amigo de los policías, así que me dije: ¿por qué no?

Yo soy de esos que se dejan llevar. Un solitario que no tiene amigos. La clase de persona que no sube de escalafón y a la que siempre echan la bronca. Nadie me tomaba en serio. Por eso, cuando la policía me dijo, en confianza: «Haz lo que puedas y tráenos información», me sentí muy contento. Aunque fuera la policía, me alegraba poder comunicarme con alguien. En mi trabajo nunca hice amigos. Mis amigos de Aum se habían marchado, y Takahashi se había hecho monja y estaba desaparecida. Así que pensé que, si era sólo por un tiempo, probaría. Acepté. Y no tendría que haberlo hecho.

¿Fue una buena experiencia trabajar de espía para la policía?
Yo lo que quería era ponerme en contacto con Takahashi, rescatarla. No ser un espía ni nada de eso. Sólo quería relacionarme con miembros de Aum. Si lo hubiera intentado por mi cuenta, sin cooperar con la policía, me habrían considerado uno de Aum y eso era lo que yo temía. Me habrían tratado como a un criminal. Con el respaldo de la policía, sería mucho más fácil. Además, pensaba que así podría convencer a los adeptos para que dejaran el grupo. Pero no era honesto, ¿no crees?

Honesto o no, es una historia complicada.
Ya lo creo. Yo lo sentía por Takahashi y pensaba que debía hacer algo por ella. Es lo único que pensaba. Si la cosa seguía como estaba, acabaría siendo tratada como una criminal. Yo tenía que intentar convencerla, pero no sabía dónde estaba. Si cooperaba con la policía, podría obtener información. Pero no di con su paradero. Preguntaba a todo el mundo, pero la policía no pudo encontrarla. Lo único que sabían es que seguía siendo monja. O a lo mejor lo sabían y no me lo decían.
En cualquier caso, cuando clausuraron las sedes de Fukui y de Kanazawa, abandonaron la idea de infiltrarme.

O sea, que al final tuviste suerte, ¿no? Por cierto, ¿crees en las profecías de Nostradamus?
Mucho. Nostradamus ha tenido una gran influencia en mi generación. Yo planeo mi vida de acuerdo con sus profecías. Deseo suicidarme. Quiero morir. No me importa morir pronto. Pero como el fin del mundo será dentro de dos años, puedo esperar. Quiero ver con mis propios ojos lo que pasará al final. Me interesan las religiones que hablan del juicio final. Además de Aum, tengo conocidos que son testigos de Jehová, aunque no dicen más que tonterías.

Cuando dices «el fin», ¿te refieres al fin del sistema de ahora?
Más que el final, pienso que es como resetearlo; me lo imagino como una catarsis pacífica.

«Cada persona tiene su propia idea del maestro.»
MITSUHARU INABA (nacido en 1956)

Inaba sigue siendo un miembro activo de Aum Shinrikyo. Vive con otros miembros en un apartamento de dos plantas de Tokio. La gente es reacia a alquilarles algo a los miembros de Aum, pero este casero se mostró muy comprensivo: «Si no tenéis otro sitio donde estar mientras volvéis a la vida normal, podéis quedaros». Parece ser que las cucarachas acompañan a los adeptos de Aum allí adonde van, y durante la entrevista veo no pocas correteando por el tatami. Esto debe de preocupar al casero. Los vecinos saben que son de Aum y los tratan con frialdad.

Inaba nació en Hokkaido en 1956. Parece que tuvo una infancia normal, aunque él dice que siempre estaba discurriendo acerca del sentido de la vida. Esto, por lo visto, es una tendencia común a muchos adeptos de Aum. Sus inquietudes intelectuales lo llevaron de la filosofía al budismo, luego al budismo tibetano y, por último, a Aum Shinrikyo. Docente de primaria y secundaria, se hizo monje a los treinta y cuatro años. Cuando se produjo el atentado del metro, pertenecía al ministerio de defensa de la secta y trabajaba en el mantenimiento de las máquinas de limpieza Cosmo, las filtradoras de aire diseñadas por miembros de Aum para, entre otras cosas, protegerse de ataques con gases tóxicos.

Ahora va tirando con lo que saca de dar clases particulares una vez a la semana. La vida es dura. «¿No conoces a algún estudiante que necesite clases?», me pregunta sonriendo. Parece una persona tranquila y seria y supongo que es un buen profesor. Se acuerda con alegría de cuando les daba clases a los hijos de los monjes de Aum.

En su cuarto tiene un pequeño altar con una fotografía de Asahara y otra de «su santidad» Rinpoche, el nuevo líder de Aum.

Yo no quería ser maestro, pero, según mi madre, ésa era la única alternativa que tenía. *(Risas.)* Antes de entrar en la universidad estuve dos años estudiando para los exámenes de ingreso. Un año entero lo pasé enfermo. Padecía de una especie de conflicto filosófico interior y fue una época de gran desasosiego. Fui al hospital y resulta que tenía la presión arterial a ciento ochenta. Guardé reposo y empecé a tomar medicinas para la tensión. Yo era de esas personas que les dan muchas vueltas a las cosas y son muy sensibles a lo que las rodea. Por «conflicto filosófico» quiero decir que me di cuenta de que tenía que hacer una serie de cosas de una determinada manera, y como veía que era incapaz, me odiaba. Era joven y terco.

Estudié magisterio y me especialicé en educación primaria y psicología educacional. Elegí primaria porque me gustan los niños. Sin embargo, la cuestión de qué hacer con mi vida seguía atormentándome. Tenía la idea de que los niños podían enseñarme a mí, y de que, a la vez que les enseñaba, aprendería de ellos.

Cuando terminé la carrera, entré a trabajar en una escuela de enseñanza primaria de la prefectura de Kanagawa. No me resultó difícil dejar mi casa. Estaba acostumbrado a moverme y contaba con hacer amigos allí donde fuera.

Ya el primer año me encomendaron una clase. Eran cuarenta alumnos y al principio no me resultó fácil, te lo aseguro. Me tuvo completamente ocupado durante un tiempo. De hecho, era muy divertido. He ejercido de profesor diez años en total, y los cinco o seis que estuve en primaria fueron los mejores. Me llevaba bien con los padres. Nos reuníamos a cantar de vez en cuando, comíamos pasteles caseros y esas cosas. Nunca tuve una mala experiencia con mis colegas.

La gente me buscaba novia para que me casara. Mis padres incluso intentaron enredarme. Salí con unas cuantas mujeres. Pero yo sabía todo el tiempo que al final renunciaría al mundo.

O sea, ¿que ya entonces lo pensabas?

Sí. Eso fue antes de descubrir Aum, pero lo que yo tenía en mente era algo más parecido al monje tradicional. Yo pensaba en retirarme del mundo a los sesenta y llevar una vida sencilla.

Cuando estaba en la universidad leía a Nietzsche y a Kierkegaard, pero poco a poco fue interesándome el pensamiento oriental, sobre todo el zen. Leí todo tipo de libros zen y practiqué por mi cuenta lo que se llama «zen del lobo solitario». Pero no acababa de animarme a seguir la disciplina ascética. Luego —fue cuando empecé a trabajar— me interesé por el budismo esotérico Shingon, sobre todo el Kukai. Subí al monte Koya, hacía peregrinajes a Shikoku en las vacaciones de verano, visitaba el templo de Toji cuando iba a Tokio, cosas así.

La gente dice que el budismo japonés es un budismo funerario, porque sólo versa sobre ceremonias funerarias, pero creo que deberíamos mirarlo con ojos más positivos y ver que se ha mantenido vivo durante muchos siglos. Estoy seguro de que dentro de esas tradiciones hay un lugar en el que se practica budismo de verdad. No hice mucho caso de las llamadas nuevas religiones. Por maravillosas que parezcan, pensaba, tienen como mucho treinta o cuarenta años de historia. Me ceñí al budismo Shingon.

Después de cuatro años enseñando en primaria me propusieron que pasara a secundaria. Acepté, y unos cuatro años después leí unos libros de Aum. En la librería vendían una revistilla llamada *Mahayana,* me la compré y la leí. Acababa de salir, sería el cuarto o quinto número. Había una sección especial dedicada al yoga esotérico, sobre el que yo no sabía mucho. Quise conocerlo mejor.

Un domingo, un colega y yo fuimos a Shinjuku a comprar material docente. Para volver cogimos la línea de Odakyu. Cerca de la estación de Gokokuji, en Setagaya, había un *dojo* de Aum. Como teníamos tiempo, fuimos a ver. Resultó que Joyu estaba dando una charla sobre el *po-a,* es decir, lo que llaman «elevación del nivel espiritual».

Lo que decía me impresionó mucho. Hablaba con gran claridad y usaba metáforas elocuentes. Resultaba muy atractivo, sobre todo para los jóvenes. Acabado el sermón le hicieron preguntas, y él las contestó con extraordinaria precisión y ajustándose al perfil de la persona que se las hacía.

Al mes ingresé en la secta. Dejé bien claro que sería por tres meses o medio año, para probar. Costaba unos tres mil yenes, con una cuota anual de diez mil, barato. Los miembros reciben todas las publicaciones y pueden asistir a todos los sermones. Había sermones para el público en general, para adeptos laicos y para los que habían hecho votos. Yo iba al *dojo* una o dos veces al mes.

Me adherí, pero no porque tuviera problemas personales ni nada parecido. Era simplemente que sentía un vacío en mi interior. Nunca estaba satisfecho. Desde fuera, nadie diría que tuviera problemas. Cuando me hice monje, la gente me preguntaba: «¿Qué problemas puedes tener tú? ¿Qué te preocupa?».

En la vida de todo el mundo hay momentos en que se siente dolor, tristeza. ¿Nunca tuviste momentos así?

Momentos extremos no, que yo recuerde.

Ese verano pasé tres días en el recién construido centro del monte Fuji, pero hasta el otoño de 1989 no empecé a asistir con regularidad al *dojo.* Iba el sábado por la noche y me volvía el domingo. Entre semana practicaba en casa, sobre todo cuando empecé a recibir *saktipat,* porque para eso había que estar en forma. La introducción de energía es algo muy delicado y hay que estar preparado. Hacía *asana* [yoga], ejercicios de respiración, meditación; eran sesiones de tres horas y había veinte lecciones. Poco a poco noté que me transformaba. Me volvía más optimista, más positivo. Era otra persona.

Los miembros del *dojo* eran gente seria y aplicada. Los maestros y los instructores eran sinceros y carismáticos. Sin embargo, trataban a la gente de fuera..., ¿cómo lo diría...? Podrían haberlo hecho mejor. Era como cuando un estudiante se licencia y consigue su primer trabajo: se lo toma demasiado en serio. Aún no tiene experiencia social. Aum daba la misma impresión de inmadurez..., como si fueran estudiantes que no saben nada del mundo.

Para hacerme monje tenía que dejar la docencia. Hablé con mi jefe y le dije que quería abandonar en marzo, al final del año escolar. También hablé del tema con mi «hermano mayor» de Aum. Me dijo que no había prisa y que, si quería, podía trabajar un año más y luego hacer los votos. Me lo pensé y al final decidí que trabajaría otro año.

Sin embargo, conforme seguía con mi aprendizaje, fui sumiéndome en el mundo astral, mi subconsciente empezó a aflorar y poco a poco perdí la noción de la realidad.

Cuando esto ocurre, uno se siente ajeno al mundo. No habría sido un problema si mi subconsciente hubiera aflorado durante las vacaciones de verano, pero ocurrió antes. Un día estaba dando una clase de ciencia y no tuve manera de recordar si ya había mezclado los productos químicos del experimento o no. Había perdido por completo la noción de la realidad. Mi memoria se volvió confusa y no sabía si había hecho algo de verdad o lo había soñado.

Mi conciencia se había desdoblado. Los escritos budistas hablan del tema, y de que hay un momento en el proceso de aprendizaje en el que empiezan a aparecer estos elementos esquizofrénicos. En mi interior no había nada de lo que pudiera fiarme. Por suerte, aún conservaba cierta conciencia de mi identidad; si la cosa hubiera seguido así, quizás habría acabado esquizofrénico. Me entró miedo. Tenía que poner remedio a aquel desdoblamiento de personalidad, pero ir a un psiquiatra no me ayudaría. La solución estaba en el aprendizaje mismo. Así que me hice monje. Si no podía fiarme de mí mismo, sólo me quedaba entregarme a Aum. Además, siempre había pensado que algún día renunciaría al mundo.

Volví a hablar con mi jefe y le dije que quería dejarlo ya. Que un profesor renuncie a su puesto en medio del curso escolar es un problema. Mi superior se mostró muy comprensivo y me dijo que me daría de baja por enfermedad hasta las vacaciones. Pero yo insistí y al final tuvieron que aceptar mi renuncia. Me fui sin despedirme de mis colegas. Estoy seguro de que le causé bastantes problemas a la escuela. Pensarían que era un irresponsable total.

Me hice monje el 7 de julio. Llamé a mis padres y vinieron a verme mientras permanecí de baja. Estaban furiosos. Hice todo lo que pude por convencerlos pero no hubo manera. A ellos no les importaba que me interesara el budismo, pero Aum Shinrikyo les parecía inaceptable. Les expliqué que no era lo que parecía, y que Aum se basaba en genuinas enseñanzas budistas. Pero entiendo que, viéndolo desde fuera, reaccionaran así.

«Vuelve a casa ahora mismo», me dijeron. «Tienes que elegir entre nosotros y ellos.» Me costó mucho decidirme. Si volvía a mi casa de Hokkaido seguiría haciendo lo mismo que había hecho hasta entonces y no solucionaría nada. Pensaba que la única salida era seguir profundizando en el budismo. Así que me hice monje, como digo. Pero me costó mucho decidirme.

Uno de mis colegas profesores era muy amigo mío y se pasaba a verme casi todos los días con unas cervezas. «¿No te harás monje de verdad?», me preguntaba. Quería disuadirme y lloraba. Pero yo iba a embarcarme en algo que llevaba buscando desde niño y lo único que podía decirle era: «Lo siento, pero tengo que hacerlo».

Hice mis votos y me fui a Naminomura, en Aso, a trabajar en la construcción. Había que terminar el techo de la sede de Aum. Era un trabajo duro, pero estimulante y completamente diferente de lo que yo había hecho hasta entonces. Era tonificante, como si usara otra parte de la mente. Luego volví al centro del monte Fuji, donde desempeñé diversas labores, y luego fui a trabajar en la construcción del Satyam número 2, en Kamikuishiki. Al principio, los monjes tienen que hacer lo que se llama «méritos espirituales», que consiste sobre todo en realizar trabajos poco cualificados combinados con un poco de ejercicio ascético. A diferencia de cuando era profesor, no tenía que preocuparme por mis relaciones humanas ni por las responsabilidades. Era como si uno acabara de entrar en una empresa e hiciera lo que los superiores le mandaban. Psicológicamente era un alivio.

Con todo, no me sentía tranquilo. «Si esto no funciona», me decía, «¿qué hago?» Después de todo, ya tenía más de treinta años. No había vuelta atrás y debía aplicarme hasta el final. No podía encomendarme a nadie. Había elegido aquella vida y, si no sacaba nada en limpio, retirarme del mundo sólo me llevaría a la ruina.

En septiembre del año siguiente [1991] volví a Aso, esta vez para enseñar a los hijos de los monjes. En total eran unos ochenta niños. Yo me encargaba de las ciencias. Otros enseñaban japonés, inglés, varias asignaturas más. La mayoría habían sido también profesores. Desarrollamos un programa de estudios y funcionábamos como una escuela de verdad.

¿Tenía que ver la enseñanza que impartíais con la religión?

Bueno, en las clases de japonés se usaban escritos budistas, pero las ciencias tienen poco que ver con las doctrinas religiosas. Siendo un monje de Aum, no sabía muy bien cómo enseñarlas, así que le pregunté al fundador [Asahara]. «Dado que las ciencias y el mundo laico son lo mismo», me contestó, «haz lo que quieras.» «¿Lo dices en serio?», le pregunté. *(Risas.)*

Así que me resultó fácil. Grababa programas de la tele y los usaba como libros de texto. Era divertido. También daba clases a los hijos del fundador, quien siempre me decía lo contentos que estaban con la escuela. Enseñé durante un año más o menos antes de emprender el aprendizaje ascético.

Religiosamente hablando, el maestro era, sin duda, un hombre de mucho carisma. De eso estoy convencido. Tenía una capacidad excepcional para adaptar el sermón al auditorio y poseía muchísima energía. Mucho después me trasladaron a lo que se llamaba ministerio de defensa, donde trabajé instalando y manteniendo aparatos de filtración de aire y limpieza Cosmo. Por esta razón visitaba al maestro dos veces por semana y también me encargaba de mantener el aparato de su coche. Tuve, pues, muchas ocasiones de hablar con él en persona, y decía cosas que hacían pensar. Yo veía que se preocupaba mucho por lo que más me convenía y era mejor para mi desarrollo y crecimiento. Esta imagen difiere mucho de la que se da en el juicio.

En el juicio la gente dice: «Las órdenes del maestro había que obedecerlas sin rechistar». Mi experiencia personal no es así, y muchas veces, cuando no estaba de acuerdo con una orden suya, sugería una alternativa y él cambiaba de idea y decía: «Vale, hagámoslo como dices». Si dabas tu opinión, él se adaptaba para contentarte. Por lo menos ése era mi caso; a mí no me obligaba a hacer nada.

A lo mejor actuaba de manera diferente según la orden que daba y la clase de personas a la que se la daba.

No lo sé. Es un misterio. Cada persona tiene su propia idea del maestro.

¿Qué significó el maestro, Asahara, para ti desde un punto de vista personal?
Unos lo llaman gurú, otros mentor; parece que cada creyente tiene una idea distinta.

Para mí el maestro era un líder espiritual. No un profeta ni nada, sino la persona que me daría la última respuesta a la enseñanza budista y que la interpretaría para mí. Uno puede leerse todos los escritos budistas originales, pero no dejan de ser papel. Por muy profundamente que uno los estudie por su cuenta, siempre acaba haciendo una interpretación sesgada. Lo importante es progresar paso a paso mediante el debido aprendizaje y llegar a una comprensión correcta. Cuando has avanzado un paso, te detienes y asimilas el progreso que has hecho. Luego das otro paso y lo mismo. Pero necesitas un maestro que te guíe en la buena dirección. Es como cuando aprendemos matemáticas. Para llegar a cierto nivel tenemos que fiarnos del maestro y hacer lo que nos dice. Aprendemos una fórmula, luego otra. Y así.

Pero a veces llega un momento en que te entran dudas y te preguntas si el maestro tiene razón. Por ejemplo, ¿tú crees en cosas como el Armagedón o la masonería?

Pienso que parte de lo que se dice de los masones es verdad, pero no me lo creo todo.

Hubo un momento en que el carácter de Aum Shinrikyo empezó a cambiar. Aparecieron usos violentos, empezaron a fabricar armas, gas tóxico, a torturar a gente. ¿Tú sabías que pasaban estas cosas?

No, ni idea. Lo supe más tarde. Mientras estuve dentro no supe nada. Aunque sí notaba que había más y más presión del exterior. Y había más gente que caía enferma o cuya salud decaía. A lo mejor no debería decir esto, pero había espías infiltrados.

¿Sabías quiénes eran esos espías?

No, pero nos vigilaban policías de paisano y sé a ciencia cierta que había gente infiltrada, aunque no pueda demostrarlo. La sociedad está convencida de que el atentado fue obra de Aum desde el principio hasta el fin, pero yo no lo tengo tan claro. Es evidente que el principal culpable es Aum, pero, al parecer, había otra gente, otros grupos implicados. Aunque si esto se supiera traería mucha cola y hay gente que no quiere que se destape. Naturalmente, no es fácil demostrarlo.

No lo es. Pero volvamos a la vida dentro de Aum: ¿era tan plácida?

No, había problemas. Por ejemplo, la primera vez que fui a Aso no daba crédito a lo ineficaz que era todo. Construíamos un edificio solamente para derribarlo. Lo que construíamos no era lo que necesitábamos. Parecía una fiesta escolar. Uno trabaja duramente para hacer un modelo y luego, cuando termina la fiesta, lo rompe. ¿Por qué lo haces, entonces? Porque en el proceso de trabajar juntos se aprende mucho: a relacionarse con otros, habilidades técnicas, muchas cosas que no se ven. Por eso se trabaja tan duro y luego se destruye lo hecho. En medio de la labor comunal aprendes a entender mejor tu mente.

A lo mejor los planos no estaban bien hechos.
Sí, puede ser. *(Risas.)* Pero ¿qué se le va a hacer? Hay que resignarse. Así se hacen los negocios en Japón, ¿no?

Pero no es ningún negocio construir algo para cambiar de idea y destruirlo.
No, supongo que no.

¿Se quejaba alguien de esa ineficacia?
Algunos, otros no.
Durante un tiempo trabajé en el grupo científico que dirigía Murai desarrollando la máquina Cosmo, un aparato enorme para limpiar el aire. Me destinaron al recién creado ministerio de defensa en 1994. Imponente el nombre, ¿no? *(Ríe.)* De la construcción al ministerio de defensa. Yo no me lo tomaba muy en serio. Nunca pensé que estuviéramos creando nuestro propio Estado ni nada parecido.
Fabricamos unos sesenta aparatos grandes que se instalaban junto a los edificios. Luego desarrollamos aparatos más pequeños para el interior. Yo me encargaba del mantenimiento. Y, a decir verdad, mantenerlos costaba más que fabricarlos. Siempre daban problemas: escape de líquidos, averías del motor.

En el Satyam número 7, donde estaba la planta de gas sarín, se usaron aparatos Cosmo, ¿verdad?
A mí no me permitían entrar allí. Si hubiera podido entrar, ahora no estaría aquí sentado. El día del ataque yo estaba en el Satyam número 2, en Kamikuishiki, esperando la redada de la policía. A aquellas alturas ya sabíamos que entrarían para investigar. También había gente de la prensa, creo. Pero como a eso de las nueve de la mañana la policía no había entrado, me dije: «Pues no es hoy», y fui a trabajar. Encendí la radio y oí que había ocurrido algo en el metro de Tokio. Teníamos prohibido oír la radio, pero yo la oía. *(Risas.)* Se lo conté al colega que tenía al lado. «Seguro que culpan también a Aum», nos dijimos. La policía se presentó dos días después.

¿Admites ahora que un grupo de Aum cometió el atentado?

Sí. Hay varios detalles que aún no comprendo, pero visto que los implicados han confesado y están siendo juzgados, creo que fueron ellos.

¿Hasta qué punto crees que Asahara es responsable?

Si es responsable, debe ser juzgado según la ley. Pero como dije antes, hay una gran diferencia entre la idea que yo tengo de Asahara y el Asahara que veo en el juicio... Como gurú, como figura religiosa, tenía algo realmente genuino. Por eso me reservo mi opinión.

Yo recibí muchas cosas preciosas de Aum. Pero, dejando eso aparte, lo que está mal deber ser considerado como tal y es lo que ahora estoy tratando de hacer. Y, para serle sincero, no sé lo que ocurrirá ni qué me tiene reservado el futuro.

La gente piensa que Aum no tiene nada que ver con el budismo, incluso hay quien acusa a Aum de controlar las mentes, pero eso es demasiado simplista. Para mí es algo a lo que dediqué mi vida desde los veinte hasta casi lo cuarenta.

La práctica ascética tibetana consiste en una relación muy estrecha entre el gurú y el discípulo y exige una devoción absoluta, ¿no es eso? Pero qué pasa cuando lo que empezó siendo una disciplina maravillosa deja de serlo... Es, por usar una metáfora informática, como si un virus infecta un ordenador y altera sus funciones. No hay un tercero que pueda parar el proceso.

No lo sé.

Quiero decir que hay un peligro inherente porque se exige una devoción absoluta. En este caso, tú no has estado implicado en el ataque, pero, siguiendo la lógica, si tu gurú te ordena que cometas po-a, tienes que obedecer, ¿no?

Pero lo mismo pasa con todas las religiones. A mí, si me lo hubieran ordenado, no creo que lo hubiera hecho... lo cual significa que, a lo mejor, no era lo bastante devoto. *(Risas.)* Yo no había entregado mi yo por completo. O, por decirlo de otra manera, seguía siendo débil. Y soy de esos que tienen que estar convencidos de las cosas antes de hacer nada. Será que tengo demasiado sentido común.

O sea, ¿que si hubieras estado convencido, lo habrías hecho? Si te hubieran dicho: «Inaba, así son las cosas y por eso tenemos que cometer po-a», si te hubieran convencido, ¿qué?

Pues... no lo sé. La verdad, no sé qué habría hecho.

Lo que quiero saber es qué papel se le otorga al yo en la doctrina de Aum Shinrikyo. En tu aprendizaje, ¿qué parte dejabas a tu gurú y qué parte decidías por ti mismo? Aún no tengo claro este punto.

En realidad, el yo nunca es completamente independiente. Siempre hay algún tipo de influencia del exterior. Se ve afectado por factores ambientales, experiencias, pautas de pensamiento. Luego no está claro qué puede ser el yo puro. El budismo empieza por la conciencia de que lo que uno cree que es su yo no es el yo verdadero. Por eso el budismo es lo más alejado que hay del control de la mente. Se parece a la idea socrática de que el hombre más sabio es el que sabe que no sabe nada.

Podemos considerar que el yo se divide entre lo que hay en la superficie y lo que hay en el fondo. Algunos creen que su misión es penetrar hasta ese fondo en busca de la verdad. Esto podría parecerse a lo del mundo astral que decías.

La meditación es un método para llegar a lo más profundo del yo. Desde el punto de vista del budismo, en el fondo del subconsciente de cada individuo yace una especie de distorsión esencial. Y eso es lo que cura.

Creo que el ser humano tiene que llegar a este fondo y aceptarlo como es, porque en otro caso puede ser peligroso. Cuando oigo lo que dicen los detenidos, tengo la impresión de que eran incapaces de hacer algo así. Sólo analizaban las cosas y dejaban la parte intuitiva para otros. Su modo de ver la vida era demasiado pasivo. Por eso, cuando alguien muy dinámico, un Asahara, por ejemplo, les dice: «Haced esto», no pueden negarse.

No sé si entiendo exactamente lo que dices, pero creo que sé a lo que te refieres. Se trata, en el fondo, de la diferencia entre sabiduría y conocimiento.

Pero has de entender que hay personas que no tuvieron nada que ver con el atentado y están trabajando duro por desarrollarse personalmente y alcanzar la salvación. Está claro que Aum hizo cosas terribles, eso es innegable, pero hay gente detenida por delitos menores que está siendo intimidada y no se lo merece. Por ejemplo, si saliera a dar un paseo, la policía me seguiría. Si buscara trabajo, me hostigarían. La gente que deja los centros de Aum ni siquiera encuentra un sitio donde vivir. Los medios de comunicación tratan el tema desde un único punto de vista. No es de extrañar que desconfiemos cada vez más del mundo secular.

Nos dicen que si abandonamos nuestras creencias nos aceptarán, pero la gente que hizo sus votos tenía motivos serios, era, en cierto sentido, emocionalmente débil. Si se quedaran en casa, trabajaran como todo el mundo y procuraran ser mejores, nadie diría nada. Pero no pueden, y por eso aceptaron durante un tiempo un estado de aislamiento que se llama renunciación. Esa gente tiene problemas para enfrentarse a los obstáculos de la vida real.

La estructura de Aum ha cambiado mucho en una serie de aspectos fundamentales. Puede parecer que no ha cambiado nada, pero se ha producido una transformación interna. Hubo una tendencia a volver a los orígenes, cuando empezó con el yoga. Aunque como ahora hemos nombrado nuevo líder al hijo del fundador, la gente dirá que es imperdonable y que no hemos aprendido nada.

No digo eso, pero si no reflexionáis públicamente sobre lo ocurrido y no os mostráis arrepentidos, si seguís como si nada hubiera pasado, nadie creerá en vosotros. Dudo que la cuestión pueda despacharse diciendo: «Lo hicieron otros. Las enseñanzas fundamentales de Aum son correctas. Nosotros también somos víctimas». En la esencia de Aum, en vuestra doctrina, hay elementos peligrosos. Aum tiene el deber de expresarlo así públicamente. Hacedlo y a nadie le importará que sigáis con vuestras actividades religiosas.

Aunque poco a poco, estamos tratando de elaborar un informe provisional. No lo recoge todo, pero seguro que los medios de comunicación tampoco lo publican. Si cometimos errores, queremos que se nos señalen. Pero el *establishment* budista no quiere cuentas con nosotros y guarda silencio.

¿No se debe eso a que siempre usáis vuestro propio vocabulario, vuestro modo de decir la cosas? Tenéis que hablar con palabras comunes, con argumentos comunes, como si estuvierais manteniendo una conversación normal. Si habláis con aire de superioridad, nadie os escuchará.

Sí, es complicado. Pero ¿qué pasaría si habláramos normalmente? *(Risas.)* Ahora que los medios de comunicación nos han atacado con tanta parcialidad, nadie nos creería, o reaccionarían con repulsa. Digamos lo que digamos, los medios de comunicación lo tergiversan. No hay un solo medio de comunicación que quiera transmitir lo que pensamos de verdad. Nadie viene a escucharnos de verdad, como has hecho tú.

Sin embargo, la cuestión se reduce a saber el grado de responsabilidad del fundador [Asahara], pero no conocemos sus motivos reales. En cuanto al atentado, todo depende de eso. Que expliquemos lo ocurrido de una manera que la gente lo comprenda es pedirnos demasiado.

Sigo siendo miembro de Aum, pero la gente que ha dejado Aum no cree que la organización sea mala del todo. Por lo mismo, los que se han quedado tampoco creen que sea completamente buena. Hay mucha gente que duda. O sea, no es como lo han presentado los medios de comunicación: que los miembros que permanecen son unos fanáticos. La mayoría de los devotos fanáticos de Asahara se han salido.

Todos los miembros estamos profundamente afectados. Algunos que lo han dejado vienen a pedirme consejo y a hablar. Ahora estoy más adaptado, pero hubo un tiempo en que no sabía si sería capaz de vivir en el exterior.

Me gano la vida dando clases particulares a domicilio. Aquí vivimos en comunidad y nos ayudamos. Los compañeros con los que vivo están trabajando ahora en la construcción. Cuando se enteraron de que venías, quisieron conocerte, pero no podían escaquearse del trabajo. *(Risas.)* Todos trabajamos en lo que podemos. Nuestro vecino de puerta, por ejemplo, trabaja de camionero. Ya lleva bastante tiempo. Pero claro, si en su empresa se enteraran de que fue miembro de Aum, lo despedirían; así que se calla.

Aparte del alquiler, apenas gasto nada. No veo la tele. La comida nos la dan. No tenemos lujos. De luz, agua y demás gastamos poco. Con unos sesenta mil yenes nos apañamos. Los estudiantes pasan con cien mil, ¿no? Pues así vivimos nosotros, tirando como podemos.

Los medios de comunicación dicen que Aum tiene un montón de negocios, pero no es verdad. Es cierto que la compañía Aleph, relacionada con Aum, sigue funcionando, pero la policía les pone muchos obstáculos. Algunos monjes son gente mayor que sólo pueden trabajar en casa, y los hay que están enfermos. Tenemos que ocuparnos de ellos. Tenemos que trabajar para alimentarlos y alojarlos. O sea, que no estamos para tirar el dinero.

¿Cómo están los niños de Aum a los que enseñabas?

Todos han vuelto a la vida secular y asisten a escuelas normales. Como resulta imposible criar a los hijos con trabajos a tiempo parcial, los padres han dejado de ser monjes y trabajan a tiempo completo. Me imagino que ha debido de costarles encontrar empleo. Pero no sé muy bien cómo se encuentran los niños. A muchos los separaron de sus padres.

Nuestra enseñanza no contempla pegar al alumno ni ninguna clase de violencia. Nosotros hablamos y usamos la lógica para persuadir.

Como monjes, tenemos que seguir estrictamente los preceptos, porque si no, lo que decimos resultaría poco convincente. Es como si le dices a alguien que no fume y tú fumas. ¿Quién va a hacerte caso? Los niños observan con mucha atención cómo se comportan los adultos. A algunos de los niños de Aum los llevaron a centros para jóvenes y seguro que el personal debe de andar de cabeza. *(Risas.)*

«Era como un experimento con seres humanos.»
HAJIME MASUTANI (nacido en 1969)

Masutani nació en 1969 en la prefectura de Kanagawa. Su familia era «de lo más normal», pero él empezó a sentirse un extraño y acabó casi sin hablar. No le gustaban los deportes ni la escuela, pero sí dibujar.

Estudió arquitectura. La religión no le interesaba mucho hasta que miembros de algunas nuevas religiones se pusieron en contacto con él. Aum Shinrikyo era la más atractiva y se adhirió.

Después del atentado criticó algunas de las decisiones de Aum y lo encerraron incomunicado en Kamikuishiki. Se sentía en peligro y huyó. Por eso lo expulsó Aum.

Le gusta abordar las cosas de una manera lógica. Aunque es crítico con las enseñanzas de Aum, algunas de ellas le parecen admirables. Durante su aprendizaje tuvo varias experiencias místicas, pero lo sobrenatural, lo escatológico y las teorías conspiratorias como las de la masonería le interesan poco. Cuando era miembro, desaprobaba que Aum tomara ese camino, aunque hasta que vio su vida amenazada no se decidió a dejar la secta.

Oculta el hecho de que fue adepto y vive solo, trabajando a tiempo parcial. Hablamos durante muchas horas y se sinceró conmigo.

La verdad es que nunca he tenido grandes frustraciones ni problemas. Era más bien como que me faltaba algo. Me gustaba mucho el arte, pero la idea de dedicar mi vida a pintar cuadros y ganar un dinero con ellos no me atraía. Cuando iba a la universidad topé con un libro sobre Aum en una librería y me atrapó. «A lo mejor, más que pintar», me dije, «lo que me ayudaría a conocer mejor mi ser interior es una vida religiosa.»

Entonces estaba en primero de carrera. Un día, viajando solo por la región de Kansai, me enteré de que había un *dojo* de Aum en Kioto y me pasé por ahí. Estaba en un edificio alquilado y era muy espartano, incluso el altar era sencillo. No se parecía a otras religiones que gastan fortunas en boato y esplendor. Aquello era modesto y honrado. La gente vestía sencillamente. Estaba Matsumoto y oí su prédica.

A decir verdad, no entendí de qué hablaba. *(Risas.)* Estaba cansado del viaje y me entraba sueño. Pero sí capté la fuerza que transmitía el sermón y tuve la impresión de que era algo profundo. Creo que entendía las cosas más por intuición artística y emotiva que porque siguiera la lógica.

Después del sermón nos invitaron a quedarnos para hablar. Yo pude hablar en persona con Hideo Murai, del que decían que había alcanzado la salvación. No tenía ningún aura sagrada y me pareció un simple adepto de Aum. Después de hablar del cuerpo y otras cosas, me dijo de sopetón: «¿Quieres hacerte miembro?». Luego supe que era una de las tácticas de la secta. La gente que acude a este tipo de sitios busca algo, llenar un vacío, pero lo cierto es que el *dojo* parecía bastante agradable. Me pareció gracioso que me pidieran que me hiciera miembro así, de repente, y allí mismo rellené la inscripción. Costaba treinta mil yenes, que, como no llevaba bastante dinero encima, pagué a mi regreso a Tokio.

Estuve yendo una temporada al *dojo* de Setagaya, pero la mayor parte del tiempo la empleaba repartiendo folletos de Aum. Más que aprender, lo que hacíamos era acumular méritos. En el *dojo* tenían planos de Tokio, dividida en sectores, y nos decían qué zona nos tocaba cubrir cada día. Íbamos en coche por la noche y nos decían qué barrio nos tocaba, y salíamos para allá. Recorríamos las calles e introducíamos los folletos en los buzones. Yo me lo tomaba muy en serio. Tenía la sensación de estar haciendo algo importante y disfrutaba de la actividad física que suponía. Además, creíamos que si hacíamos méritos espirituales, el gurú [Asahara] nos conferiría energía.

Entonces, ¿te divertías más repartiendo folletos que estudiando?

El rumbo de mi vida había cambiado. Por mucho que estudiara arquitectura o encontrara un buen trabajo, no pasaría de eso. En aquel momento pensaba que tenía más sentido proseguir con mi aprendizaje espiritual hasta llegar a la iluminación.

O sea, que la vida normal y corriente había dejado de interesarte y tenías aspiraciones más espirituales.

Exacto.

La gente que se plantea cuestiones fundamentales suele seguir una pauta de conducta: cuando es joven, lee muchos libros, descubre filosofías diferentes y eli-

ge entre ellas un sistema de ideas. Pero ése no fue tu caso. Tú te dejaste llevar
por un impulso y te uniste sin más a Aum.

Era joven. Aum empezaba a ser cada vez más importante en mi vida.
Comencé a faltar a clase, a perder créditos y supe que tendría que repetir el curso. En aquel difícil trance, Matsumoto [Asahara] me dijo:
«Deberías hacerte monje». Y pensé que era una buena idea.

Ocurrió durante lo que ellos llaman «yoga secreto». Matsumoto
se sentaba flanqueado por varios de sus discípulos más antiguos, nosotros nos sentábamos enfrente y pedíamos consejo, nos confesábamos o lo que fuera. Por entonces, los creyentes comunes y corrientes
podían hablar directamente con él. Era un momento en que Aum
quería engrosar sus filas y expandirse, y creo que les interesaba más
hacer proselitismo que considerar debidamente mi caso. También
me decían que no era capaz de desenvolverme en el mundo secular
por culpa del karma de la renunciación. Poco después me hice monje. Fue en 1990. Yo era de los primeros. Al principio estaba completamente empapado de Aum y no lo dudé. Si el gurú decía: «Renuncia al mundo», el discípulo debía obedecer. Yo creía que Matsumoto
era la persona que podía responder a todas mis preguntas. Confiaba
en él.

Cuando era sólo creyente, antes de hacerme monje, participé de mala
gana en la campaña electoral. El gurú nos lo pidió y yo hice lo que pude,
pero las elecciones no me interesaban. Cuestionaba todo lo que hacíamos, como si ya entonces estuviera en desacuerdo con lo que pasaba. *(Risas.)* Para mí lo importante era la iluminación y todo lo demás
era perder el tiempo. Aunque haya algo que uno no acabe de entender
en lo que dicen los practicantes iluminados, siempre es lo correcto.
Eso es lo que tienden a pensar los adeptos de Aum. Puede que no entiendas algo, pero siempre tiene un significado profundo.

Mi familia se oponía a que me retirara del mundo, pero yo nunca
le había hecho mucho caso. Dejé la universidad, el piso, abandoné todo
lo que tenía y me retiré al centro de Aum en el monte Fuji. Sólo podíamos llevarnos lo que nos cupiera en un par de maletas.

Después me enviaron a Naminomura, en Aso. Como había estudiado arquitectura, me destinaron a la construcción, aunque lo único
que hice en la universidad fue dibujar esbozos. Al ver que me habían
elegido a mí en lugar de a otros más fuertes, pensé que debía de haber
un error. «¿Estáis seguros?», pregunté. «Tú ve», me dijeron. Y fui. Trabajé de peón, y al final del día le dije a mi superior, Naropa [Fumihiko
Nagura], que no podía seguir, que no tenía resistencia física. Me destinaron entonces al departamento de economía doméstica. Allí me de-

dicaba a preparar comidas y hacer la colada. Me costó bastante acoplarme a aquella vida, pero como cumplir con las tareas que el gurú me había asignado era un acto de devoción, lo hacía lo mejor que podía.

El trabajo en Aso era tan duro que mucha gente desistía. Yo pensé que era demasiado tarde para volver al mundo y continué. Debo decir, sin embargo, que trabajaba con una sensación de plenitud. Seguíamos la «dieta Aum» y todos los días comíamos arroz y verduras hervidas. Con aquella dieta se tenían visiones de los manjares que te gustaría comer, pero procuré no dejarme tentar. Yo ya era casi vegetariano y aquel régimen alimentario no me desagradaba tanto. Me sentía libre de todos los apegos del mundo que pueden engañarnos.

Veamos... ¿Cuánto tiempo pasé en Naminomura? No teníamos calendarios y perdíamos la noción de los días, pero debí de pasar bastante tiempo. Construimos varios edificios. Cuando uno lleva una vida tan sencilla y sin cambios durante tanto tiempo, empieza a sentir cierto malestar. Entonces estalló un gran conflicto entre este malestar y mi deseo de salvación.

Me llamaron para que volviera a la sede del monte Fuji y me uniera al departamento de animación. A aquellas alturas, la sede de Aso había dejado de ser el centro de las actividades de Aum y estaba como estancada, así que me alegré de irme. En el departamento de animación nos dedicamos a hacer películas de dibujos animados. Era bastante chusco. Se trataba de ilustrar los poderes sobrenaturales que tenía Matsumoto... Lo dibujábamos levitando y cosas por el estilo. Una película normal hubiera sido más convincente, porque nadie daría crédito a unos dibujos animados. El resultado era horrible. Por entonces tuve más ocasiones de ver a Matsumoto y cada vez me desencantaba más de él y de Aum.

Después de eso hice toda clase de tareas hasta que Shoko Asahara me ordenó que empezara mi aprendizaje. Consistía en estudiar y meditar; espiritualmente era satisfactorio, pero también agotador. Aparte del tiempo del que disponíamos para comer e ir al baño, teníamos que pasarnos el día sentados. Incluso debíamos dormir sentados. Estudiábamos durante una serie de horas y luego hacíamos un examen. Así día tras día.

Con este aprendizaje estuve como medio año. Mi sentido del tiempo es vago y no podría decirlo con seguridad... Había quien se pasaba años. Uno no sabe cuándo puede irse, lo decide el gurú. A mí me tuvo aprendiendo durante mucho tiempo, luego me mandó a trabajar otra vez, luego a aprender...

¿Era Asahara quien decidía cuándo se avanzaba de nivel? ¿Quien decía, por ejemplo: «Mañana pasas al siguiente estadio»?

Sí, pero yo nunca avancé. Ni siquiera me pusieron un nombre sagrado.

Pero tú te aplicaste durante mucho tiempo y te esforzaste. ¿Por qué no avanzaste?

Aum tendía a otorgar la salvación en función de lo que uno había contribuido a la organización. El nivel espiritual de la gente era importante, claro, pero lo decisivo era cuánto había dado. En el caso de los hombres, la clave era su formación. Los que habían estudiado en la Universidad de Tokio rápidamente eran elevados a un nivel superior de salvación, o se les daba un trabajo importante, o se los nombraba líderes. En el caso de las mujeres, todo dependía de lo guapas que eran. No es broma. Lo mismo que en el mundo secular. *(Risas.)*

Pienso que yo no le era muy útil a Matsumoto. Hasta cierto momento creía que mi fracaso se debía a que no me esforzaba, pero llegó un momento en que empecé a pensar que también podía ser que los licenciados de la Universidad de Tokio gozaban del favor del maestro.

Cuando se lo decía a mis amigos, me atajaban diciendo: «Piensas eso porque estás sucio», o «Eso es el karma», lo cual significa que la culpa de todas las dudas que uno pueda tener proviene de su suciedad. De igual manera, todo lo bueno se debía al gurú.

Es un sistema bastante efectivo. Todo se recicla y se concluye dentro del sistema mismo.

Creo que era el camino que había que seguir para acabar con el yo.

Al principio, todos los miembros que acababan de ingresar tenían muchos deseos, pero viviendo en Aum los perdían. Por muy insatisfecho que estuviera uno con la vida en Aum, siempre era preferible a la de fuera, llena de suciedad y apegos. Vivir con personas que pensaban lo mismo lo hacía más llevadero psicológicamente.

Hacia 1993 la secta se volvió más violenta. ¿Tú lo notaste?

Sí. Los sermones versaban cada vez más sobre el budismo Vajrayana, y más gente empezó a hacerse la ilusión de que el Vajrayana se realizaría. Yo no podía seguir la doctrina de que los medios no importan. No me sentía cómodo. El aprendizaje empezó a incluir elementos extraños: las artes marciales pasaron a formar parte importante de nuestro día a día y yo sentía que el ambiente cambiaba. Pensé seriamente en si debía seguir en Aum.

Lo que uno pensaba tenía poca importancia, porque Matsumoto estaba convencido de que ése era el camino más corto para llegar a la meta. Y si él estaba convencido, no podía hacer nada. Era o someterse o irse.

Otra nueva práctica del aprendizaje era colgar a la gente boca abajo. Todo el que violaba los mandamientos era atado por los pies con cadenas y colgado boca abajo. Dicho así, no parece muy grave, pero era tortura, ni más ni menos. La sangre le chorreaba a uno piernas abajo y parecía que te las fueran a arrancar. Violar los mandamientos abarcaba desde romper el voto de castidad teniendo relaciones con una chica hasta que sospecharan que éramos espías o teníamos tebeos... El cuarto en el que yo trabajaba entonces estaba justo debajo del *dojo* de Fuji y oía los gritos de la gente, verdaderos alaridos de dolor, gente gritando: «¡Matadme! ¡Evitadme este sufrimiento...!». Eran gritos casi inhumanos, como los que daría alguien sometido a un dolor atroz. «¡Maestro, maestro, ayúdame! ¡No lo haré más!» Cuando oía esto, se me ponían los pelos de punta.

No me explicaba qué sentido tenía aquello. Pero lo más extraño es que muchas de las personas que fueron tratadas así siguen en Aum. Los torturaron, estuvieron a punto de morir, luego les dijeron: «Te has portado bien», y ellos pensaron: «Fui capaz de superar las pruebas que me pusieron. ¡Gracias, oh, gurú!».

Naturalmente, si se pasaban, uno moría. Así es como murió Noaki Ochi, aunque nunca nos lo dijeron. Luego empezó la iniciación con drogas. Todo el mundo pensaba que era LSD. Veíamos visiones y cosas, pero a mí no me parecía que fuera la manera de alcanzar la salvación. Corrían rumores de que alguien había muerto, o de que pensaba escaparse, o lo habían pillado y le habían hecho cosas, pero los rumores en Aum no pasaban de ser rumores que no había manera de confirmar. Nuestra capacidad de discernir lo bueno de lo malo estaba cada vez más mermada.

También corrían rumores de que había espías infiltrados en Aum y usaban detectores de mentiras para descubrirlos. Decían que era otra prueba iniciática y todo el mundo tenía que someterse al aparato. Me parecía extraño que el gurú, que se supone que lo sabía todo, no fuera capaz de distinguir quiénes eran los espías con sólo mirarlos. Además, una vez me preguntaron por mi mejor amigo, al que habían encerrado incomunicado. Me sometieron a la prueba y me hicieron todo tipo de preguntas, incluso algunas muy impertinentes que no pude aceptar. Luego les pregunté a mis superiores por qué me preguntaban aquellas cosas que no tenían sentido. Eran cuestiones obscenas sobre asuntos personales, íntimos. Saber la respuesta no les llevaría a ninguna parte. Debieron de molestarse porque al poco Tomomitsu Niimi me dijo: «Te trasladamos. Haz la maleta ahora mismo». Y me encerraron incomunicado. Le pregunté por qué, pero no me contestó. Fue entonces cuando empecé a preguntarme qué estaba pasando allí. El aprendizaje debía de llevar a la salvación, pero ahora se usaba como método de castigo.

La celda era del tamaño de un tatami. La puerta estaba cerrada. Era verano y hacía mucho calor, pero tenían el radiador encendido. Me obligaban a beber litros y litros de una bebida especial que me daban en una botella de plástico y sudaba a chorros. Era como si así quisieran expulsar algo malo de mí. Naturalmente, no podía bañarme y estaba sucio. No había váter, sino un simple cubo. La cabeza me daba vueltas y no podía pensar con claridad.

No sé cómo no pereciste.

Habría sido un alivio y, la verdad, a veces quería morirme. Pero ya se sabe que cuando la gente se ve en trances como ésos se vuelve muy resistente. A la mayoría nos encerraban porque empezábamos a dudar o porque habíamos dejado de serle útiles a Aum. No sabíamos cuándo nos permitirían salir. Así que me propuse sacar provecho de aquello y aplicarme seriamente al aprendizaje. Si seguía quejándome, nunca me dejarían salir. Lo único que podía hacer era pensar de forma positiva y seguir adelante.

Parte de nuestra práctica diaria consistía en una ceremonia iniciática llamada *bardo leading*. Nos llevaban a un cuarto, nos vendaban los ojos, nos ataban las manos a la espalda y hacían que nos sentáramos. Entonces empezaban a tocar un tambor, a tañer una campanilla y a exclamar a voz en grito: «¡Aprende, aprende! No hay vuelta atrás, demos lo mejor de nosotros mismos!».

Un día, sin embargo, cuando vinieron a por mí, Siha [Takashi Tomita] y Satoru Hashimoto me sujetaron y Niimi me tapó la nariz y la boca para impedir que respirara. «Crees que tus superiores son tontos, ¿eh?», me decían. Querían matarme, pero forcejeé con todas mis fuerzas y pude soltarme. «He hecho todo lo que debía», les dije, «¿por qué me maltratáis?» Pude calmarlos y regresar a mi celda, pero me dije que había acabado con Aum. ¿Cómo podían tratarme así con lo bien que estaba portándome?

Luego me sometieron varias veces a lo que ellos llamaban la iniciación de Cristo. Era como un experimento con seres humanos. Niimi me daba drogas y me observaba como si yo fuera un conejillo de Indias. «¡Bébetelo!», decía con una voz fría e indiferente. Jivaka [Seiichi Endo] y Vajira Tissa [Tomomasa Nakagawa] recorrían las celdas. Mi mente estaba embotada por las drogas, pero lo recuerdo perfectamente. Venían a observar cómo reaccionábamos. Me di cuenta de que a los incomunicados nos usaban para experimentar con drogas. Como vivos, para ellos valíamos poco, debían de pensar que el mejor modo de que hiciéramos méritos espirituales era usarnos en experimentos humanos. Esto me hizo reflexionar mucho sobre mi destino. «¿Voy a morir así?», me preguntaba. «¿Como un conejillo de Indias en un experimento? Si éste es mi destino, la única salida es volver al mundo secular. Esto es horrible, inhumano...» Estaba confundido, me preguntaba en qué había fallado Aum.

Después de las sesiones de drogas, como nos quedábamos exhaustos, dejaban las puertas de las celdas abiertas durante un rato. Al final yo aguantaba mejor, así que un día preparé una muda de ropa y, después de cerciorarme de que no había moros en la costa, me la puse y escapé. Había guardias, pero conseguí escabullirme sin que me vieran.

[Masutani pidió prestado en la calle un billete de autobús y volvió a casa de sus padres en Tokio. Unos meses después supo que lo habían expulsado de la secta. Las razones que dieron, dice, no tienen fundamento.]

Así es como volví al mundo, no porque quisiera llevar una vida normal, sino porque no quería seguir en Aum. La verdad es que no tenía adónde ir, así que volví con mis padres. Mi familia se puso muy contenta y daba gracias a Dios de que hubiera vuelto, pero como hacía cinco años que había roto mis lazos emocionales con ellos, ya no éramos lo que se dice una familia. Yo no podía contentarme con una vida normal, mis padres no podían entenderlo, empezamos a discutir y al final decidí mudarme.

Antes de eso, en marzo de 1995, se produjo el atentado con gas. ¿Qué piensas?
Al principio no creí que hubiera sido Aum. Predicaban sobre budismo Vajrayana, es cierto, y el ambiente había tomado un cariz raro, pero yo no podía concebir que fueran tan lejos para usar gas sarín. Estamos hablando de un grupo que no sería capaz ni de matar una cucaracha. Cuando estaba en Aum, oía comentar a menudo las meteduras de pata del ministerio de ciencia y tecnología, por lo que me costaba creer que fueran capaces de llevar a cabo algo tan complejo. Los medios de co-

municación imputaban la acción a Aum, pero Aum y Fumihiro Joyu negaban cualquier relación con los hechos. Al principio me incliné a creerlos. Pero cuando luego, al hilo de la investigación, fueron descubriéndose hechos que contradecían las afirmaciones de Aum, empecé a tener mis dudas. Releí mi diario y parece ser que ya en agosto de ese mismo año [1995] había empezado a distanciarme de Aum. Entonces me convencí de que el autor del atentado había sido Aum.

Aunque huí de Aum porque no estaba de acuerdo con ellos ni podía seguir sometiéndome a su voluntad, no pude readaptarme a la vida secular. La actitud de Aum de querer superar los apegos mundanales me pareció más loable que lo que la sociedad me ofrecía. Empecé a reflexionar sobre lo que era Aum, una organización a la que me había entregado en cuerpo y alma, para establecer lo que tenía de bueno y lo que tenía de malo.

Después de dejar la casa de mis padres me empleé en un supermercado y hacía trabajos por horas para ir tirando. Mantenía el contacto con amigos de Aum y nos juntábamos. Algunos seguían apoyando sin reservas a Aum, y aunque pensaban que lo del atentado había sido un error, seguían creyendo que la doctrina de Aum era válida. Hay tantos puntos de vista como personas. Pero hay muy poca gente que haya roto por completo con Aum y viva de acuerdo con los valores seculares.

Ahora no me interesa Aum y me inclino por el budismo primitivo. Todos los que han dejado Aum han incorporado algún aspecto religioso en sus vidas.

Por supuesto, las personas son libres de intentar superar sus deseos y apegos y demás, pero, desde un punto de vista objetivo, parece sumamente peligroso dejar que otra persona, un gurú, controle nuestra conciencia. ¿Sigue habiendo creyentes o ex creyentes que no reconocen esto?

No creo que muchos hayan reflexionado sobre eso debidamente. Gautama Buda dijo: «El yo es el verdadero maestro del yo» y «Mantén el yo como una isla, lejos de todo». En otras palabras, los discípulos budistas practican el ascetismo para encontrar su propio yo. Encuentran impurezas y apegos e intentan suprimirlos. Pero lo que Matsumoto hizo fue identificar el yo con esos apegos. Dijo que para librarse de éstos había que liberarse también del yo. Los seres humanos aman el yo y por eso sufren, pero cuando ese yo sea desechado, el verdadero y radiante yo aflorará. Esto es una perversión absoluta de las enseñanzas del budismo. El yo es lo que hay que descubrir, no lo que hay que desechar. Crímenes terroristas como el atentado con gas del metro son resultado de este proceso de renuncia al yo. Si perdemos el yo, entonces nos volvemos completamente insensibles al asesinato y al terrorismo.

En última instancia, Aum creó personas que habían renunciado a su yo y que simplemente obedecían órdenes. Por eso, los supuestos iluminados de Aum, los más avanzados en la doctrina de Aum, no son verdaderos iluminados que dominan la verdad. Es una perversión que unos creyentes que supuestamente han renunciado al mundo vayan por ahí pidiendo donaciones en nombre de la «salvación».

No creo que Matsumoto cambiara poco a poco de ideas. Las tenía desde el principio, y lo que hizo fue llevarlas a la práctica paso a paso.

Así pues, ¿tenía Asahara desde el principio la intención de seguir el budismo Vajrayana o es que en algún momento se dejó engañar?

Ambas cosas. Desde el principio había esa intención, que acabó imponiéndose cuando se rodeó de gente que a todo decía que sí y empezó a perder el sentido de la realidad.

Sin embargo, también creo que, a su modo, Asahara se planteaba seriamente la cuestión de la salvación. Si no, nadie habría renunciado al mundo para seguirlo. Hasta cierto punto había algo místico en Aum. Lo mismo ocurre en mi caso: el yoga y la práctica ascética me han llevado a vivir algunas experiencias místicas.

Aum quiere seguir ahora con las mismas doctrinas, sin Shoko Asahara ni el budismo Vajrayana. ¿Qué piensas?

Como no ha cambiado nada en Aum, sigue habiendo un claro peligro de que se cometan otros crímenes, quizá no ahora, pero sí tarde o temprano. Además, la gente que sigue en Aum ha aceptado el atentado en su subconsciente, por lo que no son conscientes de los peligros que supone continuar con las mismas enseñanzas. Lo único que piensan es en las buenas cosas de Aum y en los beneficios que les ha procurado.

Cuando pienso en las víctimas del ataque y en colegas míos que estuvieron directamente implicados en el crimen, me dan ganas de coger a la gente que sigue creyendo en Aum y gritarles: «¿Es que estáis ciegos?». Aunque lo más probable es que se hayan empecinado aún más. Lo único que podemos hacer es mostrarles poco a poco la verdad y concienciarlos.

Para mí no es fácil reconciliarme con la vida secular. Estoy cansado de pertenecer a grupos y quiero intentarlo por mi cuenta. Una parte de mí quiere suprimir los deseos, pero lo único que puedo hacer ahora es ir paso a paso por mis propios medios.

Entraste en Aum en primero de carrera y has estado en la secta siete años. ¿Crees que ha sido tiempo perdido?

No, no lo creo. Un error es un error, pero superarlo siempre aporta algo válido. Puede ser un punto de inflexión en mi vida.

Hay ex adeptos de Aum que han descartado por completo su experiencia en la secta y no leen la prensa ni ven reportajes sobre el tema. No quieren saber nada, pero eso no ayuda a aprender de los errores. Es como cuando se hace mal un examen. Si no repasas los errores, la próxima vez volverás a cometerlos.

«En mi última vida fui hombre.»
MIYUKI KANDA (nacida en 1973)

A Kanda ya la atraía lo místico desde niña. A los dieciséis años leyó un libro de Shoko Asahara y quedó tan impresionada que se adhirió a la secta con sus dos hermanos mayores. A fin de concentrarse en su formación mística, dejó el instituto y se metió a monja.

Hablando con ella se entiende hasta qué punto Aum Shinrikyo parecía un lugar ideal. Descubrió que la vida ascética era mucho más plena que la vida en el mundo, donde no encontraba nada que tuviera valor espiritual. Aum era una especie de paraíso.

Por supuesto, uno puede ver su caso —el de una chica de dieciséis años educada en Aum— como una especie de secuestro o de lavado de cerebro, pero yo cada vez tiendo más a pensar que casos como el suyo no son algo tan malo. No todo el mundo tiene que pensar igual, ir codo con codo, luchar por abrirse paso en «el mundo». ¿Por qué no puede haber gente que profundice más en cosas que para la sociedad no son relevantes? El problema yace en el hecho de que Aum Shinrikyo era uno de los pocos refugios que se ofrecían a esa gente y resultó ser un refugio falso. El paraíso era una quimera.

Cuando nos despedimos, le pregunto si hablar con alguien del «mundo» durante tanto rato supondrá alguna mácula que tendrá que lavar. Se queda desconcertada un momento y me contesta: «Pues sí, claro». Es una persona muy seria. Me ofreció pan que había hecho ella misma y que estaba delicioso.

Desde que era niña he tenido experiencias místicas. Por ejemplo, mis sueños se parecían mucho a la realidad. Yo no los llamaba sueños, de hecho, sino historias, porque eran largos y claros y cuando me despertaba los recordaba con todo detalle. En mis sueños visitaba toda clase de mundos y emprendía viajes astrales. Estas experiencias se repetían todos los días. En los viajes astrales, el cuerpo se queda quieto, dejamos de respirar y podemos volar. Me ocurría sobre todo cuando estaba cansada.

No era lo que normalmente se entiende por sueños. Todo era muy real. Habría sido más fácil si uno pudiera hacer una distinción clara y decir: «Vale, esto es un sueño y no es lo mismo que la realidad», pero en mis sueños aparecían cosas muy similares a las de la realidad que me confundían. «¿Es esto real? ¿O no lo es?» Al final no distinguía entre sueño y realidad, o quizá sea mejor decir que mis sueños fueron más reales que la realidad. Esto me turbaba. «¿Qué es lo real?», me preguntaba. «¿Cuál es mi verdadera conciencia?»

Estas experiencias me influyeron mucho. Hablaba con mis padres de ellas, pero no entendían lo que quería decirles. Soy más bien introvertida, pero tenía amigos e iba a la escuela como todo el mundo. La escuela no me gustaba especialmente, aunque me aplicaba en las asignaturas que me divertían. Me gustaba leer, sobre todo ciencia ficción y relatos fantásticos. Leía muchos tebeos y veía dibujos animados. Era malísima en matemáticas y el deporte no me gustaba mucho.

Mi madre me repetía: «¡Estudia! Si te aplicas, irás a una buena escuela y encontrarás un buen trabajo». Lo que los padres suelen decir a los hijos. Pero, la verdad, a mí los estudios no me interesaban tanto. No les veía sentido. Mis sueños continuaban. Tenía toda clase de experiencias y visitaba diferentes mundos. Era divertido, pero nunca duraba. Al final todo se desvanecía. Viví guerras en las que morían montones de personas. Sentía el miedo a la muerte y una profunda tristeza porque los que me rodeaban morían. Vi lo pasajero que es el mundo, que nada dura para siempre y que esta transitoriedad causa sufrimiento.

O sea, que podría decirse que vivías «otra vida» y llegaste a esa conclusión después de tener experiencias emocionalmente intensas en un mundo paralelo.

Sí. No había tenido la experiencia de que un ser querido muriera, pero en la tele veía a gente enferma que moría y me decía: «Ah, pues el mundo real también es pasajero. También aquí existe el mismo sufrimiento». Ése era el nexo entre mis sueños y el mundo real.

Fui a un instituto de Kanagawa. Todo el mundo hablaba de chicos, amor, moda, dónde estaban los mejores karaokes y demás. Yo no le veía ningún valor a aquello y me sentía desplazada.

Casi siempre estaba sola, leyendo. También escribía. Como mis sueños eran como cuentos, pensaba que podía escribir un libro. ¿No hacen eso algunos escritores, tomar una idea de sus sueños y desarrollarla luego en un relato?

No quería echarme novio. Cuando mis compañeras salían con algún chico, a mí no me daban envidia. No le veía sentido.

Cuando tenía dieciséis años, mi hermano me pasó algunos libros de Aum que según él estaban muy bien. Creo que los primeros fueron

Más allá de la vida y de la muerte, Iniciación y *Mahayana Sutra*. Cuando los leí pensé: «¡Esto es exactamente lo que buscaba!». Y corrí a apuntarme.

Los libros explicaban que la vía de la verdadera felicidad consistía en liberarse. Cuando uno se libera, consigue la felicidad eterna. Por ejemplo, aunque en mi vida pueda sentirme feliz, no durará; pero ¡qué bonito sería que la felicidad durara para siempre! No sólo para mí, sino para todo el mundo. Por eso me sedujo tanto la palabra «liberación».

¿Qué entiendes exactamente por felicidad?
Por ejemplo, es lo que sentimos cuando hablamos con los amigos o con tu familia de toda clase de cosas. Para mí, la conversación es muy importante.

Si me preguntas lo que liberación, o iluminación, significan para mí, te contestaré que son simplemente el fin del sufrimiento. Cuando uno alcanza la liberación, se ve libre de los sufrimientos del mundo pasajero. Los libros describían algunas prácticas ascéticas que uno podía hacer para liberarse, así que, antes de unirme a Aum, lo intenté por mi cuenta. Leía los libros en mi casa y hacía *asana* [yoga] y ejercicios respiratorios todos los días.

A mis dos hermanos los atraía Aum y querían hacerse miembros. Los tres pensábamos más o menos lo mismo. Mi hermano mayor tenía sueños como los míos, aunque menos intensos.

Así que un día fuimos al *dojo* de Setagaya y pedimos en recepción los formularios de inscripción. Como estábamos decididos a unirnos, pusimos nuestro nombre y dirección, pero entonces nos dijeron que primero querían hablar con nosotros. Nos llevaron adentro y hablamos con el maestro del *dojo*. Cuando nos preguntó por qué queríamos inscribirnos, dijimos: «Porque buscamos la iluminación y la liberación». El hombre se quedó sorprendido. Al parecer, la mayoría decía que se unían para mejorar su situación en el mundo, adquirir poderes sobrenaturales y demás.

El maestro habló con nosotros sobre muchas cosas, pero yo, lo que sentía sobre todo era..., ¿cómo lo diría?..., una gran sensación de calma, como si se respirase paz. Los tres nos hicimos miembros ese día. La tarifa de ingreso más las cuotas de los seis primeros meses eran treinta mil yenes cada uno. Yo no llevaba bastante y les pedí prestado a mis hermanos.

¿No dijeron vuestros padres nada de que los tres os hicierais miembros de Aum Shinrikyo?

510

Sí, pero por entonces no se hablaba mucho de Aum y les explicamos que era como un centro de yoga. Los problemas surgieron luego, cuando empezaron a correr rumores.

Al principio nos dedicamos a doblar folletos y a repartirlos. Era muy divertido. Cuando terminaba me sentía realizada. Y, no sé por qué, más alegre. Estas actividades daban mérito. Cuanto más mérito acumulaba uno, más energía tendría para ascender de nivel. Esto es lo que siempre nos decían en Aum.

También hice amigos. Una de mis amigas del instituto se unió y salíamos juntas a repartir los folletos. No la convencí de que se apuntara, simplemente le hablé del grupo.

Continué mi aprendizaje ascético y pronto experimenté lo que se llama *dhartri siddhi,* que es el estado previo a la levitación, en el que nuestro cuerpo empieza a ascender y descender en el aire. Esto me ocurrió un día en casa practicando ejercicios respiratorios. Después casi podía hacerlo a voluntad. Al principio uno no se da cuenta de que está subiendo y bajando en el aire, pero luego consigue controlarlo hasta cierto punto.

Al principio suponía un serio problema. ¡Salía disparada hacia arriba! *(Risas.)* No lo dominas. Mi familia se quedaba pasmada viéndome. Ya me habían dicho que llegaría a este estadio muy pronto. Creo que, como soy menuda, he avanzado mucho espiritualmente.

Seguí yendo al instituto como siempre, a la vez que participaba en las actividades de Aum, pero con el tiempo dejé de verle sentido a los estudios..., los odiaba, vamos. Lo que yo hacía era exactamente lo contrario de lo que hacían todos los demás. Por ponerte un ejemplo, mis compañeros de clase criticaban a los profesores, pero Aum nos enseñaba a no hablar mal de nadie. Yo veía en esto una gran contradicción. Otro ejemplo: parecía que los estudiantes sólo sabían hablar de cómo pasárselo bien, pero Aum predicaba que no debemos perseguir el placer. O sea, lo contrario.

La liberación se alcanza más rápidamente si renunciamos al mundo y practicamos todo el tiempo, así que pensé que lo mejor era hacerme monja.

La renunciación significa abandonar todos los apegos. ¿Había alguno al que te costara especialmente renunciar?

La cosa me creó mucha confusión y muchos conflictos. Hasta ese momento había vivido con mi familia, pero en adelante no podría verlos. Eso era lo peor. Luego estaba la comida: los monjes sólo pueden comer determinados alimentos.

Mi hermano mayor ya había dejado la universidad para hacerse monje. Mis padres trataron de convencerlo para que al menos terminara la carrera, pero no hubo manera. Mi otro hermano seguía en casa sin mostrar deseos de hacerse monje.

Mis padres lloraron. Hicieron todo lo posible por disuadirme. Pero yo estaba segura de que si me quedaba en casa nunca sería una fuerza positiva en sus vidas. Lo que yo buscaba no era el amor normal y corriente, sino un amor más amplio. Si me cambiaba a mí misma, sería una buena influencia para mis padres. Fue duro decirles adiós, claro, pero di el paso y renuncié al mundo.

Primero me enviaron a Seiryu-Shoja, en la prefectura de Yamanashi, y luego al *dojo* de Setagaya en Tokio, donde me destinaron a tareas secundarias como encargarme de los adeptos laicos, que vivían en sus casas. También colaboré en imprimir octavillas, que llevábamos a las casas de los adeptos para que ellos las repartieran. Me sentía bastante sola en mi nueva vida, pero no lamentaba mi decisión. Hice nuevos amigos en Aum. Muchas chicas de mi edad también se habían hecho monjas y lo pasábamos bien en el *dojo*. Teníamos muchas cosas en común. Después de todo, ellas también se unieron a Aum porque el mundo exterior no les gustaba. En el *dojo* de Setagaya estuve un año y luego me trasladaron a la sede del monte Fuji, donde hice trabajos de oficina. Allí estuve un año y medio, y luego fui al Satyam número 6 de Kamikuishiki, donde preparé «ofrendas», que era comida que se ofrecía a los dioses. Una vez hecha la ofrenda, los *samana* [monjes] nos la comíamos en una ceremonia.

¿Qué clase de alimentos comíais?
Pan, galletas, cosas así... Luego una especie de hamburguesa, arroz, konbu, fritos. El menú iba cambiando; en cierto momento empezamos a cocinar *ramen*. Yo era vegetariana y comía hamburguesas de soja.

El número de personas que preparaban las comidas también variaba. Al final sólo quedamos tres mujeres, elegidas especialmente para trabajar allí porque eran ofrendas sagradas.

O sea, ¿que decidieron que estabas capacitada para esa clase de trabajo?
Sí, supongo. Era un trabajo físicamente muy exigente. Cocinábamos de la mañana a la noche, y a veces acabábamos tan rendidas que nos desplomábamos. En una ocasión hubo tantos *samana* que no hacíamos más que cocinar y cocinar sin descanso.

Por ejemplo, para cien *samana* servíamos cien raciones que había que ofrecer en el altar. No sólo las cocinábamos, sino que teníamos que llevarlas al cuarto donde estaba el altar, ponerlas perfectamente en fila y luego repartírselas a los monjes.

El menú lo confeccionaban nuestros superiores. Creo que se basaban en las necesidades nutricionales medias del japonés actual. ¿Estaba bueno? A veces servíamos a gente de fuera y todos decían que estaba más bien insípido. Si estuviera muy bueno, existiría el peligro de aumentar los deseos, aunque tampoco era una regla estricta. Digamos que eran comidas que no estimulaban las papilas gustativas. La idea era alimentar a la gente para que desarrollara sus actividades, no hacer nada especialmente delicioso.

En realidad no recibimos ninguna formación para ser cocineras ni nada. El fundador nos decía a menudo que «hiciéramos nuestro trabajo con el corazón». Cuando terminábamos de cocinar, había que limpiar y nos decía que limpiáramos «como si estuviéramos limpiando nuestros corazones». Yo trataba de entregarme en cuerpo y alma a mi trabajo. Antes de hacerme monja, cuando vivía en mi casa, no me gustaba mucho cocinar, pero durante los cuatro años que pasé en Kamikuishiki cociné casi todos los días en el Satyam número 6.

¿No vivía Shoko Asahara en el Satyam número 6?

Sí, tenía varias residencias, pero ésta era la principal, aunque no vivía con nosotros. A veces lo veía. Había días que comía lo que nosotros preparábamos, aunque eran pocos. Tenía cocinero propio.

Además de trabajar, yo seguía con mis prácticas ascéticas y veía que mis conocimientos aumentaban. Sabía claramente la condición de mis apegos y mi nivel energético. Y podía adaptar mis ejercicios a esas circunstancias. Tardé cuatro años en alcanzar la liberación.

Cuando dices que alcanzaste la liberación, ¿fue porque lo decidió el maestro, porque te dijo: «Muy bien, la has alcanzado»?

Sí, puede decirse que eso es lo que pasó. Había muchas condiciones que había que cumplir para alcanzar la liberación, y luego el maestro decidía si la habías alcanzado. En general, la gente se libera cuando se concentra intensamente en los ejercicios. Había una especie de práctica extrema cuyo finalidad era la liberación. Cuando uno se dedicaba a ella, vivía muchas experiencias místicas, y cuando esto ocurría, más un poco de algo suplementario, y la mente de uno se iluminaba, se alcanzaba la liberación.

Sólo entonces se te imponía un nombre sagrado.

En tu caso, dices que ya de muy niña tenías sueños y emprendías viajes astrales. ¿Qué pasó cuando te hiciste monja y entraste en Aum?

Mi espiritualidad se elevó todavía más y tuve experiencias aún más extrañas. Y podía controlarlas mucho mejor. Podía recordar mis vidas anteriores y ver en qué mundo renacería la gente que me rodeaba. Se me aparecían como en una visión: «¡Ésta fue mi vida anterior!».

Por ejemplo, en mi última vida fui hombre. Cuando recuerdo cosas que me ocurrían de pequeña, son como piezas de un rompecabezas que encajan. Siempre me confundían con un niño y no me explicaba por qué; ahora lo sé: porque en mi vida anterior fui varón.

Aparte del género, ¿qué pasa con lo demás? Por ejemplo, si en una vida anterior cometiste un crimen, ¿cómo te afectaría ahora?

De niña tuve experiencias felices, pero también dolorosas. Creo que éstas se debían a cosas malas que debía expiar.

No quisiera parecer demasiado crítico, pero ¿no somos todos un poco así? Aparte de la espiritualidad, el renacimiento y demás, ¿no tenemos todos malas experiencias?

Sí, supongo. Pero creo que si se tienen, como yo, cuando se es pequeño —cuando el entorno aún no es un factor importante—, es que debe de haber algo de una vida anterior que nos afecta.

Pienso que incluso cuando uno no tiene experiencia de la realidad puede sufrir experiencias infelices, ¿no crees? Tenemos hambre y nadie nos alimenta, queremos que nuestra madre nos tome en brazos pero no lo hace. Eso no tiene nada que ver con vidas anteriores. Depende de la edad que uno tenga, pero creo que es cuestión del dolor que la gente experimenta en su lucha con la realidad.

Sí, pero sólo en determinadas circunstancias somos conscientes de ello.

Cuando se produjo el atentado con gas, yo estaba, como de costumbre, cocinando ofrendas en el Satyam número 6. Se lo oí comentar a otros miembros de Aum. «Ha ocurrido algo», me dijeron, «y parece que echan la culpa a Aum.» Yo no creía que Aum estuviera implicado.

Antes del atentado se dijo que habían echado gas sarín dentro de las dependencias de Kamikuishiki y que estábamos siendo atacados. Yo pensé que podía ser verdad, porque veía que mucha gente caía enferma, como yo misma: me salía sangre de los pulmones y de la boca y en alguna ocasión me sentí tan mal que tuve que guardar cama. Luego expulsaba flema, me dolía la cabeza, tenía náuseas y me cansaba muy pronto. O sea, que me convencí de que habían propagado gas tóxico.

Si no, no se explica que tanta gente enfermara al mismo tiempo. Nunca había ocurrido nada parecido.

Me sorprendió mucho que la policía viniera a hacer una redada. No habíamos hecho nada malo... Tacharnos de malvados era demasiado parcial. Registraron el Satyam número 6. Todos los lugares en los que preparábamos las ofrendas fueron inspeccionados y nos impidieron seguir cocinando. No pudimos servir a los monjes y estuvimos un tiempo haciendo ayuno forzoso. La policía daba miedo. Vi que golpeaban a algunos compañeros. Los tiraban al suelo y los descalabraban.

Tú estabas en el Satyam número 6 cuando se produjo el atentado. ¿Notabas que estaba ocurriendo algo anormal?

No. Empleaba todo mi tiempo en preparar ofrendas. No vi ni oí nada raro. El trabajo nos mantenía ocupadas y no salíamos mucho, no sabíamos lo que pasaba fuera. Las personas con las que más hablaba eran mis compañeras de trabajo.

Los que cometieron el atentado han sido detenidos y están empezando a confesar. Ya está claro que Aum está implicado. ¿Qué piensas?

Yo no me enteré de nada. Vivíamos en un remoto pueblo de montaña, sin televisión ni prensa, así que apenas me enteraba de lo que pasaba.

Si uno quería oír las noticias, podía oírlas. Era que a mí no me interesaba. No creía que Aum tuviera nada que ver.

Al año siguiente, sin embargo, empecé a tener mis dudas cuando empezaron a hablar de introducir una ley contra actividades subversivas. Si la ley se aplicaba, dispersarían a todos mis colegas, yo no podría continuar con mi aprendizaje y sería el fin del refugio en el que había vivido. Tendría que volver al mundo y mantenerme por mí misma. Eso me daba miedo.

¿Un año y medio después del atentado seguías sin saber que había sido Aum?

Sí. Ni yo ni ninguna de las personas a las que conocía sospechábamos nada. En el Satyam número 6 casi todos vivíamos aislados del mundo exterior. No entraba información.

Al final, el número de *samana* se había reducido drásticamente. Se iban uno tras otro. Aun así, si uno se iba y no disponía de medios de subsistencia, ¿cómo iba a vivir? Había que tener algo, un trabajo a tiempo parcial al menos, si no, ¿cómo se podía pagar un alquiler?

Los monjes sólo percibían un poco de dinero todos los meses. La gente se marchaba y yo iba quedándome sola, como la púa de un peine viejo. El 1 de noviembre de 1996 nos ordenaron evacuar el centro de Kamikuishiki.

Me trasladé a Saitama, donde vivían unos diez miembros de Aum. El casero era una persona muy abierta a la que no le importaba alquilar a gente de Aum. La verdad es que lo que nos alquilaba, una especie de edificio de oficinas, estaba a medio terminar y nadie lo había querido. Todos trabajábamos a tiempo parcial, con lo que ganábamos lo bastante para ir tirando y mantener a los niños y a los ancianos.

Pensé que podía aprovechar lo que había aprendido preparando ofrendas en el Satyam número 6 y abrir una panadería en la primera planta del edificio. Mis padres pusieron el dinero.

Unos padres muy comprensivos.
Sí, lo son. *(Risas.)* Y así es como me vi llevando una panadería. Le pusimos un nombre bonito, Los Panaderos Volantes. Pero los medios de comunicación lo descubrieron. Seguramente, el ayuntamiento filtró la información. El caso es que empezaron a aparecer periodistas y la tienda salió por televisión. Nuestros clientes dejaron de venir a comprar. «Es la panadería de los adeptos de Aum», decían.

Tampoco los clientes ocasionales nos compraban. Tratamos de vender por Internet, pero como el nombre del negocio se conocía, cancelaban los pedidos. Cambiamos de nombre, pero la cosa no mejoró. La policía paraba a nuestros proveedores y les decía: «¿Adónde vais? ¿No sabéis que ese negocio es de adeptos de Aum?». Intentamos vender en otros sitios, pero sabíamos que la policía nos seguiría e intervendría, así que no había modo de ganarse la vida con aquello.

Ahora sólo vendemos pan a monjes y a otros adeptos. Cocemos dos veces por semana y lo repartimos nosotros mismos. Así vamos llegando a final de mes. La gente de fuera no nos compra.

La policía sigue vigilando la panadería. Cuando ve que va a entrar gente, la paran y les piden el carnet de identidad, y luego les avisan de que somos de Aum. Imagino que tienen que demostrar que hacen algo. Algunos días nos piden pan y se lo damos. Pero si piden más, les decimos que lo paguen.

A veces les llevamos pasteles a los vecinos y hablamos con ellos. Nos dicen cosas como: «Pensábamos que no hacíais nada bueno, pero parece que es verdad que cocéis pan y galletas». Ahí se ve la influencia de los medios de comunicación.

516

Ahora que has dejado el satyam y vives integrada en la sociedad, ¿qué piensas del atentado, del caso del abogado Sakamoto y demás? Parece que todo el mundo piensa que Aum Shinrikyo estaba implicado.

Me resulta muy difícil hacerme una idea clara, porque hay una gran diferencia entre el Aum que yo viví y la imagen que la gente de fuera tiene de Aum. He empezado a creer que lo que la gente dice de los hechos es verdad, pero los testimonios del juicio parecen variar constantemente. Sigo sin saber lo que es verdad y lo que no.

Los testimonios difieren en detalles, como quién dijo qué a quién y cuándo, pero el hecho es que esos cinco líderes de Aum soltaron gas sarín en el metro para matar a los viajeros. Lo que quiero es que me digas tu opinión sobre el atentado mismo. No estoy criticándote personalmente, sólo te pregunto lo que piensas.

Pues me parece mentira, no me cabe en la cabeza. Cuando vivía como monja, nunca maté a ningún ser vivo, ni a una cucaracha ni a un mosquito. No lo hice yo ni lo hizo ninguno de los que vivían conmigo. Era parte de nuestro aprendizaje. Por tanto, me cuesta creer que haya ocurrido.

Supe del budismo Vajrayana por sermones, pero nunca pensé que pudiera ser realidad. Nunca basé mis acciones en eso.

Para mí, mi gurú era alguien que me ayudaba cuando tenía problemas en mi aprendizaje. Así es como yo lo entiendo, y, en este sentido, un gurú era alguien importante para mí.

¿Era para ti una especie de ser supremo, al que venerabas?

¿Ser supremo? Pues... Es cierto que el fundador me pedía a veces que hiciera cosas, pero yo usaba mi propio juicio y a veces le contestaba que no me veía capaz. No le decía sí a todo, y lo mismo les ocurría a otros compañeros. O sea, mi impresión es que no era un ser supremo, aunque ésa es la imagen a la que se han agarrado los medios de comunicación.

Todo depende de la persona. Seguro que había gente obediente que hacía todo lo que les decían, pero había muchos otros con ideas y criterios propios.

¿Qué harías si consideraras al maestro un gurú supremo, creyeras que es el único que puede guiarte y te dijera: «Hazlo»?

Incluso la gente que cometió el atentado, y lo he visto con mis propios ojos, era gente con un fuerte sentido del yo. Son personas que tienen sus propias opiniones y no vacilan en manifestarlas en público. Por eso no puedo aceptar lo que planteas. Cuando pienso cómo era esa gente cuando yo los trataba, sencillamente no puedo imaginármelos cometiendo el atentado. Si lo viera con mis propios ojos, entonces seguramente me lo creería, pero como he visto y oído tantas cosas que contradicen lo que la gente afirma, no puedo convencerme de que en verdad lo hicieran ellos.

Cuando veo el juicio al fundador, encuentro demasiados puntos oscuros, así que prefiero esperar. En este momento no me siento capaz de juzgar nada hasta que él se explique. Como dice su abogado, sigue sin haber pruebas de que lo ordenara.

Entonces, ¿te reservas tu opinión hasta que todo acabe?

No digo que él no sea culpable, pero en este momento es prematuro concluir nada. No me convenceré hasta que se conozcan todos los hechos.

Has dicho que tus padres aportaron el dinero para la panadería. ¿Sigues tratándolos?

Cuando alcancé la liberación, fui a visitarlos y los llamé unas cuantas veces. Nunca han hablado de repudiarme. Me dijeron que volviera cuando quisiera. Me resulta imposible volver a la vida secular. Si viera algo maravilloso en ella, algo edificante, podría cambiar, pero de momento no. Eso sólo lo encuentro en Aum Shinrikyo.

A veces, durante los siete u ocho años que viví en Aum mi voluntad flaqueaba. Cuando empecé mi aprendizaje, era como si las impurezas que llevaba dentro salieran a la superficie. Conforme uno avanza, profundiza más en su ser y se enfrenta a sus propios pecados, a sus propias pasiones, que afloran. La mayoría de la gente normal lo evita bebiendo o pasándoselo bien, pero para nosotros eso es imposible. Tenemos que enfrentarnos a ellos y superarlos. Cuesta. A veces uno vacila, pero cuando las dudas se desvanecen, siempre hay un momento de afirmación en que se dice: «Sigue practicando». Ni una sola vez pensé en volver a la vida secular.

La amiga del instituto que entró al mismo tiempo que yo sigue en Aum y continúa con su aprendizaje. Mi hermano mayor, que también se hizo monje, volvió a casa después del atentado y decidió empezar otra vez las prácticas en casa. A lo mejor es que no consiguió superar las impurezas que aparecen cuando se hacen los ejercicios. Si no las vencemos, jamás alcanzaremos la liberación.

«"Si sigo aquí", pensaba, "me muero".»
SHINICHI HOSOI (nacido en 1965)

Hosoi nació en Sapporo. Se trasladó a Tokio a estudiar bellas artes con la idea de ser dibujante de animación, pero lo dejó a los seis meses. Tuvo varios trabajos hasta que conoció Aum Shinrikyo y se hizo miembro. Trabajó en la imprenta de la organización y luego lo trasladaron al departamento de animación, donde pudo emplear sus aptitudes como dibujante. Al final acabó trabajando de soldador en el departamento de ciencia y tecnología. En 1994 lo nombraron maestro y colaboró en la construcción del Satyam número 7, que albergó una planta química. Trabajaba mucho y tenía pocas ocasiones de dedicarse al aprendizaje. Aun así, pudo acumular mucha experiencia práctica.

Después de las redadas, supo que había una orden de detención contra él y se entregó. Estuvo veintitrés días detenido y al final fue puesto en libertad sin cargos. En esos días presentó su dimisión a Aum por correo. Volvió a Sapporo por un tiempo y actualmente vive de nuevo en Tokio. Durante la entrevista me enseñó varias ilustraciones de la vida en el satyam.

Ahora es miembro de la Asociación Canaria, un grupo formado por gente que dejó Aum y es muy crítico con la secta y con Shoko Asahara.

La escuela no me gustaba. La razón es que mi hermano mayor era autista e iba a un centro especial, y mis compañeros de escuela se burlaban de mí. Lo pasé muy mal por eso.

Hasta donde me alcanza la memoria, mi madre siempre estaba cuidando de mi hermano y a mí no me hacía ningún caso, por lo que casi siempre jugaba solo. Tengo vívidos recuerdos de las muchas veces que buscaba su atención y no la conseguía. «Piensa en tu pobre hermano», es lo único que me decía. Quizá por eso acabé odiando a mi hermano.

Debí de ser un niño triste. La causa principal, creo, fue la muerte de mi hermano por hepatitis B. Me afectó muchísimo. Yo tenía catorce años. En el fondo siempre había creído que algún día mi hermano sería feliz, que al final se salvaría. Era una especie de idea religiosa. Pero la realidad no fue ni mucho menos como me la había imaginado, y el débil no se salvó.

Por entonces estaban muy de moda las profecías de Nostradamus y la idea de que el género humano se acabaría el año 1999. Para mí era una buena noticia, porque yo odiaba el mundo. El mundo era injusto y los débiles nunca se salvarían. Cuando pensaba en los límites de la sociedad, en los límites de la gente, aún me deprimía más.

Buscaba a alguien con quien poder hablar de mis sentimientos, pero todos estaban muy ocupados estudiando o sólo sabían hablar de coches y de béisbol. Me aficioné mucho a los mangas de Katsuhiro Otomo, quien entonces no era tan conocido. Me parecían muy reales, llenos de vida; las historias mismas eran oscuras, pero me hacían pensar que a lo mejor aquellas cosas podían ser verdad. Copiaba sus trabajos: *Sayonara Nippon*, *Paz breve*, *El vals del bugui-bugui*...

Quería marcharme de casa e irme a Tokio, así que cuando terminé secundaria, me matriculé en un centro de estudios llamado Escuela de Artes Industriales Chiyoda, donde se impartía un curso de animación. Pero lo dejé a los seis meses. Siempre me parecía que había un muro que me separaba del resto del mundo, y con mi traslado a Tokio ese muro no hizo sino crecer. La gente me trataba bien y salí con unas cuantas chicas. Cuando pensaba que la relación prosperaría con una, resulta que acababa erigiendo un muro entre nosotros. Las clases iban bien; mi problema era más con la gente. No acababa de comunicarme con nadie. Salía de fiesta, pero beber y demás no iba conmigo. Mi repugnancia por el mundo aumentaba.

Ahora vuelvo la vista atrás y me pregunto qué me pasaba. Cuando por fin tenía oportunidad de conocer a mucha gente, ¿qué hacía? Ahuyentarla. No podía evitarlo. Así que dejé el centro y me ganaba la vida con trabajos de media jornada, a la vez que seguía estudiando animación. Mis padres me enviaban dinero todos los meses, pero vivir solo cuando se tienen dieciocho o diecinueve años es duro. Uno vive encerrado y eso lo afecta emocionalmente. Empecé a concebir una fobia por el prójimo.

La gente me daba miedo. Estaba convencido de que quería burlarse de mí o hacerme daño. Cuando veía a una pareja paseando o a una familia divirtiéndose, pensaba, a la vez que me avergonzaba de ello: «¡Ojalá los parta un rayo!».

Había dejado mi casa para escapar de la atmósfera depresiva que había creado la muerte de mi hermano, pero no encontraba la paz. Allí adonde iba me pasaba lo mismo y acabé abominando del mundo exterior. Salir de mi piso era como entrar en el infierno. Acabé desarrollando una obsesión higiénica. En cuanto llegaba a casa necesitaba lavarme las manos. Me iba al lavabo y me pasaba media hora, incluso una hora, lavándomelas. Sabía que era enfermizo, pero no podía evitarlo. Así estuve dos o tres años.

Me sorprende que pudieras vivir así tanto tiempo. No debió de ser fácil.

No. Durante ese tiempo apenas hablaba con nadie. De vez en cuando conversaba con mi familia o con los colegas del trabajo, pero con nadie más. Dormía mucho, como quince horas al día. Si no, me sentía fatal. Además, tenía trastornos del estómago. Empezaba a dolerme de pronto. Me ponía pálido, rompía a sudar y me costaba respirar. Creía que si seguía así, me moría.

Pensé en seguir una cura dietética y hacer yoga a ver si mejoraba y lograba hacerme otra vez dueño de mi vida. Fui a una librería y encontré el libro de Shoko Asahara *Más allá de la vida y de la muerte,* que estuve leyendo durante un tiempo. Decía que despertar la *kundalini* puede conseguirse en tres meses. «¿Será posible?», me preguntaba con asombro. Había leído *Introducción a la teosofía* y tenía algún conocimiento de yoga, así que me fui a casa y lo intenté. Además de la cura dietética, realicé los ejercicios del libro durante tres meses. Soy de los que se toman muy en serio las cosas y no fallé ni un día. Cuatro horas diarias más o menos.

Despertar la *kundalini* me interesaba menos que mejorar mi salud. A los dos meses noté que la base de mi columna vertebral empezaba a vibrar, que es lo que se siente cuando la *kundalini* va a despertar. Pero seguía albergando mis dudas. Sentía un fuerte calor en mi interior, como si me subiera agua hirviendo por la espalda hacia el cerebro. Parecía que tuviera algo vivo rebulléndome dentro del cráneo. Me quedaba mudo. Era algo que no controlaba, algo increíble que ocurría en mi cuerpo. A veces me desmayaba.

En tres meses había llegado a despertar la *kundalini,* como decía el manual de Shoko Asahara. O sea, que tenía razón. A partir de ese momento empecé a interesarme por Aum. Acababa de salir el quinto número de la revista *Mahayana,* así que lo compré junto con todos los anteriores y los devoré. Traían fotos y testimonios de gente muy interesante. Si aquellas personas notables veneraban al «maestro», éste debía de ser un gran personaje.

Lo que me gustaba de los libros de Aum era que todos decían claramente que el mundo era malo. Me alegraba mucho leer eso. Siempre había pensado que el mundo era injusto y merecía ser destruido, y allí lo veía escrito bien claro. Sólo que en lugar de destruirlo, Shoko Asahara decía: «Si nos ejercitamos y nos liberamos, podemos cambiar el mundo». Aquello me enardeció. «Quiero ser discípulo de este hombre y entregarme a él», decidí. Si podía hacerlo, no me importaría renunciar a todos los sueños, deseos y esperanzas de este mundo.

Dices que el mundo es injusto, pero ¿en qué sentido?
Pues cosas como el talento innato, la herencia familiar. Sea cual sea la situación, la gente brillante siempre es brillante, los que pueden correr rápido pueden correr rápido. Los débiles están condenados. Hay un elemento fatal que me parecía demasiado injusto. Pero los libros de Shoko Asahara explican que esto es obra del karma. Sufrimos porque en una vida anterior hicimos cosas malas y, por lo mismo, si vivimos en un entorno agradable y somos capaces de desarrollar todas nuestras aptitudes, es porque en una vida anterior hicimos cosas buenas. Leí esto y me convencí. Era hora de evitar lo malo y empezar a acumular méritos.

Mi idea original era hacer la cura dietética y practicar yoga para recobrar la salud, y cuando me hubiera recuperado, volver a la vida normal; pero con Aum empecé a desarrollar una mentalidad completamente nueva. Lo que puedo decir es que los libros de Aum me ayudaron a recuperarme cuando me hallaba en un estado horrible.

Fui al *dojo* de Setagaya creo que en diciembre de 1988, me hice miembro y pude hablar con uno de los practicantes iluminados. Me dio todo tipo de consejos. Me dijo que debía apuntarme a un seminario llamado «aprendizaje ultraintensivo» que se celebraba todos los años en la sede del monte Fuji. El nombre lo dice todo, ¿no? *(Risas.)* Duraba unos diez días, me dijeron, y uno avanzaba muchísimo en su aprendizaje, o sea, que tenía que ir. El problema era que costaba cien mil yenes y yo no tenía ese dinero. Además, me preguntaba si hacer aquellos ejercicios tan rigurosos nada más entrar no sería contraproducente. El responsable del seminario, Tomomitsu Niimi, insistió y al final me decidí.

Aum era entonces un grupo pequeño de unos doscientos monjes como mucho y uno podía conocer a Shoko Asahara al poco de entrar. El líder no era como ahora, sino fuerte y enjuto. Caminaba con pasos ágiles y vigorosos. Su presencia imponía. Uno sentía aquella intimidadora capacidad que tenía para calar a las personas con sólo mirarlas. La gente decía que era muy amable, pero a mí me asustó la primera vez que lo vi.

Tuve ocasión de hacer yoga secreto con él, a solas, y me dijo: «Estás en un serio estado de *makyo*». El *makyo* es el estado al que llega uno cuando en su aprendizaje empiezan a surgir obstáculos espirituales. Le dije: «Para poder avanzar en mi aprendizaje, me gustaría hacerme monje cuanto antes». «Esperemos un poco», me contestó. «No puedes eludir el *makyo*. Tienes que seguir ejercitándote para poder superarlo.»

La siguiente vez que lo vi fue en el *sojo*, adonde había ido a presenciar el *bhakti* [una ceremonia oficiada por adeptos]. Estaba muy sonriente y pensé: «Vaya, he ahí un hombre con mil caras». Aquel día no daba miedo, sino que estaba radiante. Sentirlo cerca y contemplarlo me produjo una sensación casi de arrobo.

A los tres meses de mi ingreso en la organización me permitieron hacerme monje. En otra sesión de yoga secreto, Asahara me dijo: «Puedes hacerte monje, pero con una condición: dejar tu trabajo actual y buscar uno en una imprenta». Me quedé bastante sorprendido. ¿Por qué en una imprenta? «Aum está pensando en montar una imprenta y quiero que aprendas las técnicas.» «Ya entiendo», le dije, y al poco encontré trabajo en una imprenta que incluía cama y comida.

Descubrí que había un montón de máquinas en una imprenta: plegadoras, encuadernadoras, cortadoras... No sabía por dónde empezar ni qué debía aprender. Simplemente me habían dicho: «Estudia impresión». Pero hice lo que pude por aprender. Los domingos, cuando no había nadie en la imprenta, observaba las máquinas. No tengo gran formación técnica, pero pronto supe qué botones había que apretar y cómo funcionaban las distintas partes. No me dejaban manejarlas, pero aprendí mucho con sólo observar. A los tres meses me ordenaron que me metiera a monje. Hice las maletas y me despedí de la imprenta.

Cuando uno hace los votos, ya no puede comer lo que quiera, como helados y otras cosas. Eso fue bastante duro. Lo de la comida me costó más superarlo que lo del sexo. La noche antes de hacerme monje comí y bebí de todo lo que pillé, porque sería la última vez.

Mis padres se opusieron, pero yo pensaba que mi condición de monje acabaría beneficiándolos y no me preocupé mucho de lo que dijeron. En principio, el certificado de *samana* costaba un millón doscientos mil yenes y había que completar seiscientas horas de oración de pie, pero como les corría prisa montar la imprenta, conmigo hicieron una excepción.

Aproximadamente a una hora de coche de la sede del monte Fuji había un lugar llamado Kariyado. Se trataba de una imprenta en una pequeña nave prefabricada. Cuando supe que el único que sabía algo de impresión era yo me quedé de piedra. Yo creía que iba a ser un miembro más del equipo, pero resulta que era directamente el encargado. No me lo creía. Había de diez a veinte personas asignadas a la encuadernación, diez a la impresión y unas veinte al fotograbado. Era una imprenta a lo grande.

Las máquinas, sin embargo, eran trastos que debían de haber estado décadas en un almacén. Todo el mundo se quejaba de ellas. Eran antiguallas destartaladas. Ya sólo ponerlas en marcha fue una tarea ímproba. Para empezar, yo no conocía mucho aquellas máquinas, y tardamos tres meses en dejarlas a punto. Aun así, algunas no funcionaban bien, pero, dadas las circunstancias, no hicimos un mal trabajo.

Lo primero que imprimimos y encuadernamos fue el número veintitrés de la revista *Mahayana*. Hasta entonces se habían imprimido fuera, pero ahora podíamos hacerlo nosotros.

Una cosa que me sorprendía mucho es que no nos dejaban tiempo para dedicarnos a nuestro aprendizaje ascético. Le pregunté a uno de mis superiores y me dijo que no se puede avanzar hasta que acumulamos méritos, y que yo estaba en la etapa en la que había que trabajar para eso. Así que trabajé un año entero en la imprenta. Todas las jornadas eran duras. Sólo dormíamos cuatro horas, sobre todo durante las elecciones, y era agotador. Yo me encargaba de la plegadora. No apagábamos las máquinas ni cuando íbamos al baño. Todos los segundos contaban.

Después de las elecciones tuvimos menos trabajo. Disponíamos de más tiempo libre. En Naminomura había mucho alboroto, pero para los que estábamos en la imprenta eran días tranquilos.

Cuando no teníamos trabajo, podíamos ejercitarnos. En aquel momento nuestro líder estaba fuera y todos nos lo tomábamos con mucha parsimonia.

Al principio tenía que quedarme en la imprenta porque era el único que sabía manejar las máquinas, pero luego, cuando los demás aprendieron, pedí el traslado. Era algo que no se pedía, pero yo lo hice de la siguiente manera: como dibujante que era, dibujé, en papel sobrante, tres tebeos de unas veinte páginas sobre el *sutra* Jataka, se los enseñé a mis superiores y les entregué una carta en la que decía: «He estudiado animación y si con eso puedo ayudar en la búsqueda de la liberación, quisiera ser trasladado».

No esperaba nada. Nadie se comportaba tan egocéntricamente y estaba seguro de que no me harían caso, pero cuál no sería mi sorpresa cuando me llamaron de la oficina de asuntos generales para decirme que me presentara al día siguiente en el departamento de diseño. Había una sección de animación, aunque con un único empleado; pero tenían pensado producir en breve una opereta que incluiría partes animadas y estaban reuniendo personal. Nos juntamos veinte o treinta personas y luego me nombraron jefe del departamento de animación.

Había gente con mucho talento, pero lo que más nos ayudó fue que uno de los *samana* había trabajado como ayudante de cámara en un estudio de animación. Formamos equipos y produjimos muchas películas de dibujos animados. Trabajé allí unos tres años. Volviendo la vista atrás, para mí fueron años muy apacibles.

Digo que las cosas estaban tranquilas, pero en realidad los ánimos dentro del grupo estaban divididos. Normalmente, el jefe de un departamento tiene rango de maestro, pero yo sólo era *swami*, un rango inferior. Me presionaban desde arriba y al mismo tiempo mis subordinados intentaban ganarme para su causa, y para mí esto era difícil de sobrellevar. Por ejemplo, para estudiar las técnicas teníamos que ver los dibujos animados normales, pero nuestros líderes nos lo prohibían. Pese a ello, yo los veía. Los otros me decían: «El maestro nos lo tiene prohibido, ¿por qué los ves?». Así que el departamento estaba dividido en dos facciones: la que daba prioridad a la calidad de nuestros trabajos y la que se la daba al aprendizaje. Cada vez era más difícil hacer algo.

Las relaciones entre sexos tampoco eran fáciles. Había muchos casos de hombres y mujeres que se conocían y escapaban juntos, y Asahara nos avisaba en los sermones: «Las mujeres *samana* no deben acercarse a los hombres. No sólo han de guardar las distancias, sino aborrecerlos». Yo era muy criticado.

Desde luego no parece que eso te ayudara a liberarte, ¿no?

No aguantaba más. Estuve un tiempo pensando en dejarlo. Pese a todo, hacía lo que podía, porque me tomaba en serio lo de la liberación, pero al final me harté.

Escribí dos cartas de dimisión a mis superiores: «No puedo seguir en Aum». Esto fue en 1992, creo. Mi superior pasó las cartas a Murai y a otros. Al final me convencieron para que no me fuera y lo dejé correr.

Si hubieras dejado Aum, ¿crees que habrías podido reintegrarte con éxito en la vida secular?

No lo sé. Desde luego, mi actitud hacia el mundo cambió cuando me hice monje. El mundo en el que entré como monje era de lo más variopinto. Había gente de todas las clases y condiciones, miembros de la élite, atletas, artistas. En aquella compañía tan heterogénea descubrí que todos tenían las mismas debilidades que yo. Mis prejuicios desaparecieron. «Todos somos iguales», me dije. Personas de mucha categoría sufrían como yo. Fue una lección muy importante.

Los *samana* sentían también el mismo aborrecimiento por el mundo exterior. Llamaban «los no iluminados» a la gente que hacía una vida normal, entre otras cosas. Como esa gente iba derecha al infierno, les importaba un bledo lo que les pasara. Por ejemplo, si chocaban contra el coche de alguien del mundo exterior, les daba igual. Era como si sólo ellos estuvieran en posesión de la verdad y despreciaban a los demás. Estaban demasiado ocupados en buscar la salvación y no les importaba abollar el coche de un «no iluminado». Creo que esto era pasarse. Que cada cual pensara lo que quisiera de los de fuera, pero ¿qué necesidad había de reírse de ellos o de odiarlos? Seguro que yo también tenía mi propia lista de cosas del exterior que odiaba, pero cuando vi aquello, me dije: «¡Basta!». Y dejé de odiar las cosas que odiaba.

Curioso. Lo más normal en las personas que se unen a una secta es que esas tendencias se agraven. Tú, en cambio, lograste controlarlas.

Seguramente me ayudó el haber sido un jefecillo. *(Risas.)* El departamento de animación se cerró en 1994. La mayoría de los trabajadores fueron convocados en una sala y les dijeron que se presentaran en el departamento de ciencias, que luego se llamaría ministerio de ciencia y tecnología. Necesitaban algunos soldadores y al parecer creían que los del departamento de animación debíamos de ser muy mañosos. Me quedé boquiabierto. ¿Qué tienen que ver los dibujos animados con soldar?

Antes de incorporarnos al departamento de ciencias nos investigaron por si éramos espías. Recuerdo que pensé: «Si Shoko Asahara tiene tantos poderes sobrenaturales, ¿por qué no los usa para descubrir a los espías?».

La mayoría de los miembros del departamento de animación fueron enrolados como soldadores y enviados a Kamikuishiki. En el Satyam número 9 fabricaban depósitos y agitadores. Nosotros no teníamos ni idea de soldar, así que nos pusieron de ayudantes. La orden era acelerar la producción e hicimos lo que pudimos, pero la verdad es que la producción disminuyó. Asahara mandó que todo estuviera acabado para marzo de 1994. Eran depósitos enormes, de dos toneladas de peso. Curvábamos las planchas de metal, les dábamos forma cilíndrica, las soldábamos, poníamos paneles en las juntas y las soldábamos.

El trabajo era durísimo, unas dieciséis horas al día. Acabábamos rendidos y a veces no nos daban bastantes ofrendas [comida]. Una vez estuvimos sin comer dos días. Todo el mundo se quejaba. Algunos se declaraban en huelga. Yo no estaba acostumbrado a aquel tipo de trabajo y me hacía heridas, quemaduras, la cara se me puso negra, las gafas se me rompían. Pero nadie se iba. «Todo esto es para la iluminación», me repetía.

Con el tiempo me nombraron maestro. Con ello seguramente reconocían mi liderazgo en el departamento de animación y lo duro que había trabajado soldando. Cuando a uno lo nombran maestro, le dan una pulsera y le dicen: «¡Cumple lo mejor que puedas!». Y ya está. Admito que ser maestro no cambió mi actitud ante el mundo. Amigos míos empezaron a dirigirse a mí en términos de lo más formales, lo cual me hizo patente una vez más la gran diferencia que hay entre los maestros y los que están por debajo.

En mi calidad de maestro, se me permitió el libre acceso al Satyam número 7. El grupo de seguridad lo mantenía estrictamente custodiado. Allí estaban todos los depósitos que habíamos fabricado en el Satyam número 9. Parecía una planta química y se respiraba una atmósfera extraña y opresiva que no sabría explicar. Desconocía lo que tenían pensado fabricar allí. El recinto era tan alto como un edificio de tres plantas, y aquellos enormes depósitos estaban en fila. Olía a algo indescriptible, como a una mezcla de mil detergentes industriales. Y había una luz extraña. El metal estaba oxidado y el suelo húmedo, y flotaba una niebla blanquecina. Todos los que trabajaban allí enfermaban. Se paseaban tambaleándose. Al principio pensé que era por sueño, pero no: era aquel trabajo lo que afectaba a sus cuerpos.

No sabía lo que estaba pasando allí, pero veía que Aum dedicaba un dineral a aquello y, fuera lo que fuese, era el proyecto señero. Me preguntaba si aquello representaría un paso de gigante hacia la iluminación. Sólo podían entrar allí un número limitado de personas, y me sentía un privilegiado por ser uno de los elegidos, aunque no sabía lo que se fabricaba allí; armas no parecían.

En otoño de 1994, si la memoria no me engaña, hubo un accidente. Yo estaba en la tercera planta del Satyam número 7 descansando un rato cuando notamos que ese humo blanco que parecía nieve carbónica venía detrás de nosotros. El compañero que tenía al lado me dijo que echáramos a correr. Llegué a respirar un poco de aquello, se me cegó la vista y sentí un dolor punzante en la garganta. Olía muy acre. «Si sigo aquí», me dije, «me muero.» El Satyam número 7 era un lugar peligroso.

El 1 de enero de 1995 nos ordenaron que tapáramos las partes secretas del Satyam número 7. «Disimuladlas con la cara del dios Shiva», nos dijeron. A mí me encargaron la labor artística. Nos trajeron enormes placas de poliestireno en medio de la noche y las pegamos a las partes de la planta que no queríamos que se vieran.

Pero ¿pudisteis tapar todos aquellos depósitos enormes?

Lo primero que hicimos fue levantar con tableros una pared en la fachada de la fábrica y luego colocamos imágenes de Shiva de poliestireno en lo alto. Las demás partes que queríamos tapar las disimulamos con altares falsos. En la segunda planta hicimos una especie de laberinto con tableros medianeros, como en las exposiciones fotográficas. El caso era engañar a la gente, como nos habían dicho nuestros superiores. El departamento de construcción dirigido por Kiyohide Hayakawa realizó casi todo el trabajo. Yo diseñé las caras. El resultado era espantoso, una chapuza.

«Esto no va a engañar a nadie», pensé. Hiromi Shimada vino a verlo y declaró el recinto dependencia religiosa, aunque el aspecto dejaba mucho que desear. «No funcionará», pensé, pero como todos tenían miedo de Hayakawa, se callaron.

El día del ataque con gas yo no estaba soldando. Había ido a acompañar al número dos del ministerio de ciencia y tecnología, Kazumi Watanabe, a Seiryu Shoja. Cuando oí lo del atentado con gas sarín en el metro de Tokio, no imaginé ni por un momento que pudiera ser obra de Aum. Por lo que había deducido hasta ese momento pensaba, sí, que Aum estaba armándose por si se producía un ataque por parte de los masones, de Estados Unidos o de quien fuera, pero no creí que pudiera cometer un atentado indiscriminado. Eso sería pura y simplemente terrorismo.

Dos días después, sin embargo, la policía hizo una redada en Kamikuishiki. Cuando me dijeron que había más de dos mil policías, me di cuenta de que la cosa era seria. Por alguna razón, la policía no entró en Seiryu en la primera redada. En Seiryu tomamos los planos que podían ser incriminatorios y los quemamos. Quemamos también todos los libros sobre armamento que encontramos en la habitación de Murai. Hallamos chalecos antibalas y los hicimos pedazos. El asalto policial de Seiryu se produjo, estoy seguro, después del atentado contra el ministro Kunimatsu, asesinado por un pistolero que huyó en bicicleta, once días después del ataque con gas.

Empecé a pensar que Aum había cometido el ataque cuando vi con mis propios ojos lo que parecía un vehículo para pulverizar sarín. Eso fue en abril, creo. No estoy seguro de si fue antes o después de la redada policial.

¿Dónde fue?

En Seiryu. Te aseguro que me quedé pasmado al ver aquel enorme camión pulverizador con chimenea. «Mal iremos como descubran esto», pensé. Enseguida recibimos órdenes de hacerlo desaparecer y lo desmantelamos entre diez.

Después de la redada, los que trabajaban en Seiryu no pudieron seguir con su actividad y volvieron a Tokio a repartir octavillas. Yo fui al Satyam número 5, donde colaboré en la imprenta y dibujé tebeos bajo la supervisión de Michiko Muraoka. En los tebeos parodiábamos a la policía, que detenía a miembros de Aum acusándolos de delitos peregrinos. En esos días fue apuñalado Murai.

Como es natural, cuando lo supe, me quedé consternado, pero al mismo tiempo experimenté una sensación de paz. No resulta fácil describir mis sentimientos de entonces. ¿Cómo lo diría? Pensé que era el fin de Aum. Me sentí paralizado, incapaz de actuar. Aunque entonces no me diera cuenta, en el fondo quería salir de allí. Pero como no tenía fuerzas suficientes para hacerlo, simplemente procuraba ser uno más. Además, había que tener en cuenta mi posición. A los maestros nos costaba irnos por orgullo. Ya no le tenía tanto respeto a Shoko Asahara. Se había equivocado una y otra vez. No se verificó ninguna de sus predicciones. Las que hizo sobre Ishigakijima y sobre Comet Austin resultaron falsas, y algunos *samana* decían abiertamente: «Parece que el líder no acierta una».

Incluso Murai cumplía con lo que le decían que hiciera desde arriba, por absurdo que fuera. A todo decía que sí. Empecé a dudar seriamente de muchas cosas. Mis subordinados se quejaban. Tanto egoísmo me hartaba. Pero me faltaba fuerza de voluntad para irme. No me sentí capaz de dejarlo y volver al mundo real hasta que mataron a Murai.

Para mí, Murai había sido una persona importante. Después de Asahara, era quien más simbolizaba Aum. Allí adonde yo iba, e hiciera lo que hiciera, Murai siempre estaba presente: en la imprenta, en el departamento de animación. Sin embargo, su muerte no me entristeció. Mi sentimiento más fuerte fue: «¡Ajá! ¡Por fin puedo irme!». Sé que no está bien decirlo.

Pero antes de irme me detuvieron. Alguien me había dicho que Ikuo Hayashi y Masami Tsuchiya y otros habían confesado y que iban a arrestar a mucha gente del ministerio de ciencia y tecnología. «¿Te imaginas que vienen por ti?», me dije yo, sin pensar seriamente en esa posibilidad. Pero, de hecho, ya se había dictado una orden de arresto contra mi persona. Mi nombre aparecía en la prensa: «Se busca por homicidio e intento de homicidio». Creo que era el 20 de mayo de 1995. Por supuesto, no he matado a nadie, pero cualquier sentencia puede llevar a la pena de muerte o a la cadena perpetua. Estaba asustado.

No podía esconderme, así que seguí el consejo de mis superiores y me entregué en la comisaría de Yamanashi. Al principio mantuve silencio. «Me niego a contestar», decía, y así estuve tres días. Pero no podía callar para siempre. Aum me amenazaba diciendo que si hablaba me condenaría para la eternidad, pero yo ya no creía en esas cosas. Además, si voy al infierno, pues allá que voy, me dije. Y le conté todo lo que sabía a la policía.

Los investigadores no se andaban con chiquitas. Querían hacerme firmar una declaración en la que reconocía que sabía que en el Satyam número 7 estaban produciendo sarín. «Si digo que no lo sabía, es que no lo sabía», contestaba. Tanto me hostigaron que al final redacté una falsa declaración en la que reconocía que sabía lo del gas. Luego se lo expliqué todo al fiscal.

Al final me dejaron en libertad sin cargos. La decisión de acusarme o no dependía, al parecer, de si asistí o no a una reunión que tuvo lugar en el Satyam número 2 en la que se trató de la producción de sarín. Gracias a Dios no estuve. Al principio la policía me trató muy mal y me acusaba de ser uno de los autores materiales del atentado. Fue terrible. Me acosaban. Aquello se repetía día tras día y mi corazón se resintió. Me interrogaban tres veces al día y cada sesión era larguísima. Estaba exhausto. Me tuvieron así veintitrés días.

Cuando me soltaron, volví a Sapporo. Empecé a padecer trastornos mentales y estuve ingresado en el hospital un mes. Me costaba respirar y mis sentidos se embotaban. Me sentía como si estuviera flotando. Algo muy grave me pasaba. Me hicieron un montón de pruebas y al final dijeron que seguramente era psicológico.

Si Murai te hubiera ordenado soltar el gas, ¿qué hubieras hecho?
Estoy seguro de que habría dudado. Yo no pensaba exactamente igual que la gente como Toru Toyoda y demás. Si Asahara mismo me lo hubiera ordenado pero yo no estuviera convencido de que era lo correcto, no habría cooperado. Yo no hacía todo lo que me decían. Claro que el ambiente influye mucho. Pero creo que incluso la gente que lo hizo no lo tenía claro. Si nos hubiera atacado la policía o las Fuerzas de Autodefensa o lo que fuera, quizá lo habría hecho, pero aquello era diferente: era matar indiscriminadamente.

De todas maneras, era poco probable que me eligieran a mí para cometer el crimen. Yo no formaba parte de la élite. El ministerio de ciencia y tecnología se dividía en el grupo de expertos y los subcontratistas, que éramos las personas que nos dedicábamos a labores como soldar. En cambio, Toyoda y los demás formaban parte del grupo de confianza de Asahara. En el ministerio había unos treinta maestros y yo estaba en el grupo inferior.

Con todo, algunos de los nombres de la gente implicada me sorprendieron. Asahara debió de elegir a aquellos que pensaba que colaborarían sin hacer preguntas. Aquella élite hacía todo lo que le decían. Así era Murai: incapaz de criticar, de escapar. Cuando uno piensa en esa gente, no se explica cómo pudieron comportarse así durante tanto tiempo, tres o cuatro años.

Yasuo Hayashi era diferente. Pertenecía al grupo de los subcontratistas. No era de la élite, aunque lo ascendieron desde el departamento de construcción. Los otros eran la flor y nata de la élite, gente que investigaba superconductores, partículas subatómicas y demás, y él era, más que nada, un electricista.

Hayashi era una buena persona, pero poco a poco su personalidad cambió. Coincidimos en la misma etapa y hablábamos como amigos, pero cuando lo nombraron maestro, empezó a volverse autoritario y arrogante. Al principio tenía muy buen carácter, pero luego empezó a tratar mal a la gente. Era la clase de persona que no vacilaría en pisotear a sus subordinaros si fuera menester. Sólo sabía echar broncas.

Asahara dio prioridad al ministerio de ciencia y tecnología desde el principio. Le destinaba mucho dinero. Incluso dentro del ministerio había una gran diferencia entre los expertos y los subcontratistas. Como dijo uno: «Para medrar en Aum hay que ser o un licenciado en la universidad de Tokio o una mujer guapa». *(Risas.)*

Has estado unos seis años en la organización. ¿Piensas que has perdido el tiempo?

No, no lo pienso. Conocí a mucha gente y compartí momentos duros. Guardo buenos recuerdos. Pude enfrentarme a la debilidad humana y creo que maduré. Puede parecer extraño que hable de realización personal, pero había una sensación de aventura: no sabíamos lo que nos depararía el día siguiente. Cuando me encomendaban una tarea grande, me entregaba a ella en cuerpo y alma y me resultaba edificante.

Y psicológicamente me encontraba mejor. Por supuesto, tenía la clase de problemas que tiene la gente, por ejemplo, desengaños amorosos. O sea, que no todo era fácil, pero, bueno, la vida es así. Ahora siento que vivo como la gente normal y corriente.

Tardé mucho en alcanzar este equilibrio emocional: dos años. Cuando dejé Aum, estaba completamente apático. Allí tenía la fuerza que me daba saber que era un practicante de la verdad, una fuerza que me permitía enfrentarme a cualquier desafío. Ahora tengo que valerme por mí mismo si quiero hacer algo. Esto me afectó mucho y me llevó a la depresión. No fue una transición fácil.

Pero la diferencia es que ahora confío en mí mismo. En Aum adquirí mucha experiencia práctica y llegué al convencimiento de que, si las cosas se torcían, sería capaz de desenvolverme en la vida. Fue un gran paso.

Ahora vivo en Tokio. Lo que me da fuerzas todos los días son los amigos que hice en Aum. Pensamos lo mismo y me ayuda mucho saber que no estoy solo en este duro mundo.

«Asahara quiso que me acostara con él.»
HARUMI IWAKURA (nacida en 1965)

Iwakura nació en la prefectura de Kanagawa. Bella, esbelta, atractiva, baste decir que es una de las «bellezas de Aum» de las que tanto se ha hablado. Sonríe en todo momento, es atenta con su invitado y, aunque no es particularmente elocuente, contesta de buena gana a todas las preguntas que le hago. Se fija en pequeños detalles y da la impresión de ser, en el fondo, una persona muy fuerte.

Al acabar el instituto entró a trabajar en una oficina y empleaba casi todo su tiempo y dinero en divertirse. Poco a poco, sin embargo, se cansó de esa vida y empezó a sentirse atraída por Aum Shinrikyo, organización sobre la que le habían hablado. Dejó su trabajo y se hizo monja.

Durante mucho tiempo fue una de las personas especiales de Shoko Asahara, pero ocurrió algo, se le administraron electrochoques y perdió la memoria. Después de eso vivió mucho tiempo en un estado de casi completa desmemoria y no recuperó el sentido hasta poco antes del atentado con gas. Por eso sus recuerdos de Aum son fragmentarios. Su vida anterior y posterior a Aum la recuerda claramente, pero le resulta imposible dar cuenta cabal de los dos años que pasó en Aum.

Dice que no le quedan secuelas, pero no quiere volver a saber nada de Aum. Eso «se ha acabado». Tampoco tiene muchas ganas de recordar aquel periodo. Al principio, cuando leyó algunas de mis entrevistas con otros adeptos de Aum en la revista Bungei Shunju, *pensó: «Conmigo no cuentes».*

Ahora trabaja de esteticista y espera seguir formándose, ahorrar un poco de dinero y abrir su propio negocio. Vive con sencillez, en un apartamento que cuesta treinta mil yenes al mes. «En verano me abraso y en invierno me congelo», dice. «Pero gracias a Aum», añade con una sonrisa, «no me importa llevar una vida sencilla.»

Empecé a trabajar en 1985, cuando la economía aún iba bastante bien. Hacía viajes de empresa a balnearios y esas cosas. Lo único que me interesaba era pasármelo bien. Me gustaba salir a tomar algo con los amigos, aunque no era una gran bebedora. Cuando se me hacía tarde, me quedaba a dormir en casa de alguna amiga. La mitad de las noches dormía fuera.

En vacaciones lo mismo, quería divertirme e iba al Disneylandia de Tokio, al parque de atracciones de Toshimaen y a sitios así. A veces con amigas, otras con novios. También viajé al extranjero, a París y otras ciudades. Tuve unos cuantos novios, pero nunca pensé en casarme. No podía hacerme a la idea.

A la gente debía de parecerle que sólo pensabas en disfrutar de la vida.

Sí, seguramente. Pero también reflexionaba sobre muchas cosas. Por ejemplo, sobre que no estaba dotada para nada en especial, que nada me hacía destacar del montón. Ni siquiera me apetecía casarme...

A partir de los veinticinco años vi que cada vez más amigos míos se casaban, dejaban la empresa y se mudaban. Yo ya no era tan joven y empezaba a no verle sentido a la vida que llevaba.

¿Y fue entonces cuando te atrajo Aum Shinrikyo? ¿Qué es lo que te hizo unirte a la secta?

Un día quise cortarme el pelo y, como no tenía tiempo para ir a la peluquería de un amigo a la que iba siempre, fui a un salón de belleza del vecindario. Era bastante barato y volví varias veces más. Un día, el empleado me enseñó un folleto de Aum Shinrikyo y me dijo que estaba pensando en hacerse miembro. Pero a mí aquello no me dio buena espina.

Me explicó algunas técnicas purificadoras, como, por ejemplo, beber agua y vomitar, o meterse una cuerda por la nariz con el estómago vacío. Yo siempre he sido un poco débil. Me salen eccemas, ves *(me enseña el brazo)*. Éstos acaban de salirme. Cuando se lo conté a aquel hombre, me dijo: «Oye, pues prueba estos ejercicios, a ver». Así que probé y el eccema disminuyó. Repetí y, al día siguiente, ¡zas!, había desaparecido.

Además, nunca había tenido mucho apetito y apenas podía con medio cuenco pequeño de arroz, pero después de practicar aquellas técnicas me zampaba un cuenco enorme entero, para asombro de mi madre. También me desaparecieron los dolores de cabeza y, en general, mi salud mejoró.

«¡Esto sí que es bueno!», me dije. El esteticista me propuso que me hiciera miembro con él, pero yo estuve mucho tiempo dudando. Insistió y al final empecé a pensar que a lo mejor no era tan mala idea.

¿Sabías entonces que Aum Shinrikyo era una secta religiosa y no simplemente de yoga?

Sí, lo sabía. Fue cuando las elecciones y ellos llevaban aquellos gorros con forma de elefante. Pero a mí no me interesaba la religión, ni Shoko Asahara, ni nada. Lo único que pensaba era que, como mi salud había mejorado, quizá merecía la pena ver qué era aquello. La curiosidad también desempeñó su papel.

Al principio iba a un *dojo* cercano y hablaba con los practicantes iluminados que había allí. No recuerdo de qué hablábamos. La cosa no me impresionó de forma especial. Acudía sin esperar nada. Simplemente hablábamos y me apunté.

¿Y escuchabas lo que explicaban de la doctrina y demás?
(Ríe.) Sí.

Cuando dices que te «apuntaste», ¿quieres decir que rellenaste algún formulario allí mismo? O sea, que sin interesarte mucho lo que decían ni entender muy bien la doctrina que explicaban, te hiciste miembro. La gente a la que he entrevistado hasta ahora se unió después de debatirse durante mucho tiempo y de plantearse cuestiones de gran calado, pero, por lo que dices, tú te apuntaste sin pensártelo mucho.

Pues sí, fue muy rápido. Me dijeron que el ingreso costaba treinta mil yenes más medio año de cuotas dieciocho mil, o sea, cuarenta y ocho mil en total. «¡Caramba!», exclamé yo, «no tengo tanto dinero.» El peluquero, el que primero me propuso que me apuntara, dijo que él ponía la mitad. No era mi novio ni nada, aunque era muy amable, seguramente quería hacer méritos ayudándome a que me hiciera miembro. Bueno, me dije, si sólo tengo que pagar la mitad, vale.

Como miembros, teníamos deberes: ir al *dojo* y desempeñar una serie de tareas. Al principio no me apetecía. Te pedían que fueras, pero había gente que no quería ir y no iba. Sin embargo, el peluquero me insistía una y otra vez, y como estaba cerca, pues iba.

En el *dojo* había unos monjes en sudadera, todos muy tranquilos, incluso serenos, y me gustaba la manera que tenían de pasar el tiempo. Era un mundo a años luz del ruido y el ajetreo del trabajo y de la calle. Allí me relajaba. Me sentaba tranquilamente y doblaba folletos. Me gustaba hacerlo. Era muy fácil. Todo el mundo era amable y el ambiente muy plácido. A veces acudía directamente después del trabajo, me quedaba un rato doblando folletos y me iba a casa. Así estuve un tiempo. Como permanecía abierto las veinticuatro horas, podía ir cuando quisiera.

En el trabajo mucha gente tenía amoríos con otros de la empresa.

Mi padre había tenido uno y yo no podía soportarlo. Ir al *dojo* al salir del trabajo era como cambiar de mundo. Allí todo era calma. Podía estar en paz, sin pensar en nada, simplemente doblando folletos. Me encantaba esa sensación.

Me hice monja después del seminario de Ishigakijima de abril de 1990, o sea, a los dos meses de ingresar como miembro.

En Ishigakijima hablaban mucho del Armagedón. Era lo que se enseñaba a la gente que llevaba mucho tiempo en Aum, pero a la gente como yo, miembros laicos que seguían viviendo en sus casas, no nos enseñaban lo mismo. Para éstos, eso dependía de la cantidad de dinero que pagaban. En mi caso, me pidieron que asistiera al seminario sin explicarme mucho más. Costaba cientos de miles de yenes. Saqué todos mis ahorros para pagarlo. Por entonces ya me preguntaba si podía seguir llevando la vida que llevaba. Para asistir al seminario tenía que sacar tiempo de donde fuera. Me inventaba pretextos para no ir al trabajo. Mis jefes estaban bastante mosqueados.

En Ishigakijima, al principio, me sentía rara, pero al poco me convencí de que aquella gente le hacía a uno la vida más fácil: nos daban una orden y teníamos que cumplirla. No teníamos que pensar por nosotros mismos ni preocuparnos por nada: sólo llevar a cabo lo que se nos decía. Hacíamos cosas como practicar ejercicios de respiración en grupo en la playa.

Se sobrentendía que todos íbamos porque queríamos hacernos monjes, y así fue en la mayoría de los casos, incluido el mío. Cuando haces votos, debes dejar tu casa, tu trabajo y donar todo tu dinero. Si hubiera tenido veinte años no creo que me hubiera metido en aquello, pero tenía veinticinco y me dije: ya está bien.

¿Influyó en tu decisión el hecho de estar en un entorno particular como Ishigakijima?

Pues... Ésa no era la única razón. Creo que tarde o temprano me habría hecho monja igualmente. Aunque no hubiera sido allí, yo me sentía inclinada a eso. No tener que pensar por mí misma ni tomar decisiones era un factor muy importante. Que lo hicieran ellos por mí. Y como las órdenes venían de Asahara, que estaba iluminado, seguro que estaban bien dadas.

La doctrina misma me interesaba poco, quiero decir que no me parecía algo fantástico ni nada de eso. Sólo encontraba genial la idea de eliminar todos los apegos. Elimínalos y la vida será más fácil. Apegos, por ejemplo, como el que se tiene por los padres, el deseo de ir a la moda, el odio a la gente.

Por lo demás, Aum no me parecía distinto de la sociedad de fuera. Que allí dentro dijeran de alguien que «tenía mucho odio dentro de sí» no lo hacía diferente del que da una puñalada por la espalda en el exterior. Sólo había cambiado el vocabulario. «Aquí todo es igual», pensaba.

En cualquier caso, dejé el trabajo. Obligué a mi empresa a aceptar mi despido. Me inventé una excusa, que me iba a estudiar al extranjero o algo así. Intentaron convencerme de que no me fuera, pero yo estaba decidida.

Mi madre nunca ve programas de entretenimiento en la tele y no sabía nada de Aum. Cuando le dije que hacerme monja significaba que no volveríamos a vernos, lloró un poco. No entendía nada. Aunque le había parecido extraño que mi salud y mi apetito mejoraran tanto. «Supongo que es hora de que abandones el nido», me dijo.

Parece que seguía sin entender. (Risas.) ¿Cómo era la vida de monja?

Había gente que quería ver a sus padres o irse a casa, pero a mí eso me daba igual. Tampoco pensaba: «¡Oh, esto es maravilloso!» ni nada, simplemente me parecía que la vida allí no estaba mal.

Fui a Naminomura, en Aso, y trabajé en el departamento de economía doméstica. Cocinaba, hacía la colada. Allí fue donde vi por primera vez a Asahara. Al verme me dijo: «Ven». «¿Qué querrá?», me pregunté, y fui. Me llevó a un prefabricado y hablamos a solas unos veinte minutos.

Lo que sentí fue asombroso. Decía cosas de mí y siempre acertaba. No sé, era... Por ejemplo, decía: «En el mundo secular hacías esto o lo otro», o: «En el mundo secular te divertiste demasiado y derrochaste tus méritos», o: «Has salido con muchos chicos», cosas así. La gente me había dicho que hablar con él en persona de aquella manera era algo muy especial.

Si hubiera investigado tu pasado, sabría mucho de ti, ¿no? Como lo que hacías en la vida y demás.

Sí, lo sé, pero es que era el «último liberado», y estar en aquella atmósfera especial y él diciéndome aquello... En fin, que pensaba: «¡Qué pasada!». Y lo era. Eso sí, al principio me dio un poco de miedo. «A este hombre no lo engañas», me decía. La vida en Aso era dura. Todo era muy frío y todos eran unos bichos raros. No pensaban más que en sí mismos. Eran unos egoístas. Había algunos que habían trabajado en lo mismo que yo y eran más normales, y me juntaba con ellos. Una vez le confesé a Asahara lo que pensaba. «¿No crees que aquí hay mucha gente rara?», le pregunté. «No es verdad», me contestó.

Por el contrario, la gente de niveles superiores, los líderes, no era nada rara. Eran muy majos. Podía hablar libremente con maestros que eran mis amigos. A lo mejor no está bien lo que voy a decir, pero para mí Eriko Iida, Tomomitsu Niimi y Hideo Murai eran buena gente. La gente de abajo, en cambio, era rarísima. No hacíamos buenas migas.

De Aso me mandaron a la sede principal de Tokio, donde hice tareas de oficina. Asahara me llamaba casi todos los días, me preguntaba cómo estaba y me daba consejos sobre los ejercicios que podía hacer en el tiempo libre. Nada más. No era gran cosa. Pero a mí me alegraba mucho que me dijera aquello. Él no llamaba a cualquiera. La gente me decía que lo hacía por el mérito que yo había acumulado en el mundo anterior, pero a veces dejaba de llamarme y yo pensaba: «¿Por qué no me llama?». Me sentía triste y dolida. Ahora me extraña, pero yo me sentía así entonces.

Una vez, Asahara quiso que me acostara con él. Fue en Fuji, estando yo en el departamento de doblaje, donde había una máquina que medía los metros de cinta magnetofónica y hacíamos copias de los sermones. En la sede de Tokio había tanto trabajo de oficina que tenía suerte si podía dormir tres horas, yo quería un trabajo más relajado, y por eso le pedí a Asahara que me cambiara. Quería una vida relajada, medio día haciendo mis ejercicios y el resto copiando cintas.

Pude salir del apuro sin acostarme con él. Me alegro de que acabara así. Asahara me pidió que fuera a su habitación. Ya antes se me había insinuado un par de veces. Un día, por ejemplo, me llamó y me preguntó cuándo había tenido la última regla. «¡Pero bueno!», exclamé. Y la verdad es que no lo recordaba. «Pronto te someterás a una ceremonia de iniciación especial», me dijo. Le pregunté a uno de los maestros veteranos y me dijo: «Eso es que vas a acostarte con Asahara».

Asahara me buscaba, pero yo me ponía muy tirante. Así. *(Encoge los hombres y tensa el cuerpo.)* Él no veía muy bien, pero tenía mucha intuición. Así que debió de adivinar que aquello me asustaba. Cuando me tocaba, yo me ponía rígida. Al final desistió. «¡Uf, qué descanso!», me dije. Para la mayoría de los adeptos, en cambio, tener una relación sexual con él era casi una bendición.

¿Pero no para ti?

No. Me parecía odioso. Entiéndeme: yo lo respetaba como gurú. Dependiendo de las circunstancias, podía cambiar diametralmente su manera de hablar, y eso atraía a mucha gente. Y era muy cuidadoso con el lenguaje. Pero admirarlo como gurú era una cosa y acostarme con él otra. Me parecía mentira que existiera aquel tipo de iniciación, y que

Asahara participara me repugnaba. No sé cómo decirlo... No era la idea que tenía de él.

Los líderes de Aum debían de conocer que Asahara mantenía relaciones sexuales con las mujeres samana, *¿no?*
Una maestra veterana me dijo que la señora Iida y la señora [Hisako] Ishii se habían acostado con él, lo mismo que ella. No pensé si aquello era bueno o malo, sólo me impresionó lo profundo que era el tantra.

¿Hubo alguna reacción por tu negativa a tener trato sexual con Asahara?
No lo sé. Después de eso, perdí la memoria. Me sometieron a electrochoques. Aún tengo las cicatrices que me dejaron, aquí. *(Se retira el pelo y me enseña el cuello, donde se ve una serie de cicatrices blancas.)* Recuerdo cosas hasta el momento en que entré en el departamento de doblaje, pero después nada. No sé en qué momento ni por qué borraron mi memoria. Le pregunté a la gente pero nadie me contaba nada. Sólo me decían: «Parece que tú y cierta persona estabais llegando a un punto peligroso». Como no recordaba nada, les pedía que me dijeran más. «Eso fue borrado y no podemos hablar», contestaban.

Pero entre la persona a la que se refieren y tú no había nada especial, ¿verdad?
No recuerdo nada. Había una persona que me gustaba mucho y a la que Asahara había avisado, pero no era el hombre al que la gente se refería. Por eso no me explicaba nada. «¿Por qué él?», pensaba.
Asahara estaba siempre al tanto de lo que se decía sobre relaciones entre hombres y mujeres, y si veía que una pareja intimaba mucho, trataba de separarla. A mí también me llamó por teléfono para preguntarme si estaba violando los mandamientos con Fulano. Parecía saber lo que decía, pero yo no tenía nada que ver con aquella persona. «No he hecho nada», le contesté. «¿De veras? Ya veo», y colgó. Era muy raro.
Sea como fuere, borraron mi memoria, y cuando la recobré, era a principios del año del atentado con gas [1995]. Había entrado en el departamento de doblaje en 1993 y los dos años siguientes son como un vacío. Bueno, a veces me venía un recuerdo y me veía trabajando en un supermercado de Aum en Kioto. Es verano, llevo una camiseta y estoy pegando etiquetas con el precio a unos paquetes de *ramen*. En un estante hay unas cajas de detergentes. Era horrible. No sé ni dónde estaba ni cómo había acabado allí.

Un día me desperté y me encontré en un cuarto sellado de Kamikuishiki. Esos cuartos sellados eran para que los maestros hicieran sus ejercicios, pero en mi caso parecía más una celda. Medía menos de un metro por dos y la cerradura de la puerta ni siquiera tenía agujero. Menos mal que era invierno, porque en verano hubiera sido insoportable. La habitación estaba cerrada por fuera y sólo me dejaban salir para ir al baño o darme una ducha.

Una persona que se hizo monja después que yo estaba a mi cargo y le pregunté qué pasaba, porque no entendía nada; pero no pudo decirme nada. Vi a una maestra y le pregunté por qué estaba allí. «Es el karma de la ignorancia», me dijo. «El karma animal ha aflorado.» Pero yo pensé que era mentira. No podía ser la razón de que me trataran como lo hacían.

Mi maleta estaba en la escalera y, mientras sacaba unas cosas que necesitaba, pasó Murai. «¿Qué haces aquí?», me preguntó. «No sé qué está pasando», le contesté. Me dijo el número de su cuarto. «Les pediré que no cierren tu puerta con llave esta noche. Ven y hablamos.» Pero la persona que se encargaba de mí me dijo que no se toleraban reuniones.

Decidí que cuando fuera al baño me escaparía y buscaría a Murai. Lo hice, pero la guardia me atrapó, forcejeamos, mi camiseta se rasgó. Fue terrible. Si me llevaban a la celda, pensé, era el final, y me puse a gritar con todas mis fuerzas. Todo el mundo se asomó, incluido Murai, que me dijo que entrara en su cuarto, y eso hice.

Murai había sido siempre muy buena persona, pero por entonces había cambiado. Estaba muy frío. Sólo me dijo: «Ya basta, contrólate».

Eso fue poco antes de las redadas policiales y no podían mantener a la gente encerrada en celdas así como así. Me trasladaron al Satyam número 6 y luego a las oficinas de Fuji. Estaban a punto de detener a Asahara y no había mucho trabajo que hacer.

El atentado con gas se produjo por entonces, con la consiguiente conmoción. ¿Pensaste que podía haber sido Aum?

No, no lo pensé. Lo que creí fue que la policía lo había montado todo para tener una excusa y seguir secuestrando información sobre los adeptos. Había tenido experiencias horribles, pero no había perdido mi fe en Aum. Naturalmente, me pregunté qué estaba pasando y por qué Murai había cambiado tanto. Sabía que algo raro ocurría.

Dejé Kamikuishiki porque todos los maestros iluminados habían sido detenidos y los demás empezaron a dar órdenes sin ton ni son. Viendo el panorama, me dije: «Se acabó. Ya estoy harta». Ahora que no estaba Asahara, aquello había llegado a su fin. Pensé que era hora de irme y me fui.

¿Te asustaba volver al mundo? ¿Temías no ser capaz de adaptarte?
No, no me asustaba. Sabía que me adaptaría. Volví a casa de mi madre y me quedé un mes. Mi madre estaba muy preocupada por mí. El asunto salía todos los días en la tele y ella tenía el alma en vilo. Yo veía las noticias sobre el ataque con gas y al principio decía a todo el mundo que no lo creyeran. Pero luego, viendo que todos los que lo habían dejado testificaban lo mismo, empecé a pensar: «Pues sí parece que lo hizo Aum».

Al mes decidí independizarme. Sabía que eso le dolería a mi madre y lo sentía por ella. Me dio cien mil yenes. Encontré trabajo de camarera en un balneario. Me preguntaba cómo iba a vivir si tenía que pagar la cuantiosa fianza que piden en Japón por alquilar un piso, y se me ocurrió pedir trabajo en un balneario, donde podría trabajar y vivir sin tener que pagar por el alojamiento.

En la entrevista de trabajo me callé mi pasado en Aum y me contrataron, pero poco después se presentó un agente y se supo todo. El jefe de personal me dijo que no me preocupara, que no diría nada y que podía seguir con el trabajo, aunque yo me sentía fatal. Trabajé allí unos siete meses. La paga no era muy buena, unos doscientos mil yenes mensuales, pero las propinas ayudaban. Trabajaba mucho para conseguir más propinas. A veces, el mismo huésped me daba tres veces al día, y a menudo me las daban cuando llegaban y cuando se iban. Ahorré dinero, me saqué el carnet de conducir y me compré un coche.

Pareces una persona muy optimista y muy activa.
Es que no me queda elección. Tuve que moverme. Ahora que lo pienso, creo que fui una buena camarera.

En la actualidad trabajo en un salón de belleza. La policía también vino aquí una vez. Me dio mucha rabia. O sea, me habían borrado la memoria y me sentía también una víctima. Pero con el tiempo empecé a pensar que no era ninguna víctima, sino más bien culpable. Así que dejé de enfadarme con la policía y empecé a contarles lo que sabía.

Ahora estoy muy bien de salud, aunque sigo sin recordar nada. No mantengo contacto con ningún miembro de Aum, ni siento ninguna nostalgia.

Dices que eras muy amiga de algunos de los maestros iluminados. ¿Crees que pudieron estar implicados en el atentado?

Creo que si les ordenaron que lo cometieran, es probable que lo hicieran. Niimi, por ejemplo, lo habría hecho seguro. Kenichi Hirose, con quien hablaba ocasionalmente, era una persona muy simple. Pero ¿qué puedo decir? Los comprendo. No era un mundo en el que se pudiera desobedecer una orden. Se trataba más de la sensación de estar encantado de hacerlo.

En el juicio, muchos de los acusados declararon que no querían cumplir las órdenes, pero que temían que los mataran si no obedecían, y que lo hicieron contra su voluntad. Pero ¿dices que no era así?

Pues... No sé... En aquellas circunstancias, creo que si los eligieron es porque estaban dispuestos a hacerlo.

Ahora has vuelto al mundo secular y trabajas. Antes decías que dudabas y creías que no destacabas en nada. ¿Cómo te sientes ahora?

Simplemente acepto el hecho de que no tengo ningún talento especial. Antes de entrar en Aum no era capaz de hablar de mis sentimientos ni siquiera con personas muy cercanas. Ahora me abro mucho más.

Mis parientes han intentado buscarme novio para que me case. «Ya es hora», me dicen, pero creo que los que hemos estado en Aum, una secta que ha cometido unos crímenes tan atroces, no deberíamos casarnos. Naturalmente, yo no cometí ninguno, yo sólo vivía y dejaba vivir.

Aunque a veces me siento triste. Salgo a cenar con amigos y a divertirme, pero muchos días no me apetece y me vengo a casa sola. Este verano, viendo los fuegos artificiales, sola entre una multitud que disfrutaba del espectáculo, me eché a llorar. Ahora lo llevo mejor.

En Aum había mucha gente muy interesante, muy distinta de la que había conocido fuera. Las relaciones sociales son siempre tan... superficiales, pero en Aum todos vivíamos en el mismo sitio, como una familia.

Me gustan los niños. Los hijos de mi hermana menor son una ricura, pero yo, que he sido miembro de Aum, no puedo hacerme a la idea de casarme, tener familia, hijos... No me imagino contándole mi pasado a un novio... Seguro que tiene mucho que ver el hecho de que mi familia haya sido problemática. Las personas que se han criado en una familia feliz no se meten en una secta.

«Asahara será un personaje grotesco, pero no puedo quitármelo de la cabeza.»
HIDETOSHI TAKAHASHI (nacido en 1967)

Takahashi nació en 1967 en Tachikawa, Tokio. Estudió geología en la Universidad de Shinshu y se especializó en astronomía geodésica. Siempre le ha gustado observar el cielo con un telescopio. El atentado con gas lo dejó consternado y abandonó Aum. Ha aparecido en televisión criticando a Aum y ha publicado un libro —Volver de Aum— en el que cuenta por qué se metió en la secta y la abandonó.

Cuando era estudiante habló un día con Shoko Asahara, que daba una conferencia en la universidad. Luego, Yoshihiro Inoue le insistió para que se adhiriera y lo hizo. Pero los estudios le ocupaban casi todo el tiempo, se fue distanciando de Aum y al final abandonó la secta. Pero como no podía concentrarse en los estudios, se unió de nuevo, esta vez como monje. Eso fue justo antes del atentado de Matsumoto de mayo de 1994.

Lo destinaron al ministerio de ciencia y tecnología, bajo la dirección de Hideo Murai. Asahara le ordenó que desarrollara un programa informático que predijera los terremotos. El programa predijo el terremoto de Kobe de 1995 y Asahara lo elogió por su trabajo.

Habla de forma clara y lógica, una característica que comparten muchos adeptos y ex miembros de Aum. Si una cosa no le parece lógica, no se la cree. Desde luego, si uno mira así las cosas, el mundo debe de parecerle un lugar ilógico lleno de contradicciones y confusión, donde no resulta fácil vivir.

Ahora trabaja para una empresa de topografía y lleva una vida completamente normal. Promete dedicar su vida a responder a la pregunta «¿Qué era Aum?» y por eso, cuando puede, asiste a los juicios.

En la universidad sentía una gran distancia entre mi ser exterior y mi ser interior. Me mostraba alegre y entusiasta con mis amigos, pero cuando me encerraba en mi habitación, me sentía abrumado por la soledad y por el sentimiento de no tener a nadie en el mundo.

Ya de niño era así. Recuerdo que siempre me metía en el armario. No quería ver a mis padres y ni siquiera en mi habitación me encontraba en mi propio espacio. De niño, uno siente que sus padres no paran de interferir. Para mí, el único lugar en el que podía escapar y estar en paz era el armario. Admito que es una costumbre extraña, pero cuando me veía allí dentro, solo en la oscuridad, sentía que mi conciencia se agudizaba. Estaba solo conmigo mismo en la oscuridad. Por eso creo que, desde niño, he tendido siempre a un tipo de retiro como el de Aum.

En la escuela me gustaba el rock progresivo. *El muro* de Pink Floyd, por ejemplo. Desde luego, no es la clase de música que yo recomendaría, salvo si lo que uno busca es deprimirse. *(Risas.)* Conocí a Gurdjieff por King Crimson. El guitarrista del grupo, Robert Fripp, era seguidor de Gurdjieff. Y desde que se interesó por eso, su música cambió radicalmente. Creo que ese tipo de música ha influido mucho en mi actitud ante la vida.

En el instituto me dediqué al deporte, al baloncesto y al bádminton, pero cuando entré en la universidad, sentí que debía trazar una línea entre mi persona y la sociedad. Entré en lo que se llama estado de moratoria, que es un estado de crisis de identidad. Mi generación creció en un Japón en pleno desarrollo económico y veíamos la sociedad influidos por esa imagen. Yo no me identificaba con la «sociedad adulta» que veía. Me parecía pervertida, por así decirlo. ¿No había otra manera de vivir, de ver el mundo? En la universidad tenía mucho tiempo libre y les daba vueltas a estas cuestiones.

Cuando uno es joven, tiene muchas fantasías en la cabeza, pero cuando se enfrenta a la realidad, se da cuenta de lo inmaduro que es. Yo me sentía frustrado.

Para liberarme, para empezar una nueva vida, me interesé por toda clase de cosas, con la esperanza de encontrar las fuerzas que necesitaba para vivir. La vida está llena de sufrimiento y las contradicciones del mundo real me molestaban. Para escapar de ellas, me imaginaba una sociedad utópica, lo cual seguramente me hizo más susceptible de ser captado por un grupo religioso que tuviera la misma visión.

Cuando se plantea la cuestión de Aum, siempre se habla de malas relaciones paternofiliales y familias deshechas, pero la cosa no puede reducirse a algo tan simple. Es cierto que una de las cosas que atraen de Aum es que promete dar una salida a las frustraciones y a los problemas familiares de la gente, pero otro factor mucho más importante son los sentimientos apocalípticos de «fin del mundo» que todos experimentamos. Si no tenemos en cuenta estos sentimientos, no sólo de los japoneses, sino de toda la humanidad, no podremos explicar la atracción que ejerce Aum en tanta gente. Decir que se trata de problemas familiares no vale.

Un momento. ¿De verdad crees que todos los japoneses tienen ese sentimiento de fin del mundo?

A lo mejor no se puede generalizar y decir que todos lo tienen, pero sí creo que todos los japoneses tenemos una visión apocalíptica, un temor inconsciente y secreto. Cuando digo que todos los japoneses siente este miedo, me refiero a que unos han descorrido el velo y otros aún no. Si descorriéramos ese velo de pronto, todos sentiríamos terror acerca del futuro, del rumbo que lleva nuestro mundo. La sociedad es el pilar de nuestras vidas y no sabemos lo que le va a ocurrir en el futuro. Este sentimiento es más grande en las sociedades opulentas. Es como una sombra amenazante que creciera más y más.

Creo que palabras como «decadencia» o «caída» son más apropiadas que «fin».

Puede, pero recuerda que cuando las profecías de Nostradamus se pusieron tan de moda yo era estudiante, y aquella sensación de que «el fin se acerca» se abrió paso en mi interior por culpa de los medios de comunicación. Y yo no era el único. No quiero que parezca que lo reduzco a una cuestión generacional, pero creo firmemente que todos los japoneses de aquellos años estaban muy imbuidos de la idea de que el mundo se acabaría en 1999. Los monjes de Aum aceptaron íntimamente el fin del mundo porque, cuando se hicieron monjes, renunciaron por completo a sí mismos, y por tanto abandonaron el mundo. Dicho de otra manera: Aum es un conjunto de personas que han aceptado el final. La gente que sigue teniendo esperanza en el futuro conserva un apego al mundo. Y quien tiene apegos no renuncia a su yo. Para los monjes, en cambio, era como si se hubieran arrojado por un acantilado. Y esto les hacía sentirse muy bien. Perdieron algo, pero también ganaron algo.

Por lo tanto, la idea del fin es uno de los ejes en torno a los cuales giró Aum. «El Armagedón se acerca, haceos monjes», nos decían, «y donad todo vuestro dinero a Aum.» Y ésos eran sus ingresos, claro.

Pero hay muchos otros grupos religiosos que han partido de una visión apocalíptica, como los testigos de Jehová, por ejemplo, o los davidianos de Waco. ¿En qué se diferencia Aum?

Robert Jay Lifton ha dicho que hay muchas sectas con creencias apocalípticas, pero Aum es la única que ha hecho del fin del mundo una cuestión programática. Y tiene razón.

Aún hoy hay un elemento de Aum, su poder de atracción y dirección, que no acabo de entender. ¿En qué residía su tremenda fuerza, que atrajo a tanta gente, a mí incluido?

Cuando iba a la universidad fueron muchas las nuevas religiones que quisieron que me convirtiera a ellas, pero en capacidad de entender hacia dónde se dirigía el mundo, de formular una visión religiosa del mundo, de buscar un estilo de vida acorde con esa visión y ponerlo en práctica con rigor, Aum estaba muy por encima de las demás. Aum era el grupo más sorprendente. Yo los admiraba porque practicaban seriamente lo que predicaban. Comparadas con ellos, otras religiones parecían pasivas, resignadas, fáciles, cómodas. Los ejercicios de Aum eran durísimos. Su doctrina religiosa —que debemos transformar nuestro cuerpo antes de poder transformar el mundo— era poderosamente convincente. Si había alguna posibilidad de salvación, pensé, está aquí.

Por ponerte un ejemplo: con la escasez de alimentos que hay en el mundo, si todos redujéramos nuestro consumo como lo hacía la dieta de Aum, el problema se acabaría. En lugar de aumentar la producción, cambiar nuestro cuerpo, porque los adeptos de Aum comían muy frugalmente. Si la humanidad quiere vivir en armonía con la tierra, es hora de empezar a pensar así.

Eso me recuerda la novela de Kurt Vonnegut Payasadas, en la que los chinos menguan a la mitad para resolver el problema alimentario del mundo.

Gracioso. En realidad yo dejé Aum y luego volví. Esta segunda vez noté el clima de violencia que se respiraba. El primer día pensé: «¡Ay, ay, ay, que he metido la pata!». Los adeptos que aún hacían vida normal parecían más alegres, pero en Kamikuishiki, donde sólo vivían monjes que habían renunciado a todo, se percibía claramente aquel ambiente de desesperación.

Nada más entrar me pusieron a trabajar en la fabricación de máquinas de limpieza Cosmo. Decían que estábamos siendo atacados desde el exterior con gas sarín y que estos aparatos iban a reducir la toxicidad. Justo antes de hacerme monje el líder dio un sermón. «Me han atacado con gas tóxico», nos dijo, sin dejar de toser. Renqueaba y tenía la cara amoratada. Parecía realmente afectado. «Me queda un mes de vida y, a este paso, Aum será destruido. Antes de que esto ocurra, quiero que los que creen en mí se reúnan en torno a mi persona. Seréis mi escudo.» Fue un sermón elocuente, que puso a prueba la fe de los adeptos laicos: ¿ahí está el líder en tan difícil trance y nosotros aquí sentados tan tranquilos? ¿Es esto tener fe? Trescientas personas hicimos votos a la vez, yo entre ellas, como arrastrado por la corriente. La cosa empezó a extrañarme cuando me obligaron a someterme a lo que llamaban la iniciación de Cristo, en la que nos hacían tomar drogas. Se mire como se mire, se llevó a cabo sin ningún cuidado. Usar drogas en nombre de la religión para acceder a no sé qué estado elevado ya es sospechoso de por sí, pero aunque uno lo acepte como un medio legítimo, al menos hay que hacerlo con orden. Lo que nos daban era algo parecido al LSD, me temo, y para muchos era la primera vez. Algunos se volvieron locos y luego se olvidaron de ellos. Esto me contrarió mucho. Aunque el líder lo hubiera dispuesto como un medio para elevar el espíritu, la manera como se llevó a cabo dejó mucho que desear.

Yo me resistía a someterme a esta iniciación de Cristo y, después de pasar por ella, empecé a plantearme seriamente si dejar Aum. Era tal mi indignación que me preguntaba, llorando: «¿Qué diablos hago aquí?». Y no era yo sólo: incluso había líderes que desaprobaban aquella iniciación, practicantes iluminados que estaban pendientes de los labios de Asahara. Era como si Aum fuera a desmoronarse.

Creo que me uní como si me embarcara en una aventura. Hay que ser comprensivo con un sistema capaz de abrirle a uno un mundo completamente desconocido y por eso acepté ese sistema... Ya se sabe, donde fueres haz lo que vieres... Pero si por una parte quería abrazar el estilo de vida de Aum y seguirlo a pie juntillas, por otra lo consideraba con distancia y ponderación.

El caso es que, después de lo de las drogas, me entraron muchas dudas y me resistía a hacer el trabajo que me habían asignado. No me tragaba así como así la doctrina del Vajrayana. No había adeptos a los que pudiera manifestar mis dudas y el líder quedaba demasiado por encima de mí como para hablar con él personalmente. Y cuando me atrevía a decirle a alguien que allí pasaba algo sospechoso, me respondía con una respuesta estereotipada: «Lo único que podemos hacer es seguir a Aum». Pensé que si quería saber algo, tenía que hablar con alguno de los líderes.

A todo esto, un día, Niimi, Eriko Iida y Naropa [Fumihiko Nagura] me pidieron que fuera a verlos y, cuando fui, como si de otra iniciación se tratara, me ataron y empezaron a gritarme: «¿Por qué no haces la vida que hacemos en Aum? ¿Por qué descuidas tu aprendizaje? ¡No crees en el gurú!».

Viendo que era una buena oportunidad, decidí comentarles las dudas que tenía. «¡Parad un momento!», les dije. «No entiendo lo que está pasando en nuestra comunidad y por eso no cumplo con las actividades como debiera.» Les expliqué lo que sentía e Iida me dijo: «Todos nos sentimos así, pero el único camino es seguir al gurú».

Yo insistí: «Si apenas conocemos al gurú, ¿cómo podemos seguirlo? Yo creo en él, pero sin saber quién es realmente, no puedo seguirlo a ciegas». Por mucho que los apremié, sólo me contestaban: «Lo único que podemos hacer es creer en él y seguirlo».

No te imaginas lo frustrado que me sentía. Una persona como ella [Eriko Iida], practicante iluminada de Mahamudra, ¿y no sabía decir otra cosa? «¿Y tú te llamas iluminada?», le pregunté. Si aquello era lo único que iba a sacar en claro, preguntar era perder el tiempo. Decidí dirigirme a mi superior en el ministerio de ciencia y tecnología, Hideo Murai, pero no me contestó. Silencio total. Mi último recurso era preguntarle al mismísimo líder, pero desistí y me concentré en mi aprendizaje.

Yoshihiro Inoue era la única persona a la que me sentía espiritualmente afín en Aum y quería preguntarle, pero se encontraba fuera empleado en algún trabajo secreto y no pude ponerme en contacto con él. Así que pasé unos meses lleno de inquietud.

Al año de ingresar yo en Aum, Murai me ordenó que trabajara recopilando información sismológica, pero dada la incertidumbre que existía sobre el rumbo de Aum y la confusión general, sabía que no podría concentrarme. No sabía qué buscaba Aum y se lo pregunté directamente a Murai: «Parece que hay algo oculto en Aum. ¿Qué piensas?». En aquel momento me dedicaba a labores astrológicas que me acercaron al líder y vi cómo entraban y salían a diario las altas jerarquías. Era como si hubieran corrido un tupido velo sobre sus actividades. La persona que tenía la llave de aquel mundo oculto era Murai, así que le pregunté. Como no podía hacerlo cara a cara, lo hice por teléfono. Se quedó callado durante un momento y luego dijo: «Me has decepcionado». En aquel instante supe que mi vida en Aum se había acabado.

No creo que los crímenes de Aum fueran simples actos de dementes. Desde luego, hay algo de locura, pero también había unas creencias religiosas. Eso es lo que de verdad quiero saber. Seguro que sólo Asahara y Murai pueden explicarlo cumplidamente. Los demás adeptos eran meros peones, pero ellos dos no: daban las órdenes y tomaban decisiones con una idea clara de lo que buscaban. El rival contra el que yo luchaba, solo contra él, era la verdadera motivación de estas dos personas.

La mayoría de la gente detenida por el atentado con gas eran devotos acérrimos del líder que no habrían dejado que las dudas les impidieran hacer lo que les mandaron. El único que aún podía pensar por sí mismo era Toru Toyoda. Siempre que yo manifestaba dudas sobre Aum, las consideraba seriamente. Aunque luego me decía: «Vale, Hidetoshi, pero el mundo ya está en el Armagedón y es demasiado tarde».

Conocía a Toyoda bastante bien porque entramos en Aum casi al mismo tiempo; a él lo nombraron líder enseguida. Así es como Aum lo utilizaba. «Yo tampoco entiendo lo que está pasando», me dijo, «pero ya que soy un líder, más vale que actúe como tal.» Cuando oí esto, pensé: «Bueno, él también lo está pasando mal, incluso peor que yo». Eso fue antes del atentado con gas. Yo le hice de chófer durante un tiempo.

Si Murai te hubiera dicho que soltaras el gas, ¿habrías desobedecido?

Sí, pero no se lo ordenaron a cualquiera. Los que cometieron el atentado habían sido reducidos a una condición en la que no podían escapar. Seguro que los reunieron en la habitación de Murai y se lo ordenaron como si tal cosa, diciéndoles: «Es una orden de arriba». *Una orden de arriba* era como un mantra en Aum. La gente que cometió el atentado fue escogida entre los adeptos más acérrimos. «Has sido elegido», les dijeron. Los líderes apelaban a su sentido de la fe. Fe, en Aum, significa obediencia total.

Por eso no me eligieron a mí. Yo formaba parte de la masa que no había alcanzado la iluminación. En otras palabras, no se fiaban de mí.

Hay una cosa que no entiendo. Algunas de las víctimas del atentado a las que entrevisté me dijeron que, según la experiencia que tenían del trabajo en empresas, si hubieran estado en Aum y les hubieran ordenado que liberaran el gas, es muy posible que lo hubieran hecho. Tú, en cambio, que sí estabas en Aum, dices que te habrías negado. ¿Cómo es eso?

Decir que me habría negado quizá no es del todo cierto. Hablando con el corazón, si me lo hubiera ordenado Murai, lo más seguro es que me hubiera negado. Pero si Yoshihiro Inoue me hubiera dicho: «Hidetoshi, es parte de la salvación», y me hubiera dado la bolsa con el gas, a lo mejor lo habría hecho. O sea, que es una cuestión que depende de las relaciones personales.

Murai era mi jefe, pero era una persona fría y estaba muy por encima de mí. Si me hubiera dicho que lo hiciera, yo le habría preguntado por qué, y si hubiera insistido: «Es una tarea fea, pero es por el bien de Aum y quiero que lo hagas», quiero pensar que habría fingido obedecer y luego, en el último minuto, habría encontrado una salida. Como [Kenichi] Hirose, que cambió de idea y se bajó del tren, creo que, al final, yo también habría desobedecido.

Pero en el caso de Inoue es distinto. Había algo en él que me cautivaba. Tenía un fuerte sentido del deber religioso. Si lo hubiera visto debatirse en la duda, creo que habría colaborado. Tenía una gran influencia sobre mí. Si me hubiera apremiado diciendo que era una misión que sólo nosotros podíamos cumplir, posiblemente habría accedido. Habría actuado de manera muy distinta. Lo que quiero decir es que, al final, la lógica pinta poco en las motivaciones de la gente. Dudo que los que lo hicieron fueran siquiera capaces de pensar con lógica cuando les dieron la orden de liberar el sarín. No tenían carácter, se vieron arrastrados por los acontecimientos, se asustaron y simplemente hicieron lo que les decían. En casos extremos de guruísmo, el sistema de valores de los individuos desaparece. En esas situaciones, la gente no tiene la fuerza mental necesaria para relacionar sus actos con la muerte de otras personas.

No importa lo mucho que uno resista y se oponga, el hecho es que en un grupo como Aum el sentido del yo se difumina. Se nos obliga a aceptar las cosas desde arriba y se nos ataca constantemente por no acatar la jerarquía, por no ser lo bastante devotos, y al final doblegan tu voluntad. Yo, no sé cómo, pude resistir, pero mucha gente acabó sometida.

Vale, pero ¿y si te lo hubiera ordenado Asahara, si te hubiera dicho: «Takahashi, quiero que lo hagas tú»? ¿Qué habrías hecho?

Creo que le habría plantado cara. Si me hubiera dado alguna explicación razonable, habría escuchado. Pero si no, le habría hecho preguntas hasta que me convenciera. Ya sólo por eso me habrían descartado. Ya antes le había hablado con toda franqueza y me había dicho que era una persona muy sincera. Creo que ni Shoko Asahara ni Hideo Murai me hubieran convencido, porque nunca me hablaban francamente.

Un momento. Antes has dicho «en casos extremos de guruísmo», como dando a entender que no era tu caso. Pero si la esencia de la fe en Aum Shinrikyo es el guruísmo, ¿no es una contradicción lógica?

Como he dicho antes, cuando me sometieron a la iniciación de Cristo, empecé a tener serias dudas sobre los métodos de Aum. El abismo que veía entre los adeptos y el líder me desengañó por completo.

Entonces, ¿qué te mantenía en Aum? Tenías a Shoko Asahara, la doctrina y los compañeros adeptos. ¿Cuál de estas tres cosas?

Casi no me quedó nada. Toda mi fe la deposité en Inoue. Estaba solo en Aum, aislado. Me mandaron que hiciera investigaciones astrológicas en el ministerio de ciencia y tecnología, algo que a mí no me interesaba nada. No quería que información científica sobre el movimiento de los astros se usara para algún dudoso sistema de adivinación. Algo que siempre estaba presente en Aum era el deseo de conseguir poderes sobrenaturales, pero a mí no me cabía en la cabeza que hubiera gente que se creyera esas cosas. Para mí era una completa pérdida de tiempo.

Pero, volviendo a tu pregunta de por qué seguía en Aum, te diré que, cuando entré, lo abandoné todo: quemé todos mis álbumes de fotos, mis diarios, rompí con mi novia. Lo dejé todo.

Pero apenas tenías veinte años. Podías empezar de cero. No te ofendas, pero a esa edad tampoco se tienen tantas cosas que uno pueda abandonar...

Sí, seguro que no parecerían tantas... *(Risas.)* Pero es que soy una persona bastante terca, un rasgo que comparten todos los adeptos de Aum; y era esa obstinación en cosas que a nadie más le importan lo que me hacía perseverar en mi misión. Además, si te entregas así a algo te hace sentirte realizado. Y Aum se aprovechaba de esto. Por eso el aprendizaje era tan duro. Cuanto más duro, mayor era la sensación de plenitud.

Cuando me uní a Aum y me hice monje, me sentía enardecido por haber renunciado al mundo, aunque me pregunto si me hice monje siguiendo realmente mi voluntad. Quizá sólo quería creerlo. El atentado del metro me devolvió a la realidad y dejé Aum. Cosas que había pensado que eran místicas se volvieron quimeras que se esfumaron sin dejar rastro. Es como cuando uno está durmiendo profundamente y alguien grita: «¡Fuego!», y de pronto se ve en la calle. Fue así. Me pasaré el resto de la vida lidiando con estos acontecimientos, no quiero que se olviden.

Permíteme preguntarte otra vez por la idea del fin del mundo. ¿Es el apocalipsis del que habla Aum el mismo que el del judaísmo y el cristianismo? Al fin y al cabo, el milenarismo es un concepto occidental y Nostradamus nada tiene que ver con el budismo.

Lo de menos es la especial interpretación que hace Aum del Armagedón. No creo que esa interpretación pueda competir con la idea cristiana del apocalipsis. Está incluida en ella. Por eso no se puede explicar lo ocurrido en Aum teniendo en cuenta sólo los elementos en los que se basa, principalmente budismo y esoterismo tibetano.

Antes he dicho que no creo que yo sea el único que tiene una visión apocalíptica; a lo que me refería es a que todos, cristianos y no cristianos, creemos en el mismo destino apocalíptico.

A decir verdad, no acabo de entender lo que llamas visión apocalíptica, pero supongo que, si esa visión tiene algún significado, depende de la manera como cada cual la deconstruye.

Exacto. El apocalipsis no es un fenómeno puntual, sino más bien un proceso. Después de un apocalipsis siempre se produce un proceso de purga o purificación. En este sentido, creo que el atentado con gas fue una especie de catarsis, una liberación psicológica de todo lo que se había creado en Japón, la mala fe, la conciencia distorsionada que tenemos. Pero eso no quiere decir que lo ocurrido con Aum haya hecho desaparecer todo. Esa visión apocalíptica sigue existiendo en la sociedad, está latente como un virus.

Y aunque uno pueda librarse de ese virus a nivel individual, seguirá existiendo a nivel social.

Hablas de la sociedad como un conjunto, pero en el llamado mundo secular, la gente normal, y por gente normal entiendo la gente que mantiene cierto equilibrio en sus vidas, deconstruye a su modo ese virus, esa visión apocalíptica, y la sustituye por otras cosas, ¿no te parece?

Sí, es como un proceso de deconstrucción. Algo así tiene que ocurrir necesariamente. Shoko Asahara no pudo deconstruirlo y se dejó llevar por visiones apocalípticas. Y por eso tuvo que crear una catástrofe propia. La visión apocalíptica de Shoko Asahara, en cuanto figura religiosa, dio paso a una visión aún más grande.

Estoy luchando por asimilar todos estos sucesos. Voy al juicio siempre que puedo. Pero cuando veo y oigo a Asahara, siento que nos trata como a idiotas. Me dan náuseas, y, de hecho, una vez vomité. Es un sentimiento triste e irritante. A veces me digo que no merece la pena mirarlo, pero no puedo apartar los ojos de él. Asahara será un personaje grotesco, pero no puedo quitármelo de la cabeza. No debemos olvidar que, aunque por poco tiempo, ese personaje operó en el mundo y provocó esos trágicos sucesos. Hasta que no los supere, no podré vivir en paz.

Epílogo*

Mientras trabajaba en este libro asistí a varios de los juicios de los acusados del atentado con gas de Tokio. Quería ver y oír a esa gente con mis propios ojos y oídos, para hacerme una idea de quiénes eran. También quería saber qué pensaban ahora. Me hallé ante un panorama deprimente, siniestro y desesperado. La sala era como un cuarto sin salida. Al principio debió de tener alguna, pero luego se convirtió en un recinto de pesadilla del que no había escapatoria.

La mayoría de los acusados había perdido toda su fe en Shoko Asahara. El líder al que veneraban resultó que no era más que un falso profeta y ahora ellos entendían sus deseos dementes y cómo los había manipulado. El hecho de que, obedeciendo sus órdenes, hubieran cometido terribles crímenes contra la humanidad los ha llevado a hacer examen de conciencia y están profundamente arrepentidos de sus actos. La mayoría se refiere ahora a su ex líder simplemente como Asahara, sin ningún título honorífico. A veces incluso usan un tono insultante. No puedo creer que esa gente se dejara implicar en semejante atrocidad. También es verdad, sin embargo, que en algún momento de sus vidas se retiraron del mundo buscando una utopía espiritual en Aum Shinrikyo y que de esto no se arrepienten.

Esto resulta evidente cuando en la sala les piden que aclaren algún detalle de la doctrina de Aum, y muchas veces responden algo como: «Quizá la gente normal no pueda entenderlo, pero...». Siguen creyendo que, espiritualmente, están por encima de la «gente normal» y que son unos elegidos. Aunque no lo expresan así, yo leo un mensaje entre líneas que dice: «Sentimos mucho los crímenes que hemos perpetrado. Fue un error. Pero el único que tiene la culpa es Shoko Asahara, que nos engañó para que obedeciéramos aquellas órdenes. Si no se hubiera extralimitado, podríamos haber perseguido nuestros fines religiosos

---

* Este texto se basa en una reseña del libro de Ikuo Hayashi *Aum y yo*, publicado en el número de octubre de 1998 de la revista *Hon no hanashi*.

pacíficamente, sin molestar a nadie». En otras palabras: «El resultado fue malo y lo sentimos. Pero los objetivos de Aum Shinrikyo son válidos y no creemos que tengamos que renunciar a ellos».

Este firme convencimiento de la «legitimidad de los objetivos» lo encuentro no sólo en los adeptos que he entrevistado, sino también en quienes dejaron la secta y son ahora abiertamente críticos con ella. A todos les hice la misma pregunta: si lamentaban haber entrado en Aum. Y casi todos contestaban que no, que no se arrepentían y que no pensaban que hubieran sido años perdidos. ¿Por qué ocurre esto? La respuesta es simple: en Aum encontraron unos designios puros que no encontraban en la sociedad. Aunque al final aquello degeneró en algo monstruoso, el radiante y cálido recuerdo de la paz que habían encontrado al principio sigue vivo dentro de ellos y no es fácil que algo pueda cambiar eso.

En este sentido, pues, el camino de Aum sigue expedito. No digo que los que fueron adeptos vayan a volver al redil. Ahora saben que es un sistema erróneo y peligroso y reconocen que los años que pasaron en la secta estuvieron llenos de contradicciones y defectos. Pero, al mismo tiempo, tengo la impresión de que, en mayor o menor medida, siguen albergando algún tipo de ideal de Aum, una visión utópica, un recuerdo de luz profundamente impreso en su interior. Si algún día algo que despida la misma luz pasa delante de sus ojos (no tiene por qué ser una religión), lo que ahora llevan dentro los empujará en esa dirección. Por eso lo más peligroso para la sociedad no es Aum Shinrikyo, sino otras entidades que se le parezcan.

Tras el atentado de Tokio, la atención de la sociedad se centró exclusivamente en Aum Shinrikyo. La pregunta que se planteaba una y otra vez era: «¿Cómo pudieron unas personas de la élite y tan bien formadas creer en esa nueva religión ridícula y peligrosa?». Es verdad que los líderes de la secta eran gente de élite con credenciales académicas excelentes, luego no sorprende que todo el mundo se extrañe. El hecho de que personas con tan altas ambiciones rechazaran las posiciones sociales que se les prometían y se unieran a una nueva religión es un serio indicativo, han dicho muchos, de que el sistema educativo japonés tiene graves defectos.

Sin embargo, y al hilo de las entrevistas que les hice a adeptos y ex adeptos de Aum, se abrió paso en mí la firme convicción de que no siguieron ese camino *a pesar de* ser de la élite, sino precisamente *porque* lo eran.

La entidad llamada Aum Shinrikyo se parece a la Manchuria de antes de la segunda guerra mundial. Japón estableció el estado títere de Manchuria en 1932 y, al igual que pasó con la secta, la flor y nata de la sociedad —los mejores tecnócratas, técnicos, académicos— abandonaron la vida que se les prometía en Japón y se marcharon al continente que veían lleno de posibilidades. La mayoría eran jóvenes, muy bien dotados y preparados, y tenían la cabeza llena de visiones nuevas y ambiciosas. En Japón, con su sistema coercitivo, veían imposible encontrar una salida a toda su energía y por eso emigraron a esa tierra más acogedora y experimental, renunciando a seguir el camino normal. Sólo en este sentido tenían motivaciones puras, eran idealistas y le veían un sentido a la vida.

El problema es que faltaba algo fundamental. Ahora podemos volver la vista atrás y ver que lo que no había era un sentido histórico debidamente dimensionado o, por decirlo con más concreción, una identidad entre lenguaje y acción. Lemas grandilocuentes como «Las cinco razas viviendo en armonía» y «Todo el mundo bajo el mismo techo» empezaron a cobrar una vida independiente, mientras el inevitable vacío moral que había detrás se llenaba con las sangrientas realidades de la época. Al final, aquellos ambiciosos tecnócratas acabaron tragados por el terrible torbellino de la historia.

El caso de Aum Shinrikyo es muy reciente y aún es pronto para que podamos identificar exactamente lo que faltaba, pero, a grandes rasgos, lo que he dicho sobre Manchuria puede aplicarse a Aum: la ausencia de una visión del mundo más amplia y la distancia entre lenguaje y acción que resulta de ello.

Estoy seguro de que todos y cada uno de los miembros del llamado ministerio de ciencia y tecnología tenían sus razones personales para renunciar al mundo y adherirse a Aum. Pero tenían en común una cosa, y era el deseo de poner su capacidad técnica y sus conocimientos al servicio de un fin más trascendental. No pudieron evitar desconfiar del inhumano y utilitarista rodillo del capitalismo y del sistema social bajo el cual su esencia y sus esfuerzos —incluso su razón de ser— quedarían aplastados infructuosamente.

Ikuo Hayashi, que liberó gas sarín en la línea de metro de Chiyoda, ocasionando la muerte de dos trabajadores, es un ejemplo evidente de esto. Tenía reputación de excelente cirujano y de gran dedicación a sus pacientes. Lo más probable es que fue por eso, por ser tan buen cirujano, por lo que empezó a desconfiar del sistema médico actual, plagado de defectos y contradicciones, y se sintió atraído por el mundo espiritual perfecto y activo que ofrecía Aum y sus visiones utópicas.

En su libro, *Aum y yo,* escribe lo siguiente sobre la imagen que entonces tenía de Aum:

«En su sermón, Asahara habló de un "plan Sambhala" que contemplaba la construcción de una "ciudad del Loto", en la que habría un "hospital astral" y una "escuela Shinri" que impartiría una minuciosa educación [...] La asistencia médica se llamaría "medicina astral" y se basaría en las visiones de Asahara de otra dimensión [astral] y de vidas pasadas que tendría en sus meditaciones. La medicina astral estudiaría el karma y el nivel energético de los pacientes y tendría en cuenta la muerte y la transmigración [...] Yo tenía el sueño de un lugar verde en plena naturaleza salpicado de edificios en el que se dispensaría un buen cuidado médico y una buena educación, y este sueño coincidía con la "ciudad del Loto"».

Hayashi, pues, soñaba con dedicarse a la construcción de una utopía, emprender un arduo aprendizaje no contaminado por el mundo secular, implantar un sistema médico al que pudiera entregarse en cuerpo y alma y hacer felices a todos los pacientes que pudiera. Estos motivos eran puros y la visión aquí descrita no carece de belleza y esplendor. Pero si lo miramos con cierta perspectiva, vemos lo ilusas que son estas ideas y lo alejadas que están de la realidad. El paisaje que se describe parece el de un cuadro fantástico. Ahora bien: si hubiéramos sido amigos del doctor Hayashi en el momento en el que pensaba hacerse monje de Aum y hubiéramos intentado hacerle ver lo irreales que eran estas ideas, habríamos comprobado lo difícil que resultaba.

Sin embargo, lo que había que decirle es muy sencillo: «La realidad es confusa y contradictoria, y si excluimos esto, ya no es realidad. Podemos pensar que, siguiendo un lenguaje y una lógica que nos parecen coherentes, es posible eliminar este aspecto de la realidad, pero eso siempre estará ahí, esperando para tomarse la revancha».

Dudo de que Hayashi se dejara convencer por estos argumentos. Intentaría refutarlos con una terminología técnica y una lógica estática y encarecería lo bello y expedito que es el camino que se disponía a tomar. Y nosotros, viendo que sería inútil, nos callaríamos.

Lo triste es que un lenguaje y una lógica aislados de la realidad tienen mucho más poder que el lenguaje y la lógica de la realidad, con todo su extraño y superfluo contenido que pesa como una piedra sobre cada una de nuestras acciones. Al final, incapaces de entendernos, nos despediríamos y tomaríamos cada uno nuestro camino.

Al leer el libro de Ikuo Hayashi nos vemos obligados a detenernos y preguntarnos cosas tan sencillas como: «¿Por qué hizo lo que hizo?». Al mismo tiempo, nos invade una sensación de impotencia, porque sabemos que no podríamos haber hecho nada para impedirlo. Nos sentimos extrañamente abatidos. Lo que más desolación nos causa es ver que los que más críticos debían ser con nuestra «sociedad utilitaria» son quienes usan la «utilidad de la lógica» como un arma y asesinan masivamente a la gente.

Pero, al mismo tiempo, ¿quién se conforma con ser una pieza más del mecanismo social, un ser insignificante que se desgasta hasta morir? Todos buscamos respuestas a la pregunta de por qué vivimos, morimos y desaparecemos. No deberíamos censurar ningún intento sincero por encontrar respuestas. Sin embargo, aquí es donde se puede cometer un error fatal. Las capas de la realidad empiezan a trastocarse. De pronto nos damos cuenta de que el lugar que nos prometieron se ha transformado en algo distinto de aquello que queríamos. Como dice Mark Strand en su poema: «Las montañas dejan de ser montañas, el sol deja de ser el sol».

Para que no haya un segundo ni un tercer Ikuo Hayashi es fundamental que nuestra sociedad reflexione, detenidamente y abarcando todas sus ramificaciones, sobre las cuestiones que de forma tan trágica ha planteado el atentado del metro de Tokio. La mayoría de la gente cree que es cosa pasada. «Ocurrió y se acabó», dicen; «fue un suceso terrible, pero ahora que los culpables están detenidos, el asunto ha concluido y nada tiene que ver nosotros.» Pues no. Debemos saber que la gente que entra en una secta no son todos anormales, ni excéntricos, ni marginados. Son personas que viven vidas normales (y quizá, vistas desde fuera, más que normales), que son vecinos míos..., y suyos, lector.

Quizá se toman algunas cosas demasiado a pecho. Tal vez están marcados por algún dolor. Les cuesta manifestar sus sentimientos y tienen algún trauma. No saben cómo expresarse y fluctúan entre sentimientos de orgullo e inadaptación. Yo podría ser así... y usted también, lector.